Die Elsaß-Lothringischen
Ausführungsgesetze

und

Verordnungen zu den Reichs-Justizgesetzen

nebst einigen weiteren Gesetzen über

Gewerbegerichte, Forststrafrecht, Erbbescheinigungen, Feld- und Fährpolizei-Uebertretungen, Vormundschaften und Zwangsenteignung.

Textausgabe mit französischer Uebersetzung und Anmerkungen.

Zweite verbesserte und vermehrte Auflage.

LES

LOIS ET ORDONNANCES D'EXÉCUTION

des lois de justice de l'Empire d'Allemagne

et les lois concernant

Les Prud'hommes, le Droit pénal forestier, les Certificats de Qualité d'héritier, les Contraventions en matière de police rurale et des bacs et bâteaux, les Tutelles et l'Expropriation pour cause d'utilité publique.

Texte allemand et français avec annotations.

Seconde édition, revue et augmentée.

Straßburg.

Verlag von Karl J. Trübner.

1887.

Inhaltsverzeichniß.

Table des matières.

Pages

Vorbemerkung zur ersten Auflage.

Eine zusammenfassende Ausgabe der in den Gesetzblättern von 1878 bis 1880 zerstreuten elsaß-lothringischen Gesetze und Verordnungen zur Ausführung der Reichs-Justizgesetze dürfte der Praxis nicht unwillkommen sein.

Die vorliegende Schrift bietet neben dem Texte der Gesetze die Auslegungsbehelfe, welche sich in den Motiven (M.) der Entwürfe, in den Berichten der Kommissionen des Landesausschusses (B.) und in den Verhandlungen des letzteren finden. Diese Materialien sind auszugsweise, unter Anpassung an den endgültigen Gesetzestext, wiedergegeben.

Bemerkungen des Herausgebers sind durch Einschließungszeichen als solche kenntlich gemacht.

Straßburg, im Juni 1880.

Die jetzt nöthig gewordene zweite Auflage umfaßt auch die für die Praxis wichtigen neueren Justizgesetze des Landes (Nr. XI bis XIV des Inhaltsverzeichnisses). Die Methode der Behandlung ist dieselbe geblieben. In Text und Anmerkungen sind die mittlerweile eingetretenen Aenderungen überall berücksichtigt.

Mit „Samml." ist die Sammlung der Gesetze, Verordnungen, Erlasse und Verfügungen, betr. die Justizverwaltung in Elsaß-Lothringen, Straßburg bei R. Schultz u. Cie., bezeichnet.

Straßburg, im September 1887.

Observations préliminaires de la première édition.

Une publication qui comprend les lois et ordonnances de l'Alsace-Lorraine relatives à l'exécution des lois judiciaires de l'Empire d'Allemagne, qui se trouvent maintenant éparpillées dans les *Bulletins des lois* depuis 1878 jusqu'à 1880, ne saurait être qu'agréable au public.

Cet ouvrage présente, à côté du texte de la loi, le matériel nécessaire pour son interprétation et qui se trouve éparpillé dans les motifs des projets de loi (M.), dans les rapports des commissions de la Délégation d'Alsace-Lorraine (R.) et dans les discussions au sein de cette Assemblée; c'est sous forme d'extraits que ce matériel s'appuie sur le texte définitif des lois dont il s'agit.

Les parenthèses indiquent les annotations de l'éditeur.

Strasbourg, au mois de juin 1880.

La seconde édition contient une série de nouvelles lois judiciaires du pays, qui peuvent présenter dans la pratique quelque utilité (n°s XI à XIV de la table des matières). L'agencement du matériel n'a pas été modifié; on a seulement tenu compte des changements survenus depuis. Sous la dénomination de „Recueil" on entend le recueil des lois, arrêtés et instructions relatives à l'administration de la justice en Alsace-Lorraine (Schultz et Cie., Strasbourg).

Strasbourg, au mois de septembre 1887.

Die Elsaß-Lothringischen
Ausführungsgesetze

und

Verordnungen zu den Reichs-Justizgesetzen

nebst einigen weiteren Gesetzen über

Gewerbegerichte, Forststrafrecht, Feld- und Fährpolizei-Uebertretungen, Erbbescheinigungen, Vormundschaften und Zwangsenteignung.

Textausgabe mit französischer Uebersetzung und Anmerkungen.

LES

LOIS ET ORDONNANCES D'EXÉCUTION

des lois de justice de l'Empire d'Allemagne

et les lois concernant

Les Prud'hommes, le Droit pénal forestier, les Contraventions en matière de police rurale et des bacs et bâteaux, les Certificats de Qualité d'héritier, les Tutelles et l'expropriation pour cause d'utilité publique.

Texte allemand et français avec annotations.

I. Gesetz

vom 4. November 1878, betreffend die Ausführung des Gerichtsverfassungs-Gesetzes.

(Gesetzblatt für Elsaß-Lothringen, S. 65.)

I. Richteramt*).

§ 1. Die Richter, einschließlich der Handelsrichter, werden vom Kaiser ernannt.

§ 2. Das Amt eines Amtsrichters steht in gleichem Range mit dem Amte eines Richters bei dem Landgerichte.

§ 3. Die Verleihung der etatsmäßigen Gehälter und Gehaltszulagen an die Richter erfolgt nach der durch das Dienstalter bestimmten Reihenfolge. Die für die Bestimmung des

---

* Vgl. die Anmerkung am Schlusse des Gesetzes.

§ 1. Auf die Ergänzungsrichter bei den Amtsgerichten findet § 1 keine Anwendung (M.). (Dieselben werden entsprechend der französischen Praxis durch ministerielles Dekret ernannt.)

§ 2. Die Bestimmung ermöglicht die Versetzung des Mitgliedes eines Landgerichts an ein Amtsgericht und umgekehrt als disziplinäre Nebenstrafe im Falle des Art. IV, § 2, Abs. 3 des Gesetzes vom 23. Dezember 1873 (M.).

§ 3. Der Absatz 1 sanktionirt im Interesse der Unabhängigkeit des Richteramts die bisher schon beobachtete Regel, daß die Verleihung der Gehälter und Gehaltszulagen an die Richter lediglich nach dem Dienstalter erfolge (M.). Die für die Bestimmung des Dienstalters maßgebenden Grundsätze sind durch die kais. Verordnung vom 18. Februar 1880 (Ges.-Blatt, S. 7) folgendermaßen bestimmt:

Artikel I. In dem gemeinschaftlichen Besoldungsetat der Landgerichtspräsidenten und des Staatsanwalts bei dem Oberlandesgericht, desgleichen in dem gemeinschaftlichen Besoldungsetat der Oberlandesgerichtsräthe, der Landesgerichtsdirektoren und der Ersten Staatsanwälte bei den Landgerichten wird die Reihenfolge durch das Alter der Ernennung zu einem Amte des betreffenden Besoldungsetats bestimmt.

Artikel II. In dem gemeinschaftlichen Besoldungsetat der Landrichter, Amtsrichter und Staatsanwälte wird die Reihenfolge durch das Dienstalter als Assessor (richterliches Dienstalter) bestimmt.

I. LOI

du 4 novembre 1878, concernant l'exécution de la loi sur l'organisation judiciaire.

(Bulletin des lois, p. 65.)

I. *Magistrature.*

§ 1. Les juges, y compris les juges de la chambre commerciale, sont nommés par l'Empereur.

§ 2. Les fonctions de l'Amtsrichter sont placées sur le même rang que celles du juge près du Landgericht.

§ 3. Les traitements et suppléments de traitement inscrits au budget sont attribués aux juges d'après leur rang d'ancienneté.

---

* Comp. les observations à la fin de la loi.

§ 1. Le § 1er n'est pas applicable aux juges suppléants près des Amtsgerichte (M.). (Conformément à l'usage suivi en France, ils sont nommés par décret ministeriel).

§ 2. La disposition de la loi rend possible la nomination d'un membre d'un Landgericht à un Amtsgericht, et réciproquement, comme peine disciplinaire accessoire dans le cas de l'art. IV, § 2, alinéa 3 de la loi du 23 décembre 1873 (M.).

§ 3. L'alinéa 1er sanctionne, dans l'intérêt de l'indépendance des fonctions de juge, la règle déjà observée jusqu'ici, à savoir que les traitements et suppléments de traitement ne sont accordés aux juges que d'après leur ancienneté de service (M.).

Les principes d'après lesquels se détermine l'ancienneté de service sont fixés par l'ordonnance impériale du 18 février 1880 (Bulletin des lois d'Alsace-Lorraine, p. 7.) de la manière suivante:

Art. I. Au budget commun des traitements des présidents des Landgerichte, des présidents de sénat et du procureur d'Etat près l'Oberlandesgericht, de même au budget commun des traitements des conseillers près de l'Oberlandesgericht, des directeurs et des premiers procureurs d'Etai prês des Landgerichte, l'ancienneté se détermine par la date de la nomination à un emploi inscrit au budget.

Art. II. Au budget commun des traitements des juges près des Landgerichte et des Amtsgerichte, ainsi que des procureurs d'Etat

Dienstalters maßgebenden Grundsätze werden durch Kaiserliche Verordnung festgesetzt.

Die Verleihung einer Gehaltszulage bleibt ausgesetzt, so lange ein Disziplinarverfahren oder wegen eines Verbrechens oder Vergehens ein Hauptverfahren oder eine Voruntersuchung schwebt. Führt das Verfahren zum Verluste des Amts, so findet eine Nachzahlung des zurückbehaltenen Mehrgehalts nicht statt.

§ 4. Andere Vergütungen, als die auf Gesetz beruhenden Gehälter und Entschädigungen dürfen den Richtern für richterliche Geschäfte nicht gewährt werden.

Unterstützungen in Fällen eines außerordentlichen Bedürfnisses werden von dieser Vorschrift nicht betroffen.

§ 5. Die Assessoren werden nach Anordnung des Reichskanzlers bei einem Amtsgericht, einem Landgericht oder einer Staatsanwaltschaft beschäftigt.

Das Gleiche gilt von den im § 27 des Regulativs vom

Artikel III. Werden zu einem richterlichen Amte oder zu einem Amte der Staatsanwaltschaft Personen berufen, welche bisher in einem anderen Amte des Landesdienstes, einschließlich des Notariats, im Reichsdienste oder im Dienste eines Bundesstaats angestellt oder welche als Rechtsanwälte zugelassen waren, so will Ich deren Dienstalter in der von Mir ihnen ertheilten Bestellung besonders bestimmen und behalte Mir vor, eintretendenfalls die von denselben in einem der gedachten Dienstzweige zugebrachte Zeit ganz oder theilweise in Anrechnung zu bringen.

Art. IV enthält transitorische Bestimmungen bezüglich derjenigen Beamten, welche vor dem 1. Oktober 1879 die Stelle eines Landgerichtsraths, Staatsprokurators oder Friedensrichters bekleidet haben.

§ 4. Durch Abs. 1 wird die Gewährung außeretatsmäßiger Belohnungen für richterliche Geschäfte, insbesondere die Bewilligung von Remunerationen aus Gehaltsersparnissen für außerordentliche Arbeitsthätigkeit, ausgeschlossen. Die (etatsmäßigen Ortszulagen sowie) Vergütungen für nicht richterliche Thätigkeit, namentlich in Nebenämtern, soweit deren Uebernahme statthaft ist, fallen nicht unter das Verbot (M.).

§ 5. Der einem Amtsgericht oder einer Staatsanwaltschaft überwiesene Assessor ist zur selbstständigen Wahrnehmung der Geschäfte des Amtsrichters und der Staatsanwaltschaft (vergl. G. V. G., § 149, Abs. 2 und § 25 dieses Gesetzes) befugt. Die Regelung der Ausübung dieser Befugniß ist Sache der Justizverwaltung. Der Assessor kann selbstverständlich auch zum Ergänzungsrichter bei einem Amtsgericht ernannt oder mit der zeitweiligen Vertretung eines Amtsrichters oder

Les principes d'après lesquels se fixe le rang d'ancienneté sont réglés par ordonnance impériale.

L'allocation d'un supplément de traitement reste suspendue pendant la durée soit d'une poursuite disciplinaire, soit d'une instance ou d'une information criminelle ou correctionnelle. Si la procédure entraîne la perte de l'emploi, le supplément de traitement qui a fait l'objet d'une retenue n'en pas remboursé.

§ 4. Il ne peut être alloué aux juges, pour des actes de leurs fonctions judiciaires, que les traitements et indemnités fixés par la loi.

Cette prescription ne s'applique pas aux subventions accordées dans les cas de besoins extraordinaires.

§ 5. Les assesseurs seront, par décision du Chancelier, attachés à un Amtsgericht, à un Landgericht ou à un parquet.

Cette disposition est applicable aux personnes désignées

---

l'ancienneté se détermine après la date de la nomination à la qualité d'assesseur (âge de service judiciaire).

Art. III. Lorsque des personnes qui ont exercé des fonctions dans une autre branche de service de l'Alsace-Lorraine, y compris le notariat, de l'Empire ou d'un Etat de la Confédération, ou qui ont été admises aux fonctions d'avoué, sont appelées aux fonctions de juge ou du ministère public, Je déterminerai tout spécialement leur ancienneté dans l'acte de nomination et Je me réserve, s'il y a lieu, de leur tenir compte en tout ou en partie, du temps qu'elles ont passé dans une des branches susmentionnées.

L'art. IV contient des dispositions transitoires pour les magistrats qui, avant le 1er octobre 1879, ont rempli les fonctions de conseiller à un tribunal régional, de procureur à un pareil tribunal ou de juge de paix.

§ 4. L'alinéa 1er exclue les indemnités extra-budgétaires pour les actes rentrant dans les fonctions judiciaires, notamment les rémunérations pour travaux extraordinaires sur les fonds des économies de traitements. Les (suppléments de traitement à raison du domicile émargés au budget, ainsi que les) rémunérations pour des actes ne rentrant pas dans les fonctions judiciaires, notamment pour des fonctions accessoires, en tant qu'un juge peut en être chargé, ne tombent pas sous la prohibition de § 4 (M.).

§ 5. L'assesseur attaché à un tribunal cantonal ou à un parquet a qualité pour remplir les fonctions d'Amtsrichter et celles du ministère public (comp. loi sur l'org. jud., § 149, alinéa 2, et § 25 de la présente loi). Il appartient à l'administration judiciaire de régler l'exercice de ces fonctions temporaires. Il va de soi que l'assesseur peut également être nommé juge suppléant à un Amtsgericht ou chargé de remplacer temporairement un Amtsrichter

17. Februar 1872 (Gesetzblatt für Elsaß-Lothringen, S. 127) bezeichneten Personen.

§ 6. Referendare, welche im Vorbereitungsdienste seit mindestens zwei Jahren beschäftigt sind, können nach näherer Anordnung des Reichskanzlers mit der zeitweiligen Wahrnehmung richterlicher Geschäfte bei einem Amtsgericht beauftragt werden.

Zur Urtheilsfällung, zur Entscheidung über Durchsuchungen, Beschlagnahmen und Verhaftungen, sowie zu den Geschäften des Amtsrichters bei Bildung der Schöffengerichte und der Schwurgerichte sind Referendare nicht befugt.

II. Gerichtsbarkeit.

§ 7. Die Friedensgerichte erhalten die Bezeichnung Amtsgerichte, das Appellationsgericht erhält die Bezeichnung Oberlandesgericht.

Die Handelsgerichte werden aufgehoben.

Die ordentlichen Landesgerichte im Sinne des Gerichtsverfassungsgesetzes sind die Amtsgerichte, die Landgerichte und das Oberlandesgericht.

---

eines Beamten der Staatsanwaltschaft in Gemäßheit des Gesetzes vom 22. September 1873 (Gesetzbl., S. 247) beauftragt werden.

Bei den Landgerichten sind die Assessoren zufolge des § 69 des Gerichtsverfassungsgesetzes zur Wahrnehmung richterlicher Geschäfte nur dann befugt, wenn sie nach dem vorerwähnten Gesetze vom 22. September 1873 als Hülfsrichter bestellt sind (M.).

Zu Abs. 2 vgl. jetzt § 39 des Regulativs vom 27. Januar 1882 (Gesetzbl., S. 2).

§ 6. (Bezüglich der praktischen Beschäftigung der Referendare sind, abgesehen von der obigen Vorschrift, die Bestimmungen der §§ 14 ff. des Regulativs vom 27. Januar 1882 (Gesetzbl., S. 2) maßgebend; eine Beauftragung derselben mit einzelnen richterlichen Geschäften bei den Landgerichten ist durch § 69 G. V. G. ausgeschlossen.)

§ 7. Das Gesetz hebt die Friedensgerichte, die Landgerichte und das Appellationsgericht nicht auf, sondern erklärt sie, unter theilweise veränderten Namen, als die ordentlichen Gerichte im Sinne des Gerichtsverfassungsgesetzes (§ 12). Die Zuständigkeit derselben auf dem Gebiete der ordentlichen streitigen Gerichtsbarkeit wird demzufolge fortan durch die Reichs-Justizgesetze bestimmt. Dagegen verbleibt es hinsichtlich der Zuständigkeit für die außerhalb jenes Gebiets liegenden Angelegenheiten, insbesondere für diejenigen der freiwilligen Gerichtsbarkeit, bei den bestehenden Vorschriften. In gleicher Weise haben alle sonstigen für die bisherigen Gerichte bisher maßgebenden Bestimm-

au § 27 du règlement du 17 février 1872 *(Bulletin des lois pour l'Alsace-Lorraine,* p. 127).

§ 6. Les référendaires qui font leur stage depuis au moins deux ans, peuvent, par décision du Chancelier, être chargés d'exercer temporairement les fonctions de juge près d'un Amtsgericht.

Ils n'ont toutefois pas qualité pour prononcer des jugements ou rendre des décisions sur des perquisitions, des saisies et des arrestations, ou remplir les fonctions attribuées au juge cantonal, pour la formation des tribunaux d'échevins et des cours d'assises.

II. *Juridiction.*

§ 7. Les justices de paix prennent le nom de „Amtsgerichte", la cour d'appel celui de „Oberlandesgericht".

Les tribunaux de commerce sont supprimés.

Les tribunaux ordinaires, dans le sens de la loi sur l'organisation judiciaire, sont: les „Amtsgerichte", les „Landgerichte" et „l'Oberlandesgericht".

---

ou un des fonctionnaires du ministère public, conformément à la loi du 22 septembre 1873 (Bulletin des lois, p. 247).

D'après le § 69 de la loi sur l'organisation judiciaire, les assesseurs attachés aux Landgerichte ne sont autorisés à remplir les fonctions de juge, que lorsqu'ils ont été nommés juges suppléants, conformément à la loi sus-mentionnée du 22 septembre 1873 (M.). Quant à l'al. 2 comp. le § 39 du règlement du 27 janvier 1882 (bul. des lois p. 2).

§ 6. Les dispositions du § 14 et s. du règlement du 27 janvier 1882 (Bulletin des lois d'Alsace-Lorraine, p. 2), règlent les occupations du référendaire pendant la durée de son stage, avec cette réserve que le référendaire attaché à un Landgericht ne peut pas y remplir les fonctions de juge, selon le § 69 de la loi sur l'organisation judiciaire.

§ 7. La loi ne supprime pas les justices de paix, les tribunaux régionaux et la cour d'appel, mais les déclare tribunaux ordinaires dans le sens de la loi sur l'organisation judiciaire (§ 12), tout en modifiant en partie leur dénomination.

La compétence de ces tribunaux dans le domaine de la juridiction contentieuse ordinaire est désormais déterminée par les lois judiciaires de l'Empire, tandis que les dispositions sur la compétence relative aux affaires qui sont en dehors de ce domaine, notamment celles sur la juridiction gracieuse, sont maintenues. Sont également maintenues toutes les autres dispositions concernant les anciens tribunaux, en tant qu'elles n'ont pas été modifiées par les lois de l'Empire ou par la présente loi, notamment les prescriptions sur

§ 8. Die gesetzlichen Vorschriften, durch welche für Rechtsstreitigkeiten aus Verträgen zwischen der Verwaltung und den Unternehmern öffentlicher Arbeiten oder Lieferungen, sowie zwischen Syndikatsgenossenschaften und den Unternehmern ihrer Arbeiten die Zuständigkeit der Verwaltungsgerichte oder die Zuständigkeit von Verwaltungsbehörden begründet ist, werden aufgehoben.

Das Gleiche gilt von der Bestimmung im Art. 4, Abs. 3

---

ungen, soweit sie nicht durch die Reichsgesetze oder dieses Gesetz abgeändert sind, namentlich die Vorschriften über Bestimmung und Veränderung der Sitze, der Bezirke und der Eintheilung der Gerichte (vgl. Gesetz vom 14. Juli 1871 und Verordnung vom gleichen Tage, Gesetzbl., S. 165 und 169), über die Verpflichtung zur Beschaffung, Unterhaltung und Ausstattung der Gerichtslokale (vgl. Gesetz über die Gemeindeverwaltung vom 18. Juli 1837, Art. 30, Nr. 10), über Aufsicht und Disziplin der Richter, auch fernerhin Anwendung zu finden (M.). (Vgl. jetzt auch die Verordnung vom 29. April 1880 Gesetzbl., S. 121.)

(Als besondere Gerichte (G. V. G. §§ 14, 16) bestehen fort die Rheinschifffahrtsgerichte, die Gewerbegerichte (Gesetz vom 23. März 1880, S. 100 unten). Das Kriegsgericht in Straßburg ist durch Gesetz vom 24. Januar 1881, Gesetzbl., S. 1 aufgehoben worden).

§ 8. Zu Absatz 1 vgl. Art. 4 Abs. 2 des Gesetzes vom 28 Pluviôse VIII, Art. 4 des Gesetzes vom 13 Frimaire VIII, Art. 14 Abs. 2 des Dekrets vom 11. Juni 1806 und Art. 16 des Gesetzes vom 21. Juni 1865.

Bezüglich der Vorschrift des § 4 des Einf.-Gesetzes zur Civilprozeßordnung:

„Für bürgerliche Rechtsstreitigkeiten, für welche nach dem Gegenstande oder der Art des Anspruchs der Rechtsweg zulässig ist, darf aus dem Grunde, weil als Partei der Fiskus, eine Gemeinde oder eine andere öffentliche Korporation betheiligt ist, der Rechtsweg durch die Landesgesetzgebung nicht ausgeschlossen werden",

bemerken die Motive:

Nach den Verhandlungen über den dieser Vorschrift zu Grunde liegenden Antrag, welcher unter besonderem Hinweis auf die elsaß-lothringische Gesetzgebung und insbesondere auf die bekannten Bestimmungen derselben über den Ausschluß des Rechtsweges bei Streitigkeiten zwischen der Verwaltung und den Unternehmern öffentlicher Arbeiten oder Lieferungen begründet wurde, ist beabsichtigt worden, im Gesetze den allgemeinen Grundsatz zum Ausdruck zu bringen, daß Rechtsstreitigkeiten, welche bei ausschließlicher Betheiligung von Privaten vor die Gerichte gehören würden, den letzteren auch im Falle der Betheiligung des Fiskus, einer Gemeinde oder einer anderen öffentlichen Korporation nicht entzogen werden dürfen (vgl. insbesondere S. 476 der Protokolle der Justizkommission zum Gerichtsverfassungsgesetz). Abgesehen von dieser Entstehungsgeschichte des § 4 würde der Wortlaut

§ 8. Sont supprimées les dispositions législatives qui établissent la compétence des tribunaux administratifs ou celle des autorités administratives, pour décider les contestations résultant de contrats entre l'administration et les entrepreneurs de travaux publics ou de fournitures, ou entre les associations syndicales et les entrepreneurs de leurs travaux.

Il en est de même de la disposition de l'art. 4, alinéa 3 de la loi du 28 pluviôse VIII, concernant la compétence

---

la fixation et le changement des sièges, des circonscriptions et de la division des tribunaux (comp. la loi du 14 juillet 1871, et ordonnance du même jour, Bulletin des lois, p. 165 et 169), sur l'obligation de fournir, d'entretenir et de meubler les bâtiments de la justice (comp. la loi sur l'administration municipale du 18 juillet 1837, art. 30, n° 10) et sur la surveillance et la discipline des juges (M.). comp. aussi le decret du 29 avril 1880 (Bul. des lois p. 121).

Comme tribunaux extraordinaires continuent à subsister (loi d'organisation judiciaire, §§ 14, 16): les tribunaux pour la navigation du Rhin, les Conseils de prud'hommes (loi du 23 mars 1880, infra, p. 101). Le Conseil de guerre à Strasbourg a été supprimé par la loi du 24 janvier 1881 (Bul. des lois p. 1).

§ 8. Pour l'alinéa 1er, comp. l'art. 4, alinéa 2 de la loi du 28 pluviôse VIII, l'art. 4 de la loi du 13 frimaire VIII, l'art. 14, alinéa 2 du décret du 11 juin 1806 et l'art. 16 de la loi du 21 juin 1865.

Les motifs de la loi font observer au sujet des dispositions du § 4 de la loi d'introduction du Code de procédure civile, ainsi conçue: „Dans les affaires contentieuses civiles où, d'après l'objet ou la nature de la demande, la voie judiciaire est admise, la législation des Etats de la Confédération n'a pas la faculté d'exclure l'action judiciaire, par la raison que le Trésor public, une commune ou une autre corporation publique est intéressé comme partie."

D'après les délibérations sur la proposition qui a servi de base à cette disposition, proposition motivée par la législation alsacienne-lorraine et particulièrement par les dispositions qu'elle renferme sur l'exclusion de la compétence des tribunaux, pour les contestations qui s'élèvent entre l'administration et les entrepreneurs de travaux publics ou de fournitures, on a eu l'intention d'exprimer dans la loi ce principe général, que les contestations qui sont de la compétence des tribunaux, lorsqu'il n'y a que des personnes privées en cause, ne doivent pas non plus être soustraites aux tribunaux dans le cas où le fisc, une commune ou une autre corporation publique y serait partie (comp. notamment p. 476 des procès-verbaux de la commission de justice, concernant la loi sur l'organisation judiciaire).

Abstraction faite de l'origine du § 4, les termes mêmes de ce paragraphe permettraient de l'interpréter en ce sens qu'il ne vise que celles des lois du pays qui excluent la compétence des tri-

des Gesetzes vom 28 Pluviôse VIII, betreffend die Zuständigkeit der Verwaltungsgerichte für Schadensersatzklagen gegen den Unternehmer öffentlicher Arbeiten oder Lieferungen.

§ 9. Bei den im § 8, Abs. 1 bezeichneten Rechtsstreitigkeiten kann die zuständige Verwaltungsbehörde bis zur rechtskräftigen gerichtlichen Entscheidung einstweilige Anordnungen hinsichtlich der Ausführung der Verträge treffen.

§ 10. Die am Tage des Inkrafttretens des Gerichtsverfassungsgesetzes bei den Landesgerichten anhängigen Sachen, sowie die an diesem Tage bei den Verwaltungsbehörden anhängigen Sachen, für welche der Rechtsweg eröffnet ist, werden,

---

desselben die Auslegung begünstigen, daß derselbe nur solche Landesgesetze berühre, welche den Rechtsweg wegen der subjektiven Betheiligung des Fiskus u. s. w. ausschließen. Unter dieser Voraussetzung würde derselbe für Elsaß-Lothringen ohne Bedeutung sein, da in der dortigen Gesetzgebung für die Ausschließung des Rechtsweges stets mindestens zugleich andere Gründe maßgebend gewesen sind. Ob und welchen Einfluß hiernach der § 4 auf die zur Zeit bestehende Zuständigkeit der Verwaltungsbehörden in Elsaß-Lothringen ausübt, muß der Rechtsprechung überlassen bleiben und es kann jedenfalls nicht Aufgabe der Landesgesetzgebung sein, durch Vorschriften, welche eine Auslegung des Reichsgesetzes enthalten würden, diesen Einfluß zu bestimmen.

Nach dem Kommissionsbericht würde zufolge des § 4 insbesondere für die im Art. 4, Abs. 4, 5, 7 des Gesetzes vom 28 Pluviôse VIII bezeichneten Klagen sowie für die im Abs. 3 daselbst bezeichneten Schadensersatzklagen gegen den Staat die Zuständigkeit der Gerichte begründet sein.

§ 9. Der zuständigen Verwaltungsbehörde wird durch obige Bestimmung insbesondere die Möglichkeit gewährt, vorläufig eine von dem Unternehmer verzögerte Arbeit oder Lieferung durch einen Dritten ausführen, sowie die von demselben in vertragswidriger Weise begonnenen Arbeiten sistiren zu lassen (M.).

§ 10, Absatz 1. Es macht keinen Unterschied, ob das ergangene Urtheil ein definitives, interlokutorisches oder präparatorisches ist (M.).

Absatz 2. Nach dem Entwurfe sollten diese Sachen, sofern darin ein Urtheil ergangen war, an die Landgerichte (andernfalls an das nach den allgemeinen Vorschriften zuständige Gericht) übergehen. Die Kommission des Landesausschusses beseitigte die Beschränkung hauptsächlich deshalb, weil es nicht von dem Zufall, ob ein Urteil ergangen sei, abhängen dürfe, ob die Partei die Möglichkeit der Berufung an das Oberlandesgericht habe.

(Vergl. Ausführungsgesetz zu den Prozeßordnungen (Seite 84 unten), §§ 34 ff.)

des tribunaux administratifs pour connaître des demandes en dommages-intérêts contre les entrepreneurs de travaux publics ou de fournitures.

§ 9. Dans les contestations indiquées au § 8, alinéa 1er, l'autorité administrative compétente peut, jusqu'à ce qu'il soit intervenu un jugement passé en force de chose jugée, prendre des mesures provisoires relativement à l'exécution des contrats.

§ 10. Les affaires pendantes devant les tribunaux du pays le jour de l'entrée en vigueur de la loi sur l'organisation judiciaire, ainsi que les affaires pendantes audit jour devant les autorités administratives et qui sont attribuées à la juri-

---

bunaux, parce que le fisc, etc., serait partie au procès. Dans ce cas, ce paragraphe ne serait d'aucune importance pour l'Alsace-Lorraine, puisque dans la législation de ce pays, l'exclusion de la voie judiciaire reposait en même temps et tout autant pour le moins sur d'autres motifs. La question de savoir si, d'après cela et dans quelle mesure, le § 4 exerce une influence sur la compétence actuelle des autorités administratives en Alsace-Lorraine, doit être abandonnée à la jurisprudence, et dans tous les cas il ne peut pas appartenir à la législation du pays de déterminer cette influence par des prescriptions qui contiendraient une interprétation de la loi de l'Empire.

Selon le rapport de la commission, la compétence des tribunaux serait établie, conformément au § 4, pour les demandes désignées dans l'art. 4, alinéas 4, 5, 7 de la loi du 28 pluviôse VIII et pour les demandes en dommages-intérêts contre l'Etat désignées dans l'alinéa 3 de cette loi.

§ 9. Cette disposition permet à l'autorité administrative compétente de faire exécuter provisoirement par un tiers les travaux ou les fournitures que l'entrepreneur n'exécute pas en temps utile, ainsi que de faire arrêter les travaux commencés par lui d'une manière non conforme aux clauses du contrat (M.).

§ 10, alinéa 1er. Il est indifférent que le jugement qui a été rendu soit un jugement définitif, ou seulement interlocutoire ou préparatoire (M.).

Alinéa 2. D'après le projet de loi, les affaires devaient passer au Landgericht, du moment qu'il était intervenu un jugement (les autres au contraire devaient passer au tribunal compétent en vertu des principes généraux). La commission du Landesausschuss écarta cette distinction, parce qu'il ne devait pas dépendre du hasard, qu'un jugement fût intervenu, pour que les parties eussent conservé la faculté d'interjeter appel devant l'Oberlandesgericht.

(Comp. la loi d'exécution des Codes de procédure (infra, p. 85) §§ 34, etc.)

insofern nicht ein Urtheil oder eine einem Urtheile gleichstehende Entscheidung in denselben ergangen ist, den ordentlichen Landesgerichten nach Maßgabe der im Gerichtsverfassungsgesetze und in diesem Gesetze bestimmten Zuständigkeit zugewiesen.

Die an dem bezeichneten Tage bei den Handelsgerichten anhängigen Sachen gehen auf die Landgerichte über.

§ 11. Die im § 11, Abs. 2 des Einführungsgesetzes zum Gerichtsverfassungsgesetze bezeichnete Vorentscheidung ist nur im Falle des Verlangens der vorgesetzten Behörde erforderlich.

III. Amtsgerichte.

§ 12. Die Abhaltung von Gerichtstagen außerhalb des Sitzes des Amtsgerichts kann durch den Reichskanzler angeordnet werden.

---

§ 11. In Elsaß-Lothringen war bisher zufolge Art. 7 der Verfassung von 1790, Art. 75 der Verfassung vom 22 Frimaire VIII und des Dekrets vom 9. August 1806 nicht blos im Falle des Verlangens der vorgesetzten Behörde, sondern unbedingt die Verfolgung bestimmter Beamten (agents du gouvernement) wegen Amtshandlungen an die vorherige Ermächtigung des Staatsraths gebunden. Durch besondere Gesetze war für gewisse Beamtenklassen die Ertheilung dieser Ermächtigung an andere Behörden übertragen (z. B. Art. 39 der Ordonnanz vom 1. August 1827).

An Stelle dieser Ermächtigung ist nunmehr die in § 11 des Einf.-Gesetzes zum G. V. G. bezeichnete Feststellung getreten. Das Gesetz erachtet es für einen ausreichenden Schutz gegen die Möglichkeit willkürlicher Beamtenverfolgungen, daß die so beschränkte Vorentscheidung künftig nur im Falle des Verlangens der vorgesetzten Behörde erforderlich sein soll. Diese Einschränkung erscheint um so mehr geboten, als jene Vorentscheidung, so lange ein oberster Verwaltungsgerichtshof im Sinne des § 11 in Elsaß-Lothringen nicht besteht, nach Nr. 2 daselbst dem Reichsgerichte zusteht, dessen Ueberlassung thunlichst zu vermeiden ist (M.).

§§ 12, 13 (vergl. § 2 der Verordnung vom 13. Juni 1879 (S. 30 unten) und die Anordnung vom 8. Februar 1886, S. 98 unten.)

§ 12. Auf den Gerichtstagen werden sämmtliche zur Zuständigkeit der Amtsgerichte gehörende Angelegenheiten ihre Erledigung finden (M.).

(Die Sitzungen des Schöffengerichts finden nur am Sitze des Amtsgerichts statt (vgl. G. V. G. § 42 Nr. 2, §§ 48, 49.)

diction civile, seront portées en tant qu'il ne sera pas encore intervenu de jugement ou de décision équivalente à un jugement, devant les tribunaux ordinaires, d'après les règles de compétence établies par la loi sur l'organisation judiciaire et par la présente loi.

Les affaires qui au jour ci-dessus désigné seront pendantes devant les tribunaux de commerce, passeront aux Landgerichte.

§ 11. La décision préalable indiquée au § 11, alinéa 2 de la loi d'introduction de la loi sur l'organisation judiciaire, n'est nécessaire que dans le cas où elle requise par l'autorité préposée.

III. *Amtsgerichte.*

§ 12. Le Chancelier de l'Empire pourra ordonner qu'il sera tenu des audiences en dehors de la localité où siège l'Amtsgericht.

---

§ 11. Pour l'Alsace-Lorraine, l'art. 7 de la Constitution de 1790, l'art. 75 de la Constitution de 22 frimaire VIII et le décret du 9 août 1806 contenaient des prescriptions d'après lesquelles dans tous les cas indistinctement, la poursuite de certains fonctionnaires agents du gouvernement, pour faits relatifs à leurs fonction, dépendait de l'autorisation préalable du Conseil d'Etat. Pour certaines classes de fonctionnaires, des lois spéciales avaient transféré à d'autres autorités la faculté de donner cette autorisation (p. ex. art. 39 de l'ordonnance du 1er août 1827).

Cette autorisation est maintenant remplacée par la décision préalable prévue par le § 11 de la loi concernant l'introduction de la loi sur l'organisation judiciaire.

La loi considère comme une garantie suffisante contre la possibilité de poursuites arbitraires contre des fonctionnaires, le fait que la décision n'est plus nécessaire désormais que dans le cas où l'autorité préposée la demanderait. Cette restriction paraît d'autant plus opportune que cette décision préalable, tant qu'une cour supérieure d'administration, dans le sens du § 11, n'existera pas en Alsace-Lorraine, appartient, d'après le n⁰ 2 de ce même paragraphe, à la Cour suprême de l'Empire, qu'il faut autant que possible éviter de surcharger (M.).

Pour les §§ 12 et 13, comp. l'ordonn. du 13 juin 1879 (v. infra, p. 30) et l'ordonnance du 8 février 1886, ci-dessous p. 99.

§ 12. Les tribunaux cantonaux ont à vider à l'audience toutes les affaires qui sont de leur compétence (M.).

(Les séances des tribunaux d'échevins n'ont lieu qu'au siège de l'Amtsgericht; comp. §§ 42, n⁰ 2, 48 et 49 de la loi d'organisation judiciaire.)

§ 13. Die in Gemäßheit der Art. 17 bis 19 des Gesetzes vom 22 Frimaire VII und der Art. 1 und 2 des Gesetzes vom 15. November 1808 erforderliche Ernennung und Beeidigung von Sachverständigen, sowie die Vernehmung der Zeugen im Falle des Art. 8 des Gesetzes vom 22 Pluviôse VII erfolgt durch die Amtsgerichte.

IV. Schöffengerichte.

§ 14. Die Vertrauensmänner des Ausschusses (Gerichtsverfassungsgesetz § 40) werden durch die Kreistage gewählt. Gehört der Bezirk des Amtsgericht mehreren Kreisen an, so ist die von den einzelnen Kreistagen zu wählende Anzahl der Vertrauensmänner unter Berücksichtigung der Einwohnerzahl durch den Amtsrichter zu bestimmen.

Die Vorschriften der §§ 32, 33 des Gerichtsverfassungsgesetzes finden auf die zu wählenden Vertrauensmänner entsprechende Anwendung.

Die Wahl erfolgt nach der absoluten Mehrheit der Stimmen.

V. Landgerichte.

§ 15. Der Präsident des Landgerichts kann mit der Vertretung eines verhinderten Mitgliedes für einzelne Sitzungen

---

§ 13. Die Befugniß der Landesgesetzgebung zu der obigen Anordnung ergibt sich aus § 4 des Einführungsgesetzes zum Gerichtsverfassungsgesetze, da in den hier fraglichen Fällen es sich nicht um richterliche Handlungen innerhalb des ordentlichen Prozeßverfahrens, sondern um die Mitwirkung des Richters bei Feststellungen handelt, welche außerhalb eines solchen liegen (M.).

(Vgl. noch § 6 des Ausführungsgesetzes zum H. K. G.)

§ 14 enthält die erforderlichen Ausführungsbestimmungen zu § 40 des Gerichtsverfassungsgesetzes.

Die Bezeichnung des als Besitzer des Ausschusses für die Wahl der Schöffen und Geschworenen von der Landesregierung zu bestimmenden Staatsverwaltungsbeamten erfolgt im Verordnungswege. Vgl. die §§ 3 bis 7 der Verordnung vom 13. Juni 1879 (S. 31 unten). (M.).

§ 15. Da es sich bei Anwendung dieser Bestimmung um Stellvertretung durch ständig angestellte Richter handelt, so finden die Vorschriften des § 69, Abs. 1 und 2 des Gerichtsverfassungsgesetzes in diesen Fällen keine Anwendung (vgl. G. V. G. § 69, Abs. 3).

§ 13. Les Amtsgerichte nomment et assermentent les experts dans les cas prévus par les art. 17 à 19 de la loi du 22 frimaire VII et les art. 1 et 2 de la loi du 15 novembre 1808, et ils entendent les témoins dans le cas prévu par l'art. 8 de la loi du 22 pluviôse VII.

IV. *Tribunaux d'échevins.*

§ 14. Les assesseurs (Vertrauensmänner) de la Commission (loi sur l'organisation judiciaire, § 40) sont désignés par les conseils d'arrondissement. Lorsque la juridiction de l'Amtsgericht s'exerce sur un territoire qui appartient à plusieurs arrondissements, l'Amtsrichter déterminera, en prenant en considération le nombre des habitants, le nombre des assesseurs que devra élire chacun des conseils d'arrondissement.

Les prescriptions des §§ 32 et 33 de la loi sur l'organisation judiciaire sont applicables par analogie aux assesseurs qui sont à élire.

L'élection a lieu à la majorité absolue des voix.

V. *Landgerichte.*

§ 15. Le président du Landgericht peut, en cas d'empêchement d'un membre du Landgericht, charger un

---

§ 13. La législation du pays est autorisée à prendre ces mesures par le § 4 de la loi d'introduction de la loi sur l'organisation judiciaire; il ne s'agit pas en effet d'actes rentrant dans la procédure judiciaire ordinaire, mais de la coopération du juge dans des constatations qui sont étrangères à la procédure proprement dite (M.). (Comp. encore le § 6 de la loi d'exécution de la loi sur les frais judiciaires. p. 157 infra.)

§ 14. Ce paragraphe contient les dispositions d'exécution se rapportant au § 40 de la loi sur l'organisation judiciaire.

La nomination du fonctionnaire de l'ordre administratif qui devra être désigné par le gouvernement du pays pour siéger avec la commission chargée de l'élection des échevins et du jury, a lieu par voie d'ordonnance. Comp. les §§ 3 à 7 de l'ordonnance du 13 juin 1879 (infra, p. 31). (M.)

§ 15. Comme il s'agit dans le cas spécial du remplacement d'un juge par des juges permanents, les dispositions du § 69, alinéas 1 et 2 de la loi sur l'organisation judiciaire ne peuvent recevoir leur application (comp. § 69, alinéa 3 de la loi sur l'organisation judiciaire.) La faculté d'appeler les avocats pour remplacer des membres empêchés du

oder Geschäfte einen Amtsrichter beauftragen, soweit die Vertretung nicht durch ein Mitglied des Landgerichts möglich ist.

§ 16. Die Landgerichte sind für die im § 70 Abs. 3 des Gerichtsverfassungsgesetzes bezeichneten Ansprüche — soweit der Rechtsweg zulässig ist — ohne Rücksicht auf den Werth des Streitgegenstandes ausschließlich zuständig.

Diese Bestimmung findet auf Streitigkeiten über Octroigefälle keine Anwendung.

Die durch den § 4 des Gesetzes vom 14. Juli 1871 Gesetzbl., (S. 165) unter bestimmten Voraussetzungen gestattete Berufung von Advokaten zur Vertretung verhinderter Mitglieder des Landgerichts ist mit den Bestimmungen des § 69 des Gerichtsverfassungsgesetzes unvereinbar und daher in Zukunft nicht mehr zulässig (M.).

§ 16. Der § 70, Abs. 3 des Gerichtsverfassungsgesetzes hat es der Landesgesetzgebung überlassen, Rechtsstreitigkeiten der daselbst bezeichneten Art, da bei denselben vielfach wichtige Fragen des öffentlichen Rechts zur Entscheidung kommen, ohne Rücksicht auf den Werth des Streitgegenstandes den Landgerichten ausschließlich zuzuweisen.

Von dieser Befugniß hat das Gesetz, ohne die hinsichtlich der Zulässigkeit des Rechtsweges überhaupt geltenden Grundsätze zu berühren, einen ausgedehnten Gebrauch gemacht.

In Folge der Bestimmung des § 16 gehören zur ausschließlichen Zuständigkeit der Landgerichte Rechtsstreitigkeiten über Vermögensansprüche:

1. Der Staatsbeamten aus ihrem Dienstverhältniß, insbesondere über Ansprüche auf Besoldung, Wartegeld oder Pension nach Maßgabe des Reichsbeamtengesetzes vom 31. März 1873, § 149 (vergl. Art. I., Abs. 2 des Gesetzes vom 23. Dezember 1873, Gesetzbl., S. 479);
2. gegen den Staat wegen Verschuldung von Staatsbeamten, soweit der Rechtsweg zulässig ist;
3. gegen Beamte des Staats, der Gemeinden und öffentlichen Anstalten wegen Ueberschreitung ihrer amtlichen Befugnisse oder wegen pflichtwidriger Unterlassung von Amtshandlungen;
4. in Betreff der Staatsabgaben, soweit der Rechtsweg zulässig ist.

Hierdurch ist zugleich in Folge der Bestimmung des § 509, Ziff. 2 der Civilprozeßordnung die Möglichkeit gegeben, eine gleichmäßige Entscheidung der bei diesen Rechtsstreitigkeiten vorkommenden Fragen im Wege der Revision durch das Reichsgericht herbeizuführen.

Dagegen hat es das Gesetz hinsichtlich der Rechtsstreitigkeiten über Oktroigefälle, für welche bisher die Friedensgerichte ausschließlich zuständig waren (Ord. v. 9./27. Dezember 1814, Art. 81), mit Rücksicht auf die der Regel nach geringere Bedeutung derselben bei den allgemeinen Regeln der Zuständigkeit belassen (M.).

Amtsrichter de remplacer ce dernier pour certaines audiences ou certaines affaires déterminées, s'il n'est pas possible de le remplacer par un membre du Landgericht.

§ 16. Pour les réclamations indiquées au § 70, alinéa 3 de la loi sur l'organisation judiciaire, les Landgerichte sont, en tant que la voie judiciaire est admissible, exclusivement compétents, sans égard à la valeur de l'objet litigieux.

Cette disposition n'est pas applicable aux contestations relatives aux droits d'octroi.

---

tribunal régional, admise sous certaines conditions par le § 4 de la loi du 14 juillet 1871 (Bulletin des lois, p. 165), n'est pas compatible avec les dispositions du § 69 de la loi sur l'organisation judiciaire et par consequent n'est plus admissible à l'avenir (M.).

§ 16. Le § 70, alinéa 3 de la loi sur l'organisation judiciaire a abandonné à la législation du pays la faculté d'attribuer exclusivement aux tribunaux régionaux, sans égard à la valeur de l'objet litigieux, les contestations qui y sont désignées, parce qu'elles donnent souvent lieu à des décisions de question importantes de droit public. La loi, sans toucher aux principes généralement en vigueur sur l'admissibilité de la voie judiciaire, a largement usé de cette faculté. Sont de la compétence exclusive des tribunaux régionaux, d'après la disposition de la loi, les contestations concernant:

1. Les réclamations des fonctionnaires de l'Etat, à raison de leur emploi, particulièrement en ce qui concerne leurs droits au traitement de non-activité de service ou à la pension de retraite, conformément au § 149 de la loi sur les fonctionnaires de l'Empire du 31 mars 1873 (comp. art. 1, alinéa 2 de la loi du 23 décembre 1873, Bulletin des lois, p. 479);

2. Les réclamations contre l'Etat à raison de fautes commises par des fonctionnaires de l'Etat, en tant que la voie judiciaire est admise;

3. Les réclamations contre les fonctionnaires de l'Etat, de communes et d'établissements publics, pour excès de pouvoirs ou négligence dans l'exercice de leurs fonctions;

4. Les réclamations relatives aux impôts publics, en tant que la voie judiciaire est admise.

Ces dispositions permettent en même temps, en vertu des prescriptions du § 509, n° 2 du Code de procédure civile, de former par voie de pourvoi en révision devant la Cour suprême de l'Empire, une jurisprudence uniforme sur les questions auxquelles ces contestations donnent lieu.

Par contre, la loi a maintenu les règles générales de compétence en ce qui concerne les contestations relatives aux droits d'octroi, pour lesquelles les justices de paix avaient été jusqu'ici exclusivement compétentes (ordonnance du 9/27 décembre 1814, art. 81), à cause de l'importance généralement modique de l'objet litigieux (M.).

§ 17. Die nicht zur ordentlichen streitigen Gerichtsbarkeit gehörenden Angelegenheiten, für welche bisher die Handelsgerichte zuständig waren, werden den Landgerichten zugewiesen.

VI. Schwurgerichte.

§ 18. Die Schwurgerichtssitzungen finden in der Regel alle drei Monate statt; sie werden durch den Präsidenten des Oberlandesgerichts festgesetzt.

VII. Kammern für Handelssachen.

§ 19. Die Vorsitzenden der Kammern für Handelssachen werden durch den Reichskanzler bestimmt. Die Bestimmung erfolgt bis zum Schlusse des Jahres 1884 mindestens auf die Dauer eines Geschäftsjahres, von diesem Zeitpunkte ab auf mindestens fünf Geschäftsjahre.

---

§ 17. Auf Grund der obigen Bestimmung gehören vor die Landgerichte im Wesentlichen:

1. Die auf die Führung der Handelsregister, der Genossenschaftsregister und der Musterregister bezüglichen Geschäfte (vergl. Einführungsgesetz zum Handelsgesetzbuch vom 19. Juni 1872, §§ 18 ff., Gesetzbl. S. 213; Gesetz vom 4. Juli 1868, betreffend die privatrechtliche Stellung der Erwerbs- und Wirthschaftsgenossenschaften nebst Einführungsgesetz vom 12. Juli 1872, daselbst S. 511, und Ausführungsverordnung vom 28. September 1872, daselbst S. 745; Instruktion vom 28. September 1872, daselbst S. 746, Gesetz vom 11. Januar 1876, betreffend das Urheberrecht an Muster und Modellen, §§ 9 ff., Reichsgesetzblatt S. 11);
2. Die in dem Handelsgesetzbuch und in dem Einführungsgesetz zu demselben, sowie in dem Gesetz vom 4. Juli 1868, betreffend die privatrechtliche Stellung der Erwerbs- und Wirthschaftsgenossenschaften den Gerichten zugewiesenen, von den deutschen Prozeßordnungen nicht betroffenen Angelegenheiten (M.).

(Hinsichtlich der ursprünglich auch hierher gehörenden Berufung gegen Urtheile der Gewerbegerichte (Gesetz vom 1. Juni 1853, Art. 13, Abs. 2) vergl. jetzt § 40 des Gesetzes vom 23. März 1880, S. 134 unten).

§ 18. (Vergl. § 9 der Verordnung vom 14. Juli 1871 — Gesetzbl. S. 169 — und die Verordnung vom 10. März 1886 — Gesetzbl. S. 9 — die §§ 3 bis 7 der Verordnung vom 13. Juni 1879 S. 30 unten und bezüglich der obigen Vorschrift insbesondere Art. 259 des Code d'instruction criminelle und Art. 20 des Gesetzes vom 20. April 1810.)

§§ 19 bis 21. Vergl. die §§ 8 bis 13 der Verordnung vom 13. Juni 1879.

§ 19. Vergl. G. V. G. § 67. Der Vorsitz kann dem Präsidenten, einem Director oder einem Mitglied des Landgerichts übertragen

§ 17. Les affaires qui ne relèvent pas de la juridiction contentieuse ordinaire pour lesquelles les tribunaux de commerce ont été compétents jusqu'ici, sont attribuées aux Landgerichte.

VI. *Cours d'assises.*

§ 18. Les sessions des cours d'assises ont lieu en règle générale tous les trois mois; elles sont fixées par le président du tribunal régional supérieur.

VII. *Chambres commerciales.*

§ 19. Les présidents des chambres commerciales sont nommés par le Chancelier de l'Empire. Jusqu'en 1884, cette nomination aura lieu pour la durée d'une année au moins; à partir de cette époque, pour celle de cinq ans au moins.

---

§ 17. Sont de la compétence des Landgerichte en vertu de ce paragraphe:

1. Les affaires relatives à la tenue des registres de commerce, des registres d'associations et des registres de modèles (comp. loi d'introduction au Code de commerce du 19 juin 1872, § 18 et suivants, Bulletin des lois, p. 212; loi du 4 juillet 1868, concernant les droits privés des associations coopératives et économiques, avec la loi d'introduction du 12 juillet 1873, Bulletin des lois, p. 511, et l'ordonnance d'exécution du 28 septembre 1872, ibid., p. 745; l'instruction du 28 septembre 1872, Bulletin des lois, p. 746; la loi du 11 janvier 1876, concernant les droits d'auteur sur les échantillons et les modèles, § 9 et suiv., Bulletin des lois de l'Empire, p. 11);
2. Les affaires attribuées aux tribunaux par le Code de commerce et la loi d'introduction y relative, ainsi que par la loi du 4 juillet 1868, concernant les droits privés des associations coopératives et économiques, et auxquelles ne s'appliquent pas les lois de procédure allemandes (M.).

En ce qui concerne la décision sur l'appel contre les jugements des Conseils de prud'hommes (loi du 1er juin 1853, art. 13, alinéa 2), comp. le § 40 de la loi du 23 mars 1880 infra, p. 135.

§ 18. Comp. le § 9 du decret du 18 juillet 1871 (bul. des lois p. 169) et le decret du 10 mars 1886 ainsi que les §§ 3 à 7 de l'ordonnance du 13 juin 1879 et pour la prescription, du paragraphe l'art. 259. Code d'instruction criminelle et l'art. 20 de la loi du 20 avril 1810.

§§ 19 à 21. Comp. les §§ 8 à 13 de l'ordonnance du 13 juin 1879.

§ 19. Comp. § 67 de la loi sur l'organisation judiciaire. La présidence peut être attribuée au président, à un directeur ou à l'un des juges près du Landgericht (M.). Ce sont des directeurs qui sont

§ 20. Auf die Handelsrichter finden hinsichtlich ihres dienstlichen Verhaltens die gesetzlichen Vorschriften über Aufsicht und Disciplin der Richter entsprechende Anwendung

§ 21. Die in § 10, Abs. 2 und § 17 bezeichneten Angelegenheiten gehören vor die Kammern für Handelssachen.

VIII. Oberlandesgericht.

§ 22. Das Oberlandesgericht entscheidet, insoweit das Rechtsmittel der Kassation bestehen bleibt, sowie hinsichtlich der Bestimmung des zuständigen Gerichts in den zur ordentlichen streitigen Gerichtsbarkeit gehörenden Angelegenheiten als Kassationshof. Die Entscheidung erfolgt durch den I. Senat in der Besetzung von sieben Mitgliedern, erforderlichenfalls unter Zuziehung der demselben nicht angehörenden, dem Dienstalter nach ältesten Räthe.

---

werden (M.). Zur Zeit sind Direktoren als Vorsitzende bestimmt, wie das die Kommission des Landesausschusses als selbstverständlich vorausgesetzt hatte. Das System des Entwurfs, wonach die Vorsitzenden überhaupt mindestens auf die Dauer eines Geschäftsjahres ernannt werden sollten, wurde bestritten, „weil die erforderliche Stabilität der Handelsjurisprudenz durch einen zu häufigen Wechsel des Vorsitzenden schwer geschädigt werden könne." Für die demnächst angenommene Fassung war die Erwägung maßgebend, „daß der Regierung alle Freiheit des Handelns während einer bestimmten Zeitdauer gelassen werden muß, die genügend ist, um, gestützt auf eine vollständige Kenntniß der persönlichen Fähigkeiten der für die wichtigen Befugnisse eines Präsidenten der Kammer für Handelssachen zu ernennenden Richter, eine geeignete Wahl aus der Zahl derselben zu treffen. Ist diese Probezeit vorbei, dann erscheint es wegen der Natur der Befugnisse und im Interesse des Handels angezeigt, zu häufigen Wechsel zu verhindern, da dieser der Anwendung des gewöhnlichen Geschäftsganges sich gleichstellen würde" (B.).

§ 20. Die obige Vorschrift ergibt sich als nothwendige Folge aus § 116 des G. V. G. Zufolge desselben kann ein dienstwidriges Verhalten der Handelsrichter im Amte unter denselben Voraussetzungen und in denselben Formen, wie bei den übrigen Richtern, im Disciplinarwege geahndet, und nach der Schwere des Falles durch Entscheidung des zuständigen höchsten Gerichtshofes die Dienstentsetzung ausgesprochen werden (M.).

§ 22. Behufs Regelung der außerhalb des Gebietes der ordentlichen streitigen Gerichtsbarkeit übrig bleibenden Befugnisse des Kassationshofes bedarf es besonderer Bestimmungen. Was zunächst die nach Art. 82 des S. C. vom 16 Thermidor X, Art. 59 des Gesetzes

§ 20. Les dispositions législatives concernant la discipline et la surveillance des juges sont applicables aux juges des chambres commerciales, pour tout ce qui est relatif à l'exercice de leurs fonctions.

§ 21. Les affaires mentionnées au § 10, alinéa 2, et au § 17, sont portées devant les chambres commerciales.

VIII. *Oberlandesgericht.*

§ 22. L'Oberlandesgericht juge comme cour de cassation dans les cas où le pourvoi en cassation est maintenu, et pour le règlement de juges dans les affaires qui ne relèvent pas de la juridiction contentieuse ordinaire. La décision est rendue par le premier sénat, composé de sept membres, en appelant en cas de besoin, par rang d'ancienneté de service, les conseillers qui ne font pas partie de ce sénat.

---

en ce moment-ci appelés à la présidence, ce qui répond à ce que la commission du Landesausschuss a exprimé comme étant sous-entendu.

Le système du projet de loi, d'après lequel le président devait être nommé pour la durée d'une année judiciaire au moins, n'a pas été admise, parce que l'uniformité et la stabilité dans la jurisprudence auraient pu être gravement lésées par un changement trop fréquent dans la présidence.

Pour l'admission de la rédaction définitive, on a fait valoir:

„Qu'il était bon de laisser toute liberté d'action au Gouvernement pendant une certaine période suffisante pour assurer des choix convenables en pleine connaissance des aptitudes personnelles des magistrats à nommer aux importantes fonctions de président des chambres commerciales; mais ce temps d'épreuve passé, il était commandé par la nature de ces fonctions et l'intérêt du commerce d'empêcher des mutations trop fréquentes qui pourraient équivaloir à l'application du roulement ordinaire" (R.).

§ 20. Cette disposition est la conséquence forcée du § 116 de la loi sur l'organisation judiciaire; il en découle que toute contravention aux obligations de ces fonctions de la part d'un juge de commerce peut dans les mêmes conditions et dans les mêmes formes que lorsqu'il s'agit d'un autre juge, être punie par voie disciplinaire, et que, suivant la gravité du cas, la destitution peut même être prononcée par décision de la Cour suprême de justice. (M.).

§ 22. Des dispositions spéciales étaient nécessaires pour régler la compétence de la Cour de cassation en dehors de la juridiction contentieuse ordinaire. En ce qui concerne d'abord le droit de surveillance et de discipline, qui, d'après l'art. 82 du S. C. du 16 thermidor X, art. 59 de la loi du 20 avril 1810 et art. 4 du décret

Gegen Urtheile des Oberlandesgerichts findet ein Kassationsrekurs nicht statt.

IX. Staatsanwaltschaft.

§ 23. Die Staatsanwälte werden vom Kaiser ernannt.

§ 24. Mit der einstweiligen Wahrnehmung von Geschäften der Staatsanwaltschaft bei dem Oberlandesgericht und den Landgerichten können nur zum Richteramte befähigte Personen beauftragt werden.

§ 25. Die Amtsanwälte werden auf Widerruf ernannt.

---

vom 20. April 1810 und Art. 4 des Dekrets vom 1. März 1852 in Verbindung mit Art. IV des Gesetzes vom 23. Dezember 1873 (Gesetzbl., S. 479) dem Kassationshofe hinsichtlich der richterlichen Beamten zustehenden Aufsichts- und Disziplinarbefugnisse anbelangt, so ist deren Uebertragung auf das Reichsgericht durch § 1, Abs. 2 des Reichsgesetzes vom 16. Juni 1879 (R. G. Bl. S. 157) erfolgt.

Zu den Fällen, in welchen der Kassationsrekurs bestehen bleibt, gehören:

der Kassationsrekurs gegen die in Form von Urtheilen ergangenen Entscheidungen der Gerichte auf dem Gebiete der freiwilligen Gerichtsbarkeit, sowie gegen die im Disziplinarverfahren gegen Notare ergangenen Straferkenntnisse,

der Kassationsrekurs in Expropriationssachen, soweit für einen solchen die Bestimmungen des Gesetzes vom 3. Mai 1841 maßgebend bleiben, gegen amtsgerichtliche Entscheidungen über Reklamationen gegen die Wahllisten (Organ. Dekr. vom 2. Februar 1852, Art. 22; Gesetz vom 7. Juli 1852, Art. 3; Gesetz vom 5. Mai 1855, Art. 36 (bis zur Aufhebung des Kriegsgerichts zu Straßburg auch gegen dessen Urtheile, Gesetz vom 12. Juli 1873 § 7, Gesetzbl. S. 163).

Die Bestimmung des zuständigen Gerichts durch den Kassationshof auf dem von den Reichs-Justizgesetzen nicht betroffenen Gebiete kann hauptsächlich in Fällen des negativen Kompetenzkonflikts und des Art. 527 des Code d'instruction criminelle praktisch werden (M.).

§§ 23 bis 27. Auf dem Gebiete der nicht zur ordentlichen streitigen Gerichtsbarkeit gehörenden Angelegenheiten ist durch die Reichs-Justizgesetze eine Aenderung in der Zuständigkeit der Staatsanwaltschaft überhaupt nicht eingetreten. Ihre Befugnisse bleiben, insoweit die Reichs-Justizgesetze keine abändernden Bestimmungen enthalten, insbesondere auch hinsichtlich der Justizverwaltung und der Aufsicht über die ministeriellen und Standesbeamten unberührt (M.).

§ 24 schließt insbesondere die Referendare von der einstweiligen Wahrnehmung von Geschäften der Staatsanwaltschaft bei den Kollegialgerichten aus (M.).

§ 25. (Die Ernennung der Amtsanwälte erfolgt jetzt, nach dem Gesetz vom 30. Juli 1880 (Gesetzbl. S. 128) durch das Ministerium).

Les arrêts de l'Oberlandesgericht ne sont pas soumis au recours en cassation.

IX. *Ministère public.*

§ 23. Les procureurs impériaux sont nommés par l'Empereur.

§ 24. Ne peuvent être chargées temporairement des fonctions du ministère public près l'Oberlandesgericht et près des Landgerichte, que les personnes aptes à remplir les fonctions de juges.

§ 25. Les procureurs près des Amtsgerichte sont révocables.

---

du 1er mars 1852, combinés avec l'art. 4 de la loi du 23 décembre 1873 (Bulletin des lois, p. 479), appartient à la Cour de cassation relativement aux fonctions judiciaires, il a été attribué à la Cour suprême de l'Empire par le § 1er alinéa 2 de la loi de l'Empire du 16 juin 1879 (Bulletin des lois de l'Empire, p. 157).

Les cas dans lesquels le recours en cassation est maintenu sont les suivants:

Le recours contre les décisions prononcées sous forme de jugement en matière de juridiction gracieuse, ainsi que contre les jugements prononcés contre les notaires par voie disciplinaire;

Le recours en matière d'expropriation pour cause d'utilité publique, en tant que les dispositions de la loi du 3 mai 1841 restent applicables à ce recours et celui contre les décisions des tribunaux cantonaux sur les réclamations contre les listes électorales (décret organique du 2 février 1852, art. 22, loi du 7 juillet 1852, art. 3, loi du 5 mai 1855, art. 36).

La désignation du tribunal compétent par la Cour de cassation dans les matières non touchées par les lois judiciaires de l'Empire, peut surtout avoir lieu en cas de conflit négatif de compétence et de l'art. 527 du Code d'instruction criminelle (M.).

§§ 23 à 27. Les lois judiciaires de l'Empire n'ont amené aucun changement dans la compétence du ministère public, en ce qui concerne les matières ne faisant pas partie de la juridiction contentieuse ordinaire. La sphère d'action est restée la même, en tant que ces lois judiciaires n'y ont pas introduit de modification, spécialement par rapport à l'administration de la justice et à la surveillance des fonctionnaires ministériels et de l'état civil (M.).

Le § 24 s'oppose à ce que les référendaires soient chargés temporairement des fonctions du ministère public près des Landgerichte.

§ 25. La nomination des procureurs près des Amtsgerichte se fait par le ministère d'après la loi du 30 juillet 1880 (bul. des lois p. 128.)

Die Ernennung erfolgt durch den ersten Beamten der Staatsanwaltschaft bei dem Oberlandesgericht, im Einvernehmen mit dem Bezirkspräsidenten, in der Regel aus der Zahl der Verwaltungspolizeibeamten.

Die Geschäfte des Amtsanwalts können einem Staatsanwalt, einem Assessor oder einem Referendar übertragen werden.

§ 26. In Dringlichkeitsfällen haben der Bürgermeister am Sitze des Amtsgerichts und dessen gesetzliche Vertreter die Geschäfte des verhinderten Amtsanwalts wahrzunehmen.

§ 27. Die Amtsanwälte sind zugleich Hülfsbeamte der Staatsanwaltschaft in den nicht zur Zuständigkeit der Amtsgerichte und der Schöffengerichte gehörenden Sachen.

X. Gerichtsschreiber und Gerichtsvollzieher.

§ 28. Die Ernennung der Gerichtsschreiber erfolgt durch den Präsidenten des Oberlandesgerichts und den ersten Beamten der Staatsanwaltschaft bei diesem Gerichte.

Es ist nicht ausgeschlossen, daß ein Amtsanwalt für mehrere Amtsgerichtsbezirke oder umgekehrt im Falle des Bedürfnisses mehrere Amtsanwälte bei demselben Amtsgericht ernannt werden (M.).

§ 26. Die Verpflichtung der Bürgermeister und ihrer Vertreter tritt von Rechtswegen ein, ohne daß es einer besonderen Berufung der genannten Beamten bedarf; es genügt vielmehr, daß sie von der thatsächlich vorhandenen Voraussetzung der Verpflichtung rechtzeitig Kenntniß erhalten (M.)

§ 27. Nach § 147 des Gerichtsverfassungsgesetzes sind die Amtsanwälte auch in den nicht zur Zuständigkeit der Amtsgerichte und Schöffengerichte gehörigen Sachen verpflichtet, staatsanwaltschaftliche Geschäfte, mit deren Vornahme sie von dem ihnen vorgesetzten Beamten der Staatsanwaltschaft beauftragt werden, zu erledigen. Es erschien jedoch nothwendig, denselben die Funktionen von Hülfsbeamten der Staatsanwaltschaft im Sinne der Reichs-Justizgesetze ausdrücklich zu übertragen, um sie in schwurgerichtlichen und landgerichtlichen Sachen auch ohne Auftrag des Vorgesetzten zu dem ersten Angriff und allen polizeilichen Maßregeln (St. P. O., § 98) generell zu befähigen (M.).

(Vergl. im Uebrigen wegen der Hülfsbeamten der Staatsanwaltschaft § 14 der Verordnung vom 13. Juni 1879 und Verordnung vom 26. Januar 1880, S. 40 unten.)

(Vergl. § 16 der Verordnung vom 13. Juni 1879, S. 30 unten).

§ 28. (Die Ernennung erfolgt nach dem Gesetz vom 30. Juli 1880 — Gesetzbl. S. 128 — jetzt durch das Ministerium.)

Leur nomination est faite par le premier fonctionnaire du ministère public près de l'Oberlandesgericht, après s'être entendu avec le président du département; ils sont en règle générale pris parmi les fonctionnaires de police administrative.

Les fonctions de procureur près des Amtsgerichte peuvent être remplies par un procureur impérial, un assesseur ou un référendaire.

§ 26. En cas d'urgence, le maire de la localité où siège l'Amtsgericht et ses représentants légaux, sont obligés de remplir les fonctions du procureur cantonal en cas d'empêchement.

§ 27. Les procureurs cantonaux sont en même temps des fonctionnaires auxiliaires du ministère public dans les affaires qui ne sont pas de la compétence des Amtsgerichte ni des tribunaux d'échevins.

X. *Greffiers et huissiers.*

§ 28. La nomination des greffiers a lieu par le président de l'Oberlandesgericht avec le premier fonctionnaire du ministère public près de ce tribunal conjointement.

§ 29. Les dispositions d'après lesquelles les greffiers sont autorisés à faire les ventes aux enchères publiques à la requête des parties, sont supprimées.

---

§ 26. L'obligation du maire et de ses représentants a lieu de plein droit, sans qu'il soit besoin d'une désignation spéciale desdits fonctionnaires; il suffit qu'ils soient avertis en temps utile du fait qui donne lieu à l'accomplissement de cette obligation (M.).

§ 27. D'après le § 147 de la loi sur l'organisation judiciaire, les procureurs cantonaux sont obligés de remplir, même dans les affaires qui ne sont pas de la compétence des Amtsgerichte et des tribunaux d'échevins, les fonctions du ministère public dont ils sont chargés par le fonctionnaire du ministère public qui leur est préposé. On a cependant jugé nécessaire de leur conférer expressément les fonctions de fonctionnaires auxiliaires du ministère public, dans le sens des lois judiciaires de l'Empire, afin de les déclarer d'une manière générale compétents, pour procéder aux premiers actes d'instruction et prendre toutes les mesures de police nécessaires dans les affaires qui sont de la compétence de la cour d'assises et du Landgericht (Code d'instruction criminelle, § 98), même sans délégation spéciale de leur chef (M.).

(Comp. au surplus, au sujet des fonctionnaires auxiliaires du ministère public, le § 14 de l'ordonnance du 13 juin 1879 et l'ordonnance du 26 janvier 1880, infra, p. 41).

(Comp. le § 16 de l'ordonnance du 13 juin 1879.)

§ 28. La nomination se fait d'après la loi du 30 juillet 1880 (bul. des lois p. 128) maintenant par le ministère.

§ 29. Die Bestimmungen, nach welchen den Gerichtsschreibern die Vornahme von öffentlichen Versteigerungen im Auftrage der Parteien zusteht, werden aufgehoben.

§ 30. Die Gerichtsschreiber bei den Amtsgerichten und die Gerichtsvollzieher sind in den Fällen der §§ 112, 113 der Konkursordnung zur Vornahme von Siegelungen und zur Wahrnehmung der Verrichtungen einer Urkundsperson ermächtigt.

§ 31. Die Vorschriften des § 156 des Gerichtsverfassungsgesetzes finden in den zur ordentlichen streitigen Gerichtsbarkeit nicht gehörenden Angelegenheiten entsprechende Anwendung.

XI. Schlußbestimmungen.

§ 32. In den Angelegenheiten, welche zu der ordentlichen streitigen Gerichtsbarkeit nicht gehören, finden die Vorschriften der §§ 157 bis 160, 162, 164, 167 des Gerichtsverfassungsgesetzes über Rechtshülfe, der §§ 177 bis 185 über die Aufrechthaltung der Ordnung, und der §§ 194 bis 199 über die Berathung und Abstimmung entsprechende Anwendung.

§ 33. Die Vergütung der Reisekosten für die Geschworenen, die Vertrauensmänner und die Schöffen wird durch das Gesetz festgesetzt. Bis zum Erlaß eines solchen ist dieselbe nach den im Titel I Kapitel VIII des Dekrets vom 18. Juni 1811 für die Geschworenen bestimmten Sätzen zu bemessen.

---

§ 30. (Vergl. §§ 19, 31 des Ausführungsgesetzes zum G. K. G. (S. 166, 178 unten). Der Kommissionsbericht hebt hervor, daß der Paragraph auch im Falle des § 98 der K. O. Anwendung finden würde.

§ 32. Hinsichtlich der Rechtshülfe bezieht sich die Vorschrift des Gesetzes nur auf den Verkehr der elsaß-lothringischen Gerichte unter sich. Auf die Rechtshülfe zwischen diesen und anderen deutschen Gerichten kommen die Vorschriften des Rechtshülfegesetzes vom 21. Juni 1869 (Gesetzbl. für Elsaß-Lothringen, Jahrgang 1871 S. 376) zur Anwendung. Für den Verkehr mit dem Auslande sind die betreffenden Staatsverträge maßgebend (vergl. die Bestimmungen des badisch-französischen Rechtshülfevertrages vom 16. April 1846 und Art. 18, Abs. 3 der Zusatzkonvention zum Frankfurter Friedensvertrage vom 11. Dezember 1871).

Hinsichtlich der Oeffentlichkeit des Verfahrens auf dem durch die Reichs-Justizgesetze nicht berührten Gebiete hat es das Gesetz bei den bestehenden, im Wesentlichen jedoch mit den Vorschriften des Gerichtsverfassungsgesetzes übereinstimmenden Bestimmungen belassen (M.).

§ 33. (Vergl. das Gesetz vom 31. März 1880, S. 144 unten.)

§ 30. Les greffiers des Amtsgerichte et les huissiers sont autorisés, dans les cas des §§ 112 et 113 de la loi sur les faillites, à apposer les scellés et à remplir les fonctions d'une personne dont les actes sont revêtus du caractère de l'authenticité.

§ 31. Les prescriptions du § 156 de la loi sur l'organisation judiciaire sont applicables, par analogie, aux affaires qui ne font pas partie de la juridiction contentieuse ordinaire.

XI. *Dispositions finales.*

§ 32. Dans les affaires qui ne relèvent pas de la juridiction contentieuse ordinaire, on appliquera par analogie les dispositions des §§ 157 à 160, 162, 164, 167 de la loi sur l'organisation judiciaire, concernant l'assistance que les tribunaux se doivent entre eux, des §§ 177 à 185, concernant le maintien de l'ordre, et des §§ 194 à 199, concernant les délibérations et le vote.

§ 33. Les frais de voyage à allouer aux jurés, aux assesseurs et aux échevins seront fixés par une loi. Jusqu'à la promulgation de cette loi, ils le seront d'après la taxe établie au titre I, chapitre VIII du décret du 18 juin 1811.

---

§ 30. (Comp. les §§ 19, 31 de la loi d'exécution sur les frais judiciaires, infra, p. 167, 179).

Le rapport de la commission fait ressortir que le paragraphe s'appliquerait également aux cas du § 98 de la loi sur les faillites.

§ 32. Relativement à l'assistance que les tribunaux se doivent entre eux, la disposition de la loi ne concerne que les tribunaux d'Alsace-Lorraine dans leurs rapports entre eux. Les commissions rogatoires entre ces tribunaux et les autres tribunaux allemands, sont régies par les dispositions de la loi sur les commissions rogatoires du 21 juin 1869 (Bulletin des lois pour l'Alsace-Lorraine, 1871, p. 376). En ce qui concerne les apports avec les pays étrangers, on doit se conformer aux traités respectifs.

(Comp. les dispositions du traité entre le grand-duché de Bade et la France, du 16 avril 1846, et l'art. 18, alinéa 3 de la convention additionnelle au traité de paix de Francfort, du 11 décembre 1871.)

Quant à la publicité des débats dans les affaires auxquelles les lois judiciaires de l'Empire n'ont pas touché, la loi a maintenu les dispositions en tant qu'elles s'accordent avec les prescriptions de la loi sur l'organisation judiciaire (M.).

§ 33. (Comp. la loi du 31 mars 1880, infra, p. 145.)

§ 34. Dieses Gesetz tritt gleichzeitig mit dem Gerichtsverfassungsgesetz in Kraft.

Urkundlich 2c.

Gegeben, Berlin, den 4. November 1878.

Mit den Bestimmungen unter I, betr. das Richteramt, steht in gewissem Zusammenhange das Gesetz vom 4. April 1887, betr. die Versetzung erkrankter Richter in den Ruhestand (Gesetzbl. S. 41). Dasselbe lautet:

§ 1. Im Falle des Art. 8 des Gesetzes vom 16. Juni 1824, betreffend die Versetzung der mit schwerer und dauernder Krankheit behafteten Richter in den Ruhestand (bull. des lois, Ser. VIII N° 17186) hat das Oberlandesgericht auf Antrag des Oberstaatsanwalts durch Plenarbeschluß sein Gutachten darüber abzugeben, ob der dem Verfahren unterworfene Richter der weiteren Amtsverwaltung vorläufig zu entheben sei.

Bejahendenfalls kann diese Maßregel, unbeschadet des Diensteinkommens des Richters, durch das Ministerium verfügt werden.

Sofern das Oberlandesgericht nach Schluß der Untersuchung sich gegen die Versetzung in den Ruhestand ausspricht, tritt die vorläufige Enthebung sofort außer Kraft.

§ 2. Der Art. 14 des Gesetzes vom 16. Juni 1824 wird aufgehoben.

Wie die Motive hervorheben, hatte es sich bei Anwendung des durch Art. IV des Gesetzes vom 23. Dezember 1873 (Gesetzbl. S. 479) auf die Einzelrichter ausgedehnten Gesetzes als ein Mißstand herausgestellt, daß in Fällen, in welchen das öffentliche Interesse die schleunige Ersetzung des erkrankten Richters erfordert, insbesondere in Fällen von Geisteskrankheit, hiezu beim Mangel geeigneter Anträge des Richters, die Abwickelung der ganzen oft sehr langwierigen Prozedur des Vorverfahrens, der Ermittelungen und Vernehmungen, der Schlußverhandlung und Berichterstattung abgewartet werden mußte. Der § 1 sieht daher die vorläufige Enthebung des erkrankten Richters von der Amtsverwaltung, unbeschadet des Diensteinkommens desselben, durch Verfügung des Ministeriums vor, jedoch unter der Bedingung eines entsprechenden Plenarbeschlusses des Oberlandesgerichts, welcher nur ergehen kann, wenn die Kommission des Oberlandesgerichtes vorher, auf Grund der Annahme, daß genügende Gründe für das Vorhandensein der Krankheit vorliegen, an das Ministerium berichtet und dieses die nähere Untersuchung angeordnet hat. (Art. 8 des Gesetzes vom 16. Juni 1824).

Die im § 2 aufgehobene Vorschrift, wonach der von der Kommission oder dem Oberlandesgericht abgelehnte Antrag zum Zweck der Pensionirung nicht vor Ablauf von 2 Jahren erneuert werden konnte, hatte sich als wenig praktisch erwiesen, da zufolge derselben ein Richter so lange im Amte belassen werden mußte, obwohl die früheren Krankheitserscheinungen sich unheilbar verschlimmert hatten oder eine neue schwere Krankheit zu der früheren hinzugetreten war.

§ 34. La présente loi entre en vigueur en même temps que la loi sur l'organisation judiciaire.

En foi de quoi, etc.

Fait à Berlin, le 4 Novembre 1878.

Les dispositions de la loi ci-dessus, en tant qu'elles se rapportent aux fonctions des juges sont touchées sous certains rapports par la loi du 4 avril 1887, concernant la mise à la retraite des juges atteints d'infirmités graves et permanentes.

Cette loi est ainsi conçue:

§ 1. Dans les cas de l'article 8 de la loi du 16 juin 1824, concernant la mise à la retraite des juges atteints d'infirmités graves et permanentes (Bulletin des lois, Serie VII, N⁰ 17186), l'Oberlandesgericht aura à la requête de l'Oberstaatsanwalt à se prononcer en assemblée générale, s'il y a lieu de suspendre provisoirement de ses fonctions le juge qui est soumis à l'information.

En cas d'avis favorable, le ministère pourra ordonner cette mesure, sans diminution du traitement du juge.

Si l'Oberlandesgericht se prononce à la clôture de l'information contre la mise à la retraite, la suspension provisoire cesse de plein droit.

§ 2. L'article 14 de la loi du 16 juin 1824 est abrogé.

Il ressort des motifs de la loi, qu'il s'est produit dans l'application de la loi de 1824, qui a été étendue aux Amtsrichter par l'article IV de la loi du 23 décembre 1873 (Bul. des lois p. 479), l'inconvénient, que dans les cas où il y avait lieu dans l'intérêt public de pourvoir d'urgence au remplacement d'un juge atteint de maladie, surtout en cas d'aliénation mentale, il était nécessaire, en l'absence d'une demande formelle du magistrat, d'attendre avant de statuer le résultat d'une information détaillée, y compris les explications écrites ou verbales du magistrat ainsi que les conclusions des commissaires. Ce sont ces motifs qui ont fait édicter le § 1 qui prévoit la mise en disponibilité provisoire du magistrat malade par le ministère, sans cependant toucher à son traitement. Le magistrat jouit en outre de la garantie formelle, que cette mesure doit être précédée d'un avis favorable de l'Oberlandesgericht pris en assemblée générale et que cet avis n'est émis que si la commission spéciale de l'Oberlandesgericht a déclaré qu'il existait des motifs suffisants de croire à la réalité de l'infirmité alléguée et en a fait son rapport au ministère qui a ordonné l'ouverture de l'information (art. 8 de la loi du 16 juin 1824).

La disposition qui ne permet pas de reproduire la proposition rejetée par la commission, qu'après un délai de deux années a été abrogée par le § 2; elle s'est montrée peu pratique, puisqu'elle obligeait de laisser en fonctions un magistrat dont l'état maladif et incapable pouvait s'être empiré ou qui pouvait avoir été atteint depuis d'une autre grave maladie.

II. Verordnung

zur Ausführung der Reichs-Justizgesetze vom 13. Juni 1879.

(Gesetzblatt für Elsaß-Lothringen, S. 61.)

Zur Ausführung des Gerichtsverfassungsgesetzes vom 27. Januar 1877, der Strafprozeßordnung vom 1. Februar 1877 und des Einführungsgesetzes zu der letzteren wird für Elsaß-Lothringen Folgendes angeordnet:

I. Geschäftsjahr.

§ 1. Für die Gerichte wird als Geschäftsjahr das Kalenderjahr festgesetzt.

Als erste Geschäftsperiode wird für die Geltung der Jahreslisten der Schöffen und der Geschworenen der Zeitraum vom 1. Oktober 1879 bis zum 31. Dezember 1880, in allen übrigen Beziehungen der Zeitraum vom 1. October 1879 bis zum 31. Dezember 1879 bestimmt.

II. Amtsgerichte.

§ 2. Bei den mit mehreren Richtern besetzten Amtsgerichten (G. V. G. § 22) werden die Geschäfte nach örtlich abgegrenzten Bezirken oder, wenn das Interesse der Rechtspflege dies erfordert, nach Gattungen oder nach Gattungen und Bezirken vertheilt. Die Vertheilung erfolgt nach Anhörung des Staatsanwalts durch das Präsidium des Landgerichts im voraus auf die Dauer eines Geschäftsjahres. Dem Reichskanzler bleibt die Aufstellung maßgebender Grundsätze vorbehalten.

Mehrere Richter desselben Amtsgerichts vertreten sich wechselseitig.

III. Schwurgerichte und Schöffengerichte.

§ 3. Die Zahl der für jedes Schwurgericht erforderlichen Geschworenen wird auf 300, und zwar 270 Hauptgeschworene und 30 Hülfsgeschworene, festgesetzt. Die Vertheilung auf die einzelnen Amtsgerichtsbezirke erfolgt durch den Präsidenten des

II. ORDONNANCE

sur l'exécution des lois judiciaires du 13 juin 1879.

(Bulletin des lois de l'Alsace-Lorraine, p. 61.)

Pour l'exécution de la loi concernant l'organisation judiciaire du 27 janvier 1877, du Code d'instruction criminelle du 1er février 1877 et de la loi d'introduction à ce dernier Code, nous ordonnons pour l'Alsace-Lorraine ce qui suit :

I. *De l'année judiciaire.*

§ 1. Pour les tribunaux, l'année du calendrier détermine l'année judiciaire.

La prémière période judiciaire, pour les listes annuelles des échevins et des jurés, comprend le temps entre le 1er octobre 1879 et le 31 décembre 1880; sous tous les autres rapports, cette période va du 1er octobre 1879 au 31 décembre 1879.

II. *Des Amtsgerichte.*

§ 2. Près des Amtsgerichte où fonctionnent plusieurs juges (loi sur l'organisation judiciaire, § 22), les affaires se partagent d'après les circonscriptions locales ou, si l'intérêt de la justice l'exige, selon leur nature, ou bien à la fois, selon leur nature et les circonscriptions locales. La répartition se fait d'avance pour la durée d'une année judiciaire par la présidence du Landgericht, après avoir entendu le procureur impérial. Il est réservé au chancelier de l'Empire de déterminer les principes réglementaires à ce sujet.

S'il y a plusieurs juges à un Amtsgericht, ils se suppléeront réciproquement.

III. *Des tribunaux d'échevins et cours d'assises.*

§ 3. Le nombre des jurés nécessaires pour chaque cour d'assises est fixé à 300, dont 270 jurés principaux et 30 jurés suppléants. La répartition entre les circonscriptions des

Oberlandesgerichts und den ersten Beamten der Staatsanwaltschaft bei diesem Gerichte.

Die Bestimmung der für jedes Amtsgericht erforderlichen Zahl von Hauptschöffen und Hülfsschöffen erfolgt durch dieselben Beamten.

§ 4. Die Urlisten der Schöffen und Geschworenen (G. V. G. §§ 36, 85) sind alljährlich in der ersten Hälfte des dritten Monats vor Beginn des neuen Geschäftsjahres aufzustellen und so früh auszulegen, daß die Einsendung an den Amtsrichter (G. V. G. § 38) spätestens mit Ablauf dieses Monats erfolgen kann. Eine Bescheinigung über die in ortsüblicher Weise zu bewirkende Bekanntmachung des Zeitpunktes der Auslegung (G. V. G. § 36, Abs. 2) und über die Dauer der letzteren ist mit einzusenden.

§ 5. Der als Beisitzer des Ausschusses für die Wahl der Schöffen und der Geschworenen eintretende Staatsverwaltungsbeamte (G. V. G. §§ 40, 87) wird von dem Bezirkspräsidenten bestimmt. Zugleich ist ein Stellvertreter zu bestellen.

Der Ausschuß hat spätestens in der ersten Woche des letzten Monats vor Beginn des neuen Geschäftsjahres zusammenzutreten.

Die Einsendung der Vorschlagsliste der Geschworenen (G. V. G. § 89, Abs. 1) erfolgt ohne Verzug an den Präsidenten des Landgerichts, bei welchem die Sitzungen des Schwurgerichts abgehalten werden.

§ 6. Die Ausloosung der Hauptschöffen (G. V. G. § 45, Abs. 2) hat vor Ablauf der auf die Wahl folgenden Woche stattzufinden.

§ 7. Die Bestimmungen der §§ 3 bis 6 finden auf die vor dem Inkrafttreten der Strafprozeßordnung herzustellenden Jahreslisten der Schöffen und der Geschworenen (Einf.-Gesetz zur St. P. O. § 2) mit der Maßgabe Anwendung, daß der Ausschuß spätestens im Monat August zusammenzutreten hat.

Die im Gerichtsverfassungsgesetze dem Amtsrichter zugewiesenen Geschäfte werden durch den Friedensrichter, die Geschäfte der Landgerichte durch die Landgerichte Colmar, Metz und Straßburg für ihre bisherigen Schwurgerichtsbezirke wahrgenommen.

différents Amtsgerichte est faite par le président de l'Oberlandesgericht et le procureur général près le même tribunal.

Le nombre d'échevins principaux et d'échevins suppléants nécessaire pour chaque Amtsgericht sera fixé par les mêmes fonctionnaires.

§ 4. Les listes générales des échevins et des jurés (loi sur l'organisation judiciaire, §§ 36, 85) seront dressées tous les ans dans la première moitié du troisième mois avant la nouvelle année judiciaire, et elles seront mises à la connaissance du public assez à temps pour qu'elles puissent être envoyées à l'Amtsrichter (loi sur l'organisation judiciaire, § 38) au plus tard à la fin de ce même mois. Ces listes seront accompagnées d'un certificat constatant que les publications ont été faites dans la forme usitée dans la commune (loi sur l'organisation judiciaire, § 36, alinéa 2) et indiquant le temps qu'elles ont duré.

§ 5. Le fonctionnaire administratif de l'Etat qui fait partie de la commission chargée du choix des échevins et des jurés (loi sur l'organisation judiciaire, §§ 40, 87), sera nommé par le président du département. Il lui sera en même temps nommé un suppléant.

Le comité se réunira au plus tard dans la première semaine du dernier mois qui précède la nouvelle année judiciaire.

La liste de proposition (loi sur l'organisation judiciaire, § 89, alinéa 1) sera envoyée sans délai au président du Landgericht où siége la cour d'assises.

§ 6. Le tirage au sort des échevins principaux (loi sur l'organisation judiciaire, § 45, alinéa 2) aura lieu avant la fin de la semaine qui suivra celle où les échevins auront été choisis.

§ 7. Les dispositions des §§ 3 à 6 sont applicables aux listes annuelles des échevins et des jurés qui sont à dresser avant l'entrée en vigueur du Code d'instruction criminelle (loi d'introduction au Code d'instruction criminelle, § 2), avec cette modification que le comité aura à se réunir au mois d'août au plus tard.

Les affaires attribuées à l'Amtsrichter par la loi sur l'organisation judiciaire seront réglées par le juge de paix; les affaires attribuées aux Landgerichte le seront par les Landgerichte de Colmar, Metz et Strasbourg dans la limite des anciens ressorts des cours d'assises.

IV. Kammern für Handelssachen.

§ 8. Bei den Landgerichten zu Colmar, Mülhausen und Straßburg werden für die Bezirke derselben Kammern für Handelssachen gebildet.

§ 9. Für jede Kammer werden mindestens vier und höchstens zehn Handelsrichter ernannt.

§ 10. Die Ernennung erfolgt auf gutachtlichen Vorschlag der am Sitze des Landgerichts bestehenden Handelskammer. In die Vorschlagsliste sind doppelt so viele Personen aufzunehmen als Handelsrichter zu ernennen sind; dieselbe ist dem Präsidenten des Landgerichts zur weiteren Veranlassung zu übersenden.

§ 11. Die eidliche Verpflichtung der Handelsrichter erfolgt in öffentlicher Sitzung des Landgerichts. Die Handelsrichter haben den Eid zu leisten:

die Obliegenheiten ihres Amtes getreulich zu erfüllen.

Im Uebrigen finden die Bestimmungen des § 51, Abs. 2 bis 6 des Gerichtsverfassungsgesetzes entsprechende Anwendung.

§ 12. Die Handelsrichter werden zu den Sitzungen nach der Reihenfolge der Ernennungen für jede Woche abwechselnd von dem Vorsitzenden berufen.

Im Falle der Verhinderung eines Handelsrichters tritt der zunächst folgende an seine Stelle. Die ursprüngliche Reihenfolge wird dadurch nicht unterbrochen.

§ 13. Der regelmäßige Vertreter des Vorsitzenden wird auf die Dauer des Geschäftsjahres durch das Präsidium, ein zeitweiliger Vertreter durch den Präsidenten des Landgerichts aus dessen Mitgliedern bestimmt.

V. Hülfsbeamte der Staatsanwaltschaft.

§ 14. Hülfsbeamte der Staatsanwaltschaft im Sinne des § 153 des Gerichtsverfassungsgesetzes sind außer den Amtsanwälten (§ 28 des Ausführungsgesetzes zum Gerichtsverfassungsgesetze vom 4. November 1878):

1. die Bürgermeister und deren Beigeordnete, die Polizeikommissare und die Gendarmen;

Zu § 14 vgl. S. 40.

IV. *Des chambres pour les affaires de commerce.*

§ 8. Près des Landgerichte de Colmar, Mulhouse et Strasbourg il sera créé, dans la limite de leurs circonscriptions, des chambres pour les affaires de commerce.

§ 9. Pour chaque chambre, il sera nommé quatre juges de commerce au moins et dix au plus.

§ 10. La nomination aura lieu sur la proposition qui en est faite par la chambre de commerce qui se trouve au siège du tribunal régional. La liste de proposition devra porter les noms d'un nombre double de personnes qu'il y aura de juges à nommer; cette liste sera envoyée au président du tribunal régional, qui aura à soigner le nécessaire.

§ 11. La prestation de serment des juges de commerce aura lieu en séance publique du tribunal régional. Les juges de commerce prêtent le serment:

de remplir fidèlement les devoirs de leur charge.

Au surplus sont applicables les dispositions du § 51, alinéas 2 à 6 de la loi sur l'organisation judiciaire.

§ 12. Le président convoquera pour les séances les juges de commerce selon l'ordre de leur nomination, et alternativement pour chaque semaine.

En cas d'empêchement d'un juge de commerce, il sera remplacé par celui qui lui succède. Le rang primitif ne sera pas interrompu par là.

§ 13. Le suppléant ordinaire du président sera nommé, pour la durée d'une année judiciaire, par la présidence, le suppléant temporaire qui sera pris parmi les membres du Landgericht, par le président de ce tribunal.

V. *Des fonctionnaires auxiliaires du ministère public.*

§ 14. Sont fonctionnaires auxiliaires du ministère public dans le sens du § 153 de la loi sur l'organisation judiciaire, outre les procureurs cantonaux (§ 28 de la loi d'exécution à la loi sur l'organisation judiciaire du 4 novembre 1878):

1° Les maires et leurs adjoints, les commissaires de police et les gendarmes;

2° Les fonctionnaires préposés à la garde des forêts et

---

§ 14. Comp. l'ordonnance aux lois.

2. die Forstschutzbeamten und die Feldschutzbeamten hinsichtlich der strafbaren Handlungen gegen die Forst-, Feld-, Jagd- und Fischereigesetze;

3. die Zollbeamten, die Steuerbeamten und die Oktroibeamten hinsichtlich der strafbaren Handlungen gegen die Zoll-, Steuer- und Oktroigesetze;

4. die Bergmeister und deren technische Assistenten, insoweit denselben die Eigenschaft von Beamten des Polizei- und Sicherheitsdienstes zukommt;

5. die Eichmeister, einschließlich der Faßeichmeister, und deren technische Gehülfen hinsichtlich der strafbaren Handlungen gegen die auf die Maaße, Gewichte und Meßwerkzeuge bezüglichen Vorschriften;

6. die Gerichtsvollzieher hinsichtlich der Vollstreckung der Vorführungsbefehle, der Haftbefehle und der Steckbriefe.

VI. Vorbereitung zum höheren Justizdienst.

§ 15. Die Vorschriften im § 2, Abs. 2 des Gerichtsverfassungsgesetzes treten für die Notare an die Stelle des § 1 des Regulativs über die Vorbereitung zum Justizdienst in Elsaß-Lothringen vom 17. Februar 1872 (Gesetzbl. für Els.-Lothr., S. 127).

VII. Gerichtsschreiber und Gerichtsvollzieher.

§ 16. Die Zulassung zur Prüfung als Gerichtsschreiber sowie die Entscheidung über die Qualifikation zum Gerichtsschreiber — §§ 6, 9 des Regulativs vom 18. Juli 1872, Gesetzblatt für Elsaß-Lothringen, S. 532 — erfolgt durch den Ersten Präsidenten des Oberlandesgerichts und den ersten Beamten der Staatsanwaltschaft bei diesem Gerichte.
Die Vorschrift des § 9 des Regulativs wird auf weitere fünf Jahre erstreckt.

VIII. Gerichtsärzte.

§ 17. Gerichtsärzte (St. P. O. § 87) sind die Kreisärzte und die Kantonalärzte.

Zu § 15 vgl. jetzt das Gesetz vom 24. März 1882, betreffend die Fähigkeit zu dem Amte eines Notars — Ges.-Blatt S. 62 — und das Regulativ vom 2. Mai 1882 über die Notariatsprüfung sowie über die Beschäftigung und Beaufsichtigung der Notariatskandidaten — Ges.-Blatt S. 70.

Der § 16 nebst dem Regulativ vom 18. Juli 1872 ist aufgehoben und ersetzt durch das Regulativ vom 15. April 1884 (Ges.-Bl. S. 83).

les gardes champêtres relativement aux contraventions aux lois forestières, aux lois rurales, aux lois sur la chasse et aux lois sur la pêche ;

3° Les employés de douane, les employés des contributions indirectes et les employés de l'octroi pour les contraventions aux lois concernant la douane, les contributions indirectes et l'octroi ;

4° Les ingénieurs des mines et leurs assistants techniques en tant qu'ils ont la qualité de fonctionnaires de police et de sûreté publique;

5° Les vérificateurs des poids et mesures, y compris les jaugeurs de tonneaux et leurs assistants techniques relativement aux contraventions contre les prescriptions concernant les poids, les mesures et les instruments de mesurage ;

6° Les huissiers relativement à l'exécution des mandats de comparution, d'amener et d'arrêt.

VI. *De la préparation des candidats aux fonctions judiciaires supérieures.*

§ 15. Les prescriptions du § 2, alinéa 2 de la loi sur l'organisation judiciaire remplacent, pour les notaires, le § 1 du règlement concernant la préparation des candidats aux fonctions judiciaires en Alsace-Lorraine, du 17 février 1872 (Bulletin des lois pour l'Alsace-Lorraine, p. 127).

VII. *Des greffiers et huissiers.*

§ 16. L'admission à l'examen de greffier, ainsi que la décision sur la capacité des candidats aux fonctions de greffier (§§ 6, 9 du règlement du 18 juillet 1872, Bulletin des lois pour l'Alsace-Lorraine, p. 532), sont de la compétence du premier président du tribunal régional supérieur et du procureur général près de ce tribunal.

Les dispositions du § 9 du règlement resteront encore applicables pendant cinq ans.

---

§ 15. Comp. la loi du 24 mars 1882, concernant la capacité pour les fonctions de notaire (bul. des lois p. 62) et le règlement du 2 mai 1882, concernant l'examen, la stage et la surveillance des candidats-notaires (bul. des lois p. 70).

Le § 16 ainsi que le règlement du 18 juillet 1872 ont été abrogés et remplacés par le règlement du 15 avril 1884 (bullet. des lois pour l'Als.-Lorr. p. 83).

Im Falle des Bedürfnisses können auch andere Aerzte durch den Präsidenten des Oberlandesgerichts und den ersten Beamten der Staatsanwaltschaft bei diesem Gerichte zu Gerichtsärzten für bestimmte Bezirke bestellt werden.

IX. Sühneversuch wegen Beleidigungen.

§ 18. Vergleichsbehörde in dem Falle des § 420 der Strafprozeßordnung ist der Bürgermeister des Gemeindebezirks, in welchem die Parteien wohnen, im Verhinderungsfalle dessen gesetzlicher Stellvertreter.

§ 19. Zur Sühneverhandlung können die Parteien ohne Ladung erscheinen.

Auf Antrag des Verletzten hat die Vergleichsbehörde demselben die schriftliche Festsetzung der Zeit und des Ortes der Sühneverhandlung zu behändigen.

§ 20. Erscheint der Antragsteller in dem Termine nicht, so findet eine Sühneverhandlung nicht statt. Erscheint der Beschuldigte nicht, so wird angenommen, daß er sich auf die Sühneverhandlung nicht einlassen wolle.

Eine Bescheinigung über die Erfolglosigkeit des Sühneversuchs kann nur ertheilt werden, wenn der Antragsteller im Termine erscheint.

Die Bescheinigung muß mit der Unterschrift und dem Amtssiegel des Bürgermeisteramts versehen sein. Sie soll die Angabe der Zeit der Beleidigung und der Anbringung des Antrags, sowie des Orts und der Zeit der Ausstellung enthalten.

Berlin, den 13. Juni 1879.

In Vertretung des Reichskanzlers:
Friedberg. Herzog.

VIII. *Des médecins attitrés auprès des tribunaux.*

§ 17. Les médecins attitrés auprès des tribunaux (Code d'instruction criminelle, § 87) sont les médecins d'arrondissement et les médecins cantonaux,

D'autres médecins pourront également, en cas de nécessité, être nommés médecins attitrés pour certaines circonscriptions, par le président de l'Oberlandesgericht et le procureur général près de ce tribunal.

IX. *De la tentative de conciliation pour cause d'injures.*

§ 18. L'autorité de conciliation dans le sens du § 420 du Code d'instruction criminelle, est le maire de la circonscription communale dans laquelle les parties sont domicilées, en cas d'empêchement, son suppléant légal.

§ 19. En conciliation, les parties peuvent comparaître sans assignation.

Sur la demande du plaignant, l'autorité de conciliation a à lui remettre par écrit l'indication du temps et du lieu de la séance de conciliation.

§ 20. Si le demandeur ne comparaît pas aux jour et heure fixés, il n'y a pas de tentative de conciliation; si c'est le prévenu qui ne comparaît pas, il y a lieu d'admettre qu'il n'entend pas se concilier.

Il ne pourra être délivré de certificat constatant l'insuccès de la tentative de conciliation, que si le demandeur se sera présenté aux jour et heure fixés.

Le certificat doit porter la signature et le sceau officiel du maire. Il doit indiquer l'époque où l'injure a eu lieu et où la plainte a été formée, ainsi que le lieu et le temps où il a été délivré.

Berlin, le 13 juin 1879.

Par délégation du chancelier de l'Empire :

FRIEDBERG. HERZOG.

III. Verordnung

betreffend Hülfsbeamte der Staatsanwaltschaft vom 26. Januar 1880.

(Gesetzblatt für Elsaß-Lothringen, S. 6.)

Auf Grund des Gerichtsverfassungsgesetzes vom 27. Januar 1877 wird für Elsaß-Lothringen Folgendes angeordnet:

Hülfsbeamte der Staatsanwaltschaft im Sinne des § 153 des Gerichtsverfassungsgesetzes sind, außer den im § 14 der Verordnung vom 13. Juni 1879 (Gesetzblatt für Elsaß-Lothringen, S. 61) aufgeführten Beamten, die mit der Wahrnehmung der Fischerei-, Wasser- und Wegepolizei beauftragten Beamten hinsichtlich der strafbaren Handlungen gegen die Fischerei-, Wasser- und Wegegesetze.

Straßburg, den 26. Januar 1880.

Der kaiserliche Statthalter in Elsaß-Lothringen

Freiherr von Manteuffel,

Generalfeldmarschall.

III. ORDONNANCE
sur les fonctionnaires auxiliaires du ministère public du 26 janvier 1880.

(Bulletin des lois de l'Alsace-Lorraine p. 6.)

Pour l'exécution de la loi concernant l'organisation judiciaire du 27 janvier 1877, il est ordonné pour l'Alsace-Lorraine ce qui suit :

Sont fonctionnaires auxiliaires du ministère public dans le sens du § 153 de la loi sur l'organisation judiciaire, outre les employés nommés dans le § 14 de l'ordonnance du 13 juin 1879 (Bulletin des lois de l'Alsace-Lorraine, p. 62), les fonctionnaires chargés de la police de la pêche, des eaux et de la voirie, relativement aux contraventions aux lois sur la pêche, les eaux et la voirie.

Strasbourg, le 26 janvier 1880.

Le Statthalter impérial en Alsace-Lorraine:

Baron DE MANTEUFFEL,

feldmaréchal.

IV. Gesetz

betreffend die Ausführung der Civil-Prozeßordnung, der Konkursordnung und der Straf-Prozeßordnung vom 8. Juli 1879.

(Gesetzblatt für Elsaß-Lothringen, S. 67.)

Titel 1.

Zur Civilprozeßordnung.

Zustellungen.

§ 1. Auf Zustellungen in gerichtlichen Angelegenheiten, welche zu der ordentlichen streitigen Gerichtsbarkeit nicht gehören, finden die Bestimmungen der §§ 152 bis 190 der Civilprozeßordnung entsprechende Anwendung.

Beweis durch Urkunden.

§ 2. Die gesetzlichen Bestimmungen, welche bezüglich der im § 383 Abs. 1 der Civilprozeßordnung bezeichneten öffentlichen

---

§ 1. Der Paragraph bezieht sich auf das Gebiet der nicht streitigen Gerichtsbarkeit, sowie auf diejenigen gerichtlichen Angelegenheiten, welche vor die zugelassenen besonderen Gerichte (G. V. G. § 14) gehören. Daß auch für die Zustellungen außerhalb eines gerichtlichen Verfahrens, soweit nicht besondere landesgesetzliche Vorschriften bestehen, die Betheiligten sich, wie bisher, der Gerichtsvollzieher bedienen können, und daß auch hinsichtlich dieser Zustellungen die Vorschriften der Civilprozeßordnung über die Zustellungen entsprechende Anwendung finden, schien einer besonderen Hervorhebung nicht zu bedürfen (M.).

Der Kommissions-Bericht bemerkt, daß in Folge des § 1 auch diejenigen Bestimmungen einzelner Spezialgesetze hinfällig werden, laut denen andere Beamte beziehungsweise Angestellte zur Bewirkung von Zustellungen Verwendung finden konnten, wie beispielsweise bei Enteignungen im öffentlichen Nutzen.

§ 2. Nach der C. P. O. ist bezüglich der wichtigsten öffentlichen Urkunden, z. B. der Notariatsurkunden, der Beweis der unrichtigen

IV. LOI

sur l'exécution du Code de procédure civile, de la loi sur les faillites et du Code d'instruction criminelle du 8 juillet 1879.

(Bulletin des lois d'Alsace-Lorraine, p. 67.)

TITRE PREMIER.

Code de procédure civile.

Des significations.

§ 1. Les dispositions des §§ 152 à 190 du Code de procédure civile sont applicables aux matières judiciaires ne rentrant pas dans la juridiction contentieuse ordinaire.

Des preuves par titres.

§ 2. Sont abrogées les dispositions légales qui excluent ou restreignent la preuve de l'inexactitude des faits qui sont

---

§ 1. Cette disposition s'applique aux matières de la juridiction non contentieuse, ainsi qu'aux affaires judiciaires de la compétence des tribunaux extraordinaires, autorisés par les lois de l'Empire (§ 14 de la loi sur l'organisation judiciaire).

Il n'a pas paru nécessaire de relever spécialement que, même pour les significations faites en dehors de toute procédure judiciaire, les parties pourront, comme par le passé, à moins que des dispositions particulières ne s'y opposent, recourir au ministère de l'huissier, et que les prescriptions du Code de procédure civile au sujet des significations devront aussi être appliquées dans les cas de ce genre (M.).

Le rapport de la Commission fait observer qu'une conséquence du principe du § 1er est de supprimer certaines dispositions de lois spéciales qui attribuent des significations d'actes à d'autres employés ou fonctionnaires que les huissiers, comme par exemple dans la procédure judiciaire en matière d'expropriation pour cause d'utilité publique.

§ 2. D'après le Code de procédure civile, la preuve de l'inexactitude des faits qui sont constatés dans un acte est admise pour les

Urkunden den Beweis der Unrichtigkeit der darin bezeugten Thatsachen ausschließen oder beschränken, werden aufgehoben.

Gütertrennungsklagen.

§ 3. Auf Gütertrennungsklagen (Code civil, Art. 1443) finden die Vorschriften der §§ 568, 577, 582 der Civilprozeßordnung entsprechende Anwendung.

§ 4. Ein Auszug aus der Klageschrift, welcher die Bezeichnung der Parteien und des Gerichts, den Antrag und den Termin zur mündlichen Verhandlung enthält, ist nach Maßgabe des § 187 der Civilprozeßordnung öffentlich bekannt zu machen. Zwischen dem Tage der letzten Einrückung in die öffentlichen Blätter und dem Termin zur mündlichen Verhandlung muß ein Zeitraum von mindestens einem Monat liegen.

§ 5. Ist gegen den Ehemann das Konkursverfahren eröffnet,

Beurkundung ohne Beschränkung eröffnet (§ 380 Abs. 2), hinsichtlich derjenigen öffentlichen Urkunden dagegen, welche weder unter § 380 noch § 382 fallen, der Beweis der Unrichtigkeit der bezeugten Thatsachen nur insofern zulässig, als nicht die Landesgesetze diesen Beweis ausschließen oder beschränken (§ 383 Abs. 2).

Zu den Urkunden der letzteren Art gehören u. A. die Zustellungsurkunden der Gerichtsvollzieher, sowie amtliche Zeugnisse jeder Art, z. B. Erblegitimationsatteste, Lebensscheine. Nach dem bestehenden Rechte (vgl. Code civil, Art. 1319, Gesetz vom 25 Ventôse XI, Art. 19) ist gegen diese wie gegen alle anderen öffentlichen Urkunden nur der Nachweis der Fälschung gestattet, welcher im Strafverfahren (faux principal) oder in einem besonderen civilprozessualen Verfahren (faux incident civil, Code de procédure civile, Art. 214 bis 251) zu führen ist. Das Gesetz beseitigt im Interesse der Rechtseinheit diese Beschränkung (M.).

§ 3. (Vgl. § 15 Nr. 5 des Einführungsgesetzes zur C. P. O.) Die Bestimmungen der §§ 568, 577, 582 der Civilprozeßordnung über das Verfahren in Ehesachen eignen sich zu einer entsprechenden Anwendung in Gütertrennungsprozessen. Die Zustellung des Urtheils von Amtswegen (C. P. O. § 582) bezweckt, dem Gerichte den Eintritt der Rechtskraft des Urtheils, durch welche die Vollstreckbarkeit des letzteren in der Regel bedingt sind (vergl. § 6), erkennbar zu machen (M.).

§ 4. Die Fristbestimmung entspricht dem Art. 869 des Code de procédure civile (M.).

§ 5. Die Eröffnung des Konkursverfahrens gegen den Ehemann begründet eine so starke Vermuthung für die im Art. 1443 des Code

attestés dans les titres autenthiques désignés au § 383, alinéa 1er du Code de procédure civile.

Des demandes en séparation de biens.

§ 3. Les dispositions des §§ 568, 577 et 582 du Code de procédure civile sont applicables aux demandes en séparation de biens (art. 1443 du Code civil).

§ 4. Il sera publié, conformément au § 187 du Code de procédure civile, un extrait du libellé de la demande renfermant la désignation des parties et du tribunal, les conclusions et le jour de la plaidoirie. Il devra s'écouler au moins un mois entre le jour de la dernière insertion dans les feuilles publiques et celui de la plaidoirie.

§ 5. La séparation de biens pourra être prononcée par décision du tribunal sur la demande de la femme dont le mari sera tombé en faillite.

---

principaux actes authentiques, comme par exemple les actes notariés (§ 380, al. 2). Quant aux actes authentiques qui ne tombent sous l'application ni du § 380 ni du § 382, la preuve de l'inexactitude des faits dont s'agit n'est admissible, qu'en tant qu'elle n'est pas exclue ou restreinte par les lois particulières du pays (§ 383, al. 2).

Au nombre des actes de ce genre on compte entre autres les exploits de signification d'huissiers, ainsi que les divers certificats authentiques, comme les certificats d'hérédité, les certificats de vie. D'après la législation en vigueur (cf. Code civil, art. 1319, loi du 25 ventôse XI, art. 19), ces actes, comme les autres actes publics, ne peuvent être attaqués que par voie d'inscription en faux, et la preuve du faux ne peut être fournie qu'en suivant la procédure criminelle (faux principal) ou la procédure civile spéciale (faux incident civil, Code de procédure civile, art. 214 à 251).

La loi supprime, dans l'intérêt de l'uniformité dans la législation, cette restriction matérielle de la preuve (M.).

§ 3. Comp. § 15, nº 5 de la loi d'introduction du Code de procédure civile.

Les dispositions des §§ 568, 577 et 582 du Code de procédure civile sur la procédure en matière de mariage sont de nature à être appliquées par analogie à la procédure de séparation de biens. La signification d'office du jugement (§ 582 Code proc. civ.) a pour but de faire connaître au tribunal le moment où le jugement acquiert l'autorité de la chose jugée, moment duquel dépend en règle générale la force exécutoire du jugement (cf. § 6) (M.).

§ 4. La fixation d'un délai répond à l'article 869 du Code de procédure civile français (M.).

§ 5. L'ouverture de la procédure de faillite contre le mari rend tellement probable le désordre dans la fortune de ce dernier, dont

so kann die Gütertrennung auf Gesuch der Ehefrau durch Beschluß des Gerichts ausgesprochen werden.

Die Entscheidung kann ohne vorgängige mündliche Verhandlung erfolgen. Die Zustellung derselben geschieht von Amtswegen.

Gegen die Entscheidung findet sofortige Beschwerde nach Maßgabe des § 540 der Civilprozeßordnung statt.

Der die Gütertrennung aussprechende Beschluß wirkt auf den Tag der Einreichung des Gesuches zurück.

§ 6. Ein Auszug aus dem die Gütertrennung aussprechenden Urtheil oder Beschluß ist vor dem Vollzug in der im § 4 bezeichneten Weise bekannt zu machen.

Die im Art. 1444 des Code civil bezeichnete Frist wird auf einen Monat verlängert.

Der Lauf der Frist beginnt mit dem Tage des Eintritts der Rechtskraft des Urtheils; er beginnt mit dem Tage der Entscheidung, wenn das Urtheil für vorläufig vollstreckbar erklärt, oder die Gütertrennung durch Beschluß ausgesprochen ist.

§ 7. Die den Gläubigern nach Art. 1447 des Code civil zustehende Anfechtung der rechtskräftig ausgesprochenen Gütertrennung ist im Wege der Klage bei dem Gericht geltend zu

---

civil vorausgesetzte Vermögenszerrüttung, daß es gerechtfertigt erscheint, für diesen Fall ein einfacheres und weniger kostspieliges Verfahren eintreten zu lassen. Eine Bekanntmachung des Gesuches der Ehefrau erscheint mit Rücksicht auf die im § 103 der Konkursordnung vorgeschriebene öffentliche Bekanntmachung der Konkurseröffnung entbehrlich. Die Entscheidung ist in Uebereinstimmung mit der Vorschrift im § 3 (C. P. O. § 582) von Amtswegen zuzustellen. Abs. 4 entspricht der Bestimmung in Art. 1445 Abs. 2 des Code civil (M.).

§ 6. (Vgl. Code de procédure civile, Art. 872; Code civil, Art. 1444, 1445.)

Abs. 2. Die vierzehntägige Frist des Art. 1444 ist in der Praxis als zu kurz anerkannt.

Abs. 3. Nach bisherigem Rechte war die Vollstreckung auch während der Rechtsmittelfristen möglich, vorbehaltlich des Rechts, sie durch Zustellung des Einspruchs oder der Berufung zu hemmen. Die Modifikation im ersten Satze ist durch § 645 der C. P. O. geboten, die Vorschrift im zweiten Satze durch die §§ 644 und 702 Nr. 3 daselbst (B.)

§ 7. Die bisherige Gesetzgebung gestattet den Gläubigern des Ehemannes binnen Jahresfrist von Bethätigung der vorgeschriebenen Veröffentlichungen (Art. 1447 des Code civil und 873 Code de procédure) die ausgesprochene und selbst vollzogene Gütertrennung im

La décision pourra être rendue sans plaidoirie préalable. La signification en sera faite d'office.

Elle pourra être attaquée par voie de recours immédiat, conformément aux dispositions du § 540 du Code de procédure civile.

La décision prononçant la séparation de biens remonte, quant à ses effets, au jour de la demande.

§ 6. Un extrait du jugement ou de la décision prononçant la séparation de biens doit être publié avant l'exécution dans la forme prescrite par le § 4.

Le délai prescrit par l'art. 1444 du Code civil est prolongé à un mois et court du jour où le jugement a acquis force de chose jugée.

Si le jugement a été déclaré provisoirement exécutoire, et si la séparation de biens a été prononcée par décision, ce délai court du jour du jugement ou de la décision.

§ 7. Le pourvoi des créanciers en vertu de l'art. 1447 du Code civil contre un jugement de séparation de biens ayant

---

parle l'art. 1443 du Code civil, qu'il a paru juste de remplacer pour ce cas la procédure habituelle par une autre plus simple et moins coûteuse. Une publication de la requête de la femme a paru inutile à raison de la publication de l'ouverture de la faillite prescrite par le § 103 du Code des faillites. Cette décision doit, conformément à la disposition du § 3 (§ 582 Cod. proc. civ.), être signifiée d'office.

L'alinéa 4 est conforme à la disposition de l'art. 1445, alinéa 2 du Code civil (M.).

§ 6. (Comp. l'art. 872 du Code de procédure civile français et les art. 1444 et 1445 du Code civil.)

Alinéa 2. Le délai de quinze jours de l'art. 1444 a été reconnu insuffisant en pratique.

Alinéa 3. D'après l'ancien droit, l'exécution du jugement était possible même pendant les délais de recours, sauf à être suspendue par la signification d'un acte d'opposition ou d'appel.

La première disposition de l'alinéa est commandée par le principe introduit par le § 645 du Code de procédure civile, la seconde par les §§ 644 à 702 du même Code (R.).

§ 7. Sous l'empire de l'ancienne législation les créanciers du mari avaient le droit de se pourvoir par tierce-opposition contre la séparation de biens prononcée et même exécutée, pendant un délai d'un an à partir de l'accomplissement des formalités de publication (art. 1447 C. civ., 873 C. pr. civ.). La loi remplace cette voie de recours, que ne connaît pas le Code de procédure civile, par une action directe.

machen, welches die Gütertrennung ausgesprochen hat. Die Klage kann nur innerhalb eines Jahres nach der letzten Einrückung des Urtheils in die öffentlichen Blätter erhoben werden.

§ 8. Die im Art. 1451 des Code civil vorgeschriebene öffentliche Bekanntmachung der Wiederherstellung der Gütergemeinschaft erfolgt in der im § 4 bezeichneten Weise.

§ 9. Der Art. 1445 Abs. 1 des Code civil und die Art. 865 bis 873 des Code de procédure civile werden aufgehoben.

Veröffentlichung der Eheverträge von Kaufleuten.

§ 10. Der § 6 Abs. 1 des Gesetzes, betreffend die Einführung der Wechselordnung und des Handelsgesetzbuches, vom 19. Juni 1872 (Gesetzblatt für Elsaß-Lothringen, S. 213), erhält folgende Fassung:

Wege der Drittopposition anzugreifen. Das Gesetz setzt an Stelle dieses der C. P. O. fremden Rechtsmittels die selbstständige Klage. Die Einschränkung der Anfechtung auf Jahresfrist bezieht sich jedoch selbstverständlich nur auf das die Gütertrennung aussprechende Urtheil selbst; für die etwa unter der Form des Urtheilsvollzugs zwischen den Ehegatten zu Stande gekommenen fraudulösen Akte bleibt es bei der gemeinrechtlich festgestellten Anfechtungsbefugniß (B.).

§ 9. Die Bestimmung des Art. 865 des Code de procédure civile, wonach die Gütertrennungsklage nicht ohne eine besondere Ermächtigung angestellt werden darf, eignet sich zur Aufrechthaltung nicht, da die Civilprozeßordnung eine solche Ermächtigung auch nicht für den Ehescheidungsprozeß vorsieht. Die im Art. 871 den Gläubigern eingeräumten Befugnisse ergeben sich bereits aus den §§ 63, 271 der Civilprozeßordnung. Im Uebrigen sind die das Verfahren betreffenden Vorschriften des Art. 1445 Abs. 1 des Code civil und der Art. 865 bis 873 des Code de procédure civile durch die §§ 3 bis 6 des Entwurfs ersetzt und werden daher ausdrücklich aufgehoben. Dagegen bleibt die außerhalb des Prozeßverfahrens liegende Vorschrift des Art. 874 des Code de procédure civile, wonach der Verzicht auf die Gütergemeinschaft seitens der Ehefrau auf der Gerichtsschreiberei des mit der Trennungsklage befaßten Gerichts (jetzt, zufolge § 11 des Gesetzes, betr. die Ausstellung gerichtlicher Erbbescheinigungen und die Zuständigkeit der Amtsgerichte vom 10. Mai 1886 — Gesbl. S. 61 — auf der Gerichtsschreiberei des Amtsgerichts) geschieht, bestehen (M.), ebenso Abs. 2 des Art. 1445, wonach die Wirkung des Urtheils auf den Tag der Klage zurückgeht (B.)

§ 10. Der für die Form der Veröffentlichung der Eheverträge von Kaufleuten nach § 6 Abs. 1 des Einführungsgesetzes zum Handelsgesetzbuch maßgebende Art. 872 des Code de procédure civile ist durch § 9 beseitigt. Das Gesetz regelt diese Bekanntmachung ent-

acquis l'autorité de la chose jugée, sera exercé au moyen d'une demande formée auprès du tribunal qui aura prononcé la séparation. Cette demande ne pourra être formée que dans le courant de l'année qui suivra la dernière insertion dans les feuilles publiques.

§ 8. En cas de rétablissement de la communauté de biens, la publication prescrite par l'art. 1451 du Code civil a lieu dans la forme indiquée au § 4.

§ 9. Sont abrogés les art. 1445, alinéa 1er du Code civil et les art. 865 à 873 du Code de procédure civile français.

De la publication des contrats de mariage des commerçants.

§ 10. Le § 6, alinéa 1er de la loi d'introduction du Code de commerce et de la loi sur les lettres de change du 18 juin 1872 *(Bulletin des lois pour l'Alsace-Lorraine,* p. 213) est modifié comme suit:

La restriction de cette action à un an ne se rapporte naturellement qu'au recours contre le jugement de séparation de biens lui-même. En ce qui concerne les actes frauduleux qui pourraient être faits entre les époux sous forme d'exécution de ce jugement, le droit de les attaquer reste soumis aux règles de droit commun (R.).

§ 9. La disposition de l'art. 865 du Code de procédure civile français d'après laquelle la demande en séparation de biens ne peut être intentée qu'avec une autorisation spéciale n'a pas été maintenue, la nouvelle loi ne prévoyant pas non plus une semblable autorisation pour la demande en divorce. Les droits accordés aux créanciers par l'art. 871 leur compètent déjà en vertu des §§ 63 et 271 du nouveau Code de procédure civile. Au surplus, les dispositions de l'art. 1445, alinéa 1er du Code civil et des art. 865 à 873 du Code de procédure civile français sont remplacées par les §§ 3 à 6 de la présente loi et par conséquent formellement abrogées. Par contre, la disposition de l'art. 874 du Code de procédure civile français, d'après laquelle la renonciation de la femme à la communauté doit être faite au greffe du tribunal saisi de la demande en séparation, (maintenant au greffe de l'Amtsgericht en vertu du § 11 de la loi comment la délivrance de certificats d'héritier et la compétence des Amtsgerichte (bul. des lois p. 61), disposition qui ne concerne pas la forme même du procès, est maintenue (M.), ainsi que l'alinéa 2 de l'art. 1445, d'après lequel les effets du jugement remontent au jour de la demande (R.).

§ 10. L'article 872 du Code de procédure civile français qui, d'après le § 6, alinéa 1er de la loi d'introduction du Code de commerce, règle la forme de la publication des contrats de mariage

Jeder Ehevertrag zwischen Ehegatten, von welchen einer zu den Kaufleuten gehört, muß binnen einem Monat nach Abschluß des Vertrages im Auszuge dem Gerichtsschreiber des Landgerichts, in dessen Bezirk der Ehemann seinen Wohnsitz hat, zum Zweck der Veröffentlichung übersendet werden. Die Veröffentlichung des Auszuges geschieht durch Anheftung an die Gerichtstafel und durch Einrückung in eines der öffentlichen Blätter, welche nach Vorschrift des Art. 13 des Handelsgesetzbuches zur Veröffentlichung der in dem Handelsregister erfolgenden Eintragungen bestimmt sind.

Der § 8 des Gesetzes vom 19. Juni 1872 wird aufgehoben.

Ehescheidung.

§ 11. Im Falle der Ehescheidung ist die Trennung der Ehe im Urtheile selbst auszusprechen. Die Art. 258, 264 bis 266, 290, 294 des Code civil treten bezüglich der nach dem Inkrafttreten der Civilprozeßordnung ergehenden Urtheile außer Kraft.

---

sprechend den für die Bekanntmachungen im Gütertrennungsverfahren vorgeschlagenen Bestimmungen, jedoch mit der dem § 8 des Gesetzes vom 19. Juli 1872 entnommenen Vereinfachung, daß nur eine einmalige Einrückung in eines der im Art. 13 des Handelsgesetzbuches bezeichneten Blätter stattfindet (M.).

§ 11. Nach den durch § 55, Abs. 2 des Reichs-Personenstandsgesetzes aufrecht erhaltenen Grundsätzen des französischen Rechts wird sowohl in dem eigentlichen Ehescheidungsprozeß (Code civil, Art. 234 bis 274), als in dem Verfahren bei Ehescheidung auf Grund gegenseitiger Einwilligung (Code civil, Art. 275 bis 294) die Ehescheidung durch das Urtheil lediglich zugelassen (Art. 258, 290). Zur Scheidung selbst bedarf es einer an bestimmte Fristen geknüpften besonderen Erklärung und Beurkundung vor dem Standesbeamten (Art. 264 bis 266, 294). Der praktische Werth dieser Vorschriften, welche den Parteien die Möglichkeit gewähren sollen, das Ehescheidungsurtheil durch spätere Sinnesänderung unwirksam zu machen, erscheint zweifelhaft; auch hat die Anwendung derselben in der Praxis vielfach zu Zweifeln und Schwierigkeiten Anlaß gegeben.

Bezüglich der streitigen Ehescheidung könnte es fraglich erscheinen, ob nicht die Vorschriften der Art. 264 bis 266 des Code civil durch die C. P. O. aufgehoben werden, da diese ein für das ganze Reich gleichmäßig normirtes Verfahren gesetzt hat und in dem § 582 insbesondere unterstellt zu haben scheint, daß die Trennung der Ehe durch das Gericht ausgesprochen werde. Diese Auffassung erscheint zwar nicht zutreffend, da die Civilprozeßordnung jene ihrem Inhalt und Zwecke nach wesentlich materiellrechtlichen Bestimmungen des Code

Un extrait de tout contrat de mariage entre époux dont l'un est commerçant devra, dans le délai d'un mois à partir de la conclusion du contrat, être envoyé, afin d'être publié, au greffier du Landgericht dans le ressort duquel le mari a son domicile. La publication se fera par affiche au tableau du tribunal et insertion dans l'une des feuilles publiques désignées aux termes de l'art. 13 du Code de commerce pour la publication des transcriptions sur les registres de commerce.

Le § 8 de la loi du 19 juin 1872 est abrogé.

Du divorce.

§ 11. A l'avenir, le divorce sera prononcé dans le jugement même. Les art. 258, 264 à 266, 290 et 294 du Code civil sont abrogés pour tous les jugements rendus après l'entrée en vigueur du nouveau Code de procédure civile.

---

des commerçants, est abrogé par le § 9 supra. La loi règle cette publication, conformément aux dispositions sur les publications en matière de séparation de biens, avec la simplification toutefois, qui est empruntée au § 8 de la loi du 17 juin 1872, qu'il suffit d'une seule insertion dans l'une des feuilles désignées par l'art. 13 du Code de commerce (M.).

§ 11. D'après les principes du droit français, maintenus par le § 55, alinéa 2 de la loi de l'Empire sur l'état civil, le jugement rendu tant dans un procès de divorce pour cause déterminée (art. 234 à 274 du Code civil), qu'en cas de divorce par consentement mutuel (art. 275 à 294 du Code civil), admet seulement le divorce, sans le prononcer lui-même (art. 258 et 290). Le divorce ne devient parfait qu'à la suite d'une déclaration spéciale faite dans un délai déterminé devant l'officier de l'état civil et sur un acte dressé par ce dernier (art. 274 à 266 et 294). La valeur pratique de ces dispositions, qui doivent permettre aux parties de changer d'avis, même après le jugement admettant le divorce et de rendre ce jugement inefficace, paraît très contestable, surtout pour le divorce pour cause déterminée, et leur application a donné lieu dans la pratique à un grand nombre d'incertitudes et de difficultés.

Pour ce qui est du divorce pour cause déterminée, il pouvait s'élever des doutes sur la question de savoir si les art. 264 à 266 du Code civil ne sont pas abrogés par le nouveau Code de procédure, parce que ce dernier introduit une procédure uniforme pour tout l'Empire et paraît indiquer, d'après la rédaction du § 582, que le divorce doit être prononcé par le tribunal. Cette opinion toutefois ne paraît pas fondée, puisque le Code de procédure civile n'a

§ 12. Für die Bestimmung des in den Art. 270 und 271 des Code civil bezeichneten Tages tritt an die Stelle der dort erwähnten Ordonnanz die Verfügung, durch welche der Sühnetermin oder, im Falle des § 573 der Civilprozeßordnung, der Termin zur mündlichen Verhandlung über die Ehescheidungsklage anberaumt wird.

§ 13. Im Falle des § 9 Abs. 2 des Einführungsgesetzes zum Handelsgesetzbuch vom 19. Juni 1872 (Gesetzblatt für

---

civil nicht hat berühren wollen (vergl. Protokolle der Justizkommission des Reichstags, S. 600 ff.), und der § 582 eine Urtheilsformel in Ehesachen nicht aufstellt. Zur Beseitigung von Zweifeln und im Interesse der Uebereinstimmung mit dem in dem größten Theile des Reichs geltenden Rechte erscheint aber die ausdrückliche Aufhebung jener Vorschriften geboten. Werden dieselben beseitigt, so kann es nur als sachgemäß erscheinen, dieselbe Aenderung auch für die Ehescheidung auf Grund gegenseitiger Einwilligung (Art. 290, 294) eintreten zu lassen. Dem Bedürfnisse einer Beurkundung des Ehescheidungsurtheils in den Standesregistern ist durch die in Kraft bleibende Vorschrift des § 55 Abs. 1 des Reichs-Personenstandsgesetzes in genügender Weise Rechnung getragen.

Die bezeichneten Artikel des Code civil können jedoch nur bezüglich der nach dem Inkrafttreten der Civilprozeßordnung ergehenden Urtheile außer Kraft gesetzt werden; hinsichtlich der früheren, die Trennung der Ehe zulassenden Urtheile bleibt es selbstverständlich bei dem bestehenden Rechte (M.).

§ 12. Die Vorschriften der Art. 267 bis 271 des Code civil, betreffend die im Ehescheidungsprozesse zulässigen vorläufigen Maßregeln, sind im wesentlichen civilrechtlicher Natur und insofern durch die Civilprozeßordnung nicht berührt (vergl. § 16 Nr. 4 des Einführungsgesetzes zur Civilprozeßordnung). Auf die von dem Richter zu erlassenden vorläufigen Verfügungen findet in prozessualer Beziehung die Bestimmung des § 584 der Civilprozeßordnung Anwendung.

Einer anderweitigen Regelung bedürfen nur die Bestimmungen der Art. 270 und 271 über den Anspruch der Ehefrau auf Siegelung der gemeinschaftlichen Mobilien, sowie über die Vernichtung besonderer von dem Ehemann vorgenommener Rechtshandlungen, insofern durch diese Bestimmungen gewisse Rechtswirkungen an den Tag der im Art. 238 des Code civil bezeichneten Ordonnanz geknüpft sind, durch welche der Sühntermin anberaumt und die Vorladung des Beklagten zu demselben angeordnet wird. Das Gesetz setzt an die Stelle dieser Ordonnanz die derselben entsprechenden richterlichen Verfügungen des neuen Ehescheidungsverfahrens (M.).

§ 13. Nach § 9, Abs. 2 des Einführungsgesetzes zum Handelsgesetzbuch vom 19. Juni 1872 muß jedes Ehescheidungsurtheil, welches zwischen Ehegatten ergeht, von welcher einer zu den Kaufleuten gehört, in der im Art. 872 Code de procédure civile vorgeschriebenen Weise

§ 12. La date dont il est fait mention dans les art. 270 et 271 du Code civil ne sera plus déterminée dorénavant d'après l'ordonnance mentionnée auxdits articles, mais d'après l'ordonnance fixant le jour de la tentative de conciliation, ou dans le cas du § 573 du Code de procédure civile, celui de la plaidoirie.

§ 13. Dans le cas du § 9, alinéa 2 de la loi d'introduction au Code de commerce du 19 juin 1872 *(Bulletin*

---

pas voulu toucher aux dispositions du Code civil, qui par leur contenu et leur but sont essentiellement de droit matériel (comp. les procès-verbaux de la Commission de justice du Reichstag, p. 100 et suiv.), et que le § 582 ne prescrit pas de formule pour le jugement en matière de mariage.

C'est dans le but d'écarter toute espèce de doutes à cet égard et dans l'intérêt de l'uniformité avec la législation de la plupart des autres Etats de l'Empire, qu'il a paru opportun d'abroger formellement les dispositions dont il s'agit. Du moment qu'elles ne sont plus en vigueur, il y a lieu d'étendre la même modification au divorce par consentement mutuel (art. 290, 294 du Code civil). L'alinéa 1er du § 55 de la loi d'Empire sur l'état civil satisfait dans une juste mesure à la nécessité d'une constatation authentique du jugement prononçant le divorce dans les registres de l'état civil.

Les susdits articles du Code civil ne sont toutefois abrogés que pour les jugements rendus après l'entrée en vigueur du Code de procédure civile; pour tout jugement de divorce antérieur, c'est la législation actuelle qui tout naturellement devra être appliquée (M.).

§ 12. Les dispositions des art. 267 à 271 du Code civil concernant les mesures provisoires auxquelles peut donner lieu la demande en divorce, sont pour la plupart de nature essentiellement matérielle et ne sont donc pas atteintes par le Code de procédure civile (cf. § 16, n° 4 de la loi d'introduction au Code de procédure civile). En ce qui concerne les mesures provisoires que le juge a à ordonner, c'est le § 584 du Code de procédure civile qui reçoit son application en ce qui concerne la procédure à suivre.

Il était cependant nécessaire de modifier les prescriptions des art. 270 et 271 sur la faculté accordée à la femme de faire apposer les scellés sur les effets mobiliers de la communauté et de faire annuler certains actes du mari, en tant que ces dispositions attribuaient un certain effet légal à la date de l'ordonnance dont parlait l'art. 238, qui fixait le jour de la tentative de conciliation et ordonnait l'assignation du défendeur pour le jour indiqué. La loi remplace cette ordonnance par des décisions analogues que prend le juge, suivant la nouvelle procédure en matière de divorce (M.).

§ 13. D'après le § 9, alinéa 2 de la loi d'introduction au Code de commerce du 19 juin 1872, tout jugement de séparation de biens rendu entre époux dont l'un est commerçant, doit être publié dans la forme prescrite par l'art. 872 du Code de procédure civile, si-

Elsaß-Lothringen, S. 213), ist das Urtheil, welches die Ehescheidung ausspricht, in der im § 4 bezeichneten Weise bekannt zu machen. Auf das den Gläubigern zustehende Recht des Einspruchs und der Anfechtung findet die Vorschrift des § 7 entsprechende Anwendung.

Entmündigungssachen.

§ 14. Vormundschaftsbehörde im Sinne der §§ 600, 603, 615, 619 und 620 der Civilprozeßordnung ist das Amtsgericht, in dessen Bezirk die Vormundschaft geführt wird, oder in Folge der Entmündigung zu führen ist.

---

bekannt gemacht werden, widrigenfalls die Gläubiger zu jeder Zeit befugt sind, gegen das Urtheil, soweit es ihr Interesse betrifft, Einspruch zu erheben und jede in Folge desselben geschehene Auseinandersetzung anzufechten. Das Gesetz regelt die Form der Bekanntmachung nach Maßgabe des § 4 und die Geltendmachung des Einspruchsrechts der Gläubiger in Uebereinstimmung mit § 7 (M.).

§ 14. Durch die im Absatz 1 bezeichneten Vorschriften der Civilprozeßordnung ist für verschiedene Stadien des Verfahrens in Entmündigungssachen eine Mittheilung an „die Vormundschaftsbehörde" vorgeschrieben. Da die Civilprozeßordnung darüber, welche Behörde in den einzelnen Rechtsgebieten unter der Vormundschaftsbehörde zu verstehen sei, nichts enthält, so fällt die Bestimmung dieses Begriffes der Landesgesetzgebung zu. Für Elsaß-Lothringen kann, da der nichtständige Familienrath hierbei wohl kaum in Frage kommt, nur das Amtsgericht des Ortes der Vormundschaft bezeichnet werden. In der Regel wird dies dasselbe Gericht sein, welches nach § 594 der C. P. O. für das Verfahren in Entmündigungssachen überhaupt zuständig ist.

Abs. 2 am Schlusse hält die als zweckmäßig bewährte Maßregel des Art. 497 des Code civil aufrecht.

In dem Verfahren wegen Bestellung eines Beistandes für einen Geisteskranken oder Verschwender kann von einer besonderen Vormundschaftsbehörde neben dem den Beistand ernennenden Gerichte überhaupt nicht die Rede sein, da das bürgerliche Recht in den fraglichen Fällen als einzige fürsorgliche Maßregel die Bestellung des Beistandes kennt. Die Bestimmungen des § 623 und der auf die §§ 615, 619 Bezug nehmenden §§ 624 bis 626 der Civilprozeßordnung, welche zufolge des § 10 des Einführungsgesetzes zur Civilprozeßordnung auf das in Frage stehende Verfahren entsprechende Anwendung finden, erscheinen daher, insofern sie eine Mittheilung an die Vormundschaftsbehörde vorschreiben, für das Gebiet des Reichslandes gegenstandslos. Die Bestellung des Beistandes erfolgt durch das für das Verfahren zuständige Amtsgericht, beziehungsweise durch das mit der Anfechtungsklage befaßte Landgericht (vergl. § 621 Abs. 1, § 624 Abs. 4, § 606 der C. P. O. in Verbindung mit § 10 des Einführungsgesetzes und die Art. 499, 513, 514 des Code civil).

des lois pour l'Alsace-Lorraine, p. 213), le jugement prononçant le divorce est publié dans la forme indiquée au § 4. La disposition du § 7 est applicable au droit d'opposition et de pourvoi des créanciers.

Des interdictions.

§ 14. L'autorité chargée du contrôle de la tutelle dans le sens des §§ 600, 603, 615, 619 et 620 du Code de procédure civile est l'Amtsgericht dans le ressort duquel la tutelle est gérée ou doit être gérée par suite de l'interdiction.

---

non les créanciers ont la faculté en tout temps de former opposition au jugement, en tant qu'il touche à leurs intérêts, et d'attaquer tout partage qui en a été la conséquence. La loi règle la forme de la publication en se référant au § 4, et la manière dont les créanciers ont à faire valoir leurs droits d'opposition, en se référant au § 7 (M.).

§ 14. D'après les prescriptions du Code de procédure civile auxquelles se réfère l'alinéa 1er, il y a lieu d'informer la „Vormundschaftsbehörde" des différentes phases de la procédure en matière d'interdiction. Le Code de procédure civile ne contenant aucune indication sur l'autorité qui dans les différents pays doit être considérée comme „Vormundschaftsbehörde", c'est à la législation particulière du pays à déterminer cette autorité. Pour l'Alcace-Lorraine, comme il ne saurait être question du conseil de famille, qui n'est pas permanent, on ne peut considérer comme tel que le tribunal cantonal du lieu de gestion de la tutelle. Ce sera donc en général le même tribunal que celui qui, d'après le § 594 du Code civil, est compétent pour la procédure d'interdiction.

L'alinéa 2 in fine maintient la mesure si opportune prévue par l'art. 447 du Code civil.

Dans la procédure relative à la nomination d'un conseil judiciaire pour une personne atteinte d'aliénation mentale ou prodigue, il ne saurait être question d'une „Vormundschaftsbehörde" spéciale, à côté du tribunal nommant le conseil, attendu que le droit civil ne connaît pour ces cas d'autre mesure conservatoire que la nomination du conseil. Les dispositions du § 263 et des §§ 624 à 626 du Code de procédure civile qui, d'après le § 10 de la loi d'introduction, sont applicables à la procédure en question, n'ont donc pas de raison d'être pour l'Alsace-Lorraine, en tant qu'elles prescrivent une communication à la „Vormundschaftsbehörde". Le conseil est nommé soit par le tribunal cantonal compétent, soit par le tribunal régional saisi de la demande en nullité (cf. § 621, al. 1er; § 624, al. 4, § 606 du Code de proc. civ., ainsi que § 10 de la loi d'introduction et art. 499, 513 et 514 du Code civil).

La disposition du § 501 du Code civil d'après laquelle l'interdic-

Dasselbe hat im Falle des § 600 der Civilprozeßordnung die für die Person oder das Vermögen des zu Entmündigenden erforderliche Fürsorge anzuordnen und kann zu diesem Zwecke einen vorläufigen Verwalter ernennen.

In gleicher Weise ist im Falle des § 603 der Civilprozeßordnung für den Entmündigten Fürsorge zu treffen, so lange demselben ein Vormund noch nicht bestellt ist.

Theilungsverfahren.

§ 15. Die Veräußerung gemeinschaftlicher Liegenschaften, welche im gerichtlichen Theilungsverfahren angeordnet wird, findet im Wege öffentlicher Versteigerung vor einem Notar statt.

Die im Art. 501 des Code civil vorgeschriebene Bekanntmachung der wegen Geisteskrankheit ausgesprochenen Entmündigung, bezw. Ernennung eines Beistandes im Sitzungssaale des Gerichts und in den Notariatsstuben des Bezirks ist als durch die Civilprozeßordnung beseitigt zu erachten, da § 627 im Gegensatze zu § 603 die Veröffentlichung einer Entmündigung wegen Verschwendung vorschreibt, und der Antrag auf fakultative Anordnung der öffentlichen Bekanntmachung des die Entmündigung wegen Geisteskrankheit aussprechenden Beschlusses abgelehnt wurde (vergl. Protokolle der Justizkommission, S. 467, 468.) (Nach einer Ministerialverfügung vom 13. Juli 1886 (Samml. XI S. 351) findet jedoch eine auszugsweise Mittheilung der betreffenden Entscheidungen Seitens der Gerichtsschreiberei des in § 14 Abs. 1 bezeichneten Amtsgerichts (der Vormundschaftsbehörde), bezw. des Amtsgerichts, welches die Bestellung eines Beistands wegen Verschwendung ausgesprochen hat, an die Staatsanwaltschaft und von dieser an die Notariatskammer zu dem Zwecke statt, die öffentliche Kenntniß auf dem durch Art. 18 des Gesetzes vom 25 Ventôse XI gegebenen Wege (Anschlag in den Notariatsstuben) zu ermöglichen.)

§ 15. Die Civilprozeßordnung berührt das gerichtliche Theilungsverfahren nur in dem den Gerichtsstand betreffenden § 28 und in den das vorbereitende Verfahren betreffenden §§ 250, 313 bis 319. Zufolge der letzteren Bestimmungen ist das Prozeßgericht nicht mehr in der Lage, verwickelte streitige Ansprüche zur einstweiligen näheren Feststellung vor den Notar zu verweisen; derselbe wird in dieser Richtung durch den Richterkommissar ersetzt. Im übrigen richtet sich die Erledigung der Theilungsstreitigkeiten nach den allgemeinen Vorschriften der Civilprozeßordnung. Dieselben sind insbesondere maßgebend hinsichtlich der Form, in welcher die im Laufe der Theilungsoperationen auftauchenden Streitigkeiten zur gerichtlichen Entscheidung gebracht werden (vergl. Code de procédure civile, Art. 977, Abs. 3 bis 4).

Die Wirksamkeit der Civilprozeßordnung beschränkt sich aber auf den eigentlichen Theilungsprozeß, und es bleiben somit die landesgesetzlichen Vorschriften über die nicht sowohl dem Prozeßrechte, als dem Gebiete der nicht streitigen Gerichtsbarkeit angehörigen Theilungsgeschäfte

Ce tribunal aura, dans le cas de l'art. 600 du Code de procédure civile, à prendre les mesures conservatoires jugées nécessaires dans l'intérêt de l'interdit et de sa fortune, et pourra nommer à cet effet un administrateur provisoire.

Des mesures analogues seront prises dans l'intérêt de l'interdit dans le cas du § 603 du Code de procédure civile, aussi longtemps qu'il n'aura pas été nommé de tuteur.

Des partages.

§ 15. La vente d'immeubles indivis ordonnée dans une procédure de partage judiciaire a lieu par voie d'adjudication publique par-devant notaire.

---

tion pour cause d'aliénation mentale et la nomination d'un conseil doivent être publiées dans la salle d'audience du tribunal et dans les études des notaires de l'arrondissement, doit être considérée comme abrogée par le nouveau Code de procédure civile, attendu que le § 627, contrairement au § 603, prescrit la publication de l'interdiction pour cause de prodigalité, et que la proposition de rendre du moins facultative la publication d'un jugement d'interdiction pour cause d'aliénation mentale, n'a pas été admise (cf. procès-verbaux de la Commission de justice, p. 467 et 468).

D'après une instruction ministérielle du 13 juillet 1886 — II a., 6271, un extrait de la décision doit être remis par le greffe de l'Amtsgericht désigné par le § 14, al. 1, ou tout autre Amtsgericht, qui a nommé un curateur pour cause de prodigalité, au ministère public qui la communique à la chambre des notaires à l'effet de la rendre publique par la voie indiquée par l'art. 18 de la loi du 25 ventôse XI (affiche dans les études de notaire).

Le Code de procédure civile n'a pas touché à la loi du 30 juin 1838 sur les aliénés (M.).

§ 15. Le Code de procédure civile ne s'occupe des partages judiciaires que dans son § 28 sur la compétence des tribunaux et dans les §§ 250 et 313 à 319 sur les procédures préparatoires.

D'après ces dernières dispositions, le tribunal où le litige est pendant ne peut plus renvoyer devant notaire les contestations compliquées, pour y être constatées par procès-verbal. Le notaire est sous ce rapport remplacé par le juge-commissaire. Pour le surplus il sera procédé au partage d'après les dispositions générales du Code de procédure civile. Ces dispositions devront notamment être appliquées relativement à la forme dans laquelle seront renvoyées devant le juge les difficultés qui pourront s'élever au cours des procédures de partage (cf. Code de proc. civ., art. 977, al. 3 à 4).

L'influence du Code de procédure civile ne s'étendant qu'à la procédure de partage proprement dite, les dispositions de la législation particulière au sujet des opérations de partage qui appar-

Auf die Anordnung des Gerichts und auf den Verkauf finden die Bestimmungen des § 13 Abs. 1 und der §§ 7 bis 9 des Gesetzes vom 1. Dezember 1873, betreffend außergerichtliche Theilungen und gerichtliche Verkäufe von Liegenschaften (Gesetzblatt für Elsaß-Lothringen, S. 310), entsprechende Anwendung.

Bleiben die Gebote unter dem Schätzungspreise, so erfolgt die Bestätigung des vorläufigen Zuschlags, vorbehaltlich der Bestimmung des Art. 985 des Code de procédure civile, durch das Gericht, welches den Verkauf angeordnet hat. Die Vorschriften des § 14 des vorerwähnten Gesetzes vom 1. Dezember 1873 finden entsprechende Anwendung.

(Abschätzung der Vermögensstücke, Verkauf derselben zum Zweck der Theilung, Aufstellung der Theilungsmasse, Bildung und Ziehung der Loose) in Kraft. Die hierher gehörenden Anordnungen des Gerichts können daher auch im Laufe eines Rechtsstreites in gleicher Weise wie bisher beantragt und mit dem die Theilung verordnenden Urtheile verbunden werden (vgl. § 4 Einführungsgesetz zum G. V. G.)

Eine Ergänzung der bestehenden Vorschriften (Code de procédure civile, Art. 970, 972, Gesetz vom 1. Dezember 1873) erscheint nur für den im Art. 827 des Code civil vorgesehenen Fall der Veräußerung gemeinschaftlicher Liegenschaften im Theilungsverfahren angezeigt. Das Gesetz beseitigt die nicht praktisch gewordene Veräußerung durch den Richterkommissar und ersetzt im Abs. 2 die allgemeine Verweisung im § 16 Abs. 2 des Gesetzes vom 1. Dezember 1873 durch den bestimmten Hinweis auf den § 13, Abs. 1 und die §§ 7 und 9 jenes Gesetzes.

Bleiben die Gebote unter dem Schätzungspreis (§ 8, Abs. 2 des Gesetzes vom 1. Dezember 1873), so bedarf es für die großjährigen und handlungsfähigen Betheiligten an und für sich einer gerichtlichen Genehmigung ihrer auf Bestätigung des vorläufigen Zuschlags gerichteten Willenserklärung nicht. Gleichwohl ist, Mangels einer Uebereinkunft derselben mit dem Ansteigerer (Code de procédure civile, Art. 985), diese Genehmigung angezeigt, um auch dem einseitig gebundenen Käufer gegenüber die rechtliche Geltung des Vertrags in authentischer Weise festzustellen. Im Falle der Betheiligung von Minderjährigen, Benefiziar- und Vakantmassen u. s. w., würde die Bestätigung hinsichtlich der handlungsunfähigen Betheiligten an und für sich in Gemäßheit des § 8, Abs. 2 und des § 13, Abs. 3 des Gesetzes vom 1. Dezember 1873 durch den Familienrath, bezw. durch das Landgericht erfolgen können. Dies würde jedoch, auch abgesehen von der gleichzeitigen Betheiligung dispositionsfähiger Personen, namentlich in dem nicht seltenen Falle der Betheiligung mehrerer, unter verschiedenen Vormundschaftsgerichten stehender Minderjährigen, zu Weitläufigkeiten führen, welche bei der Kürze der für die Bestätigung

Les dispositions du § 13, alinéa 1er et des §§ 7 à 9 de la loi du 1er décembre 1873 sur les partages extrajudiciaires d'immeubles (*Bulletin des lois pour l'Alsace-Lorraine,* p. 319), sont applicables à l'ordonnance du tribunal et à la vente.

Si les enchères restent au-dessous du prix d'estimation, l'adjudication provisoire sera homologuée, sous réserve de la disposition de l'art. 985 du Code de procédure civile français, par le tribunal ayant ordonné la vente. Sont applicables également les dispositions du § 14 de la susdite loi du 1er décembre 1873.

---

tiennent plutôt à la juridiction non contentieuse qu'à la procédure même, comme l'évaluation des biens, leur vente, la formation de la masse à partager, la formation et le tirage des lots, restent en vigueur.

Les décisions du tribunal à ce sujet pourront donc, comme par le passé, être demandées incidemment dans le cours d'un procès et rendues en même temps que le jugement ordonnant le partage (comp. § 4 de la loi d'introduction à la loi sur l'organisation judiciaire).

Il n'a paru nécessaire de compléter ces dispositions (Code de proc. civ., art. 970 et 972, loi du 1er décembre 1873) que pour le cas prévu par l'art. 827 du Code civil, où, dans un partage, des immeubles indivis doivent être vendus par licitation. Dans l'alinéa 1er, la loi écarte tout d'abord la disposition peu pratique d'après laquelle cette vente pouvait être confiée à un juge-commissaire et remplace dans l'alinéa 2 la disposition générale prise par le § 16, alinéa 2 de la loi du 1er décembre 1873, en renvoyant au § 13, alinéa 1er et aux §§ 7 à 9 de ladite loi.

Si les enchères restent au-dessous de la mise à prix (§ 8, al. 2 de la loi du 1er décembre 1873), la ratification de l'adjudication provisoire par les copartageants majeurs et jouissant de leur capacité civile n'aurait à la rigueur pas besoin d'être homologuée par le tribunal. Mais en tant qu'il n'existe pas de convention entre les copartageants et l'adjudicataire (Code de proc. civ., art. 985), cette homologation paraît tout indiquée pour constater d'une manière authentique vis-à-vis de l'acheteur, qui n'est lié qu'unilatéralement, la validité de la ratification. Quand des mineurs, des successions vacantes ou acceptées sous bénéfice d'inventaire, etc., sont intéressés dans l'adjudication, l'homologation pourrait avoir lieu aux termes du § 8, alinéa 2 et du § 18, alinéa 3 de la loi du 1er décembre 1873, par le conseil de famille ou par le tribunal régional. Toutefois ce mode de procéder, même abstraction faite de la participation de personnes majeures et jouissant de la libre disposition de leurs biens, mènerait, surtout dans le cas assez fréquent où la tutelle de plusieurs mineurs intéressés serait gérée

§ 16. Aus den gerichtlichen Beschlüssen, durch welche eine Theilung oder ein vorläufiger Zuschlag bestätigt wird, findet die gerichtliche Zwangsvollstreckung nach Maßgabe der §§ 662 bis 701, 705 der Civilprozeßordnung statt.

Zwangsbefehle bezüglich der Enregistrements-, Hypotheken und Domänengefälle.

§ 17. Aus den gerichtlich für vollstreckbar erklärten Zwangsbefehlen behufs Beitreibung der Domänengefälle und den Enregistrements- und Hypothekenbeamten zur Einziehung überwiesenen öffentlichen Einkünfte findet die gerichtliche Zwangsvollstreckung nach Maßgabe der §§ 671 Abs. 1, §§ 673 bis 685, 686 Abs. 3, §§ 688 bis 701 der Civilprozeßordnung statt.

---

gesetzlich gewähren 14tägigen Frist zu vermeiden sind. Im Anschluß an das frühere Recht (vergl. Code de procédure civile, Art. 963) überträgt daher das Gesetz die Bestätigung des vorläufigen Zuschlags ausschließlich dem Gerichte, welches die Theilung angeordnet hat, indem es zugleich die auf einen solchen Beschluß bezüglichen Vorschriften des § 14 des Gesetzes vom 1. Dezember 1873 für anwendbar erklärt. Im Falle der Meinungsverschiedenheit unter den Betheiligten ist selbstverständlich der Prozeßweg zu beschreiten (M.).

§ 16. Die Vorschrift beruht auf § 706 der C. P. O. Zu den Beschlüssen, durch welche eine Theilung bestätigt wird, gehören sowohl die im § 1 des Gesetzes vom 1. Dezember 1873 erwähnten Beschlüsse betr. die außergerichtlichen Theilungen, als die Homologationsbeschlüsse, welche eine im Prozeßwege verordnete Theilung zum Gegenstand haben, (vergl. Code de procédure civile, Art. 981). In beiden Fällen wird von den Betheiligten die gerichtliche Genehmigung der Theilung nachgesucht, um einen Prozeß zu vermeiden (vergl. C. P. O. § 703) (M).
Der Entwurf knüpfte bezüglich der Beschlüsse, durch welche Theilungen bestätigt werden, die Zwangsvollstreckung an die dem § 702 Nr. 5 der C. P. O. entsprechende Bedingung, daß die Betheiligten sich in der Theilungsurkunde der sofortigen Zwangsvollstreckung unterworfen haben. Der Landesausschuß beseitigte auf den Antrag seiner Kommission diese dem bisherigen Rechte fremde Beschränkung als überflüssig und gewährte die Zwangsvollstreckung überdies aus den Beschlüssen, durch welche ein vorläufiger Zuschlag bestätigt wird (vergl. § 15, Abs. 3 und Anm. dazu). Von Seiten der Regierungsvertreter war auf die Anomalie hingewiesen worden, daß so dem vorläufigen Zuschlag weitergehende Wirkungen als dem definitiven beigelegt werden.

§ 17 macht eine weitere Anwendung des § 706 der C. P. O., welche dem bisherigen Recht entspricht. Zufolge des im Abs. 1 für anwendbar erklärten § 685 der Civilprozeßordnung werden namentlich auch

§ 16. Les décisions judiciaires homologuant des partages ou des adjudications provisoires d'immeubles entraîneront l'exécution forcée, conformément aux §§ 662 à 701 et 705 du Code de procédure civile.

Du contraintes relatives aux droits d'enregistrement, d'hypothèques et de domaines.

§ 17. Sur les contraintes relatives aux revenus des domaines et aux revenus publics perçus par les employés de l'enregistrement et des hypothèques, quand elles sont déclarées exécutoires en justice, il sera procédé à l'exécution forcée, conformément aux §§ 671, alinéa 1er, 673 à 685, 686, alinéa 3 et 688 à 701 du Code de procédure civile.

---

dans le ressort de tribunaux différents, à des longueurs qu'il importe d'éviter, vu la brièveté du délai de quinze jours accordé par la loi pour l'homologation. En se ralliant au système du Code de procédure civile français (art. 968), la loi charge exclusivement de l'homologation de l'adjudication provisoire le tribunal qui à ordonné le partage, et déclare applicables en même temps à la décision du tribunal les dispositions du § 14 de la loi du 1er décembre 1873. En cas de dissidence d'opinion entre les intéressés, ceux-ci doivent nécessairement recourir à la voie judiciaire (M.).

§ 16. Cette disposition repose sur le § 706 du Code de procédure civil. Parmi les décisions homologuant un partage se trouvent non seulement les décisions mentionnées au § 1 de la loi du 1er décembre 1873, concernant les partages extrajudiciaires, mais encore les homologations ayant pour objet un partage ordonné par le tribunal (cf. Code de proc. civ. français, art. 981). Dans les deux cas la ratification judiciaire du partage est demandée par les intéressés pour éviter un procès (comp. § 703 du Code de proc. civ.) (M.).

Le projet de loi n'attribuait aux décisions qui homologuent un partage, l'exécution forcée que dans les conditions prévues par le § 702, No 5 du Code de procédure civile, c'est-à-dire si les parties se sont soumises dans l'acte même de partage à l'exécution immédiate. Le Landesausschuss écarta, sur la proposition de la Commission, cette restriction que ne connaissait pas l'ancien droit comme superflue, et appliqua en outre l'exécution forcée aux décisions qui homologuent des adjudications provisoires d'immeubles (comp. § 15, al. 3 et les annotations). Les commissaires du Gouvernement avaient à cet égard rendu attentif à l'anomalie, qu'on attribuait par là aux adjudications provisoires une portée plus grande qu'aux adjudications définitives.

§ 17. Ce paragraphe renferme une nouvelle application du § 706 du Code de procédure civile qui répond à la législation actuelle.

Das Gericht kann jedoch nicht anordnen, daß die Zwangsvollstreckung nur gegen Sicherheitsleistung fortgesetzt werde.

§ 18. Der Zwangsbefehl behufs Beitreibung von Domänengefällen ist von dem Beamten, welchem die Gefälle zur Einziehung überwiesen sind, auszustellen und vom Amtsrichter des Bezirks, in welchem der Aussteller seinen dienstlichen Wohnsitz hat, für vollstreckbar zu erklären.

§ 19. Einwendungen, welche den durch den Zwangsbefehl festgestellten Anspruch selbst betreffen, sind von dem Schuldner im Wege

---

Einwendungen gegen die formelle Zulässigkeit der Zwangsvollstreckung, z. B. daß der Zwangsbefehl nicht vor Beginn des Vollzugs vollstreckbar erklärt oder zugestellt sei, durch das Vollstreckungsgericht entschieden. Die Anwendbarkeit des im § 685 der Civilprozeßordnung angeführten § 686 Abs. 2 und der §§ 688, 689, betreffend die einstweiligen Anordnungen des Richters, erleidet nach Abs. 2 des Entwurfs eine einer Rechtfertigung nicht bedürfende Modifikation.

§ 18. Die Verwaltung der Domanialnutzungen war nach dem früheren Rechte (§ 17 des Gesetzes, betreffend die Einrichtung der Verwaltung vom 30. Dezember 1871, Gesetzblatt für Elsaß-Lothringen, S. 49) dem Direktor der Zölle und indirekten Steuern überwiesen. Die Zwangsbefehle behufs Beitreibung der Domänengefälle waren nach den maßgebenden Bestimmungen des Gesetzes vom 19. August — 12. September 1791, Art. 4, und des Arrêté vom 4 Thermidor XI, Art. 5, durch den genannten Beamten auszustellen und, im Gegensatz zu den vom Friedensrichter für vollstreckbar zu erklärenden Zwangsbefehlen der Enregistrements- und Hypothekenbeamten, in der Regel vom Landgerichtspräsidenten, bei rückständigen Kaufpreisen vom Bezirkspräsidenten vollstreckbar zu erklären. Mit Rücksicht auf die schon bei Erlaß des Gesetzes in Aussicht genommene anderweitige Regelung der Verwaltung der Domanialnutzungen (Gesetz vom 24. März 1879, Gesetzbl., S. 3) überträgt das Gesetz die Ausstellung des Zahlbefehls allgemein dem Beamten, welchem die Gefälle zur Einziehung überwiesen sind. Zugleich wird zur Beseitigung des erwähnten, durch innere Gründe nicht gerechtfertigten Unterschieds bestimmt, daß der in Rede stehende Zwangsbefehl jedesmal von dem Amtsrichter desjenigen Bezirks für vollstreckbar zu erklären ist, innerhalb dessen der Beamte, welcher den Zwangsbefehl ausstellt, seinen dienstlichen Wohnsitz hat (M.).

§ 19. Diese Einwendungen wurden bisher (vergl. Art. 65 des Gesetzes vom 22. Frimaire VII) durch die Landgerichte in einem besonderen schriftlichen Verfahren verhandelt. Ob dieses Verfahren neben den Vorschriften der C. P. O. noch zulässig sei, erschien mindestens zweifelhaft (vergl. § 3 Einführungsgesetz zur C. P. O.)

Die dem bisherigen Rechte entsprechende ausschließliche Zuständigkeit der Landgerichte ergibt sich aus § 16, Abs. 1 des Ausführungsgesetzes zum Gerichtsverfassungsgesetz. Der Fiskus wird in dem Rechts-

Toutefois le tribunal ne pourra pas ordonner que l'exécution forcée ne sera continuée qu'à charge de fournir caution.

§ 18. La contrainte ayant pour objet le recouvrement de revenus des domaines sera décernée par le receveur d'enregistrement chargé de toucher ces revenus et déclarée exécutoire par l'Amtsrichter dans le ressort duquel le receveur aura son domicile légal.

§ 19. Les réclamations dirigées contre la prétention même ayant donné lieu à une contrainte, seront, conformé-

---

Conformément au § 685 du Code de procédure civile, déclaré applicable par l'alinéa 1er ce sont notamment les exceptions dirigées pour défaut de forme contre la recevabilité de l'exécution forcée et se fondant, par exemple, sur ce que la contrainte n'a pas été déclarée exécutoire ou n'a pas été signifiée avant le commencement de l'exécution, qui devront être jugées par le tribunal d'exécution. L'application des §§ 686, alinéa 2, 688 et 689 sur les ordonnances provisoires du juge, subit, d'après l'alinéa 2 de la loi, une modification qui se justifie d'elle-même.

§ 18. L'administration des revenus du domaine était attribuée par la législation ancienne (§ 17 de la loi sur l'organisation de l'administration du 30 décembre 1871, Bulletin des lois pour l'Alsace-Lorraine, p. 49) au directeur des douanes et des contributions indirectes. Les contraintes ayant pour objet le recouvrement de revenus des domaines, devraient, d'après les dispositions de la loi du 19 août—12 septembre 1791, art. 4, et de l'arrêté du 4 thermidor an XI, art. 5, être décernées par ledit fonctionnaire et, contrairement aux contraintes des bureaux d'enregistrement et d'hypothèques, qui sont déclarées exécutoires par le juge de paix, être déclarées exécutoires en règle générale par le président du tribunal régional, et en cas de non-paiement d'un prix de vente, par le préfet. Une réorganisation de l'administration des revenus des domaines ayant déjà été en perspective lors de la publication de la loi (Loi du 24 mars 1879, Bulletin des lois pour l'Alsace-Lorraine, p. 3), cette dernière attribue en général le droit de décerner les contraintes au préposé chargé du recouvrement des revenus. En même temps, et pour écarter la différence sus-mentionnée, qui n'est justifiée en rien, la loi prescrit que la contrainte devra chaque fois être déclarée exécutoire par le juge cantonal dans le ressort duquel le préposé qui la décerne a son domicile officiel (M.).

§ 19. Ces réclamations se jugeaient jusqu'à présent (comp. l'art. 65 de la loi du 22 frimaire VII) par le Landgericht, d'après une procédure spéciale et sur mémoire. Le maintien de cette procédure a dû paraître très douteux en présence des dispositions du Code de procédure civil (comp. § 3 de la loi d'introduction du Code de proc. civ.).

der Klage und nach den Vorschriften der Civilprozeßordnung bei demjenigen Landgerichte geltend zu machen, in dessen Bezirk sich das Amt befindet, von welchem der Zwangsbefehl erlassen ist.

Vorzugsrechte.

§ 20. Ein Vorzugsrecht an bestimmten beweglichen Sachen im Sinne des Code civil steht den in den §§ 40, 41 der Konkursordnung bezeichneten Gläubigern für die Forderungen und an den Gegenständen zu, auf welche sich im Falle des Konkurses ihr Absonderungsrecht erstreckt.

---

streite nach den bestehenden Vorschriften durch den Direktor der Zölle und indirekten Steuern vertreten. Demgemäß würde, wenn nicht ein besonderer Gerichtsstand bestimmt wird, nur das Landgericht in Straßburg für die Klage zuständig sein (C. P. O. § 20). Aus Gründen der Zweckmäßigkeit und im wesentlichen Anschluß an das bestehende Recht bestimmt jedoch § 19, daß die Klage bei demjenigen Landgericht anzustellen ist, in dessen Bezirk sich das Amt befindet, welches den Zwangsbefehl erlassen hat (M.).

(Vgl. C. P. O. § 686 Abs. 1.)

§ 20. In Folge der Vorschriften im § 709, Abs. 1 und 2 der C. P. O. sind die im Art. 2102 des Code civil aufgeführten Vorrechte an gewissen Mobilien, soweit dieselben mit den in dem § 41 der Konkursordnung bezeichneten Absonderungsrechten nicht zusammenfallen, dem pfändenden Gläubiger gegenüber unwirksam und somit für den weitaus häufigsten Fall der Vertheilung eines Mobiliarerlöses schon nach den Bestimmungen der Civilprozeßordnung im wesentlichen bedeutungslos geworden. Es erscheint daher geboten, unter Aufhebung des praktisch nahezu werthlos gewordenen Systems des Art. 2102 des Code civil das klare und dem Realkredit förderliche System der Konkursordnung in das bürgerliche Recht zu übertragen. Demgemäß erklärt das Gesetz, unter Beseitigung des Art. 2102 (vergl. § 23, Abs. 1), die Absonderungsrechte im Konkurse zugleich zu besonderen Vorzugsrechten im Sinne des Code civil.

Zwischen den verschiedenen Vorzugsrechten wie zwischen den entsprechenden Absonderungsrechten der Konkursordnung können Kollisionen vorkommen, da zur Begründung und Erhaltung des Vorrechts nicht überall die Innehabung der Sache vorausgesetzt wird (vergl. K. O. § 41 Nr. 2, 4, 8; H. G. B. Art. 315, 409). Insoweit nun hinsichtlich der Rangordnung der einzelnen Vorzugsrechte gesetzliche Vorschriften bestehen (vergl. z. B. H. G. B. Art. 306, 409, 411), behält es hierbei sein Bewenden. Die Rangordnung der durch verschiedene Pfändungen begründeten Pfandrechte ist im § 709 der Civilprozeßordnung geregelt.

ment aux dispositions du Code de procédure civile, produites sous forme de demande devant le Landgericht dans le ressort duquel se trouve le tribunal cantonal dont émane la contrainte.

Des privilèges.

§ 20. Les créanciens désignés dans les §§ 40 et 41 du Code des faillites auront un droit de privilège, dans le sens du Code civil, pour les créances et sur les objets auxquels s'étendrait en cas de faillite leur droit de distraction *(Absonderungsrecht).*

La compétence exclusive des tribunaux civils, qui d'ailleurs est conforme à la législation actuelle, résulte pour ces matières du § 16, alinéa 1er de la loi d'exécution sur l'organisation judiciaire. Le Trésor est représenté dans la cause, conformément aux dispositions existantes, par le directeur des douanes et des contributions indirectes. En conséquence, à défaut d'une disposition spéciale, ce serait le tribunal régional de Strasbourg qui serait seul compétent pour cette sorte de demandes (§ 20 Code proc. civ.). Pour des raisons d'opportunité, et d'accord avec la législation actuelle, le § 19 prescrit toutefois que la demande devra être formée devant le tribunal régional dans le ressort duquel se trouve le bureau qui a décerné la contrainte (M.).

(Comp. § 686, alinéa 1er du Code de procédure civile.)

§ 20. Par suite des dispositions du § 709, alinéa 1er du Code de procédure civile, les privilèges sur objets mobiliers désignés dans l'art. 2102 du Code civil, sont, en tant qu'ils ne sont pas identiques avec les droits de distraction désignés au § 41 du Code des faillites, de nul effet vis-à-vis du créancier qui a pratiqué la saisie et n'ont donc, déjà d'après les dispositions du Code de procédure civile, plus aucune signification pour la plupart des cas de saisie mobilière. Il paraissait dès lors opportun d'abolir le système sans valeur pratique de l'art. 2102 du Code civil et de lui substituer le système clair et favorable au crédit du Code des faillites.

En conséquence, la loi abroge l'art. 2102 (cf. § 24, al. 1er) et confère aux droits de distraction du Code des faillites la qualité de privilèges dans le sens du Code civil.

Il peut s'élever des collisions entre les différents privilèges, ainsi qu'entre les droits de distraction du Code des faillites, l'obtention et la conservation du privilège ne supposant pas toujours la détention de l'objet (cf. Code des faillites, § 41, nos 2, 4 et 8; Code de commerce, art. 315 et 409). En tant qu'il existe des dispositions légales sur le rang des divers privilèges (cf. p. ex. Code de commerce, art. 306, 409 et 411), ces dispositions sont restées en vigueur. Le rang des droits de gage acquis au moyen de saisies est déterminé par le § 709 du Code de procédure civile.

Die Vorzugsrechte der in den §§ 40, 41 Nr. 1 bis 8 der Konkursordnung bezeichneten Gläubiger gehen den späteren durch Pfändung erlangten Pfandrechten vor.

§ 21. Bei Bestimmung der Forderung, für welche dem Vermiether ein Vorzugsrecht zusteht (Konkursordnung § 41 Nr. 4), gilt einem erblosen oder unter der Rechtswohlthat des Inventars angetretenen Nachlaß gegenüber der Todestag des Erblassers als Zeitpunkt der Eröffnung des Verfahrens.

Für die übrig bleibenden Fälle ist die Landesgesetzgebung zum Erlasse von Vorschriften zur Lösung der Kollision befugt (vergl. Motive zu § 41 der K. O. a. E. und zu § 4 des Einführungsgesetzes zur K. O.) Für Elsaß-Lothringen scheinen indessen besondere Vorschriften entbehrlich, da der Art. 2096 des Code civil, sowie die auch fernerhin maßgebenden allgemeinen Grundsätze des Sachenrechts (vergl. Code civil, Art. 1141, 2279) sich bisher als ausreichend erwiesen haben. Nur bezüglich des dem französischen Recht unbekannten Pfändungspfandrechts erscheint eine besondere Bestimmung für den durch § 709, Abs. 2 der Civilprozeßordnung nicht geregelten Fall angezeigt, daß ein Pfändungspfandrecht mit früher erworbenen Vorzugsrechten (K. O. §§ 40, 41, Nr. 1 bis 8) zusammentrifft. Damit solche wohlerworbenen Rechte nicht durch das einseitige Vorgehen des pfändenden Gläubigers geschädigt werden, räumt der Entwurf den früher begründeten Vorzugsrechten den Vorrang ein, gleichviel, ob sie auf einem Besitze der Sache beruhen oder nicht. Im letzteren Falle ist das Vorrecht nach § 710 der Civilprozeßordnung im Wege der Klage geltend zu machen (M.).

§ 21. Das Absonderungsrecht des Vermiethers im Konkurs ist nach § 41 Nr. 4 der Konkursordnung auf den laufenden und den für das letzte Jahr „vor der Eröffnung des Verfahrens" rückständigen Zins beschränkt. Hinsichtlich des entsprechenden Vorzugsrechts außerhalb des Konkurses (vergl. § 20) entsteht daher die Frage, welcher Zeitpunkt hier als der der Eröffnung des Verfahrens anzusehen sei. Hierzu bietet sich für den regelmäßigen Fall der Geltendmachung des Vorzugsrechts im Zwangsvollstreckungsverfahren naturgemäß der Tag der ersten Pfändung, mit welchem die mehreren Vorzugsrechte mit einander in Konkurrenz treten. Das Gesetz hat jedoch von einer ausdrücklichen Bestimmung abgesehen, weil dies die Wirksamkeit des in Rede stehenden Absonderungsrechts einem pfändenden Gläubiger gegenüber berührt, für welche § 709, Abs. 2 der Civilprozeßordnung maßgebend ist. Dagegen bestimmt das Gesetz für den Fall der Liquidation von Mobiliarerlösen, welche zu einer Benefizial- oder Vakanterbschaft gehören, als Zeitpunkt der Eröffnung des Verfahrens den Todestag des Erblassers, da derselbe auch für die Bestimmung der Rechte der Nachlaßgläubiger entscheidend ist (M.).

Les privilèges des créanciers désignés dans les §§ 40 et 41, nos 1 à 8 du Code des faillites, primeront les privilèges postérieurement acquis par voie de saisie.

§ 21. Pour l'évaluation de la créance à raison de laquelle il appartient un droit de privilège au bailleur (Code des faillites, § 41, no 4), c'est le jour du décès du testateur qui sera considéré comme époque de l'ouverture de la procédure en tant qu'il s'agira d'une succession vacante ou acceptée sous bénéfice d'inventaire.

Pour les autres cas, la solution de la collision est reservée à la législation particulière (cf. motifs du § 41 in fine du Code des faillites et § 4 de la loi d'introduction à ce Code). Des dispositions spéciales sont inutiles pour l'Alsace-Lorraine, l'art. 2096 du Code civil, et les principes généraux du droit civil qui continueront à être applicables (cf. Code civil, art. 1141 et 2279), ont été jusqu'ici reconnus suffisants. Ce n'est que pour le droit de gage en vertu de saisie, inconnu au droit français, et dans le cas, non réglé par l'art. 709, alinéa 2 du Code de procédure civile, où un droit de gage de cette nature entre en collision avec des droits de privilège antérieurement acquis (§§ 40 et 41, nos 1 à 8 du Code des faillites), qu'une disposition spéciale est nécessaire. Pour empêcher que les droits acquis de ce genre ne soient lésés par la saisie pratique par le créancier, la loi accorde la préférence aux privilèges antérieurement acquis, sans distinguer si ceux-ci reposent sur la possession de la chose ou non. Dans ce dernier cas, le privilège devra, d'après l'art. 710 du Code de procédure civile, être poursuivi au moyen d'une demande judiciaire (M.).

§ 21. Le droit de distraction du bailleur en cas de faillite est restreint par le § 41, Nr. 4 du Code des faillites au loyer courant et à celui dû pour l'année qui s'est écoulée avant „l'ouverture de la procédure". Il se pose pour le droit de privilège correspondant, en dehors du cas de faillite, la question de savoir quelle est l'époque qui doit dans ce cas être considérée comme celle de l'ouverture de la procedure. Ce sera, pour le cas ordinaire où un créancier fait valoir son droit de privilège dans une procédure d'exécution forcée, le jour de la première saisie, puisque c'est de ce jour que les privilèges entrent en collision. La loi s'est toutefois abstenue de prendre une disposition formelle à cet égard; elle toucherait ainsi à l'efficacité du droit de distraction dont s'agit vis-à-vis d'un créancier saisissant, et ce cas est réglé par le § 709, alinéa 2 du Code de procédure civile. Par contre, pour le cas de liquidation mobilière dépendant d'une succession vacante ou acceptée sous bénéfice d'inventaire, la loi désigne comme jour d'ouverture de la procédure le jour du décès du testateur, puisque ce jour est décisif pour la détermination des droits des créanciers de la succession (M.).

§ 22. Die Verpächter und Vermiether können die eingebrachten Sachen, welche ohne ihre Einwilligung von dem Grundstück verbracht sind, von dem dritten Besitzer zurückfordern. Dieses Recht erlischt, wenn es von dem Verpächter nicht innerhalb der nächsten vierzig Tage, von dem Vermiether nicht innerhalb der nächsten vierzehn Tage nach der Verbringung gerichtlich geltend gemacht wird.

§ 23. Aufgehoben werden die Art. 2100, 2101, 2102, 2104, 2105 und 2107 des Code civil, sowie die in sonstigen Gesetzen enthaltenen Vorschriften, wonach an beweglichen Sachen andere als die im § 20 bezeichneten Vorzugsrechte bestehen.

---

§ 22. Im § 22 wird das in Art. 2102 Nr. 1 des Code civil gewährte Rückforderungsrecht in seinem seitherigen Umfang und mit den bisherigen Fristen aufrecht erhalten. Dasselbe ist, in Gemäßheit der allgemeinen Bestimmungen der Civilprozeßordnung, durch Klage oder im Wege des Arrestes geltend zu machen; die prozessualen Vorschriften der Art. 826 ff. des Code de procédure civile sind selbstverständlich in Wegfall gekommen (M.).

§ 23. Durch die Aufhebung des Art. 2102 des Code civil (vergl. zu § 20) kommen die Vorzugsrechte für Saat-, Frucht- und Erntekosten (vergl. K. O. § 54 Nr. 1), für die Kosten der Erhaltung einer Sache (vergl. K. O. § 41 Nr. 6, 7) und für den Kaufpreis in Wegfall. In gleicher Weise ist das im Art. 2102 Nr. 4 dem Verkäufer eingeräumte sogenannte Vindikationsrecht beseitigt, welches bisher schon im Falliment ausgeschlossen war (vergl. Art. 550 des Code de commerce).

Die anderen im Art. 2102 des Code civil aufgezählten Vorzugsrechte sind, entsprechend modifizirt, in die §§ 40, 41 der Konkursordnung übergegangen. Das in Nr. 7 des Art. 2102 erwähnte Vorzugsrecht an der Kaution öffentlicher Beamten bleibt als Faustpfandrecht bestehen (vergl. die Motive zu § 41 der K. O., § 5 des Gesetzes vom 2. Juni 1869 über die Kautionen der Bundesbeamten, Gesetzblatt für Elsaß-Lothringen 1871, S. 386, § 4 des Gesetzes über die Kautionen der Landesbeamten vom 15. Oktober 1873, Gesetzblatt für Elsaß-Lothringen, S. 273).

Die allgemeinen Vorzugsrechte des Code civil (Art. 2101, 2104, 2105, 2107) können auch bezüglich des liegenschaftlichen Vermögens nicht aufrecht erhalten werden. Denn die allgemeinen Vorzugsrechte des Art. 2101 des Code civil, werden zum Theil durch die moderne Rechtsanschauung nicht anerkannt, zum anderen Theil durch Bestimmungen der Reichs-Justizgesetze und anderweitige Vorschriften hinreichend ersetzt. Das letztere gilt insbesondere bezüglich des Vorzugsrechts für Gerichtskosten (vergl. Code civil Art. 810, 814, C. P. O. §§ 719, 760 K. O. § 51). Die Vorzugsrechte für Medizinalkosten und Dienstlohn (Code civil, Art. 2101 Nr. 3, 4) haben im § 54 Nr. 1 und 4 der Konkursordnung einen ausreichenden Ersatz gefunden.

§ 22. Le bailleur pourra revendiquer de tout tiers-détenteur les objets garnissant sa maison ou sa ferme qui auront été déplacés sans son consentement. Ce droit s'éteindra si la revendication n'a pas eu lieu dans le délai de quarante jours pour le fermier et dans celui de quinzaine pour le locataire.

§ 23. Sont abrogés les art. 2100, 2101, 2102, 2104, 2105 et 2107 du Code civil, ainsi que toutes les dispositions contenues dans d'autres lois qui créent des droits de privilège sur les meubles autres que ceux désignés au § 20.

---

§ 22. Ce paragraphe maintient dans son entier le droit de revendication accordé par l'art. 1102, Nr. 1 du Code civil, ainsi que les délais fixés dans cet article. Ce droit devra, conformément aux dispositions générales du Code de procédure civile, être poursuivi au moyen d'une demande ou par voie de saisie. Les dispositions des art. 826 et suivants du Code de procédure civile français sur la procédure à suivre en cette matière sont naturellement abrogées (M.).

§ 23. Par l'abrogation de l'art. 2102 du Code civil (comp. § 20) sont suprimés les privilèges pour semences et frais de récolte (comp. loi sur les faillites, § 54, Nr. 1), pour frais de conservation de la chose (comp. loi sur les faillites, § 41, nos 6 et 7) et celui du vendeur.

Est également supprimé le droit de revendication accordé au vendeur par l'article 2102, Nr. 4, qui d'ailleurs était déjà exclu en cas de faillite par la législation existante (cf. art. 550 du Code de commerce).

Les autres privilèges énumérés dans l'art. 2102 du Code civil ont subis des modifications dans les §§ 40 et 41 du Code des faillites. Le privilège mentionné au Nr. 7 de l'art. 2102, sur les cautions des fonctionnaires publics, est maintenu sous forme de droit de nantissement (cf. motifs du § 41 du Code des faillites; § 5 de la loi du 2 juin 1869 sur les cautions des fonctionnaires de la Confédération; Bulletin des lois pour l'Alsace-Lorraine. 1871, p. 386, et § 4 de la loi du 15 octobre 1873 sur les cautions des fonctionnaires, Bulletin des lois pour l'Alsace-Lorraine, p. 273).

Les privilèges généraux du Code civil (art. 2101, 2104, 2105 et 2107) ne pouvaient non plus être maintenus sur les immeubles. Car les privilèges généraux de l'art. 2101 du Code civil sont rejetés en partie par la doctrine moderne et sont remplacés en partie par les dispositions des lois de justice de l'Empire et d'autres dispositions légales. Il en est ainsi notamment du privilège pour frais de justice (cf. Code civil, art. 810 et 814; Code proc. civ., §§ 719 et 760; Code des faillites, § 51). Les privilèges pour frais de la dernière maladie et salaires des gens de service (art. 2101, nos 3

Insoweit die nach den bisherigen Gesetzen an beweglichen und unbeweglichen Gegenständen bestehenden Vorzugsrechte in Folge vorstehender Bestimmung auf unbewegliche Gegenstände beschränkt werden, können dieselben hinsichtlich der letzteren auch ohne vorherige Zwangsvollstreckung in das bewegliche Vermögen des Schuldners geltend gemacht werden.

Durch die Aufhebung der „in sonstigen Gesetzen enthaltenen Vorschriften" werden namentlich beseitigt:

1. Das Privileg der Zollverwaltung an den Mobilien der Zollpflichtigen und ihrer Bürgen (Gesetz vom 6. bis 22. August 1791, Titel XIII, Art. 22; Gesetz vom 4. Germinal II, Titel VI, Art. 4; Gesetz vom 28. April 1816, Art. 56);
2. Das Privileg der Enregistrementsverwaltung für Sterbfallgebühren an den Revenüen der Güter des Nachlasses (Gesetz vom 22. Frimaire VI, Art. 32, Staatsrathsgutachten vom 4. bis 21. September 1810);
3. Das Vorzugsrecht der Verwaltung der indirekten Steuern an den Mobilien der Steuerpflichtigen und ihrer Bürgen (Dekret vom 1. Germinal XIII, Art. 47).
4. Die Vorzugsrechte wegen direkter Steuer. Dieselben haften:
   a) was die Grundsteuer betrifft, an den Früchten, Miethzins und sonstigen Einkünften aus den steuerpflichtigen Grundstücken;
   b) in Ansehung aller sonstigen direkten Steuern von den Mobilien der Steuerschuldner.
   (Gesetz vom 12. November 1808).
5. Das wegen Stempelgebühren und Stempelstrafen an sämmtlichen Mobilien der Schuldner bestehende Vorzugsrecht (Art. 76 Abs. 2 des Finanzgesetzes vom 28. April 1816).
6. Die Vorzugsrechte des Staates für Strafgerichtskosten und
7. für Guthaben an rechnungspflichtige Beamte (Gesetze vom 5. September 1807).
8. Das Privileg der Arbeiter und Lieferanten bei Staatsbauten an den dem Unternehmer vom Staate geschuldeten Beträgen (Dekret vom 26. Pluviôse II, Art. 3 und 4).
9. Das Vorzugsrecht, welches bei Lieferungen zu Kriegszwecken dem Unterlieferanten an Guthaben des Lieferanten zusteht (Dekret vom 12. Dezember 1806).
10. Das Vorzugsrecht für Vorschüsse zur Trockenlegung von Grundstücken an den Früchten und Revenüen der Grundstücke (Gesetz vom 17. Juli 1856).

Insoweit die vorstehend aufgeführten Vorzugsrechte sich auf Liegenschaften erstrecken, bleiben dieselben unberührt. Hierher gehören insbesondere die unter Nr. 6 und 7 bezeichneten Vorzugsrechte. Dieselben können gegenwärtig auf Liegenschaften nur in Ermangelung beweglichen Vermögens geltend gemacht werden. Nachdem jedoch das

En tant que les privilèges qui d'après la législation actuelle s'étendent sur les meubles et les immeubles sont restreints par la disposition ci-dessus aux immeubles, ils pourront, relativement à ces derniers, être exercés même sans exécution préalable sur la fortune mobilière du débiteur.

---

et 4 du Code civil) sont suffisamment remplacés par la disposition du § 54, nos 1 et 4 du Code des faillites.

Par l'abrogation de „toutes les dispositions contenues dans d'autres lois" sont notamment supprimés:

1º Le privilège de l'administration des douanes sur les meubles des redevables et de leurs cautions (loi du 6-22 août 1791, titre XIII, art. 22; loi du 4 germinal II, titre VII, art. 4, et loi du 28 avril 1816, art. 56);

2º Le privilège de l'administration de l'enregistrement pour les droits de mutation sur les revenus des biens de la succession (loi du 22 frimaire II, art. 32; avis du Conseil d'Etat du 4-21 septembre 1810);

3º Le privilège de l'administration des contributions indirectes sur les meubles des contribuables et de leurs cautions (décret du 1er germinal XIII, art. 47);

4º Les privilèges à raison des contributions directes. Ces privilèges s'exercent:
   a. Pour la contribution foncière, sur les fruits, loyers et autres revenus des biens immeubles sujets à la contribution;
   b. Pour tous les autres impôts directs, sur les meubles du contribuable (loi du 12 novembre 1808);

5º Le privilège sur tous les meubles du redevable pour droits de timbre et amendes (art. 76, al. 2 de la loi des finances du 28 avril 1816);

6º Les privilèges de l'État pour frais de justice criminelle;

7º Pour créances sur les agents comptables (loi du 5 septembre 1807);

8º Le privilège des ouvriers et fournisseurs de travaux publics sur les sommes dues par l'Etat aux entrepreneurs (décret du 26 pluviôse II, art. 3 et 4);

9º Le privilège des sous-fournisseurs de fournitures de guerre sur les créances du fournisseur principal (décret du 12 décembre 1806);

10º Le privilège pour avances faites pour draînage de terrains, sur les fruits et les revenus de ces terrains (loi du 17 juillet 1856).

En tant que les privilèges ci-dessus s'appliquent à des immeubles, ils restent maintenus: c'est ce qui arrive notamment pour ceux désignés sous les nos 6 et 7. D'après la législation actuelle, ces privilèges ne peuvent être exercés sur les immeubles qu'à défaut de biens meubles. Maintenant que le privilège des créances ci-dessus a été supprimé relativement aux meubles, il n'y a plus au-

§ 24. Die Vorzugsrechte an Liegenschaften, welche in den Art. 2103 und 2111 des Code civil bezeichnet sind, sowie

---

Vorrecht der in Rede stehenden Forderungen bezüglich der Mobilien weggefallen ist, hat diese nur subsidiarische Verhaftung der Immobilien ihre Grundlage verloren. Der Entwurf bestimmt daher im Abs. 2, daß die fraglichen Vorzugsrechte ohne vorherige Inanspruchnahme des beweglichen Vermögens des Schuldners unmittelbar gegen das unbewegliche Vermögen geltend gemacht werden können (M.).

§ 24. Unter der Herrschaft des Art. 448 des Code de commerce wurde angenommen, daß diejenigen Vorzugsrechte an Immobilien, für deren Eintragung eine gesetzliche Frist besteht (vergl. Code civil, Art. 2103 Nr. 3 bis 5 und die im Text angeführten Spezialgesetze), während der letzteren auch gegenüber einer Fallit-, Benefiziar- oder Vakantmasse wirksam eingetragen werden können. Daneben war der Verkäufer von Liegenschaften den gedachten Vorschriften gegenüber dadurch geschützt, daß ihm die herrschende Jurisprudenz die Resolutionsklage auch der Fallitmasse gegenüber zugestand.

Hinsichtlich des Konkurses tritt fortan an die Stelle des Art. 448 des Code de commerce der Ausnahmen nicht zulassende § 12 der Konkursordnung, wonach Pfand- und Hypothekarrechte, Vorzugsrechte, sowie Zurückbehaltungsrechte an Gegenständen der Konkursmasse nach der Eröffnung des Konkursverfahrens nicht mit verbindlicher Kraft gegen die Konkursgläubiger erworben oder eingetragen werden können. Die Eintragung ist, wie sich aus den Motiven ergibt, mit besonderer Rücksicht auf das französische Recht erwähnt, wonach die Privilegien und Hypotheken der Regel nach erst durch die Inskription „resp. durch die Transskription (Code civil, Art. 2108)" dingliche Kraft und Vorrang unter den Gläubigern erlangen. Andererseits wird nach den §§ 3 und 21 der Konkursordnung dem Verkäufer wegen der in Folge der Eröffnung des Konkursverfahrens eintretenden Nichterfüllung des Vertrags die Resolutionsklage nicht mehr eingeräumt werden können. Demgemäß würden alle vorbezeichneten Vorzugsrechte, sofern dieselben vor der Eröffnung des Konkursverfahrens entstanden sind, bis dahin aber nicht mehr haben eingetragen werden können, den Konkursgläubigern gegenüber unwirksam sein. Mit Rücksicht auf die Erhaltung des Realkredits erscheint jedoch die Sicherung dieser und der übrigen vorerwähnten Vorrechte geboten. Es kann dies nur auf dem durch die Motive zu § 12 der Konkursordnung angedeuteten Wege geschehen, jene Vorrechte in ihrer dinglichen Wirksamkeit von der Eintragung unabhängig zu stellen. Demgemäß bestimmt der § 24 und zwar für das Verhältniß innerhalb wie außerhalb des Konkurses, daß die erwähnten Vorzugsrechte Gläubigern gegenüber, welchen an den Liegenschaften ein Vorzugs- oder Unterpfandsrecht nicht zusteht, auch ohne Eintragung, Inskription oder Transkription wirksam sind.

In dem durch § 12 der Konkursordnung nicht berührten Verhältnisse zu Gläubigern, welchen ein solches Recht zusteht, und zu dritten Erwerbern ist dagegen die Eintragung auch fernerhin erforderlich und

§ 24. Les privilèges sur immeubles désignés dans les art. 2103 et 2111 du Code civil, ainsi que ceux créés par les

---

cune raison de ne l'accorder que subsidiairement pour les immeubles. La loi dispose dans l'alinéa 2, que les privilèges en question peuvent être exercés directement sur les immeubles, sans exécution préalable des biens mobiliers du débiteur (M.).

§ 24. Sous l'empire de l'art. 448 du Code de commerce, on admettait que les privilèges sur immeubles dont l'inscription devait avoir lieu dans un délai déterminé (comp. l'art. 2103, nos 3 à 5 du Code civil et les lois spéciales indiquées dans le paragraphe), pouvaient être inscrits avec efficacité même contre une masse de faillite et de succession vacante ou acceptée sous bénéfice d'inventaire. De son côté, le vendeur d'immeubles était garanti contre les suites des dispositions ci-dessus par l'action en résolution, que lui accordait la jurisprudence, même vis-à-vis d'une masse de faillite.

En cas de faillite, l'art. 448 du Code de commerce est dorénavant remplacé par le § 12 du Code des faillites, qui n'admet pas d'exceptions, et d'après lequel les droits de gage et d'hypothèque, de privilège et de rétention sur les objets de la masse de faillite, ne peuvent, après l'ouverture de la faillite, être efficacement acquis ou inscrits vis-à-vis des créanciers de cette dernière. Il résulte de l'exposé des motifs, qu'il n'est fait mention de l'inscription, que parceque d'après le droit français les privilèges et hypothèques ne produisent en général d'effets à l'égard des immeubles et n'obtiennent la priorité entre les créanciers qu'après l'inscription ou la transcription (art. 2108 Code civ.).

D'un autre côté, les dispositions des §§ 3 et 21 du Code des faillites n'accordent plus au vendeur l'action en résolution pour inexécution du contrat, si elle est la conséquence de l'ouverture de la faillite. En conséquence, tous les privilèges désignés ci-dessus, en tant qu'ils remontent à une époque antérieure à l'ouverture de la faillite, et qu'ils n'ont pu être inscrits jusqu'à cette époque, seraient sans effet vis-à-vis des créanciers de la faillite.

Ces considérations, ainsi que le désir de favoriser le crédit immobilier, commandent de garantir ces privilèges, ainsi que les autres droits de préférence sus-désignés. Cette garantie ne pourra être acordée que de la manière indiquée dans les motifs du § 12 du Code des faillites, c'est-à-dire en ne faisant plus dépendre de l'inscription les effets de ces privilèges à l'égard des immeubles. Aussi le § 24 dispose-t-il tant pour le cas de faillite qu'en dehors de ce cas, que les privilèges en question seront efficaces, même sans inscription et sans transcription, vis-à-vis des créanciers qui n'ont pas sur les immeubles un droit de privilège ou d'hypothèque.

Pour ce qui est des rapports entre les créanciers en possession de l'un de ces droits et les tiers-acquéreurs, rapport qui ne sont

diejenigen, welche nach den Gesetzen vom 5. September 1807 und 17. Juli 1856 für Strafgerichtskosten, für Guthaben an rechnungspflichtige Beamte und für Arbeiten und Darlehen zum Zweck der Trockenlegung von Grundstücken bestehen, sind Gläubigern gegenüber, welchen an den betreffenden Liegenschaften ein Vorzugsrecht oder ein Unterpfandsrecht nicht zusteht, auch ohne Eintragung wirksam.

Aufgebotsverfahren.

§ 25. Bezüglich der auf den Inhaber lautenden Schuldverschreibungen des Landes, der Bezirke, Gemeinden und öffentlichen Anstalten findet das Aufgebotsverfahren zum Zweck der

---

hierdurch die Gewähr gegeben, daß der Bevorrechtete die rechtzeitige Eintragung auch in Zukunft bewirken wird.

Was das Vorrecht der Erbschaftsgläubiger und Vermächtnißnehmer betrifft, so ist zwar die Nothwendigkeit der Eintragung gegenüber den chirographarischen Gläubigern bestritten (vergl. Demolombe XVII, Nr. 203). Bei den gegen diese Auffassung bestehenden erheblichen Bedenken (vergl. Laurent X, Nr. 36), war dasselbe jedoch mitzuerwähnen.

Zu einer Sicherstellung bestehender Vorzugsrechte gegen die Vorschrift des § 12 der Konkursordnung in einem weiteren Umfang als im § 24 geschehen, liegt eine Veranlassung nicht vor. Insbesondere wird, ungeachtet jener Vorschrift, die Erneuerung der Einschreibung innerhalb der zehnjährigen Frist des Art. 2154 des Code civil, sowie die Eintragung der gesetzlichen Hypothek der Ehefrauen und Minderjährigen während der durch Art. 8 des Gesetzes über die Transkription vom 23. März 1855 bestimmten Jahresfrist, obwohl der Schuldner innerhalb jener Fristen in Konkurs gerathen ist, wirksam geschehen können, wie dies bisher schon gegenüber den entsprechenden französischen Vorschriften anerkannt war. Denn in beiden Fällen hat die Eintragung nur die Bedeutung, ein zur Zeit der Konkurseröffnung bereits gültig erworbenes Vorzugsrecht aufrecht zu erhalten (vergl. Motive zu § 12 der K. O.). (M.).

§ 25 regelt eine der elsaß-lothringischen Gesetzgebung bisher fremde Materie.

Die Civilprozeßordnung hat das Aufgebotsverfahren zum Zwecke der Kraftloserklärung abhanden gekommener Wechsel und der in den Art. 301, 302 des Handelsgesetzbuchs bezeichneten Urkunden in den durch die allgemeinen Bestimmungen des neunten Buches (824, 826, 828 bis 832, 834 bis 836) ergänzten Vorschriften der §§ 838 bis 848, 850 in umfassender Weise geregelt. Es sollen diese Vorschriften nach § 837 Abs. 2 auch „in Betreff anderer Urkunden, bezüglich welcher das Gesetz das Aufgebotsverfahren zuläßt, insoweit Anwendung

lois du 5 septembre 1807 et du 17 juillet 1856 pour les frais de justice criminelle, les créances du Trésor envers les comptables et pour les travaux et les avances pour draînage de terrains, seront efficaces, même sans inscription, vis-à-vis des créanciers qui n'auront pas de privilège ou d'hypothèque sur les immeubles en question.

De l'annulation des titres au porteur perdus, volés ou détruits.

§ 25. Conformément aux dispositions du Livre neuf du Code de procédure civile, il sera procédé, pour les titres au porteur émis par le pays, les départements, les com-

---

pas réglés par le § 12 du Code des faillites, l'inscription sera nécessaire comme par le passé, de sorte que le créancier privilégié se verra encore à l'avenir contraint de faire inscrire à temps son privilège.

Il est vrai que, pour le privilège des créanciers et légataires d'une succession, la nécessité de l'inscription vis-à-vis des créanciers chirographaires est contestable (cf. Demolombe. XVII, n⁰ 203), à raison des objections sérieuses qu'à soulevées cette opinion (cf. Laurent, X, n⁰ 36); il a paru nécessaire de mentionner aussi ce privilège.

Il n'y avait pas de motif de garantir dans une mesure plus grande que ne le fait le § 24 les privilèges existant contre la disposition du § 12 du Code des faillites. Celle-ci n'empêchera pas, dans le cas où le débiteur tomberait en faillite dans l'intervalle, le renouvellement de l'inscription dans le délai décennal de l'art. 2154 du Code civil, ainsi que l'inscription de l'hypothèque légale des femmes et des mineurs dans le délai fixé par l'art. 8 de la loi sur la transcription du 23 mars 1855, ce qui d'ailleurs était admis avec les dispositions analogues de la législation française; car, dans les deux cas, l'inscription n'a d'autre but que de conserver un privilège déjà valablement acquis à l'époque de l'ouverture de la faillite (cf. motifs, § 12 du Code des faillites) (M.).

§ 25. Ce paragraphe règle une matière inconnue jusqu'à présent dans la législation de l'Alsace-Lorraine.

Le Code de procédure civile contient dans ses §§ 838 à 848, 850, complétés par les prescriptions générales du Livre neuf, des dispositions très étendues sur la procédure d'annulation des lettres de change et autres titres désignés dans les art. 301 et 302 du Code de commerce. D'après le § 837, alinéa 2, ces dispositions sont aussi applicables aux autres titres pour lesquels la loi autorise la

Kraftloserklärung abhanden gekommener oder vernichteter Urkunden nach Maßgabe der Vorschriften des neunten Buches der Civilprozeßordnung statt.

Das Gleiche gilt bezüglich der auf den Inhaber lautenden Aktien, Kommunalobligationen und Pfandbriefe der durch Allerhöchsten Erlaß vom 18. März 1872 (Gesetzl. für Elsaß-Lothringen, S. 163) bestätigten Aktiengesellschaft für Boden- und Kommunalkredit in Elsaß-Lothringen.

Für andere auf den Inhaber lautende Papiere kann das gerichtliche Aufgebotsverfahren durch Anordnung des Reichskanzlers auf Antrag des Ausstellers zugelassen werden.

Neben dem gerichtlichen Aufgebotsverfahren findet ein außergerichtliches nicht statt.

---

finden, als in dem Gesetze nicht besondere Vorschriften enthalten sind." Das Gesetz beschränkt die Kraftloserklärung zunächst auf Inhaberpapiere, welchen die durch Blankoindossament übertragbaren Papiere (H. G. B. Art. 182, 223) gleichzustellen sind. (Vergl. § 29). Für auf den Namen lautende Papiere, welche nicht durch Blankoindossament übertragbar sind, ist dieselbe nicht erforderlich; insbesondere ist im Falle des Abhandenkommens solcher Aktien zwar die Negoziirung mittels Indossaments, nicht aber auch die Ausübung des Aktienrechts durch den im Aktienbuch der Gesellschaft eingetragenen Aktionär behindert. Dem Verfahren sollen ferner nur die im Abs. 1 und 2 bezeichneten Inhaberpapiere unterliegen. Für die regelmäßige Ausschließung der Privatinhaberpapiere ist bestimmend gewesen, daß dasselbe zum Theil wegen ihrer geringen Bedeutung der Anwendung des Aufgebotsverfahrens widerstreben, im übrigen aber die betreffenden Statuten, bezw. die Anleihebedingungen in dieser Beziehung im allgemeinen genügende Bestimmungen enthalten. Die Berechtigung zur Stellung des im Abs. 3 vorgesehenen Antrags, welcher selbstverständlich nicht das einzelne Werthpapier zum Gegenstand hat, sondern sich auf die Gesammtheit der Papiere der betreffenden Kategorie zu erstrecken hat, ist dem Aussteller eingeräumt; ist derselbe eine Gesellschaft oder juristische Person, so wird die Befugniß durch den nach allgemeinen Grundsätzen dazu befugten Vertreter ausgeübt.

Das außergerichtliche Aufgebotsverfahren, wie dasselbe unter anderem im achten Theil der Statuten der Aktiengesellschaft für Boden- und Kommunalkredit vom 8. Februar 1872 vorgesehen ist, wird durch die nur das gerichtliche Verfahren betreffenden Vorschriften der Civilprozeßordnung (vergl. § 823) an und für sich nicht berührt. Neben dem gerichtlichen Amortisationsverfahren erscheint jedoch das gleichzeitige Bestehen eines denselben Zweck verfolgenden gerichtlichen Verfahrens entbehrlich und wird daher das letztere unter dieser Voraussetzung durch den Abs. 4 beseitigt.

Die Vorschriften des § 25 gelten auch für bei dem Inkrafttreten des Gesetzes bereits ausgegebene Papiere (M.).

munes et les établissements publics, à une procédure spéciale qui aura pour but de faire annuler les titres perdus, volés ou détruits.

Il en sera de même pour les actions, obligations communales et lettres de gage au porteur émises par la Société anonyme du Crédit foncier et communal d'Alsace-Lorraine, autorisée par décret impérial du 18 mars 1872 (*Bulletin des lois pour l'Alsace-Lorraine,* p. 163).

Pour d'autres papiers au porteur, le Chancelier de l'Empire pourra, sur la demande de celui qui les a émis, autoriser la procédure d'annulation judiciaire.

Il n'y aura pas de procédure d'annulation extrajudiciaire à côté de la procédure judiciaire.

---

procédure d'annulation, en tant que la loi elle-même ne contient pas des dispositions spéciales à cet égard.

La loi restreint tout d'abord la procédure aux titres au porteur, auxquels sont assimilés les papiers transmissibles par voie d'endossement en blanc (Code de commerce, art. 182 et 223). Pour les titres nominatifs qui ne peuvent pas être transférés par endossement en blanc, l'amortissement n'est pas nécessaire; dans le cas notamment de la disparition d'actions de ce genre, le possesseur, dont l'action est inscrite au registre de la Société, ne peut à la vérité négocier son action par voie d'endossement, mais n'est gêné en rien dans l'exercice de son droit d'actionnaire.

Les papiers au porteur indiqués dans les alinéas 1 et 2 sont seuls soumis à cette procédure. Cette restriction se justifie par le peu d'importance des titres au porteur privés, et par ce fait que les statuts relatifs à ces papiers ainsi que les conditions d'émission contiennent généralement des dispositions suffisantes à cet égard.

Le droit de former une demande dans le sens de l'alinéa 3, qui tout naturellement devra s'étendre non à un titre isolé, mais à la série des titres d'une même catégorie, appartient à celui qui les a émis; si c'est une société ou une personne morale, ce droit sera exercé par ses représentants.

La procédure d'annulation extrajudiciaire, telle qu'elle est prévue entre autres au titre 8 des statuts de la Société anonyme du Crédit foncier communal du 8 février 1872, n'est pas atteinte par les dispositions du Code de procédure civile (cf. § 823), qui ne concernent que la procédure judicaire. Comme il était inutile toutefois de laisser subsister à côté de la procédure judiciaire une procédure extrajudiciaire poursuivant le même but, cette dernière est supprimée dans ce cas par l'alinéa 4.

Les dispositions du § 25 s'appliquent aussi aux titres déjà émis lors de l'entrée en vigueur de la loi (M.).

§ 26. Auf Grund des Ausschlußurtheiles (Civilprozeßordnung § 850) kann der Berechtigte auf seine Kosten die Ausstellung einer neuen Urkunde verlangen.

§ 27. Nach Anordnung des Ober-Präsidenten sind von Jahr zu Jahr Listen der für kraftlos erklärten Papiere öffentlich bekannt zu machen.

§ 28. Zinsscheine, Gewinnantheilsscheine und Erneuerungsscheine unterliegen dem Aufgebotsverfahren nicht.

Wer den Verlust von Zinsscheinen oder Gewinnantheilsscheinen, welche zu einem Inhaberpapiere gehören, vor Ablauf der Verjährungsfrist (Code civil, Art. 2277), bei dem Schuldner anmeldet und zugleich den früheren Besitz durch Vorzeigung des Inhaberpapiers oder sonst in glaubhafter Weise darthut, kann nach Ablauf der Verjährungsfrist die Auszahlung des Betrages der von ihm angemeldeten, aber nicht zum Vorschein gekommenen Zinsscheine und Gewinnantheilsscheine verlangen.

---

§ 26. Die über den § 850 der Civilprozeßordnung hinausgehende Vorschrift genügt auch für den Fall, daß bei Aufnahme öffentlicher Anleihen die Verbriefung des bezüglichen Theiles der Schuld bereits geschlossen ist, da die in solchem Falle sich ergebende Schwierigkeit der Herstellung eines neuen Titels auf dem Wege der freien Uebereinkunft der Betheiligten, bezw. der Autonomie der Statuten, beseitigt werden kann (M.).

§ 28. Zins- und Gewinnantheilsscheine eignen sich nicht zur Amortisation, weil sie nur zu kurzem Umlauf und baldiger Einlösung bestimmt sind, Erneuerungsscheine (Talons) deshalb nicht, weil dieselben (vergl. Urtheil des Reichs-Oberhandelsgerichts vom 10. Juni 1873; „Entscheidungen", Band X S. 312) nicht als Träger einer selbstständigen, auf Aushändigung der neuen Scheine gerichteten Obligation aufzufassen, für sich nicht zum Umlauf bestimmt, auch nicht im regelmäßigen Umlauf befindlich sind, und weil bei Verlust des Talons die Schuldverschreibung selbst dessen Stelle vertritt (vergl. z. B. Art. 85 der Statuten der Aktiengesellschaft für Boden- und Kommunalkredit). Eine Kollision tritt nur dann ein, wenn sich sowohl der Inhaber des abgesondert von der Schuldverschreibung abhanden gekommenen Talons, als der Inhaber der Schuldverschreibung selbst zur Empfangnahme der neuen Serie von Zins- oder Gewinnantheilsscheinen melden. Die Entscheidung dieser Kollision überläßt das Gesetz der Rechtssprechung.

Abs. 2 entspricht der im Falle des Verlustes der Schuldverschreibung bisher schon geübten Gerichtspraxis und den Bestimmungen des Art. 84 der Statuten der Aktiengesellschaft für Boden- und Kommunalkredit (M.).

§ 26. Celui qui a obtenu un jugement, de forclusion pourra, en vertu de ce jugement, se faire délivrer à ses frais un nouveau titre au porteur.

§ 27. Il sera publié d'année en année, d'après les ordres du Président supérieur, des listes des papiers au porteur annulés.

§ 28. Les coupons d'intérêts, de dividendes et les talons de souche ne sont pas soumis à la procédure d'annulation.

Celui qui, avant l'expiration du délai de prescription (art. 2277 du Code civil), aura notifié au débiteur la perte de coupons d'intérêts ou de dividendes faisant partie d'un titre au porteur, et aura justifié de sa possession antérieure par la présentation du titre ou de toute autre manière digne de foi, pourra, une fois le temps de la prescription écoulé, réclamer le paiement des coupons et dividendes notifiés par lui et non retrouvés.

---

§ 26. Cette disposition, qui va plus loin que celle du § 850 du Code de procédure civile, suffit aussi pour le cas où à l'occasion de l'émission d'un emprunt public, la délivrance des titres pour une partie de la dette est terminée; car dans ce cas, la difficulté de se procurer un nouveau titre peut être vidée soit d'un commun accord entre les parties, soit au moyen d'un statut autonome règlementaire (M.).

§ 28. Les coupons d'intérêts et de dividendes n'étant destinés qu'à une circulation de courte durée, ne sont pas propre à la procédure d'annulation. Il en est de même de talons de souche, et cela parce qu'ils (voy. le jugement du tribunal suprême de l'Empire du 10 juin 1873; Recueil d'arrêts, vol. X, p. 312) ne représentent pas une obligation propre conférant le droit d'exiger la délivrance de nouveaux certificats de dividende, qu'ils ne sont en outre ni destinés ni régulièrement livrés à la circulation, et qu'enfin, en cas de perte, le talon peut être efficacement remplacé par le titre même (comp. par exemple les statuts de la Société anonyme du Crédit foncier et communal d'Alsace-Lorraine, § 85). Il n'y a collision que si le porteur du talon perdu et le porteur du titre correspondant se présentent en même temps pour retirer la nouvelle série de coupons d'intérêts ou de certificats de dividendes.

La loi laisse au juge le soin de décider dans chaque cas particulier de collision.

L'alinéa 2 est conforme à la jurisprudence actuelle en fait de perte de titres, ainsi qu'aux règles de l'art. 84 des statuts de la Société anonyme du Crédit foncier et communal d'Alsace-Lorraine (M.).

§ 29. Den auf den Inhaber lautenden Papieren werden Papiere, welche durch Blankoindossament übertragen werden können, gleichgestellt.

Titel II.

Zur Konkursordnung.

Eintragung in die Hypothekenbücher.

§ 30. Die Eröffnung, sowie die Wiederaufnahme des Konkursverfahrens ist sofort in die Hypothekenbücher derjenigen Bezirke, in welchen der Gemeinschuldner Liegenschaften besitzt, einzutragen.

Die Eintragung erfolgt auf schriftlichen Antrag des Konkursverwalters. Dem Antrag ist eine von dem Gerichtsschreiber beglaubigte Abschrift der Formel des Gerichtsbeschlusses beizufügen.

In gleicher Weise hat der Konkursverwalter nach Aufhebung oder Einstellung des Verfahrens (Konkursordnung §§ 105, 151, 175, 191) die Löschung der Eintragung zu bewirken.

Rechtsfähigkeit des Gemeinschuldners.

§ 31. Im Falle der Eröffnung des Konkursverfahrens oder der Abweisung des Eröffnungsantrags aus dem im § 99 der

---

§ 29. (Vgl. zu § 25.)

§ 30. Das Gesetz beschränkt sich darauf, die Eintragung der Eröffnung und der Wiederaufnahme des Konkursverfahrens lediglich im Interesse der Veröffentlichung des Konkurses und ohne eine besondere hypothekarische Wirkung anzuordnen. Die Eintragung in Gemäßheit des Art. 517 des Code de commerce (vergl. auch Art. 490 Abs. 3) fällt nach § 180 der Konkursordnung fort (M.).

§ 31. Als Einschränkungen der im Abs. 1 bezeichneten Art kommen nach Einführung der Reichsjustizgesetze noch in Betracht:

1. Verlust der staatsbürgerlichen Rechte (Art. 5 der Verfassung vom 25. Frimaire VIII);
2. Ausschließung von den Wahlen zu den Bezirks-, Kreis- und Gemeindevertretungen (Art. 15 Nr. 17 des organischen Dekrets vom 2. Februar 1852, Art. 3 des Gesetzes vom 7. Juli 1852, Art. 7 des Gesetzes vom 5. Mai 1855, und des § 3 des Gesetzes betreffend die Bezirksvertretungen, die Kreisvertretungen und die Wahlen zum Gemeinderathe vom 24. Januar 1873, Gesetzblatt S. 17);

§ 29. Sont assimilés aux papiers au porteur les titres transmissibles par endossement en blanc.

TITRE II.

Code de faillites.

De l'inscription sur les registres hypothécaires.

§ 30. L'ouverture, ainsi que la reprise de la procédure de faillite devront être inscrites sur les registres des bureaux d'hypothèques dans le ressort desquels le débiteur commun possède des immeubles.

L'inscription a lieu sur la demande par écrit de l'administrateur de la faillite. A cette demande devra être jointe une expédition certifiée par le greffier de l'ordonnance du tribunal.

L'administrateur de la faillite aura de même à provoquer la radiation de l'inscription en cas de clôture ou de cessation de la procédure (Code des faillites, §§ 105, 151, 175, 191).

De la capacité juridique du débiteur.

§ 31. L'ouverture de la procédure de faillite ou le rejet de la demande dans le cas du § 99 du Code des faillites

---

§ 29. (Comp. notes sur § 25.)

§ 30. La loi se borne à prescrire l'inscription de l'ouverture et de la reprise de la procédure de faillite, dans l'intérêt de la publicité et sans donner à l'inscription un effet hypothécaire quelconque. L'inscription en vertu de l'art. 517 du Code de commerce (comp. aussi l'art. 490, alinéa 3) est abolie par l'art. 180 du Code des faillites (M.).

§ 31. Au nombre des restrictions mentionnées à l'alinéa 1er figurent:

1º La perte des droits civiques (art. 6 de la Constitution du 25 frimaire VIII);

2º L'exclusion des listes électorales pour les Conseils généraux, les Conseils d'arrondissement et les Conseils municipaux (art. 15, nº 17 du décret organique pour l'élection des députés au Corps législatif du 2 février 1852; art. 3 de la loi du 7 juillet 1852; art. 7 de la loi du 5 mai 1855, et art. 3 de la loi du

Konkursordnung bezeichneten Grunde treten für den Gemeinschuldner dieselben Einschränkungen der politischen und bürgerlichen Rechte ein, welche nach den bestehenden Gesetzen mit der Falliterklärung verbunden sind.

Diese Einschränkungen können durch Beschluß des Landgerichts aufgehoben werden:

1) wenn der Schuldner nachweist, daß er die Konkursforderungen sammt Zinsen und Kosten voll ausbezahlt hat;

---

3. Ausschluß von den Wahlen zu den Gewerbegerichten (§ 8 des Gesetzes vom 23. März 1880);
4. Verlust der Befugniß, Handelsmäkler zu sein (Code de commerce, Art. 83, H. G. B. Art. 84 und § 1 Nr. 3 des Einführungs-Gesetzes vom 19. Juni 1872, Gesetzblatt S. 213), und an der Börse zu erscheinen (Code de commerce, Art. 613), sowie
5. Verlust des Rechts, ein Theater zu eröffnen (Dekret vom 8. Juni 1806, Art. 13 und Ordonnanz vom 8. Dezember 1824).

Die Konkursordnung läßt diese landesgesetzlichen Bestimmungen unberührt (vergl. die Motive zu den §§ 192, 193 der K. O.). Nachdem durch die Konkursordnung die ausschließliche Anwendung des Konkursverfahrens auf Kaufleute in Wegfall gekommen ist, fehlt es an einem inneren Grunde, jene Rechtsnachtheile auf den Konkurs der Kaufleute zu beschränken (M.).

Der Entwurf hatte an Stelle der Abs. 2 ff. die Vorschrift: „Diese Einschränkungen kommen mit der Beendigung des Konkursverfahrens, und bezüglich eines Verfahrens, welches vor dem Tage des Inkrafttretens dieses Gesetzes beendigt ist, mit diesem Tage in Wegfall."

Maßgebend hiefür war besonders die Erwägung, daß die in den Reichsgesetzen verhängten Rechtsnachtheile (vergl. z. B. Wahlgesetz für den Reichstag vom 31. Mai 1869, § 3 Nr. 2 und § 4, Gerichtsverfassungsgesetz § 32 Nr. 3, §§ 85, 113, Rechtsanwaltsordnung § 5 Nr. 3, § 25) mit dem Abschlusse des Konkursverfahrens ihr Ende erreichen. Der Landesausschuß hat dagegen aus „Erwägungen vorwiegend sittlicher Art" (Rede des Berichterstatters bei der zweiten Berathung) an dem Grundsatze des französischen Rechts festgehalten, wonach eine Beseitigung der Folgen der Falliterklärung nur im Wege des Rehabilitationsverfahrens (Buch 3 Titel 3 des Code de commerce) eintritt. Es soll jedoch künftig die Rehabilitation, auch abgesehen von der völligen Befriedigung der Gläubiger, möglich sein.

Als zuständiges Gericht wird die Rechtssprechung nach der Auffassung des Regierungsvertreters (zweite Berathung) im Allgemeinen das dem Konkursgericht vorgesetzte Landgericht oder, wenn der Konkurs im Auslande ausgebrochen war, das Landgericht bezeichnen, bei welchem der Konkursschuldner seinen allgemeinen Gerichtsstand hat.

entraînera pour le débiteur commun les mêmes restrictions des droits civils et politiques que la déclaration de faillite d'après les lois existantes.

Ces restrictions pourront être levées par décision du Landgericht:

1° Quand le failli justifiera d'avoir intégralement acquitté toutes les sommes par lui dues au moment de la faillite en principal, intérêts et frais;

---

24 janvier 1873 concernant les Conseils généraux, les Conseils d'arrondissement et les élections des Conseils municipaux; Bulletin des lois d'Alsace-Lorraine, p. 17);

3° L'exclusion des listes électorales pour les Conseils de prud'hommes (loi du 23 mars 1880, § 8);

4° La défense d'être agent de change ou courtier (Code de commerce, art. 83; Code de commerce de l'Empire, art. 84, et loi d'introduction de ce Code du 19 juin 1872, § 1er, n° 3; Bulletin des lois d'Alsace-Lorraine, p. 213), ainsi que la défense de se présenter à la Bourse (Code de commerce, art. 113); enfin

5° La défense d'ouvrir un théâtre (décret du 8 juin 1806, art. 13, et ordonnance du 8 décembre 1824).

Le Code des faillites (comp. l'exposé des motifs sur les art. 192 et 193) n'a pas abrogé ces dispositions particulières à l'Alsace-Lorraine.

Du moment que la procédure sur la faillite cesse d'être exclusivement applicable aux commerçants, il n'y a plus de motif plausible de n'appliquer les restrictions ci-dessus qu'aux commerçants.

Le projet de loi avait à la place de l'alinéa 2 et 3 la disposition suivante:

„Ces restrictions cesseront avec la clôture de la procédure de faillite, et pour une procédure déjà terminée avec le jour de l'entrée en vigueur de la présente loi."

On invoquait comme motif, que d'après les lois de l'Empire ces restrictions cessaient avec la clôture des opérations de la faillite (comp. par exemple loi du 31 mai 1869 sur l'élection des députés au Reichstag, § 3, n° 2 et § 4; loi sur l'organisation judiciaire, § 32, 3, §§ 85 et 113; loi sur l'organisation du barreau, § 5, 3 et § 25).

Le Landesausschuss a maintenu au contraire „par des considérations de moralité" (discours du rapporteur en seconde lecture) les principes de la loi française, qui ne fait disparaître les effets de la faillite que par la réhabilitation (Livre III, titre III du Code de commerce.) La réhabilitation devra néanmoins être possible à l'avenir même en dehors du cas de libération complète vis-à-vis des créanciers.

De l'avis du commissaire du gouvernement (deuxième lecture), la jurisprudence indiquera comme tribunal compétent le Landge-

2) wenn das Gericht nach Beendigung des Verfahrens die Ueberzeugung gewinnt, daß der Schuldner ohne eigenes Verschulden in Zahlungsunfähigkeit verfallen ist;

3) wenn der Schuldner während eines Zeitraums von mindestens fünf Jahren nach Beendigung des Verfahrens ein tadelfreies Verhalten beobachtet hat.

Das Gericht entscheidet auf Gesuch des Schuldners nach Anhörung der Staatsanwaltschaft in nicht öffentlicher Sitzung.

Gegen den Beschluß des Landgerichts steht sowohl der Staatsanwaltschaft als dem Schuldner die sofortige Beschwerde zu.

Im Falle Nr. 3 kann ein abgewiesenes Gesuch vor Ablauf von zwei Jahren nicht erneuert werden.

Versteigerung unbeweglicher Sachen.

§ 32. Erfolgt die Veräußerung einer zur Konkursmasse gehörigen unbeweglichen Sache durch notarielle Versteigerung, so finden die Vorschriften der §§ 12, 13 des Gesetzes vom 1. Dezember 1873, betreffend außergerichtliche Theilungen und gerichtliche Verkäufe von Liegenschaften (Gesetzblatt für Elsaß-Lothringen, S. 310), mit der Maßgabe Anwendung, daß an Stelle des Landgerichts das Konkursgericht tritt.

Aufhebung von Vorschriften des Code de commerce.

§ 33. Das dritte Buch des Code de commerce tritt mit Ausnahme des Art. 563 außer Kraft.

---

§ 32. (Vergl. K. O. § 116. Zufolge des § 11 des Gesetzes vom 10. Mai 1886 — Gesetzblatt S. 61 — ist jetzt in den Fällen der §§ 12, 13 des Gesetzes vom 1. Dezember 1873 das Amtsgericht zuständig).

§ 33. Der Titel I des 3. Buches des Code de commerce über das Falliment und der Titel II desselben Buches über die Bankerutte sind, insoweit dieselben nicht durch frühere Gesetze (vergl. Einführungsgesetz zum R. Str. G. B. vom 30. August 1871, Art. VIII Abs. 2) bereits Modifikationen erfahren haben, durch die Vorschriften der Konkursordnung im wesentlichen gegenstandslos geworden (vergl. § 4 des Einführungs-Gesetzes zur K. O.)

Von den die Rechte der Ehefrauen betreffenden Art. 557 bis 562, 564, welche der Paragraph aufhebt (vergl. K. O. § 35), ist Art. 559

2° Quand après le concordat ou la clôture de la faillite le tribunal reconnaîtra que l'état de cessation de paiements a eu lieu sans qu'aucune faute soit à reprocher au failli;

3° Quand après cinq ans, à partir du concordat ou de la clôture de la faillite, le tribunal reconnaîtra que le failli n'a cessé de mener une conduite sans reproche.

La décision sera rendue en audience non publique, sur la requête du failli et le ministère public entendu.

Elle pourra être attaquée par voie du recours immédiat tant par le ministère public que par le failli.

Dans le cas du n° 3 ci-dessus, une requête nouvelle ne pourra pas être présentée, en cas de rejet, avant deux ans révolus.

De l'adjudication d'immeubles.

§ 32. Si la vente d'un immeuble faisant partie de la masse d'une faillite a lieu par adjudication devant notaire, les dispositions des §§ 12 et 13 de la loi du 1er décembre 1873 sur les partages extrajudiciaires et les ventes judiciaires d'immeubles *(Bulletin des lois pour l'Alsace-Lorraine,* p. 310) devront être appliquées avec cette modification que le tribunal de la faillite remplacera le tribunal civil.

De l'abrogation de dispositions du Code de commerce.

§ 33. Le livre III du Code de commerce est abrogé, à l'exception de l'art. 563.

---

richt préposé au tribunal de la faillite, et si la faillite s'est ouverte à l'étranger, le Landgericht dans le ressort duquel le débiteur aura son domicile général.

§ 32. (Comp. loi sur les faillites, § 116.)

§ 33. Le titre 1er des faillites du livre III du Code de commerce français et le titre II du même livre, des banqueroutes, qui avaient déjà subi certaines modifications par des lois antérieures (comp. loi d'introduction du Code pénal de l'Empire du 30 août 1871, art. VII, 2), sont devenus superflus par suite des dispositions du Code des faillites.

Comp. § 4 de la loi d'introduction du Code des faillites.

En ce qui concerne les articles relatifs aux droits de la femme (art. 557-562, 564) que le paragraphe abroge (comp. § 35 du Code

Titel III.

Uebergangs- und Schlußbestimmungen.

Uebergangsbestimmungen zur Civilprozeßordnung.

§ 34. Die vor dem Inkrafttreten der Civilprozeßordnung bei den Landesgerichten anhängigen bürgerlichen Rechtsstreitigkeiten werden, insofern nicht ein Urtheil in denselben ergangen ist, nach den Vorschriften der Civilprozeßordnung erledigt.

Auf die Erledigung der vor dem bezeichneten Zeitpunkt bei den Handelsgerichten anhängigen Sachen finden in allen Fällen die bisherigen Prozeßgesetze Anwendung.

§ 35. In bürgerlichen Rechtsstreitigkeiten, welche nach den bisherigen Vorschriften erledigt werden, ist eine Mitwirkung

---

durch § 37 der Konkursordnung, die Schlußbestimmung des Art. 560, soweit nöthig, durch § 715 Nr. 1 der Civilprozeßordnung ersetzt (vergl. Motive zur K. O. S. 180, 182) (M.).

Besonders hervorzuheben ist die Aufhebung des Art. 568, wonach alle freigebigen Zuwendungen im Ehevertrag durch das Falliment des Ehemannes hinfällig werden. Die natürliche Folge dieses Wegfalls ist die Rückkehr zum gemeinen Recht, nach welchem in allen Fällen die von Eheleuten gegenseitig eingeräumten Vortheile aufrecht erhalten werden (B.).

Das Gesetz glaubt den Art. 563, welcher die der Ehefrau an sämmtlichen Liegenschaften des Ehemanns zustehende Legalhypothek im Fallimente beschränkt, aufrechthalten zu sollen. Derselbe ist durch die Konkursordnung nicht beseitigt (vergl. § 39, Abs. 2). Die Beibehaltung dieser Einschränkungen der Legalhypothek der Ehefrau eines Kaufmanns empfiehlt sich im Interesse des kaufmännischen Kredits, sowie der übrigen Gläubiger des Gemeinschuldners. Eine Ausdehnung der Einschränkungen auf die Hypothek der Ehefrau von Nichtkaufleuten erscheint nicht angezeigt (M.).

Was das I. und II. Buch (Art. 1 bis 436) des Code de commerce betrifft, so sind diese — mit Ausnahme der Art. 71 bis 90 — schon durch die Einführung des deutschen Handelsgesetzbuches aufgehoben worden (B.).

§ 34. (Vergl. § 18 des Einführungsgesetzes zur Civilprozeßordnung. Die obigen Vorschriften stehen mit demjenigen im § 10 des Ausführungsgesetzes zum Gerichtsverfassungsgesetze in Uebereinstimmung.)

§ 35. (Vergl. Code de procédure civile, Art. 83.) Abgesehen von den Ehe- und Entmündigungssachen, richtet sich die Thätigkeit der Staatsanwaltschaft als Hauptpartei (partie principale) auch fortan nach den bisherigen gesetzlichen Bestimmungen (M.).

TITRE III.

Dispositions transitoires et finales.

Des dispositions transitoires pour le Code de procédure civile.

§ 34. Les contestations civiles pendantes devant les Landgerichte avant l'entrée en vigueur du Code de procédure civile, seront, en tant qu'il n'aura pas encore été rendu de jugement, jugées d'après les dispositions dudit Code.

Pour les affaires qui avant cette époque seront pendantes devant les tribunaux de commerce, il sera toujours fait application des lois de procédure actuelles.

§ 35. Dans les affaires civiles qui seront encore jugées d'après la législation actuelle, le concours du ministère public comme partie jointe ne sera plus nécessaire.

Toutefois cette disposition ne s'applique pas aux affaires de mariage ou d'interdiction.

---

des faillites), l'art. 559 est remplacé par le § 37 du Code des faillites et la disposition finale de l'art. 560, en tant que besoin, par le § 715, nº 1 du Code de procédure civile (comp. Exposé des motifs du Code des faillites, p. 180, 182) (M.). Par suite de l'abrogation de l'art. 564 en vertu duquel tous les avantages insérés au contrat de mariage en faveur de la femme, perdent leur effet par la déclaration de faillite, rentre sous le droit commun, en vertu duquel tous les avantages stipulés au profit des époux doivent recevoir leur exécution (R.).

La loi croit devoir maintenir l'art. 563 qui limite l'hypothèque légale de la femme, à laquelle sont soumis tous les immeubles du mari sans distinction. Cet article, en effet, n'est pas abrogé par le Code des paillites (voy. § 39, 2).

Il est dans l'intérêt du crédit commercial et des autres créanciers de la faillite de laisser subsister ces restrictions de l'hypothèque légale de la femme du commerçant. Cependant, il ne semble pas nécessaire d'étendre ces restrictions aux femmes des faillis non-commerçants (M.).

Quant aux livres I et II (art. 1 à 436) du Code de commerce, ils sont déjà abrogés, à l'exception des art. 71 à 90, par l'introduction du Code de commerce allemand (R.).

§ 34. (Comp. § 18 de la loi d'introduction du Code de procédure civile. Les dispositions ci-dessus concordent avec celles du § 10 de la loi d'exécution de la loi sur l'organisation judiciaire.)

§ 35. Comp. Code de procédure civile français, art. 83. — En dehors des affaires de mariage et d'interdiction, les fonctions du ministère public comme partie principale restent régies par les dispositions actuelles (M.).

der Staatsanwaltschaft als Nebenpartei nicht mehr erforderlich.

Auf Ehesachen und Entmündigungssachen findet diese Vorschrift keine Anwendung.

§ 36. Gegen Urtheile, welche in Gemäßheit der bisherigen Prozeßgesetze vor oder nach dem Inkrafttreten dieses Gesetzes erlassen werden, findet die Drittopposition nicht mehr statt.

Auf die Nichtigkeitsklage und die Restitutionsklage, welche auf Grund des § 20 des Einführungsgesetzes zur Civilprozeßordnung erhoben werden, finden die Vorschriften des § 547 Abs. 1 der Civilprozeßordnung entsprechende Anwendung.

§ 37. Ein vor dem Inkrafttreten der Civilprozeßordnung anhängig gewordenes Verfahren der Zwangsvollstreckung in das bewegliche Vermögen oder zur Sicherung einer solchen Zwangsvollstreckung ist nach den Vorschriften der Civilprozeßordnung zu erledigen, insofern nicht vor jenem Zeitpunkte eine Beschlagnahme stattgefunden hat.

Auf die in einer anhängigen Zwangsvollstreckung nach Maßgabe der bisherigen Vorschriften zu erhebende Klage auf Gültigkeitserklärung einer Beschlagnahme findet die Vorschrift des § 34 Anwendung.

§ 38. Die nach den bisherigen Vorschriften erlassene Anordnung der Haft ist auf Antrag des Schuldners aufzuheben,

---

§ 36, Abs. 1. Insoweit die im § 20, Abs. 1 des Einführungsgesetzes zur Civilprozeßordnung bezeichneten Endurtheile vor oder nach dem Tage des Inkrafttretens der Civilprozeßordnung die Rechtskraft erlangt haben, ist das außerordentliche Rechtsmittel der Drittopposition (Code de procédure civile, Art. 474 ff.) durch die Vorschrift des § 20 cit., wonach nur die Nichtigkeitsklage und die Restitutionsklage als außerordentliche Rechtsmittel stattfinden, unzweifelhaft beseitigt. Da indessen nach dem bestehenden Rechte die Drittopposition ohne Rücksicht auf die Rechtskraft des Urtheils zulässig und zeitlich nur durch die allgemeine Verjährungsfrist beschränkt ist, erschien es geboten, dieses Rechtsmittel für alle Fälle auszuschließen (M.).

§ 37. (Abs. 1 entspricht dem § 21, Abs. 1, des Einführungsgesetzes zur Civilprozeßordnung. (Vergl. Code de procédure civile, Art. 417, 557 bis 582, 583 bis 625, 626 bis 635, 636 bis 655, 819 bis 825, 826 bis 831).

§ 38. (Vergl. Civilprozeßordnung §§ 345, 355, 774, 775, 782, 785, 794, 798 und 715, 749, Art. 3 bis 5 des Gesetzes über die contrainte par corps vom 22. Juli 1867 und Code de procédure civile, Art. 580 bis 582, 592, 593.)

§ 36. Il ne pourra plus être formé de tierces oppositions contre les jugements qui, avant ou après l'entrée en vigueur de la présente loi, seront rendus conformément aux lois de procédure actuelles.

Les dispositions du § 547, alinéa 1er du Code de procédure civile, seront applicables aux demandes en nullité et en restitution qui seront formées en vertu du § 20 de la loi d'introduction au Code de procédure civile.

§ 37. Une procédure d'exécution forcée sur biens meubles, ou une procédure ayant pour but de garantir une exécution de ce genre, devront, si elles étaient pendantes avant l'entrée en vigueur du Code de procédure civile, être terminées d'après les dispositions dudit Code, en tant qu'avant cette époque il n'aura pas été pratiqué de saisie.

La disposition du § 34, alinéa 1er, est applicable à une demande en validation de saisie formée, d'après la législation actuelle, au cours d'une procédure pendante d'exécution forcée.

§ 38. L'ordonnance d'emprisonnement rendue en vertu de la législation actuelle, sera levée sur la demande du débiteur, en tant que le Code de procédure civile n'admet pas l'emprisonnement.

---

§ 36. En tant que les jugements définitifs mentionnés dans le § 20 alinéa 1er, de la loi d'introduction au Code de procédure civile ont acquis l'autorité de la chose jugée soit avant soit après l'entrée en vigueur de ce Code, le moyen extraordinaire de la tierce opposition (Code de procédure civile, art. 474, et suiv.) est sans aucun doute aboli par le § 20, l. c., d'après lequel la demande en nullité et celle en restitution forment, dans le cas prévu, les seules voies extraordinaires. Mais comme toutes les décisions, qu'elles aient ou non acquis force de chose jugée, sont de par la législation actuelle soumises à la tier ce opposition, qui n'est écartée que par la prescription ordinaire, il a paru nécessaire d'écarter indistinctement par une disposition expresse ce moyen de recours (M.).

§ 37. L'alinéa 1er correspond au § 21, alinéa 1er de la loi d'introduction du Code de procédure civile.

Comp. Code de procédure civile, art. 417, 557–582, 583–625, 626-635, 636-655, 819-825, 826-831.

§ 38. Comp. Code de procédure civile §§ 345, 355, 774, 782, 785, 794, 798 et 715, 749, les art. 3 à 5 de la loi sur la contrainte par corps du 22 juillet 1867 et Code de procédure civile français art. 580, 582, 592 et 593.

soweit die Haft nach den Vorschriften der Civilprozeßordnung nicht zulässig ist.

Das Gleiche gilt für die Beschlagnahme von Gegenständen, welche nach den Vorschriften der Civilprozeßordnung der Pfändung nicht unterworfen sind, für die Beschlagnahme fortlaufender Einkünfte jedoch nur, insoweit dieselben auf die Zeit nach Einführung der Civilprozeßordnung fallen.

Vor der Entscheidung ist der Gläubiger zu hören.

§ 39. Eine nach dem Inkrafttreten der Civilprozeßordnung erfolgende weitere Pfändung von Gegenständen des beweglichen Vermögens, welche bereits vor diesem Zeitpunkte in Beschlag genommen sind, erfolgt nach den Vorschriften der Civilprozeßordnung.

Im Falle der weiteren Pfändung von Forderungen oder anderen Vermögensrechten finden die §§ 750 bis 753 der Civilprozeßordnung Anwendung.

Das Gleiche gilt, wenn schon vor dem Inkrafttreten der Civilprozeßordnung die Theilnahme mehrerer Gläubiger an der Zwangsvollstreckung in eine Forderung durch Beschlagnahme oder Opposition bewirkt war. Die Bestimmungen des § 753 Abs. 1, 3 bis 5 finden jedoch keine Anwendung, wenn die Klage gegen den Drittschuldner vor dem Inkrafttreten der Civilprozeßordnung anhängig geworden ist. Die nach § 750 der Civilprozeßordnung erforderliche Anzeige ist dem für das Vertheilungsverfahren zuständigen Gerichte (§ 40) zu erstatten.

§ 40. Wird durch die Theilnahme mehrerer Gläubiger an einer Vollstreckungsmaßregel ein Vertheilungsverfahren nothwendig, so finden die Vorschriften der §§ 758 bis 768 der Civilprozeßordnung Anwendung, sofern das Verfahren nicht bereits vor dem Inkrafttreten der Civilprozeßordnung durch Ordonnanz des Richterkommissars (Code de procédure civile, Art. 659) eröffnet ist.

§ 41. Im Falle des § 39 Abs. 1 steht dem Gläubiger, welcher vor dem Inkrafttreten der Civilprozeßordnung eine

---

§ 39. (Zu Abs. 1 vergl. Civilprozeßordnung § 727.)

§ 41. Die vor dem Inkrafttreten der Civilprozeßordnung bewirkte Beschlagnahme oder Opposition begründet ein Pfand- oder Vorzugsrecht nach dem bisherigen Rechte nicht. Hiernach würde der Gläubiger,

Il en sera de même de la saisie d'objets qui ne sont pas saisissables d'après le Code de procédure civile; toutefois, quand il s'agit de revenus courants, cette disposition ne s'appliquera qu'à ceux échus après l'entrée en vigueur du Code de procédure civile.

Le créancier devra préalablement être entendu.

§ 39. Une nouvelle saisie pratiquée après l'entrée en vigueur du Code de procédure civile sur des objets mobiliers déjà saisis antérieurement devra se faire conformément aux dispositions dudit Code.

Les §§ 750 à 753 du Code de procédure civile s'appliquent au cas de nouvelle saisie de créances ou d'autres droits à exercer sur les biens.

Il en est de même du cas où, déjà avant l'entrée en vigueur du Code de procédure civile, plusieurs créanciers auraient fait pratiquer une saisie-arrêt ou une opposition sur une créance de leur débiteur commun. Les dispositions du § 753, alinéas 1, 3 à 5, ne seront toutefois pas applicables, si l'action contre le tiers débiteur a été pendante avant l'entrée en vigueur du Code de procédure civile. La déclaration prescrite par le § 750 dudit Code devra être faite devant le tribunal compétent pour la procédure de distribution (§ 40).

§ 40. Si, par suite de la participation de plusieurs créanciers à une mesure d'exécution, il devra être procédé à une distribution, il sera fait application des §§ 758 à 768 du Code de procédure civile, en tant que la procédure n'aurait pas, déjà avant l'entrée en vigueur dudit Code, été ouverte par ordonnance du juge-commissaire (art. 659 du Code de procédure civile français).

§ 41. Dans le cas du § 39, alinéa 1er, le créancier qui aura fait une saisie ou une opposition avant l'entrée en

---

§ 39. Sur l'alinéa 1er, comp. 727 du Code de procédure civile.

§ 41. Pour la saisie ou opposition faite avant l'entrée en vigueur du nouveau Code, la législation antérieure n'accorde ni droit de gage ni droit de préférence. Le créancier, qui aurait fait pratiquer la première saisie se trouverait ainsi dans une position moins avantageuse que celui saisissant ultérieurement, ce qui constituerait évidemment une violation de droits acquis. Dans le but d'écarter un pareil empiétement sur des droits légitimement acquis, la loi

Beschlagnahme oder eine Opposition bewirkt hat, im Verhältniß zu Gläubigern, für welche nach diesem Zeitpunkt eine Pfändung bewirkt ist, an dem beschlagnahmten Gegenstand ein Pfandrecht nach Maßgabe des § 709 der Civilprozeßordnung zu.

§ 42. Die Zwangsvollstreckung aus den Urtheilen, welche in einem nach den bisherigen Vorschriften verhandelten Rechtsstreit erlassen sind, sowie aus den im § 22 des Einführungsgesetzes zur Civilprozeßordnung bezeichneten Urkunden erfolgt

---

welcher die frühere Beschlagnahme bewirkt hat, dem später pfändenden Gläubiger nachzustehen haben. Zur Beseitigung eines derartigen Eingriffs einer späteren Pfändung in wohlerworbene Rechte räumt das Gesetz auf Grund des § 21 Abs. 2 des Einführungsgesetzes zur Civilprozeßordnung dem ersteren Gläubiger gleichfalls ein Pfandrecht nach Maßgabe der Civilprozeßordnung, also mit der Wirkung des Vorranges vor diesen späteren Pfändungen ein. Was das Verhältniß mehrerer vor dem bezeichneten Zeitpunkte bewirkten Pfändungen unter einander betrifft, so bleibt es selbstverständlich bei dem bisherigen Rechte der antheilsweisen Befriedigung (M.).

§ 42. Abs. 1. Die Zwangsvollstreckung selbst erfolgt nach der Civilprozeßordnung (§ 22 des Einführungsgesetzes).

Die Ertheilung der Ausfertigung setzt, im Gegensatze zu den Vorschriften der Civilprozeßordnung (§§ 664 bis 667, 671), den Nachweis der Zulässigkeit der Vollstreckung in concreto nicht voraus. Statt des § 669 der Civilprozeßordnung finden die Vorschriften der Art. 844, 854 des Code de procédure civile Anwendung. Auch die Form der Vollstreckungsklausel richtet sich nach den bisherigen Vorschriften.

Nach Abs. 2 kommen hinsichtlich der Zulässigkeit von Einreden, welche den Anspruch selbst betreffen, die bisherigen Vorschriften zur Anwendung; die Bestimmungen des § 686 Abs. 2 der Civilprozeßordnung, welche mit den Vorschriften der letzteren über die Verhandlung des Rechtsstreits in engstem Zusammenhange stehen, können der Natur der Sache nach nicht angewendet werden. Dagegen richtet sich die Form der Geltendmachung solcher und anderer gegen die Zwangsvollstreckung gerichteter Einreden nach den Vorschriften der Civilprozeßordnung (§ 686 Abs. 1 und 3, 668, 685, 687 bis 690).

Auch hinsichtlich der Einstellung, Beschränkung und Aufhebung der Zwangsvollstreckung finden, da die letztere nach der Civilprozeßordnung zu erledigen ist, deren Vorschriften (§§ 691, 692) Anwendung. Dagegen sollen die, die Vollstreckbarkeit der Urkunden unmittelbar berührenden Bestimmungen des bisherigen Rechts (vergl. Code de procédure civile, Art. 457), wonach die Zwangsvollstreckung auf Grund der Einlegung eines Rechtsmittels einzustellen ist, neben den Vorschriften der Civilprozeßordnung zur Anwendung kommen. (M).

vigueur du Code de procédure civile, aura, vis-à-vis des créanciers qui feront une saisie après cette époque, un droit de gage sur l'objet saisie, conformément au § 709 du Code de procédure civile.

§ 42. L'exécution forcée en vertu de jugements rendus dans une affaire jugée d'après les lois actuelles, ainsi qu'en vertu des titres désignés au § 22 de la loi d'introduction au Code de procédure civile, aura lieu sur une expédition exécutoire délivrée conformément aux dispositions actuelles.

La recevabilité des moyens de défense dirigés contre le droit même, ainsi que la suspension de l'exécution forcée

---

accorde au premier créancier également le droit de gage du nouveau Code de procédure, avec rang privilégié sur les saisies postérieures, par application de l'alinéa 2 du § 21 de la loi d'introduction au Code de procédure. Il n'est rien changé aux rapports des créanciers saisissants entre eux, en tant que leur saisies sont antérieures à la nouvelle législation; ils seront satisfaits au marc le franc, comme sous l'empire des lois actuelles (M.).

§ 42, alinéa 1er. L'exécution forcée elle-même se poursuit d'après le Code de procédure civile (§ 22 de la loi d'introduction).

Contrairement aux dispositions du nouveau Code de procédure, l'expédition peut être délivrée sans que le créancier fournisse la preuve de l'admissibilité de l'exécution in concreto. Le § 669 du nouveau Code de procédure est remplacé dans ce cas par les dispositions des art. 844 et 854 de l'ancien Code de procédure civile. La formule exécutoire elle-même sera conforme aux règles anciennes.

D'après l'art. 2 la question de savoir si les exceptions dirigées contre le droit même du créancier saisissant sont ou non recevables, devra également être décidée suivant les régles de la législation ancienne. Les dispositions du § 686, alinéa 2 du nouveau Code, lesquelles sont intimement liées aux règles contenues dans cet article sur la marche même de la procédure, sont par la force des choses inapplicables dans l'espèce.

Par contre, la forme dans laquelle ces exceptions et autres moyens dirigés contre l'exécution forcée devront être produits, est régie par les dispositions du nouveau Code de procédure (§§ 686, alinéa 1er et 3, 668, 685, 687 à 690).

Les dispositions du nouveau Code (§§ 691 et 692) sont également applicables à la suspension, la restriction et l'annulation de l'exécution forcée, puisque celle-ci est régie par ledit Code. Mais les règles de la législation ancienne (comp. Code de procédure civile, art. 457) en vertu desquelles l'exécution forcée est suspendue par la signification d'une voie de recours, continuent à être applicables à côté des dispositions du nouveau Code (M.).

auf Grund einer nach den bisherigen Gesetzen ertheilten vollstreckbaren Ausfertigung.

Hinsichtlich der Zulässigkeit von Einwendungen, welche den Anspruch selbst betreffen, sowie hinsichtlich der Einstellung der Zwangsvollstreckung auf Grund der Einlegung eines Rechtsmittels, kommen die bisherigen Vorschriften zur Anwendung.

Uebergangsbestimmung zur Konkursordnung.

§ 43. Auf die nach dem Inkrafttreten der Civilprozeßordnung in einem vor diesem Zeitpunkt eröffneten Fallimentsverfahren anhängig werdenden Rechtsstreitigkeiten, welche zum Gegenstande haben:

a) die Richtigkeit oder das Vorzugsrecht einer im Falliment angemeldeten Forderung,
b) einen Revindikationsanspruch,
c) die Anfechtung eines Rechtsgeschäfts des Falliten oder eine Rückforderung zur Masse,
d) den Anspruch eines Dritten gegen die Masse,
e) die Rechnung eines Syndiks,

finden die Vorschriften der Civilprozeßordnung, sowie des § 134

---

§ 43. Die Vorschrift des § 8 des Einf.-Gesetzes zur Konkursordnung, daß, in Ermangelung anderweitiger landesgesetzlicher Regelung, ein vor dem Tage des Inkrafttretens der ersteren eröffnetes Konkursverfahren nach den bisherigen Gesetzen zu erledigen ist, findet (vergl. § 34, Abs. 2) auf alle zu dem Fallimentsverfahren gehörigen Rechtsstreitigkeiten Anwendung, ohne Unterschied, ob dieselbe, wie beispielsweise die Opposition gegen das, das Falliment eröffnende Urtheil oder gegen das Konkordat (Code de commerce, Art. 580, 512), die Akte des Fallimentsverfahrens selbst betreffen, oder, wie die im Gesetz unter a bis e bezeichneten Prozesse (vergl. Code de commerce, Art. 498, 579, 446 ff., 574 ff., 519 Abs. 4), den Karakter selbständiger, ihrem Gegenstande nach vom Fallimentsverfahren trennbarer Rechtsstreitigkeiten an sich tragen. Insofern die zuletzt bezeichneten Prozesse jedoch erst nach Einführung der neuen Prozeßgesetze anhängig werden, erscheint es gerade mit Rücksicht auf die selbständige Natur derselben zweckmäßig, von dem Vorbehalte des § 9 Abs. 2 des Einführungsgesetzes zur Konkursordnung Gebrauch zu machen und dieselben den Vorschriften der Civilprozeßordnung sowie den ergänzenden Bestimmungen des § 134 Abs. 2 und des § 136 der Konkursordnung zu unterwerfen. Der Schlußsatz beseitigt Art. 498 des Code de commerce (M.).

à raison d'un pourvoi sont soumises aux règles de la législation actuelle.

Des dispositions transitoires pour le Code des faillites.

§ 43. Les dispositions du Code de procédure civile, ainsi que celles des §§ 134, alinéa 2, et 136 du Code des faillites, seront applicables aux contestations qui, après l'entrée en vigueur du Code de procédure civile, s'élèveront au cours d'une procédure de faillite ouverte avant cette époque et qui auront pour objet:

a. L'existence ou la qualité privilegiée d'une créance produite à la faillite;

b. Une revendication;

c. La demande d'annulation d'un acte juridique du failli ou une demande de restitution à la masse;

d. La prétention d'un tiers sur la masse;

e. Le compte d'un syndic.

---

§ 43. Le § 8 de la loi d'introduction au Code des faillites prescrit qu'une procédure de faillite ouverte avant l'entrée en vigueur dudit Code, devra être terminée suivant les règles des lois actuelles, à moins que la législation particulière des différents pays n'en dispose autrement. Ce principe (comp. § 34, alinéa 2) s'applique indistinctement à toutes les contestations relatives à la procédure de faillite, soit qu'elles se rapportent à des actes même de cette procédure, comme par exemple l'opposition au jugement de déclaration de faillite ou au concordat (Code de commerce, art. 512 et 580), soit qu'elles aient le caractère de contestations propres et par leur nature même indépendantes de la faillite, comme par exemple les litiges mentionnés dans la loi sous les rubriques a-e. (comp. Code de commerce, art. 498, 579, 446 s. 574 s., 519, alinéa 4). Cependant, en considération du caractère propre de cette seconde catégorie de litiges, il a paru utile et rationnel de faire usage de la faculté réservée à la législation particulière par l'alinéa 2 du § 8 de la loi d'introduction et de soumettre en conséquence ces litiges aux règles du Code de procédure civile, ainsi qu'aux dispositions complémentaires des §§ 134, alinéa 2 et 136 du Code des faillites, pourvu toutefois qu'ils n'aient été intentés qu'après l'entrée en vigueur des nouvelles lois de procédure.

La disposition finale supprime l'art. 198 du Code de commerce (M.).

Abs. 2 und des § 136 der Konkursordnung entsprechende Anwendung. Der Rechtsstreit ist durch besonders zu erhebende Klage anhängig zu machen.

Uebergangsbestimmung zur Strafprozeßordnung.

§ 44. Ueber die Berufung gegen die vor dem Tage des Inkrafttretens der Strafprozeßordnung in erster Instanz ergangenen Urtheile der Landgerichte entscheidet die Civilkammer des Landgerichts, wo mehrere Civilkammern bestehen, die erste Civilkammer, in der Besetzung von fünf Mitgliedern.

Allgemeine Uebergangsbestimmungen.

§ 45. Auf Zustellungen in bürgerlichen Rechtsstreitigkeiten, in Fallimentssachen und in Strafsachen, welche nach den bisherigen Vorschriften erledigt werden, finden die Bestimmungen der §§ 152 bis 190 der Civilprozeßordnung entsprechende Anwendung.

Zustellungen an die Staatsanwaltschaft in Strafsachen erfolgen nach Maßgabe des § 41 der Strafprozeßordnung.

§ 46. In bürgerlichen Rechtsstreitigkeiten, in Fallimentssachen und in Strafsachen, welche nach den bisherigen Bestimmungen zu erledigen sind, finden die Vorschriften der §§ 157 bis 160, 162, 164, 167 des Gerichtsverfassungsgesetzes über Rechtshülfe, der §§ 177 bis 185 über die Aufrechthaltung der Ordnung und der §§ 194 bis 199, 201 bis 204 über die Berathung und Abstimmung sowie über die Gerichtsferien Anwendung.

---

§ 44. (Daß das Rechtsmittel der Berufung gegen diese Urtheile bestehen bleibt, folgt aus § 8 Abs. 2 des Einführungsgesetzes zur Strafprozeßordnung. Vergl. § 6 des Gesetzes vom 14. Juli 1871 (Gesetzbl. S. 165).

§ 45. (Vergl. § 1 oben und Konkursordnung § 65, Strafprozeßordnung § 37.)

§ 46. (Der Paragraph entspricht dem § 32 des Ausführungsgesetzes zum Gerichtsverfassungsgesetze.)

La contestation devra être soulevée au moyen d'une demande spéciale.

Disposition transitoire relative au Code d'instruction criminelle.

§ 44. L'appel des jugements en première instance rendus par les tribunaux régionaux avant l'entrée en vigueur du nouveau Code d'instruction criminelle, sera jugé par la chambre civile du Landgericht, et dans les tribunaux où il existe plusieurs chambres civiles, par la première chambre composée de cinq membres.

Dispositions transitoires générales.

§ 45. Les §§ 152 à 190 du Code de procédure civile seront applicables aux assignations en matières civiles, criminelles et de faillites, qui seront jugées d'après la législation actuelle.

Les assignations au parquet, en matière criminelle, auront lieu conformément au § 41 du Code d'instruction criminelle.

§ 46. Dans les affaires civiles, de faillites et criminelles qui seront jugées d'après la législation actuellement en vigueur, il sera fait application des dispositions des §§ 157 à 160, 162, 164, 167 de la loi sur l'organisation judiciaire, relatives à l'assistance que les tribunaux se doivent entre eux, des §§ 177 à 185 sur le maintien de l'ordre et des §§ 194 à 199 et 201 à 204 sur la délibération, le vote et les vacations des tribunaux.

---

§ 44. Il résulte du § 8, alinéa 2 de la loi d'introduction au Code de procédure civile, que la voie de l'appel reste ouverte pour ces jugements. Comp. le § 6 de la loi du 14 juillet 1871 (Bulletin des lois de l'Alsace-Lorraine, p. 165).

§ 45. Comp. § 1er, supra et Code des faillites § 65. Code de procédure criminelle, § 37.

§ 46. Ce paragraphe correspond au § 32 de la loi d'exécution de la loi sur l'organisation judiciaire.

Schlußbestimmung.

§ 47. Insoweit bestehende Gesetze auf die durch Einführung der Civilprozeßordnung, der Konkursordnung und der Strafprozeßordnung sowie dieses Gesetzes aufgehobenen Vorschriften verweisen oder durch solche ergänzt werden, treten die Vorschriften der angeführten Reichsgesetze, der Gesetze, betreffend die Einführung derselben, und dieses Gesetzes an deren Stelle.

§ 48. Dieses Gesetz tritt gleichzeitig mit dem Gerichtsverfassungsgesetz in Kraft.

Urkundlich ꝛc.

Gegeben Bad Ems, den 8. Juli 1879.

---

§ 47. Vergl. Art. 3 des Einführungsgesetzes vom Reichs-Strafgesetzbuch.

Dispositions finales.

§ 47. En tant que les lois existantes renvoient à des dispositions abrogées par suite de l'entrée en vigueur du Code de procédure civile, du Code des faillites ou du Code d'instruction criminelle, ou sont complétées par elles, ces dispositions seront remplaceés par celles desdites lois de l'Empire, des lois d'introduction à ces dernières et de la présente loi.

§ 48. La présente loi entrera en vigueur en même temps que la loi sur l'organisation judiciaire.

En foi de quoi, etc.

Donné à Ems, le 8 juillet 1879.

---

§ 47. Comp. art. III de la loi introductive du Code pénal.

V. Anordnung

betreffend die Strafvollstreckung in den zur Zuständigkeit der Schöffengerichte gehörigen Sachen, vom 8. Februar 1886.

(Gesetzblatt für Elsaß-Lothringen, S. 5.)

Auf Grund des § 483 Abs. 3 der Strafprozeßordnung wird hierdurch für die Strafsachen, in welchen das Schöffen- oder Amtsgericht in erster Instanz erkannt hat, die Vollstreckung der Freiheitsstrafen und der Verweise den Amtsrichtern übertragen. Für einzelne Amtsgerichte kann jedoch durch das Ministerium die Vollstreckung der Staatsanwaltschaft des Landgerichts belassen werden.

Die Anordnung vom 21. September 1879 (Gesetzblatt S. 88) wird aufgehoben.

(Durch die Anordnung vom 21. September 1879 war den Amtsrichtern außerhalb der Landgerichtssitze die Vollstreckung der Freiheitsstrafen insoweit übertragen als das Schöffen- oder Amtsgericht rechtskräftig erkannt hat. Für schöffen- u. amtsgerichtliche Strafsachen, welche in die Berufungsinstanz gelangen, stand hiernach die Vollstreckung der Staatsanwaltschaft des Landgerichts zu. Diese Beschränkung der amtsrichterlichen Strafvollstreckung hat sich nicht bewährt und war daher aufzuheben, ebenso die Beschränkung auf die Freiheitsstrafen, mit welchen der Verweis gleich zu behandeln ist. Anderseits wurde erwogen, daß auch für einzelne nicht am Sitze eines Landgerichts befindliche Amtsgerichte die Uebertragung der Strafvollstreckung an die Staatsanwaltschaft des Landgerichts zweckmäßig sein könne. Hiernach ist auch die erstgedachte Beschränkung beseitigt. Durch Ministerialerlaß vom 12. Februar 1886 II. a 1259 wurde demnächst für die Amtsgerichte Colmar, Diedenhofen, Metz, Mülhausen, Saargemünd, Straßburg und Zabern die Vollstreckung der Freiheitsstrafen der Staatsanwaltschaft des Landgerichts belassen.)

V. ORDONNANCE

sur l'exécution des peines dans les affaires qui sont de la compétence des Tribunaux d'échevins, du 8 février 1886.

(Bulletin des Lois d'Alsace-Lorraine, p. 5.)

L'exécution des peines corporelles ou de la peine de la reprimande en vertu de décisions rendues en premier ressort par les tribunaux des échevins ou les Amtsgerichte est dévolue en exécution du § 483 alinéa 3 du Code d'instruction criminelle aux Amtsrichter. Pour certains Amtsgerichte, l'exécution peut néanmoins être laissée par le ministère au ministère public près du Landgericht.

L'ordonnance du 21 septembre 1879, (Bulletin des lois p. 88) est abrogée.

L'ordonnance du 21 septembre 1879 avait attribué aux Amtsrichter ne se trouvant pas au siège d'un Landgericht, l'exécution des peines corporelles, en tant que le tribunal des échevins ou l'Amtsgericht avaient rendu une décision qui avait acquis l'autorité de la chose jugée. Pour les décisions soumises à l'appel, l'exécution appartenait au ministère public auprès du Landgericht. Cette restriction dans le droit d'exécution de la part des Amtsgerichte n'a pas amenée de bons résultats et a été abolie, ainsi que la restriction en ce qui concerne les peines corporelles, la réprimande devant être traitée sur le premier pied. D'un autre côte, il a semblé opportun de laisser, le cas échéant, l'exécution des peines au ministère public près du Landgericht, même dans le ressort de certains Amtsgerichte. Par cette disposition disparait également la première restriction.

Par une décision ministérielle en date du 12 février 1886 — IIa 1259 l'exécution des peines corporelles a été attribuée au ministère public près des Landgerichte pour le ressort des Amtsgerichte de Colmar, Metz, Mulhouse, Saareguemines, Saverne, Strasbourg et Thionville.

VI. Gesetz

betreffend die Gewerbegerichte vom 23. März 1880.

Einleitung.

Die Einführung der Reichsjustizgesetze macht es wünschenswerth, mit den Bestimmungen derselben auch das Verfahren vor den Gewerbegerichten in Einklang zu bringen.

Zu einem gedeihlichen Wirken bedarf das Gewerbegericht eines raschen und einfachen Verfahrens und dieses Bedürfniß weist auf die Vorschriften der Civilprozeßordnung über das Verfahren vor den Amtsgerichten als Norm für eine Neugestaltung hin. Mit Rücksicht auf die Besetzung jener Gerichte durch Laien-Elemente erscheint es aber nützlich, der gestellten Aufgabe nicht blos durch einen allgemeinen Hinweis auf die für die Amtsgerichte geltenden Vorschriften nachzukommen, sondern selbständig das Verfahren in seinen Hauptzügen in einer für das gewöhnliche Bedürfniß ausreichenden und leicht verständlichen Weise festzustellen und dabei zugleich den besondern Eigenthümlichkeiten der in Frage kommenden Streitsachen Rechnung zu tragen. Von denselben Gesichtspunkten und Rücksichten ist auch der dem Reichstage im Jahre 1878 vorgelegte und von der dazu eingesetzten Kommission berathene Entwurf eines Gesetzes, betreffend die Gewerbegerichte, ausgegangen (s. Stenogr. Ber. des Reichstags II. Session, S. 513 und 874 ff.), und es erscheint daher ein Anschluß an diese legislatorischen Arbeiten insoweit angezeigt, als nicht die besonderen Verhältnisse Elsaß-Lothringens eine Abweichung gebieten.

Was die bestehende Organisation der Gewerbegerichte anlangt, so gibt sie im Ganzen zu Aenderungen keine Veranlassung; es empfiehlt sich aber, die Neugestaltung des Verfahrens dazu zu benutzen, um gleichzeitig die in zahlreichen Gesetzen und Dekreten zerstreut sich vorfindenden Bestimmungen über die Einrichtung und die Zuständigkeit der Gewerbegerichte zusammenzustellen und so für das Institut ein vollständiges und übersichtliches Gesetz zu schaffen (M.).

Der Bericht der Kommission enthält eine geschichtliche Skizze über die Gewerbegerichte. Dieselben haben in Frankreich lange vor der Revolution bestanden; sie wurden reorganisirt durch die Dekrete vom 18. Mai 1806, 11. Juni 1809 und 20. Februar 1810. Ein Dekret vom 27. Mai 1848 brachte eine vollständige Aenderung. Es gab den Vorsitz im Gewerbegericht abwechselnd einem Fabrikanten und einem Arbeiter, stellte die Werkmeister und Aufseher den Arbeitgebern selbst gleich, änderte den Modus für die Erwählung der Beisitzer u. s. w.

VI. LOI

sur les Conseils de Prud'hommes du 23 mars 1880.

Introduction.

Par suite de la mise en vigueur des lois de justice de l'Empire, le besoin s'est fait sentir de mettre en harmonie avec elles la procédure à suivre devant les Conseils de prud'hommes. Pour rendre tous les services que l'on est en droit d'en attendre, les Conseils de prud'hommes ont besoin d'une procédure rapide et simple, ce qui permet, à l'occasion d'une nouvelle organisation, de prendre pour base les dispositions analogues du Code de procédure civile, sur la procédure devant les Amtsgerichte. Cependant comme les Conseils de prud'hommes se composent d'éléments purement laïques, il paraît utile de ne pas se référer purement et simplement, par voie de disposition générale, aux règles de la procédure devant lesdits tribunaux, mais de fixer spécialement les traits généraux de la procédure devant les Conseils de prud'hommes d'une manière facile à saisir et comprenant la plupart des cas. Cette façon de procéder permet de tenir compte des particularités inhérentes à la nature des différends que les Conseils de prud'hommes sont appelés à juger.

Les mêmes considérations ont déjà guidé la Commission du Reichstag qui a été chargée d'élaborer une loi sur les Conseils de prud'hommes, et qui a déposé son projet au cours de la session de 1878 (voy. Compte rendu sténogr. du Reichstag, IIe sess., p. 513 et 874 et suiv.). Ce matériel législatif ainsi préparé pouvait être utilisé, sauf à y introduire les modifications que rendent nécessaires les besoins et usages particuliers à l'Alsace-Lorraine.

En ce qui concerne l'organisation actuelle des Conseils de prud'hommes, il n'existe en général aucun motif de la modifier; toutefois il a paru convenable de profiter de l'occasion que présentait la révision de la procédure, pour réunir les nombreuses dispositions éparses dans différents textes de lois ou décrets sur l'organisation et la compétence de ces Conseils, de manière à former de tous ces éléments une loi complète embrassant toute la matière (M.).

Le rapport de la Commission contient une esquisse de l'historique des Conseils de prud'hommes. Ils ont fonctionné en France longtemps avant la Révolution de 1789: leur constitution a été réorganisée et complétée par les décrets des 18 mars 1806, 11 juin 1809 et 20 février 1810. Un décret du 27 mai 1848 opéra une révolution complète dans cette organisation. Il attribuait alternativement la présidence du tribunal de prud'hommes aux patrons et aux ouvriers, assimilait aux patrons les contre-maîtres et chefs d'ateliers, viciait

Diese Maßregeln hatten aber eine noch weit größere und auffallendere Ungleichheit im Gefolge, als die frühere Gesetzgebung, denn sie begründeten umgekehrt das Uebergewicht des Arbeiters über den Fabrikanten, d. h. ein Uebergewicht ohne die Garantien, welche Bildung und Geschäftserfahrung darbieten. Das Gesetz vom 1. Juni 1853 machte diesen Mißbräuchen ein Ende. Getragen von dem Geiste der Unparteilichkeit und Versöhnung wußte dieses Gesetz durch eine glückliche Vermittelung der alten Einrichtungen und der neuen Grundsätze das durch die revolutionäre Gesetzgebung gestörte Gleichgewicht wieder herzustellen. Die faktische Gleichheit der Arbeitgeber und Arbeiter in den Gewerbegerichten, dies war das Problem, welches das neue Gesetz sich gestellt hatte: es löste dieses auf die glücklichste und befriedigendste Art.

Erster Abschnitt.

Einsetzung, Zuständigkeit und Einrichtung der Gewerbegerichte.

Einsetzung von Gewerbegerichten.

§ 1. Für Orte mit bedeutendem Fabrik- oder Gewerbebetrieb können Gewerbegerichte eingesetzt werden. Der Bezirk eines Gewerbegerichts kann mehrere Gemeinden umfassen.

Die Einsetzung erfolgt durch Kaiserliche Verordnung nach vorheriger Einholung des Gutachtens der Handelskammer und der Gemeinderäthe. In der Verordnung werden über die Einrichtung des Gewerbegerichts, insbesondere über Sitz und Bezirk desselben und über die Zahl seiner Mitglieder die er-

---

§ 1. Absatz 1. Das Gesetz bezieht sich nur auf den eigentlichen Fabrik- und Gewerbebetrieb. Die Kaufleute und Händler, en gros und en détail handelnde, unterstehen niemals den Gewerbegerichten, wenn sie nicht zugleich Fabrikanten sind. Zu deren Kompetenz gehören eben nur solche Gewerbe, die eine Verarbeitung und Verbesserung des Rohstoffs hervorbringen, die stoffveredelnden Gewerbe. Dagegen gehören diejenigen, welche unter den Begriff der freien Künste fallen, nicht hierher. Ebenso ist z. B. die Bewirthschaftung von Wald, Bergwerken, Fischereien und das Apothekergewerbe der Gerichtsbarkeit des Gewerbegerichts nicht unterstellt (B.).

Absatz 2. Bezüglich der Frage, ob die Einsetzungsverordnung alle Fabrikationszweige aufzählen soll, für welche das Gewerbegericht zuständig ist, bemerkt der Bericht der Commission: jede Aufzählung

le mode d'élection des assesseurs, etc. De telles mesures créaient une inégalité bien plus grave et bien plus choquante que celle qui résultait, en sens contraire, de la législation antérieure; car elles consacraient l'oppression du fabricant par l'ouvrier, c'est-à-dire l'oppression sans les garanties qu'offre l'éducation ou l'expérience des affaires. La loi du 1er juin 1853 a mis un terme à ces abus. Conçue dans un esprit d'impartialité et de transaction, elle a su, par un mélange habile des institutions anciennes et des principes modernes, rétablir l'équilibre que la législation révolutionnaire avait rompu. L'égalité réelle entre les patrons et les ouvriers dans les Conseils de prud'hommes, tel était le problème que cette nouvelle loi s'était posé: la solution qu'elle en donna fut des plus heureuses et des plus satisfaisantes.

PREMIÈRE SECTION.

Création, compétence et organisation des Conseils de prud'hommes.

De la création des Conseils de prud'hommes.

§ 1. Il peut être établi des Conseils de prud'hommes dans les localités où il se trouve d'importantes fabriques ou d'importantes industries. La circonscription d'un Conseil de prud'hommes peut comprendre plusieurs communes. Les Conseils de prud'hommes sont institués par décret impérial après avis préalable des Chambres de commerce et des Conseils municipaux.

Les dispositions spéciales sur l'organisation du Conseil de prud'hommes, et notamment celles relatives à son siège

---

§ 1er, alinéa 1er. La loi n'a en vue que les manufactures, fabriques, usines et ateliers. Les négociants et marchands en gros ou en détail, à quelque commerce qu'ils appartiennent, ne sont pas justiciables des prud'hommes s'ils ne sont en même temps fabricants. On ne doit comprendre dans leur ressort que les industries qui produisent une modification et une amélioration de la matière première. Celles qui rentrent dans la sphère des arts libéraux, ainsi que les forêts, les mines, la pêche, la pharmacie, ne relèvent pas de cette juridiction (R.).

Alinéa 2. Sur la question si le décret d'institution doit relater toutes les branches de fabrication qui sont justiciables des Conseils de prud'hommes, le rapport dit:

forderlichen näheren Bestimmungen getroffen. Auch sind darin, sofern die Gerichtsbarkeit des Gewerbegerichts auf gewisse Fabrikations- oder Gewerbezweige beschränkt werden soll, die demselben unterworfenen oder geeigneten Falls die davon ausgenommenen Gewerbe- und Fabrikationszweige namhaft zu machen.

Zuständigkeit des Gerichts.

§ 2. Die Gewerbegerichte sind ohne Rücksicht auf den Werth des Streitgegenstandes zuständig für:

1. Streitigkeiten zwischen Arbeitgebern einerseits und ihren Arbeitnehmern anderseits, welche auf den Antritt, die Fortsetzung oder Auflösung des Arbeits- oder Lehrverhältnisses, sowie auf die Aushändigung oder den Inhalt des Arbeitsbuchs oder Zeugnisses sich beziehen;
2. Streitigkeiten zwischen Arbeitgebern einerseits und ihren Arbeitnehmern anderseits über Leistungen oder Entschädigungsansprüche aus dem Arbeits- oder Lehrverhältnisse;

---

würde zu lang und unvollständig sein. Früher war es Sitte, daß, wenn eine große Zahl Industrien der Gerichtsbarkeit eines Gewerbegerichtes unterstellt werden sollte, das Einführungsdekret sie nach Kategorien oder Gruppen je nach ihrer Aehnlichkeit eintheilte. Dies gab aber zu falschen Auslegungen und mitunter auch zu sonderbaren Irrthümern Veranlassung. Die Kommission war daher der Ansicht, daß es zweckmäßiger sei, die von der Gerichtsbarkeit des Gewerbegerichts ausgenommenen Gewerbzweige aufzuzählen, da ja doch deren Zahl in der Regel die geringere und die Arbeit daher leichter sein werde. Doch bietet dies auch eine Schwierigkeit. Führt man bloß die ausgeschlossenen Industrien an, so wird natürlich jeder neu entstehende Zweig ipso facto unter die Kompetenz der Gewerbegerichte fallen, selbst dann, wenn dies eigentlich nicht der Fall sein sollte. Zählt man aber alle Industriezweige auf, die wirklich dazu gehören sollen, so entsteht dadurch fast der gleiche Nachtheil. Bei dieser Aufzählung fehlen natürlich alle später auftauchenden Industriezweige, die eigentlich dazu gehören sollten.

(Die angenommene Fassung gestattet das eine und das andere Verfahren.)

Vgl. die Allerh. V. O. vom 25. August 1883, betr. die Ausdehnung der Gerichtsbarkeit des Gewerbegerichts zu Metz, auf das Bäcker- und Metzgergewerbe (Gesetzblatt S. 73).

§ 2. Dieser § 2 zählt die Streitigkeiten auf, für welche die Gewerbegerichte kompetent sein sollen. Es sind ihrer Gerichtsbarkeit

et à sa circonscription, comme aussi au nombre de ses membres, seront stipulées dans le décret d'institution. Celui-ci déterminera également les branches d'industrie et de fabrication qui seront soumises à la juridiction du Conseil, ou, s'il y a lieu, celles qui en seront exceptées.

De la compétence des Conseils de prud'hommes.

§ 2. Les Conseils de prud'hommes sont compétents, quelle que soit la valeur de l'objet du litige.

1° Pour tous différends entre patrons d'une part, leurs ouvriers ou apprentis d'autre part, relatifs au commencement, à la continuation ou à la cessation du contrat d'ouvrage ou d'apprentissage, comme aussi pour tous différends relatifs à la délivrance ou au contenu des livrets d'ouvriers et des certificats;

2° Pour toutes contestations entre patrons d'une part, leurs ouvriers et apprentis d'autre part, relatives au travail à fournir ou aux indemnités à payer en vertu des conventions d'ouvrage ou d'apprentissage;

Les énumérations sont forcément longues et incomplètes. Lorsque le ressort comprenait un grand nombre d'industries, le décret d'institution les divisait autrefois par catégories ou groupes similaires. Ces assimilations ont donné lieu à de fausses interprétations, et parfois à de singulières erreurs. La Commission a pensé que, les industries à excepter étant les moins nombreuses, les plus faciles à cataloguer, il était préférable d'énumérer les exceptions. Cette pratique offre une difficulté. Lorsqu'on adoptera la nomenclature d'exclusion, toute industrie nouvelle qui viendra s'implanter dans la circonscription, à un moment donné, tombera ipso facto sous la juridiction des prud'hommes, lors même qu'elle n'en devrait point relever. Mais le mode de la nomenclature complète présente un inconvénient à peu près analogue: lorsqu'on désignera nominativement toutes les branches de fabrication qui seront soumises au Conseil, on omettra forcément les industries créées ultérieurement qui, par leur nature, devraient en être justiciables. (La rédaction adoptée permet les deux modes de procéder.)

§ 2. Ce paragraphe détermine les litiges pour lesquels les Conseils de prud'hommes sont compétents. N'en sont justiciables que ceux qui exercent une industrie, soit par eux-mêmes, soit par leurs préposés en leur nom. Par exemple, le propriétaire d'une fabrique qui ne l'exploiterait pas personnellement et serait étranger à la

3. Streitigkeiten der bei demselben Arbeitgeber beschäftigten Arbeitnehmer untereinander, welche in dem betreffenden Gewerbebetriebe ihren Grund haben.

Ausgaben für das Gericht.

§ 3. Die Gemeinde, in welcher sich der Amtssitz des Gewerbegerichts befindet, hat die Kosten der Einrichtung und Unterhaltung des Gerichts zu tragen und insbesondere die erforderlichen Räumlichkeiten zu stellen. Der dadurch verursachte Aufwand gehört zu den Pflichtausgaben der Gemeinde.

Zusammensetzung des Gerichts.

§ 4. Das Gewerbegericht besteht aus dem Vorsitzenden, einem Stellvertreter des Vorsitzenden und mindestens acht Beisitzern.

Das Amt sämmtlicher Mitglieder ist ein Ehrenamt.

---

nur solche Personen unterworfen, welche selbst eine Industrie treiben, mag dieselbe von ihnen persönlich oder in ihrem Namen von Angestellten geleitet werden. So kann z. B. der Eigenthümer einer Fabrik, der diese nicht selbst unter sich hat und dem Unternehmen fremd steht, das er vielleicht einem Dritten übertragen hat, nicht vor das Gewerbegericht gezogen werden. Das letztere ist auch inkompetent bei Streitigkeiten unter Fabrikanten selbst, oder zwischen einem Fabrikanten und einem Arbeiter, der nicht in dessen Diensten steht. Soll man den Arbeitern auch die Angestellten gleichstellen, die nur die Produkte der Fabrik zu verkaufen oder die Bücher zu führen haben? Diese Frage könnte je nach der Verschiedenheit der Fälle auch verschieden beurtheilt werden, da es möglich ist, daß die Stellung dieser Kommis, je nach den Umständen, verschieden gestaltet ist.

Der Beklagte, der vor die gewöhnlichen Gerichte geladen wird, statt vor die Gewerbegerichte, vor die er eigentlich gehört, kann den Einwand der Inkompetenz erheben. Doch bleibt es den Parteien unbenommen, mit gegenseitigem Einverständniß die gewöhnlichen Richter anzurufen (B.).

§ 4. Die Erhöhung der geringsten Zahl der Beisitzer von 6 auf 8 (s. Gesetz vom 1. Juni 1853, Art. 1) entspricht den Anträgen der Handelskammern (M.).

Der Umstand, daß das Amt eines Beisitzers ein Ehrenamt, und unbesoldet ist, wird davon die Arbeiter nicht fern halten, denn in den meisten, wenn nicht allen, Fabriken werden ihnen für die Zeit, die sie für Ausübung ihres Mandats nöthig haben, keine Abzüge am Lohn gemacht (B.).

3° Pour toutes contestations qu'ouvriers et apprentis travaillant chez le même patron ont entre eux à l'occasion de l'exercice de leur profession.

Des dépenses résultant du fonctionnement d'un Conseil de prud'hommes.

§ 3. La commune où se trouve le siège d'un Conseil de prud'hommes aura à supporter les frais d'installation et d'entretien de celui-ci, et notamment à fournir les locaux nécessaires. Les dépenses qui en résulteront seront rangées au nombre des dépenses obligatoires de la commune.

De la composition des Conseils.

§ 4. Le Conseil de prud'hommes se compose d'un président, d'un vice-président et d'au moins huit assesseurs. Les fonctions de tous les membres du Conseil sont purement honorifiques.

---

fabrique en ce que notamment il l'aurait affermée à un tiers, ne pourrait être appelé devant le Conseil.

Il a été décidé que les prud'hommes sont incompétents pour connaître des difficultés élevées par les fabricants entre eux ou entre un fabricant et un ouvrier qui n'est pas son subordonné. Doit-on assimiler aux ouvriers les employés dont la mission se borne à vendre les produits de la fabrique ou à tenir les écritures? Cette question pourra recevoir diverses solutions suivant les cas, parce qu'il peut arriver que différentes circonstances viennent modifier la position de ces commis.

Le défendeur cité devant la juridiction ordinaire au lieu d'être cité devant le Conseil dont il relève, peut opposer l'exception d'incompétence. Toutefois il est loisible aux parties de s'adresser de consentement mutuel aux juges ordinaires (R.).

§ 4. Le nombre des assesseurs, fixé à six par la loi du 1er juin 1853, article 1er, a été porté à huit d'après les propositions des Chambres de commerce (M.).

La gratuité des fonctions de prud'hommes n'en écartera point les assesseurs ouvriers; car dans la plupart des fabriques, sinon dans toutes, ils ne subissent point de retenues pour le temps consacré à l'exercice de leur mandat (R.).

§ 5. Der Vorsitzende und der Stellvertreter des Vorsitzenden werden vom Kaiser für die Dauer von drei Jahren ernannt; eine wiederholte Ernennung ist nicht ausgeschlossen.

§ 6. Die Beisitzer werden je zur Hälfte von den Arbeitgebern und den Arbeitnehmern aus ihrer Mitte gewählt.

Als Arbeitgeber im Sinne dieses Gesetzes gelten auch die mit der Leitung eines bestimmten Gewerbebetriebs betrauten Stellvertreter des selbständigen Gewerbetreibenden.

Werkmeister, sowie Personen, welche für bestimmte Gewerbetreibende außerhalb der Arbeitsstätten der letzteren mit der Anfertigung gewerblicher Erzeugnisse aus ihnen hierzu gelieferten Stoffen beschäftigt sind, werden zu den Arbeitern gerechnet.

§ 7. Wähler ist jeder Deutsche, welcher das 25. Lebensjahr zurückgelegt hat, seit mindestens drei Jahren in dem Bezirke

---

§ 5. (Die in der Kommission und im Plenum des Landesausschusses gestellten Anträge, den Präsidenten und Vicepräsidenten durch Wahl bestimmen zu lassen, blieben in der Minderheit.)

§ 6. Nach dem Dekret von 1848 wählen die Arbeiter die Gewerberichter aus dem Stand der Arbeitgeber, nach einer, von den letzteren aufgestellten Kandidatenliste und umgekehrt. Dieser Modus, der mehr geistreich als praktisch ist, fand in der Praxis keine Anerkennung und wurde durch das Gesetz von 1853 aufgehoben.

Der Werkmeister einer Fabrik ist ein Vorarbeiter, welcher andere Arbeiter für Rechnung der Fabrikanten leitet. Die Profession eines Färbers hat folgende Unterscheidung hervorgerufen: diejenige Person, deren gewerbliche Thätigkeit untergeordneter Natur ist und die sich damit beschäftigt, die Erzeugnisse einer Fabrik mit ihr gelieferten Farben und Droguen nach Muster zu färben, wird zu den Arbeitern gerechnet. Liefert sie die Farben und Droguen selbst, so ist sie Arbeitgeber und muß als solcher angesehen werden. Die Wahlliste soll aus zwei Theilen bestehen, deren einer für die Arbeitgeber und deren anderer für die Arbeitnehmer bestimmt ist. Jeder Wähler kann gegen eine ungenaue Eigenschaftsbeilegung Widerspruch erheben. Im Falle der Einsprache entscheidet der Bezirksrath. (Vergl. § 10) (B.)

§ 7. Mit Ausnahme der Dürftigen soll jeder Bürger der Personalsteuer unterliegen. Die Ausschließung derjenigen Personen, welche ohne Existenzmittel sind, ist die einzige Abänderung, welche dieser Paragraph gegenüber den entsprechenden Bestimmungen des Gesetzes vom Jahr 1853 trifft. Die Bestimmungen über die Schöffengerichte schließen selbst denjenigen aus, dessen Familie im Laufe von 3 Jahren vor der Anfertigung der Liste öffentliche Unterstützung genossen hat. Die in dem Gesetz über die Gewerbegerichte aufgestellte Bedingung ist daher liberaler, da sie die Bedingungen der Wählbarkeit erweitert (B.).

§ 5. Le président et le vice-président sont nommés par l'Empereur pour une durée de trois ans, néanmoins leur nomination est renouvelable.

§ 6. Les assesseurs seront élus pour moitié par les patrons dans leur sein et pour moitié par les ouvriers également dans leur sein.

Sera considéré comme patron dans le sens de la présente loi, le gérant ou représentant chargé de la direction d'une exploitation industrielle déterminée pour le compte du propriétaire de l'exploitation.

Les contre-maîtres comme aussi les personnes qui s'occupent à domicile de fabriquer, avec les matières premières qui leur sont fournies, des produits industriels pour le compte de certains manufacturiers, sont considérés comme ouvriers.

§ 7. Est électeur tout Allemand âgé de 25 ans accomplis, domicilié depuis au moins trois années dans le ressort du

---

§ 5. La proposition faite tant au sein de la Commission qu'en séance plénière du Landesausschuss, de faire élire au scrutin le président et le vice-président, a été rejetée par la majorité.

§ 6. D'après le décret de 1848, les ouvriers choisissaient les prud'-hommes patrons sur la liste dressée par les patrons, et ceux-ci choisissaient les prud'hommes ouvriers sur la liste dressée par les ouvriers. Ce mécanisme, plus ingénieux que pratique, a été condamné par l'épreuve et a été supprimé par la loi du 1853.

Le contre-maître d'une fabrique est un ouvrier supérieur qui dirige les autres pour le compte du fabricant.

La profession de teinturier a donné lieu à la distinction suivante: l'individu dont l'industrie est en sous-ordre, qui se charge de teindre à façon les produits d'une fabrique avec les couleurs et les drogues qui lui sont fournies par le fabricant, est rangé dans la catégorie des ouvriers. S'il fournit lui-même les couleurs et les drogues, il est patron et doit être considéré comme tel.

La liste électorale comprendra deux sections, dont l'une sera réservée aux patrons et l'autre aux ouvriers. Tout électeur pourra réclamer contre une qualification inexacte. En cas de contestation, le Conseil de préfecture décidera (comp. § 10) (R.).

§ 7. A l'exception des indigents, tout citoyen doit être soumis à l'impôt personnel. L'exclusion des individus privés des moyens d'existence est la seule modification que cet article fasse subir aux dispositions correspondantes de la loi du 1853. Les dispositons relatives aux tribunaux d'échevins, excluent même celui dont la famille a reçu des secours de l'assistance publique dans le cours des trois années qui ont précédé la confection de la liste. La condition énoncée par la loi des prud'hommes est plus libérale, puisqu'elle étend les conditions de l'éligibilité (R.).

des Gewerbegerichts wohnt und seit der gleichen Frist entweder als Arbeitgeber ein der Gerichtsbarkeit des Gewerbegerichts unterworfenes Gewerbe betreibt oder als Arbeitnehmer in einem solchen Gewerbe beschäftigt ist. Die Arbeitgeber müssen überdies für ihre Gewerbe mit Patentsteuer belegt und die Arbeitnehmer, soweit sie nach den einschlägigen Gesetzen dazu verpflichtet sind, mit Arbeitsbüchern versehen sein.

Wählbar ist jeder Wähler, welcher das 30. Lebensjahr vollendet hat, lesen und schreiben kann und in dem Bezirke des Gewerbegerichts eine direkte Steuer bezahlt.

§ 8. Personen, welche sich in einem der in § 32 des Gerichtsverfassungsgesetzes und in § 31 des Gesetzes vom 8. Juli 1879 (Gesetzblatt S. 67) bezeichneten Fälle befinden, sind, so lange sie einer Einschränkung ihrer Rechtsfähigkeit unterliegen, von dem Rechte, zu wählen und gewählt zu werden, ausgeschlossen.

§ 9. In jeder zum Bezirke des Gewerbegerichts gehörigen Gemeinde ist nach näherer Anordnung des Bezirkspräsidenten eine Liste der in der Gemeinde wohnenden Wähler in zwei Abtheilungen aufzustellen, von welchen die eine die Arbeitgeber, die andere die Arbeitnehmer enthält. Die Aufstellung geschieht

---

§ 8. Jeder, welcher für unwürdig erklärt ist, an öffentlichen Wahlen theilzunehmen, soll auch bei der Wahl von Richtern nicht mitwirken. Die Inhaber richterlicher Befugnisse müssen, wie bescheiden auch die Stellung sein mag, die sie in der Rangordnung einnehmen, nicht weniger unbescholten sein, als die Inhaber gesetzgeberischer Befugnisse (B.).

(Der § 32 des Gerichtsverfassungsgesetzes lautet:
Unfähig zu dem Amte eines Schöffen sind:

1. Personen, welche die Befähigung in Folge strafgerichtlicher Verurtheilung verloren haben;
2. Personen, gegen welche das Hauptverfahren wegen eines Verbrechens oder Vergehens eröffnet ist, das die Aberkennung der bürgerlichen Ehrenrechte oder der Fähigkeit zur Bekleidung öffentlicher Aemter zur Folge haben kann;
3. Personen, welche in Folge gerichtlicher Anordnung in der Verfügung über ihr Vermögen beschränkt sind.)

§ 9. Daß die Wählerliste vor jeder ordentlichen Neuwahl neu aufgestellt werden muß, erhellt aus der Natur der Sache und aus der in § 14 getroffenen Ausnahmebestimmung, so daß es ebensowenig wie im bisherigen Rechte (Gesetz vom 1. Juni 1853 Art. 7) erforderlich erscheint, dies ausdrücklich vorzuschreiben (M.).

Conseil de prud'hommes, et qui depuis le même laps de temps exploite comme patron une industrie soumise à la juridiction du Conseil de prud'hommes, ou travaille comme ouvrier dans une industrie de ce genre. Les patrons doivent en outre être patentés, et les ouvriers, en tant que les lois en vigueur l'exigent, munis de livrets d'ouvriers.

Eligible est tout électeur âgé de 30 ans accomplis, sachant lire et écrire, et payant une contribution directe dans le ressort du Conseil de prud'hommes.

§ 8. Les personnes qui se trouvent dans un des cas prévus par le § 32 de la loi sur l'organisation judiciaire, ou par le § 31 de la loi du 8 juillet 1879 (*Bulletin des lois*, p. 67), sont, aussi longtemps qu'elles restent soumises à une diminution de leur capacité juridique, exclues du droit de voter ou du droit d'être élues.

§ 9. Dans chaque commune du ressort du Conseil de prud'hommes il sera, d'après les indications du président de département, dressé une liste en deux sections des électeurs demeurant dans la commune: dans l'une de ces sections figureront les maîtres, et dans l'autre les ouvriers. La liste

---

§ 8. Tout homme indigne de prendre part aux élections politiques, ne saurait contribuer à la nomination de magistrats chargés de rendre la justice. Les dépositaires de l'autorité judiciaire, quelque humble que soit le rang qu'ils occupent dans la hiérarchie, doivent émaner d'une source non moins pure que les dépositaires de l'autorité législative (R.).

Le § 32 de la loi citée est ainsi conçu:

Est incapable de remplir des fonctions d'échevin:

1° Quiconque en aura perdu la capacité par suite d'une condamnation pénale;

2° Celui contre lequel aura été rendue une ordonnance de renvoi pour un crime ou un délit qui pourrait entraîner la perte des droits civiques ou l'incapacité de remplir des fonctions publiques;

3° Celui qui, par décision judiciaire, est privé de la libre disposition de ses biens.

§ 9. Il résulte déjà de la nature de la chose en elle-même comme aussi desexceptions prévues par l'article 14 que les listes électorales doivent être dressées à nouveau pour chaque nouvelle élection, de sorte qu'une prescription formelle à ce sujet ne semble pas plus nécessaire qu'elle ne l'avait semblé au législateur antérieur. (Loi du 1er juin 1853, art. 7) (M.).

durch den Bürgermeister und zwei von ihm beizuziehende Wähler, von denen der eine zu den Arbeitgebern, der andere zu den Arbeitnehmern gehört.

Die Liste ist nach vorheriger ortsüblicher Bekanntmachung zwei Wochen lang im Gemeindehause zur Einsicht der Betheiligten aufzulegen.

Während dieser Frist kann gegen die Richtigkeit oder Vollständigkeit der Liste schriftlich oder zu Protokoll Einsprache erhoben werden.

§ 10. Der Bürgermeister sendet die Liste nebst den erhobenen Einsprachen und den ihm erforderlich erscheinenden Bemerkungen an den Bezirkspräsidenten, welcher etwaige Einsprachen ungesäumt dem Bezirksrath zur Entscheidung vorlegt. Gegen die Entscheidung des Bezirksrathes ist innerhalb einer Frist von 30 Tagen Rekurs zulässig. Das Verfahren ist kostenfrei. Die Vorschrift des Artikel 47 des Gesetzes über die Gemeindeverfassung vom 5. Mai 1855 findet Anwendung.

§ 11. Der Bezirkspräsident stellt die Wählerliste fest. Einsprachen, über welche eine Entscheidung noch nicht ergangen ist, bleiben unberücksichtigt. Liegt eine Entscheidung vor, so ist dieselbe zu berücksichtigen, auch wenn sie noch der Anfechtung unterliegt.

§ 12. Die in die Wählerliste eingetragenen Arbeitgeber und Arbeitnehmer wählen in besonderen Versammlungen, welche auf Einladung des Bezirkspräsidenten am Sitze des Gewerbegerichts zusammentreten. Die Wahl findet an einem Sonntage statt. Die Einladung zu derselben ist mindestens zwei Wochen vorher in ortsüblicher Weise bekannt zu machen.

---

§ 10. (Der erwähnte Artikel 47 bestimmt:
In allen Fällen, in welchen ein auf Grund des gegenwärtigen Gesetzes geltend gemachter Einspruch die vorgängige Entscheidung einer Standesfrage voraussetzt, verweist der Bezirksrath die Parteien vor das zuständige Gericht und bestimmt eine kurze Frist, innerhalb welcher die Partei, welche die Standesfrage erhoben hat, nachzuweisen hat, daß sie den Rechtsweg beschritten habe.)

§ 12. Die Eintheilung in zwei besondere Versammlungen, von denen die eine die Beisitzer aus der Zahl der Arbeitgeber, die andere dieselben aus der Zahl der Arbeitnehmer zu erwählen hat, ist eine glückliche Neuerung, welche durch das Dekret vom Jahre 1848 eingeführt und seither in Geltung geblieben ist (B.).

sera déposée après publications préalables en la forme accoutumée pendant deux semaines à la maison commune, où les intéressés pourront en prendre connaissance.

Pendant ce délai seront reçues soit sous forme de procès-verbal, soit par écrit, toutes les réclamations relatives à la régularité ou à la teneur de ladite liste.

§ 10. La liste accompagnée des réclamations consignées pendant l'enquête, comme aussi des réclamations qu'il juge à propos d'y ajouter, est envoyée par le maire au président du département, qui soumet sans délai les réclamations à la décision du Conseil de préfecture. Contre les décisions de ce Conseil, l'appel est ouvert pendant un délai de 30 jours; dans ce cas la procédure se fait sans frais, et ce sont les dispositions de l'article 47 de la loi du 5 mai 1855 sur l'organisation communale qui sont applicables.

§ 11. Le président du département arrête la liste. Les réclamations au sujet desquelles aucune décision n'est encore intervenue ne sont pas prises en considération; lorsque au contraire une décision est intervenue, elle est à prendre en considération nonobstant appel.

§ 12. Les patrons et ouvriers portés sur la liste électorale votent dans des assemblées séparées, qui se réunissent au siège du Conseil sur la convocation du président du département. L'élection a lieu le dimanche. La convocation doit être publiée en la forme habituelle, au moins deux semaines avant le jour du vote.

La présidence des deux assemblées appartient au président du département, qui peut cependant déléguer un fonctionnaire de l'Etat ou un fonctionnaire de la commune.

---

§ 10. L'article 47 cité est ainsi conçu:
Dans tous les cas où une réclamation formée en vertu de la présente loi, implique la solution préjudicielle d'une question d'Etat, le Conseil de préfecture renvoie les parties à se pourvoir devant les juges compétents et fixe un bref délai dans lequel la partie qui aura élevé la question préjudicielle doit justifier de ses diligences.

§ 12. Le mode de division en deux assemblées distinctes, appelées à élire l'une les prud'hommes patrons et l'autre les prud'hommes ouvriers, a été une innovation heureuse, créée par le décret de 1848 et conservée depuis cette époque (R.).

Den Vorsitz in beiden Versammlungen führt der Bezirkspräsident oder ein von ihm beauftragter Staats- oder Gemeindebeamter.

Gewählt ist Derjenige, welcher mehr als die Hälfte der abgegebenen Stimmen erhält.

Ergibt sich bei der ersten Abstimmung eine solche Mehrheit nicht, so ist an demselben Tage oder, wenn dies nicht möglich ist, am nächstfolgenden Sonntage zu einem zweiten Wahlgang zu schreiten, bei welchem die einfache Mehrheit der Stimmen und bei gleicher Stimmenzahl das höhere Alter entscheidet.

Der Vorsitzende hat das Ergebniß der Wahl und den Zeitpunkt für die Vornahme eines erforderlich werdenden zweiten Wahlganges sofort zu verkünden. Findet letzterer nicht an demselben Tage statt, so ist die Einladung außerdem in ortsüblicher Weise bekannt zu machen.

§ 13. Ueber den Hergang bei der Wahl und über deren Ergebniß ist ein Protokoll aufzunehmen.

Auf die Anfechtung der Wahl finden die Artikel 45 bis 48 des Gesetzes über die Gemeindeverfassung vom 5. Mai 1855 Anwendung.

§ 14. Die Beisitzer des Gewerbegerichts werden alle drei Jahre zur Hälfte neu gewählt, indem eine gleiche Zahl von Arbeitgebern und Arbeitnehmern oder, falls die Gesammtzahl der Ausscheidenden eine ungerade ist, abwechselnd ein Arbeitgeber und sodann ein Arbeitnehmer mehr ausscheidet. Die zuerst Ausscheidenden werden in einer Plenarversammlung des Gewerbegerichts durch das Loos bezeichnet. Eine Wiederwahl der Ausgeschiedenen ist statthaft.

§ 15. Werden zum Ersatze ausscheidender Beisitzer außerordentliche Ergänzungswahlen nöthig, so erfolgen dieselben auf Grund der letzten Wählerliste. Jedoch sollen Wähler, hinsichtlich deren inzwischen Umstände bekannt geworden sind, welche die Unfähigkeit zu dem Amte oder die Ausschließung von demselben begründen, bei der Abstimmung nicht zugelassen werden.

---

§ 16. Die Form der Verpflichtung entspricht derjenigen, welche in § 115 des Gerichtsverfassungsgesetzes und in § 11 der Ausführungsverordnung vom 13. Juni 1879 (oben S. 30) für die Handelsrichter vorgeschrieben ist (M.).

Est élu tout éligible ayant obtenu plus de la moitié des votes exprimés.

Lorsqu'au premier tour de scrutin cette majorité n'est pas obtenue, il sera procédé le même jour, ou si cela n'est pas possible, le dimanche suivant, à un nouveau tour de scrutin. La majorité relative suffit alors, et en cas de partage des voix, c'est l'âge qui décide.

Le président publiera immédiatement le résultat de l'élection et, s'il y a lieu, le moment du second tour de scrutin. Si ce dernier n'a pas lieu le même jour, la convocation devra être publiée conformément aux usages locaux.

§ 13. Il sera dressé procès-verbal des opérations électorales et du résultat du scrutin.

L'élection pourra être attaquée conformément aux dispositions de la loi sur l'organisation communale du 5 mai 1855.

§ 14. Les assesseurs des Conseils de prud'hommes seront réélus par moitié tous les trois ans, de manière qu'un nombre égal de patrons et un nombre égal d'ouvriers, ou dans le cas où le nombre des sortants serait impair, tour à tour un ouvrier de plus, puis un patron de plus ait à sortir. Pour la première fois les sortants seront désignés par le sort dans une assemblée plénière du Conseil de prud'hommes. Les assesseurs sortants sont rééligibles.

§ 15. Dans le cas où il y aura lieu de procéder à des élections complémentaires pour remplacer des membres manquants, c'est la dernière liste électorale qui servira; cependant doivent être exclus du vote les électeurs inscrits au sujet desquels seraient survenues dans l'intervalle des circonstances notoires les rendant incapables d'exercer la charge ou motivant l'exclusion de la charge.

L'assesseur élu à la place d'un manquant ne reste en fonctions que jusqu'à l'expiration du temps pour lequel le manquant lui-même était élu.

---

§ 16. La teneur du serment est la même que celle prescrite pour les juges commerciaux d'après le § 115 de la loi sur l'organisation judiciaire et le § 11 de l'ordonnance d'exécution en date du 13 juin 1879 (Bulletin des lois, p. 61) (M.).

Der zum Ersatz des Ausgeschiedenen Gewählte bleibt nur bis zum Ablauf der Amtszeit desselben im Amte.

Vereidigung der Gerichtsmitglieder.

§ 16. Die Mitglieder des Gewerbegerichts haben vor ihrem Amtsantritt den Eid zu leisten:

die Obliegenheiten ihres Amtes getreulich zu erfüllen.

Die Vereidigung erfolgt durch den Bezirkspräsidenten oder durch einen von ihm beauftragten Staats- oder Gemeindebeamten.

Im Uebrigen finden die Bestimmungen des § 51 Absatz 2 bis 6 des Gerichtsverfassungsgesetzes entsprechende Anwendung.

Amtsenthebung der Gerichtsmitglieder.

§ 17. Ein Mitglied des Gewerbegerichts ist seines Amtes zu entheben, wenn Umstände bekannt werden, welche die Un-

---

Der § 51 des Gerichtsverfassungsgesetzes findet vorkommenden Falls seine Anwendung auf die Unabaptisten oder die Mitglieder anderer religiöser Sekten (B.).

§ 17. Die Enthebung aus dem gewerbegerichtlichen Amte, welche wegen eintretender gesetzlicher Unfähigkeit nothwendig wird (s. auch G. V. G. § 117), setzt die Prüfung derselben Fragen und die Feststellung derselben Thatsachen voraus, welche auch bei der Prüfung der Beschwerden gegen den Inhalt der Wählerliste zur Sprache kommen. Es erscheint daher gerechtfertigt, die Entscheidung hierüber denselben Behörden zu übertragen.

In Absatz 2 wird dem Bezirksrath und dem Kaiserlichen Rath, im Hinblick auf die Stellung, welche diese Behörden überhaupt den Gewerbegerichten gegenüber einnehmen, auch die Disziplinargerichtsbarkeit übertragen. Und zwar soll, da jede andere Rüge dem Charakter des Amts weniger entsprechen und meist auch nicht geeignet sein dürfte, den beabsichtigten Erfolg herbeizuführen, als einzige Disziplinarmaßregel (die nur für den Fall „grober“ Pflichtverletzung eintritt) die Enthebung vom Amte beibehalten werden. Hiermit ist ein möglichst einfaches und im Gegensatz zu dem bisherigen Recht (Dekret vom 8. September 1860, Gesetz vom 4. Juni 1864) die Garantien einer collegialen Berathung und Beschlußfassung darbietendes Disziplinarverfahren geschaffen. In der Regel wird, wenn ein Einschreiten veranlaßt scheint, das Gewerbegericht selbst die Initiative hiezu ergreifen, allein auch abgesehen von diesem Falle war im Interesse einer möglichst vollständigen Aufklärung des Sachverhaltes die Einholung eines Gutachtens dieses Gerichtes vorzuschreiben (M.).

Du serment des membres du Conseil.

§ 16. Les membres du Conseil de prud'hommes auront, avant leur entrée en fonctions, à prêter le serment:

„De remplir consciencieusement les devoirs de leur charge."

Ce serment sera prêté devant le président du département, ou devant un fonctionnaire ou un officier municipal délégué par lui.

Au surplus sont applicables les dispositions du § 5, alinéas 2 à 6 de la loi sur l'organisation judiciaire.

De la révocation des membres du Conseil.

§ 17. Les membres de Conseils de prud'hommes sont révocables en cas de circonstances notoires, les rendant inca-

---

Le § 51 de la loi sur l'organisation judiciaire serait, le cas échéant, applicable aux anabaptistes ou aux membres d'autres sectes dissidentes (R.).

§ 17. Comme la révocation d'un membre du Conseil de prud'hommes pour faits entraînant une incapacité légale soulève les mêmes questions et donne à examiner les mêmes faits que ceux dont il est question en cas de réclamations relatives à la teneur de la liste électorale, il paraît logique de décider que cette révocation sera prononcée par la même autorité que celle qui juge ces réclamations.

Les pouvoirs disciplinaires accordés par le deuxième alinéa du même article aux Conseils de préfecture et au Conseil impérial s'expliquent par les rapports que la présente loi établit déjà entre ces Conseils et les Conseils de prud'hommes. Du reste il ne peut être appliqué qu'une seule peine disciplinaire, à savoir la révocation (d'autant plus qu'une peine disciplinaire n'est prévue que pour le cas de manquement grossier aux devoirs de la charge); toute autre peine conviendrait peu au caractère même de la charge et ne produirait probablement pas l'effet voulu.

Cette procédure disciplinaire offre en outre au membre menacé de révocation la garantie que présentent toujours les délibérations et les jugements rendus collégialement, ce qui n'est pas le cas d'après la législation actuelle (décret du 8 septembre 1860; loi du 4 juin 1854). En règle générale c'est le Conseil de prud'hommes qui prendra lui-même l'initiative de la plainte en révocation de l'un de ses membres lorsque cette mesure semblera nécessaire; cependant, même dans les cas où cette initiative partirait d'ailleurs,

fähigkeit zu dem Amte oder die Ausschließung von demselben begründen. Die Enthebung erfolgt durch den Bezirksrath, gegen dessen Entscheidung innerhalb einer Frist von zwei Wochen Rekurs zulässig ist. Das Verfahren ist kostenfrei. Die Vorschrift des Artikel 47 des Gesetzes über die Gemeindeverfassung vom 5. Mai 1855 findet Anwendung.

Die Enthebung kann unter entsprechender Anwendung vorstehender Bestimmungen auch dann erfolgen, wenn ein Mitglied des Gewerbegerichts seiner Dienstpflicht gröblich zuwiderhandelt. Vor der Entscheidung ist das Gutachten des Gewerbegerichts einzuholen.

Vergleichsamt.

§ 18. Bei jedem Gewerbegericht muß zur gültigen Beilegung der Streitigkeiten am Amtssitze desselben mindestens Ein Vergleichsamt eingesetzt werden.

Das Vergleichsamt besteht aus zwei Beisitzern des Gewerbegerichts, von welchen der eine zu den Arbeitgebern, der andere zu den Arbeitnehmern gehört. Außerdem kann der Vorsitzende oder der Stellvertreter des Vorsitzenden stets den Sitzungen des Vergleichsamtes beiwohnen, in welchem Falle er den Vorsitz führt.

Das Vergleichsamt hält zu bestimmten Zeiten, mindestens einmal in der Woche, Sitzung. Die Sitzung kann ausfallen, wenn kein Termin für dieselbe anberaumt ist. Für dringliche Fälle ist erforderlichen Falls eine außerordentliche Sitzung anzuberaumen.

---

§ 18. Da das Vergleichsamt in gewisser Hinsicht die Seele des Gewerbegerichtes ist, so muß seine Bedeutung erhöht werden. In der Praxis hat sich herausgestellt, daß zwei Personen, welche sich allein in einem solchen Vergleichsamte befinden, nicht immer ausreichen, um den nöthigen Respekt hervorzurufen. Man hat daher in gewissen Orten, entgegen dem französischen Gesetze vom Jahre 1853, sich daran gewöhnt, nicht zu zweien, sondern auch zu dreien Sitzung zu halten, in der der Vorsitzende oder dessen Stellvertreter dem Vergleichsamte präsidirte. Auf diese Weise wurden die Parteien leichter dazu gebracht, der von den Richtern ausgehenden Einwirkung nachzugeben. Deshalb hat das Gesetz dem Vorsitzenden oder seinem Stellvertreter die Möglichkeit freigehalten, den Sitzungen des Vergleichsamtes beizuwohnen und demselben zu präsidiren (B.).

pables d'exercer leur charge ou motivant leur exclusion de la charge. La révocation est prononcée par le Conseil de préfecture, contre la décision duquel le recours est ouvert pendant un délai de deux semaines; la procédure en recours est sans frais, les dispositions de l'article 47 de la loi du 5 mars 1855 sur l'organisation communale lui sont applicables.

La révocation peut aussi être prononcée par application des dispositions qui précèdent contre le membre du Conseil de prud'hommes ayant gravement manqué aux devoirs de sa charge. Dans ce cas la décision à intervenir doit être précédée d'un avis du Conseil de prud'hommes.

Du bureau de conciliation.

§ 18. Il sera institué auprès de chaque Conseil de prud'hommes et à son siège, au moins un bureau de conciliation chargé de vider les différends à l'amiable.

Ce bureau se composera de deux assesseurs du Conseil, l'un patron, l'autre ouvrier.

En outre, le président du Conseil ou son remplaçant pourront toujours assister aux séances du bureau, auquel cas ce seront eux qui présideront.

Le bureau de conciliatiòn tient séance à des époques déterminées, mais au moins une fois par semaine. La séance pourra n'avoir pas lieu s'il n'y a pas d'affaire fixée. Pour

---

la loi prescrit pour éclaircir l'affaire aussi complètement que possible de demander toujours l'avis préalable du Conseil de prud'hommes (M.).

§ 18. Le bureau de conciliation étant en quelque sorte l'âme du Conseil de prud'hommes, il faut en augmenter l'importance. Dans la pratique, on a trouvé que deux personnes se trouvant seules dans ce bureau ne suffisent pas toujours à imposer le respect voulu. C'est pour ce motif que dans certaines localités on a, contrairement à la loi de 1853, pris l'habitude de siéger non pas à deux, mais à trois: le président ou le vice-président présidait le bureau. De la sorte on arrivait plus facilement à persuader aux parties de céder à cette espèce de pression morale qui émanat des juges. C'est pourquoi la loi a cru devoir réserver au président ou au vice-président la faculté d'assister aux séances du bureau et de le présider (R.).

Der Vorsitzende des Gewerbegerichts erläßt die näheren Anordnungen behufs Einsetzung des Vergleichsamtes und wegen Wahrnehmung der Geschäfte desselben unter thunlichst gleichmäßiger Belastung der Beisitzer des Gewerbegerichts.

Sitzungen des Gewerbegerichts.

§ 19. Die zur Entscheidung der Streitigkeiten bestimmten ordentlichen Sitzungen des Gewerbegerichts finden mindestens zweimal im Monate statt. Eine Sitzung kann ausfallen, wenn kein Termin für dieselbe anberaumt ist. Für dringliche Fälle kann eine außerordentliche Sitzung anberaumt werden.

An jeder Sitzung müssen, außer dem Vorsitzenden oder dessen Stellvertreter, vier Mitglieder des Gerichts und zwar zwei Arbeitgeber und zwei Arbeitnehmer Theil nehmen.

Ueber die Heranziehung der einzelnen Mitglieder des Gerichts zur Theilnahme an den Sitzungen und die Vertretung verhinderter Mitglieder erläßt der Vorsitzende die erforderlichen Anordnungen.

Gerichtsschreiberei.

§ 20. Bei jedem Gewerbegericht besteht eine Gerichtsschreiberei, über deren Geschäftseinrichtung nach näherer An-

---

§ 19. Nach dem letzten Absatz kann der Vorsitzende für den Fall, daß er und sein ständiger Stellvertreter gleichzeitig behindert sind, einen beliebigen Beisitzer mit der Führung des Vorsitzes beauftragen (B.).

§ 20. Was die Obliegenheiten des Gerichtsschreibers anlangt, so ergeben sich dieselben aus dem Gesetze, aus den darin für anwendbar erklärten Bestimmungen der Civilprozeßordnung, aus den gesetzlichen Vorschriften über das Kostenwesen 2c. Namentlich braucht nicht besonders ausgesprochen zu werden, daß er bei den Verhandlungen des Vergleichsamts und des Gewerbegerichts das Protokoll zu führen hat und daß hinsichtlich des von dem Gewerbegericht zu führenden Protokolls vorbehaltlich der abweichenden Bestimmungen des Gesetzes die §§ 145 ff. der Civilprozeßordnung maßgebend sind (s. § 39). Alles Nähere über die Geschäftseinrichtung muß, so weit nöthig, im Wege der Instruktion angeordnet werden (vergl. auch G. V. G. § 154) (M.).

Die Dienste des Gerichtsschreibers werden zum Unterschied der Gewerberichter besoldet (B.).

(Vergl. das Gesetz vom 3. April 1880, § 14.)

les cas urgents il pourra, en cas de nécessité, être fixé une séance extraordinaire.

Le président du Conseil de prud'hommes prendra les dispositions spéciales relatives à l'organisation du bureau de conciliation et aux affaires qui lui seront soumises, en répartissant la besogne aussi également que possible entre les assesseurs du Conseil.

Des séances des Conseils de prud'hommes.

§ 19. Les séances ordinaires des Conseils de prud'hommes auront lieu au moins deux fois par mois. Il pourra ne pas être tenu de séance s'il n'y a aucune affaire fixée. En cas d'urgence il pourra être fixé une séance extraordinaire.

Le président établit le tour de rôle de séance entre les assesseurs, et prend les mesures nécessaires pour pourvoir au remplacement des membres empêchés.

Du Greffe.

§ 20. Chaque Conseil de prud'hommes aura son greffe, dont les attributions et l'organisation seront réglées par des instructions spéciales du ministère.

---

§ 19. Le dernier alinéa du paragraphe permet au président de désigner pour la présidence l'un des assesseurs, dans le cas où une raison grave l'empêcherait, ainsi que le vice-président de prendre part aux travaux du Conseil (R.).

§ 20. Les attributions du greffier sont réglées par la présente loi, par les dispositions du Code de procédure civile que vise la loi, comme aussi par les prescriptions légales concernant les frais de justice. Il va de soi, sans qu'il y ait lieu de le prescrire formellement, que c'est au greffier de rédiger les procès-verbaux aussi bien devant les bureaux de conciliation que devant les Conseils de prud'hommes, et qu'il doit, en ce qui concerne les procès-verbaux des séances du Conseil de prud'hommes, observer les prescriptions de l'article 145 et suivants du Code de procédure, en tant que la présente loi n'édicte pas de dispositions particulières (voy. § 39).

Toutes les autres dispositions de détail relatives à l'organisation du service seront en tant que besoin réglées par des instructions ultérieures (comp. § 154 de la loi sur l'organisation judiciaire) (M.).

Les fonctions de greffier sont salariées, à la différence de celles des prud'hommes (R.) (comp. § 14 de la loi du 3 avril 1880).

ordnung des Ministeriums die erforderlichen Bestimmungen getroffen werden.

Der Gerichtsschreiber wird auf Vorschlag des Vorsitzenden durch das Ministerium auf Widerruf bestellt.

Zweiter Abschnitt.

Verfahren.

Titel I.

Verfahren vor den Gewerbegerichten.

Vorbemerkung.

Den in der Einleitung enthaltenen allgemeinen Bemerkungen ist nur noch hinzuzufügen, daß, in Gemäßheit der §§ 31, 32 des Gesetzes betreffend die Ausführung des Gerichtsverfassungsgesetzes vom 4. November 1878 (Gesetzblatt S. 65) und des § 1 des Gesetzes betreffend die Ausführung der Civilprozeßordnung 2c. vom 8. Juli 1879 (Gesetzblatt S. 67), die Bestimmungen der §§ 157 bis 160, 162, 164, 167 des Gerichtsverfassungsgesetzes über Rechtshülfe, der §§ 177 bis 185 daselbst über die Aufrechterhaltung der Ordnung, der §§ 194 bis 199 daselbst über die Berathung und Abstimmung, des § 156 daselbst über die Ausschließung des Gerichtsvollziehers von der Ausübung seines Amtes, endlich der §§ 152 bis 190 der Civilprozeßordnung über die Zustellungen auf das Verfahren vor den Gewerbegerichten Anwendung finden. In Ansehung der Zustellungen schien es zweckmäßig, neben der brieflichen Ladung vor das Vergleichsamt (§ 26), noch die weitere Erleichterung zu gestatten, daß Zeugen und Sachverständige durch Gemeindebeamte anstatt durch Gerichtsvollzieher vorgeladen werden können (§ 33). Ein Bedürfniß, den Gewerbegerichten besondere Gerichtsvollzieher beizugeben (vergl. St. R. G. vom 20. Februar 1810, Art. 27, 60), scheint nicht vorzuliegen (M.).

Allgemeine Bestimmungen.

§ 21. Zuständig ist dasjenige Gericht, in dessen Bezirk die streitige Verpflichtung aus dem Arbeits- oder Lehrverhältniß zu erfüllen ist.

§ 22. Auf die Ausschließung und Ablehnung der Gerichtspersonen finden die Vorschriften der §§ 41 bis 49 der Civilprozeßordnung entsprechende Anwendung.

Le greffier sera nommé sur la proposition du président, par le ministère. Les fonctions de greffier sont amovibles.

DEUXIÈME SECTION.

Procédure.

TITRE I.

De la procédure devant les Conseils de prud'hommes.

Observations générales sur la procédure.

En vertu des §§ 31 et 32 de la loi du 4 novembre 1878 (Bulletin des lois, p. 65), concernant l'introduction de la loi sur l'organisation judiciaire, et du § 1er de la loi du 8 juillet 1879, concernant la mise en vigueur du Code de procédure civile, les dispositions légales suivantes sont rendues applicables à la procédure devant les Conseils de prud'hommes, savoir: les articles 157 à 160, 162, 164 et 167 de la loi sur l'organisation judiciaire, concernant l'assistance que les tribunaux se doivent entre eux (Rechtshülfe), les articles 177 à 185 de la même loi, concernant la police de l'audience, les articles 194 à 199 de la même loi, concernant la délibération et le vote, le § 156 de la même loi, portant défense aux huissiers d'instrumenter dans certains cas, enfin les articles 152 à 190 du Code de procédure civile, concernant les significations.

En ce qui concerne les significations, il a paru pratique de faciliter encore la procédure en admettant, outre les citations par simples lettres missives devant le bureau de conciliation (§ 26), l'emploi d'agents communaux au lieu d'huissiers pour les citations de témoins et d'experts (§ 33). La nécessité de créer des huissiers spéciaux pour les Conseils de prud'hommes, ainsi que le prévoyait l'avis du Conseil d'Etat du 20 février 1810, articles 27 et 60, ne paraît pas se faire sentir (M.).

Dispositions générales.

§ 21. Est compétent, le Conseil de prud'hommes dans le ressort duquel doit être remplie l'obligation litigieuse résultant d'un contrat d'ouvrage ou d'apprentissage.

§ 22. Les §§ 41 à 49 du Code de procédure civile sont applicables à l'empêchement et à la récusation des prud'hommes.

Le Conseil de prud'hommes décide sur les demandes de récusation.

Ueber Ablehnungsgesuche entscheidet das Gewerbegericht.

§ 23. Widerklagen, deren Gegenstand nicht zur Zuständigkeit der Gewerbegerichte (§ 2) gehört, sind ausgeschlossen.

§ 24. Die Parteien können zu den Verhandlungen vor dem Vergleichsamte und dem Gewerbegericht nur in Person, die Arbeitgeber auch durch ihren mit der Leitung eines bestimmten Gewerbebetriebs betrauten Stellvertreter (§ 6) erscheinen.

In Krankheits- und Abwesenheitsfällen ist der Partei jedoch gestattet, sich durch einen bevollmächtigten Verwandten oder Freund vertreten zu lassen. Rechtsanwälte und Personen, welche die Vertretung vor Gericht gewerbsmäßig oder gegen Bezahlung übernehmen, sind als Vertreter oder Beistände der Parteien nicht zuzulassen.

Nicht prozeßfähigen Parteien, welche ohne gesetzlichen Vertreter sind, kann auf Antrag bis zum Eintritte des gesetzlichen Vertreters von dem Vorsitzenden des Gewerbegerichts ein besonderer Vertreter bestellt werden. Diese Bestimmung findet auch bei erheblicher Entfernung des Aufenthaltsortes des gesetzlichen Vertreters Anwendung.

§ 25. Vorbereitende Schriftsätze dürfen nicht gewechselt werden.

Verfahren vor dem Vergleichsamt.

§ 26. Die Klage kann schriftlich eingereicht oder mündlich zum Protokoll des Gerichtsschreibers angebracht werden; im ersteren Fall ist mit der Klageschrift eine Abschrift derselben auf der Gerichtsschreiberei niederzulegen.

---

§ 24. Die Bestimmungen dieses Paragraphen sind erforderlich, um dem Verfahren die nöthige Einheit zu erhalten und den persönlichen Einfluß der Mitglieder des Gewerbegerichts auf ihre Berufsgenossen und damit die Erreichung eines Hauptzwecks der Institution, die Aussöhnung, zu sichern (M.).

Im Allgemeinen läßt das Gesetz die mündlichen Vollmachten nicht zu. Doch entschied das Gewerbegericht in der Praxis oft, daß sie ausreichten; wenn es sich um eine unbedeutende Sache handelt und die am Erscheinen verhinderte Partei ein armer Arbeiter ist, welcher vielleicht nicht einmal unterzeichnen kann, so begreift man, daß das Gewerbegericht hierin nicht allzu große Strenge vorwalten lassen kann (B.).

§ 23. Les demandes reconventionnelles dont l'objet n'est pas de la compétence du Conseil de prud'hommes (§ 2), ne sont pas admises.

§ 24. Les parties ne peuvent comparaître qu'en personne devant le bureau de conciliation ou devant le Conseil de prud'hommes; les patrons peuvent toutefois se faire remplacer par leur gérant ou représentant chargé de la direction d'une exploitation industrielle déterminée (§ 6).

En cas de maladie ou d'absence il est toutefois permis aux parties de se faire représenter par un parent ou ami muni d'une procuration. Les avoués et les autres personnes qui font profession de représenter en justice ou qui reçoivent une rémunération, ne sont pas admis devant les Conseils de prud'hommes en qualité de représentants ou de conseils.

Les personnes inhabiles à ester en justice et non munies de représentant légal peuvent, sur leur demande, être représentées jusqu'à l'arrivée du représentant légal par un représentant spécial nommé par le président. Cette disposition est aussi applicable lorsque le domicile du représentant légal est très éloigné.

§ 25. Il est défendu d'échanger préalablement des pièces de procédure écrites.

De la procédure devant le bureau de conciliation.

§ 26. La plainte peut être adressée par écrit comme aussi être reçue verbalement par le greffier, qui en dresse procès-verbal. Dans le premier cas, la plainte écrite doit être déposée au greffe en double exemplaire.

---

§ 24. Les dispositions de cet article ont pour effet de maintenir l'unité de procédure et permettent d'atteindre, par l'influence personnelle des membres du Conseil sur leurs justiciables, un des buts principaux de l'institution, c'est-à-dire la conciliation des parties (M.).

En général, la loi n'admet point les procurations verbales. Cependant, dans la pratique, le Conseil décidait souvent qu'elles étaient suffisantes. Lorsqu'il s'agit d'un intérêt minime et que la partie empêchée est un pauvre ouvrier qui ne sait peut-être pas signer, on comprend que les prud'hommes ne doivent pas y mettre de rigueur (R.).

Der Gerichtsschreiber fordert hierauf den Beklagten unter allgemeiner Bezeichnung der Klage brieflich auf, in einer nach Tag und Stunde zu bezeichnenden, wo möglich der nächsten Sitzung des Vergleichsamtes zu erscheinen.

Die Einladung soll in der Regel spätestens am zweiten Tage vor dem Terminstage zur Beförderung abgegeben werden. Von dem Termin ist auch der Kläger in geeigneter Weise zu verständigen.

§ 27. Die Parteien können in den Sitzungen des Vergleichsamts auch ohne Einladung und Terminsbestimmung erscheinen.

§ 28. Erscheinen beide Parteien, so schreitet das Vergleichsamt zum Sühneversuch, worauf zu Protokoll festgestellt wird, ob ein Vergleich zu Stande gekommen ist oder nicht.

Der Inhalt eines abgeschlossenen Vergleichs ist, sofern die Parteien nicht darauf verzichten, in das Protokoll aufzunehmen und letzteres sodann vorzulesen. In dem Protokolle ist zu bemerken, daß dies geschehen und die Genehmigung erfolgt sei oder welche Einwendungen erhoben sind. Das Protokoll wird von den Mitgliedern des Vergleichsamts und dem Gerichtsschreiber unterzeichnet.

Kommt ein Vergleich nicht zu Stande, so verkündet das Vergleichsamt auf Antrag des Klägers einen möglichst nahen Termin zur Verhandlung der Sache vor dem Gewerbegericht.

---

§ 28. Abs. 2. Das Gesetz befürchtet, es möchte in Folge der Nachlässigkeit der Parteien der vollständige Inhalt eines abgeschlossenen Vergleichs selten in ein Protokoll aufgenommen werden und damit der ganze Nutzen verloren gehen. Es ist der Fall vorzusehen, wo eine der Parteien sich nachträglich weigern sollte, den abgeschlossenen Vergleich auszuführen; auf die im Gesetze vorhergesehene Weise ist dem Rechtsuchenden alle wünschenswerthe Sicherheit gegeben worden. Um aber dem ganzen Vergleichsverfahren seinen praktischen und wenig lästigen Charakter zu wahren, bleibt es selbstverständlich, daß das Protokoll nur summarisch zu sein und nur die Grundzüge der getroffenen Vereinbarung zu enthalten braucht (B.).

Abs. 3. Durch die Anordnung bestimmter Sitzungstage für das Gewerbegericht (§ 18) ist dem Vergleichsamt die Anberaumung des Termins wesentlich erleichtert und auch in den verhältnißmäßig seltenen Fällen, in welchen wegen besonderer Dringlichkeit der Sache eine außerordentliche Sitzung erforderlich scheint, wird sie keinen irgend erheblichen Schwierigkeiten begegnen (M.) (vergl. §§ 471 Abs. 2, und 195 der Civilprozeßordnung).

Le greffier adresse au défendeur une lettre relatant sommairement l'objet de la plainte, et l'invitant à comparaître tel jour et telle heure autant que possible à la plus prochaine séance du bureau de conciliation.

L'invitation devra être remise à la poste au plus tard le deuxième jour avant le terme fixé. Celui-ci est à faire connaître également au demandeur.

§ 27. Les parties peuvent comparaître aux séances du bureau de conciliation, même sans invitation ou fixation de terme préalable.

§ 28. Lorsque les parties sont en présence, le bureau de conciliation essaie de les concilier; il est dressé immédiatement procès-verbal du résultat de la conciliation, soit qu'elle ait réussi, soit qu'elle ait échoué.

Le contenu d'un arrangement intervenu entre les parties devra, à moins que celles-ci y renoncent, être consigné au procès-verbal, dont il sera ensuite donné lecture. Il y sera fait mention de l'accomplissement de cette formalité et de l'approbation qui aura eu lieu, ou des objections qui auront été faites. Il sera ensuite signé par les membres du bureau et le greffier.

Lorsque la conciliation a échoué, le bureau de conciliation, sur la demande du plaignant, fixe dans le délai le plus court possible le jour où l'affaire pourra être portée devant le Conseil de prud'hommes; mention de cette fixation doit être faite au procès-verbal qui, dans le cas prévu par l'ar-

---

§ 28, alinéa 2. La loi craint que, par suite de la négligence des parties, le résultat de la conciliation fût rarement consigné dans un procès-verbal, et que tout le fruit en fût ainsi perdu. Il a fallu prévoir le cas où une des parties se refuserait ultérieurement à l'exécution de la transaction convenue: les dispositions du § 28 donnent aux justiciables toutes les garanties désirables. Mais, pour conserver à cette procédure amiable son caractère pratique et peu onéreux, il demeure entendu que le procès-verbal pourra n'être que sommaire et ne relater que les bases de l'arrangement intervenu (R.).

Alinéa 3. Comme les audiences du Conseil de prud'hommes se tiennent à des époques déterminées (§ 19), le bureau de conciliation peut facilement fixer le terme de comparution, et même dans les cas du reste assez rares où l'affaire paraîtra assez urgente pour nécessiter la tenue d'une audience extraordinaire, la fixation de cette audience ne se heurtera pas à de grandes difficultés (comp. §§ 471, al. 5, et 195 du Code de proc. civ.) (M.).

Daß dies geschehen, ist in dem Protokolle zu bemerken und darin im Falle des § 27 zugleich der Inhalt der Klage festzustellen. Hiermit gilt die Klage als erhoben; einer Ladung der Parteien bedarf es nicht; dem Beklagten wird auf Verlangen Abschrift der Klage ertheilt.

§ 29. Erscheint eine Partei in dem anberaumten Termine vor dem Vergleichsamt (§ 26) nicht, so wird dies zu Protokoll festgestellt.

Im Falle des Nichterscheinens des Klägers unterbleibt jede weitere Verhandlung.

Ist nur der Beklagte ausgeblieben, so verkündet das Vergleichsamt auf Antrag des Klägers einen möglichst nahen Termin zur Verhandlung der Sache vor dem Gewerbegericht. Machen es jedoch die Umstände wahrscheinlich, daß der Beklagte von der brieflichen Aufforderung keine Kenntniß erlangt habe oder durch Krankheit oder Abwesenheit am Erscheinen verhindert gewesen sei, so ist ein weiterer Termin zur Verhandlung vor dem Vergleichsamt und gleichzeitig für den Fall, daß ein Vergleich nicht zu Stande kommt, ein möglichst naher Termin vor dem Gewerbegericht anzuberaumen.

Zu den vorstehend bezeichneten Terminen ist der Beklagte unter abschriftlicher Mittheilung der Klage von Amtswegen zu laden. Zwischen der Zustellung der Ladung und dem Termine vor dem Gewerbegericht muß ein Zeitraum von mindestens einem Tage liegen.

Verfahren vor dem Gewerbegerichte.

§ 30. Die Verhandlung über den Rechtsstreit vor dem Gewerbegericht ist öffentlich und mündlich. Durch das Gewerbegericht kann für die Verhandlung oder für einen Theil derselben die Oeffentlichkeit ausgeschlossen werden, wenn sich eine Gefährdung der öffentlichen Ordnung oder der Sittlichkeit besorgen läßt.

Ueber die Ausschließung der Oeffentlichkeit wird in nicht öffentlicher Sitzung verhandelt. Der Beschluß, welcher die Oeffentlichkeit ausschließt, muß öffentlich verkündigt werden.

§ 31. Die Leitung der Verhandlungen liegt dem Vorsitzenden

---

§ 31. (Vergl. § 464 der Civilprozeßordnung.)

ticle 27, énoncera en même temps le motif de la plainte. De cette manière la plainte est régulièrement introduite, de nouvelles citations des parties ne sont plus nécessaires; le défendeur peut néanmoins, sur sa demande, recevoir copie de la plainte.

§ 29. Dans le cas où l'une ou l'autre des parties ne comparaît pas devant le bureau de conciliation dans le délai fixé (§ 26), sa non-comparution sera constatée par procès-verbal.

Lorsque c'est le plaignant qui ne comparaît pas, il n'est donné aucune suite à l'affaire.

Lorsqu'au contraire le défendeur seul fait défaut, le bureau de conciliation, sur la demande du plaignant, fixe pour les débats devant le Conseil de prud'hommes un délai aussi rapproché que possible. Toutefois, si certaines circonstances font présumer que le défendeur n'a pas eu connaissance de la citation à lui adressée par lettre, ou bien qu'il a été empêché de comparaître par une maladie ou par une absence, un nouveau délai sera fixé pour la comparution devant le bureau de conciliation, mais en même temps sera fixé à l'avance le terme le plus rapproché possible auquel, pour le cas où la tentative de conciliation n'aboutirait pas, l'affaire devrait être portée devant le Conseil de prud'hommes.

Dans ce cas, la fixation des deux délais sera signifiée d'office au défendeur, qui recevra en outre communication écrite de la plainte. Un intervalle d'au moins un jour devra séparer la signification de la citation du terme fixé pour la comparution devant le Conseil de prud'hommes.

De la procédure devant le Conseil de prud'hommes.

§ 30. Les séances du Conseil de prud'hommes sont publiques et les débats y ont lieu oralement; toutefois le Conseil peut ordonner le huis clos soit pour tous les débats, soit pour une partie des débats lorsqu'il en juge la publicité dangereuse pour l'ordre public ou les bonnes mœurs.

La délibération concernant le huis clos ne doit pas avoir lieu en séance publique, mais la décision qui l'ordonne doit être prononcé publiquement.

§ 31. Le président dirige les débats. C'est à lui à faire

§ 31 (comp. § 464 du Code de proc. civ.).

ob. Derselbe hat dahin zu wirken, daß die Parteien sich über alle erheblichen Thatsachen vollständig erklären und die sachdienlichen Anträge stellen.

§ 32. Bleibt der Kläger in dem Termin des Gewerbegerichts aus, so gilt die Klage als zurückgenommen.

Bleibt nur der Beklagte aus, so werden die in der Klage behaupteten Thatsachen auf Antrag als zugestanden angenommen. Soweit dieselben den Klageantrag rechtfertigen, ist nach dem Antrage zu erkennen; soweit dies nicht der Fall, ist die Klage abzuweisen.

§ 33. Beschließt das Gericht die Vernehmung von Zeugen oder Sachverständigen, so muß in dem Beschlusse der Name und der Wohnort derselben angegeben werden. Den zu vernehmenden Personen ist von Amtswegen eine Ladung zuzustellen, falls die Parteien sich nicht erbieten, dieselben in dem festgesetzten Termin zur Stelle zu bringen. Die Zustellung kann durch Gemeindebeamte erfolgen.

Die Parteien sind berechtigt, ihre Zeugen oder Sachverständigen gleich bei der ersten Verhandlung vor dem Gewerbegericht mit zur Stelle zu bringen. Die Vernehmung erfolgt in diesem Falle ohne förmlichen Beweisbeschluß nach dem Ermessen des Gerichts. Gebühren oder sonstige Entschädigungen dürfen diesen Zeugen und Sachverständigen nicht bewilligt werden.

Die Beeidigung der Zeugen oder Sachverständigen erfolgt auf Antrag einer Partei, oder nach dem Ermessen des Gerichts.

Die Aussagen der Zeugen oder Sachverständigen sind nur in denjenigen Sachen in das Protokoll aufzunehmen, in welchen das Rechtsmittel der Berufung zulässig ist.

§ 34. Das Gewerbegericht hat unter Berücksichtigung des gesammten Inhalts der Verhandlungen und des Ergebnisses einer etwaigen Beweisaufnahme nach freier Ueberzeugung zu

---

§ 32. (Vergl. § 296 Abs. 2 der Civilprozeßordnung.)

§ 33. Nicht überflüssig dürfte es sein, den Laienrichter darauf aufmerksam zu machen, daß nach der Civilprozeßordnung (§ 324) die Zeugen schon in dem Beweisbeschluß namhaft gemacht werden sollen (M.).

§ 34. (Vergl. § 259 der Civilprozeßordnung.)

en sorte que les parties s'expliquent clairement et entièrement sur les faits de la cause et présentent des conclusions précises.

§ 32. Dans le cas où le demandeur ne comparaît pas au jour fixé, il est censé avoir retiré sa plainte.

Si au contraire le défendeur ne comparaît pas, les faits allégués contre lui dans la demande sont, sur les conclusions du demandeur, admis comme constants.

En tant que l'exposé de ces faits justifie les conclusions du demandeur, ces conclusions seront adjugées. Au cas contraire, elles seront rejetées.

§ 33. L'arrêté du Conseil de prud'hommes ordonnant la comparution de témoins ou d'experts doit indiquer les noms et adresses desdits témoins ou experts. Ces derniers reçoivent une citation d'office, à moins que les parties ne s'engagent à les faire comparaître au jour fixé. La citation peut être donnée par des employés communaux.

Les parties sont en droit de présenter leurs témoins ou experts dès la première séance devant le Conseil de prud'hommes; dans ce cas, le Conseil interroge les témoins de la manière dont il le juge convenable, sans qu'il y ait besoin de rendre une décision formelle ordonnant l'administration de la preuve. Il ne peut être alloué à ces témoins ou experts ni honoraires ni indemnité quelconques.

Les témoins prêtent serment lorsque l'une des parties le demande ou lorsque le Conseil l'ordonne.

Les déclarations des témoins ou experts ne sont à insérer au procès-verbal que lorsqu'il s'agit d'affaires susceptibles d'appel.

§ 34. Le Conseil de prud'hommes se base sur l'ensemble des débats et sur le résultat des preuves qui ont pu être fournies et décide, d'après sa libre conviction, si telle ou telle

---

§ 32 (comp. § 296, alinéa 2 du Code de proc. civ.).

§ 33. Il n'était pas inutile de rendre le juge laïque attentif aux prescriptions du Code de procédure civile (art. 324), d'après lesquelles les noms des témoins doivent être indiqués déjà dans la décision ordonnant l'administration de la preuve (M.).

§ 34 (comp. § 259 du Code de proc. civ.).

entscheiden, ob eine thatsächliche Behauptung für wahr oder nicht für wahr zu erachten sei.

§ 35. Das Gewerbegericht hat im Laufe der Verhandlungen den Sühneversuch zu wiederholen. Kommt ein Vergleich nicht zu Stande, so ist das Urtheil in der Regel am Schlusse der Verhandlungen zu verkünden. Die Verkündung des Urtheils erfolgt öffentlich.

Aus dem Urtheile müssen ersichtlich sein:

Die Mitglieder des Gerichts, die Parteien, deren Anträge und Gegenanträge, die Angabe, ob nach vorgängiger Verhandlung der Parteien oder auf Ausbleiben eines Theils erkannt ist, der festgestellte Thatbestand, die wesentlichen Gründe der Entscheidung, endlich der Ausspruch des Gerichts in der Hauptsache und über die Kosten.

Die Urtheile der Gewerbegerichte sind von dem Vorsitzenden und dem Gerichtsschreiber zu unterzeichnen.

§ 36. Gegen ein Urtheil, welches auf Ausbleiben ergangen ist, kann von der Partei, gegen welche dasselbe erlassen ist, innerhalb drei Tagen nach der Zustellung schriftlich oder mündlich zu Protokoll des Gerichtsschreibers Einspruch erhoben werden, in welchem Falle ein neuer Termin zur Verhandlung anzusetzen ist. Die Parteien sind hierzu von Amtswegen zu laden.

Erscheint die Einspruch erhebende Partei auch in dem neuen Termin nicht, so wird der Einspruch verworfen und findet ein abermaliger Einspruch nicht statt.

§ 37. Ist eine Fortsetzung der Verhandlung erforderlich, so wird hierzu in der Regel sofort Termin verkündet. Eine Partei, welche bei Verkündung des Termins nicht zugegen war, ist zu demselben von Amtswegen zu laden.

Bleibt in dem Termine eine der Parteien aus, so finden die Vorschriften des § 32 Anwendung. Hat jedoch eine Beweisaufnahme stattgefunden, und ergiebt sich daraus, daß

---

§ 35. Die Aufnahme kurzer Entscheidungsgründe in das Urtheil (s. dagegen § 13 Ziff. 7 des Reichsgesetzentwurfs) entspricht dem bisherigen Verfahren und erscheint im Hinblick auf die Zulassung des Rechtsmittels der Revision (§ 42) nicht entbehrlich (M.).

assertion de fait est à considérer comme véridique ou comme fausse.

§ 35. Le Conseil de prud'hommes doit renouveler la tentative de conciliation au cours des débats. Lorsque la tentative est restée infructueuse, le jugement devra en règle générale être prononcé après la clôture des débats. Le prononcé du jugement doit avoir lieu publiquement.

Le jugement doit mentionner:

Les noms des membres composant le Conseil; les noms des parties; l'exposé des demandes principales et des demandes reconventionnelles; s'il est rendu contradictoirement entre les parties, ou par défaut contre l'une d'elles; l'exposition des faits tels que les débats les ont établis; les principaux motifs de la décision, et enfin le dispositif qui devra statuer tant sur le fond que sur les frais.

Les jugements des Conseils de prud'hommes doivent être signés par le président et le greffier.

§ 36. La partie contre laquelle le jugement a été rendu par défaut peut, dans le délai de trois jours à partir de la signification, former opposition soit par écrit, soit par déclaration verbale auprès du greffier; dans ce cas, un nouveau terme est fixé pour la discussion contradictoire. Le terme fixé est à signifier d'office aux parties.

Si la partie qui a fait opposition ne comparaît pas, l'opposition est rejetée, et dans ce cas une nouvelle opposition n'est plus recevable.

§ 37. Dans le cas où une continuation des débats est jugée nécessaire, le terme fixé pour cette continuation doit en général être fixé séance tenante. La partie qui n'a point été présente lors de la fixation du nouveau terme est à assigner d'office.

Lorsqu'une des parties ne comparaît pas au terme fixé, il est fait application des dispositions du § 32. Toutefois si une administration de preuve a eu lieu, et s'il en résulte

---

§ 35. L'insertion au jugement des principaux motifs de la décision répond à la procédure actuelle et paraît du reste indispensable en vue du recours en révision dont les jugements des prud'hommes sont susceptibles (M.).

der klägerische Anspruch ganz oder theilweise unbegründet ist, so ist das Urtheil, ungeachtet des Ausbleibens des Beklagten, auf Grund des Ergebnisses der Beweisaufnahme zu erlassen.

§ 38. Entscheidungen, welche eine vorgängige mündliche Verhandlung nach den Bestimmungen der Civilprozeßordnung nicht erfordern, können von dem Vorsitzenden anstatt des Gerichts erlassen werden.

§ 39. Soweit im Vorstehenden nicht besondere Bestimmungen getroffen sind, finden die Vorschriften der Civilprozeßordnung über das Verfahren vor den Amtsgerichten, mit Ausschluß der §§ 466, 467 und 471, entsprechende Anwendung.

---

§ 38. In Ansehung der Befugnisse und der Stellung des Vorsitzenden sind, soweit nicht das Gesetz besondere oder abweichende Bestimmungen trifft, die Vorschriften der Civilprozeßordnung maßgebend (vgl. §§ 39 und 43 dieses Gesetzes).

Es erscheint indessen zweckmäßig, im Anschluß an den Reichsgesetz-Entwurf § 13 Ziff. 10 noch einen Schritt weiter zu gehen und dem Vorsitzenden die Befugniß zu ertheilen, diejenigen Entscheidungen, welche nach den Bestimmungen der Civilprozeßordnung eine vorgängige mündliche Verhandlung nicht erfordern, anstatt des Gerichts allein zu fällen. Alle diese Entscheidungen (vgl. z. B. Civilprozeßordnung §§ 99, 117, 160, 187, 203 f., 205, 225, 290, 451 ꝛc.) betreffen nicht die Hauptsache, über welche nur in mündlicher Verhandlung entschieden werden kann, sondern Neben- und Zwischenpunkte, die sich im Verfahren ergeben und nicht selten einer schleunigen Regelung bedürfen. Dem Vorsitzenden bleibt es übrigens unbenommen, in denjenigen Fällen, in welchen er dies für angemessen erachtet, die Entscheidung dem Gerichte zu überlassen. Gegen seine Entscheidungen findet unter den Voraussetzungen und in den Formen der Civilprozeßordnung das Rechtsmittel der Beschwerde statt (§ 39).

Eine ähnliche Ausdehnung der Zuständigkeit des Vorsitzenden ist in § 41 und § 43 vorgesehen (M.).

§ 39. Die §§ 466 und 467 der Civilprozeßordnung sind nicht anwendbar, da bei sachlicher Unzuständigkeit des Gewerbegerichts entweder die Zuständigkeit des Amtsgerichts oder diejenige des Landgerichts vorliegt und die Entscheidung, vor welches von diesen beiden Gerichten der Rechtsstreit gehöre, dem Gewerbegericht nicht wohl angesonnen werden kann.

Die Ausschließung des § 471 der Civilprozeßordnung rechtfertigt sich durch die diese Bestimmung ersetzende Einrichtung des Vergleichsamts (M.).

que la demande est entièrement ou partiellement mal fondée, le jugement doit, malgré la non-comparution du défendeur, être prononcé d'après le résultat des preuves fournies.

§ 38. Les décisions qui, d'après les dispositions du Code de procédure civile, n'exigent pas de discussion orale préalable, peuvent être rendues par le président seul aux lieu et place du Conseil.

§ 39. Les dispositions du Code de procédure civile sur la procédure devant les tribunaux cantonaux (Amtsgerichte) s'appliquent à tous les cas non prévus par la présente loi, à l'exception toutefois des §§ 466, 467 et 471.

---

§ 38. En ce qui concerne les fonctions et attributions du président, ce sont les dispositions du Code de procédure civile qui sont applicables en tant que la présente loi n'édicte pas de dispositions contraires (comp. §§ 39 et 43). Il paraissait même utile de faire encore, d'après le projet de loi d'Empire, article 13, alinéa 10, un pas de plus en ce sens, et d'attribuer au président le pouvoir de prendre seul aux lieu et place du Conseil telles décisions qui, en vertu des dispositions du Code de procédure civile, n'exigent pas de débats oraux préalables. Toutes ces décisions (voy. p. ex. les §§ 99, 117, 160, 187, 203 in fine, 205, 225, 290, 451, etc.) ne s'appliquent pas aux questions de fond qui ne peuvent être résolues qu'après des débats oraux, mais bien à des questions accessoires ou provisoires qui se produisent au cours de la procédure et dont la solution doit être le plus souvent rapide. Il est du reste loisible au président, lorsqu'il le juge à propos, de remettre la décision au Conseil lui-même. La décision du président est attaquable par la voie du „recours" (Beschwerde) dans les cas et formes prévus par le Code de procédure civile.

Les §§ 41 et 43 prévoient une extension analogue des pouvoirs du président (M.).

§ 39. Les §§ 466 et 467 du Code de procédure civile ne sont pas applicables au Conseil de prud'hommes, parce qu'en cas d'incompétence de fait de ce Conseil, le tribunal cantonal ou le tribunal régional étant compétent, on ne saurait donner au Conseil de prud'hommes le droit de déterminer devant laquelle de ces deux juridictions devrait être renvoyée l'affaire.

La non-application du § 471 du Code de procédure civile s'explique par l'existence des prescriptions de la présente loi relatives au bureau de conciliation, prescriptions qui remplacent précisément les dispositions analogues dudit article (M.).

Titel II.

Rechtsmittel.

Berufung.

§ 40. Die Endurtheile der Gewerbegerichte können mit dem Rechtsmittel der Berufung angegriffen werden, wenn der Werth des Streitgegenstandes den Betrag von zweihundert Mark übersteigt. Für die Werthsberechnung sind die Vorschriften der §§ 3 bis 9 der Civilprozeßordnung maßgebend. Ansprüche oder Theile eines Anspruchs, wegen deren die Klage zurückgenommen, oder auf welche vor der Fällung des Urtheils verzichtet wurde, werden auch dann, wenn der Kläger damit auf Antrag des Beklagten ausdrücklich abgewiesen ist (§ 277 C. P. O.), nicht mitgerechnet.

Zuständig ist die Civilkammer des Landgerichts, in dessen Bezirk das Gewerbegericht seinen Sitz hat. Auf das Verfahren finden die Bestimmungen der Civilprozeßordnung Anwendung.

Beschwerde.

§ 41. Gegen die bei dem Gewerbegericht oder bei dem Landgericht ergangenen Entscheidungen findet nach Maßgabe der Vorschriften der Civilprozeßordnung das Rechtsmittel der Beschwerde statt.

Ueber die Beschwerde gegen Entscheidungen des Gewerbegerichts und seines Vorsitzenden entscheidet das in § 40 be-

---

§ 40. Die dem Gewerbegericht zugewiesenen Rechtsstreitigkeiten gehören nicht zu denjenigen, für welche kraft ihrer handelsrechtlichen Natur nach den Vorschriften des § 101 des G. V. G. die Kammern für Handelssachen zuständig sein würden. Es empfiehlt sich daher, die Entscheidung über die Rechtsmittel der Berufung und Beschwerde nicht, wie nach den bisherigen Vorschriften (Gesetz vom 1. Juni 1853 Art. 13, Ges. vom 4. November 1878 § 17), der Kammer für Handelssachen, sondern in Uebereinstimmung mit § 15 des Reichsgesetz-Entwurfs der Civilkammer des Landgerichts zu übertragen.

Die Erhöhung der Berufungssumme von 160 (s. Art. 13 cit.) auf 200 *M.* entspricht den Anträgen der Handelskammern und scheint im Hinblick einerseits auf das Sinken des Geldwerthes und andererseits auf die Zulässigkeit der Revision (§ 42) gerechtfertigt (M.).

§ 41. (Vergl. § 530 der Civilprozeßordnung.)

TITRE II.

Des pourvois.

De l'appel.

§ 40. Les jugements définitifs des Conseils de prud'hommes peuvent être attaqués par la voie de l'appel, lorsque la valeur de l'objet en litige dépasse 200 M. Le calcul de la valeur se fait d'après les dispositions des §§ 3 à 9 du Code de procédure civile. Les demandes ou parties de demandes au sujet desquelles l'action aura été retirée ou auxquelles le demandeur aura renoncé avant le prononcé du jugement, et dont le demandeur, à la suite de sa renonciation, aura été débouté au cours des débats sur la réquisition du défendeur (§ 277 du Code de procédure civile), n'entreront point en compte dans le calcul de la valeur.

L'appel sera porté devant la Chambre civile du Landgericht dans le ressort duquel se trouve le siège du Conseil de prud'hommes. La procédure à suivre est celle établie par le Code de procédure civile.

Du recours.

§ 41. Les décisions rendues par les Conseils de prud'hommes ou par les Landgerichte peuvent être attaquées par la voie du recours (Beschwerde).

Le recours contre les décisions du Conseil de prud'hommes et de son président est porté devant le Landgericht

---

§ 40. Les affaires soumises au Conseil de prud'hommes ne sont pas de celles qui en raison de leur nature commerciale doivent, en vertu de l'article 101 de la loi sur l'organisation judiciaire, ressortir de la juridiction des Chambres commerciales, d'où résulte qu'il est préférable de remettre le jugement sur l'appel ou sur le recours non pas aux Chambres commerciales, ainsi que le prescrit la législation actuelle (loi du 1er juin 1853, art. 13; loi du 4 novembre 1878, art. 17), mais bien à la Chambre civile du tribunal régional.

La valeur à partir de laquelle la voie d'appel est ouverte a été portée de l'avis des Chambres de commerce de 160 M. à 200 M. (voy. art. 13, cit.). Cette élévation se justifie par l'abaissement de la valeur de l'argent comme aussi par la possibilité du pourvoi en révision (§ 42) (M.).

§ 41 (comp. § 530 du Code de proc. civ.).

zeichnete Landgericht. Ueber Beschwerden gegen Entscheidungen des Gerichtsschreibers bei dem Gewerbegerichte kann von dem Vorsitzenden anstatt des Gerichts entschieden werden.

Revision.

§ 42. Gegen die der Berufung nicht unterliegenden Endurtheile der Gewerbegerichte und gegen die in der Berufungsinstanz ergangenen Endurtheile der Landgerichte ist das Rechtsmittel der Revision zulässig; über dasselbe entscheidet das Oberlandesgericht.

Die Revision kann nur darauf gestützt werden, daß die Entscheidung auf der Verletzung eines Gesetzes beruhe.

Auf das Verfahren und die Entscheidung über die Revision finden die Vorschriften der §§ 512 bis 529 der Civilprozeßordnung entsprechende Anwendung.

Titel III.

Zwangsvollstreckung, Arrest und vorläufige Verfügungen.

§ 43. Die Endurtheile des Gewerbegerichts können auf Antrag für vorläufig vollstreckbar erklärt werden, jedoch ist die vorläufige Vollstreckbarkeit, sofern der Gegenstand der Verurtheilung an Geld oder Geldeswerth die Summe von 200 *M.* übersteigt, von einer vorgängigen Sicherheitsleistung abhängig zu machen; in Betreff des Werthes des Gegenstandes kommen die Vorschriften der §§ 3 bis 9 der Civilprozeßordnung zur Anwendung.

Für die Vollstreckbarkeitserklärung der in der Berufungsinstanz ergangenen Urtheile der Landgerichte sind die Vorschriften der Civilprozeßordnung maßgebend.

---

§ 43. Im Anschluß an das durch die Reichsjustizgesetze geschaffene System der Rechtsmittel schien es geboten, anstatt der Kassation, deren Anwendbarkeit überhaupt auf ein verschwindend kleines Gebiet beschränkt ist, als letztes Rechtsmittel die Revision zuzulassen und die Entscheidung über dasselbe in allen Fällen dem Oberlandesgericht zu übertragen, welches nach dem bisherigen Recht (Gesetz vom 4. November 1878 § 22) auch über das Rechtsmittel der Kassation ausschließlich zu entscheiden hatte (M.).

désigné au § 40. Le recours contre les décisions du greffier d'un Conseil de prud'hommes peut être porté devant le président seul aux lieu et place du Conseil.

Révision.

§ 42. Les jugements du Conseil de prud'hommes non susceptibles d'appel, comme aussi les jugements rendus en instance d'appel par les Landgerichte, sont susceptibles de pourvoi en révision. Le pourvoi est porté devant l'Oberlandesgericht.

La révision ne peut se baser que sur une violation formelle de la loi résultant du jugement attaqué.

La procédure en révision est réglée par les dispositions des §§ 512 à 529 du Code de procédure civile.

TITRE III.

De l'exécution forcée, de la contrainte et des mesures provisoires.

§ 43. Les jugements définitifs des Conseils de prud'hommes pourront, si la demande en est faite, être déclarés provisoirement exécutoires; l'exécution provisoire ne sera prononcée toutefois que contre caution, si le montant de la condamnation est de 200 M., ou est évalué au delà de cette somme. Cette valeur de l'objet sera évaluée conformément aux dispositions des §§ 3 à 9 du Code de procédure civile.

Pour la déclaration d'exécution des jugements rendus en instance d'appel, il sera fait application des dispositions du Code de procédure civile.

---

§ 42. Pour rester en harmonie avec le système général des voies de pourvoi établies par les lois de justice de l'Empire, il a paru préférable d'admettre la révision comme dernier moyen de recours aux lieu et place de la cassation dont l'application est en général très restreinte, et de décider que le recours en révision serait porté pour tous les cas sans exception devant la Cour supérieure du pays qui déjà, d'après la législation actuelle (loi du 4 novembre 1878, art. 2), peut seule juger les recours en cassation (M.).

§ 44. Aus den vor dem Vergleichsamte oder dem Gewerbegericht zu Stande gekommenen und zu Protokoll erklärten Vergleichen, aus denjenigen Entscheidungen, gegen welche das Rechtsmittel der Beschwerde stattfindet, und aus denjenigen Urtheilen, welche rechtskräftig oder für vorläufig vollstreckbar erklärt worden sind, findet die Zwangsvollstreckung nach Maßgabe der Vorschriften der Civilprozeßordnung statt. Soweit nach diesen Vorschriften das Prozeßgericht zu Entscheidungen berufen ist, die eine vorgängige mündliche Verhandlung nicht erfordern, können dieselben in dringlichen Fällen von dem Vorsitzenden anstatt des Gewerbegerichts erlassen werden.

In Ansehung des Arrestes und einstweiliger Verfügungen finden die Vorschriften der Civilprozeßordnung Anwendung.

---

§ 44. Das Gesetz schließt sich an das bisherige Recht an (Gesetz vom 1. Juni 1853 Art. 14), wonach die der Berufung unterliegenden Urtheile der Gewerbegerichte bis zum Belaufe der Berufungssumme unbedingt, für den überschießenden Betrag aber nur gegen Sicherheitsleistung für vorläufig vollstreckbar erklärt werden.

Infolge der in Abs. 1 bestimmten Anwendbarkeit der Vorschriften der Civilprozeßordnung über die Zwangsvollstreckung hat das Gewerbegericht alle diejenigen Entscheidungen zu treffen, welche in jenen Vorschriften dem Prozeßgericht erster Instanz übertragen sind. Es scheint indessen aus den zu § 38 entwickelten Gründen geboten, diese Entscheidungen, soweit sie eine vorgängige mündliche Verhandlung nicht erfordern (s. z. B. §§ 668, 688, 776 C. P. O.) und dringlicher Natur sind, dem Vorsitzenden zu überlassen. Selbstverständlich ist infolge der Verweisung auf die Bestimmungen der Civilprozeßordnung das Amtsgericht auch in gewerbegerichtlichen Angelegenheiten schlechthin als Vollstreckungsgericht anerkannt.

In ähnlicher Weise ist die in Absatz 2 erfolgte Anwendbarkeitserklärung der Bestimmungen der Civilprozeßordnung über Arrest und vorläufige Verfügungen aufzufassen. Das Gewerbegericht gilt als Gericht der Hauptsache erster Instanz, während das Amtsgericht diejenigen Obliegenheiten, die ihm durch die fraglichen Bestimmungen zugewiesen sind, auch in gewerbegerichtlichen Angelegenheiten auszuüben hat. (C. P. O. §§ 799, 807 Abs. 2, 810, 813, 816, 820, 821.) Eine Uebertragung der dem Gewerbegericht in seiner Eigenschaft als Gericht der Hauptsache zustehenden Entscheidungsgewalt auf den Vorsitzenden ist in Ansehung des Arrestes und der einstweiligen Verfügungen nicht geboten, da in § 822 C. P. O. die nöthige Vorsorge getroffen ist (M.).

§ 44. L'exécution forcée s'applique, en conformité des dispositions du Code de procédure civile, aux procès-verbaux de conciliation dressés, soit devant le bureau de conciliation, soit devant le Conseil de prud'hommes, aux décisions attaquables par la voie du recours (Beschwerde) et aux jugements ayant force de chose jugée ou déclarés exécutoires par provision.

En tant que le tribunal saisi du procès doit statuer sur une affaire, qui de sa nature ne nécessite pas, d'après le Code de procédure civile, de débats oraux préalables, la décision peut en cas d'urgence être rendue par le président seul aux lieu et place du Conseil de prud'hommes.

---

§ 44. La présente loi s'en tient à la législation actuelle (loi du 1er juin 1853, art. 14), en tant que l'exécution provisoire des jugements des Conseils de prud'hommes soumis à appel, ne peut être ordonnée sans restriction que jusqu'à concurrence de la somme d'appel, tandis que pour le surplus le demandeur est obligé de fournir caution préalable.

En conformité de la disposition de l'alinéa 1er, d'après laquelle les prescriptions du Code de procédure civile sur l'exécution forcée sont applicables aux jugements rendus par les Conseils de prud'hommes, ces derniers doivent rendre toutes les décisions qui d'après ces dispositions sont du ressort de la juridiction de première instance. Il paraît toutefois pratique, d'après les motifs développés au § 38, d'investir le président du droit de rendre seul telles de ces décisions qui n'exigent pas de débats oraux préalables et qui sont d'une nature urgente (voy. par exemple les art. 668, 688 et 776 du Code de proc. civ.). Il est évident que par suite de l'application des dispositions du Code de procédure civile à la matière qui nous occupe, l'Amtsgericht est seul à considérer comme juridiction exécutive (Vollstreckungsgericht) pour les affaires émanées du Conseil de prud'hommes.

C'est aussi dans ce sens qu'il faut interpréter la disposition qui déclare applicables les prescriptions du Code de procédure civile se rapportant à la contrainte et aux mesures provisoires. Le Conseil de prud'hommes remplit son rôle de juge saisi du fond de l'affaire en première instance; l'Amtsgericht exerce les attributions qui lui incombent d'après les prescriptions générales sans que les matières du ressort des Conseils de prud'hommes en soient exceptées (Code de proc. civ., art. 799 et 807, al. 2, 810, 813, 816, 820 et 821).

En ce qui concerne la contrainte et les mesures provisoires, il n'y a pas lieu d'investir le président du droit de décision qui appartient au Conseil de prud'hommes en sa qualité de juge saisi du fond de l'affaire, puisque l'article 822 du Code de procédure civile contient déjà les prescriptions nécessaires à cet égard (M.).

Dritter Abschnitt.

Schlußbestimmungen.

§ 45. Die Gewerbegerichte können durch Kaiserliche Verordnung aufgehoben werden.

§ 46. Sämmtliche bisherigen Bestimmungen über die Gewerbegerichte (Conseils de prud'hommes) werden aufgehoben.

§ 47. Dieses Gesetz tritt am 1. April 1880 in Kraft. Die an diesem Tage anhängigen Streitigkeiten werden in dem bisherigen Verfahren erledigt.

§ 48. Auf die bestehenden Gewerbegerichte finden die Bestimmungen dieses Gesetzes Anwendung.

---

§ 45. Dieser Paragraph entspricht dem Art. 16 des Gesetzes vom 1. Juni 1863 (M.).

§ 46. (Vergl. die Einleitung.)

§ 48. Da die Einrichtung und Zusammensetzung der bestehenden Gewerbegerichte den Erfordernissen des Gesetzes entspricht, so bedarf es einer Auflösung und Neubildung derselben nicht. Es genügt vielmehr, sie den Bestimmungen des neuen Gesetzes zu unterwerfen. Letztere finden namentlich auch auf die Neuwahlen und Neuernennungen Anwendung, welche nothwendig werden, wenn die Zeit, für welche die gegenwärtigen Mitglieder jener Gerichte gewählt oder ernannt worden sind, zu Ende geht, oder wenn aus irgend einem andern Grunde zur Ergänzung der Mitgliederzahl eines Gewerbegerichts geschritten werden muß.

Was die Regelung des Kostenwesens anlangt, so hat dieselbe in § 14 des Gesetzes, betreffend die Ausführung des Gerichtskostengesetzes 2c. vom 3. April 1880 ihren Platz gefunden. (M.).

Les dispositions du Code de procédure civile s'appliquent à la contrainte et aux mesures provisoires.

TROISIÈME SECTION.

Dispositions finales.

§ 45. Les Conseils de prud'hommes peuvent être supprimés par décret impérial.

§ 46. Toutes les dispositions actuelles concernant les Conseils de prud'hommes sont abrogées.

§ 47. La présente loi entrera en vigueur à partir du 1er avril 1880. Cependant toutes les affaires pendantes à ce jour seront terminées d'après la législation actuelle.

§ 48. Les dispositions de la présente loi sont applicables aux Conseils de prud'hommes existants.

---

§ 45. Cet article correspond à l'article 16 de la loi du 1er juin 1853 (M.).

§ 46 (comp. l'introduction).

§ 48. Comme l'organisation et la composition des Conseils de prud'hommes satisfaisaient déjà aux exigences de la présente loi, il n'y avait pas lieu de les dissoudre et de les réorganiser, il suffisait au contraire de les soumettre aux dispositions de la nouvelle loi. Ces dispositions étaient notamment applicables en cas de nouvelles élections ou de nouvelles nominations, soit que celles-ci devinssent nécessaires par suite de l'expiration du mandat des membres actuels, soit que pour tout autre motif il y ait eu lieu de compléter le nombre des membres d'un Conseil de prud'hommes.

En ce qui concerne la question des frais, elle a été résolue dans le projet de loi sur les frais de justice (§ 14 de la loi d'exécution sur le tarif des frais judiciaires du 3 avril 1880) (M.).

VII. Gesetz

betreffend die Vergütung der Reisekosten für die Geschworenen, die Vertrauensmänner und die Schöffen, vom 31. März 1880.

(Gesetzblatt für Elsaß-Lothringen, S. 57.)

Den Geschworenen in Strafsachen, den im § 40 des Gerichtsverfassungsgesetzes bezeichneten Vertrauensmännern und den Schöffen werden, sofern sie außerhalb ihres Aufenthaltsortes einen Weg bis zur Entfernung von mehr als zwei Kilometer zurückzulegen haben, an Reisekosten gewährt:

1. bei Reisen, welche auf Eisenbahnen oder Dampfschiffen gemacht werden können, für jedes angefangene Kilometer des Hinweges und des Rückweges fünfzehn Pfennig;
2. bei Reisen, welche nicht auf Eisenbahnen oder Dampfschiffen zurückgelegt werden können, für jedes angefangene Kilometer des Hinweges und des Rückweges dreißig Pfennig,

im Ganzen jedoch mindestens drei Mark.

Mußten dieselben innerhalb ihres Aufenthaltsortes einen Weg bis zur Entfernung von mehr als zwei Kilometer zurücklegen, so erhalten sie als Reiseentschädigung drei Mark.

Bezüglich der Frage, welcher Vergütungssatz in dem Falle zu gewähren sei, wo die Geschworenen oder Schöffen eine Eisenbahn zur Verfügung haben, dieselbe aber nicht benutzen konnten, weil sie anders nicht rechtzeitig zur Sitzung gekommen wären, will der Kommissionsbericht es dem mit der Feststellung der Vergütungsätze betrauten Richter überlassen, den außergewöhnlichen Umständen Rechnung zu tragen. Der Regierungsvertreter bemerkte hierzu bei der zweiten Lesung, daß in diesem Falle nach allgemeinen Grundsätzen der Landweg bezahlt werde.

(Vergl. § 30 Abs. 2 des Ausführungsgesetzes zum Gerichtskostengesetz vom 3. April 1880, S. 180.)

VII. LOI

sur l'indemnité des frais de voyage des jurés, des assesseurs (Vertrauensmänner) et des échevins, du 31 mars 1880.

(Bulletin des lois d'Alsace-Lorraine, p. 57.)

Il sera alloué comme frais de voyage aux jurés en matière criminelle, aux assesseurs (Vertrauensmänner) et aux échevins, s'ils ont à parcourir une distance de plus de 2 kilomètres en dehors du lieu de leur résidence:

1° Si le voyage peut s'effectuer en chemin de fer ou bateau à vapeur, 15 Pfg. pour chaque kilomètre commencé pour aller et pour revenir;

2° Si le voyage ne peut s'effectuer en chemin de fer ou bateau à vapeur, 30 Pfg. pour chaque kilomètre commencé pour aller et pour revenir,

En tout au moins 3 ℳ.

Si dans les limites de leur lieu de résidence, ils ont à parcourir une distance de plus de 2 kilomètres, il leur sera alloué, comme indemnité de frais de transport, 3 ℳ.

Au sujet de la question que la commission s'est posée: quelle indemnité est à allouer au juré ou l'échevin qui a à sa disposition un chemin de fer et a dû néanmoins se servir de la route ordinaire, à raison de l'impossibilité d'arriver autrement à temps à l'audience, le rapport a entendu en laisser la solution au juge chargé de la taxe de ces frais, qui aura à tenir compte de ces circonstances extraordinaires. Le commissaire du Gouvernement fit observer de son côté en seconde lecture du projet de loi, que dans ce cas il y aura lieu d'appliquer le principe général et d'indemniser comme pour le voyage sur la route ordinaire. (Conf. § 30 al. 2 de la loi concernant l'exécution de la loi sur l'organisation judiciaire du 3 avril 1880 p. 180).

VIII. Gesetz

betreffend die Ausführung des Gerichtskostengesetzes und der Gebührenordnungen für Rechtsanwälte, für Gerichtsvollzieher und für Zeugen und Sachverständige, vom 3. April 1880 (Gesetzblatt für Elsaß-Lothringen S. 58.) nebst dem Gesetz, betr. die Gerichtskosten und die Gebühren der Gerichtsvollzieher, vom 13. März 1882 (Gesetzblatt für Elsaß-Lothringen, S. 56.)

A. Gesetz vom 3. April 1880.

I. Zum Gerichtskostengesetze.

§ 1. Die Vorschriften des Gerichtskostengesetzes vom 18. Juni 1878 (Reichsgesetzblatt S. 141) finden auf die zur streitigen Gerichtsbarkeit gehörigen Angelegenheiten, welche vor besonderen Gerichten oder in besonderen Verfahren zu verhandeln sind, entsprechende Anwendung.

---

§ 1. Das Gerichtskostengesetz und die Gebührenordnungen für Rechtsanwälte, für Gerichtsvollzieher und für Zeugen und Sachverständige regeln die Kosten und Gebühren in gerichtlichen Angelegenheiten nur soweit, als es sich um diejenigen vor die ordentlichen Gerichte gehörenden Angelegenheiten handelt, auf welche die Reichs-Prozeßordnungen Anwendung finden. Im Uebrigen ist die Regelung des gerichtlichen Kosten- und Gebührenwesens der Landesgesetzgebung überlassen.

Das Ausführungsgesetz geht davon aus, daß die Uebertragung der Grundsätze des Gerichtskostengesetzes und der Gebührenordnungen auf das der Landesgesetzgebung überlassene Gebiet im Interesse der Rechtseinheit und zur Vermeidung von Unbilligkeiten, Zweifeln und Streitigkeiten wünschenswerth sei. Die erwähnten Reichsgesetze sollen daher, soweit thunlich, auch auf die von denselben nicht betroffenen gerichtlichen Angelegenheiten Anwendung finden.

Von den gerichtlichen Angelegenheiten unterliegen der landesgesetzlichen Regelung des Kostenwesens:

I. die Angelegenheiten der streitigen Gerichtsbarkeit, welche vor besonderen Gerichten oder in besonderem Verfahren zu verhandeln sind;

II. die zur streitigen Gerichtsbarkeit nicht gehörenden Angelegenheiten.

VIII. LOI

d'exécution du tarif général des frais judiciaires et des tarifs des avoués, des huissiers, des témoins et experts, ainsi que des jurés, du 3 avril 1880 (Bulletin des lois d'Alsace-Lorraine p. 58.) ainsi que la loi concernant les frais judiciaires et les émoluments des huissiers (Bulletin des lois p. 56.)

A. Loi du 3 avril 1880.

I. *Tarif des frais judiciaires.*

§ 1. Les dispositions de la loi sur les frais de justice du 18 juin 1878 (*Bulletin des lois de l'Empire*, p. 141) sont applicables aux matières de la juridiction contentieuse attribuées aux tribunaux spéciaux ou régies par une procédure particulière.

Il en sera de même en matière de juridiction non contentieuse, pour les cas où il s'agira d'une décision judiciaire telle qu'un jugement, une sentence, une ordonnance.

---

§ 1. La loi sur les frais de justice et les tarifs des droits des avoués, huissiers, témoins et experts ne règlent les droits et les frais que pour les affaires judiciaires attribuées aux tribunaux ordinaires, auxquelles s'appliquent les dispositions des Codes de procédure de l'Empire. Dans toutes les autres affaires le règlement des frais et des droits est abandonné à la législation particulière des divers pays.

La loi d'exécution part de ce point de vue qu'il est désirable, tant dans l'intérêt de l'unité législative, que pour éviter tous doutes, difficultés et inégalités, de reporter sur le terrain réservé aux législations particulières les principes fondamentaux de la loi sur les frais de justice et des différents tarifs. Les lois de l'Empire seront donc, autant que possible, appliquées aussi aux affaires judiciaires qui de leur nature ne tomberaient pas sous leur application.

Les procédures judiciaires dans lesquelles le règlement des frais est abandonné à la législation particulière, sont les suivantes:

I. Les affaires de la juridiction contentieuse attribuées à des tribunaux spéciaux ou régies par une procédure particulière;

II. Les affaires de la juridiction non contentieuse.

Das Gleiche gilt für das gerichtliche Verfahren in den zur streitigen Gerichtsbarkeit nicht gehörigen Angelegenheiten, in welchen es sich um Entscheidungen (Urtheile, Beschlüsse, Verfügungen) handelt.

§ 2. In den im § 1 Absatz 2 bezeichneten Angelegenheiten wird der für die Erhebung der Gebühren maßgebende Werth

---

Zu I. Als besondere Gerichte bestehen in Elsaß-Lothringen die Gewerbegerichte und die Rheinschifffahrtsgerichte. (Das Kriegsgericht ist durch Gesetz vom 24. Januar 1881 beseitigt.)

Ein besonderes Verfahren der ordentlichen Gerichte findet statt:

für Gütertrennungsklagen (§§ 3 bis 9 des Ausf.-Gesetzes vom 8. Juli 1879, Ges.-Blatt für Elsaß-Lothringen S. 67);

für Streitigkeiten, welche die Zwangsenteignung und die Entschädigung wegen derselben betreffen (§ 15 Nr. 2 des Einführungsgesetzes zur Civilprozeßordnung);

für die Zwangsvollstreckung in das unbewegliche Vermögen;

für das Verteilungsverfahren, welches den Erlös von unbeweglichem Vermögen zum Gegenstande hat (Civilprozeßordnung § 757), und

für Forstrügesachen (§ 3 Abs. 3 des Einführungsgesetzes zur Strafprozeßordnung.)

Die Anwendung des Gerichtskostengesetzes auf alle vorbezeichneten Angelegenheiten unterliegt keinem Bedenken. Was die bürgerlichen Rechtsstreitigkeiten unter denselben betrifft, so kommen die für die Besteuerung maßgebenden Akte (Verhandlung, Beweisaufnahme, Entscheidung, Zwischenstreite) hier ebenso wie bei dem reichsgesetzlich geregelten Verfahren der ordentlichen Gerichte vor und in Strafsachen empfiehlt sich die rechtskräftig erkannte Strafe als Maßstab der Gerichtsgebühr (Gerichtskostengesetz § 59) auch für die von dem Gerichtskostengesetze nicht betroffenen Fälle.

II. In Betreff der zur streitigen Gerichtsbarkeit nicht gehörenden gerichtlichen Angelegenheiten unterscheidet das Gesetz, ob es sich um gerichtliche Entscheidungen oder um bloße Beurkundungen handelt. Im ersteren Falle finden nach § 47 des Ausführungsgesetzes zu den Prozeßordnungen vom 8. Juli 1879 im Allgemeinen die Vorschriften der letzteren Anwendung. Demgemäß soll auf das gerichtliche Verfahren in diesen Sachen — nicht aber auf vorhergehende außergerichtliche Verhandlungen, z. B. Familienrathsbeschlüsse — auch das gleiche Kostensystem wie in den streitigen Sachen Anwendung finden. (Vergl. § 6.) (M.)

§ 2. In Fällen der nichtstreitigen Gerichtsbarkeit hat der Richter meist nicht über einen Fall zu entscheiden, bei dem es sich um ein Objekt von bestimmtem Werth, der sich in Geld ausdrücken läßt, handelt. Hier stößt man auf ernstliche Schwierigkeiten, zumal der § 81 des Gerichtskostengesetzes zur Anwendung kommt, der dem Antragsteller die Pflicht auferlegt, eine Summe zu hinterlegen, die mindestens dem höchsten Kostensatz für irgend einen, während des Verfahrens

§ 2. Dans les affaires désignées au § 1, alinéa 2, l'objet de la procédure sera évalué, pour la fixation des frais, à 500 *M*; on pourra exceptionnellement descendre au-dessous de cette somme, ou bien la dépasser, mais dans aucun cas l'objet ne sera taxé au-dessous de 100 *M*, ni au-dessus de 12 000 *M*.

I. Les tribunaux spéciaux existant en Alsace-Lorraine sont les conseils de prud'hommes et les tribunaux institués pour juger les contestations relatives à la navigation sur le Rhin. Le conseil de guerre a été supprime par la loi du 24 Janvier 1881.

Sont régies par une procédure particulière devant les tribunaux ordinaires:

Les demandes en séparation de biens (§§ 3 à 9 de la loi d'exécution du 8 juillet 1879, Bulletin des lois pour l'Alsace-Lorraine, p. 67);

Les contestations relatives à l'expropriation pour cause d'utilité publique (§§ 15, no 2 de la loi d'introduction au Code de procédure civile);

L'exécution forcée sur biens immeubles;

La procédure d'ordre (§ 757 du Code procédure de civile) et

Les contraventions forestières (§ 3, al. 3 de la loi d'introduction au Code d'instruction criminelle.)

L'application à toutes ces affaires de la loi sur les frais de justice ne paraît présenter aucun inconvénient. Pour celles d'entre elles qui sont de leur nature des contestations civiles, on aura comme base pour le calcul des droits le même genre de procédure que devant les tribunaux ordinaires, comme les débats, l'administration de la preuve, la décision et les contestations incidentes. De même pour les affaires criminelles ne tombant pas sous l'application de la loi sur les frais de justice, il a paru tout naturel d'accepter comme base des droits à percevoir, la peine prononcée par un jugement passé en force de chose jugée.

II. Pour ce qui est des affaires rentrant dans la juridiction non contentieuse, la loi établit une distinction entre celles ou une décision judiciaire est rendue et celles où il ne s'agit que d'une simple constatation. Dans le premier cas, il est, aux termes du § 47 de la loi d'excution au Code de procédure du 8 juillet 1879, fait application des dispositions desdits Codes. Le système des frais sera donc réglé dans ces affaires de la même manière que dans les affaires de la juridiction contentieuse, mais seulement pour les actes de procédure judiciaire proprement dits, et non pour ceux de procédure extrajudiciaire qui peuvent avoir précédé, tel qu'un avis de parents, etc. (Comp. § 6) (M.).

§ 2. Dans les matières non contentieuses, le juge n'a pas ordinairement à statuer sur un objet ayant une valeur déterminée ou susceptible d'une évaluation en argent.

des Gegenstandes des Verfahrens zu 500 Mark, ausnahmsweise niedriger oder höher, jedoch nicht unter 100 Mark und nicht über 12 000 Mark, angenommen.

Insofern aus der entsprechenden Anwendung der Vorschriften des Gerichtskostengesetzes (§§ 9 bis 17) ein niedrigerer Werth sich ergibt, ist dieser maßgebend.

§ 3. Für gerichtliche Verhandlungen und Beurkundungen in Angelegenheiten, welche nicht unter das Gerichtskostengesetz oder

---

etwa nöthig werdenden Akt gleichkommt. Diese Schwierigkeit zeigt sich von Neuem nach erfolgtem Erkenntniß, wenn es sich darum handelt, den Werth des Gegenstandes des Verfahrens zu bestimmen.

Um diesen Nachtheilen so gut wie möglich zu begegnen, beschränkt der § 2 den dem Richter bei der Feststellung dieses Werthes eingeräumten Spielraum einigermaßen, indem er die Summe von 500 Mark als Normalsumme festsetzt. Eine Gebühr von 20 Mark wird danach künftig in all den Fällen zur Erhebung kommen, wo die Gebühr (G. K. G. § 8) voll erhoben wird und der Richter sich nicht ausdrücklich über den Werth des Objektes geäußert hat (B.).

(Die Bestimmung des § 2 hat eine besondere Wichtigkeit für das Theilungsverfahren, insoweit dasselbe nicht zur streitigen, sondern zur freiwilligen Gerichtsbarkeit gehört (vergl. hierüber die Jurist. Zeitschrift für Elf.-Lothr. V S. 24, 125, 272, X S. 469 ff.; Rhein. Archiv Bd. 71, IV 1, 72, IV 33 und Scherer, das Rhein. Recht und die Reichsgesetzgebung S. 45 ff.) — Nach der Rechtsprechung liegt eine Angelegenheit der freiwilligen Gerichtsbarkeit dann vor, wenn die richterliche Mitwirkung von den Betheiligten gemeinschaftlich zu dem Zweck in Anspruch genommen wird, ihre gemeinsame Absicht auf Beendigung des Zustandes der Ungetheiltheit zu verwirklichen. S. O. L. G. Colmar 12. November 1881, Jurist. Zeitschr. VII 76, und in gleichem Sinne Reichsgericht 20. November 1883, Jurist. Wochenschrift 1884 S. 31. Dagegen liegt nach demselben Urtheil des O. L. G. Colmar und des O. L. G. Köln vom 21. April 1886 (Rhein. Archiv 76 II 59) eine Angelegenheit der streitigen Gerichtsbarkeit vor, sobald es sich für einen Theil der Betheiligten darum handelt, gegenüber dem andern Theil das gesetzliche Recht auf Theilung im Wege der Klage zur Geltung zu bringen, wobei es ohne Belang ist, ob der Beklagte in dem eingeleiteten Verfahren den Anspruch bestreitet oder nicht. — Soweit das Verfahren zur streitigen Gerichtsbarkeit gehört, bietet die Bestimmung des § 3 der C. P. O., wonach der Werth des Streitgegenstandes vom Gericht nach freiem Ermessen festgesetzt wird, die Möglichkeit, unbillige Härten zu vermeiden.)

§ 3. Der § 3 beschränkt sich auf Beurkundungen, die zum Theil ohne Mitwirkung des Richters durch den Gerichtsschreiber erfolgen. Zu einer Aenderung des bisherigen Kostensystems liegt hier um so weniger Grund vor, als für den weitaus größten Theil der Urkunden der freiwilligen Gerichtsbarkeit — die Notariatsakten — die Stempel- und Enregistrementsgesetze ohnehin in Kraft bleiben.

Dans les cas où l'application des dispositions de la loi sur les frais de justice (§§ 9 à 17) donnerait une évaluation moindre, cette dernière sera prise comme base.

§ 3. Les dispositions relatives aux droits de timbre et d'enregistrement, aux droits de greffe, aux émoluments des

---

Des inconvénients sérieux résultent dès lors de l'obligation imposée au demandeur par le § 81 du Gerichtskostengesetz, de consigner à l'avance une somme au moins égale au droit le plus élevé qui peut être dû plus tard pour un acte quelconque de la procédure qu'il entame.

La même difficulté se présente après la reddition du jugement, lorsqu'il s'agit de déterminer la valeur de l'objet de la procédure.

C'est pour parer à ces inconvénients que le § 2 resserre dans de justes limites la latitude laissée au juge lors de la fixation de cette valeur et admet comme valeur normale la somme de 500 ℳ. — C'est un droit fixe de 20 ℳ qui sera ainsi perçu dans les affaires où les droits (G. K. G. § 8) sont perçus en entier et où le juge ne se prononce pas formellement sur la valeur qu'il entend donner à l'objet litigieux (R.).

(Les dispositions du § 2 ont une certaine importance dans les procédures de partage, en tant qu'elles rentrent dans la juridiction gracieuse et ne dépendent pas de la juridiction contentieuse (comp. la Revue juridique pour l'Alsace-Lorraine V, p. 24, 125, 272, X p. 469 et s., Rhein. Archiv vol. 71, IV, 1, vol. 72, IV, 33 et Scherer, le Droit rhénan et la législation de l'empire p. 45 et s.). La jurisprudence considère comme dépendant de la juridiction gracieuse les cas où les parties, s'adressent ensemble au juge, pour réaliser d'un commun accord leur projet de sortir de l'indivision (sic Oberlandesgericht de Colmar, 12 novembre 1881, Revue juridique d'Alsace-Lorraine VII, 76 et dans le même sens Cour de Leipzig, 20 novembre 1883, Revue hebdomadaire 1884 p. 31). Le jugement sus visé de l'Oberlandesgericht de Colmar et un jugement de l'Oberlandesgericht de Cologne du 21 avril 1886 (Rhein. Archiv 76, II, 59) considèrent au contraire comme rentrant dans la juridiction contentieuse les cas où l'une des parties fait valoir en justice, par une action judiciaire dirigée contre les autres parties, son droit de poursuivre le partage, soit que le défendeur combatte ou reconnaisse les droit du demandeur. Pour les affaires réellement litigieuses, les dispositions du § 3 C. de pr. civ., qui laissent au juge le soin d'arbitrer librement la valeur de l'objet litigieux, permettent d'éviter des rigueurs qui ne paraitraient pas justifiées.

§ 3. Les dispositions de ce paragraphe ne s'appliquent qu'à des constatations qui en partie sont faites par le greffier sans le concours du juge. Il y a d'autant moins lieu de modifier pour elles le système de frais existant, que les lois sur le timbre et l'enregistrement resteront pourtant en vigueur pour les actes notariés, qui forment de beaucoup la partie la plus considérable des actes de la juridiction non contentieuse.

unter § 1 dieses Gesetzes fallen, bleiben die Vorschriften über die Stempel- und Registrirungs-Gebühren über die Gerichtsschreiberei-Gebühren (droits de greffe) und die Geschäftsgebühren der Gerichtsschreiber, sowie über die Eintragung der Urkunden in das Repertorium (Art. 49 des Gesetzes über die Registrirung vom 22. Frimaire VII) in Kraft.

§ 4. Die Zustellungsurkunden der Gerichtsvollzieher sowie die Zustellungsurkunden der Postboten einschließlich der über

---

Gerichtliche Urkunden dieser Art sind insbesondere: Einwilligungen zur Adoption und zur Pflegschaft (Code civil, Art. 353, 363, 368); Familienrathsbeschlüsse, Emanzipationserklärungen, Siegelung und Entsiegelung eines Nachlasses, Testamentsüberreichungen (Code civil, Art. 1007), Erbschaftsverzichte und Erbschaftsannahmen, die der Verkaufsverordnung bei dem Hypotheken-Reinigungsverfahren vorausgehenden Verhandlungen mit Ausnahme gerichtlicher Entscheidungen (vergl. Code civil, Art. 2181, 2183, 2184, 2185, 2194), die Hinterlegung und Veröffentlichung von Eheverträgen der Kaufleute, die auf das Handelsregister bezüglichen Verhandlungen, Vereidigungen von Beamten, Verhandlungen in Betreff der Amtskautionen und Ehedispensationen (M.).

Der Bericht fügt noch bei die Hinterlegung der Abdrücke von Schlaghämmern, die Anmeldung einer Feuersbrunst, die Beeidigung der Privathüter, die Hinterlegung der Unterschrift der Notare, die Ueberschreibung der Patente der Buchhändler, Drucker, Aerzte, Chirurgen und Hebammen.

§ 4. Die Zustellungsurkunden der Gerichtsvollzieher sind in allen Angelegenheiten, auf welche das Gerichtskostengesetz Anwendung findet, stempel- und registrirungsfrei (Gerichtskostengesetz § 2.) Bei dem Umfange, in welchem § 1 dieses Gesetzes das Gerichtskostengesetz für anwendbar erklärt, bleibt nur eine sehr beschränkte Zahl von Zustellungen übrig, auf welche die Stempel- und Registrirungsvorschriften noch anzuwenden sein würden.

In formeller Beziehung stehen diese Zustellungen den Zustellungen in anderen Angelegenheiten gleich (§ 1 des Ausführungsgesetzes vom 8. Juli 1879, Ges.-Blatt für Elſ.-Lothringen S. 67.) Ihre Befreiung von den Stempel- und Registrirungsvorschriften rechtfertigt sich, abgesehen von der formellen Gleichheit und dem geringfügigen Ertrage der Zustellungen, hauptsächlich dadurch, daß in Zukunft — zufolge der Vorschrift des erwähnten § 1 des Gesetzes vom 8. Juli 1879 — vielfach Erklärungen, welche bisher in die Zustellungsurkunde selbst aufgenommen wurden, als besondere Schriftstücke zugestellt werden und damit den Gegenstand einer besonderen Anwendung der Stempel- und Registrirungsvorschriften bilden würden. Gegenüber dem bisherigen Zustande wurde die Besteuerung der Zustellungsurkunde in diesen letzteren Fällen eine Doppelbesteuerung in sich schließen.

Die zuzustellenden Urkunden, hinsichtlich welcher die bestehenden Vorschriften unberührt bleiben, mußten bisher schon vor der Zustellung, oder, wenn es sich um Urkunden des nämlichen Gerichtsvollziehers

greffiers, ainsi qu'à la transcription des actes au répertoire (art. 49 de la loi sur l'enregistrement du 22 frimaire an VII), resteront en vigueur pour les opérations et constatations judiciaires dans les affaires ne tombant pas sous l'application de la loi sur les frais de justice ou du § 1 de la présente loi.

§ 4. Les actes de signification des huissiers et ceux des facteurs de la poste, ainsi que les certificats constatant la

---

Les actes judiciaires de cette espèce sont notamment les consentements à l'adoption et à la tutelle officieuse (art. 353, 354, 363 et 368 du Code civil), les délibérations de conseils de famille, les déclarations d'émancipation, l'apposition et la levée des scellés dans une succession, les présentations de testament (art. 1007 du Code civil), la renonciation à une succession et l'acceptation d'une succession, les actes précédant l'ordonnance de vente dans une procédure de purge d'hypothèques, à l'exception des décisions judiciaires (art. 2181, 2183, 2184, 2185, 2194 du Code civil), le dépôt et la publication des contats de mariage entre commerçants, les actes inscrits au registre de commerce, l'assermentation des fonctionnaires, les actes relatifs aux cautionnements des fonctionnaires et aux dispenses de mariage (M.).

Le rapport y ajouta les dépôts d'empreinte de marteau, les déclarations d'incendie, l'assermentation des gardes particuliers, le dépôt de signature des notaires, la transcription des diplômes de libraires, imprimeurs, médecins, chirurgiens et sages-femmes.

§ 4. Les actes de signification des huissiers sont, dant toutes les affaires auxquelles est applicable la loi sur les frais de justice, exempts des droits de timbre et d'enregistrement (§ 2 de la loi sur les frais de justice). Vu l'extension que le § 1 de la présente loi donne à l'application de la loi sur les frais de justice, il ne reste qu'un nombre très restreint de significations auxquelles il y aurait lieu d'appliquer les dispositions des lois de timbre et d'enregistrement.

Sous le rapport de la forme, ces significations sont identiques à celles données dans les autres affaires (§ 1 de la loi d'exécution du 8 juillet 1879, Bulletin des lois pour l'Alsace-Lorraine, p. 67). Abstraction faite de l'identité de la forme et de la modicité du produit de ces significations, la suppression des droits de timbre et d'enregistrement pour ces actes se justifie encore principalement par cette considération, qu'aux termes du § 1 déjà cité de la loi du 8 juillet 1879, un grand nombre de déclarations qui jusqu'à présent pouvaient être reçues dans l'acte de signification même, devront à l'avenir être signifiées par des actes spéciaux, et donneront lieu à une nouvelle application des droits de timbre et d'enregistrement. Il y aurait donc dans ces cas, contrairement à ce qui existait, double perception de droits, si l'acte de signification n'en était pas exempt.

die Uebergabe an die Post ertheilten Bescheinigung (Civilprozeßordnung §§ 177, 179) sind auch in den im § 3 bezeichneten, sowie in den von dem Gerichtskostengesetze und diesem Gesetze nicht betroffenen Angelegenheiten stempel- und registrirungsfrei.

Für die in diesen Angelegenheiten zuzustellenden Urkunden verbleibt es hinsichtlich der Erhebung von Stempel- und Registrirungsgebühren bei den bestehenden Vorschriften. Der Gerichtsvollzieher hat die von ihm zugestellte Urkunde, sofern sie der Registrirung unterliegt und nicht schon vor der Zustellung registrirt worden ist, innerhalb vier Tagen nach der Zustellung der Enregistrements-Einnehmerei vorzulegen. Das Gleiche gilt im Falle der Zustellung durch die Post für den Gerichtsvollzieher oder den Gerichtsschreiber, welcher die Post um Bewirkung der Zustellung ersucht hat. Der Lauf der viertägigen Frist beginnt in diesem Falle mit der Ueberlieferung der Zustellungsurkunde seitens der Postanstalt (Civilprozeßordnung § 178 Absatz 3, § 179).

Die Erklärungen, welche nach den Artikeln 2183 bis 2185 und 2194 des Code civil zugestellt werden, unterliegen ohne Rücksicht auf die Zahl der Personen, für welche oder an welche zuzustellen ist, einer Registrirungsgebühr von 3 Mark.

Auf Zuwiderhandlungen der Gerichtsvollzieher oder Gerichtsschreiber gegen die in Absatz 2 enthaltenen Vorschriften finden die Strafbestimmungen des Artikels 34 des Gesetzes über die Registrirung vom 22. Frimaire VII und des Artikels 10 des Gesetzes über die Registrirungs- und Stempelgebühren vom 16. Juni 1824 Anwendung.

---

handelte, spätestens mit der Zustellungsurkunde registrirt werden (Art. 41 und 42 des Gesetzes über die Registrirung vom 22. Frimaire VII; Art. 56 des Finanzgesetzes vom 28. April 1816.) Für Erklärungen, welche bisher in die Zustellungsurkunde selbst aufgenommen wurden und jetzt als selbstständige Urkunden besonders zu besteuern sind, läßt sich eine Vorschrift, daß dieselben vor der Zustellung zu registriren seien, praktisch nicht durchführen. Es erscheint daher geboten, im Anschlusse an den die Fristen für Gerichtsvollzieher-Urkunden regelnden Artikel 20 des Gesetzes vom 22. Frimaire VII für die Registrirung der zuzustellenden Urkunden eine in allen Fällen gleiche Frist festzusetzen.

Für Gerichtsvollzieher-Urkunden, die nicht Zustellungsurkunden sind (z. B. Wechselproteste), bleibt es selbstverständlich bei den bestehenden Stempel- und Registrirungsvorschriften (M.).

remise à la poste, sont exempts des formalités du timbre et de l'enregistrement, même dans les affaires désignées au § 3 et dans celles qui ne tombent pas sous l'application de la loi sur les frais de justice et de la présente loi.

Pour les actes à signifier dans lesdites affaires, les dispositions actuelles relatives à la perception des droits de timbre et d'enregistrement, resteront en vigueur. L'huissier qui aura signifié un acte soumis à des droits, devra, si ces droits n'ont pas déjà été acquittés avant la signification, produire cet acte dans le délai de quatre jours à partir de la signification, à l'effet d'en faire percevoir les droits. La même obligation incombera en cas de signification par la poste à l'huissier ou au greffier qui aura requis la poste d'effectuer la signification. Le délai de quatre jours courra dans ce cas à partir du renvoi de l'acte par le bureau de poste (Code de procédure civile, § 178, al. 3, et § 179).

Les notifications à faire en vertu des articles 2183 à 2185 et 2194 du Code civil sont sujettes, quel que soit le nombre des parties requérantes ou requises, à un droit fixe d'enregistrement de 3 ℳ.

Les huissiers ou greffiers qui contreviendraient aux dispositions de l'alinéa 2 ci-dessus, seraient passibles des peines prononcées par l'article 34 de la loi sur l'enregistrement du 22 frimaire an VII et l'article 10 de la loi sur les droits d'enregistrement et de timbre du 16 juin 1824.

Les actes à signifier pour lesquels les anciennes dispositions restent en vigueur, devaient jusqu'à présent être enregistrés déjà avant la signification, ou, s'il s'agissait d'actes du même huissier, au plus tard avec l'acte de signification (art. 41 et 42 de la loi sur l'enregistrement du 22 Frimaire an VII, art. 56 de la loi de finance du 28 avril 1816.) Il n'a pas paru possible d'introduire en pratique une disposition d'après laquelle il faudrait faire enregistrer avant la signification les déclarations qui jusqu'à présent étaient reçues dans l'acte de signification même, au lieu qu'à l'avenir elles seront soumises aux droits commes actes spéciaux. Il a donc fallu, en conformité des dispositions de l'article 20 de la loi du 22 Frimaire an VII, sur les délais à observer pour l'enregistrement des actes des huissiers, fixer un délai uniforme pour l'enregistrement de toutes espèces d'actes à signifier.

Les anciennes dispositions sur le timbre et l'enregistrement sont naturellement maintenues pour les actes d'huissier, qui ne sont pas des significations, comme par exemple les protêts (M.).

§ 5. In der Kassationsinstanz kommen die Vorschriften des Gerichtskostengesetzes über die Revisionsinstanz zur Anwendung. Die Bestimmungen, welche wegen des Unterliegens in der Kassationsinstanz oder Berufungsinstanz eine Geldstrafe festsetzen, sind aufgehoben.

§ 6. In den Rechtssachen (§ 1), in welchem durch Gesuch eine Entscheidung beantragt wird, werden für die letztere einschließlich des vorangegangenen Verfahrens vier Zehntheile der Gebühr (Gerichtskostengesetz § 8), und wenn eine kontradictorische mündliche Verhandlung stattgefunden hat, die volle Gebühr erhoben.

Im Falle der Abweisung des Gesuchs kann das Gericht die Gebühr bis auf ein Zehntheil herabsetzen.

In der Berufungsinstanz kommen die Vorschriften des Gerichtskostengesetzes über die Beschwerdeinstanz zur Anwendung.

Im Falle des Artikels 116 des Code civil werden für die Aufnahme des Beweises vier Zehntheile der Gebühr besonders erhoben.

Bezüglich der von den Gerichtsvollziehern auch in Zukunft zu bewirkenden Zustellungen im Uebergebot- bezw. Reinigungsverfahren, sind die bedeutenden Kosten, welche durch die Vervielfältigung der Gebühren entstehen, durch Absatz 3 beseitigt (B.).

§ 5. Nach § 22 des Ausführungsgesetzes zum Gerichtsverfassungsgesetze vom 4. November 1878 entscheidet das Oberlandesgericht, insoweit das Rechtsmittel der Kassation bestehen bleibt, sowie hinsichtlich der Bestimmung des zuständigen Gerichts in den zur ordentlichen streitigen Gerichtsbarkeit nicht gehörenden Angelegenheiten als Kassationshof.

Die Entscheidungen über die Bestimmung des zuständigen Gerichts sind gemäß § 1 des Gesetzes in Verbindung mit § 47, Nr. 3 des Gerichtskostengesetzes gebührenfrei. Für die eigentliche Kassationsinstanz erscheint es sachgemäß, die Vorschriften des Gerichtskostengesetzes über die Revisionsinstanz anwendbar zu erklären.

Die Bestimmungen, welche wegen des Unterliegens in der Kassations- oder Berufungsinstanz eine Geldstrafe festsetzen (vergl. für die Kassationsinstanz in Civilsachen das Reglement vom 28. Juni 1738, Theil I, Titel IV, Art. 5 und 25; — in Strafsachen Art. 419, 420, 436, 437 des Code d'instruction criminelle; — für die Berufungsinstanz in Civilsachen Art. 471 des Code de procédure civile), sollen nach dem Gesetze in Wegfall kommen. Ihre Aufhebung liegt im Geiste der neuen Prozeßordnungen, welche solche Sukkumbenzstrafen nicht kennen (M.).

§ 6. Entscheidungen auf Gesuch kommen sowohl in Angelegenheiten der streitigen Gerichtsbarkeit (z. B. bei Gütertrennungsklagen, § 5 des Ausführungsgesetzes zu den Prozeßordnungen vom 8. Juli 1879),

§ 5. Pour l'instance en cassation, il sera fait application des dispositions de la loi sur les frais de justice relatives à l'instance en révision.

Sont abrogées les dispositions édictant une amende contre la partie qui aura succombé en appel ou en cassation.

§ 6. Dans les affaires (§ 1) où une décision interviendra sur requête, il sera perçu pour la décision, y compris la procédure, quatre dixièmes des droits (§ 8 de la loi sur les frais de justice); s'il y a eu des débats contradictoires, il y aura lieu de percevoir les droits ordinaires.

En cas de rejet de la requête, le tribunal pourra réduire les droits jusqu'à concurrence d'un dixième.

En cause d'appel il sera fait application des dispositions de la loi sur les frais de justice relatives à l'instance de recours.

Dans le cas de l'art. 116 du Code civil, on percevra quatre dixièmes des droits pour l'administration de la preuve.

Quant aux significations en matière de purge et de surenchère, dont les huissiers continuent à être chargés, les frais considérables résultant de la multiplication des droits, ont été supprimés par l'article 3 (R.).

§ 5. Aux termes du § 22 de la loi d'exécution de la loi sur l'organisation judiciaire du 4 novembre 1878, l'Oberlandesgericht juge comme cour de cassation dans les cas où le pourvoi en cassation est maintenu, et pour le règlement de juges dans les affaires qui ne relèvent pas de la juridiction contentieuse ordinaire.

Les décisions relatives au règlement de juges sont exemptes de droits aux termes du § 1 de cette loi et du § 47, n° 3 de la loi sur les frais de justice. Pour l'instance en cassation proprement dite, il paraît indiqué d'appliquer les dispositions de la loi sur les frais de justice relatives à l'instance de révision.

Les dispositions prononçant une amende contre la partie qui aura succombé en appel ou en cassation (voir pour l'instance en cassation en matière civile, le règlement du 28 juin 1738, section I, titre IV, art. 5 et 25; en matière criminelle, art. 419, 420, 436 et 437 du Code d'instruction criminelle; — pour l'instance d'appel en matière civile, art. 471 du Code de procédure civile), sont abrogées par la loi. Leur suppression est conforme à l'esprit des nouveaux Codes de procédure, qui ne connaissent pas l'amende de fol appel (M.).

§ 6. Il peut se présenter des décisions sur requête tant dans les affaires de la juridiction contentieuse, comme par exemple les demandes en séparation de biens (§ 5 de la loi d'exécution, au Code de procédure, du 8 juillet 1879), que dans les affaires de la juri-

§ 7. Die Vorschriften des § 36 des Gerichtskostengesetzes finden in allen Fällen Anwendung, in welchen nach gesetzlicher Bestimmung außerhalb eines Prozeßverfahrens die Feststellung eines Zustandes oder die Aufnahme eines Beweises unter gerichtlicher Mitwirkung stattzufinden hat.

§ 8. Bei Ehescheidungen auf Grund gegenseitiger Einwilligung werden erhoben:

für jede Verhandlung vor dem Präsidenten des Landgerichts (Code civil Art. 281 bis 288) drei Zehntheile der Gebühr (Gerichtskostengesetz § 8);

---

als in Angelegenheiten der nichtstreitigen Gerichtsbarkeit, wo sie die Regel bilden, vor. Sie lassen sich in der Regel ohne Schwierigkeiten und ohne Verhandlung der Parteien erledigen. Das Gesetz hat daher die Gebühr für diese Sachen entsprechend herabgesetzt.

Das landesgesetzliche Rechtsmittel der Berufung gegen Entscheidungen auf Gesuch kommt im Wesentlichen der Beschwerde der Civilprozeßordnung gleich. Demgemäß sind die Vorschriften des Gerichtskostengesetzes über die Beschwerdeinstanz hier anwendbar erklärt (M.).

In dem Verfahren bei Abwesenheitserklärung, ist die Aufnahme des Beweises, neben der im Absatze 1 bestimmten Gebühr, einer besonderen Gebühr von $^4/_{10}$ unterworfen (B.).

(Für die Entscheidung in den Fällen der §§ 1, 7, 8, 9 des Gesetzes vom 10. Mai 1886 — Ges.-Blatt S. 61 — (Ausstellung von Erbbescheinigungen und sonstigen verwandten Bescheinigungen) wird nach § 16 des angeführten Gesetzes nur die Hälfte der Gebühren des obigen § 6 erhoben. — Vergl. auch § 17 des Gesetzes über die Vormundschaften.

§ 7. Die Civilprozeßordnung gestattet in den §§ 447 bis 455, außerhalb eines gerichtlichen Verfahrens, einen Zustand gerichtlich feststellen zu lassen, — Sicherung des Beweises — insofern zu befürchten ist, daß sonst die Beweismittel verloren gehen oder wenigstens später schwer herbeizuschaffen sein würden. Die Kosten für dieses Verfahren sind im § 36 des Gerichtskostengesetzes festgestellt (B.).

Das Gesetz dehnt diese Bestimmung auf alle Fälle aus, in welchen außerhalb eines Prozeßverfahrens ein Beweis zu erheben ist (vergl. Anm. 17 bis 19 des Gesetzes über die Registrirung vom 22. Frimaire VII; Art. 1 und 2 des Gesetzes über die Abschätzungsanträge für in mehreren Gerichtsbezirken gelegene Grundstücke vom 15. November 1808; § 13 des Ausführungsgesetzes zum Gerichtsverfassungsgesetze vom 4. November 1878; Art. 5 des Gesetzes über die Gewährleistung bei Viehhändeln vom 20. Mai 1838; Art. 348, 365, 407 des Handelsgesetzbuchs und § 13, Abs. 4 des Einführungsgesetzes zur Civilprozeßordnung (M.).

§ 8. Bei Bestimmung der Gebühr ist in jedem Falle der § 8 des Gerichtskostengesetzes mit § 2 dieses Gesetzes zu verbinden; die Taxe von 500 Mark wird daher als Regel dienen, wenn das Gericht nicht anders bestimmt (B.).

§ 7. Les dispositions du § 36 de la loi sur les frais de justice sont applicables dans tous les cas où, en vertu d'une prescription de la loi, il s'agira, en dehors d'une procédure et avec le concours du tribunal, d'établir un point de fait ou d'administrer une preuve.

§ 8. Dans les procédures de divorce par consentement mutuel, il sera perçu:

trois dixièmes des droits (§ 8 de la loi sur les frais de justice) pour tout acte de procédure devant le président du Landgericht (art. 281 à 288 du Code civil);

---

diction non contentieuse, où elles forment la règle. Elles n'offrent généralement pas de difficultés et sont rendues sans débat oral préalable. Aussi la loi a-t-elle réduit dans une certaine mesure les droits à percevoir dans ces affaires. Le pourvoi contre les décisions sur requête qui, d'après notre législation particulière, a lieu par voie d'appel, est à peu près identique à la voie de recours du Code de procédure civile. En conséquence, on a appliqué à ces cas les dispositions de la loi sur les frais de justice sur l'instance en recours (M.).

D'après l'alinéa 4, il est perçu en matière d'absence 4 dixièmes des droits pour l'administration de la preuve en dehors des autres droits prévus par le § 1 (R.).

(Pour les décisions rendues dans les cas prévus par les §§ 1, 7, 8 et 9 de la loi du 10 mai 1886, concernant la délivrance de certificats d'héritiers, le § 16 de la même loi ne prévoit que la moitié des droits prévus par le § 6 (comp. également le § 17 de la loi sur la tutelle).

§ 7. Le Code de procédure civile permet dans ses §§ 447 à 455 de faire des constatations par le juge en dehors de la procédure ordinaire, lorsqu'il est à craindre que sans cette intervention, les moyens de preuve viennent à disparaître ou soient plus difficiles à administrer plus tard. Cette procédure extraordinaire se trouve tarifée dans le § 36 du Gerichtskostengesetz (R.).

La loi étend cette disposition à tous les cas dans lesquels une preuve est administrée en dehors d'un procès (comp. art. 17 à 19 de la loi sur l'enregistrement du 22 frimaire an VII, art. 1 et 2 de la loi relative aux demandes en expertise d'immeubles situées dans plusieurs ressorts, du 15 novembre 1808; § 13 de la loi d'exécution à la loi sur l'organisation judiciaire, du 4 novembre 1878; art. 5 de la loi du 20 mai 1838, sur les vices rédhibitoires; art. 348, 365 et 407 du Code de commerce, et § 13, al. 4 de la loi d'introduction au Code de procédure civile) (M.).

§ 8. Pour la fixation des ces droits, il y aura lieu de combiner chaque fois le § 8 du Gerichtskostengesetz avec le § 2 de cette loi; le taux de 500 *M.* servira ainsi de norme, à moins que le tribunal n'en décide autrement (R.).

11

für die Entscheidung des Landgerichts (Code civil Art. 290) die doppelte Gebühr;

für die Entscheidung des Oberlandesgerichts (Code civil Art. 293) die vierfache Gebühr.

In der oberlandesgerichtlichen Instanz wird die Gebühr nur erhoben, soweit die Berufung als unzulässig verworfen oder zurückgewiesen wird.

§ 9. Für Entscheidungen, welche eine Adoption zulassen, wird einschließlich des vor dem entscheidenden Gerichte vorangegangenen Verfahrens, die doppelte Gebühr (Gerichtskostengesetz § 8) erhoben.

In der oberlandesgerichtlichen Instanz erhöht sich dieselbe um ein Viertheil.

§ 10. Für die Bestätigung eines Familienrathsbeschlusses, eines Vereinbarungsaktes oder einer Theilung durch den Amtsrichter sowie für eine Verkaufsverordnung desselben (Gesetz vom 1. Dezember 1873, betreffend außergerichtliche Theilungen und gerichtliche Verkäufe von Liegenschaften, §§ 1, 3, 4, 11; Gesetz vom 8. Juli 1879, betreffend die Ausführung der Civilprozeßordnung, der Konkursordnung und der Strafprozeßordnung, § 32), wird sowohl in der ersten Instanz als in der Beschwerdeinstanz die Hälfte der im § 6 bestimmten Gebühren erhoben.

§ 11. In dem Verfahren, betreffend die Zwangsvollstreckung in unbewegliches Vermögen, wird, neben der im § 35 Nr. 3

---

§ 9. Urtheile, welche ein Adoptionsgesuch abweisen, fallen unter die Regel des § 6 (M.).

(Vergl. übrigens die Bemerkungen unter § 8.)

§ 10. Alle Entscheidungen, welche im § 10 erwähnt werden, gehören zur Kompetenz der Amtsrichter. Zu den durch die Citate im Text angeführten Entscheidungen ist jetzt auch noch die Verkaufsverordnung gemäß §§ 12 und 13 des Gesetzes vom 1. Dezember 1873 hinzugekommen, zufolge § 11 des Gesetzes, betr. die Ausstellung gerichtlicher Erbbescheinigungen und der Zuständigkeit der Amtsgerichte vom 10. Mai 1886.

Da der bisherige Tarif nur eine feste Gebühr von 0,80 Mark für diese Fälle hatte, so mußte die durch § 6 bestimmte Gebühr noch als zu hoch erscheinen, und eine Herabsetzung derselben auf die Hälfte eintreten. Die Folge davon ist, daß, wenn wir den Normalsatz des § 2 mit 500 Mark als Werth des Objektes annehmen, die Kosten 4 Mark betragen, falls nicht der Richter eine höhere oder geringere Summe als Werth des Gegenstandes des Verfahrens annimmt (B.).

§ 11. Für die Anordnung der Zwangsvollstreckung in unbewegliches Vermögen (Civilprozeßordnung § 755) werden gemäß § 35 Nr. 3 des

le double des droits pour la décision du Landgericht (art. 290 du Code civil), et

le quadruple des droits pour la décision de l'Oberlandesgericht (art. 293 du Code civil).

Dans cette dernière instance, il n'y a toutefois lieu de percevoir de droits que dans le cas où l'appel est déclaré non recevable ou rejeté.

§ 9. Pour les décisions admettant une adoption, y compris la procédure, on percevra le double des droits (§ 8 de la loi sur les frais de justice).

Dans l'instance devant l'Oberlandesgericht, ces droits seront augmentés d'un quart.

§ 10. Pour l'homologation par l'Amtsrichter d'une délibération de conseil de famille, d'une convention ou d'un partage, ainsi que pour l'ordonnance de vente émanant du même juge (§§ 1, 3, 4 et 11 de la loi du 1er décembre 1873 sur les partages extrajudiciaires et les ventes judiciaires d'immeubles, et § 32 de la loi du 8 juillet 1879 sur l'exécution du Code de procédure civile, du Code des faillites et du Code d'instruction criminelle), il sera perçu, tant en première instance que dans l'instance en recours, la moitié des droits fixés par le § 6.

§ 11. Dans la procédure d'exécution forcée immobilière, il y aura lieu, de percevoir en outre des droits fixés au

---

§ 9. Le jugement qui rejette la demande en adoption tombe sous la règle posée par § 6 (M.). (Comp. en outre les observations sous § 8).

§ 10. Toutes les décisions auxquelles se rapportent les dispositions de ce paragraphe sont maintenant de la compétence du l'Amtsrichter. Aux décisions mentionnées dans le texte du § 8, il y a lieu d'ajouter, en vertu du § 11 de la loi sur la délivrance des certificats d'héritiers et la compétence des Amtsrichter, les décisions ordonnant la vente, telles que les prévoient les §§ 12 et 13 de la loi du 1 décembre 1873.

L'ancien tarif n'ayant prévu qu'un droit fixe de 80 ₰, il s'ensuivait que les droits, tels qu'ils sont fixés par le § 6, pouvaient encore paraître exagérés. De là la réduction de ces droits à la moitié, ce qui a pour conséquence que si l'on admet le taux normal du § 2, qui est de 500 ℳ, le droit à percevoir sera de 4 ℳ, à moins que le juge n'admette, le cas échéant, un taux inférieur ou supérieur pour la valeur de l'objet de la procédure (R.).

§ 11. Aux termes du § 35, nº 3 de la loi sur les frais de justice, il est perçu deux dixièmes des droits pour l'ordonnance d'exécution

des Gerichtskostengesetzes für die Anordnung der Zwangsvollstreckung bestimmten Gebühr, für die zur Zuständigkeit des Vollstreckungsgerichts gehörenden Entscheidungen in der ersten und in der Beschwerdeinstanz, einschließlich des vorangegangenen Verfahrens, die Hälfte der im § 6 bestimmten Gebühren erhoben.

Auf die Entscheidungen, welche zur Zuständigkeit des zur Mitwirkung bei dem Hypothekenreinigungsverfahren, einschließlich des Uebergebots, berufenen Gerichts gehören, sowie auf den Wiederverkauf, finden die vorstehenden Bestimmungen entsprechende Anwendung.

§ 12. Für das Vertheilungsverfahren, welches den Erlös von unbeweglichem Vermögen zum Gegenstande hat, werden fünf Zehntheile, und wenn das Verfahren vor dem zur Erklärung über den Theilungsplan bestimmten Termine erledigt wird, drei Zehntheile der Gebühr (Gerichtskostengesetz § 8) erhoben.

§ 13. Auf das Verfahren bei Strafverfügungen in den Fällen der §§ 19 bis 26 des Einführungsgesetzes zur Wechsel-

---

Gerichtskostengesetzes zwei Zehntheile der Gebühr erhoben. Der gleiche Gebührensatz erscheint im Anschlusse an § 35 Nr. 5 des Gerichtskostengesetzes für die übrigen zur Zuständigkeit des Vollstreckungsgerichts gehörigen Entscheidungen angemessen (M.). Die Verweisung bezieht sich jetzt auf § 35 Nr. 2 des Gerichtskostengesetzes, wie die Motive zum Gesetz vom 13. März 1882 hervorheben.

Die Bestimmung des Absatzes 2 des Entwurfes:

> Das Versteigerungsprotokoll bleibt, soweit in demselben ein Besitzwechsel beurkundet ist, den bisherigen Vorschriften über Erhebung von Stempel- und Registrirungs-Gebühren unterworfen,

wurde von der Kommission des Landesausschusses gestrichen, da er nur eine in unberührt bleibenden Gesetzen enthaltene Bestimmung wiederhole.

§ 12. (Vergl. G. K. G. § 42.)

Der Berechnungsmodus des § 12 kommt nur dann zur Anwendung, wenn kein Streit vorhanden ist; ist dieses nicht der Fall, so kommt der gewöhnliche Tarif zur Anwendung und es ist alsdann Sache des Richters, in Gemäßheit der §§ 3 bis 9 der Civilprozeßordnung festzusetzen, welche Summe behufs Erhebung der Gebühren als Werth des Streitgegenstandes angenommen werden soll (B.).

§ 13. Die §§ 19 bis 26 des Einführungsgesetzes zum Handelsgesetzbuche und zur Wechselordnung regeln das Verfahren bei Verhängung von Ordnungsstrafen wegen Nichtanmeldung zum Handelsregister und

§ 35, nº 3 de la loi sur les frais de justice pour l'ordonnance d'exécution forcée, la moitié des droits prévus au § 6, pour les décisions de la compétence du tribunal d'exécution rendues soit en première instance, soit dans l'instance en recours, y compris la procédure.

Les dispositions ci-dessus sont applicables tant aux décisions rentrant dans la compétence du tribunal appelé à donner son concours dans la procédure de purge d'hypothèque, y compris la surenchère, qu'à la revente sur surenchère.

§ 12. Pour la procédure de distribution ayant pour objet le produit de la vente de biens immeubles, il sera perçu cinq dixièmes des droits (§ 8 de la loi sur les frais de justice) et trois dixièmes seulement, si la procédure est terminée avant le jour fixé pour recevoir les déclarations sur l'état de distribution.

§ 13. Les dispositions de la loi sur les frais de justice en matière criminelle sont applicables à la procédure par voie d'ordonnance pénale dans les cas des §§ 19

---

forcée sur biens immeubles (§ 755 du Code de procédure civile). On a cru, par une disposition analogue à celle du § 35, nº 5 de la loi sur les frais de justice, devoir appliquer les mêmes droits à toutes les autres décisions de la compétence du tribunal d'exécution (M.).

Les motifs de la loi du 13 mars 1882 indiquent que le § 11 vise maintenant le § 35 nº 2 de la loi sur les frais de justice.

L'alinéa 2 du projet de loi, qui était ainsi conçu:

> Le procès-verbal d'adjudication reste, en tant qu'un changement de possession y est constaté, soumis aux dispositions actuelles relativement à la perception des droits de timbre et d'enregistrement,

a été rayé par la commission, puisqu'il ne faisait que reproduire des prescriptions déjà inscrites dans des lois de finance qui restent en vigueur.

§ 12. (Comp. G. K. G. § 442.) Il est sous-entendu qu'il n'y a lieu d'appliquer le § 12, qu'en tant qu'il ne survient pas de contestation; dans le cas contraire, on en revient au tarif ordinaire et il appartient au juge de déterminer ce qui, pour la perception des droits, doit être considéré comme formant la valeur litigieuse, en se conformant aux prescriptions des §§ 3 à 9 du Code de procédure civile (R.).

§ 13. Les §§ 19 à 26 de la loi d'introduction au Code de commerce et à la loi sur la lettre de change règlent la procédure relative aux amendes encourues en cas d'omission de l'inscription au

ordnung und zum Handelsgesetzbuch vom 19. Juni 1872 (Gesetzblatt für Elsaß-Lothringen, Seite 213) finden die Vorschriften des Gerichtskostengesetzes über Strafsachen Anwendung.

Die Strafverfügung steht dem amtsrichterlichen Strafbefehle gleich.

§ 14. In den vor die Gewerbegerichte gehörenden Rechtsstreitigkeiten werden für das Verfahren vor diesen Gerichten zwei Zehntheile und in den höheren Instanzen fünf Zehntheile der im Gerichtskostengesetze und in diesem Gesetze bestimmten Gebühren erhoben.

Die Verhandlungen des Vergleichsamts sind gebührenfrei.

Die Bestimmungen des Gerichtskostengesetzes über den Gebührenvorschuß (§§ 81, 85, 90), sowie die Vorschriften desselben Gesetzes über die vor der Beendigung der Instanz alljährlich eintretende Fälligkeit der Gebühren (§ 94, Nr. 1) finden keine Anwendung.

Die Schreibgebühren erhält der Gerichtsschreiber. Für die briefliche Aufforderung zu der Verhandlung vor dem Vergleichsamte ist an den Gerichtsschreiber von dem Antragsteller eine Gebühr von 30 Pfennig zu entrichten.

§ 15. Ist im Forststrafverfahren durch Urtheil oder Strafbefehl ausschließlich auf Einziehung von Holz erkannt, so ist der Werth des Holzes an Stelle der Strafe für die Höhe der Gebühr maßgebend. Die Gebühr beträgt jedoch in jeder Instanz höchstens 5 Mark.

---

wegen Mißbrauchs fremder Firmen. Sachgemäß finden hier die Bestimmungen über die Gebühren in Strafsachen Anwendung. Wird gegen die Strafverfügung, welche das Gesetz dem amtsrichterlichen Strafbefehl gleichstellt, Einspruch erhoben, so werden die Gebührensätze der §§ 63 Abs. 2 und 64 ff. des Gerichtskostengesetzes anwendbar (M.).

§ 14. (Vergl. die §§ 21 bis 44 des Gesetzes über die Gewerbegerichte vom 23. März 1880.)

(Durch den zweiten Absatz wird den §§ 23 und 101 des G. K.-Gesetzes derogirt.) Die Schreibgebühren des Gerichtsschreibers bemessen sich nach dem G. K.-Gesetz. Nach Ansicht der Kommission kann der Gerichtsschreiber noch andere Auslagen, z. B. das Briefporto, in Anrechnung bringen.

§ 15. Diese Vorschrift bezieht sich auf den im § 20 des Forststrafgesetzes vom 28. April 1880 vorgesehenen Fall (M.).

à 26 de la loi d'introduction à la loi sur les lettres de change et au Code de commerce du 19 juin 1872 (*Bulletin des lois pour l'Alsace-Lorraine,* p. 213).

L'ordonnance pénale est assimilée dans ces cas à l'ordonnance pénale rendue par l'Amtsrichter.

§ 14. Dans les contestations de la compétence des Conseils de prud'hommes, on percevra, pour la procédure devant les Conseils, deux dixièmes des droits fixés par la loi sur les frais de justice et par la présente loi, et cinq dixièmes des droits, pour la procédure dans les instances supérieures.

Les débats en conciliation devant le bureau particulier des prud'hommes sont exempts de tous droits.

Les dispositions de la loi sur les frais de justice qui règlent l'avance et le paiement des frais (§§ 81, 85, 90), ainsi que celles relatives à l'exigibilité annuelle des droits, même avant la fin de l'instance (§ 94, al. 1), ne sont point applicables à ces contestations.

Les droits d'expédition sont perçus par le secrétaire. Il sera payé au secrétaire un droit de 30 Pfg. pour la lettre d'invitation à comparaître devant le bureau particulier.

§ 15. Si, en matière forestière, le jugement ou l'ordonnance n'ordonnent que la confiscation de bois, la valeur de ce bois servira de base au lieu de la peine, pour la fixation des droits. Ces droits ne dépasseront pas néanmoins dans chaque instance la somme de 5 ℳ.

---

registre de commerce, ou d'emploi abusif de la raison sociale d'autrui. Il a paru naturel d'appliquer à ces cas les droits fixés pour les affaires criminelles. Pour l'opposition contre une ordonnance pénale de ce genre, qui est assimilée par la loi à celles de l'Amtsrichter, les droits à percevoir sont ceux des §§ 63, alinéa 2, 64 et suiv. du G. K. G. (M.).

§ 14. (Comp. les §§ 21—44 de la loi sur les Conseils de prud'hommes du 23 mars 1880.)

(Par le 2e alinéa, il est dérogé aux § 23 et 101 du Gerichtskostengesetz.)

Les droits d'expédition revenant au greffier se calculeront d'après le Gerichtskostengesetz. De l'avis de la commission, le greffier peut faire entrer en ligne de compte les autres déboursés, ainsi par exemple les ports de lettre.

§ 15. Cette disposition se rapporte au cas prévu par le § 20 du Code pénal forestier du 28 avril 1880 (M.).

§ 16. Von Zahlung der Gebühren sind befreit:

1) das Reich,
2) die Landeskasse.

In denjenigen Rechtssachen, in welchen auf Grund besonderer Vorschriften Stempel- und Registrirungs-Gebühren nicht zu erheben sind, werden Gebühren nicht in Ansatz gebracht.

Auf das Disciplinarverfahren gegen Richter, Notare, Gerichtsvollzieher und Standesbeamte finden die Bestimmungen des § 124 des Gesetzes vom 31. März 1873, betreffend die Rechtsverhältnisse der Reichsbeamten, Anwendung.

---

§ 16. Dieser Paragraph bestimmt in Gemäßheit des § 98 des Gerichtskostengesetzes, welche Personen und Rechtssachen vor den Landesgerichten Gebührenfreiheit genießen sollen.

Die Befreiung des Reichs von Zahlung der Gebühren ist für das Gebiet des Gerichtskostengesetzes durch § 98 desselben bestimmt. Nach dem Gesetze gilt dieselbe auch für alle übrigen gerichtlichen Angelegenheiten.

Auf Grund besonderer Vorschriften über Befreiung von Stempel- und Registrirungsgebühren sind auch in Zukunft insbesondere folgende Rechtssachen gebührenfrei:

1. Das Zwangsenteignungsverfahren (Art. 58 des Gesetzes vom 3. Mai 1841);
2. Die Verhandlungen und Entscheidungen über Reklamationen gegen die Wahllisten (Art. 22 bis 24 des organischen Dekrets vom 2. Februar 1852);
3. Das Verfahren vor den Rheinschifffahrtsgerichten (Art. 39 der Rheinschifffahrtsakte vom 17. Oktober 1868);
4. Das Verfahren betreffend die Erklärung der Verschollenheit von Personen, welche an dem in den Jahren 1870 und 1871 geführten Kriege theilgenommen haben (§ 8 des Gesetzes vom 21. Oktober 1873, Gesetzblatt für Elsaß-Lothringen, S. 281);
5. Die im § 7, Absatz 2 des Gesetzes vom 22. Oktober 1873 (Gesetzblatt für Elsaß-Lothringen, S. 278) bezeichneten Vormundschaftsverhandlungen.

Im Disziplinarverfahren gegen Landesbeamte, mit Ausnahme der Richter, Rechtsanwälte, Notare, Gerichtsvollzieher und Standesbeamten, sind nach § 124 des Gesetzes, betreffend die Rechtsverhältnisse der Reichsbeamten vom 31. März 1873, in Verbindung mit Art. I und IV des Gesetzes, betreffend die Rechtsverhältnisse der Beamten und Lehrer vom 23. Dezember 1873, keine Gebühren, sondern nur baare Auslagen zu erheben. Für das Disziplinarverfahren gegen Rechtsanwälte enthält § 94 der Rechtsanwaltsordnung eine gleiche Befreiung von den Gebühren (M.).

§ 16. Sont exempts du paiement de tous droits:

1° l'Empire;

2° le Trésor d'Alsace-Lorraine.

Il ne sera pas compté de droits pour les affaires qui sont exemptes, en vertu de dispositions particulières, de droits de timbre et d'enregistrement.

Les dispositions du § 124 de la loi du 31 mars 1873 sur les droits et les obligations des fonctionnaires de l'Empire sont applicables à la procédure disciplinaire contre les juges, notaires, huissiers et officiers de l'état civil.

---

§ 16. Ce paragraphe détermine, par application du § 98 du Gerichtskostengesetz, les personnes et les affaires qui jouiront de l'exemption des droits devant les Landgerichte.

L'exemption de droits déjà accordée à l'Empire par ledit § 98 pour toutes les affaires tombant sous l'application de la loi sur les frais de justice, est étendue par la loi à toutes les autres affaires judiciaires.

Seront également libres de droits à l'avenir, en vertu des dispositions spéciales qui les exemptent des droits de timbre et d'enregistrement, les affaires suivantes:

1. La procédure d'expropriation forcée (art. 58 de la loi du 3 mai 1841);
2. Les opérations judiciaires et décisions relatives aux réclamations contre les listes électorales (art. 22 à 24 du décret organique du 2 février 1852);
3. La procédure devant les tribunaux spéciaux pour la navigation du Rhin (art. 39 de l'arrêté relatif à la navigation sur le Rhin, du 17 octobre 1868);
4. La procédure relative à la déclaration d'absence des personnes ayant pris part à la guerre de 1870 à 1871 (§ 8 de la loi du 21 octobre 1873, Bulletin des lois pour l'Alsace-Lorraine, p. 281);
5. Les actes de tutelle désignés au § 7, alinéa 2 de la loi du 22 octobre 1873 (Bulletin des lois pour l'Alsace-Lorraine, p. 278).

Dans la procédure disciplinaire contre les fonctionnaires du pays, à l'exception des juges, avoués, notaires, huissiers et officiers de l'état civil, il ne peut, aux termes du § 124 de la loi relative aux droits et obligations des fonctionnaires de l'Empire du 31 mars 1873, de concert avec les articles I et IV de la loi relative aux droits et obligations des fonctionnaires et des instituteurs du 23 décembre 1873, être perçu aucun droit, mais seulement les déboursés. La procédure disciplinaire contre les avoués est déjà exempte de tous droits en vertu du § 94 de la Rechtsanwalt-Ordnung du 1er juillet 1878 (M.).

§ 17. Die Vorschriften der Civilprozeßordnung, des Gerichtskostengesetzes und der Gebührenordnungen für Rechtsanwälte und für Gerichtsvollzieher über das Armenrecht finden auf die im § 1 bezeichneten Angelegenheiten entsprechende Anwendung.

Die Bestimmungen der §§ 8 bis 10 des Gesetzes, betreffend die Beaufsichtigung und die Kosten der Vormundschaftsverwaltung, vom 22. Oktober 1873 (Gesetzblatt für Elsaß-Lothringen, S. 278) werden hierdurch nicht berührt.

Die Notare, Gerichtsschreiber und andere öffentliche Verwahrer sind nur auf Anordnung des Vorsitzenden des Gerichts, welches das Armenrecht ertheilt hat, zur unentgeltlichen Abgabe von Schriftstücken und Ausfertigungen an die zum Armenrechte zugelassene Partei verpflichtet.

§ 18. Auf die Schreibgebühren der Gerichtsschreiber für Ausfertigungen und Abschriften finden in allen gerichtlichen Angelegenheiten die Vorschriften des § 80 des Gerichtskostengesetzes Anwendung.

Die daselbst vorgeschriebene Zahl der Zeilen und Silben ist auch für die Berechnung der Gerichtsschreibereigebühren (droits de greffe) maßgebend.

§ 19. Für die Vornahme von Inventuren und von Siegelungen und Entsiegelungen im Konkursverfahren (§§ 112,

---

§ 17. Die §§ 106 ff. der Civilprozeßordnung finden in Zukunft auf alle Angelegenheiten, in welchen es sich um eine Entscheidung handelt, demnach auch in der Kassationsinstanz vor dem Oberlandesgericht in Colmar Anwendung (B.). (Der dritte Absatz giebt nur den Art. 16 des Gesetzes vom 22. Januar 1851 wieder.)

Von den Gerichtsschreibern ist deshalb die Rede, weil es vorkommen kann, daß der im Armenrecht Prozessirende zur Durchführung seiner Ansprüche Schriftstücke nöthig hat, die auf der Gerichtsschreiberei eines andern als desjenigen Gerichtes, welches ihn zum Armenrechte zugelassen hat, hinterlegt sind. Hier sollen die Gerichtsschreiber der anderen Gerichte gehalten sein, die betreffenden Urkunden kostenfrei auszuhändigen, jedoch nur auf eine Verfügung des kompetenten Richters hin (B.).

§ 18. Art. 6 des Gesetzes über die Gerichtsschreibereigebühren vom 21. Ventôse VII, wonach die Ausfertigungen 20 Zeilen auf der Seite und 8 bis 10 Silben in der Zeile erhalten sollen, ist mit § 80 des Gerichtsverfassungsgesetzes nicht vereinbar und wird daher aufgehoben (M.).

§ 19. Durch § 30 des Ausführungsgesetzes zum Gerichtsverfassungsgesetze vom 4. November 1878 sind die Amtsgerichtsschreiber und Ge-

§ 17. Les dispositions du Code de procédure civile, de la loi sur les frais de justice et des tarifs des avoués et des huissiers relatives à l'assistance judiciaire, sont applicables aux affaires désignées au § 1.

Resteront toutefois en vigueur les §§ 8 à 10 de la loi concernant la surveillance et les frais en matière de tutelle du 22 octobre 1873 (*Bulletin des lois pour l'Alsace-Lorraine,* p. 278).

Les notaires, greffiers et autres dépositaires d'actes publics ne sont tenus de délivrer gratuitement des pièces et des expéditions à la partie qui a obtenu l'assistance judiciaire, que sur une ordonnance du tribunal qui a accordé l'assistance.

§ 18. Les dispositions du § 80 de la loi sur les frais de justice sont applicables dans toute espèce d'affaires judiciaires aux droits des greffiers pour les expéditions et pour les copies.

Le nombre de lignes et de syllabes qui y est prescrit servira également de base pour le calcul des droits de greffe.

§ 19. Pour la confection d'un inventaire, pour l'apposition ou la levée de scellés en matière de faillite, le greffier de l'Amtsgericht touchera les mêmes droits et frais de voyage que l'huissier.

---

§ 17. Les §§ 106 et suivants du Code de procédure civile s'appliqueront à l'avenir à toutes les affaires dans lesquelles il s'agira de décisions, dès lors aussi à l'instance en cassation devant la cour de Colmar (R.). (Le 3e alinéa ne fait que reproduire l'article 16 de la loi du 22 janvier 1851.)

S'il est question des greffiers, c'est qu'il peut arriver que des pièces qui sont déposées au greffe d'un autre tribunal que celui qui a accordé l'assistance judiciaire, soient nécessaires à l'assisté pour la poursuite de ses droits. Les greffiers des autres tribunaux auront ainsi à délivrer gratuitement les pièces, mais seulement sur une ordonnance du juge compétent (R.).

§ 18. L'article 6 de la loi sur les droits de greffe du 21 ventôse an VII d'après lequel les expéditions doivent contenir vingt lignes par page et huit à dix syllabes par ligne, est abrogé comme incompatible avec le § 80 du Gerichtskostengesetz (M.).

§ 19. Le § 30 de la loi d'exécution à la loi sur l'organisation judiciaire du 4 novembre 1878 autorise, en matière de faillite, les greffiers cantonaux et les huissiers à apposer les scellés et à as-

113 der Konkursordnung, § 30 des Gesetzes vom 4. November 1878, Gesetzblatt für Elsaß-Lothringen, S. 65) erhält der Amtsgerichtsschreiber die einem Gerichtsvollzieher für die gleichen Akte zustehenden Gebühren und Reisekosten.

§ 20. Die Entschädigung für den Stempel des Repertoriums der Amtsgerichtsschreiber wird auf 10 Pfennig für jeden Eintrag festgesetzt.

§ 21. Die Eintreibung der in Gemäßheit des Gerichtskostengesetzes und dieses Gesetzes geschuldeten Vorschüsse, Gebühren und Auslagen erfolgt durch die Enregistrementsverwaltung auf Grund von gerichtlich vollstreckbar erklärten Zwangsbefehlen.

Auf die Zwangsvollstreckung aus diesen Zwangsbefehlen finden die Vorschriften der §§ 17 und 19 des Gesetzes vom 8. Juli 1879 (Gesetzblatt für Elsaß-Lothringen, S. 67) Anwendung.

§ 22. Für das in einer gerichtlichen Entscheidung festgestellte Rechtsverhältniß wird eine Registrirungsgebühr (Titelgebühr) nur insoweit erhoben, als der Betrag dieser Gebühr denjenigen der Gerichtsgebühren übersteigt.

Das Mahnverfahren gilt im Sinne des Absatzes 1 als Eine Instanz.

Unberührt bleiben die Gebühren von Verträgen, welche der Registrirung in einer bestimmten Frist unterworfen sind.

---

richtsvollzieher zur Vornahme von Siegelungen und zur Wahrnehmung der Verrichtung einer Urkundsperson bei Inventuren im Konkursverfahren ermächtigt. Die Gebühren für diese Geschäfte sowie die Reisekosten sind für beide Beamtenklassen gleichheitlich festgesetzt (vgl. § 31).

Der Bericht der Kommission giebt dem Wunsche Ausdruck, daß derartige Geschäfte eher den Gerichtsvollziehern übertragen werden möchten, deren Amt einen guten Theil seiner früheren Bedeutung verloren hat, während die Gerichtsschreiber vielfach mit Arbeit überhäuft sind.

§ 22. Die Titelgebühr, wie dieselbe auf Grund des Art. 69 des Gesetzes vom 22. Frimaire VII zu erheben ist, wenn eine Verurtheilung auf eine Klage ergeht, welche auf einen nicht einregistrirten, der Einregistrirung unterworfenen Titel gegründet ist, ist durch § 100 des Gerichtskostengesetzes aufrecht erhalten, welcher bestimmt, daß diejenigen landesgesetzlichen Bestimmungen unberührt bleiben sollen, nach welchen neben der für ein Urtheil zu erhebenden Entscheidungsgebühr noch eine Registrirungsgebühr für das im Urtheil festgestellte Rechtsverhältniß zu erheben ist.

Da die Gerichtskosten, namentlich in den Sachen von geringerem Werthe des Gegenstandes, sehr hoch sind und so gewissermaßen die Titelgebühr zum zweiten Male erhoben wird, so bestimmt der von der

§ 20. L'indemnité à allouer au greffier de l'Amtsgericht à titre de remboursement pour le papier timbré du répertoire, est fixée à 10 ₰ pour chaque mention.

§ 21. Le recouvrement des avances, droits et déboursés dus en vertu de la loi sur les frais de justice et de la présente loi, sera poursuivi par l'Administration de l'enregistrement au moyen de contraintes qui seront déclarées exécutoires par le juge.

L'exécution forcée en vertu de ces contraintes sera réglée par les dispositions des §§ 17 et 19 de la loi du 8 juillet 1879 (*Bulletin des lois pour l'Alsace-Lorraine,* p. 67).

§ 22. Un droit d'enregistrement (droit de titre) ne sera perçu sur les décisions judiciaires qui établissent un titre ou une obligation, qu'en tant qu'il dépasse le montant des droits judiciaires dus pour l'instance.

La procédure d'avertissement compte pour une instance dans le sens de l'alinéa 1.

Les droits dus sur des conventions soumises à l'obligation de l'enregistrement dans un délai déterminé, continueront à être perçus.

---

sister à la confection d'un inventaire en qualité de fonctionnaires revêtus du droit d'instrumenter. Le § 19 fixe d'une manière uniforme pour les deux catégories de fonctionnaires les droits à percevoir pour ces opérations ainsi que les frais de voyage (M.).

Le rapport de la commission exprime le vœu que ces sortes d'opérations soient plutôt confiées aux huissiers, dont les fonctions ont considérablement perdu de leur importance, qu'aux greffiers qui sont en grande partie déjà surchargés de travail.

§ 22. Le droit de titre, tel qu'il est prévu par l'article 69 de la loi du 22 frimaire an VII sur le jugement, là où la demande n'est pas fondée sur un titre enregistré ou susceptible de l'être, est maintenu par le § 100 du Gerichtskostengesetz qui stipule: qu'il est en rien innové aux dispositions spéciales des Etats de l'Empire, d'après lesquelles il est perçu en sus des droits de décision pour un jugement, des droits d'enregistrement pour les obligations établies par le jugement même.

Les droits établis par le tarif des frais judiciaires étant très élevés, surtout pour les affaires de minime importance et pouvant dès lors être considérés comme faisant double emploi avec le droit de titre, le § 22 que la Commission du Landesausschuss a introduit dans la loi, dispose que ce dernier ne sera perçu qu'en tant qu'il est supérieur aux droits proportionnels à percevoir dans l'instance. Si le droit à percevoir est par exemple de 0,90 p. 100 sur un jugement par défaut et que le droit de titre est de 1 p. 100. le Trésor

§ 23. Die einer Titelgebühr unterliegenden Entscheidungen sind, wenn die Gebühr nicht bei dem Gerichtsschreiber eingezahlt ist, unter Stundung derselben zu registriren. Die Aushändigung dieser Entscheidungen in Urschrift, Abschrift oder Ausfertigung darf von deren Registrirung nicht abhängig gemacht werden; ihre Erwähnung in anderen Akten ist vor der Registrirung zulässig. Von Entscheidungen, welche in Urschrift ausgehändigt werden, hat der Gerichtsschreiber, wenn die Aushändigung vor der Registrirung beantragt wird, innerhalb zwanzig Tagen der Enregistrementseinnehmerei eine beglaubigte Abschrift zur Registrirung zu übersenden.

Die vorstehenden Bestimmungen finden keine Anwendung, wenn ein Ausländer als Kläger auftreten und gemäß § 85 des Gerichtskostengesetzes die Vornahme gerichtlicher Handlungen durch die Zahlung des Vorschusses bedingt ist.

Das Repertorium für die einer Titelgebühr unterliegenden Entscheidungen ist auf unentgeltlich für Stempel visirtem Papiere zu führen. Dem Gerichtsschreiber steht eine Gebühr für die Eintragung nicht zu.

Kommission des Landesausschusses in das Gesetz eingeführte § 22, daß die Titelgebühr nur insoweit erhoben werden soll, als ihr Betrag denjenigen der Gerichtsgebühren der Instanz übersteigt. Betragen die letzteren z. B. 0,90 Proz. von einem Versäumnißurtheil, die Titelgebühr aber 1 Proz., so bezieht der Staat 0,10 Proz. mehr als Titelgebühr; betragen die Gerichtskosten nur 0,64 Proz., so erhält der Staat noch 0,36 Proz.

Die Anwendung dieses Grundsatzes wird häufig in den Fällen vorkommen, wo die proportionelle Gebühr nicht ganz erhoben wird, wie z. B. im Mahnverfahren (C. P. O. § 628), in welchem für die Erwirkung eines Zahlbefehls nur $^3/_{10}$ und für die Vollstreckbarkeitserklärung nur $^2/_{10}$ zu entrichten sind (B.).

(Hinsichtlich der im weiteren Sinne auch als Titelgebühren bezeichneten Gebühren, welche von Verträgen in einer bestimmten Frist erhoben werden (Absatz 3), bestand zu einer Ermäßigung keine Veranlassung. Es gehören hierher die im Art. 22 des Gesetzes vom 22. Frimaire VII, in Verbindung mit Art. 4 des Gesetzes vom 27 Ventôse IV bezeichneten Verträge, welche eine Uebertragung des Eigenthums oder der Nutznießung an unbeweglichem Vermögen enthalten, die — schriftlichen — Pacht- und Miethverträge u. s. w.)

§ 23. Da der § 3 des Gerichtskostengesetzes mit dem Princip des Artikels 41 des Gesetzes vom 22. Frimaire VII unvereinbar, andererseits aber die Titelgebühr theilweise beibehalten und vom Urtheil zu erheben ist, so war es nothwendig, die Bestimmungen des letztgenannten Artikels aufzuheben, soweit sie von der „Titelgebühr" handeln. Man

§ 23. Les décisions soumises à un droit de titre seront enregistrées en débet, lorsque le droit n'aura pas été versé entre les mains du greffier. L'absence de l'enregistrement ne pourra pas être considérée comme un empêchement à la délivrance de ces décisions en brevet, copie ou expédition; elles pourront également servir de base à d'autres actes avant l'accomplissement de cette formalité. Quant aux décisions délivrées en brevet, le greffier devra, s'il les délivre avant qu'elles ne soient enregistrées, en transmettre dans les vingt jours une copie certifiée au bureau d'enregistrement, pour la faire enregistrer.

Les dispositions précédentes ne s'appliquent pas aux actions intentées par un étranger, dans le cas où, d'après le § 85 de la loi sur les frais de justice, celui-ci n'est admis à aucun acte judiciaire avant d'avoir consigné une avance sur les frais.

Le répertoire pour les décisions soumises à un droit de titre sera tenu sur papier libre, visé gratis pour timbre. Il n'est alloué aucun droit au greffier pour la mention au répertoire.

---

percevra 0,10 p. 100 en sus pour droit de titre; si le droit n'est que de 0,64 p. 100, le Trésor percevra en sus 0,36 p. 100.

Ce principe recevra dans la pratique souvent son application dans les cas où le droit proportionnel ne se perçoit pas en entier. par exemple dans la procédure d'avertissement (§ 628 C. de pr. c.), où il n'est dû que 3,10 sur la demande en délivrance d'un commandement et 2,10 sur la décision déclarant le commandement exécutoire (R.).

(Quant aux droits compris par extension dans la catégorie des droits de titre et dont sont frappés certains contrats soumis à la nécessité de l'enregistrement dans un délai fixé (al. 3), il n'y avait pas lieu de leur faire subir une réduction. De ce nombre sont: les contrats énumérés dans l'article 22 de la loi du 22 frimaire an VII, combiné avec l'article 4 de la loi du 27 ventôse an IX, et qui contiennent des transmissions de droits de propriété ou d'usufruit sur des immeubles, les contrats de louage, constatés par écrit, etc.).

§ 23. L'article 3 du Gerichtskostengesetz n'étant guère conciliable avec l'esprit de l'article 41 de la loi du 22 frimaire an VII, il devenait nécessaire, du moment que le droit de titre était maintenu en partie et devait être perçu sur le jugement, d'abroger les dispositions de ce dernier en ce qu'elles se rapportent au droit de

§ 24. Der den Strafgefangenen zugewiesene Theil des Erlöses ihrer Arbeit ist dem Zugriffe des Staates für die im § 467 der Strafprozeßordnung bezeichneten Kosten nicht unterworfen.

Die Höhe der durch die Verurtheilten zu tragenden Kosten der Strafhaft wird durch das Ministerium in festen Sätzen bestimmt.

II. Zu den Gebührenordnungen.

§ 25. Die Vorschriften der Gebührenordnung für Rechtsanwälte vom 7. Juli 1879 (Reichsgesetzblatt, S. 176), der Gebührenordnung für Gerichtsvollzieher vom 24. Juni 1878

---

muß nämlich die Parteien vor der oft nachtheiligen Verzögerung schützen, welche die Formalität der Registrirung im Gefolge hätte, wenn der Gerichtsschreiber keinen Akt, beziehungsweise keine Urtheilsausfertigung hergeben dürfe, bevor die Titelgebühren erlegt sind.

Ungerechtfertigt erschien es jedoch, diese Art von Vergünstigung auch auf den Ausländer auszudehnen. Man kann einen Solchen um so weniger von der Vorausbezahlung der Gebühren befreien, als auch der § 85 des Gerichtskostengesetzes einen sehr bedeutenden Vorschuß von dem als Kläger auftretenden Ausländer verlangt, bevor irgend eine Prozeßhandlung vorgenommen wird.

Der Absatz 3 enthält nur eine Konsequenz der allgemeinen Bestimmung des Gerichtskostengesetzes, wonach die Erhebung anderer, als der in diesem Gesetz bestimmten Gebühren untersagt ist (B.).

§ 24. Den Strafgefangenen ist durch verschiedene ältere und neuere Bestimmungen, an deren Stelle jetzt die Ministerialverfügung vom 26. Februar 1883 (Justiz-Sammlung VIII S. 74) getreten ist, ein Theil des Erlöses ihrer Arbeit zugewiesen. Der Entwurf entzieht diesen Antheil dem Zugriffe des Staates für die im § 497 der Strafprozeßordnung bezeichneten Kosten, da im Falle eines solchen Zugriffs den Strafgefangenen regelmäßig von ihrem Antheile nichts mehr übrig bleiben und der Zweck der Zuweisung desselben vereitelt würde.

Die Kosten der Strafhaft einschließlich der Kosten der Ueberführung in die Strafanstalt sind bisher von den Verurtheilten nicht erhoben, sondern von der Staatskasse getragen worden (Art. 3 Nr. 5 und 9 des Dekrets über die Gerichtskosten vom 18. Juni 1811). Nach § 497 der Strafprozeßordnung haben jetzt die Verurtheilten auch die Kosten der Strafvollstreckung zu tragen. Die Höhe der durch die Verurtheilten zu tragenden Kosten der Strafhaft ist nach dem Gesetze von dem Ministerium in festen Sätzen zu bestimmen. Diese Sätze werden nach § 79 Nr. 8 des Gerichtskostengesetzes auch für die Kosten der Haft als eines Mittels zur Erzwingung einer Handlung (Civilprozeßordnung §§ 782, 774, 355 Abs. 2; Strafprozeßordnung § 69 Abs. 2), der Haft des Gemeinschuldners (Konkursordnung § 93) und der Untersuchungshaft maßgebend sein (M.).

§ 24. La part revenant aux détenus sur le produit de leur travail ne peut être saisie par l'Etat pour les frais désignés au § 497 du Code d'instruction criminelle.

Le montant des frais de détention à supporter par les condamnés sera déterminé par le ministère, par quotités fixes.

II. *Des tarifs.*

§ 25. Les dispositions du tarif des droits des avoués du 7 juillet 1879 (*Bulletin des lois de l'Empire,* p. 176), du

---

titre, et cela pour préserver les parties contre les lenteurs souvent préjudiciables qu'entraînerait la formalité de l'enregistrement, si le greffier n'était pas autorisé à délivrer un acte quelconque, ou l'expédition d'un jugement, tant que les droits de titre ne seraient pas acquittés.

Il semblait néanmoins inopportun d'étendre également cette espèce de privilège à l'étranger, qui ne saurait être dispensé de faire de suite l'avance de ces frais, d'autant moins que le § 85 du Gerichtskostengesetz lui impose, s'il intente une action judiciaire, l'obligation de consigner avant toute procédure un droit très élevé, pour couvrir les frais qu'il peut occasionner.

L'alinéa 3 n'est que la conséquence de la disposition générale inscrite dans le nouveau tarif qui fait défense de percevoir d'autres frais que ceux fixés par le Gerichtskostengesetz (R.).

§ 24. Diverses dispositions anciennes et récentes qui ont éte remplacées par l'arrêté ministériel du 26 février 1886 (Recueil juridique VIII p. 74) assignent aux détenus une part du produit de leur traveil. La loi soustrait la part de gain à la saisie de l'Etat pour les frais désignés au § 497 du Code d'instruction criminelle, attendu que si cette saisie était permise, il ne reviendrait la plupart du temps plus rien aux détenus, de sorte que le but qui leur a fait attribuer une partie du produit de leur travail serait manqué.

Les frais de détention, y compris les frais de translation dans les maisons de correction, n'étaient jusqu'à présent pas recouvrés sur les condamnés, mais supportés par le Trésor (art. 3, nos 5 et 9 du décret sur les frais de justice, du 18 juin 1811). Dorénavant, au contraire, et conformément au § 497 du Code d'instruction criminelle, les frais d'exécution de la peine seront à la charge des condamnés. Le montant des frais de détention à supporter par eux devra, d'après la loi, être déterminé par le ministère par quotités fixes. Ces quotités seront également appliquées, d'après le § 79, nº 8 de la loi sur les frais de justice, aux frais de la détention prononcée comme moyen de contrainte (§§ 782, 774 et 355, al. 2 du Code de procédure civile, et § 69, al. 2 du Code d'instruction cri-

(Reichsgesetzblatt, S. 166) und der Gebührenordnung für Zeugen und Sachverständige vom 30. Juni 1878 (Reichsgesetzblatt, S. 173) finden auf die in den §§ 1 und 3 bezeichneten Rechtssachen entsprechende Anwendung.

§ 26. Auf die Gebühren der Rechtsanwälte in der Kassationsinstanz finden die Bestimmungen der Gebührenordnung für Rechtsanwälte in Betreff der Revisionsinstanz Anwendung.

In den im § 1 Absatz 2 bezeichneten Rechtssachen sind die Bestimmungen des § 2 auch für die Berechnung der Gebühren der Rechtsanwälte maßgebend.

In den im § 6 bezeichneten Rechtssachen steht dem Rechtsanwalt für seine gesammte Thätigkeit eine Gebühr in Höhe der Sätze des § 9 der Gebührenordnung für Rechtsanwälte zu. Er erhält nur vier Zehntheile, wenn eine kontradiktorische mündliche Verhandlung nicht stattgefunden hat, und drei Zehntheile in der Berufungs- oder Beschwerdeinstanz.

§ 27. Im Hypotheken-Reinigungsverfahren erhält der Rechtsanwalt:

1) für seine Mitwirkung bei dem in den Artikeln 2183, 2184 des Code civil vorgeschriebenen Verfahren die Sätze des § 9 der Gebührenordnung für Rechtsanwälte;
2) für seine Mitwirkung bei dem im Falle des Artikels 2185 des Code civil vorgeschriebenen Verfahren, einschließlich des Antrags auf den Erlaß der Verkaufsverordnung oder bei dem im Art. 2194 des Code civil vorgeschriebenen Verfahren, fünf Zehntheile der obigen Sätze.

Für die Werthsberechnung ist der Betrag des Erwerbspreises,

---

§ 26. Da die Vorschriften des Gerichtskostengesetzes über die Revisionsinstanz auf die Kassationsinstanz für anwendbar erklärt sind (§ 5), so erscheint es angezeigt, die beiden Instanzen auch bezüglich der Rechtsanwaltsgebühren gleichzustellen. Auch der Grundsatz des § 2 muß konsequenter Weise auf die Anwaltsgebühren ausgedehnt werden; dies geschieht im Absatz 2. Im Absatz 3 werden die Gebühren für die im § 6 bezeichneten Rechtssachen geregelt (B.).

§ 27. Absatz 3 findet nur in ganz geringfügigen Streitigkeiten Anwendung, die meist auf Gesuch von dem Amtsrichter entschieden werden. Vgl. § 39 des Gesetzes, betreffend die Zwangsvollstreckung in das unbewegliche Vermögen u. s. w. vom 30. April 1880. Wenn es sich um materielle Streitigkeiten handelt, die über die Kompetenz des Amtsrichters hinausgehen, so greifen die in der Gebührenordnung für Rechtsanwälte bestimmten Taxen Platz (B.).

tarif des droits des huissiers du 24 juin 1878 (*Bulletin des lois,* p. 166) et du tarif des salaires des témoins et des experts du 30 juin 1878 (*Bulletin des lois,* p. 173), sont applicables aux affaires désignées aux §§ 1 et 3 de la présente loi.

§ 26. Les honoraires des avoués dans l'instance en cassation seront réglés d'après les dispositions du tarif sur l'instance en révision.

Dans les affaires désignées au § 1, alinéa 2, les dispositions du § 2 sont également applicables aux émoluments de l'avoué.

Dans les affaires désignées au § 6, l'avoué a droit pour toute la procédure aux émoluments tels qu'ils sont fixés par le § 9 du tarif des avoués. S'il n'y a pas eu de débats contradictoires, il recevra quatre dixièmes seulement, et trois dixièmes en instance d'appel ou de recours.

§ 27. En matière de purge d'hypothèques, l'avoué recevra :

1° Pour assistance dans la procédure réglée par les art. 2183 et 2184 du Code civil, les honoraires fixés au § 9 du tarif des avoués.

2° Pour assistance dans la procédure réglée par l'art. 2185 du Code civil, y compris la requête aux fins de faire ordonner la vente, ou dans la procédure réglée par l'art. 2194 du Code civil, cinq dixièmes des honoraires ci-dessus.

---

minelle), à la détention du failli (§ 93 du Code des faillites) et à la détention préventive (M.).

§ 26. Le tarif des frais judiciaires pour l'instance en révision ayant été déclaré applicable à l'instance en cassation (§ 5), il y avait lieu d'assimiler ces deux instances pour la fixation des émoluments des avoués. Il a dû de même sembler logique d'étendre le principe général posé par le § 2 aux émoluments des avoués, ce qui fait l'objet de l'alinéa 2. Dans l'alinéa 3 se trouvent réglementés leurs honoraires dans les cas dont s'occupe le § 6 (R.).

§ 27. L'alinéa 3 ne reçoit son application que lorsqu'il s'agit de contestations peu sérieuses qui se jugent généralement sur requête devant le juge cantonal. (Comp. § 39 de la loi sur l'exécution forcée en matière immobilière du 30 avril 1880.)

S'il est question de contestations matérielles sortant de la compétence de ce juge, il y a lieu d'appliquer les droits tels qu'ils sont déterminés par le tarif des avoués en matière contentieuse (R.).

im Falle des Art. 2185 des Code civil der Betrag des Erwerbspreises, mit Hinzurechnung des Uebergebots, maßgebend.

Betrifft die Thätigkeit des Rechtsanwalts Einwendungen, welche zur Zuständigkeit des zur Mitwirkung bei dem Hypotheken-Reinigungsverfahren, einschließlich des Wiederverkaufs, berufenen Gerichts gehören, so erhält derselbe fünf Zehntheile der in den §§ 13 bis 18 der Gebührenordnung für Rechtsanwälte bestimmten Gebühren.

§ 28. Im Vertheilungsverfahren, welches den Erlös von unbeweglichem Vermögen zum Gegenstande hat, stehen dem Rechtsanwalt für die Vertretung eines Betheiligten die Sätze des § 9 der Gebührenordnung für Rechtsanwälte und, falls der Auftrag vor dem zur Erklärung über den Theilungsplan bestimmten Termin erledigt wird, fünf Zehntheile dieser Sätze zu.

Der nicht mit der Vertretung eines Betheiligten beauftragte Rechtsanwalt erhält:

1) für den Antrag auf Eröffnung des Vertheilungsverfahrens dieselbe Gebühr, welche ihm für den Antrag auf Anordnung der Zwangsvollstreckung (Civilprozeßordnung § 755) zusteht;
2) für die Anfertigung eines Schriftsatzes, welcher die Anmeldung einer Forderung oder einen Widerspruch gegen den Theilungsplan enthält, drei Zehntheile der Sätze des § 9 der Gebührenordnung für Rechtsanwälte.

Der Werth des Gegenstandes des Verfahrens bestimmt sich im Falle der Vertretung (Absatz 1) eines Gläubigers oder der Anmeldung einer Forderung durch den Betrag der Forderung und, wenn der zu vertheilende Geldbetrag geringer ist, durch diesen Betrag, im Falle des Widerspruchs gegen den Theilungsplan durch den Betrag, auf welchen der Widerspruch sich bezieht. Im Uebrigen ist für die Werthsberechnung der zu vertheilende Geldbetrag maßgebend.

---

§ 28. Der Paragraph unterscheidet zwischen dem Anwalte, welcher für die ganze Dauer des Prozesses mit der Vertretung einer Partei betraut ist, und demjenigen, welcher nur mit der Anfertigung einzelner Schriftstücke beauftragt ist. Im letzteren Falle ist die Gebühr erheblich niedriger.

Nach dem Gesetze, betreffend die Zwangsvollstreckung in Liegenschaften (vergl. die §§ 47, 52), können die Notare die Hypothekargläubiger vor dem mit Anfertigung des Theilungsplanes beauftragten Richter vertreten. Ihre Honorare bestimmt Absatz 3 (B.).

L'évaluation se fera d'après le prix d'acquisition, auquel s'ajoutera le montant de la surenchère, dans le cas de l'art. 2185 du Code civil.

Quand il s'agit de contestations rentrant dans la compétence du tribunal appelé à donner son concours dans la procédure de purge, y compris la revente sur surenchère, l'avoué reçoit cinq dixièmes des honoraires fixés aux §§ 13 à 18 du tarif des avoués.

§ 28. En matière d'ordre, l'avoué représentant une partie intéressée reçoit les honoraires fixés au § 9 du tarif et, lorsque son mandat se trouve éteint avant le jour fixé pour faire les déclarations sur l'état de collocation, cinq dixièmes de ces honoraires.

L'avoué ne représentant pas une partie interessée reçoit:

1° Pour la requête à fin d'ouverture de l'ordre les mêmes honoraires que pour la requête aux fins de faire ordonner la saisie immobilière (§ 755 du Code de procédure civile).

2° Pour l'acte contenant production de créance ou opposition à l'état de collocation, trois dixièmes des honoraires prévus au § 9 du tarif.

La valeur de l'objet de la procédure se détermine, en cas de représentation (alinéa 1er) d'un créancier ou de production d'une créance, d'après le montant des deniers à distribuer, quand celui-ci est plus faible, et en cas d'opposition à l'état de collocation, d'après la somme pour laquelle il est fait opposition.

Dans tous les autres cas, l'évaluation se fait d'après le montant des deniers à distribuer.

---

§ 28. Il est établi une distinction entre l'avoué qui représente son client dans toute la procédure et celui qui n'a pour mission que de faire tel ou tel acte de procédure; dans ce dernier cas, ses émoluments sont plus restreints.

Les notaires pouvant être chargés, en vertu de la loi sur l'expropriation forcée (conf. §§ 47, 52), de représenter des créanciers dans un ordre devant le juge cantonal, il y avait lieu de fixer leurs honoraires, qui sont les mêmes que ceux de l'avoué (R.).

Die den Rechtsanwälten im Vertheilungsverfahren zustehenden Gebühren (Absatz 1 und 2) werden auch den Notaren für die gleiche Thätigkeit gewährt.

§ 29. Für die auf der Gerichtsschreiberei abgegebene Erklärung des Verzichtes auf eine Gütergemeinschaft oder einen Nachlaß oder der Annahme eines Nachlasses unter der Rechtswohlthat des Inventars, sowie für die Beistandleistung bei der Abgabe solcher Erklärungen erhält der Rechtsanwalt eine Gebühr von 3 Mark.

§ 30. In Zwangsenteignungssachen hat der Rechtsanwalt für seine Thätigkeit vor den Geschworenen angemessene Vergütung zu beanspruchen. Ueber die Höhe derselben wird im Prozeßwege nach eingeholtem Gutachten des Vorstandes der Anwaltskammer entschieden.

---

§ 30. Absatz 1 geht davon aus, daß es bei einem Verfahren, das keinerlei Aehnlichkeit mit dem gewöhnlichen gerichtlichen Verfahren hat, und bei dem die Beiziehung eines Rechtsanwalts fakultativ ist, nicht angemessen sei, die Gebühren des Rechtsanwaltes einem allgemeinen Tarif im Sinne des § 9 der Gebührenordnung zu unterstellen. Es kann ihm daher freie Hand gelassen werden, sich mit seinem Klienten über das Honorar zu verständigen, das im Verhältniß mit der Bedeutung des zu enteignenden Grundstückes und der erforderlichen Arbeit größer oder geringer sein wird. Eine Entscheidung des Gerichtes soll nur eintreten im Falle des Streites über die Höhe des Honorars, und zwar auf Grund eines Gutachtens der Anwaltskammer (vergl. § 88 der Gebührenordnung für Rechtsanwälte).

Was die bei diesem Verfahren berufenen Geschworenen angeht, so dürfen dieselben in Betreff ihrer Reisekosten nicht ungünstiger gestellt sein, als die Geschworenen in Strafsachen.

In gleicher Weise ist die Entschädigung geregelt für die Personen, welche die Jury gemäß Artikel 37 des Gesetzes vom 3. Mai 1841, zu ihrer näheren Informirung hören will; sie erhalten die im Tarif für Zeugen und Sachverständige angesetzten Gebühren.

Die Gebühren der Gerichtsvollzieher bestimmen sich nach der allgemeinen Gebührenordnung.

Aus dem Prinzip, daß der Dienst der Rechtsanwälte vor der Jury nicht obligatorisch ist, folgt, daß ihre Honorare der Partei, welche sie als Vertreter bestellt hat, zur Last bleiben. Der letzte Absatz bestimmt, daß dies nicht bezüglich der Reisekosten des Richters und des Gerichtsschreibers, sowie der Gebühren der Geschworenen und der von diesen vernommenen Personen der Fall ist; diese werden als Auslagen behandelt und wie die übrigen Kosten von der unterliegenden Partei getragen. In der Kassationsinstanz, wo Anwaltszwang besteht, bleibt es bei den für die Revisionsinstanz geltenden Regeln der Gebührenordnung (vergl. § 52).

Les honoraires des avoués en matière d'ordre (alinéa 1 et 2) sont également alloués aux notaires pour lesdites opérations.

§ 29. Pour faire au greffe une déclaration de renonciation à une communauté ou à une succession, ou d'acceptation d'une succession sous bénéfice d'inventaire, ou pour assister à une pareille déclaration, l'avoué a droit à 3 M.

§ 30. En matière d'expropriation pour cause d'utilité publique, l'avoué a droit, pour assistance devant le jury, à des émoluments proportionnés à l'importance de l'affaire. A défaut d'entente à l'amiable, la fixation en appartient au tri-

---

§ 30. Le premier alinéa part de cette idée que pour une procédure qui ne ressemble en rien à la procédure ordinaire et pour laquelle l'intervention de l'avoué est purement facultative, l'avoué ne peut être soumis à une tarification générale dans le sens du § 9 du tarif des avoués. Une liberté entière peut dès lors lui être laissée pour s'entendre avec son client au sujet de ses honoraires, qui doivent être en proportion tant avec l'importance plus ou mois grave de l'immeuble exproprié qu'avec le travail extraordinaire que l'affaire peut, le cas échéant, lui donner. Le tribunal n'aura à intervenir qu'en cas de désaccord sur le chiffre des honoraires, et c'est sur l'avis de la Chambre des avoués que la contestation recevra sa solution (comp. § 88 du tarif des avoués.)

Quant aux jurés, il ne paraissait pas équitable de les traiter pour les frais de voyage d'une manière moins favorable que les jurés, en matière criminelle. Il en sera de même pour les personnes que le jury croira devoir entendre pour l'éclairer, comme l'y autorise l'art. 37 de la loi du 3 mai 1841; elles pourront réclamer le salaire tel qu'il est fixé par le tarif pour les témoins et experts.

Les émoluments des huissiers tomberont sous l'application du tarif général des huissiers.

Du principe que le ministère des avoués n'est pas obligatoire devant le jury, découle la conséquence que leurs honoraires restent à la charge de la partie qui les a chargés de la défense de ses intérêts. D'après le troisième alinéa, il n'en est pas de même des frais de voyage du juge et du greffier ainsi que des sommes payées aux jurés et aux personnes appelées devant eux; ces frais seront à considérer comme des déboursés et suivront le sort des autres frais, c'est-à-dire qu'ils resteront à la charge de la partie qui succombera.

En cassation, où le ministère des avoués est forcé, s'applique la règle générale du tarif des avoués sur l'instance en révision (comp. § 52 du tarif des avoués.)

Die Geschworenen erhalten Reisekosten nach Maßgabe des Gesetzes vom 31. März 1880, betreffend die Vergütung der Reisekosten für die Geschworenen, die Vertrauensmänner und die Schöffen, die Auskunftspersonen Zeugengebühren nach Maßgabe der Gebührenordnung für Zeugen und Sachverständige.

Die dem Rechtsanwalt der obsiegenden Partei zustehende Vergütung (Absatz 1) wird derselben nicht erstattet. Die Reisekosten der Geschworenen sowie des Richters und des Gerichtsschreibers und die Gebühren der Auskunftspersonen sind als baare Auslagen zu erheben.

In der Kassationsinstanz bestimmt sich die Gebühr des Rechtsanwalts nach der Gebührenordnung für Rechtsanwälte mit der im § 52 derselben für die Revisionsinstanz vorgesehenen Erhöhung.

§ 31. Für die Vornahme von Inventuren und von Siegelungen und Entsiegelungen im Konkursverfahren erhält der Gerichtsvollzieher eine Gebühr von 3 Mark.

Nimmt das Geschäft einen Zeitaufwand von mehr als zwei Stunden in Anspruch, so erhöht sich die Gebühr für jede angefangene weitere Stunde um 1 Mark.

Muß der Gerichtsvollzieher behufs Vornahme des Geschäfts außerhalb seines dienstlichen Wohnsitzes einen Weg bis zur Entfernung von mehr als zwei Kilometer zurücklegen, so erhält er an Reisekosten für jedes angefangene Kilometer des Hinweges und des Rückweges eine Entschädigung von 20 Pfennig.

§ 32. Die Vorschriften der Gebührenordnung für Gerichtsvollzieher finden auch auf Zustellungsurkunden der Gerichtsvollzieher in den von dem Gerichtskostengesetze und diesem Gesetze nicht betroffenen Angelegenheiten Anwendung.

Das Gesetz beschäftigt sich nicht ausdrücklich mit den Sachverständigen und Geschworenen in dem die Anlage oder Verlegung bezw. Erweiterung eines Vicinalweges betreffenden Enteignungsverfahren. Es erscheint zweifellos, daß die oben entwickelten Grundsätze auf die diesen Personen zukommenden Gebühren bezw. Reisekosten Anwendung zu finden haben (B.).

§ 31. (Die gleichen Gebühren erhält der Amtsgerichtsschreiber (§ 19). Vergl. G. K. G. § 6).

§ 32. Der Paragraph bezieht sich auf die außergerichtlichen Zustellungen durch Gerichtsvollzieher, z. B. auf die Zustellung einer Miethskündigung (B.).

bunal, qui statuera après avoir pris l'avis du bureau de la Chambre des avoués.

Les jurés recevront des frais de voyage, conformément à la loi du 31 mars 1880, sur les frais de voyage des jurés et échevins; les personnes entendues pour éclairer le jury, recevront le salaire des témoins tel qu'il est fixé par le tarif pour les témoins et les experts.

La partie qui a obtenu gain de cause ne peut demander le remboursement des honoraires de son avoué.

Les frais de voyage des jurés, du juge et du greffier, ainsi que les salaires des personnes entendues par le jury, sont considérés comme frais et déboursés.

Dans l'instance en cassation les émoluments de l'avoué sont calculés d'après les dispositions du tarif des avoués, avec l'augmentation prévue au § 52 pour l'instance en révision.

§ 31. Pour la confection d'inventaires, l'apposition et la levée de scellés en matière de faillite, il est alloué à l'huissier un droit de 3 M.

Si l'opération prend plus de deux heures, le droit sera augmenté de 1 M. pour chaque heure commencée.

Si l'huissier, pour procéder à l'opération, est obligé de se transporter à une distance de plus de 2 kilomètres, il reçoit à titre de frais de voyage, pour chaque kilomètre commencé à l'aller et au router, une indemnité de 20 Pf.

§ 32. Les dispositions du tarif des huissiers sont applicables aux significations qu'ils font dans les affaires ne tombant pas sous l'application du Gerichtskostengesetz et de la présente loi.

La loi ne s'est pas occupée expressément des experts ou des jurés qui fonctionnent en matière d'expropriation pour le redressement ou l'établissement d'un chemin vicinal. Il est évident que les principes développés plus haut s'appliqueront à l'avenir aux frais qui leur sont dus (R.).

§ 31. (Les mêmes droits sont alloués au greffier cantonal (§ 19). Comp. § 6 du G. V. G.)

§ 32. Ce paragraphe s'applique aux significations extrajudiciaires que peuvent faire les huissiers, par exemple pour dénoncer un bail (R.).

§ 33. Der Gerichtsvollzieher erhält:

1) für die Aufnahme eines Protestes sowie für die Aufnahme einer Interventionserklärung . . . 3 Mark,
2) für die Aufnahme eines Protestes mit Nachsuchung der Wohnung (Art. 91, Schlußsatz der Wechselordnung) . . . . 6 Mark.

Bei Aufsuchung von Nothadressen erhöht sich die Gebühr für jede Nothadresse um 1 Mark.

Wenn die Aufnahme einer Interventionserklärung mit dem Protestakte zu gleicher Zeit in derselben Wohnung stattfindet, darf für die Aufnahme eine Gebühr nicht berechnet werden.

Die Abschrift der Urkunde im Proteste, sowie die Abschrift des Protestaktes im Wechselprotestregister sind in der Gebühr mitbegriffen.

Die Entschädigung für den Stempel des Wechselprotestregisters wird auf 30 Pfennig für jeden Eintrag festgesetzt.

In Betreff der Reisekosten findet § 31 Absatz 3 Anwendung.

§ 34. Für das Zahlungsanerbieten (Code civil, Art. 1257) erhält der Gerichtsvollzieher bei einem Betrage:

bis 100 Mark einschließlich 2 Mark,
" 300 " " 3 "
" 1000 " " 4 "

für jeden weiteren Betrag von 1000 Mark 1 Mark mehr.

Für die Hinterlegung erhält er die gleiche Gebühr.

§ 35. In Strafsachen beträgt die Gebühr des Gerichtsvollziehers:

---

§ 33. (Die Gebühr des Gerichtsvollziehers für die bei Zustellung eines Protestes von ihm bewirkte Annahme von Geldern bestimmt sich nach § 11 der Gebührenordnung für Gerichtsvollzieher.)

§ 35. Die Gebühren der Gerichtsvollzieher für die Verhaftung und für die zwangsweise Vorführung einer Person, zu welchen die Civilprozeßordnung oder die Konkursordnung Veranlassung geben, sind durch § 9 der Gebührenordnung geregelt. Insoweit dagegen in Strafsachen den Gerichtsvollziehern die Vollstreckung der Vorführungs- und Haftbefehle übertragen werden will, ist die Regelung der hiefür jenen Beamten zu gewährenden Vergütungen der Landesgesetzgebung überlassen (vergl. Motive zu dem cit. § 9 (M.).

In Elsaß-Lothringen wird auch in Zukunft die Vollstreckung jener Befehle der Regel nach durch die Gendarmerie erfolgen, in Ausnahmefällen jedoch auch den Gerichtsvollziehern übertragen werden (vergl. § 14 Nr. 6 der Verordnung zur Ausführung der Reichs-Justizgesetze vom 13. Juni 1879, Gesetzblatt für Elsaß-Lothringen, S. 61). Die

§ 33. Il est alloué à l'huissier:

1° Pour l'acte de protêt et la déclaration d'intervention 3 M.

2° Pour le protêt de perquisition (art. 91 in fine de la loi sur la lettre de change) . . . . 6 M.

Pour le protêt à plusieurs domiciles au besoin, ces droits sont augmentés de 1 M. pour chaque domicile.

Lorsqu'une déclaration d'intervention est faite en même temps et au même domicile que le protêt, il ne pourra être compté de droits pour cette opération.

La copie de l'effet dans le protêt ainsi que la transcription de l'acte de protêt au registre des protêts sont compris dans les droits ci-dessus.

L'indemnité pour le timbre du registre des protêts est fixée à 30 Pf. par inscription.

Pour les frais de voyage il sera fait application du § 31, alinéa 3.

§ 34. Pour l'offre de paiement l'huissier recevra:

Pour une somme

jusqu'à	100	M. inclusivement	2 M.
„	300	„	3 „
„	1000	„	4 „

et 1 M. pour toute somme au-dessus de 1000 M.

Il recevra les mêmes droits pour la consignation.

§ 35. Dans les affaires criminelles, l'huissier recevra:

Pour l'exécution d'un mandat d'amener ou d'un mandat d'arrêt:

---

§ 33. (La perception de fonds faite par l'huissier en cas de paiement entre ses mains lors de la notification d'un protêt, est tarifée par la loi du 24 juin 1878, § 11.)

§ 35. Les droits des huissiers pour l'arrestation d'une personne et l'exécution d'un mandat d'amener, dans un des cas prévus par le Code de procédure civile ou le Code des faillites, sont réglés par le § 9 du tarif des huissiers. En tant, au contraire, qu'il s'agit de l'exécution d'un mandat d'arrêt en matière pénale, c'est la législation particulière qui fixera la rétribution à accorder aux huissiers pour ces opérations (comp. motifs dudit § 9 (M.).

En Alsace-Lorraine, ce sera, comme par le passé, la gendarmerie qui aura en général à exécuter ces mandats; pourtant leur exécution pourra aussi, dans des cas exceptionnels, être confiée aux huissiers (comp. § 14, n° 6 de l'ordonnance relative à l'exécution des

für die Vollstreckung eines Vorführungs- oder eines Haftbefehls,
1) wenn eine Uebertretung den Gegenstand der Untersuchung oder der Strafe bildet . . . 6 Mark,
2) bei einem Vergehen . . . . 12 „
3) bei einem Verbrechen . . . . 20 „
für das Protokoll über die Nachsuchung, wenn der Vorführungs- oder Haftbefehl nicht ausgeführt werden konnte,
bei Uebertretungen und Vergehen . . 3 Mark,
bei Verbrechen . . . . 4 „
für die Abholung einer Person aus dem Gefängnisse und deren Vorführung vor den Richter, sowie die Zurückführung in das Gefängniß, 1 Mark 50 Pfennig.

Nimmt das letztere Geschäft einen Zeitaufwand von mehr als einer Stunde in Anspruch, so erhöht sich die Gebühr, sofern nicht § 37 Anwendung findet, für jede angefangene weitere Stunde um 1 Mark.

§ 36. Für die Anheftung von Schriftstücken und die darüber auszustellende Bescheinigung beträgt die Gebühr des Gerichtsvollziehers 3 Mark. Findet die Anheftung in mehreren Gemeinden statt, so erhöht sich die Gebühr für jede weitere Gemeinde um 2 Mark.

§ 37. Für den Sitzungsdienst erhält der Gerichtsvollzieher von der Staatskasse 3 Mark für die Sitzung. Dauert eine Sitzung über zwei Stunden, so erhöht sich die Gebühr für jede angefangene weitere Stunde um 1 Mark.

§ 38. Bezüglich der Gebühren der Gerichtsvollzieher für freiwillige Versteigerungen beweglicher Sachen bewendet es bei den Bestimmungen im § 3 des Gesetzes vom 15. November 1875 (Gesetzblatt für Elsaß-Lothringen, S. 186).

Gebühren derselben bestimmten sich bisher nach Art. 71 Nr. 3, 6, 7 des Dekrets vom 18. Juni 1811 und Artikel 6 des Dekrets vom 7. April 1813. Durch § 35 sind alle diese Vorschriften beseitigt (M.).

§ 37. Der Dienst, welchen die Gerichtsvollzieher bisher in den Gerichtssitzungen durch den Aufruf der Sachen, der Parteien und Zeugen, durch die Vermittelung der Aktenstücke zwischen dem Gericht und den Parteien und zwischen den letzteren, bezw. deren Vertretern, sowie durch die Mitwirkung zur Aufrechthaltung der Sitzungspolizei leisteten, ist nicht zu entbehren und wird, insoweit nicht Gerichtsdiener oder andere geeignete Organe dazu verwendet werden können, auch in Zukunft den Gerichtsvollziehern übertragen werden müssen (M.).

1° Si c'est une contravention qui a donné lieu à l'instruction ou à la condamnation . . . . 6 M.
2° Si c'est un délit . . . . 12 „
3° Si c'est un crime . . . . 20 „

Il lui sera alloué:

Pour le procès-verbal de perquisition, au cas où le mandat d'amener ou le mandat d'arrêt n'a pu être exécuté:

En cas de contravention ou de délit . . . . 3 M.
En cas de crime . . . . 4 „

Pour l'extraction d'un prisonnier, sa conduite devant le juge et sa réintégration dans sa prison 1,50 „

Si cette dernière opération prend plus d'une heure, le droit s'augmentera de 1 M. pour chaque heure commencée, à moins qu'il n'y ait lieu d'appliquer le § 27.

§ 36. Pour l'affichage d'une pièce et le certificat y relatif, l'huissier recevra 3 M. Si l'affichage se fait dans plusieurs communes, les droits seront augmentés de 2 M. par commune en sus.

§ 37. Pour le service à l'audience, il sera payé par le Trésor à l'huissier une somme de 3 M. par audience. Si l'audience dure plus de deux heures, ce droit sera augmenté de 1 M. pour chaque heure commencée en sus.

§ 38. Les dispositions du § 3 de la loi du 15 novembre 1875 *(Bulletin des lois pour l'Alsace-Lorraine,* p. 186) sont maintenues relativement aux droits des huissiers pour les adjudications volontaires de meubles.

---

lois de justice de l'Empire, du 13 juin 1879, Bulletin des lois pour l'Alsace-Lorraine, p. 61). Les droits des huissiers étaient réglés dans ces cas par les articles 71, nos 3, 6 et 7 du décret du 18 juin 1811 et 6 du décret du 7 avril 1813.

La nouvelle disposition abolit tous ces articles (M.).

§ 37. Le service d'audience que faisaient jusqu'à présent les huissiers, en appelant les causes, les parties et le témoins, en passant les pièces de la procédure au tribunal, aux parties et à leurs représentants, ainsi qu'en aidant à maintenir la police de l'audience, est tout à fait indispensable et devra continuer à être confié aux huissiers, en tant que les appariteurs ou d'autres personnes ne seront pas spécialement désignés à cet effet (M.).

§ 39. Wird die Anfertigung der Klageschrift in den vor die Amtsgerichte gehörenden bürgerlichen Rechtsstreitigkeiten dem Gerichtsvollzieher übertragen, so ist ihm dafür, einschließlich der für das Gericht bestimmten Abschrift und der Erwirkung der Terminsbestimmung, 1 Mark von dem Kläger zu vergüten.

Die gleiche Gebühr erhält der Gerichtsvollzieher für die ihm gesetzlich oder von einer Partei übertragene Ausführung jedes andern Geschäfts, auf welches die Gebührenordnung für Gerichtsvollzieher und dieses Gesetz keine Anwendung finden.

Nimmt ein solches Geschäft einen Zeitaufwand von mehr als einer Stunde in Anspruch, so erhöht sich die Gebühr für jede angefangene weitere Stunde um 1 Mark.

§ 40. Zu den dem Gerichtsvollzieher zu vergütenden baaren Auslagen gehören auch die Stempel- und Registrirungskosten.

Die Entschädigung für den Stempel des Repertoriums wird auf 10 Pfennig für jeden Eintrag festgesetzt.

Die Eintragung in das Repertorium fällt für registrirungsfreie Gerichtsvollzieherurkunden weg.

Für registrirungsfreie Gerichtsvollzieherurkunden ist ein besonderes Repertorium auf unentgeltlich für Stempel visirtem Papiere zu führen.

---

§ 39. In amtsgerichtlichen Prozessen kann die Klage gemäß § 457 der Civilprozeßordnung bei dem Gerichte schriftlich eingereicht oder zum Protokoll des Gerichtsschreibers angebracht werden. Im ersteren Falle wird die Anfertigung und Einreichung der Klageschrift von den Parteien voraussichtlich häufig den Gerichtsvollziehern übertragen werden, und empfiehlt es sich im allgemeinen Interesse, die Gebühr für jene Thätigkeit gesetzlich zu bestimmen.

Insoweit den Gerichtsvollziehern durch Gesetz oder, wie das häufig der Fall ist, durch die Parteien Geschäfte aufgetragen werden, welche mit ihren amtlichen Aufgaben zusammenhängen, auf welche jedoch die Gebührenordnung und dieses Gesetz keine Anwendung finden, erscheint es angezeigt, und zur Verhütung von Streitigkeiten zweckmäßig, eine gesetzliche Norm für die Vergütung festzusetzen.

Hinsichtlich der Frage, ob der unterliegende Beklagte dem Kläger die dem Gerichtsvollzieher für die Anfertigung der Klageschrift entrichtete Gebühr zurückzuerstatten hat, ist der § 87, Absatz 1 der Civilprozeßordnung maßgebend (M.).

§ 40. Den im § 13 der Gebührenordnung für Gerichtsvollzieher aufgezählten, den Letztern zu vergütenden Auslagen sind nothwendig die nach den landesgesetzlichen Bestimmungen von ihnen zu entrichtenden Stempel- und Registrirungskosten beizufügen (M.).

§ 39. Si, dans les contestations civiles de la compétence de l'Amtsrichter, l'huissier est chargé de la rédaction du libellé de la demande, le demandeur aura à lui bonifier pour ce travail, y compris la copie destinée au tribunal et la fixation du jour des débats, une somme de 1 M.

Le même droit sera payé à l'huissier pour toute autre opération non prévue par le tarif ou par la présente loi, dont il aurait été chargé soit par la loi, soit par les parties.

Si une opération de ce genre dure plus d'une heure, le droit s'augmentera de 1 M. pour chaque heure commencée.

§ 40. Au nombre des déboursés qui seront bonifiés à l'huissier, sont compris les droits de timbre et d'enregistrement.

L'indemnité pour le timbre du répertoire est fixée à 10 Pf.

Pour les actes non sujets à l'enregistrement, l'huissier aura à tenir un répertoire spécial sur papier libre, visé gratis pour timbre.

---

§ 39. Dans les affaires portées devant les tribunaux cantonaux, la demande peut, aux termes du § 457 du Code de procédure civile, ou être présentée par écrit au tribunal, ou déclarée au greffier, qui en dresse procès-verbal. Dans le premier cas, il est à prévoir que la rédaction et la remise du libellé de la demande seront très souvent confiées par les parties à l'huissier, et l'intérêt général exige que les droits pour cette opération soient fixés.

Comme il arrive souvent que la loi, ou les parties, confient à l'huissier certaines opérations, en rapport avec ses fonctions officielles, mais non spécialement prévues par le tarif ou par la présente loi, il semble opportun, pour prévenir toute difficulté, de régler par une disposition législative le montant de la rétribution à accorder dans ces cas.

La question de savoir si, en cas de perte du procès, le défendeur aura à rembourser au demandeur les droits payés à l'huissier pour la rédaction du libellé, se réglera d'après le § 87, alinéa 1er du Code de procédure civile (M.).

§ 40. Aux déboursés énumérés au § 13 de la loi du 24 juin 1878, qui devront être remboursés à l'huissier, il faut joindre nécessairement les droits de timbre et d'enregistrement qu'il aura à acquitter en vertu de dispositions particulières.

§ 41. Personen, welche in Gemäßheit des § 159 der Strafprozeßordnung vor der Staatsanwaltschaft oder vor den Amtsanwälten und den Polizeikommissaren als Hülfsbeamten der Staatsanwaltschaft behufs ihrer Vernehmung zu erscheinen haben, erhalten aus der Staatskasse Gebühren nach Maßgabe der Gebührenordnung für Zeugen und Sachverständige.

Die zu gewährenden Beträge werden durch die Behörde oder den Beamten, vor welchem die Vernehmung stattfindet, festgesetzt.

Gegen die Festsetzung steht anderen Betheiligten als der Staatskasse die Beschwerde an die der festsetzenden Behörde oder dem festsetzenden Beamten unmittelbar vorgesetzte staatsanwaltschaftliche Behörde offen. Hinsichtlich der Rechte der Staatskasse finden die Artikel 141, 172, 174 des Dekrets vom 18. Juni 1811 (bull. des lois Sér. IV N° 7035) entsprechende Anwendung.

III. Uebergangs- und Schlußbestimmungen.

§ 42. Für die am Tage des Inkrafttretens dieses Gesetzes anhängigen im § 1 bezeichneten Rechtssachen finden hin-

---

§ 41. Vergl. § 2 des Gesetzes vom 13. März 1882 unter B unten. Nach der früheren Fassung des § 41 waren von den Hülfsbeamten der Staatsanwaltschaft nur die Amtsanwälte, nicht auch diejenigen Polizeikommissare, welche nicht zugleich Amtsanwälte sind, zur Anweisung von Zeugen- rc. Gebühren befugt. Diese Beschränkung hatte namentlich in größeren Amtsbezirken, in welchen nicht selten Vernehmungen durch solche Polizeikommissare erfolgen, zu Schwierigkeiten geführt.

Aus dienstlichen Rücksichten, wie im Interesse der Staatskasse, empfahl es sich ferner, zugleich den Schlußsatz des früheren § 41, welcher die Staatskasse ebenso, wie die übrigen Betheiligten, auf den Weg der Beschwerde verwies und insofern die Festsetzung auf gleiche Stufe mit der richterlichen Festsetzung stellten, dahin abzuändern, daß hinsichtlich der Rechte der Staatskasse die in dieser Richtung bestehenden landesgesetzlichen Vorschriften über die Haftbarkeit der festsetzenden Beamten im Falle mißbräuchlicher oder übermäßiger Festsetzung (Art. 141 des Dekrets vom 18. Juni 1811) und über die der obersten Justizverwaltung im Interesse der Staatskasse eingeräumten Befugnisse (Art. 172, 174, daselbst) entsprechende Anwendung finden (M.).

§ 42. Die Regelung der Frage, nach welchen gesetzlichen Vorschriften die Erhebung der Kosten und Gebühren in den bei Eintritt der Wirksamkeit des Gesetzes anhängigen gerichtlichen Angelegenheiten stattzufinden hat, erfolgt hinsichtlich der für den Staat zu erhebenden

§ 41. Les personnes qui, en vertu des dispositions du § 159 du Code d'instruction criminelle, ont à comparaître devant les procureurs d'Etat ou les procureurs près des Amtsgerichte et les commissaires de police en leur qualité d'employés auxiliaires du ministère public, pour être entendues comme témoins, reçoivent, sur la caisse du Trésor, le même salaire que les témoins et experts d'après le tarif général (*Gebührenordnung*).

Le montant de la taxe est fixé par l'autorité ou le fonctionnaire qui les a entendues.

Le recours, peut être exercé par les parties à l'exception du trésor, devant le fonctionnaire du ministère public qui est préposé à l'autorité ou au fonctionnaire qui a fait la taxe. Au trésor on applique les dispositions des art. 141, 172, 174 du décret du 18 juin 1811.

III. *Dispositions finales et transitoires.*

§ 42. Pour les affaires désignées au § 1er qui seraient pendantes le jour de l'entrée en vigueur de la présente loi, les anciennes dispositions resteront en vigueur, en ce

---

§ 41. Comp. § 2 de la loi du 13 mars 1882 p. 195. D'après le texte primitif du § 41, les salaires des témoins ne pouvaient être taxés parmi les employés auxiliaires du ministère public, que par les procureurs près des Amtsgerichte, et non par les commissaires de police qui ne remplissaient pas ces dernières fonctions. Cette distinction présentait des inconvénients surtout dans les Amtsgerichte d'une certaine étendue, où de pareilles auditions de témoins ont souvent lieu devant les commissaires de police.

Les motifs basés sur l'intérêt du service et du trésor ont aussi amené des modifications dans la réduction du dernier alinéa du § 41, qui soumettait le trésor aussi bien que les autres parties intéressées à la voie du recours et qui donnait à la taxe en question le caractère d'une décésion judiciaire. Vis-à-vis du trésor on applique par analogie les dispositions sur la responsabilité du fonctionnaire en cas d'abus ou d'exagération dans la taxe (art. 141, du décret du 18 juin 1811) et sur les pouvoirs conférés à l'administration supérieure de la justice dans l'intérêt du trésor (art. 172, 174 du même décret) (M.).

§ 42. La question de savoir d'après quelles dispositions légales se fera la perception des droits et des frais dans les affaires judiciaires qui seront pendantes lors de l'entrée en vigueur de la loi a été, relativement aux frais à percevoir par l'Etat et aux droits des avoués, lesquels se rapportent par leur nature, à la totalité de

sichtlich der für den Staat zu erhebenden Kosten sowie der Gebühren der Rechtsanwälte die bisherigen Vorschriften Anwendung.

B. Gesetz betr. die Gerichtskosten und die Gebühren der Gerichtsvollzieher vom 13. März 1882.

(Gesetzblatt für Elsaß-Lothringen, S. 56.)

§ 1. Für die durch das Gesetz vom 3. April 1880 (Gesetzblatt für Elsaß-Lothringen S. 58) vorgeschriebene Anwendung des Gerichtskostengesetzes und der Gebührenordnung für Gerichtsvollzieher ist die Fassung, welche diese Gesetze durch das Gesetz vom 29. Juni 1881 (Reichsgesetzblatt S. 178) erhalten haben, maßgebend.

§ 2. An Stelle des § 41 des Gesetzes vom 3. April 1880 treten die folgenden Bestimmungen: (vgl. oben).

§ 3. Dieses Gesetz tritt am 1. April 1882 in Kraft.

Kosten, sowie der Gebühren der Rechtsanwälte, welche ihrer Natur nach die gesammte, in einer Sache geübte Thätigkeit der Letzteren zum Gegenstande haben, zweckmäßig dahin, daß die bisherigen Vorschriften zur Anwendung kommen. Für die Gebühren der Gerichtsvollzieher, sowie der Zeugen und Sachverständigen, ist dagegen lediglich entscheidend, ob der Akt des Gerichtsvollziehers, bezw. die Vernehmung der Zeugen oder Sachverständigen vor oder nach dem Eintritt der Wirksamkeit des Gesetzes stattgefunden hat (M.).

Wie die Motive hervorheben, bezweckt das Gesetz, entsprechend dem Grundgedanken des Gesetzes vom 3. April 1880, die Uebereinstimmung zwischen der landesgesetzlichen und der reichsgesetzlichen Regelung des Kosten- und Gebührenwesens, welche in Folge des Erlasses des Reichsgesetzes vom 29. Juni 1881 nicht mehr vollständig bestand, dadurch wiederherzustellen, daß die durch das letztere Gesetz eingeführten Abänderungen des Gerichtskostengesetzes und der Gebührenordnung für Gerichtsvollzieher für das Gebiet der Landesgesetzgebung gleichfalls Gültigkeit erlangen. Diese Abänderungen bestehen hauptsächlich in Ermäßigung, bezw. Beseitigung gewisser Gerichtsgebühren und Gebühren der Gerichtsvollzieher sowie in Beseitigung der Erstattungspflicht für gewisse Auslagen.

Jenem Zwecke des Gesetzes dient die allgemeine Vorschrift des § 1. Daß dabei auch die Abänderung der Reihenfolge einzelner Bestimmungen des Gerichtskostengesetzes zu berücksichtigen ist (vergl. zu § 11 des Gesetzes vom 3. April 1880), bedarf einer Hervorhebung im Gesetze nicht (M.).

(Zu § 2 vergl. zu § 41 des Gesetzes vom 3. April 1880).

---

qui concerne les frais à percevoir par l'Etat et les droits des avoués.

B. Loi du 13 mars 1882 concernant les frais judiciaires et les salaires des huissiers judiciaires.

(Bul. des lois d'Alsace-Lorraine p. 56).

§ 1. Pour l'application des dispositions de la loi concernant les frais judiciaires et les tarifs, que la loi du 3 avril 1880 a étendues aux huissiers, il y a lieu de se conformer aux prescriptions de la loi du 29 juin 1881.

§ 2. Le § 41 de la loi du 3 avril 1880 est remplacé par les dispositions suivantes: (comp. ci-dessus).

§ 3. La présente loi entre en vigueur le 1er avril 1882.

---

l'activité déployée dans une affaire par l'avoué, résolue par la loi, en ce sens que les dispositions jusqu'ici en vigueur leur restent applicables. Les nouvelles dispositions s'appliqueront au contraire de suite aux actes des huissiers et aux salaires des témoins et des experts, du moment qu'ils tombent dans une époque postérieure à l'entrée en vigueur de la loi (M.).

B. D'après les motifs, cette loi a pour but, comme l'avait du reste la loi du 3 avril 1880, de mettre en harmonie les dispositions législatives du pays sur les frais judiciaires et les tarifs avec celles de l'empire, qui ne concordaient plus après la loi du 29 juin 1881; elle atteint ce but en étendant à l'Alsace-Lorraine les dispositions modificatives de cette dernière aux frais judiciaires et aux salaires des huissiers. Ces modifications existent surtout dans la diminution ou la supression de certains frais et salaires des huissiers, ainsi que dans l'exemption de restituer certains déboursés.

Le premier but est atteint par les dispositions générales du § 1. Il semble inutile de rendre attentif aux changements qui en résultent dans l'ordre de certaines dispositions de la loi sur les frais judiciaires (comp. les observations sur le § 11 de la loi du 3 avril 1880).

(Pour le § 2, comp. les dispositions du § 41 de la loi du 3 avril 1880).

IX. Gesetz

betreffend das Forststrafrecht und das Forststrafverfahren vom 28. April 1880.

(Gesetzblatt für Elsaß-Lothringen, S. 75.)

Einleitung.

Durch § 3 Abs. 3 des Einführungsgesetzes zur deutschen Strafprozeßordnung ist der Landesgesetzgebung das Recht vorbehalten, für Forst- und Feldrügesachen ein besonderes Verfahren vor den Amtsgerichten anzuordnen.

In Elsaß-Lothringen waren für das Verfahren in Forstsachen die Bestimmungen des Code forestier, insbesondere die der Titel XI und XIII maßgebend. Diese Bestimmungen stehen mit den Vorschriften der bis zum 1. Oktober 1879 in Geltung gewesenen allgemeinen Strafprozeßgesetze in so engem Zusammenhange, daß sie nach deren Aufhebung in Folge Einführung der Reichsjustizgesetze nicht fortbestehen konnten. Einfach die Vorschriften der neuen Strafprozeßordnung an die Stelle treten zu lassen, empfiehlt sich nicht; vielmehr erscheint es im Interesse einer rascheren und weniger kostspieligen Verfolgung der Forstfrevel Aufgabe der Landesgesetzgebung, ein sich an die Reichsgesetze zwar anschließendes, aber in einfacheren Formen bewegendes Sonderverfahren einzuführen, ohne dabei bestehende und zweckmäßig befundene Vorschriften aufzugeben.

Die Nothwendigkeit einer Abänderung der prozessualischen Vorschriften des Code forestier legt auch eine Revision des materiellen Rechts nahe. Dieselbe erschien sogar unabweisbar in Betreff der Bestimmungen über die Bestrafung der Forstfrevel. Nach dem Strafensystem des Code forestier, bezweckt die Strafe an erster Stelle, den durch den Frevel verursachten Schaden wieder gut zu machen. Sie besteht daher in der Regel nur aus Geldleistungen. Die Geldstrafen sind meist absolute, so daß eine Berücksichtigung der besonderen Umstände des einzelnen Falles ausgeschlossen ist. Eine Folge dieses Systems ist, daß bei dem Zusammenwirken mehrerer Thäter zu demselben Frevel nicht jeder derselben mit einer, seinem Verschulden entsprechenden Strafe belegt, sondern nur eine einzige Strafe verhängt werden kann, welche sich auf die verschiedenen Frevler vertheilt. Andererseits erscheinen die Strafen des Code forestier, namentlich für geringfügigere Fälle, zu hart. Sie nöthigen deshalb dazu, das Begnadigungsrecht des Staatsoberhauptes häufiger, als es seinem Wesen entspricht, in Anspruch zu nehmen, um das Gesetz mit den Forderungen einer gerechten Strafzumessung in Einklang zu bringen.

Schon die französische Gesetzgebung hatte sich die Aufgabe gestellt, diesen Uebelständen abzuhelfen. Namentlich verfolgte diesen Zweck das

IX. LOI
concernant les peines et les poursuites en matière forestière, du 28 avril 1880.

(Bulletin des lois d'Alsace-Lorraine p. 75.)

Observations générales.

D'après le § 3, alinéa 3 de la loi sur l'introduction du Code de procédure criminelle allemand, il est réservé à la législation particulière des Etats de la Confédération d'introduire une procédure spéciale devant les tribunaux cantonaux pour les délits forestiers et ruraux.

En Alsace-Lorraine, la procédure en matière de délits forestiers était réglée par le Code forestier et notamment par les titres XI et XII. Ces dispositions sont si étroitement liées aux lois générales de procédure criminelle qui étaient en vigueur jusqu'au 1er octobre 1879, qu'elles ne sauraient être maintenues après l'abrogation de ces lois par l'introduction des lois de justice de l'Empire d'Allemagne. Au lieu de les remplacer simplement par les dispositions du nouveau Code de procédure (dans le but de rendre la poursuite des délits forestiers plus rapide et moins coûteuse), il semble opportun d'introduire une procédure spéciale se rattachant à celle des nouvelles lois de l'Empire, mais plus simple que cette dernière, sans abolir les dispositions dont on a reconnu l'efficacité.

La nécessité de modifier la procédure du Code forestier fait naître naturellement l'idée d'une révision du droit proprement dit. Celle-ci paraît même inévitable en ce qui concerne la pénalité. Suivant le système du Code forestier, le but de la peine est tout d'abord la réparation du dommage causé par le délit et pour ce motif elle se présente généralement sous la forme de l'amende. Ces amendes sont le plus souvent absolues, de sorte que le juge n'est plus en état de prendre en considération les circonstances spéciales du délit. Il en résulte que dans le cas de complicité chacun des complices ne peut être condamné à une peine proportionnée à sa culpabilité; c'est une peine unique qui doit être prononcée, sauf à la répartir entre les différents complices. De plus, les peines du Code forestier, principalement dans les cas peu graves, sont trop rigoureuse et nécessitent une application anormale du droit de grâce, afin de rendre les peines plus justes.

La législation française s'était déjà imposée la tâche de remédier aux inconvénients signalés, et c'est dans le but que fut publiée la

Gesetz vom 18. Juni 1859, indem es einerseits, um die Wirksamkeit der Strafen zu erhöhen, die Fälle vermehrte, in welchen der Richter neben der Geldstrafe eine Gefängnißstrafe auszusprechen befugt war (vergl. Art. 57, 144, 192, 194 Abs. 1, 195 Abs. 1 des Code forestier), andererseits aber eine Milderung der Härten des Gesetzes dadurch ermöglichte, daß der Forstverwaltung die Befugniß eingeräumt wurde, in Bezug auf Forstfrevel, welche in den der Forstordnung unterworfenen Waldungen begangen werden, im Transaktionswege die gesetzlich verwirkten Strafen zu ermäßigen. Soweit dies Transaktionsverfahren rechtskräftig erkannte Strafen zum Gegenstande hat, greift es in das Gebiet des Begnadigungsrechtes ein. Soweit es dagegen auf noch nicht rechtskräftig abgeurtheilte Forstfrevel sich bezieht, steht ihm das schwerwiegende Bedenken entgegen, daß es die Forstverwaltung leicht dem Vorwurfe der Willkür und der Parteilichkeit aussetzt. Ueberdies verträgt sich die Transaktionsbefugniß nicht wohl mit den Grundsätzen der Strafprozeßordnung, welche die Forstbeamten zur Anzeige aller ihnen dienstlich bekannt werdenden Strafthaten an die Staatsanwaltschaft — § 161 — und letztere zur Verfolgung aller strafbaren Handlungen bei zureichenden thatsächlichen Anhaltspunkten — § 152 — verpflichtet.

Das Gesetz hat, im Anschlusse an die von der deutschen Strafgesetzgebung in neuerer Zeit allgemein eingeschlagene Richtung, die absoluten Strafen für den Forstdiebstahl beibehalten, im Uebrigen dagegen beseitigt. Für die Beibehaltung der absoluten Strafen beim Forstdiebstahle sprechen verschiedene Gründe, vor Allem, daß die Forstdiebstähle gleichen Beweggründen zu entspringen pflegen, und bei der einfachen und im Allgemeinen gleichgearteten Lagerung des Thatbestandes ein sorgfältiges Abwägen aller Umstände des Einzelfalles durch den Richter entbehrlich erscheint.

Das Gesetz hat sich auf diese Neuerungen indessen nicht beschränkt, vielmehr auch sonst hervorgetretenen Lücken und Unzuträglichkeiten des bestehenden Rechts gegenüber Abhülfe zu schaffen versucht. In dieser Beziehung ist hervorzuheben, daß:

1. eine Anzahl bisher nicht vorgesehener Schädigungen der Forsten und Zuwiderhandlungen gegen forstpolizeiliche Vorschriften unter Strafe gestellt (vergl. §§ 30 bis 36);
2. die im Titel III Abschnitt 4 des Code forestier enthaltenen Strafbestimmungen ausgedehnt (§§ 37 ff.), und
3. Strafbestimmungen, die nach dem jetzigen Stande der Gesetzgebung entweder unanwendbar oder entbehrlich erscheinen, beseitigt sind.

In die letztere Kategorie fallen namentlich Strafandrohungen gegen Forstbeamte wegen pflicht- oder gesetzwidriger Handlungen, welche, sofern sie nicht gegen das allgemeine Strafgesetz verstoßen, der disziplinaren Ahndung umsomehr überlassen werden können, als in ihrer civilrechtlichen Nichtigkeit und der aus ihnen hervorgehenden Schadensersatzpflicht ein genügender Schutz liegt (Art. 18, 19, 29 Schlußabsatz, 53, 81 Schlußabsatz, 100, 200, 21 Nr. 1; vergl. auch 21 Nr. 2, 101 des Code forestier).

Hierhin gehört ferner die Strafbestimmung des Art. 22 des Code forestier, welche gegen Umtriebe und geheime Verbindungen behufs

loi du 18 juin 1859. Cette loi augmentait d'abord l'efficacité des peines, en multipliant les cas où le juge peut prononcer un emprisonnement conjointement avec une amende (art. 57. 144, 192, 194, alinéa 1er, 195, alinéa 1er du Code forestier); en second lieu, elle mitigeait le Code forestier en autorisant l'administration des forêts à réduire par voie de transaction les peines encourues à la suite de délits commis dans les bois soumis au régime forestier. En tant que ces transactions portaient sur des peines déjà établies par jugement définitif, elles empiétaient sur le domaine du droit de grâce. Si par contre elles ont lieu avant la condamnation définitive, elles présentent le grave inconvénient d'exposer facilement l'administration des forêts au reproche d'agir arbitrairement et avec partialité. Au surplus, l'autorisation de transiger est en contradiction avec les principes du nouveau Code de procédure, d'après lesquels les agents forestiers sont obligés de dénoncer au ministère public toutes les infractions parvenant à leur connaissance (§ 161) et le ministère public de son côté d'exercer les poursuites s'il y a des indices suffisants (§ 152).

Conformément à la tendance généralement suivie dans ces derniers temps par la législation pénale allemande, la loi a conservé les peines absolues pour le vol forestier, tandis qu'elle les a abolies pour toutes les autres infractions. Différentes raisons militent en faveur du maintien des peines absolues pour le vol forestier. En voici la plus importante: les vols forestiers sont en général inspirés par le même mobile et d'une grande simplicité. Il semble donc inutile que le juge pèse avec soin toutes les circonstances particulières du délit.

Loin de s'arrêter à ces innovations, la nouvelle loi cherche aussi à remédier à d'autres inconvénients que présentent les lois existantes. Sous ce rapport il faut citer les innovations suivantes:

1º Un certain nombre de dommages causés aux forêts et d'infractions aux règlements de police forestière non prévues jusqu'à présent, sont déclarés punissables (§§ 30 à 36);

2º Les dispositions du titre III, section 4 du Code forestier, ont reçu de l'extension (§§ 37 et suiv.);

3º Les dispositions pénales superflues ou inapplicables d'après nos lois actuelles sont abrogées.

Cette dernière catégorie comprend notamment des peines dont sont menacés les agents forestiers pour actes contraires à leurs devoirs et aux lois. Ces actes, en tant qu'ils ne tombent pas sous l'application du droit pénal commun, peuvent être déférés à la juridiction disciplinaire d'autant plus que la nullité de ces actes et la responsabilité civile des agents, offrent des garanties suffisantes (art. 18 19, 29, alinéa final, 53, 81, alinéa final, 100 et 21, nº 1. — Comp. aussi art. 21, nº 2, 101, Code forestier).

Dans la troisième catégorie se range aussi la disposition pénale de l'art. 22 du Code forestier, dirigée contre toute association secrète ou manœuvre tendant à exercer lors des enchères de bois une pression sur les prix. Cet article renvoie, quant à la peine, à l'art. 412 du Code pénal, qui défend d'une manière générale les associations et manœuvres de ce genre. Suivant l'opinion pré-

Drückung der Preise bei Holzversteigerungen gerichtet ist. Dieselbe verweist bezüglich der Strafe auf Art. 412 des Code pénal, welcher derartige Verbindungen und Umtriebe allgemein unter Strafe stellt. Nach der herrschenden Ansicht (vgl. jedoch jetzt Entsch. des Reichsger. Bd. X S. 222) ist dieser Art. 412 mit der Einführung des deutschen Strafgesetzbuches in Wegfall gekommen, so daß die im Art. 22 des Code forestier bezeichneten Handlungen seitdem straflos sind. Desgleichen sind beseitigt die Strafbedingungen der Art. 32 und 36 des Code forestier. Dieselben setzen den nicht mehr üblichen Fall des Holzverkaufs auf dem Stamme in ganzen Schlägen voraus und finden, wo derselbe noch ausnahmsweise vorkommen sollte, in dem § 49 des Gesetzes ausreichenden Ersatz.

Das Gesetz hat es sich zur Aufgabe gemacht, dem zur Zeit in Elsaß-Lothringen geltenden Rechte und den eigenartigen Verhältnissen des Landes möglichst Rechnung zu tragen. Insoweit derselbe nicht Bestimmungen des Code forestier wiederholt, schließt er sich hauptsächlich an das preußische Forstdiebstahlsgesetz vom 15. April 1878 (Gesetzsammlung für die preußischen Staaten, S. 222) und den dem preußischen Abgeordnetenhause unter dem 16. November 1878 vorgelegten Entwurf eines Feld- und Forstpolizeigesetzes an.

Neben der preußischen hat auch die Gesetzgebung der anderen deutschen Bundesstaaten, namentlich das badische Gesetz vom 25. Februar 1879 über das Forststrafrecht und Forststrafverfahren Beachtung gefunden.

Es erschien zweckmäßig, die materiellen Strafbestimmungen und die Regelung des Verfahrens zu einem selbstständigen Gesetze zu vereinigen, ein Weg, auf welchem zahlreiche deutsche Staaten vorangegangen sind. Die auf das Verwaltungsrecht bezüglichen Bestimmungen des Code forestier werden einstweilen und bis zum Erlaß eines besonderen Forstverwaltungsgesetzes in Geltung verbleiben (M.).

Erster Titel.

Allgemeine Bestimmungen.

§ 1. Die in diesem Gesetze mit Strafe bedrohten Handlungen unterliegen den nachstehenden Bestimmungen und, insoweit in denselben Abweichungen nicht vorgesehen sind, den Vorschriften des Strafgesetzbuchs.

§ 2. Die im § 57 des Strafgesetzbuchs bei der Verurtheilung von Personen, welche zur Zeit der Begehung der

---

§ 1. Aus Art. II des Einführungsgesetzes zum Strafgesetzbuche vom 30. August 1871 (Gesetzbl. für Elsaß-Lothringen, S. 255) ergibt sich für die Landesgesetzgebung die Befugniß, auf dem Gebiete des Forststrafrechts besondere Vorschriften zu erlassen. Soweit die Landesgesetzgebung von dieser Befugniß keinen Gebrauch macht, kommen die Bestimmungen des Strafgesetzbuchs zur Anwendung (vergl. Code forestier, Art. 208 (M.).

dominante aujourd'hui, l'art. 412 a été abrogé par l'introduction du Code pénal en Alsace-Lorraine. Depuis ce temps les actes désignés par l'art. 22 du Code forestier ne sont dès lors plus punissables. Sont abolis de même les art. 32 et 36 du Code forestier, qui se rapportent à un cas hors d'usage aujourd'hui, c'est-à-dire à la vente du bois sur pied et par coupes entières; si ce genre de vente devait de nouveau avoir lieu, on trouverait une compensation suffisante dans le § 49 de la loi.

La loi tient compte, autant que possible, des lois en vigueur en Alsace-Lorraine et des circonstances particulières dans lesquelles se trouve le pays. Les dispositions qui ne sont pas empruntées au Code forestier, sont tirées pour la plupart de la loi prussienne du 15 avril 1878, relative au vol forestier (Recueil des lois pour les Etats prussiens, p. 222) et du projet de la loi concernant la police rurale et forestière soumis le 16 novembre 1878 à la Chambre des députés de Prusse.

En dehors de la législation prussienne on a également consulté celle des autres pays de la Confédération, et en particulier la loi badoise du 25 février 1879 concernant le droit pénal et la procédure en matière forestière.

Il semblait opportun de réunir les dispositions pénales et les règles de procédure dans une même loi spéciale en suivant l'exemple d'un grand nombre d'Etats allemands. Les dispositions administratives du Code forestier resteront encore provisoirement en vigueur jusqu'à la publication d'une loi spéciale sur l'Administration forestière (M.).

TITRE Ier.

Dispositions générales.

§ 1. Les faits déclarés punissables par la présente loi sont soumis aux dispositions suivantes ou tombent sous l'application du Code pénal, s'il n'a pas été dérogé ci-après.

§ 2. La réduction de peine prévue au § 57 du Code pénal en cas de condamnation d'individus qui, à l'époque

---

§ 1. En vertu de l'art. 2 de la loi d'introduction au Code pénal allemand du 30 août 1871 (Bulletin des lois pour l'Alsace-Lorraine, p. 255), la législation particulière du pays peut régler par des dispositions spéciales les matières concernant les délits et contraventions commis dans les bois et forêts. En tant que la législation du pays n'use pas de cette faculté, les dispositions du Code pénal sont applicables à ces matières (comp. l'art. 208 du Code forestier) (M.).

That das zwölfte, aber nicht das achtzehnte Lebensjahr vollendet hatten, vorgesehene Strafermäßigung findet bei Zuwiderhandlungen gegen dieses Gesetz keine Anwendung.

§ 3. Für den Werthersatz, das Ersatzgeld (§ 23) und die Kosten, zu denen Personen verurtheilt worden, welche unter der Gewalt, der Aufsicht oder im Dienste eines Andern stehen und zu dessen Hausgenossenschaft gehören, ist letzterer für den Fall des Unvermögens des Verurtheilten haftbar zu erklären, und zwar unabhängig von der etwaigen Strafe, zu welcher er selbst auf Grund dieses Gesetzes oder des § 361 Nr. 9 des Strafgesetzbuchs verurtheilt wird.

Sind die gesetzlichen Vertreter (Ehemänner, Eltern, Vormünder) der Verurtheilten als haftbar zu erklären, so erstreckt sich die Haftbarkeit auch auf die Geldstrafe.

Wird festgestellt, daß der als haftbar in Anspruch Genommene die That nicht verhindern konnte, so tritt die Haftbarkeit nicht ein.

---

§§ 2—4. Diese Paragraphen haben ebenso wie § 367 Nr. 9 des Strafgesetzbuches den Zweck, den durch abhängige Mitglieder der Familien und Hausgenossenschaften häufig verübten Eingriffen in fremdes Eigenthum besser entgegen zu wirken.

Die im § 2 enthaltene Abweichung vom Strafgesetzbuche rechtfertigt sich dadurch, daß nach der Natur und bei der Einfachheit der in Frage kommenden Zuwiderhandlungen, deren Strafbarkeit sich den Kindern von Jugend auf einprägt, die Voraussetzung durchweg trifft, daß ein dem Kindesalter entrückter, wenn auch jugendlicher Thäter die Rechtswidrigkeit und Strafbarkeit der That vollkommen eingesehen und deshalb die volle Strafe verdient hat. Der Grund, welcher für die Vorschriften des Strafgesetzbuchs über die mildere Bestrafung der Personen unter 18 Jahren aus dem berechtigten Bestreben hergenommen ist, jugendliche Thäter nicht durch längere Gefängnißstrafen dem sittlichen Verderben auszusetzen, trifft für die geringfügigen Forststrafen überhaupt nicht zu. Die nach § 57 zulässige Strafe des Verweises würde jedenfalls Wirkung und Zweck gänzlich verfehlen.

Soll dem Mißbrauche gesteuert werden, welchen die Gewalthaber, Pfleger und Dienstherrschaften häufig von ihrer Gewalt machen, indem sie die Kinder, Pflegebefohlenen oder Dienstboten zur Verübung von Forstfreveln anleiten, so müssen die Ersteren für die strafbaren Handlungen der Letzteren verantwortlich sein. Demgemäß erklärt der § 3 dieselben haftbar für Werthersatz, Ersatzgeld und Kosten, zu welchen die ihnen untergebenen Personen verurtheilt werden, die Ehemänner, Eltern und Vormünder auch für die Geldstrafe. Diese Haftbarkeit ist nach § 4 eine unmittelbare, wenn der Thäter wegen jugendlichen

du fait par eux commis, avaient plus de douze ans et moins de dix-huit ans révolus, n'est pas applicable en cas d'infraction à la présente loi.

§ 3. Pour la restitution, l'indemnité (§ 23) et les frais auxquels ont été condamnés des individus qui sont sous la puissance, la surveillance ou au service d'une autre personne et qui habitent avec elle, cette dernière en sera déclarée responsable, en cas d'insolvabilité du condamné, nonobstant les condamnations dont elle-même pourrait être l'objet en vertu de la présente loi ou du § 361, n° 9 du Code pénal.

Dans les cas où il y a lieu de déclarer responsables les représentants légaux (maris, parents, tuteurs) du condamné, leur responsabilité s'étendra aussi à l'amende.

Elle cessera d'être responsable, s'il est constaté qu'elle n'a pas pu empêcher le fait.

---

§§ 2—4. Ces paragraphes ont, de même que le § 361, n° 9 du Code pénal, pour but de prévenir plus efficacement les attentats contre la propriété commis fréquemment par des personnes soumises à la puissance paternelle et au pouvoir domestique.

La modification apportée au Code pénal par le § 2 se justifie pleinement, car les contraventions en question étant d'une nature très simple et leur caractère punissable s'imprimant de bonne heure dans l'esprit des enfants, il faut admettre qu'un jeune délinquant, qui a dépassé la période de l'enfance, s'est rendu pleinement compte de la culpabilité de son action, et a, par conséquent, mérité la peine entière. D'ailleurs, les peines sont minimes en matière forestière, et si le Code pénal a prévu des peines moins rigoureuses pour les individus âgés de moins de 18 ans, on a cédé à la crainte bien légitime d'exposer les jeunes délinquants à la ruine morale par des emprisonnements de longue durée. Dans tous les cas, la réprimande du § 57 ne produirait aucun effet en cette matière et manquerait complètement son but.

Si l'on veut réprimer les abus d'autorité que commettent souvent les parents, les tuteurs ou curateurs et les maîtres, en engageant leurs enfants, pupilles ou domestiques à commettre des délits ou contraventions forestiers, il faut que les premiers soient rendus responsables des faits punissables commis par ces derniers. En conséquence, le § 3 de la loi les déclare responsables de la restitution, de l'indemnité et des frais auxquels seront condamnés les personnes soumises à leur autorité, et les maris, parents ou tuteurs seront même responsables de l'amende. Aux termes du § 4, les personnes responsables doivent être condamnées directement aux peines ci-dessus, si le délinquant ne peut être poursuivi ou est

§ 4. Hatte der Thäter noch nicht das zwölfte Lebensjahr vollendet, so wird derjenige, welcher in Gemäßheit des § 3 haftet, zur Zahlung der Geldstrafe, des Wertherſatzes, des Ersatzgeldes und der Kosten als unmittelbar haftbar verurtheilt.

Dasselbe gilt, wenn der Thäter zwar das zwölfte, aber noch nicht das achtzehnte Lebensjahr vollendet hatte und wegen Mangels der zur Erkenntniß der Strafbarkeit seiner Handlung erforderlichen Einsicht freizusprechen ist, oder wenn derselbe wegen eines seine freie Willensbestimmung ausschließenden Zustandes straffrei bleibt.

§ 5. Eine nicht beizutreibende Geldstrafe ist gegen den Thäter in Freiheitsstrafe umzuwandeln.

Alters oder wegen eines seine freie Willensbestimmung ausschließenden Zustandes nicht verfolgt werden kann, beziehungsweise freizusprechen ist.

Von der Haftbarkeit der Gewalthaber muß jedoch gänzlich abgesehen werden, wenn sie den Beweis erbringen, daß sie die That nicht verhindern konnten, weil ihre Verantwortlichkeit darauf beruht, daß sie verpflichtet und der Regel nach in der Lage sind, die Begehung der Frevel seitens der von ihnen abhängigen Personen zu verhüten (§ 3 Abs. 2.) Es können ferner, wo vom Beweise einer selbstständigen Schuld abgesehen wird, die verhängten Folgen nur vermögensrechtliche sein (§§ 3, 4, vergl. § 5 Abs. 1) (M.).

§ 5. Absatz 1 läßt die Umwandlung einer nicht beizutreibenden Geldstrafe in Freiheitsstrafe nur gegen den Thäter zu, schließt sie somit gegen den haftbar Erklärten aus. „Nicht beizutreiben" ist die Geldstrafe nur dann, wenn weder von dem Thäter, noch von dem haftbar Erklärten Zahlung zu erlangen ist. Es erschien überflüssig, dies im Absatz 1 ausdrücklich auszusprechen (M.).

Für die Umwandlung einer nicht beizutreibenden Geldstrafe gelten im wesentlichen die Bestimmungen der §§ 28, 29 des Strafgesetzbuches. Von dem § 29 wird jedoch in zwei Beziehungen abgewichen. Erstlich hat Abs. 2 im Interesse der größeren Wirkung der Strafen den Betrag von 2 bezw. 5 Mark (Beschluß der Kommission im Anschluß an die badische Gesetzgebung; der Entwurf bestimmte 1 bis 5 Mark), statt von 1 bis zu 15 Mark, einer eintägigen Freiheitsstrafe gleichgestellt. Andererseits ist der Höchstbetrag der an Stelle der Geldstrafe tretenden Gefängnißstrafe von einem Jahre auf sechs Monate herabgesetzt.

Erwähnt mag noch werden, daß der Ausdruck „Thäter" im ersten Absatze ebenso wie an anderen Stellen des Gesetzes (§§ 4, 12, 18 u. a.), in dem allgemeinen, jeden Schuldigen, insbesondere auch die Anstifter und Gehülfen umfassenden Sinne gebraucht ist, welchen ihm in gleicher Weise das Strafgesetzbuch an vielen Stellen beilegt (vergl. §§ 3, 51, 52, 361 Nr. 9 Strafgesetzbuch) (M.).

§ 4. Si le délinquant n'avait pas encore atteint l'âge de douze ans révolus, celui qui est responsable aux termes du § 3 sera condamné comme directement responsable au paiement de l'amende, de la restitution, de l'indemnité et des frais.

Il en sera de même si le délinquant avait plus de douze ans, mais moins de dix-huit ans révolus et qu'il doive être acquitté faute d'avoir acquis le discernement nécessaire pour comprende la culpabilité de son action, ou s'il échappe à la répression pour s'être trouvé dans un état excluant le libre exercice de sa volonté.

§ 5. Une amende qui ne peut être recouvrée sera convertie contre le délinquant en une peine emportant privation de la liberté.

---

acquitté soit à raison de son âge, soit parce qu'il se trouvait dans un état qui excluait le libre exercice de sa volonté.

Cependant la responsabilité ne doit jamais être encourue, si les parents, tuteurs ou maîtres prouvent qu'ils n'ont pu empêcher le fait; car ils ne sont rendus responsables en principe que parce qu'ils ont le devoir et en général le pouvoir d'empêcher les personnes soumises à leur autorité de commettre les délits et contraventions en question (§ 2, alinéa 2). En second lieu, les peines ne devront être que pécuniaires, partout où la condamnation ne sera pas subordonnée à la preuve d'une culpabilité personnelle (§§ 3, 4; cfr. § 5, alinéa 1er) (M.).

§ 5. Aux termes de l'alinéa 1er, l'amende, en cas d'insolvabilité, ne peut être convertie en emprisonnement que pour le délinquant lui-même; la conversion est par conséquent exclue vis-à-vis du tiers responsable. C'est ce qu'il a paru superflu d'exprimer explicitement dans l'alinéa 1er (M.).

Les dispositions des §§ 28 et 29 du Code pénal sont en général applicables à la conversion des amendes qui ne pourront être recouvrées. Cependant la loi s'écarte en deux points du § 29. D'abord l'alinéa 2, pour rendre les peines plus efficaces, dispose que l'amende de 2 ou 5 M. (décision de la Commission, conforme à la loi badoise; le projet avait proposé 1 à 5 M.), au lieu de 1 à 15 M., équivaut à un emprisonnement d'un jour. En second lieu, le maximum de l'emprisonnement à substituer à l'amende est fixé à six mois au lieu d'un an.

L'expression de „délinquant“ employé dans l'alinéa 1er, ainsi qu'à d'autres endroits de la loi (§§ 4, 12, 18 et autres) doit être entendue dans un sens général et comprend tout coupable, notamment les complices de l'auteur, sens qui est également attribué à cette expression dans les divers articles du Code pénal (cfr. §§ 3, 51, 52, 361 et suiv. de ce Code) (M.).

Bei Geldstrafen bis zu 50 Mark einschließlich ist der Betrag von 2 Mark einem Tage Freiheitsstrafe, und bei höheren Geldstrafen von der 50 Mark übersteigenden Summe ein Betrag von 5 Mark einem Tage Freiheitsstrafe gleichzuachten.

Der Mindestbetrag der an die Stelle der Geldstrafe tretenden Freiheitsstrafe ist ein Tag, ihr Höchstbetrag bei Haft sechs Wochen, bei Gefängniß sechs Monate. Wenn jedoch eine neben der Geldstrafe wahlweise angedrohte Freiheitsstrafe ihrer Dauer nach den vorgedachten Höchstbetrag nicht erreicht, so darf die an Stelle der Geldstrafe tretende Freiheitsstrafe den angedrohten Höchstbetrag jener Freiheitsstrafe nicht übersteigen.

Bruchtheile, welche sich bei der Theilung des Betrags einer Geldstrafe durch 2 beziehungsweise 5 ergeben, werden, wenn sie die Hälfte übersteigen, für voll gerechnet, andernfalls bleiben sie außer Ansatz.

Kann nur ein Theil der Geldstrafe beigetrieben werden, so wird für den Rest die noch zu erstehende Freiheitsstrafe verhältnißmäßig nach dem Betrag der ursprünglich erkannten Geldstrafe berechnet. Für die bei dieser Berechnung sich ergebenden Bruchtheile eines Tages ist stets ein Tag Freiheitsstrafe zu rechnen.

§ 6. Der Verurtheilte kann sich von der in § 5 vorgesehenen Freiheitsstrafe durch Forst- oder Gemeindearbeit frei machen, sofern dies nicht von der Forstverwaltung im einzelnen Fall

---

§ 6. Im Princip soll die Forstverwaltung nicht *befugt* sein, die Umwandlung zu *gestatten*, sondern es soll die Umwandlung die Regel bilden und die Verwaltung ihrerseits einen eventuellen Einspruch gegen dieselbe mit Gründen belegen. Natürlich können diese Gründe nicht unbedingt durch eine Art von Verordnung zum Voraus festgestellt werden; dieselben müssen dem billigen Ermessen der Forstverwaltung anheimgegeben bleiben. Meistens wird der Grund der Weigerung der sein, daß der Forstfrevler zahlungsfähig, daß er ein Wilddieb oder daß er körperlich zu gebrechlich ist, um eine die Strafe aufwiegende Arbeit leisten zu können u. dgl. mehr. (B.).

Was die Dauer der Arbeit betrifft, so gestattet der Entwurf, dem Verurtheilten für eine bestimmte Zahl von Tagen eine bestimmte Arbeit in der Art anzuweisen, daß, wenn er die letztere früher vollendet, die betreffende Strafzeit für verbüßt gilt. In der Regel soll jedoch die Dauer der Arbeit mit der Dauer der subsidiären Freiheitsstrafe übereinstimmen. Denn durch eine kürzere Arbeitszeit würde eine durch nichts begründete Herabsetzung der Strafe gewährt, durch eine längere dagegen das ganze Institut der Strafarbeit nahezu illusorisch gemacht werden, weil die große Mehrzahl der Verurtheilten es vorziehen wird,

Jusqu'à 50 M. inclusivement, 2 M. d'amende équivaudront sous ce rapport à un jour d'emprisonnement ou d'arrêts; au delà de 50 M., et pour le montant dépassant cette somme, 5 M, équivaudront à un jour d'emprisonnement ou d'arrêts.

Le minimum de la peine à substituer à l'amende est d'un jour, le maximum est de six semaines pour les arrêts et de six mois pour l'emprisonnement. Néanmoins, dans le cas où la loi permet d'appliquer facultativement ou une amende ou une peine emportant privation de la liberté dont la durée n'atteint pas le maximum ci-dessus fixé, la peine substituée à l'amende ne pourra pas dépasser le maximum de la peine édictée par la loi.

Les fractions qui résulteront de la division du montant de l'amende par 2 ou éventuellement par 5 seront comptées pour un jour, lorqu'elles dépasseront la moitié, et ne seront pas prises en considération si elles restent au-dessous.

Si une partie seulement de l'amende est recouvrée, la peine des arrêts ou de l'emprisonnement sera subie pour le restant proportionnellement d'après le montant de la condamnation. Les fractions qui résulteront du calcul seront à compter pour un jour.

§ 6. Le condamné pourra se délibérer de la peine prévue au § 5, au moyen de travaux forestiers ou communaux, à

---

§ 6. En principe, ce n'est pas l'administration forestières qui peut accorder la conversion de la prison en prestation en nature, mais la conversion est la règle, et c'est à l'administration à faire valoir des motifs pour lesquelles elle s'opposerait à cette conversion. Ces motifs, qui ne peuvent être formulés d'une manière absolue par une réglementation, sont déterminés suivant l'appréciation de l'administration forestière. Ils trouveront le plus souvent la justification dans le fait que le délinquant n'est pas insolvable, qu'il est braconnier, estropié au point de ne pouvoir se livrer à un travail qui devrait équivaloir à la peine, etc. (R.).

Pour ce qui concerne la durée du travail, la loi permet d'assigner au condamné, pour un nombre de jours déterminé, une tâche moyennant laquelle la peine sera considérée comme éteinte, quoiqu'il la termine en moins de temps. Cependant, en règle générale, la durée du travail doit coïncider avec la durée de la peine subsidiaire de la prison ou des arrêts. En effet, une durée du travail plus courte amènerait une réduction de la peine, qui ne serait en rien justifiée, tandis qu'une durée plus longue rendrait pour ainsi dire illusoire tout le système des prestations en nature,

aus besonderen Gründen verweigert wird. Die Zahl der Arbeitstage ist gleich der festgesetzten Strafzeit zu bestimmen.

Dem Verurtheilten kann für eine bestimmte Zahl von Tagen eine seiner Leistungsfähigkeit entsprechende bestimmte Arbeit in der Art angewiesen werden, daß, wenn er die Arbeit früher vollendet, die betreffende Strafzeit für verbüßt gilt.

§ 7. Alle wegen eines und desselben Forstdiebstahls oder Weidefrevels verurtheilten Personen sind zu dem Wertherſatz oder zu dem Ersatzgeld, auf welche erkannt wird, als Gesammtschuldner zu verurtheilen.

§ 8. Die auf Grund dieses Gesetzes erkannten Geldstrafen fließen in die Staatskasse.

§ 9. Die Strafverfolgung von Zuwiderhandlungen gegen dieses Gesetz verjährt, sofern nicht einer der Fälle der §§ 15,

---

während kürzerer Zeit der Freiheit, als während längerer Zeit des Arbeitsverdienstes beraubt zu werden.

Die zur Ausführung der Bestimmung des § 6 erforderlichen Anordnungen bezüglich der in Rede stehenden Arbeiten sind im Verwaltungswege zu erlassen. Es wird dabei insbesondere auch Bestimmung darüber zu treffen sein, ob beziehungsweise inwieweit die Arbeitenden sich ihrer Beköstigung und die nöthigen Arbeitsgeräthe selbst zu beschaffen haben (M.).

Die Kommission hat den Wunsch ausgesprochen, die Forstverwaltung möge sich, soweit es sich um Gemeindeforsten handelt, jedesmal mit der betreffenden Gemeindebehörde in's Einvernehmen setzen. Sowohl die Umwandlung, als der von den Arbeiten zu machende Gebrauch solle in Uebereinstimmung mit der Gemeindeverwaltung geregelt werden.

Vergl. die Ministerialverordnung vom 4. Juli 1880, betr. die Forststrafarbeiten (Sammlung V S. 226.)

§ 7. Der hier aufgestellte Grundsatz der solidarischen Haftbarkeit war schon in der französischen Rechtsprechung anerkannt. Für Verbrechen und Vergehen ist er in Art. XV des Einführungsgesetzes zum Strafgesetzbuche vom 30. August 1871 ausgesprochen. Das Gesetz hat ihn auch auf die als Forst- und Weidefrevel strafbaren Uebertretungen ausgedehnt.

Die solidarische Haftbarkeit für die Kosten ergibt sich aus § 498 Abs. 2 der Strafprozeßordnung (M.).

§ 8. Sämmtliche Geldstrafen ohne Unterschied, auch die wegen Vergehen und Uebertretungen in Privatwaldungen verwirkten, fließen dem Staate zu; vergl. Code forestier, Art. 204 (M.).

§ 9. Die kurze Verjährungsfrist von drei Monaten (vergl. Code forestier, Art. 185, 186, 189 al. 2, 225), welche in Uebertretungsfällen dem § 67 des Strafgesetzbuches entspricht, führt, wie die Erfahrung gelehrt hat, mit Rücksicht auf § 68 des Strafgesetzbuchs, wonach eine Unterbrechung der Verjährung nur durch Handlungen des Richters,

moins que l'administration forestière ne s'y oppose pour des motifs spéciaux à chaque cas. Le nombre de journées de travail sera égal à la durée de la peine.

Il pourra être assigné au condamné en représentation d'un nombre de jours fixé un travail déterminé, proportionné à ses forces, de telle façon que si le travail a été achevé avant ce temps, la peine sera réputée subie.

§ 7. Tous les individus condamnés pour le même vol forestier ou la même contravention de pâturage seront condamnés solidairement à la restitution et à l'indemnité qui ont été prononcées.

§ 8. Les amendes prononcées en vertu de la présente loi seront versées au Trésor de l'Etat.

§ 9. La poursuite des infractions à la présente loi se prescrira par le laps de six mois à moins qu'il ne s'agisse

---

car la plupart des condamnés préféreront se voir privés de la liberté pendant un court espace de temps que de perdre pendant un temps plus long le prix de leurs journées.

Les prescriptions nécessaires pour l'exécution des dispositions du § 6, relatives aux travaux en question, devront être édictées par voie administrative. Il y aura lieu notamment de régler la question de savoir si et dans quelle mesure les condamnés devront eux-mêmes pourvoir à leur nourriture et se procurer les instruments de travail (M.).

L'administration forestière, selon le vœu de la Commission, aura toujours à se mettre en rapport avec l'administration municipale locale chaque fois qu'il s'agira de forêts communales. Ce n'est que d'accord avec cette dernière que la conversion doit être consentie et que l'emploi de la prestation doit être réglé.

Comp. l'arrêté ministeriel du 8 juillet 1880, sur les travaux forestiers comme peine (Recueil juridique v. p. 226.)

§ 7. Le principe de la responsabilité solidaire consacré dans ce paragraphe était déjà consacré par la jurisprudence française. Pour les crimes et délits, il est énoncé dans l'art. 15 de la loi d'introduction au Code pénal du 30 août 1871. La loi a étendu ce principe aux contraventions en matière forestière, de parcours et de vaine pâture.

La responsabilité solidaire en ce qui concerne les frais est basée sur le § 498, alinéa 2 du Code de procédure criminelle (M.).

§ 8. Toutes les amendes indistinctement, y compris celles encourues pour délits et contraventions commis dans les bois des particuliers, reviennent à l'Etat (comp. l'art. 204 du Code forestier) (M.).

§ 9. L'expérience a démontré que la courte prescription de trois mois (comp. Code forestier, art. 185, 186, 189, alinéa 1er, 225), qui, pour les contraventions, correspond à celle du § 67 du Code pénal,

17, Absatz 2 bis 4; 44, 47, 48, 50 bis 54, 56 vorliegt, in sechs Monaten.

Zweiter Titel.

Strafbestimmungen.

Erster Abschnitt.

Forstdiebstahl.

§ 10. Forstdiebstahl im Sinne dieses Gesetzes ist der in einem Walde oder auf einem andern hauptsächlich zur Holznutzung bestimmten Grundstücke verübte Diebstahl:

---

nicht auch durch solche des Staatsanwalts bewirkt werden kann, zu Unzuträglichkeiten. Die Anwendung des § 67 des Strafgesetzbuchs auf Forstfrevel würde überdies zur Folge haben, daß dieselbe Handlung, z. B. der einfache Forstdiebstahl je nach dem Werthe der entwendeten Walderzeugnisse, in dem einen Falle als Uebertretung in drei Monaten, in dem anderen als Vergehen in drei Jahren verjähren würde. Eine einheitliche Regelung der Verjährung bezüglich der in Frage kommenden strafbaren Handlungen erscheint unerläßlich. Demgemäß ist in Uebereinstimmung mit der preußischen Gesetzgebung die Verjährungsfrist allgemein auf sechs Monate festgesetzt. Eine Ausnahme ist nur in Betreff derjenigen Handlungen gemacht, welche unter allen Umständen Vergehen darstellen (§§ 15, 17, Abs. 2 bis 4; 44, 47, 48, 50 bis 54, 56) und deshalb zweckmäßig den Bestimmungen des Strafgesetzbuchs unterworfen bleiben.

Hinsichtlich der Verjährung der Strafvollstreckung sind auch in Zukunft die §§ 70 bis 72 des Strafgesetzbuchs maßgebend (M.).

§ 10. Dieser Paragraph stellt den Begriff des Forstdiebstahls übereinstimmend mit § 1 des preußischen Forstdiebstahlsgesetzes fest. Wesentliche Voraussetzung ist, daß es sich um einen Diebstahl aus einem der Holzzucht gewidmeten Grundstücke handelt. Den vor Allem hierher gehörigen Wäldern werden gleichgestellt „andere hauptsächlich zur Holznutzung bestimmte Grundstücke", ohne Unterschied, ob sie in unmittelbarem Zusammenhange mit einem Walde stehen, oder nicht. Beispielsweise fallen Grundstücke, auf denen Weiden gezogen werden, unter dieses Gesetz, wenn die Weidenzucht die hauptsächliche Bestimmung des Grundstücks ausmacht; während der Diebstahl von Weiden aus einem sonst nicht zur Holzzucht dienenden Grundstücke, auf welchem die Weidenzucht nur nebenbei betrieben wird, nicht als Forstdiebstahl anzusehen ist. Das Gleiche gilt für Diebstahl von Holz in Obstbaumschulen, weil der Hauptzweck der Zucht der Pflänzlinge darin nicht die Holznutzung ist.

Nr. 1. Die Worte „noch nicht vom Boden getrennt" setzen außer Zweifel, daß auch die rechtswidrige Zueignung von Stockholz als Forstdiebstahl anzusehen sei.

d'un des cas des §§ 15, 17, alinéas 2 à 4; 44, 47, 48, 50 à 54 et 56.

TITRE II.

Des peines.

SECTION I.

Du vol forestier.

§ 10. On entend par vol forestier *(Holzdiebstahl)*, dans le sens de la présente loi, le vol commis dans une forêt ou sur un autre héritage destiné principalement à l'exploitation forestière et ayant pour objet:

---

présente de graves inconvénients, eu égard surtout à la disposition du § 68 du Code pénal, en vertu de laquelle la prescription ne peut être interrompue que par des actes du juge, et non par des actes du ministère public. D'ailleurs, l'application du § 67 du Code pénal aux infractions forestières aurait pour conséquence que le même fait punissable, par exemple le vol de bois simple, se prescrirait selon la valeur des produits volés, tantôt comme contravention par trois mois, tantôt comme délit en six mois. Il paraît donc indispensable de régler d'une manière uniforme la prescription pour tous les faits punissables traités dans la présente loi. En conséquence, elle est fixée uniformément à six mois, de même que dans la législation prussienne. On n'a fait d'exception que pour les actes qui, dans tous les cas, constituent des délits (§§ 15, 17, alinéas 2 à 4; 44, 47, 48, 50 à 54 et 56) et qu'il est par conséquent rationnel de soumettre aux dispositions du Code pénal.

La prescription en ce qui concerne l'exécution des peines sera, comme par le passé, celle des §§ 70 à 72 du Code pénal (M.).

§ 10. Ce paragraphe donne la même définition du vol forestier que le § 1er de la loi prussienne. Il est essentiel que le vol soit commis sur un héritage destiné à l'exploitation forestière. Aux forêts rentrant dans cette catégorie sont assimilés les autres héritages destinés principalement à l'exploitation forestière, qu'ils soient directement attenants à une forêt ou non. Des terres, par exemple, dans lesquelles seront plantés des osiers, tomberont sous cette définition si la plantation d'osiers forme la culture principale du fonds, tandis que le vol d'osiers commis sur un fonds qui n'est pas destiné à la culture du bois et où la plantation d'osier n'a lieu qu'accessoirement, ne pourra pas être considéré comme vol forestier. Il en est de même du vol de bois dans les pépinières d'arbres fruitiers, parce que leur destination principale n'est pas la culture du bois, mais celle de plants.

Nº 1. Les mots „non encore détaché du sol" mettent hors de doute que l'enlèvement illégal de bois de souche est aussi à considérer comme vol forestier.

1) an Holz, welches noch nicht vom Stamme oder vom Boden getrennt ist, sowie an Holzpflanzen;
2) an Holz, welches durch Zufall abgebrochen oder umgeworfen, und mit dessen Zurichtung noch nicht der Anfang gemacht worden ist;
3) an Spähnen, Abraum, Rinde, Gras, Waldsämereien, Baumsaft und Harz, sofern dieselben noch nicht in einer umschlossenen Holzablage sich befinden, oder noch nicht geworben oder eingesammelt sind;
4) an anderen Walderzeugnissen, insbesondere Haide, Plaggen, Moos, Laub, Streuwerk und Nadelholzzapfen, sofern dieselben noch nicht geworben oder eingesammelt sind. Das unbefugte Sammeln von Kräutern, Beeren oder Pilzen gilt nicht als Forstdiebstahl.

Nr. 2. Die Entwendung von gefälltem Holze, auch wenn es noch nicht zum Verkaufe oder Gebrauche zugerichtet ist, ist stets gewöhnlicher Diebstahl, und es ist dabei gleichgültig, ob ein Berechtigter oder ein Unberechtigter die Fällung vorgenommen hat; die Ausnahme des Art. 197 des Code forestier, wonach die Entwendung von gefreveltem Holze derjenigen von Windfällen gleichgestellt wird, ist aus inneren und aus praktischen Gründen nicht beibehalten worden.

Nr. 3. Die Entwendung von Rinde, Spähnen oder Abraum wird zu einem gewöhnlichen Diebstahle nicht nur in allen Fällen, wo diese Gegenstände aus einer umschlossenen Holzablage entnommen werden, sondern auch, wenn sie sich in irgend einer Weise als geworben oder eingesammelt darstellen. Noch nicht geworben ist z. B. die an gefällten Bäumen befindliche Rinde. Die Entwendung von Rinde an stehenden Bäumen wird als schwerer Forstdiebstahl bestraft (§ 12 Nr. 8). Dasselbe ist der Fall bei dem Baumsaft und Harze.

Nr. 4 enthält gegenüber dem Art. 144 des Code forestier, eine Einschränkung, indem er nur die Entwendung von „Walderzeugnissen", das heißt von allem Nutzbaren, was ein als Wald oder sonst hauptsächlich zur Holznutzung bewirthschaftetes Grundstück außer dem Holze produzirt, der Strafe des Forstdiebstahls unterwirft. Ausgeschlossen sind daher solche Gegenstände, welche, unabhängig von der Art der Bewirthschaftung, an der Bodenoberfläche und im Boden vorkommen, wie Steine, Thon, Lehm, Kalk, Mergel, Sand, Erde. Die rechtswidrige Aneignung der letzteren fällt unter § 370 des Strafgesetzbuchs.

Das unbefugte Sammeln von Kräutern, Beeren und Pilzen, welche Nutzungsgegenstände von geringem Werthe für den Waldbesitzer sind, ist nicht als Forstdiebstahl angesehen, sondern anderweitig unter Strafe gestellt (§ 46) (M.).

1° Du bois non encore détaché du tronc ou du sol, ou des plants forestiers;

2° Du bois rompu ou abattu accidentellement, et dont l'empilage n'a pas encore été commencé;

3° Des copeaux, déchets ou écorces, de l'herbe, des semences forestières, de la sève et de la résine, en tant qu'ils ne se trouvent pas encore dans un dépôt de bois empalissadé ou qu'ils n'ont pas encore été recueillis ou mis en tas;

4° D'autres produits des forêts, notamment de la bruyère, des mottes de gazon, de la mousse, des feuilles mortes, de la litière et des cônes de sapin, en tant que ces produits n'ont pas encore été recueillis ou mis en tas. L'enlèvement non autorisé d'herbes et plantes, de baies et de champignons ne sera pas considéré comme vol forestier.

N° 2. Le vol de bois abattu est toujours un vol ordinaire, même si le bois n'est pas encore façonné pour la vente ou pour l'usage; il importe peu qu'il ait été abattu licitement ou illicitement. On n'a pas, par suite de considérations théoriques et pratiques, cru devoir adopter l'exception contenue dans l'art. 197 du Code forestier, qui met l'enlèvement de bois de délit sur la même ligne que l'enlèvement des arbres de châblis.

N° 3. Le détournement d'écorce, de copeaux ou de déchets ne constitue pas seulement un vol ordinaire dans tous les cas où ces objets sont enlevés d'un dépôt de bois empalissadé, mais encore quand il est visible qu'ils ont été recueillis ou ramassés. N'est pas considérée comme recueillie, par exemple, l'écorce se trouvant aux arbres abattus. L'enlèvement d'écorce d'arbres sur pied est puni comme vol forestier qualifié (§ 12, n° 8). Il en est de même de l'enlèvement de la sève et la résine.

Le n° 4 est plus restreint que l'art. 144 du Code forestier, car il ne soumet aux peines du vol forestier que des „produits de la forêt", c'est-à-dire toutes choses utiles que produit, en dehors du bois, une forêt ou un fonds principalement destiné à l'exploitation forestière. Sont donc exclus tous les objets qui, quel que soit le mode de culture de la terre, se trouvent à la surface du sol ou dans le sol, tels que pierres, argile, terre glaise, chaux, marne, sable et terre. L'appropriation illégale de ces objets est punie conformément aux dispositions du § 370 du Code pénal.

L'enlèvement non autorisé de plantes et herbes, de baies et de champignons, produits de peu de valeur pour le propriétaire de la forêt, ne constitue pas un vol forestier, mais une contravention punie par le § 46 (M.).

§ 11. Der Forstdiebstahl wird mit einer Geldstrafe bestraft, welche dem vierfachen Werthe des Entwendeten gleichkommt und niemals unter einer Mark betragen darf.

§ 12. Die Strafe soll gleich dem achtfachen Werthe des Entwendeten und niemals unter zwei Mark sein:

1) wenn der Forstdiebstahl an einem Sonn- oder Festtage, oder in der Zeit von Sonnenuntergang bis Sonnenaufgang begangen ist;
2) wenn der Thäter Mittel angewendet hat, um sich unkenntlich zu machen;
3) wenn der Thäter dem Bestohlenen oder der mit dem Forstschutze betrauten Person seinen Namen oder Wohnort anzugeben sich verweigert, oder falsche Angaben über seinen oder seiner Gehülfen Namen oder Wohnort gemacht hat, oder auf Anrufen des Bestohlenen oder der mit dem Forstschutze betrauten Person, anstatt stehen zu bleiben, die Flucht ergriffen oder fortgesetzt hat;

---

§ 11. Der Code forestier bestraft die Entwendung der in § 10 Nr. 4 aufgeführten Walderzeugnisse mit Geldstrafen, welche für jede Traglast eines Menschen 1,60 bis 4,80 Mark, für jede Traglast eines Lastthieres 4 bis 12 Mark, und für jeden Wagen oder Karren 8 bis 24 Mark betragen. Für die Strafe des einfachen Holzdiebstahls ist, soweit nicht Art. 194 des Code forestier Anwendung findet, der mit Art. 192 verbundene Tarif maßgebend; derselbe theilt die Bäume nach dem Werthe der Holzart in zwei Klassen ein und setzt für jede derselben besondere Strafen nach dem Umfange der betreffenden Bäume fest. Die Anwendung dieses Tarifs führt zu dem Resultate, daß die Entwendung großer werthvoller Bäume verhältnißmäßig milder bestraft wird, als diejenige kleiner Bäume von geringem Werthe.

Die deutschen Forststrafgesetze gehen bei Bemessung der Strafe durchweg von dem Werthe des Entwendeten aus. Das neue preußische Forstdiebstahlsgesetz vom 15. April 1878 § 2 erhöhte die Strafe auf das Fünffache. Der § 11 hat in Uebereinstimmung mit dem badischen Forststrafgesetze vom 25. Februar 1879 die Strafe des einfachen Holzdiebstahls nach dem vierfachen Werthe des Entwendeten bemessen, den zulässigen Mindestbetrag jedoch auf 1 Mark festgesetzt (M.).

§ 12. Die Strafschärfung in den Fällen der Nr. 2 und 3 dient dem Zwecke, die Strafverfolgung zu sichern. Es werden gewisse Nebenhandlungen der Forstfrevler, welche auf eine Erschwerung der Feststellung der Thäterschaft berechnet sind, als Strafschärfungsgründe hingestellt, damit die Furcht vor einer Erhöhung der Strafe dem Wunsche des Frevlers, sich der Bestrafung überhaupt zu entziehen, die Wage halte.

§ 11. Le vol forestier sera puni d'une amende égale au quadruple de la valeur de la chose volée et qui ne pourra pas être inférieure à 1 *M*.

§ 12. L'amende sera égale à huit fois la valeur de la chose volée et ne pourra être inférieure à 2 *M*:

1° Lorsque le vol forestier aura été commis un dimanche ou un jour de fête, ou entre le coucher ou le lever du soleil;

2° Lorsque le délinquant aura employé des manœuvres pour ne pas être reconnu;

3° Lorsque le délinquant aura refusé d'indiquer son nom ou domicile à celui au préjudice duquel le vol a été commis, ou au préposé à la garde de la forêt, ou qu'il aura donné de fausses indications sur son nom et son domicile ou sur ceux de ses complices, ou que, au lieu de s'arrêter sur l'appel des personnes susmentionnées, il aura pris la fuite;

---

§ 11. Le Code forestier punit l'enlèvement des produits mentionnés au § 10, n° 4, d'amendes de 2 à 6 fr. par chaque charge d'homme, de 5 à 15 fr. par chaque charge de bête de somme, et de 10 à 30 fr. par charretée ou tombereau, pour chaque bête attelée. Pour le vol forestier simple, la peine, en tant que l'art. 194 du Code forestier n'est pas applicable, se calcule d'après le tableau annexé à l'art. 192, tableau qui divise les arbres en deux classes d'après la valeur des essences de bois, et qui établit pour chacune de ces deux classes des peines spéciales selon la circonférence des arbres. Il résulte de l'application de ce tarif que l'enlèvement de grands arbres d'une grande valeur est relativement puni moins sévèrement que le vol de petits arbres de peu de valeur.

Les lois pénales allemandes prennent toutes pour point de départ, pour l'évaluation des peines en matière forestière, la valeur de l'objet volé.

La nouvelle loi prussienne sur le vol forestier du 15 avril 1878, § 2, a élevé l'amende au quintuple.

Le § 11, d'accord avec la loi badoise sur les délits et contraventions en matière forestière du 25 février 1879, a fixé l'amende du vol forestier simple au quadruple de la valeur de l'objet volé, en établissant toutefois un minimum de 1 M. (M.).

§ 12. L'aggravation de peine dans les cas des nos 2 et 3 a pour but de faciliter la poursuite des délits.

Certains faits accessoires ayant pour but d'empêcher la constatation des délits sont considérés comme circonstances aggravantes, afin que la peur d'une augmentation de peine serve de contrepoids au désir du délinquant de se soustraire entièrement à la poursuite.

4) wenn der Thäter in den Fällen des § 10 Nr. 1 bis 3 zur Begehung des Forstdiebstahls sich eines schneidenden Werkzeugs, insbesondere der Säge, der Scheere oder des Messers bedient hat;
5) wenn der Thäter die Auslieferung der zum Forstdiebstahl bestimmten Werkzeuge verweigert;
6) wenn zum Zwecke des Forstdiebstahls ein bespanntes Fuhrwerk, ein bespannter Schlitten, ein Kahn oder ein Lastthier mitgebracht ist;
7) wenn der Gegenstand der Entwendung in Holzpflanzen besteht;
8) wenn von stehenden Bäumen Kien, Harz, Saft, Wurzeln, Rinde oder die Haupt- (Mittel-) Triebe entwendet sind;
9) wenn der Forstdiebstahl in einer Schonung, in einem Pflanzgarten oder Saatkampe begangen ist.

§ 13. Der Versuch des Forstdiebstahls und die Theilnahme (Mitthäterschaft, Anstiftung, Beihülfe) an einem Forstdiebstahl

---

Unter „Thäter" und „Gehülfe" in Nr. 3 ist jeder zu verstehen, welcher sich an dem Forstdiebstahle im Sinne der §§ 47 bis 49 des Strafgesetzbuchs betheiligt hat (vergl. Schlußbemerkung zu § 5).

Nr. 4. Nur der Gebrauch schneidender Werkzeuge, welche eine aus der Ferne nicht vernehmbare Trennung und Zerkleinerung des Holzes ermöglicht, bildet einen Erschwerungsgrund (vergl. Code forestier, Art. 201 Abs. 3), nicht auch der Gebrauch von Beilen, Aexten und sonstigen Hauwerkzeugen, da durch das mit dem Gebrauche derselben verbundene Geräusch die Entdeckung des Frevlers eher erleichtert als erschwert wird. Auch Hippen und Sicheln (§ 27) sind als schneidende Werkzeuge zu erachten, gleich wie Sägen, Scheren 2c. — Dieser Strafschärfungsgrund ist überdies beschränkt auf eigentliche Holzdiebstähle, weil bei der Entwendung anderer Walderzeugnisse (§ 10 Nr. 4) der gesetzgeberische Grund für die Strafschärfung nicht zutrifft.

Nr. 6. Die zufällige und gelegentliche Benutzung eines Fuhrwerks, Kahns oder Lastthiers begründet nicht die Strafschärfung; es muß vielmehr das eine oder andere Transportmittel zum Zwecke des Diebstahls mitgebracht sein.

In den Fällen der Nr. 7, 8, 9 rechtfertigt sich die härtere Bestrafung sowohl durch die großen Nachtheile, welche derartige Frevel der Waldzucht bereiten, als durch die Erwägung, daß die Frevler dabei in der Regel aus Gewinnsucht, nicht zur unmittelbaren Deckung eines persönlichen Bedürfnisses handeln (M.).

§ 13. Nach dem Strafgesetzbuche ist der Versuch eines Vergehens nur in bestimmten Fällen, der Versuch einer Uebertretung überhaupt nicht strafbar (§ 43 des Strafgesetzbuchs). Ebenso läßt dasselbe die Beihülfe

4° Lorsque, pour commettre le vol, le délinquant aura fait usage, dans les cas du § 10, nos 1 à 3, d'un instrument tranchant, particulièrement de la scie, des ciseaux ou du couteau;
5° Lorsque le délinquant aura refusé de se dessaisir des instruments destinés à commettre le vol forestier;
6° Lorsque, pour commettre le vol forestier, il aura été amené un chariot attelé, un traîneau attelé, un canot ou une bête de somme;
7° Lorsque l'objet de l'enlèvement aura consisté en plants d'arbres;
8° Lorsque du bois résineux, de la résine, de la sève, des racines, de l'écorce ou les pousses principales ont été enlevés à des arbres sur pied;
9° Lorsque le vol forestier aura été commis dans un canton défendu ou dans un semis ou plantation exécutés de main d'homme.

§ 13. La tentative de vol forestier ainsi que la com-

Par „auteur" et „complice" le n° 3 entend toute personne qui aura pris part au vol forestier dans le sens des §§ 47 à 49 du Code pénal (comp. observations au § 5 in fine).

N° 4. L'usage d'instruments tranchants qui permettent de couper et de morceler le bois sans bruit perceptible à distance, constitue seul une circonstance aggravante, et non l'usage de cognées, de haches et d'autres instruments tranchants, car le bruit occasionné par l'usage de ces instruments facilite la découverte du coupable plutôt qu'elle ne la rend difficile. Les faux et les faucilles (§ 27) doivent également être considérés comme instruments tranchants, aussi bien que les scies, ciseaux, etc.

Cette circonstance aggravante est d'ailleurs restreinte aux vols des bois proprement dits, car le motif de l'aggravation ne s'applique pas à l'enlèvement d'autres produits de la forêt (§ 10, n° 4).

N° 6. L'usage accidentel et occasionnel d'une voiture, d'une barque ou d'une bête de somme ne constitue pas la circonstance aggravante; il faut au contraire que l'un ou l'autre moyen de transport ait été amené dans l'intention et pour le but du vol.

Dans les cas des nos 7, 8 et 9 l'augmentation de peine se justifie tant par les préjudices considérables occasionnés par les délits en question à la culture des bois, que par cette considération que les contrevenants n'agissent en général que par esprit de lucre et non pour subvenir à des besoins personnels et urgents (M.).

§ 13. D'après le Code pénal, la tentative d'un délit n'est punie que dans des cas déterminés, la tentative d'une contravention ne

oder an einem Versuche desselben werden mit der vollen Strafe des Forstdiebstahls bestraft.

§ 14. Wer sich in Beziehung auf einen Forstdiebstahl der Begünstigung oder der Hehlerei schuldig macht, wird mit einer Geldstrafe bestraft, welche dem vierfachen Werthe des Entwendeten gleichkommt und niemals unter einer Mark betragen darf. Die Bestimmungen des § 257 Abs. 2 und 3 des Strafgesetzbuchs finden Anwendung.

§ 15. Neben der Geldstrafe kann auf Gefängnißstrafe bis zu sechs Monaten erkannt werden:

---

im Sinne des § 49 des Strafgesetzbuchs bei Uebertretungen straflos (vergl. §§ 47, 48 das.). Das Gesetz erklärt dagegen, in Uebereinstimmung mit § 4 des preußischen Forstdiebstahlgesetzes, bezüglich des Forstdiebstahls Versuch wie Theilnahme durchweg für strafbar, einerlei, ob ein Vergehen oder eine Uebertretung vorliegt. Es rechtfertigt sich dies nicht nur durch die wesentliche Gleichartigkeit der Rechtsverletzung in allen Fällen des Forstdiebstahls, sondern auch durch die Schwierigkeit, die Grenze zwischen vollendetem und versuchtem Forstdiebstahl in der Praxis zu ziehen.

Mit dem Systeme der absoluten Strafe für den Forstdiebstahl ist eine Strafermäßigung im Falle des Versuchs oder der Beihülfe nicht wohl vereinbar.

Bestraft wird daher der Versuch — abweichend von § 44 des Strafgesetzbuchs — mit der vollen Strafe des vollendeten Forstdiebstahls. Hierbei ist der Werth des vom Thäter in Aussicht genommenen Forstdiebstahlsobjektes maßgebend. Wo es an jedem Anhalte für die Feststellung dessen, was gestohlen werden sollte, fehlt, hat es bei dem Mindestbetrage der Strafe (1 oder 2 Mark) sein Bewenden.

Hinsichtlich der Theilnahme ist es für die Bestrafung gleichgültig, ob Jemand als Thäter, oder als Gehülfe bei einem Forstdiebstahle mitgewirkt hat. Dagegen ist diese Vorschrift nicht dahin zu verstehen, daß im einzelnen Falle die Thäter und Theilnehmer stets von der gleichen Strafe betroffen werden sollen. Vielmehr bleibt der allgemeine Grundsatz maßgebend, daß von mehreren Betheiligten jeder nach dem Grade seiner Verschuldung zu bestrafen ist, und daß die besonderen, in persönlichen Eigenschaften oder Verhältnissen begründeten Thatumstände, welche die Strafbarkeit erhöhen oder vermindern, nur demjenigen Betheiligten zuzurechnen sind, bei welchem sie vorliegen (§ 50 des Strafgesetzbuchs) (M.).

§ 14. Für die Begriffe der Begünstigung und der Hehlerei sind die §§ 257, 258 Nr. 1, 259 des Strafgesetzbuches maßgebend, mit der Ausdehnung, daß die Begünstigung auch bei einem Forstdiebstahl, der eine Uebertretung bildet, strafbar sein soll.

Die Strafe der Begünstigung und der Hehlerei ändert sich nicht, wenn die Strafbarkeit des Hauptthäters nach § 12 oder § 15 eine erhöhte ist (M.).

plicité de vol ou de tentative de vol forestier (co-auteur, complice par instigation ou par assistance) seront punies comme le vol forestier.

§ 14. Quiconque se sera rendu coupable de complicité de vol forestier par assistance subséquente ou de recel, sera puni d'une amende égale au quadruple de la valeur de la chose volée, et qui ne pourra jamais être inférieure à 1 *M*. Les dispositions du § 257, alinéas 2 et 3 du Code pénal, sont applicables.

§ 15. Outre l'amende, un emprisonnement jusqu'à six mois pourra être prononcé:

---

l'est jamais (Code pénal, § 43). La complicité par assistance (Code pénal, § 49) reste également impunie (§§ 47 et 48 ib.), quand il s'agit d'une simple contravention. La présente loi, d'accord avec le § 4 de la loi prussienne, déclare au contraire qu'en matière de vol forestier la tentative et la complicité seront toujours punissables, qu'il s'agisse de délits ou de contraventions. Cette disposition se justifie tant par la conformité de la violation du droit dans tous les cas de vol forestier, que par la difficulté de distinguer dans la pratique la tentative du vol forestier et le vol consommé.

Une réduction de la peine en cas de tentative ou de complicité ne cadre pas avec le système de peines absolues adopté pour le vol forestier.

La tentative est donc punie de la même peine que le vol forestier consommé, et la loi s'écarte en ce point du § 44 du Code pénal. La peine sera déterminée selon la valeur de l'objet que le délinquant avait l'intention de voler. S'il est impossible, faute d'indices, de constater ce qui devait être volé, le juge devra s'en tenir au minimum de la peine (1 ou 2 M.).

Quant à la complicité en matière de vol forestier, la peine du complice par assistance sera la même que celle de l'auteur. Il n'est pas dit par là que, dans chaque cas particulier, l'auteur et les complices doivent être punis d'une peine égale. En effet, la loi ne se départit pas du principe général que s'il y a plusieurs coaccusés, chacun doit être puni selon le degré de sa culpabilité propre, et que les circonstances qui aggravent ou mitigent la pénalité de l'acte, ne devront être prises en considération qu'à l'égard de celui chez lequel elles se rencontrent (M.).

§ 14. La complicité par assistance subséquente et le recel sont définis dans les §§ 257, 258, n° 1, et 259 du Code pénal; la loi a étendu ces définitions en punissant l'assistance subséquente et le recel, même dans les cas où le vol forestier constitue une simple contravention.

La peine de ses complices reste la même dans le cas où l'auteur encourt une peine plus grave conformément aux §§ 12 et 15 (M.).

1) wenn der Forstdiebstahl von drei oder mehr Personen in gemeinschaftlicher Ausführung begangen ist;
2) wenn der Forstdiebstahl zum Zwecke der Veräußerung des Entwendeten oder daraus hergestellter Gegenstände begangen ist;
3) wenn die Hehlerei gewerbs- oder gewohnheitsmäßig betrieben worden ist.

§ 16. Wer, nachdem er wegen vollendeten oder versuchten Forstdiebstahls oder wegen Theilnahme, Begünstigung oder Hehlerei in Beziehung auf einen solchen in Elsaß-Lothringen rechtskräftig verurtheilt worden ist, innerhalb der nächsten zwei Jahre abermals eine dieser Handlungen begeht, befindet sich im Rückfalle.

Im zweiten oder ferneren Rückfalle befindet sich, wer nach rechtskräftiger Verurtheilung wegen ersten, zweiten oder ferneren Rückfalles innerhalb der nächsten zwei Jahre abermals eine der bezeichneten Handlungen begeht.

§ 17. Befindet sich der Thäter im ersten Rückfalle, so ist auf eine Geldstrafe zu erkennen, welche dem achtfachen Werthe des Entwendeten gleichkommt und niemals unter zwei Mark betragen darf.

Neben der Geldstrafe kann, wenn sich der Thäter im zweiten Rückfalle befindet, auf Gefängnißstrafe von einem Tag bis

§§ 16, 17. Abweichend von den §§ 244 und 245 des Strafgesetzbuchs, wonach bei dem gemeinen Diebstahl in der Regel die Verbüßung der erkannten Strafe die Voraussetzung des Rückfalles ist, wird bei dem Forstdiebstahl der Rückfall aus Zweckmäßigkeitsgründen nur von der Thatsache der vorhergegangenen rechtskräftigen Verurtheilung abhängig gemacht (vergl. Code forestier, Art. 201) (M.).

Der Unterschied zwischen dem ersten und zweiten Rückfall ist durch die Kommission in das Gesetz eingeführt. Dieselbe wollte dem Richter die Befugniß einräumen, den Frevler beim zweiten Rückfalle neben einer Geldbuße zu einer Gefängnißstrafe von 1 Tag bis zu 3 Monaten zu verurtheilen. Im dritten Rückfalle sodann hört die Freiheitsstrafe auf, blos fakultativ zu sein.

Die Dauer der Frist, binnen welcher durch einen neuen Forstdiebstahl die geschärfte Strafe verwirkt wird, ist von einem Jahre auf zwei Jahre erweitert (vergl. § 7 des preußischen Forstdiebstahlsgesetzes).

Für die Frage, ob der Thäter sich im Rückfalle befindet, ist die Zeit der letzten vorhergehenden rechtskräftigen Verurtheilung entscheidend, so daß z. B. im dritten Rückfalle sich befindet, wer einen Forstdiebstahl innerhalb zweier Jahre nach der rechtskräftigen Verurtheilung wegen zweiten Rückfalls begeht (M.).

1° Si le vol forestier a été commis en commun par trois ou plus de trois personnes;

2° Si le vol forestier a été commis dans le but de vendre la chose volée ou les objets qui en ont été fabriqués;

3° S'il s'agit d'un recel de profession ou d'habitude.

§ 16. Quiconque, ayant été condamné en Alsace-Lorraine par un jugement passé en force de chose jugée, soit pour avoir commis ou tenté de commettre un vol forestier, soit pour avoir participé à un vol forestier comme co-auteur, complice par assistance subséquente, soit comme receleur, commettra de nouveau un de ces mêmes faits dans les deux années qui suivront cette condamnation, est en état de récidive.

Se trouvera en état de seconde ou ultérieure récidive, celui qui, après une condamnation passée en force de chose jugée, pour première, deuxième ou ultérieure récidive, commettra dans l'espace des deux années suivantes un des actes prédésignés.

§ 17. Si le délinquant se trouve en état de première récidive, il sera puni d'une amende égale à huit fois la valeur de la chose volée, et qui ne sera pas inférieure à 2 *M.*

Si le délinquant est en état de seconde récidive, il pourra

---

§§ 16, 17. Aux termes des §§ 244 et 245 du Code pénal, il n'y a en général récidive, en matière de vol ordinaire, que si les peines antérieures ont été subies. Le projet s'écarte de ce principe pour des motifs d'opportunité, et déclare qu'il y a récidive, en matière de vol forestier, lorsqu'il aura été rendu précédemment contre le délinquant un jugement ayant acquis l'autorité de la chose jugée (comp. Code forestier, art. 201) (M.).

La distinction entre la première et la seconde récidive a été introduite par la Commission. Elle a voulu donner au juge la faculté de pouvoir condamner le délinquant en cas de seconde récidive, en outre de l'amende, à une peine de 1 jour à 3 mois de prison. La peine de la prison n'est plus facultative en cas de troisième récidive.

Le délai entre le premier jugement et le nouveau vol entraînant la peine aggravée, a été fixé à deux années au lieu d'une (comp. § 7 du Code forestier prussien).

La question de savoir si le délinquant se trouve dans le cas de récidive, dépend de l'époque où la dernière condamnation sera passée en force de chose jugée, de sorte que, par exemple, quiconque commet un vol forestier dans les deux ans, après que sa condamnation pour le cas de deuxième récidive aura acquis force de chose jugée, se trouvera dans le cas de troisième récidive (M.).

zu drei Monaten erkannt werden, und wenn sich der Thäter im dritten oder ferneren Rückfalle befindet, ist auf Gefängnißstrafe von einem Tag bis zu zwei Jahren zu erkennen.

Beträgt die Geldstrafe weniger als zehn Mark, so kann statt der Gefängnißstrafe auf eine Zusatzstrafe bis zu einhundert Mark erkannt werden.

Bei denjenigen Handlungen, welche nach § 10 Nr. 4 als strafbar erklärt sind, finden die Bestimmungen über den zweiten Rückfall auch beim dritten und ferneren Rückfall Anwendung.

§ 18. Aexte, Sägen, Messer und andere zur Begehung des Forstdiebstahls geeignete Werkzeuge, welche der Thäter bei sich geführt hat, sind einzuziehen, ohne Unterschied, ob sie dem Schuldigen gehören oder nicht.

Ist die Verfolgung oder Verurtheilung einer bestimmten Person nicht ausführbar, so kann die Einziehung selbstständig erkannt werden.

Thiere und andere zur Wegschaffung des Entwendeten bestimmte Gegenstände, welche der Thäter bei sich führt, unterliegen der Einziehung nicht.

§ 19. In allen Fällen ist neben der Strafe die Verpflichtung des Schuldigen zum Ersatze des Werthes des Entwen-

---

§ 18. Der Paragraph entspricht in Absatz 1 dem bisherigen Rechte (Code forestier, Art. 198 Abs. 2), in Abs. 2 dem § 42 des Strafgesetzbuchs. Das Verfahren im Falle des Abs. 2 richtet sich nach § 477 der Strafprozeßordnung (M.).

§ 19. Abweichend von den Bestimmungen des französischen Rechts ist, abgesehen von dem Antrage auf Zuerkennung einer Buße (Strafprozeßordnung §§ 443 bis 446), die Geltendmachung von civilrechtlichen Schadens- und Ersatzansprüchen vor den Strafgerichten der Strafprozeßordnungen fremd. Auf dem hier fraglichen Gebiete gestattet aber jedenfalls der § 3 des Einführungsgesetzes zur Strafprozeßordnung der Landesgesetzgebung, die Verfolgung jener Ansprüche dem Strafrichter zu überweisen. Das Gesetz hat von dieser Befugniß hinsichtlich des Werthersatzes aus praktischen Gründen Gebrauch gemacht, was umsomehr angezeigt war, als der Strafrichter bei dem Forstdiebstahl ohnehin bei Ausmessung der Strafe den Werth des Entwendeten ermitteln muß. Dagegen ist die Geltendmachung des außer dem Werthe des Entwendeten verursachten Schadens, da dieselbe auf die rasche Erledigung des Strafverfahrens hemmend einwirken würde, auf den Weg des Civilprozesses verwiesen.

Für die Werthermittelung ist, behufs Vermeidung weitläufiger Beweiserhebungen, eine feste Grundlage wünschenswerth, welche am geeignetsten durch eine von den Behörden erlassene Forsttaxe erreicht wird. Die Fassung des Gesetzes läßt keinen Zweifel darüber, daß der

être prononcé un emprisonnement de un jour à trois mois, et si le délinquant se trouve en troisième ou ultérieure récidive, il sera prononcé, un emprisonnement de un jour à deux ans.

Si l'amende est inférieure à 10 ℳ, il pourra être prononcé, au lieu de la peine de l'emprisonnement, une amende additionnelle jusqu'à 100 ℳ

Pour les actes déclarés punissables au § 10, nº 4, les dispositions relatives à la seconde récidive seront appliquées aussi pour les troisièmes et ultérieures récidives.

§ 18. Les cognées, scies, couteaux et autres instruments pouvant servir à commettre le vol et que l'auteur du vol a portés sur lui, seront confisqués, qu'ils appartiennent ou non au délinquant.

Si la poursuite ne peut être exercée ou la condamnation prononcée contre une personne déterminée la confiscation pourra être ordonnée isolément.

Les animaux ou autres objets destinés à emporter les choses volées et que l'auteur mène avec lui, ne seront pas soumis à la confiscation.

§ 19. Dans tous les cas, et indépendamment de l'amende ou de la peine qui sera prononcée, le délinquant sera dé-

---

§ 18. L'alinéa 1er de ce paragraphe est conforme au droit actuel (Code forestier, art. 198, alinéa 2), l'alinéa 2 au § 42 du Code pénal. Dans les cas de l'alinéa 2, la procédure se règle d'après les dispositions du § 477 du Code de procédure criminelle (M.).

§ 19. Le Code de procédure criminelle, s'écartant en cela des dispositions du droit français, n'admet pas, hors le cas de l'indemnité dite Busse des §§ 443 à 446, qu'on forme des demandes de dommages-intérêts et restitutions civiles devant les tribunaux criminels. Mais le § 3 de la loi d'introduction au Code de procédure criminelle permet à la législation du pays, pour les matières traitées dans la loi, de renvoyer ces questions devant le juge du délit. La loi a fait usage de cette faculté en ce qui concerne les demandes en restitution, ce qui se recommande d'autant plus que le juge appelé à connaître du vol forestier devra cependant rechercher la valeur de l'objet enlevé, pour pouvoir déterminer la peine. Par contre, la demande de dommages-intérêts en dehors de la valeur de l'objet enlevé est renvoyée devant les tribunaux civils, puisqu'elle serait de nature à retarder la procédure criminelle.

Pour éviter de longues enquêtes, il importe d'adopter une base déterminée pour la fixation de la valeur. Le moyen le plus rationnel pour arriver à ce but, c'est de faire établir un tarif

deten an den Bestohlenen auszusprechen. Der Ersatz des außer dem Werthe des Entwendeten verursachten Schadens kann nur im Wege des Civilprozesses geltend gemacht werden.

Der Werth des Entwendeten wird sowohl hinsichtlich der Geldstrafe als hinsichtlich des Ersatzes nach der für den Ort der Entwendung geltenden Forsttaxe und, wo eine solche nicht besteht, nach den örtlichen Preisen bestimmt.

§ 20. Wird in dem Gewahrsam eines innerhalb der letzten zwei Jahre wegen einer in diesem Abschnitte vorgesehenen strafbaren Handlung in Elsaß-Lothringen rechtskräftig Verurtheilten, frisch gefälltes, nicht forstmäßig zugerichtetes Holz gefunden, ohne daß ein strafbarer Erwerb desselben nachzuweisen ist, so ist gegen den Inhaber auf Einziehung des gefundenen Holzes zu erkennen, sofern er sich über den redlichen Erwerb desselben nicht ausweisen kann.

Die Einziehung erfolgt zu Gunsten der Gemeinde, in welcher der Verurtheilte wohnt.

Zweiter Abschnitt.

Weidefrevel.

§ 21. Mit Geldstrafe bis zu fünfzig Mark oder mit Haft bis zu vierzehn Tagen wird bestraft, wer unbefugt in einem

---

Richter an der Taxe, wo eine solche besteht, gebunden und jeder Gegenbeweis ausgeschlossen ist (vergl. § 9 des preußischen Forstdiebstahlsgesetzes (M.).

§ 20. Diese Bestimmung, welche in Preußen seit dem Holzdiebstahlsgesetze vom 2. Juni 1852 (§ 47) zu Recht besteht, ermöglicht das gerichtliche Einschreiten in Fällen, in welchen ein Forstdiebstahl anzunehmen, aber die Thäterschaft nicht nachzuweisen ist. Die französische Rechtsprechung erreichte ungefähr denselben Zweck durch unbedingte Anwendung des von der Hehlerei handelnden Art. 62 des Code pénal auf solche, die im Besitze von augenscheinlich gefreveltem Holze befunden wurden, sofern diese nicht ihrerseits den Beweis eines rechtmäßigen, in Unkenntniß eines bezüglichen Frevels geschehenen Erwerbes des Holzes lieferten (Dalloz Rep. „Forêts“ Nr. 326) (M.) (vergl. bezüglich der Kosten den § 15 des Gesetzes vom 3. April 1880).

§ 21. Die Vorschriften über Weidefrevel weichen hauptsächlich nur darin von dem bisher geltenden Rechte ab, daß an Stelle der absoluten Strafen des Code forestier relative Strafen angedroht werden, und daß die strafrechtliche Verantwortlichkeit zunächst auf die wirk-

claré tenu de restituer à la partie intéressée la valeur de la chose volée. La réparation du dommage qui a été causé en dehors de la valeur de la chose volée, ne pourra être poursuivie que par la voie de la procédure civile.

La valeur de la chose volée, tant en ce qui regarde l'amende que la restitution, sera déterminée d'après la taxe forestière établie pour la localité où le vol a été commis, et, à défaut de cette taxe, d'après le prix de la localité.

§ 20. Lorsque du bois récemment abattu, qui n'est pas façonné d'après les règles forestières, sera trouvé en la possession d'un individu condamné en Alsace-Lorraine dans le cours des deux dernières années par jugement passé en force de chose jugée, pour un fait punissable prévu dans la présente section, et que la preuve d'une acquisition délictueuse ne peut être établie, la confiscation du bois trouvé sera prononcée contre le détenteur, si ce dernier ne peut prouver qu'il l'a acquis légitimement.

La confiscation sera prononcée au profit de la commune où demeure le condamné.

SECTION II.

Des contraventions de pâturage.

§ 21. Sera puni d'une amende de 50 ℳ, ou de la peine des arrêts jusqu'à quinze jours, celui qui fera paître illi-

---

forestier par l'administration. Les termes de la loi mettent hors de doute que le juge est lié par le tarif, partout où il y en a un, et que toute preuve contraire est exclue (comp. § 9 de la loi prussienne sur le vol forestier) (M.).

§ 20. Cette disposition, qui est en vigueur en Prusse depuis la loi sur le vol forestier du 2 juin 1852 (§ 47), autorise l'intervention de la justice dans des cas où un vol forestier est à présumer, mais où la preuve du délit ne peut pas être rapportée. La jurisprudence française arrivait à peu près au même résultat, en appliquant indistinctement l'art. 62 du Code pénal concernant le recel à tous ceux qui étaient trouvés en possession de bois de délit manifeste, à moins qu'ils ne pussent fournir la preuve d'une possession de bonne foi, acquise sans connaissance du délit (Dalloz, Rep. Forêts, nº 326) (M.).

Pour les frais, comp. le § 15 de la loi du 3 avril 1880.

§ 21. Les dispositions concernant les délits de pâturage ne s'écartent, en somme, qu'en deux points du droit actuel: les peines absolues du Code forestier sont remplacées par des peines relatives, et la responsabilité pénale est restreinte à l'auteur

15

Walde oder auf einem anderen, hauptsächlich zur Holznutzung bestimmten Grundstücke Vieh weidet.

§ 22. Die Strafe kann auf Geldstrafe bis zu einhundertfünfzig Mark oder auf Haft bis zu sechs Wochen erhöht werden und darf nicht weniger als fünf Mark oder zwei Tage Haft betragen:

1) wenn der Frevel in Forstkulturen oder Schonungen begangen wird, welche durch Tafeln oder ortsübliche Zeichen als solche bezeichnet sind;
2) wenn der Frevel in der Zeit von Sonnenuntergang bis Sonnenaufgang begangen wird;
3) wenn der Thäter im Laufe der dem Frevel vorausgegangenen zwei Jahre in Elsaß-Lothringen auf Grund dieses oder des vorhergehenden Paragraphen rechtskräftig verurtheilt worden ist.

§ 23. Neben einer nach § 21 oder § 22 verwirkten Strafe ist, sofern Schaden verursacht worden, auf Zahlung eines Ersatzgeldes an den Geschädigten zu erkennen.

---

lichen Thäter beschränkt wird. In letzterer Beziehung wird insbesondere der Grundsatz des Art. 199 des Code forestier aufgegeben, wonach stets der Eigenthümer des im Frevel betroffenen Viehs bestraft wird, ohne Unterschied, ob er selbst das Vieh zur Weide geführt hat, oder ob ohne sein Wissen und lediglich durch Verschulden eines Anderen das Vieh in einen Wald übergetreten war (M.).

§ 22. Dieser Paragraph entspricht im Wesentlichen dem bestehenden Rechte (Code forestier, Art. 199 Abs. 2, Art. 201). Die Bestimmung im Art. 199 Abs. 2 des Code forestier, wonach die Strafe verdoppelt werden soll, wenn das Holz, in welchem der Frevel verübt wurde, noch nicht zehn Jahre alt ist, ist in der praktischen Anwendung mit Schwierigkeiten verknüpft. Auch ist die darin bezeichnete Altersgrenze zu niedrig gehalten. Mit Rücksicht hierauf hat das Gesetz (Nr. 1 des § 22) die Strafschärfung nicht von dem Alter des Holzes, sondern von dem Umstande abhängig gemacht, daß der Frevel in besonders gekennzeichneten Schonungen begangen ist.

§ 23. Der dem Waldeigenthümer durch den Weidefrevel zugefügte Schaden ist meistens nicht bedeutend. Zur Vermeidung von Weitläufigkeiten und im Anschluß an andere deutsche Forstgesetze (badisches Forstgesetz § 174) bestimmt § 23, daß neben der Strafe, wenn ein Schaden wirklich entstanden ist (Abänderung der Kommission), stets auf ein Ersatzgeld an den Geschädigten zu erkennen ist. Hierdurch wird zahlreichen Rechtsstreitigkeiten vorgebeugt, da die Waldeigenthümer sich in der Regel mit dem Ersatzgelde, obwohl dasselbe nur den Mindestbetrag des vermutheten Schadens zu decken bestimmt ist und deshalb die Geltendmachung eines weiteren Entschädigungsanspruchs nicht ausschließt, begnügen werden (M.).

citement des bestiaux dans une forêt ou sur un autre héritage destiné principalement à l'exploitation forestière.

§ 22. L'amende pourra être élevée jusqu'à 150 *M*, les arrêts jusqu'à six semaines, et la peine ne pourra être moindre de 5 *M* ou de deux jours d'arrêts:

1°. Si la contravention a été commise dans des cultures forestières ou dans des cantons défendus désignés comme tels par des écritaux ou par des signes usités dans la localité;

2° Si la contravention a été commise entre le coucher et le lever du soleil;

3° Si en vertu du présent ou du précédent paragraphe le contrevenant a été condamné en Alsace-Lorraine dans le cours des deux années précédentes par un jugement passé en force de chose jugée.

§ 23. Indépendamment des peines encourues d'après le § 21 ou le § 22, s'il y a eu dommage, il sera alloué à la partie lésée une indemnité dont le montant est fixé comme suit:

---

même du délit. Quant à ce dernier point, il est surtout dérogé à l'art. 199 du Code forestier, d'après lequel c'est toujours le propriétaire des animaux trouvés en délit qui est puni, sans distinguer s'il a conduit lui-même les animaux au pâturage ou s'ils ont été menés dans les bois à son insu et par la seule faute d'un tiers.

§ 22. La disposition du § 22 est, en général, conforme au droit actuel (Code forestier, art. 199, alinéa 2, art. 201). L'art. 199, alinéa 2 du Code forestier, aux termes duquel la peine sera double, si les bois dans lesquels la contravention est commise ont moins de dix ans, rencontre bien des difficultés dans son application pratique. En outre, la limite d'âge de l'art. 199 est trop basse. Pour ces motifs, le § 22, n° 1 ne fait pas dépendre l'aggravation de peine de l'âge du bois, mais de la circonstance que la contravention est commise dans des cultures forestières ou des cantons prohibés, marqués par des signes extérieurs (M.).

§ 23. Dans la plupart des cas, le dommage causé au propriétaire du bois par les délits de pâturage n'est pas considérable. Pour simplifier la procédure et conformément à d'autres lois allemandes (loi forestière badoise, § 174) le § 23 de la loi dispose qu'à côté de la peine, s'il y a dommage (modification du projet par la Commission) il devra être alloué une indemnité au propriétaire lésé. De cette manière l'on prévient de nombreux procès, vu que les propriétaires des bois se contenteront, en général, de l'indemnité allouée, quoique celle-ci ne soit destinée qu'à couvrir le minimum du dommage, sans exclure la demande ultérieure en dommages-intérêts (M.).

Dasselbe beträgt:

1) für je ein Pferd, einen Esel oder ein Stück Rindvieh 0,50 M.
2) für je ein Schwein, eine Ziege oder ein Schaf . . 0,20 „
3) für je ein Stück Federvieh . . . . 0,02 „

Das Ersatzgeld beträgt das Doppelte, wenn der Frevel in Forstkulturen oder Schonungen (§ 22 Nr. 1) begangen wird. Die Zuerkennung eines Ersatzgeldes schließt die Geltendmachung eines weiteren Entschädigungsanspruches im Wege des Civilprozesses nicht aus.

§ 24. Mit Geldstrafe bis zu fünfzig Mark oder mit Haft bis zu vierzehn Tagen werden bestraft:

1) Weideberechtigte, welche das zur Weide in einem Walde oder auf einem anderen hauptsächlich zur Holznutzung bestimmten Grundstücke zugelassene Vieh nicht mit Schellen behängen oder dasselbe nicht zeichnen oder das Zeichen nicht hinterlegen;
2) Mitglieder einer berechtigten Gemeinde oder des berechtigten Theiles einer Gemeinde, welche ihr Vieh auf einem der vorbezeichneten Grundstücke selbst weiden oder durch besondere Hirten weiden lassen.

§ 25. Mit Geldstrafe bis zu fünfzig Mark oder mit Haft bis zu vierzehn Tagen werden bestraft:

1) Hirten, welche das Vieh einer berechtigten Gemeinde oder des berechtigten Theiles einer Gemeinde mit dem Vieh einer anderen Gemeinde oder eines anderen Theiles der Gemeinde sich vermengen lassen,
2) Hirten, welche das Vieh auf anderen als den zum Aus- und Eintrieb bestimmten Wegen treiben,
3) Hirten, welche das ihnen anvertraute Vieh ohne gehörige Aufsicht lassen,

---

Die Kommission will Nr. 3 in dem Sinne verstanden wissen, daß unter „Federvieh" nicht etwa Hühner, Enten rc. zu verstehen sind, sondern lediglich Gänse, Truthähne, Pfauen und Perlhühner (B.).

§ 24. (Vergl. Art. 55, 72 bis 75, 112, 120 des Code forestier.)

§ 25. (Vergl. Art. 56, 72, 76, 112, 120 des Code forestier.)

„Ohne gehörige Aufsicht" läßt der Hirte das Vieh auch dann, wenn er die Beaufsichtigung des letztern an eine dazu ungeeignete Person überträgt (M.).

Die Kommission hat die Ansicht ausgesprochen, daß die Forstverwaltung nicht ein Verzeichniß der zum Aus- und Eintrieb bestimmten und demgemäß erlaubten Wege aufstellen, sondern vielmehr diejenigen Wege namhaft machen soll, die verboten sind (B.).

1°	Pour chaque cheval, âne ou tête de bétail .	50 ₰
2°	Pour chaque porc, chèvre ou brebis. . . .	20
3°	Pour chaque tête de volaille.	02

L'indemnité sera portée au double lorsque la contravention aura été commise dans des cultures forestières ou dans des cantons défendus (§ 22, n° 1).

L'allocation d'une indemnité n'exclut pas la demande ultérieure en dommages-intérêts par la voie de la procédure civile.

§ 24. Seront punis d'une amende jusqu'à 50 ℳ ou de la peine des arrêts jusqu'à quinze jours:

1° Les usagers qui n'auront pas mis de clochettes aux bestiaux admis au pâturage dans une forêt ou sur un autre héritage destiné principalement à l'exploitation forestière, ou qui ne les auront pas marqués, ou qui n'auront pas déposé la marque;

2° Les membres d'une commune ou section de commune usagère qui feront eux-mêmes ou par des bergers ou pâtres spéciaux paître leurs bestiaux sur un des héritages ci-dessus désignés.

§ 25. Seront punis d'une amende jusqu'à 50 ℳ ou de la peine des arrêts jusqu'à quinze jours:

1° Les pâtres qui auront laissé les bestiaux d'une commune, ou section de commune usagère, se mêler aux bestiaux d'une autre commune ou autre section de commune;

2° Les pâtres qui auront conduit les bestiaux par d'autres chemins que ceux indiqués pour se rendre au pâturage ou pour en revenir;

3° Les pâtres qui auront laissé les bestiaux confiés à leur garde sans bonne et due surveillance;

Sous la dénomination de „volaille" au n° 3, la Commission entend qu'il ne peut être question de poules, de canards, etc., mais simplement d'oies, de dindons, de paons et de pintades (R.).

§ 24 (comp. Code forestier, art. 55, 72—75, 112 et 120).

§ 25 (comp. Code forestier, art. 56, 72, 76, 112, 120).

Le pâtre est censé laisser le troupeau „sans surveillance" s'il en confie la garde à une personne incapable de l'exercer (M.).

Au lieu de désigner les chemins qu'il est permis de suivre, la Commission a émis l'avis que l'Administration devait désigner les chemins interdits (R.).

sofern diese Handlungen in einem Walde oder auf einem anderen hauptsächlich zur Holznutzung bestimmten Grundstücke stattfinden.

§ 26. Für die Geldstrafe, das Ersatzgeld und die Kosten, zu welchen der Hirt des Viehs verurtheilt wird, ist der Besitzer des letzteren nach Maßgabe der §§ 3, 4 auch dann haftbar, wenn jener nicht zu seiner Hausgenossenschaft gehört.

Dritter Abschnitt.

Zuwiderhandlungen gegen forstpolizeiliche Bestimmungen.

I. Zuwiderhandlungen gegen Bestimmungen, welche auf jeden Wald Anwendung finden.

§ 27. Mit Geldstrafe bis zu zehn Mark oder mit Haft bis zu drei Tagen wird bestraft, wer unbefugt einen Wald außer-

---

§ 26. Diese Bestimmung findet ihre Begründung in der gewöhnlichen Mittellosigkeit der Hirten, sowie in deren Abhängigkeit von ihren Brodherren und entspricht im Allgemeinen der schon aus Art. 1382 ff. des Code civil sich ergebenden Haftbarkeit (M.).

Dritter Abschnitt. Dieser Abschnitt tritt im Wesentlichen an die Stelle des Titels X des Code forestier und zerfällt, ebenso wie dieser, in zwei Theile, von denen der erstere (§§ 27 bis 48) Bestimmungen enthält, welche auf jeden Wald, der zweite (§§ 49 bis 54) Bestimmungen, welche nur auf die der Forstordnung unterworfenen Wälder Anwendung finden. Die meisten Bestimmungen des X. Titel des Code forestier sind sachlich unverändert in das Gesetz aufgenommen. Zu den Ausnahmen gehören:

1. Art. 144, welcher, insoweit er „Walderzeugnisse" betrifft, jetzt in den Bestimmungen über den Forstdiebstahl (§ 10 Nr. 4) aufgeht,
2. Art. 145, welcher mit Rücksicht auf die noch geltenden Gesetze vom 2. April 1810 Art. 67 und vom 21. Mai 1836, sowie die Verordnung vom 8. August 1845, betreffend die Rechte der Berg- und Wegebauverwaltung, in Bezug auf Entnahme von Mineralien und Erde aus den Wäldern, entbehrlich ist,
3. Art. 150, welcher sich nur auf Grenzbäume bezieht, die zur Zeit des Inkrafttretens des Code forestier (1827) schon 30 Jahre alt waren, und gegenwärtig kaum mehr praktische Bedeutung hat (M.).

§ 27. Der Paragraph entspricht in der Hauptsache dem Art. 146 des Code forestier und beruht auf derselben Erwägung, wie § 368 Nr. 10 des Strafgesetzbuchs, welcher diejenigen mit Strafe bedroht, die auf fremdem Jagdgebiet, wenn auch nicht jagend, doch zur Jagd ausgerüstet, betroffen werden.

En tant que les faits ci-dessus auront eu lieu dans une forêt ou sur un autre héritage destiné principalement à l'exploitation forestière.

§ 26. Le possesseur des bestiaux sera responsable, conformément aux §§ 3 et 4, de l'amende, de l'indemnité et des frais auxquels le pâtre, même non demeurant avec lui, a été condamné.

SECTION III.

Des infractions aux dispositions concernant la police forestière.

I. *Des infractions aux dispositions applicables à tous les bois et forêts en général.*

§ 27. Sera puni d'une amende jusqu'à 10 *M.* ou de la peine des arrêts jusqu'à trois jours, quiconque, sans en avoir

---

§ 26. Cette disposition se justifie tant par la considération que les pâtres sont ordinairement très indigents que par la dépendance dans laquelle ils se trouvent vis-à-vis de leurs maîtres; elle correspond en général à la responsabilité des art. 1382 et suivants du Code civil (M.).

Section III. Cette section doit principalement remplacer le titre X du Code forestier et se divise, comme ce titre, en deux parties, dont la première (§§ 27 à 48) contient les dispositions applicables à tous les bois en général, et la seconde (§§ 49 à 54), les dispositions spéciales applicables seulement aux bois soumis au régime forestier. La plupart des dispositions du titre X du Code forestier ont passé dans la loi, sans changement quant au fond. Font exception:

1° L'art. 144, qui est compris, en tant qu'il concerne les produits des forêts, dans les dispositions sur le vol forestier (§ 10, n° 4);
2° L'art. 145, qui est superflu en présence des lois encore en vigueur du 2 avril 1810, art. 67, et du 21 mai 1836, ainsi que de l'ordonnance du 8 août 1845, concernant les droits de l'administration des ponts et chaussées et des mines au sujet de l'extraction de minéraux et de terre de forêts;
3° L'art. 150, qui n'était applicable qu'aux arbres de lisière ayant déjà 30 ans lors de l'entrée en vigueur du Code forestier, en 1827, et qui n'a plus guère, à l'heure qu'il est, d'importance pratique (M.).

§ 27. Ce paragraphe correspond dans ses dispositions essentielles à l'art. 146 du Code forestier, et est basé sur les mêmes considérations que le § 368, n° 10 du Code pénal, qui déclare punissable quiconque sera rencontré en attitude de chasse sur le terrain de chasse d'autrui, quand même il n'aurait pas fait acte de chasse.

halb der gewöhnlichen Straßen und Wege mit Aexten, Beilen, Sägen, Hippen, Sicheln oder anderen derartigen Werkzeugen betritt.

Neben der Geldstrafe oder der Haft kann auf Einziehung der Werkzeuge erkannt werden, ohne Unterschied, ob sie dem Schuldigen gehören oder nicht.

§ 28. Mit Geldstrafe bis zu dreißig Mark oder mit Haft bis zu acht Tagen wird bestraft, wer in einem Walde unbefugt außerhalb der gewöhnlichen Straßen oder Wege fährt, karrt, reitet oder Vieh treibt, oder wer nicht verhindert, daß Vieh, dessen Beaufsichtigung ihm obliegt, außerhalb der gewöhnlichen Straßen oder Wege den Wald betritt.

Eine Bestrafung tritt nicht ein, wenn der schlechte Zustand des Weges dessen Einhaltung unmöglich gemacht hat.

§ 29. Mit Geldstrafe bis zu fünfzig Mark oder mit Haft bis zu 14 Tagen wird bestraft:

1) wer mit unverwahrtem Feuer oder Licht einen Wald betritt, oder sich einem solchen in Gefahr bringender Weise mit unverwahrtem Feuer oder Licht nähert;
2) wer in einem Walde brennende oder glimmende Gegenstände fallen läßt, fortwirft oder in anderer Weise unvorsichtig handhabt;
3) wer in einem Walde oder innerhalb eines Abstandes von zweihundert Meter davon ohne Erlaubniß des zuständigen Forstbeamten oder, wo ein solcher nicht angestellt ist, der Ortspolizeibehörde, Feuer anzündet oder das mit Erlaubniß angezündete Feuer gehörig zu beaufsichtigen oder auszulöschen unterläßt;
4) wer bei Waldbränden von den Forstbeamten zur Hülfe aufgefordert, keine Folge leistet, obgleich er dieser Aufforderung ohne erhebliche eigene Gefahr genügen konnte.

Die „Sicheln" sind ausdrücklich erwähnt, weil auch der Diebstahl von Gras und Holzpflanzen unter den Begriff des Forstdiebstahls fällt (M.).

§ 28. (Vergl. Code forestier, Art. 147.)

§ 29. (Vergl. Code forestier, Art. 42, 148.)

Die Bestimmung in Nr. 4 dieses Paragraphen enthält eine Milderung der bisherigen Vorschriften. Bisher fiel Derjenige, welcher der Aufforderung eines Forstbeamten zur Hülfeleistung keine Folge leistete, unter die Strafbestimmung des § 360, Ziff. 11 des Strafgesetzbuchs,

l'autorisation, entrera dans une forêt, hors des routes et chemins ordinaires, avec des cognées, haches, scies, serpes, faucilles ou autres instruments de même nature.

Outre l'amende ou la peine des arrêts, la confiscation des instruments pourra être ordonnée, qu'ils appartiennent ou non au délinquant.

§ 28. Sera puni d'une amende jusqu'à 30 *M* ou de la peine des arrêts jusqu'à huit jours, celui qui, sans en avoir l'autorisation, conduira des voitures, des brouettes, des animaux de monture ou des bestiaux dans une forêt, hors des routes et chemins ordinaires, ou qui n'empêchera pas l'entrée des bestiaux dont la garde lui est confiée, dans la forêt, hors des routes et chemins ordinaires.

Il n'y aura pas lieu à condamnation si le mauvais état du chemin l'a rendu impraticable.

§ 29. Sera puni d'une amende jusqu'à 50 *M* ou de la peine des arrêts jusqu'à quinze jours:

1° Quiconque entrera dans une forêt ou s'en approchera d'une manière dangereuse avec des lumières ou des feux découverts;

2° Quiconque laissera tomber, jettera ou maniera imprudemment dans une forêt des matières enflammées ou incandescentes;

3° Quiconque, sans la permission de l'agent forestier compétent, ou, à son défaut, de l'autorité de police locale, allumera du feu dans une forêt ou dans un rayon de 200 mètres, ou qui négligera de bien garder ou d'éteindre le feu allumé avec permission;

4° Quiconque, étant requis par les agents forestiers de porter secours en cas d'incendie dans une forêt, s'y sera refusé, quoique pouvant le faire sans danger sérieux.

Les faucilles sont mentionnées expréssement, parce qu'à l'avenir l'enlèvement d'herbe et de jeunes plants d'arbres constituera aussi un vol forestier (M.).

§ 28 (comp. Code forestier, art. 147).

§ 29 (comp. Code forestier, art. 42, 148).

Le fait de comprendre le cas du n° 4 dans le présent article est une atténuation pour celui qui aurait manqué d'obtempérer à la requête des agents forestiers, puisque autrement il tomberait sous l'application du § 360, n° 10 du Code pénal, qui frappe l'in-

§ 30. Mit Geldstrafe bis zu einhundertfünfzig Mark oder mit Haft wird bestraft, wer in einem Walde

1) ohne Erlaubniß des zuständigen Forstbeamten oder wo ein solcher nicht angestellt ist, der Ortspolizeibehörde, Kohlenmeiler errichtet;
2) Kohlenmeiler anzündet, ohne dem zuständigen Forstbeamten oder, wo ein solcher nicht angestellt ist, der Ortspolizeibehörde Anzeige gemacht zu haben;
3) brennende Kohlenmeiler zu beaufsichtigen unterläßt;
4) aus Meilern, ohne dieselben gelöscht zu haben, Kohlen auszieht oder abführt.

§ 31. Mit Geldstrafe bis zu fünfzig Mark oder mit Haft bis zu vierzehn Tagen wird bestraft, wer auf ausgebauten Forststraßen unbefugt

1) die Bankette befährt;
2) die zur Bezeichnung der Fahrbahn gelegten Steine oder sonstigen Zeichen entfernt oder in Unordnung bringt;
3) die Seitengräben zuwirft oder verändert;
4) die Wasserdurchlässe verstopft oder beschädigt;
5) die zur Sperrung dienenden Vorrichtungen entfernt oder zerstört;

---

welche eine Geldstrafe bis zu 150 M. bezw. Haft bis zu 6 Wochen androhte (B.).

Die besondere Strafbestimmung des Artikel 149 des Code forestier gegen Nutzungsberechtigte ist nicht aufgenommen, da die Landesgesetzgebung mit Rücksicht auf Art. V des Einführungsgesetzes zum Strafgesetzbuche vom 30. August 1771 nicht in der Lage ist, die Aberkennung von Waldnutzungsrechten als Strafe anzudrohen (M.).

§ 30. (Vergl. Art. 38 des Code forestier.)

§ 31. In den Wäldern von Elsaß-Lothringen bestehen Kunststraßen, zum Theil von beträchtlicher Länge, welche nicht die Eigenschaft von Staats- oder Bezirksstraßen oder von Vizinalwegen haben, sondern Privatwege sind und als solche nicht denselben polizeilichen Schutz wie jene genießen. Die Strafbestimmungen des § 31 bezwecken, diese Forststraßen, deren Anlage und Unterhaltung erhebliche Kosten verursachen, und deren guter Zustand für die Bewirthschaftung der Wälder von größter Bedeutung ist, vor Beschädigungen zu schützen. Die Bestimmungen des Strafgesetzbuchs über Sachbeschädigung (§§ 303 ff.) reichen hierzu nicht aus, weil dieselben auf fahrlässige Handlungen keine Anwendung finden (M.).

§ 30. Sera puni d'une amende jusqu'à 150 *M.* ou de la peine des arrêts, quiconque, dans une forêt :

1° Etablira des fourneaux pour charbon sans permission de l'agent forestier compétent, ou à son défaut de l'autorité de police locale;

2° Allumera des fourneaux pour charbon sans en avoir fait la déclaration à l'agent forestier compétent, ou à son défaut, à l'autorité de police locale;

3° Négligera de surveiller des fourneaux pour charbon allumés;

4° Extraira ou enlèvera des charbons sans avoir éteint les fourneaux.

§ 31. Sera puni d'une amende jusqu'à 50 *M.* ou de la peine des arrêts jusqu'à quinze jours, celui qui, sur les chaussées forestières, aura, sans en avoir l'autorisation:

1° Passé en voiture sur les trottoirs;

2° Oté ou dérangé les pierres ou autres signes placés pour indiquer la voie;

3° Comblé ou changé les fossés qui longent les chaussées;

4° Obstrué ou endommagé les constructions faites pour donner passage à l'eau;

5° Déplacé ou détruit les constructions servant à barrer le passage;

---

culpé d'une amende de 150 *M.* et de un jour à six semaines de prison (R.).

La peine spéciale de l'art. 149 du Code forestier contre les usagers n'a pas été reproduite dans la loi, parce qu'aux termes de l'art. 5 de la loi d'introduction au Code pénal du 30 août 1871, la législation du pays n'a pas le droit de prononcer la privation de droits d'usage dans les bois (M.).

§ 30. (Comp. Code forestier, art. 38.)

§ 31. Dans les forêts d'Alsace-Lorraine il existe des routes artificielles, souvent très longues, qui n'ont pas le caractère de routes d'Etat, ni de routes départementales, ni de chemins vicinaux, mais qui sont de simples chemins privés et qui, comme tels, ne jouissent pas de la même protection de la part des autorités de police que les routes et chemins susdits. Les peines du § 31 ont pour but de protéger ces chemins, dont la construction et l'entretien occasionnent des frais considérables, et dont le bon état est d'une haute importance pour la culture des forêts. Les dispositions du Code pénal sur les destructions et dégradations (§§ 303 et suiv.) ne constituent pas une protection suffisante, parce qu'elles ne s'appliquent pas aux actes commis par négligence ou imprudence (M.).

6) die Prellpfähle, Prellsteine oder Wegweiser fortnimmt, unkenntlich macht oder beschädigt;
7) zum Hemmen von Fuhrwerken Sperrketten, Klapperstöcke, Schleppreiser oder andere angehängte Gegenstände benutzt.

§ 32. Mit Geldstrafe bis zu fünfundzwanzig Mark oder mit Haft bis zu einer Woche wird bestraft, wer in einem Walde unbefugt Distrikts- oder Schlagsteine, Warnungstafeln, Strohwische, Hegewische oder sonstige Merkzeichen der Schließung fortnimmt, unkenntlich macht oder beschädigt.

§ 33. Mit Geldstrafe bis zu einhundert Mark oder mit Haft bis zu vier Wochen wird bestraft, wer unbefugt Grenzsteine, Grenzhügel, Grenzgräben oder andere Grenzzeichen von Wäldern oder Waldtheilen fortnimmt, unkenntlich macht oder beschädigt.

§ 34. Mit Geldstrafe bis zu fünfundzwanzig Mark oder mit Haft bis zu einer Woche wird bestraft, wer unbefugt in einem Walde
1) Holz aus den Schlägen schleift;
2) gefällte Stämme oder aufgesetzte Stöße von Holz oder Lohrinde beschädigt, umstößt oder der Stützen beraubt;
3) von aufgesetzten Holzstößen einzelne Stücke herabwirft oder entnimmt, sofern er dieselben nicht alsbald wieder an ihren Platz bringt.

§ 35. Mit Geldstrafe bis zu fünfzig Mark oder mit Haft bis zu vierzehn Tagen wird bestraft, wer unbefugt in einem Walde Steine, Scherben, Schutt oder Unrath ablagert, oder gefallenes Vieh vergräbt, niederlegt oder liegen läßt.

§ 36. Mit Geldstrafe bis zu fünfzig Mark oder mit Haft bis zu vierzehn Tagen wird bestraft, wer, den Anordnungen der Forstbehörde oder des Waldeigenthümers zuwider, es unterläßt, in einem Walde Steinbrüche, Lehm-, Sand-, Kies-, Kalk-

---

§§ 33. Die Verletzung von Grenzzeichen in der Absicht, einem Andern Nachtheil zuzufügen, ist als Vergehen wider § 274 des Strafgesetzbuchs, und die Verletzung einer Grenze durch Abgraben oder Abpflügen als Uebertretung wider § 370 daselbst strafbar (M.).

§ 36. Die Bestimmungen des § 367 Nr. 12 des Strafgesetzbuches bleiben unberührt (M.).

6° Supprimé, altéré ou endommagé les piquets ou pierres d'achoppement, ou les poteaux indicateurs des chemins;

7° Fera usage, pour enrayer les voitures, de chaînes, rondins, fagots traînants ou autres objets attachés à la voiture.

§ 32. Sera puni d'une amende jusqu'à 25 *M.* ou des arrêts jusqu'à une semaine, celui qui, sans en avoir l'autorisation, enlèvera, altérera ou endommagera dans une forêt des pierres posées pour séparer les cantons ou coupes, des tableaux indicateurs, des brandons ou autres signes de clôture.

§ 33. Sera puni d'une amende jusqu'à 100 *M.* ou des arrêts jusqu'à quatre semaines, celui qui, sans en voir l'autorisation, supprimera, altérera ou endommagera dans un forêt des bornes ou d'autres signes établis pour marquer les limites des forêts ou de portions de forêts.

§ 34. Sera puni d'une amende jusqu'à 25 *M.* ou des arrêts jusqu'à une semaine, celui qui, dans une forêt, aura, sans en avoir l'autorisation:

1° Traîné du bois hors des coupes;

2° Endommagé, renversé ou privé de leurs supports des arbres abattus ou des tas de bois ou d'écorce empilés;

3° Jeté à terre ou enlevé des pièces de bois faisant partie de tas empilés, à moins qu'il ne les remette aussitôt en place.

§ 35. Sera puni d'une amende jusqu'à 50 *M.* ou de la peine des arrêts jusqu'à quinze jours, celui qui, sans en avoir l'autorisation, déposera dans une forêt des pierres, tessons, décombres ou immondices, ou celui qui y enfouira, déposera ou abandonnera des cadavres d'animaux.

§ 36. Sera puni d'une amende jusqu'à 50 *M.* ou de la peine des arrêts jusqu'à quinze jours, celui qui, au mépris des règlements émis par l'administration forestière ou par

---

§ 33. La violation des bornes, dans le but de causer un préjudice à autrui, est un délit puni par le § 274 du Code pénal, et la destruction ou dégradation de bornes commises en bêchant ou en labourant, constituent une contravention prévue au § 370 du même Code (M.).

§ 36. (Il n'est pas touché aux dispositions du § 367, n° 12 du Code pénal) (M.).

oder Thongruben, Bergwerksschachte, Schurflöcher oder die durch Stockroden entstandenen Löcher, zu deren Einfriedigung oder Zuwerfen er verpflichtet ist, einzufriedigen oder zuzuwerfen.

§ 37. Mit Geldstrafe bis zu einhundert Mark oder mit Haft bis zu vier Wochen wird, sofern nicht die Bestimmungen des Strafgesetzbuchs über Betrug (§ 263 ff.) oder Urkundenfälschung (§ 267 ff.) Anwendung finden, bestraft, wer unbefugt an stehenden Bäumen, an Schlaghölzern, an gefällten Stämmen, an aufgesetzten Stößen von Holz oder anderen Walderzeugnissen das Zeichen des Waldhammers oder Rissers, die Stamm- oder Stoßnummer oder die Loosnummer vernichtet, unkenntlich macht, nachahmt oder verändert.

§ 38. Mit Geldstrafe bis zu fünfzig Mark oder mit Haft bis zu vierzehn Tagen wird bestraft, wer in einem Walde unbefugt Holz ablagert, beschlägt oder sonst bearbeitet.

§ 39. Mit Geldstrafe bis zu zehn Mark oder mit Haft bis zu drei Tagen wird bestraft, wer ohne Genehmigung der Forstbehörde oder des Waldeigenthümers Holz oder andere Walderzeugnisse, zu deren Bezug er berechtigt ist,

1) in der Zeit von Sonnenuntergang bis Sonnenaufgang, oder
2) an anderen als den festgesetzten Tagen, oder auf anderen als den dazu bestimmten Wegen, oder
3) unter Zuwiderhandeln gegen die in Ansehung des Verabfolgezettels erlassenen Vorschriften

aus dem Walde fortschafft.

§ 40. Mit Geldstrafe bis zu fünfundzwanzig Mark wird bestraft, wer Holz oder andere Walderzeugnisse, welche er erworben oder als Nutzungsberechtigter zu beziehen hat, nach Ablauf der festgesetzten Frist auf ergangene Aufforderung nicht binnen acht Tagen aus dem Walde fortschafft.

---

§ 39. Nr. 2 des § 39 hat zur Voraussetzung, daß die Festsetzung der Tage zur Fortschaffung des Holzes oder die Bestimmung der Wege, auf welchen sie zu geschehen hat, in den Versteigerungsbedingungen oder in anderer rechtsverbindlicher Weise erfolgt ist (M.).

§ 40. Die Bestimmungen der §§ 37 bis 40 finden auf Privatwaldungen sowie auf Staatswaldungen Anwendung und ändern in dieser Beziehung den Titel III, Abschn. IV des Code forestier ab.
(Vergl. Code forestier, Art. 29, 30, 35, 39, 40 und 43.)

le propriétaire de la forêt, négligera dans la forêt, bien qu'il y soit obligé, de clore ou de combler des carrières, fosses à argile, sablonnières, mines de pyrite, fosses à chaux, glaisières, puits de mine, fouilles, ou les trous provenant du déracinement des souches.

§ 37. Sera puni d'une amende jusqu'à 100 *M.* ou de la peine des arrêts jusqu'à quatre semaines, en tant que les dispositions du Code pénal allemand sur la tromperie (§§ 263 et suiv.) ne trouveront pas leur application, quiconque aura, sans y être autorisé, détruit, altéré, contrefait ou changé les marques du marteau forestier ou de la griffe, les numéros des troncs, piles ou lots apposés aux arbres sur pied, taillis, troncs abattus, bois empilés ou amas d'autres productions forestières.

§ 38. Sera puni d'une amende jusqu'à 50 *M.* ou de la peine des arrêts jusqu'à quinze jours, celui qui, sans en avoir l'autorisation, aura, dans une forêt, déposé, équarri ou autrement façonné du bois.

§ 39. Sera puni d'une amende jusqu'à 10 *M.* ou des arrêts jusqu'à trois jours, celui qui, sans l'autorisation de l'administration forestière ou du propriétaire de la forêt, enlèvera de la forêt du bois ou autres productions forestières dont il a le droit de demander la livraison:

1° Entre le coucher et le lever du soleil;

2° A d'autres jours que ceux fixés ou par d'autres chemins que ceux désignés à cet effet;

3° En contrevenant aux prescriptions relatives au permis d'enlèvement.

§ 40. Sera puni d'une amende de 25 *M.*, celui qui après le délai fixé négligera d'enlever de la forêt, dans les huit jours après qu'il en aura été mis en demeure, du bois ou d'autres productions forestières qu'il a acquis ou dont il a le droit de demander la livraison comme usager.

---

§ 39. Le n° 2 du § 39 suppose que les jours de la traite des bois et les chemins par lesquels elle se fera, sont désignés soit au cahier des charges, soit par une autre prescription valable (M.).

§ 40. Les §§ 37 à 40 s'appliquent aussi bien aux forêts particulières qu'aux forêts de l'Etat; ils modifient en ce sens le titre III, section IV du Code forestier français (M.).

(Comp. Code forestier, art. 29, 30, 35, 39, 40 et 43.)

§ 41. Mit Geldstrafe bis zu fünf Mark wird bestraft, wer bei Ausübung einer Waldnutzung den Ausweisschein, dessen Lösung vorgeschrieben ist, nicht bei sich führt.

§ 42. Mit Geldstrafe bis zu fünfundzwanzig Mark oder mit Haft bis zu einer Woche wird bestraft:

1) wer die Berechtigung zum Sammeln von Raff- und Leseholz, Reisig, Spänen und Rinde in Schlägen ausübt, wo der Einschlag oder die Aufarbeitung von Holz noch im Gange ist;
2) wer sich bei Ausübung dieser Berechtigung eines Hakens oder eisernen Werkzeuges irgend einer Art bedient.

§ 43. Mit Geldstrafe bis zu fünfundzwanzig Mark oder mit Haft bis zu einer Woche wird bestraft, wer aus einem Walde Holz oder andere Walderzeugnisse, deren Bezug nach vorheriger Ueberweisung ihm auf Grund einer Berechtigung zusteht, fortschafft, bevor sie ihm überwiesen sind.

§ 44. Mit Geldstrafe bis zu zweihundert Mark wird bestraft, wer als Nutzungsberechtigter Walderzeugnisse, die er nach dem Inhalte seiner Berechtigung nur zu einem bestimmten Zwecke zu beanspruchen hat, unbefugt verkauft, vertauscht oder zu einem anderen als dem durch die Berechtigung bestimmten Zwecke verwendet.

---

§ 41. Die Kommission ersucht die Verwaltung, die Ausweisscheine auf Pappe oder Leinwand aufkleben zu lassen, weil dieselben sonst gar zu leicht zerreißen, desgleichen für den Fall, daß Ausweisscheine verloren gehen, um Ausstellung von Duplikaten.

§ 42. Nr. 1 enthält eine neue Bestimmung, welche sich empfiehlt, weil erfahrungsgemäß das Sammeln von Spänen und sonstigem Raff- und Leseholz in solchen Schlägen, in denen die Holzhauer noch mit dem Einschlag und der Aufarbeitung von Holz beschäftigt sind, zur unbefugten Mitnahme von Holz verleitet. Den Raff- und Leseholzberechtigten gehört nur das Holz, welches nach Beendigung des Einschlags und der Räumung zerstreut liegen geblieben ist (M.).

§ 43. Die entsprechende Strafbestimmung des Art. 79 des Code forestier bezieht sich nur auf die Holznutzungsberechtigten. Zweckmäßigkeitsgründe sprechen dafür, den letzteren die zur Nutzung von Streuwerk und anderen Walderzeugnissen Berechtigten gleichzustellen (M.).

§ 44. Diese Bestimmung dehnt auf die Wälder der Gemeinden und öffentlichen Anstalten die Strafbestimmungen des Art. 83 Code forestier aus, welche nur für die Nutzungsberechtigten in Staats- und Privatwaldungen galten (M.).

§ 41. Sera puni d'une amende jusqu'à 5 *M.*, celui qui, en exerçant un droit d'usage dans la forêt, ne portera pas sur lui le billet constatant l'autorisation qu'il est obligé de se faire délivrer.

§ 42. Sera puni d'une amende jusqu'à 25 *M.* ou des arrêts jusqu'à une semaine:

1° Celui qui exercera le droit de ramasser du bois mort, sec et gisant, des branchages, des copeaux et de l'écorce, dans les coupes où l'abatage et le façonnage du bois ne sont pas encore terminés;

2° Celui qui, pour exercer ce droit, se servira d'un crochet ou d'un instrument en fer quelconque.

§ 43. Sera puni d'une amende jusqu'à 25 *M.* ou de la peine des arrêts jusqu'à une semaine, celui qui, ayant droit à la livraison de bois ou d'autres productions forestières après délivrance préalable, les enlèvera de la forêt avant d'en avoir obtenu la délivrance.

§ 44. Sera puni d'une amende de 200 *M.*, celui qui, jouissant d'un droit d'usage sur des productions de la forêt qu'il n'est en droit de réclamer que dans un but spécialement déterminé, les vendra, échangera ou emploiera, sans autorisation, à une autre destination que celle pour laquelle le droit d'usage était accordé.

---

§ 41. La Commission a engagé l'Administration à délivrer des permis collés sur carton ou sur toile, autrement ils sont trop facilement exposés à se détériorer; elle la prie également de délivrer des duplicata des permis dans le cas où les premiers auraient été perdus (R.).

§ 42. Le nº 1 contient une disposition nouvelle qui est recommandable; l'expérience a démontré en effet que l'enlèvement de copeaux et d'autres menus bois dans les coupes où l'abatage et le façonnage du bois ne sont pas terminés, favorise les détournements de bois. Le droit d'enlever le menu bois ne peut s'exercer que sur ce qui en reste lorsque l'abatage et l'enlèvement de bois sont terminés (M.).

§ 43. L'art. 79 du Code forestier, qui correspond à ce paragraphe, ne parle que des usagers qui ont droit à des livraisons de bois. Par suite de considérations pratiques, on a soumis aux mêmes règles les usagers qui ont droit à la litière et à d'autres produits forestiers (M.).

§ 44. Cette disposition étend aux forêts des communes et des établissements, les défenses de l'art. 83 du Code forestier français qui ne s'appliquaient qu'aux forêts de l'Etat et des particuliers (M.).

§ 45. Mit Geldstrafe bis zu einhundert Mark oder mit Haft bis zu vier Wochen wird bestraft, wer aus einem Walde an Stelle von Holz oder sonstigen Walderzeugnissen, zu deren Fortschaffung er berechtigt ist, aus Fahrlässigkeit anderes Holz oder andere Walderzeugnisse fortschafft.

§ 46. Mit Geldstrafe bis zu zehn Mark oder mit Haft bis zu drei Tagen wird bestraft, wer einem ihm bekannt gewordenen Verbote der Forstverwaltung oder des Waldeigenthümers zuwider Kräuter, Beeren oder Pilze sammelt.

§ 47. Besitzer von Privatwaldungen, welche eine unerlaubte Waldausrodung vornehmen, werden mit einer Geldstrafe bestraft, welche nach dem Maßstabe von vierhundert bis zwölfhundert Mark auf jedes Hektar ausgerodeten Waldes festzusetzen ist.

Gleiche Strafe trifft Beamte und Angestellte von Gemeinden und öffentlichen Anstalten, welche in den Waldungen der Gemeinde oder öffentlichen Anstalten eine von der zuständigen Verwaltungsbehörde nicht genehmigte Ausrodung vorgenommen, gestattet oder angeordnet haben.

§ 48. Mit Geldstrafe bis zu eintausend Mark wird bestraft, wer als Besitzer von Mittelwald oder ähnlichen Gehölzen auf den Inseln, an den Ufern und innerhalb eines Abstandes von fünf Kilometer von den Ufern des Rheins das Holz eines Schlages,

---

§ 46 macht die Strafbarkeit des Sammelns von Kräutern, Beeren oder Pilzen (vergl. Schlußbemerkung zu § 10) von einem vorgängigen Verbote abhängig, dessen Bekanntmachung durch Anschlag im Walde erfolgen kann (M.).

Die Kommission legt der Verwaltung an's Herz, die Bekanntmachungen in möglichstem Umfange zur allgemeinen Kenntniß zu bringen und bei Erlaß derselben auf das örtliche Herkommen Rücksicht zu nehmen (B.).

§ 47. (Vergl. Art. 221 Code forestier). Wann eine Waldausrodung „unerlaubt" ist, ergiebt sich aus den dem Forstverwaltungsrecht angehörigen und durch § 47 nicht berührten Vorschriften der Art. 219, 223, 224 des Code forestier (M.).

§ 48. Die Bestimmungen des Art. 137 Code forestier haben heutzutage nicht mehr die frühere Bedeutung; gegenwärtig, wo die Dammbauten am Rheine hauptsächlich aus Stein aufgeführt werden, braucht man nur noch selten Holz.

Aufrecht erhalten bleiben die Bestimmungen des Art. 136 des Code forestier. In Wegfall kommen dagegen die Art. 137 und 138 Abs. 1 des Code forestier (B.).

§ 45. Sera puni d'une amende jusqu'à 100 *M.* ou de la peine des arrêts jusqu'à quatre semaines, celui qui, dans une forêt, enlèvera par négligence d'autres bois ou d'autres productions de la forêt que ceux qu'il a le droit d'enlever.

§ 46. Sera puni d'une amende jusqu'à 10 *M.* ou des arrêts jusqu'à trois jours, quiconque ramassera des herbes et plantes, des baies ou des champignons, au mépris d'une défense dont il aura eu connaissance et émanant de l'administration forestière ou du propriétaire de la forêt.

§ 47. Les possesseurs de bois particuliers qui arracheront ou défricheront leurs bois sans autorisation, seront punis d'une amende qui doit être calculée à raison de 400 jusqu'à 1200 *M.* par hectare de bois défriché.

Seront passibles de la même amende les agents et employés des communes et établissements publics qui auront effectué, permis ou ordonné, dans les bois des communes ou des établissements publics, un défrichement non autorisé par l'autorité administrative compétente.

§ 48. Sera puni d'une amende jusqu'à 1000 *M.*, le possesseur de bois taillis ou autres, dans les îles, sur les rives et à une distance de 5 kilomètres des bords du Rhin, si, après avoir été avertis par le président du département de

---

§ 46. Aux termes de ce paragraphe, l'enlèvement d'herbages, de baies ou de champignons (comp. l'observation finale sur le § 10) n'est punissable que s'il a été interdit préalablement. Cette interdiction peut être publiée par voie d'affichage dans la forêt (M.).

La Commission recommande à l'Administration de donner à la publication la plus grande étendue, en tenant surtout largement compte des usages locaux (R.).

§ 47. (Comp. Code forestier, art. 229). Le défrichement est „illicite" s'il est contraire aux dispositions administratives des art. 210, 223 et 224 du Code forestier, qui ne sont pas supprimées par le § 47 (M.).

§ 48. Les prescriptions de l'art. 137 du Code forestier n'ont plus de raison d'être, aujourd'hui que les travaux d'endiguement du Rhin se font de préférence au moyen d'empierrements et de perrés, et que les fascines sont beaucoup moins souvent employées.

Les dispositions du § 136 du Code forestier subsistent, mais l'art. 137 et l'alinéa 1er de l'art. 138 du Code forestier sont supprimés (R.).

nachdem ihm von dem Bezirkspräsidenten bekannt gemacht war, daß dasselbe für Zwecke des Strombaus in Anspruch genommen werde, dieser Bestimmung entzieht. Neben der Geldstrafe kann auf Gefängnißstrafe bis zu drei Monaten erkannt werden.

II. Zuwiderhandlungen gegen Bestimmungen, welche nur auf die der Forstordnung unterworfenen Wälder Anwendung finden.

§ 49. Mit Geldstrafe bis zu einhundert Mark wird bestraft, wer den Bedingungen bezüglich des Holzeinschlages und der Holzabfuhr zuwiderhandelt, welche in den Verdingungsverhandlungen und Holzversteigerungsprotokollen aufgestellt sind.

§ 50. Mit Geldstrafe bis zu eintausend Mark werden bestraft Miteigenthümer eines ungetheilten Waldes, welche zu demselben gehöriges Holz unbefugt fällen oder verkaufen.

§ 51. Mit Geldstrafe bis zu dreihundert Mark wird bestraft, wer ohne Genehmigung des Bezirkspräsidenten in einem Walde oder innerhalb eines Abstandes von fünfhundert Meter davon Kalk- oder Gipsöfen, Ziegeleien, Blockhäuser, Hütten oder Schuppen anlegt.

§ 52. Mit Geldstrafe bis zu dreihundert Mark wird bestraft, wer ohne Genehmigung des Bezirkspräsidenten in einem Walde oder innerhalb eines Abstandes von fünfhundert Meter davon ein Haus oder ein Gehöfte errichtet.

Eine Bestrafung tritt nicht ein, wenn der Bau ausgeführt wird, nachdem seit Nachsuchung der Genehmigung sechs Monate abgelaufen sind, ohne daß eine Entscheidung erfolgt ist.

---

§ 49. (Vergl. Art. 37 Code forestier.)

§ 50. (Vergl. Art. 114 Code forestier.)

§ 51. (Vergl. Code forestier, Art. 151 und 152.)

In den §§ 51 ff. hat die Kommission die Entfernungen, innerhalb derer die Belastungen des Eigenthums aufrecht erhalten bleiben, meistens um die Hälfte herabgesetzt.

§ 52. (Bezüglich der Beseitigung vergl. § 57 und Code forestier Art. 153.) Der von der Kommission hinzugefügte letzte Satz soll in Anwendung der Grundsätze des § 153 des Code forestier diejenigen Gebäude treffen, welche im Widerspruch mit den hier enthaltenen gesetzlichen Vorschriften in dem Zeitraum zwischen der Verhandlung und dem Inkrafttreten des Gesetzes errichtet werden könnten (B.).

la réquisition du bois d'une coupe pour les travaux à faire sur le fleuve, il l'a détourné de cette destination. Une peine d'emprisonnement jusqu'à trois mois pourra être prononcée outre l'amende.

II. *Des infractions aux dispositions qui ne sont applicables qu'aux bois et forêts soumis au régime forestier.*

§ 49. Sera puni d'une amende jusqu'à 100 *M.*, celui qui aura contrevenu aux conditions prévues dans les cahiers des charges d'adjudication ou procès-verbaux de vente de bois ou d'adjudication de façonnage relativement au mode d'abatage des bois et au nettoiement des coupes.

§ 50. Seront punis d'une amende jusqu'à 1000 *M.*, les copropriétaires par indivis d'une forêt qui auront abattu ou vendu du bois faisant partie de cette forêt.

§ 51. Sera puni d'une amende jusqu'à 300 *M.*, celui qui établira, sans l'autorisation du président du département, des fours à chaux ou à plâtre, des briqueteries ou tuileries, des maisons sur perches, des baraques ou hangars dans l'enceinte ou dans un rayon de 500 mètres de la forêt.

§ 52. Sera puni d'une amende jusqu'à 300 *M.*, celui qui construira, sans l'autorisation du président du département, une maison ou une ferme dans l'enceinte ou dans un rayon de 500 mètres d'une forêt.

Il n'y aura pas lieu à punition lorsque la construction a été effectuée après que six mois se sont écoulés depuis la demande en autorisation, sans qu'une décision soit intervenue.

---

§ 49. (Comp. l'art. 37 du Code forestier.)

§ 50. (Comp. l'art. 114 du Code forestier.)

§ 51. (Comp. les art. 151 et 152 du Code forestier.) Dans les §§ 51 et suivants la Commission a réduit de moitié, dans la plupart des cas, les distances dans le rayon desquelles les servitudes sont maintenues.

§ 52. Quant à la démolition, voy. § 57 (comp. l'art. 153 du Code forestier).

La Commission a jugé nécessaire d'ajouter la dernière phrase, pour frapper, par application de l'art. 153 du Code forestier, les bâtiments élevés en contravention à la loi, et qui pourraient être élevés dans l'intervalle entre la discussion et la promulgation de la loi (R.).

Die Bestimmungen dieses Paragraphen finden keine Anwendung auf Bauten in Gemeindewaldungen, die weniger als zweihundertfünfzig Hektar enthalten. Die Ausbesserung, der Wiederaufbau oder die Vergrößerung bestehender Gebäude sind gestattet, sofern nicht der Abbruch derselben auf Grund der bisher geltenden Gesetze (Art. 153 des Code forestier) veranlaßt werden kann.

§ 53. Mit Geldstrafe bis zu eintausend Mark wird bestraft, wer als Bewohner eines Hauses oder eines Gehöftes, welches in einem Walde oder innerhalb eines Abstandes von fünfhundert Meter davon belegen ist, bei diesem Hause oder Gehöfte ohne Erlaubniß des Bezirkspräsidenten eine Werkstätte zur Verarbeitung von Holz, einen Zimmerplatz oder ein zum Betriebe des Holzhandels bestimmtes Holzlager anlegt.

Die Erlaubniß kann zurückgenommen werden, wenn derjenige, welcher sie erhalten hat, wegen eines unter die Bestimmungen des § 10 Nr. 1 bis 3 fallenden Forstdiebstahls oder eines nach dem Strafgesetzbuche strafbaren Diebstahls von Holz aus einem Walde bestraft wird.

§ 54. Mit Geldstrafe bis zu eintausend Mark wird bestraft, wer in einem Walde oder innerhalb eines Abstandes von einem Kilometer davon ohne Genehmigung des Bezirkspräsidenten eine Sägemühle anlegt.

§ 55. Die Bestimmung der §§ 52 bis 54 finden keine Anwendung auf Häuser und gewerbliche Anlagen, welche in Städten, in geschlossenen Dörfern oder Weilern oder innerhalb eines Abstandes von zweihundert Meter von derartigen Ortschaften liegen.

---

§ 53 nimmt die in Art. 154 des Code forestier angeordnete Einziehung des Holzes, welche den Zuwiderhandelnden auf das Schwerste schädigen kann, als Nebenstrafe nicht mit auf, läßt dagegen, um das Gesetz in seiner Wirksamkeit nicht zu beeinträchtigen, die Erhöhung der Geldstrafe bis auf 1000 Mark zu. Abs. 2 gestattet die Zurücknahme der ertheilten Erlaubniß nicht — wie Art. 154 des Code forestier — auf Grund von Verurtheilungen wegen irgend eines Forstfrevels, sondern nur auf Grund von Verurtheilungen wegen Forstdiebstahls an Holz (§ 10 Nr. 1 bis 3); er stellt dem letzteren aber gleich den gemeinen Diebstahl von Holz aus einem Walde, da eine Begünstigung des wegen Entwendung von gefälltem Holz verurtheilten Diebes gegenüber dem Forstfrevler offenbar nicht gerechtfertigt wäre (M.).

§ 54. (Vergl. Code forestier, Art. 155.)

§ 55. (Vergl. Code forestier, Art. 156.)

Les dispositions du présent article ne seront pas applicables aux constructions dans les bois et forêts appartenant aux communes, et qui seront d'une contenance de moins de 250 hectares. La réparation, la reconstruction ou l'agrandissement de bâtiments existants dont la démolition ne peut être ordonnée en vertu des lois existantes (art. 153 du Code forestier) sont permises.

§ 53. Sera puni d'une amende jusqu'à 1000 *M*, l'habitant d'une maison ou ferme située dans l'enceinte ou dans un rayon de 500 mètres d'une forêt qui établira près de cette maison ou ferme un atelier à façonner le bois, un chantier ou un magasin pour faire le commerce de bois sans la permission du président du département.

La permission pourra être retirée si celui qui l'a obtenue a été condamné pour un vol forestier réprimé par les dispositions du § 10, n°s 1 à 3, ou pour un vol de bois commis dans une forêt et punissable d'après le Code pénal.

§ 54. Sera puni d'une amende jusqu'à 1000 *M*, celui qui établira une usine à scier le bois dans l'enceinte ou dans un rayon de 1 kilomètre d'une forêt sans l'autorisation du président du département.

§ 55. Les dispositions des §§ 52 à 54 ne seront pas applicables aux maisons et usines qui sont situées dans les villes, dans des villages ou hameaux formant une population agglomérée, ou dans un rayon de 200 mètres de localités de cette nature.

---

§ 53. Le § 53 supprime la confiscation du bois, parce que celle-ci peut causer au délinquant un dommage très sensible. Par contre, le maximum de l'amende est porté à 1000 *M*, afin que l'efficacité de la loi ne soit pas affaiblie. Aux termes de l'alinéa 2 la permission peut être retirée, non pas comme le déclare l'art. 154 du Code forestier après une condamnation pour un délit forestier quelconque, mais seulement après une condamnation pour vol de bois commis dans les bois et forêts (§ 10, n°s 1 à 3). A cet égard la loi ne fait aucune distinction entre les différentes espèces de vols de bois commis dans les forêts; car la loi ne peut évidemment être plus indulgente envers le voleur condamné pour enlèvement de bois façonné qu'envers celui qui a commis un vol de bois qualifié délit forestier (M.).

§ 54. (Comp. l'art. 155 du Code forestier.)

§ 55. (Comp. l'art. 156 du Code forestier.)

§ 56. Durch Verordnung der Verwaltungsbehörde sind die nothwendigen Bestimmungen über Beaufsichtigung des Betriebs von Sägemühlen, zu deren Anlage nach den §§ 54, 55 die Genehmigung erforderlich ist, zu erlassen.

Wer eine Sägemühle der bezeichneten Art für eigene oder fremde Rechnung betreibt, wird mit Geldstrafe bis zu dreihundert Mark oder mit Gefängniß bis zu drei Monaten bestraft, falls er den erlassenen Bestimmungen zuwiderhandelt.

§ 57. Im Falle rechtskräftiger Verurtheilung auf Grund der §§ 51, 52 oder 54 ist die Verwaltungsbehörde befugt, die Beseitigung der in dem Strafurtheil als gesetzwidrig bezeichneten Anlagen zu verlangen. Zu diesem Zwecke ist zunächst der Verurtheilte aufzufordern, innerhalb einer angemessenen, in keinem Fall unter der Dauer von drei Monaten zu bemessenden Frist die Beseitigung zu bewirken. Nach fruchtlosem Ablauf dieser Frist ist die Verwaltungsbehörde befugt, die Beseitigung selbst zu veranlassen und die hierdurch entstehenden Kosten nach Maßgabe der für die Erhebung der direkten Steuern bestehenden Vorschriften von dem Verurtheilten beizutreiben.

---

§ 56. Der Entwurf hatte den Thatbestand des Vergehens in Gemäßheit des Art. 158 des Code forestier bestimmt. Nach Auffassung der Kommission waren die hierdurch dem Sägemüller auferlegten Verpflichtungen unerfüllbar und praktisch nicht durchführbar. Man erkannte jedoch an, daß eine gewisse polizeiliche Kontrole nothwendig sei, und war der Meinung, daß die einschlägigen Bestimmungen ihren Platz am Besten in einer von der Verwaltung zu erlassenden Verordnung finden würden. Demgemäß wurde vorgeschlagen, die Fassung des Paragraphen dahin zu ändern, daß die Strafbestimmung denjenigen trifft, welcher den Vorschriften der Verordnung zuwiderhandelt (B.).

Für den Rückfall ist eine angemessene Verschärfung der Strafe ermöglicht. Die für diesen Fall dem Gerichte durch den Code forestier eingeräumte Befugniß, die Beseitigung des Werkes anzuordnen, hat das Gesetz für entbehrlich erachtet (M.).

§ 57. Die Verwaltung ist nicht mehr befugt, die bezeichneten Anlagen sofort selbst zu beseitigen, sie kann vielmehr nur die Beseitigung verlangen. Zu diesem Zwecke ist an den Eigenthümer eine Aufforderung zur Beseitigung zu erlassen, in welcher ihm eine mindestens dreimonatliche Frist gesetzt werden muß. Erst nachdem diese Mahnung fruchtlos erfolgt ist, darf die Verwaltung selbst zur Beseitigung der Anlage schreiten (B.).

(Vergl. Code forestier, Art. 151, 152, 153 und 155.)

§ 56. Les conditions de surveillance de l'exploitation des scieries pour l'établissement desquelles une autorisation est exigée en conformité des §§ 54 et 55, feront l'objet de prescriptions administratives.

Celui qui exploite, soit pour son compte, soit pour le compte d'un tiers, une scierie de ce genre, sera puni d'une amende jusqu'à 300 *M.* ou de la peine de l'emprisonnement trois mois s'il contrevient à ces prescriptions.

§ 57. En cas de condamnation intervenue en vertu des §§ 51, 52 ou 54 par jugement passé en force de chose jugée, l'autorité administrative aura le droit de requérir la démolition des établissements déclarés construits en contravention à la loi par le jugement de condamnation. Le condamné devra être préalablement requis d'opérer la démolition, et ce dans un délai proportionné à l'opération et qui ne pourra être inférieur à trois mois. Si, à l'expiration de ce délai, la démolition n'a pas eu lieu, l'administration aura le droit de faire procéder à cette démolition et de recouvrer les frais qui en résultent en suivant les prescriptions établies pour la perception des impôts directs.

---

§ 56. Le projet avait adopté les conditions déterminantes de la contravention, conformément à l'art. 158 du Code forestier. Selon l'avis de la Commission, ces conditions sont impossibles à remplir, inexécutables en pratique. D'autre part on a reconnu qu'il faut une surveillance; il faut des mesures de police. Mais les dispositions qui sont nécessaires trouveront, selon l'avis de la Commission, leur place de préférence dans des règlements qu'établirait l'administration, et la rédaction du paragraphe serait dès lors plus correcte en disant que les peines qui y sont énoncées s'appliqueront à celui qui aura contrevenu aux dispositions de ces règlements (R.)

En cas de récidive, la peine pourra être aggravée dans une juste mesure. La nouvelle loi n'a pas maintenu la disposition du Code forestier français, qui autorise le tribunal à ordonner la suppression de l'usine (M.).

§ 57. L'administration n'est pas autorisée à supprimer, mais elle peut requérir la suppression. Le propriétaire doit recevoir un avertissement à l'effet de démolir dans un délai qui ne peut être inférieur à trois mois. Ce n'est qu'à la suite de cette injonction et dans le cas où cette dernière serait restée sans effet que l'administration est autorisée à procéder elle-même à la suppression (R.).

(Comp. les art. 151, 152, 153 et 155 du Code forestier.)

Dritter Titel.

Pfändung und Strafverfahren.

Erster Abschnitt.

Pfändung.

§ 58. Die mit dem Forstschutze betrauten Personen sind befugt, Wagen, Karren, Schlitten, Kähne und Thiere, welche zur Verübung eines Forstdiebstahls benutzt werden, sowie das im Weidefrevel (§§ 21 bis 25) betroffene Vieh zu pfänden.

Die gepfändeten Gegenstände sind dem Bürgermeister der Gemeinde, in deren Banne die Pfändung vorgenommen wurde, zur Verwahrung zu übergeben.

§ 59. Die gepfändeten Gegenstände haften für die Geldstrafe, den Wertherfatz, das Ersatzgeld und sämmtliche Kosten einschließlich derjenigen der Pfändung und Verwahrung.

Die Haftung des im Weidefrevel betroffenen Viehes tritt nicht ein, wenn der Besitzer desselben wegen des Frevels weder verurtheilt noch für haftbar erklärt wird.

§ 60. Die Pfändung ist binnen 24 Stunden dem Amtsrichter anzuzeigen, welcher die bekannten Betheiligten davon sofort in Kenntniß zu setzen hat, falls dieselben bei der Pfändung nicht zugegen waren.

---

§§ 58 bis 62. Diese Paragraphen, welche das Recht der „Pfändung" behandeln, entsprechen im Wesentlichen den Art. 161, 167 bis 169 des Code forestier. Die „Saisie" des letzteren hat eine doppelte Natur, indem sie einerseits zur Sicherstellung von Gegenständen, die der Einziehung unterworfen sind, sowie zur Beschaffung von Beweismitteln dient, andererseits aber den civilrechtlichen Zweck verfolgt, dem Waldeigenthümer, beziehungsweise dem Staate für den angerichteten Schaden, die Strafen und Kosten Sicherheit zu gewähren. In ersterer Beziehung reichen die Bestimmungen der Strafprozeßordnung über „Beschlagnahme und Durchsuchungen" (§§ 94 ff.) aus. Das Gesetz trifft daher nur Bestimmungen in der letzteren Beziehung, indem es unter der hergebrachten Bezeichnung der „Pfändung" ein auch in verschiedene deutsche Forstgesetze aus altem Brauche übergegangenes Rechtsinstitut beibehält (M.).

TITRE III.

De la saisie et des poursuites.

SECTION I.

De la saisie.

§ 58. Les personnes chargées de la garde des forêts auront le droit de saisir les chariots, charrettes, traîneaux, canots et bestiaux qui ont servi à commettre un vol forestier, ainsi que les bestiaux trouvés en délit de pâturage (§§ 21 à 25).

Les objets saisis seront remis à la garde du maire de la commune dans la circonscription de laquelle la saisie a été effectuée.

§ 59. Les objets saisis répondront de l'amende, de la restitution, de l'indemnité et de tous les frais, y compris ceux de saisie et de garde.

Seront exceptés de cette règle les bestiaux trouvés en contravention de pâturage, si leur propriétaire n'a pas été condamné pour ce délit ni déclaré responsable.

§ 60. L'Amtsrichter sera avisé de la saisie dans les vingt-quatre heures, et il en donnera aussitôt communication aux intéressés connus, s'ils n'étaient pas présents lors de la saisie.

---

§§ 58 à 62. Ces paragraphes qui traitent de la saisie sont presque identiques aux art. 161, 167 à 169 du Code forestier. La saisie du Code forestier a un double caractère; d'un côté, en effet, elle sert à mettre en lieu sûr des objets soumis à la confiscation et à fournir les moyens de preuve; d'un autre côté, elle a un caractère purement civil en tant qu'elle est destinée à procurer, soit au propriétaire de la forêt, soit à l'Etat, une caution pour le dommage causé, les peines et les frais.

Quant au premier point, il est réglé suffisamment par les dispositions du nouveau Code de procédure criminelle, concernant la saisie et les perquisitions (§§ 94 et suiv.). La loi ne contient donc que des dispositions relatives au second point, et à cet égard il maintient sous le nom traditionnel de saisie une institution du Code forestier qui a aussi passé dans d'autres lois forestières en vertu d'un ancien usage (M.).

§ 61. Der Amtsrichter kann die gepfändeten Gegenstände freigeben, wenn zur Deckung der Beträge, für welche sie haften (§ 59), Sicherheit geleistet wird.

Die Sicherheitsleistung ist nach der Bestimmung des Amtsrichters durch Hinterlegung in baarem Gelde oder in Werthpapieren oder durch Pfandbestellung oder mittelst Bürgschaft geeigneter Personen zu bewirken.

§ 62. Werden die gepfändeten Gegenstände nicht innerhalb fünf Tagen nach der Pfändung in Anspruch genommen, so kann der Amtsrichter die Versteigerung auf dem nächstbelegenen Markte anordnen. Dieselbe ist durch den Enregistrements-Einnehmer zu betreiben, welcher sie wenigstens 24 Stunden vor dem Beginne, und sofern der Eigenthümer der gepfändeten Gegenstände ermittelt ist, jedenfalls auch an dem Wohnsitz desselben bekannt zu machen hat.

Die Kosten der Verwahrung und der Versteigerung sind durch den Amtsrichter festzusetzen und von dem Erlöse vorweg zu nehmen. Der Ueberschuß wird zurückbehalten, bis über den Forstdiebstahl oder Weidefrevel rechtskräftig erkannt ist. Derselbe verbleibt, wenn die strafbare Handlung in einem der Forstordnung unterworfenen Walde begangen ist, in den Händen des Enregistrements-Einnehmers; andernfalls ist er in der dazu bestimmten Kasse zu hinterlegen.

Zweiter Abschnitt.

Strafverfahren.

§ 63. Auf die Verfolgung der Zuwiderhandlungen gegen dieses Gesetz finden, insoweit im Nachstehenden nicht ein Anderes bestimmt ist, die Vorschriften der Strafprozeßordnung Anwendung.

§ 64. Zuständig sind die Amtsgerichte. Dieselben verhandeln und entscheiden, sofern nicht einer der Fälle der

---

§ 61. Die Festsetzung der Sicherheitsleistung bei Freigabe der Pfandstücke ist nach den, bei Freilassung aus der Untersuchungshaft maßgebenden Grundsätzen (§ 118 der Strafprozeßordnung) dem Richter überlassen (vergl. Art. 168 des Code forestier) (M.).

§§ 64 bis 67. Die Vorschriften dieser Paragraphen finden nach § 78 auf die in den §§ 44, 47, 48, 50 bis 54, 56 vorhergesehenen Vergehen keine Anwendung; die Verfolgung der letzteren richtet sich ausschließlich nach der Strafprozeßordnung.

§ 61. L'Amtsrichter pourra donner main-levée des objets saisis lorsqu'il est fourni cautionnement pour couvrir le montant des sommes dont ils répondent (§ 59).

Le cautionnement sera effectué d'après l'avis du juge cantonal par la consignation en espèces ou en valeurs, ou par la constitution d'un gage ou par la présentation comme caution de personnes offrant garantie suffisante.

§ 62. Lorsque les objets saisis n'auront pas été réclamés dans les cinq jours de la saisie, l'Amtsrichter pourra en ordonner la vente aux enchères au marché le plus voisin. Il y sera procédé à la diligence du receveur de l'enregistrement, qui la fera publier au moins 24 heures d'avance, et notamment, dans la commune du domicile du propriétaire des objets saisis, s'il a pu être déterminé à qui ils appartiennent.

Les frais de séquestre et de vente seront taxés par le juge cantonal et prélevés sur le produit de la vente. Le surplus sera réservé jusqu'à ce qu'il ait été statué en dernier ressort sur le vol forestier ou sur le délit de pâturage. Il restera entre les mains du receveur de l'enregistrement si l'acte punissable a été commis dans une forêt soumise au régime forestier; au cas contraire, il sera déposé dans la caisse à ce destinée.

SECTION II.

Des poursuites.

§ 63. Les prescriptions du Code de procédure criminelle sont applicables à la poursuite pour infraction à la présente loi, en tant qu'il n'en sera pas ordonné autrement par les dispositions suivantes.

§ 64. Les infractions sont de la compétence des Amtsgerichte; ils connaîtront et statueront sans le concours

---

§ 61. S'il est donné main-levée des objets saisis, la fixation de la caution est abandonnée au juge, conformément aux règles adoptées quand il s'agit de dispenser un inculpé de la détention préventive (§ 118 du Code de proc. crim. — comp. art. 168 du Code forest.) (M.)

§§ 64 à 67. Ces paragraphes ne sont pas applicables, d'après le § 78, aux délits prévus par les §§ 44, 47, 48, 50 à 56; la poursuite

§§ 15, 17 Abs. 2 bis 4 vorliegt, ohne die Zuziehung von Schöffen.

Das Amt des Amtsanwalts kann verwaltenden Forstbeamten übertragen werden.

Für die Verhandlung und Entscheidung über das Rechtsmittel der Berufung sind die Strafkammern zuständig; dieselben entscheiden in der Besetzung mit drei Mitgliedern, einschließlich des Vorsitzenden.

§ 65. Für das Verfahren gelten, soweit nicht in diesem Gesetze abändernde Bestimmungen getroffen sind, die Vorschriften der Strafprozeßordnung über das Verfahren vor den Schöffengerichten.

§ 66. Der Gerichtsstand ist nur bei demjenigen Amtsgerichte begründet, in dessen Bezirke die Zuwiderhandlung begangen ist.

Ist der Ort der begangenen Zuwiderhandlung nicht zu ermitteln, oder ist die Zuwiderhandlung außerhalb Elsaß-Lothringens begangen, so bestimmt der Gerichtsstand sich nach den Vorschriften der Strafprozeßordnung.

Den Vorschriften der §§ 64 bis 77 liegt die Erwägung zu Grunde, daß einerseits auf die große Zahl der Forstsachen, andererseits darauf Rücksicht zu nehmen ist, daß dieselben betreffs ihrer strafrechtlichen Bedeutung, abgesehen von wenigen Ausnahmen, mit den Untersuchungen wegen Uebertretungen auf gleicher Stufe stehen. Dem entsprechend sind die Vorschriften der Strafprozeßordnung über das schöffengerichtliche Verfahren zur Grundlage genommen (§ 65), und die Amtsgerichte als die zuständigen Gerichte erster Instanz, die Strafkammern in der Besetzung von drei Mitgliedern als die zuständigen Gerichte zweiter Instanz bestimmt (§ 64) (M.).

§ 64. Die Amtsgerichte sollen — sofern nicht die wegen der Höhe der angedrohten Strafen wichtigeren Fälle der §§ 15, 17 Abs. 2 bis 4 vorliegen — ohne Zuziehung von Schöffen verhandeln und entscheiden. Diese Abweichung von den Grundsätzen der St. P. O. (§ 211) erscheint gerechtfertigt, weil die Zuweisung aller Forststrafsachen an die Schöffengerichte eine bei der Einfachheit der in Rede stehenden strafbaren Handlungen nicht gebotene, schwere Belastung der zur Uebernahme des Schöffenamts verpflichteten Staatsbürger herbeiführen und die rechtzeitige Erledigung der Untersuchungen in hohem Grade beeinträchtigen würde (M.).

Die Bezeichnung „verwaltende Forstbeamte" bezieht sich auf die höheren Beamten, einschließlich der Oberförster und der mit den Amtsverrichtungen derselben zeitweilig betrauten Beamten.

Das „Forstschutzpersonal" gehört nicht zu den verwaltenden Forstbeamten (B.).

d'échevins, à moins qu'il ne s'agisse d'un des cas prévus par les §§ 15 et 17, alinéas 2 à 4.

Les fonctions du procureur près des Amtsgerichte peuvent être conférées à des agents forestiers. L'appel sera soumis à l'examen et à la décision des chambres correctionnelles; leurs jugements seront rendus par trois juges, y compris le président.

§ 65. En tant que la présente loi n'en a pas disposé autrement, la procédure sera réglée par les prescriptions du Code de procédure criminelle sur la procédure devant les tribunaux d'échevins.

§ 66. L'Amtsgericht dans le ressort duquel l'infraction a été commise, est seul compétent pour en connaître.

Si le lieu où l'infraction a été commise ne peut être constaté, ou si elle est commise en dehors de l'Alsace-Lorraine, la compétence se déterminera d'après les prescriptions du Code de procédure criminelle.

Au cas du § 20, l'Amtsgericht dans le ressort duquel le bois a été trouvé, connaîtra de l'affaire.

---

de ces derniers s'exerce donc exclusivement suivant le Code de procédure criminelle.

Les §§ 64 à 77 tiennent compte de deux circonstances, à savoir que les délits forestiers sont fort nombreux et qu'ils présentent un caractère pénal semblable à peu près à celui des contraventions de police. C'est pourquoi la procédure est réglée d'après les prescriptions du Code de procédure criminelle devant les tribunaux d'échevins; de là la compétence des Amtsgerichte en première instance et des chambres correctionnelles du Landgericht en appel (§§ 65 et 64) (M.).

§ 64. Abstraction faite des cas plus graves des §§ 15, 17, alinéas 2 à 4, les Amtsgerichte jugeront sans le concours d'échevins, pour ne pas mettre d'entraves à l'expédition des affaires en temps utile et ne pas imposer une charge trop lourde aux citoyens obligés de remplir ces fonctions (M.).

Sous la dénomination de „verwaltenden Forstbeamten" on entend les gardes généraux ou leurs suppléants. Le „Forstschutzpersonal" est exclu (R.).

Im Falle des § 20 ist der Gerichtsstand bei demjenigen Amtsgerichte begründet, in dessen Bezirke das Holz gefunden worden ist.

§ 67. In dem Verfahren vor dem Amtsgerichte werden sämmtliche Zustellungen durch den Amtsrichter unmittelbar veranlaßt.

Soweit die Zustellung amtsrichterlicher Urtheile erforderlich ist, erfolgt dieselbe in einem Auszuge, welcher nur die Urtheilsformel enthält.

§ 68. Die mit dem Forstschutze betrauten Personen erstatten ihre Anzeige an den Amtsanwalt schriftlich und spätestens innerhalb dreier Tage nach erfolgter Feststellung der strafbaren Handlung.

Der Amtsanwalt hat die einzelnen Fälle sofort nach dem Eingang der Anzeige, oder, falls er weitere Ermittelungen für angezeigt erachtet, sofort nach erfolgter Aufklärung unter fortlaufenden Nummern in einem Verzeichnisse zusammenzustellen.

In dieses Verzeichniß können von dem Amtsanwalte auch die anderwärts eingehenden Anzeigen aufgenommen werden.

Die näheren Vorschriften über die Aufstellung der Verzeichnisse werden von der Justizverwaltung erlassen.

Zu § 67 sind die Bestimmungen der §§ 36 Abs. 2 und 39 der Strafprozeßordnung zu vergleichen. — Abs. 2 entspricht der Vorschrift des Art. 209 des Code forestier. Sollte in besonderen Fällen die Einsicht der Entscheidungsgründe des Urtheils dem Verurtheilten erwünscht sein, so kann er auf Grund des § 35 der Strafprozeßordnung eine Abschrift derselben verlangen.

Die Bestimmung des Art. 173 des Code forestier, wonach die Forstschutzbeamten alle Ladungen und Zustellungen in Forstsachen vornehmen können, wird beseitigt. Abgesehen davon, daß es im Interesse der Forststrafverwaltung liegt, ihre Beamten von derartigen Geschäften zu entlasten, genügen auch die allgemeinen Vorschriften der Strafprozeßordnung über die Zustellungen (§ 37 der Strafprozeßordnung in Verbindung mit §§ 152 ff., 176 ff. der Civilprozeßordnung) allen Forderungen der Einfachheit und Billigkeit (M.).

§ 68 tritt an die Stelle der Vorschriften, welche der Code forestier (Art. 160, 188 Abs. 1, 191) betreffs der Erstattung der Anzeigen von Forstfrevlern aufstellt. Diese Vorschriften können schon deshalb nicht beibehalten werden, weil sie zusammenhängen mit den bisherigen wichtigen Bestimmungen über die Protokollirung der Forstfrevel (Art. 165, 172, 175 bis 181, 188, 189 Abs. 3 des Code forestier), welche mit den Grundsätzen der Strafprozeßordnung über die Unmittelbarkeit der Beweisaufnahme durch den erkennenden Richter und die freie Beweiswürdigung (§§ 248 ff., § 260 der Strafprozeßordnung) nicht in Einklang stehen und daher in Wegfall kommen (M.).

§ 67. Dans la procédure devant l'Amtsgericht, toutes les significations seront ordonnées directement par le juge.

En tant que la signification des jugements des Amtsgerichte est nécessaire, elle sera faite par un extrait qui ne contiendra que le dispositif du jugement.

§ 68. Les personnes chargées de la garde des forêts transmettront leurs rapports rédigés par écrit au procureur cantonal dans les trois jours après la constatation des faits punissables.

Le procureur près de l'Amtsgericht devra inscrire les divers cas particuliers sur un état par ordre de numéros aussitôt après la réception des rapports, ou s'il juge que de plus amples constatations sont nécessaires, aussitôt après que celles-ci seront terminées.

Le procureur près de l'Amtsgericht pourra aussi inscrire dans cet état les rapports qui lui ont été adressés d'ailleurs.

Les dispositions spéciales sur le mode de confection des états seront prescrites par l'administration judiciaire.

---

§ 67. Il faut comparer avec ce paragraphe les §§ 36, alinéa 2, et 39 du Code de procédure criminelle. L'alinéa 2 est identique à l'art. 209 du Code forestier. Le condamné qui désirera connaître les considérants du jugement peut en demander la copie aux termes du § 35 du Code de procédure criminelle.

La disposition de l'art. 173 du Code forestier qui autorise les gardes de l'administration forestière à faire toutes citations et significations d'exploits en matière forestière, est abolie. Tout d'abord l'intérêt de l'administration forestière exige de décharger ses agents de fonctions pareilles; en second lieu, le Code de procédure criminelle (§ 37 comp. aux §§ 152 et suiv. et 176 et suiv. du Code de proc. civ.) contient relativement aux significations des règles simples et équitables (M.).

§ 68. Ce paragraphe remplace les dispositions du Code forestier (art. 160, 188, al. 1er, 191) relatives aux dénonciations de délits et contraventions en matière forestière. Celles-ci sont supprimées parce qu'elles constituent une partie intégrante des règles du Code forestier sur la constatation par procès-verbal des infractions aux lois forestières (art. 165, 172, 175 à 181, 188, 189, al. 3 du Code forest.), et parce qu'elles sont en contradiction avec les principes du nouveau Code de procédure criminelle (§§ 248 et suiv., § 260), d'après lesquels le juge reçoit librement les preuves et en apprécie librement le résultat.

§ 69. Spätestens innerhalb 8 Tagen, nachdem der einzelne Fall in Gemäßheit der Bestimmungen des § 68 in das Verzeichniß aufgenommen ist, erhebt der Amtsanwalt die öffentliche Klage, indem er bei Ueberreichung einer Ausfertigung des

---

Der Entwurf schrieb vor, daß die Anzeigen an den Staatsanwalt periodisch zu erstatten seien, zu welchem Zweck die Forstschutzbeamten Verzeichnisse führen und dieselben dem Amtsanwalt einreichen sollten. Auch bisher schon errichteten die Förster Protokolle im eigentlichen Sinne nicht mehr, sondern erstatteten bloß einfache Anzeigen an die Oberförster, welche dieselben monatlich zweimal zur gerichtlichen Verhandlung vorlegten. Dies Verfahren schien der Kommission eine nicht wünschenswerthe Verzögerung der einzelnen Sachen zur Folge zu haben; sie änderte daher Abs. 1 dahin, daß die Anzeigen spätestens innerhalb drei Tagen zu erstatten seien (vergl. St. P. O. § 161 Abs. 2). Durch Einsetzung der Frist ist die Führung von Verzeichnissen durch die Förster gegenstandslos geworden. Die „Anzeigen" haben nicht mehr die formelle Beweiskraft der früheren „Protokolle". Es ist aber wünschenswerth, daß durch den Inhalt der „Anzeigen" sowohl der Amtsanwalt zum Zweck der Erhebung der öffentlichen Klage, als auch der Amtsrichter bei Erlaß des Strafbefehls genaue Kenntniß von der Art und den näheren Umständen der zur Anzeige gebrachten strafbaren Handlung erhalten (B.). (Vergl. hierüber Verfügung des Oberstaatsanwalts vom 2. Juni 1881, Samml. VI S. 110).

Abs. 3 hat solche Anzeigen im Auge, welche von Polizeibeamten, Gensdarmen oder von Privatpersonen ausgehen und direkt an den Amtsanwalt gerichtet sind (M.).

§§ 69 ff. Die Grundsätze der Strafprozeßordnung, welche eine Hauptverhandlung gegen einen ausgebliebenen Angeklagten nur ausnahmsweise und unter bestimmten Beschränkungen (§§ 229, 231, 232), und auch in solchen Ausnahmefällen ein Urtheil nur nach vorheriger Beweisaufnahme zulassen, erscheinen auf die in großer Zahl zur Verfolgung gelangenden Forststrafsachen praktisch unanwendbar. Dagegen erscheint für diese, meist mit absoluten Strafen bedrohten Handlungen das in den §§ 447 ff. der Strafprozeßordnung festgestellte Verfahren bei amtsrichterlichen Strafbefehlen ganz besonders geeignet, weil hier die im § 448 der Strafprozeßordnung vorgesehenen Fälle einer Meinungsverschiedenheit zwischen der Staatsanwaltschaft und dem Richter über die Angemessenheit der zu verhängenden Strafen nur selten eintreten können. Demgemäß bestimmt der § 69, abgesehen von den Ausnahmefällen des § 73, daß die Erhebung der öffentlichen Klage (Strafprozeßordnung § 168) durch den Antrag auf Erlaß eines richterlichen Strafbefehls erfolgt. Hinsichtlich des weiteren Verfahrens mußten die bezeichneten Vorschriften der Strafprozeßordnung für die hier in Betracht kommenden Untersuchungen einigen nicht unwesentlichen Abänderungen unterworfen werden. Die hauptsächlichsten Abweichungen sind folgende:

1. Während nach § 447 Abs. 2 der Strafprozeßordnung durch Strafbefehl nur Geldstrafen von höchstens 150 Mark und Freiheitsstrafen von höchstens 6 Wochen festgesetzt werden können, wird

§ 69. Le procureur près de l'Amtsgericht intentera l'action publique, dans le délai de huit jours, après que le cas particulier aura été inscrit dans l'état, conformément aux dispositions du § 68, en formulant auprès du juge,

---

Selon le projet, les personnes chargées de la garde devaient transmettre leurs rapports périodiquement; à cet effet ils avaient à dresser des états et à les présenter au procureur près de l'Amtsgericht. Aujourd'hui déjà les gardes ne dressent plus de procès-verbaux proprement dits. Ils font une simple déclaration de délit au garde général, et les dates de la remise de ces déclarations sont fixées par les instructions judiciaires au 1er et au 15 de chaque mois. De cette manière, de l'avis de la Commission, l'affaire ne paraissait pas assez vite. Aussi a-t-elle modifié l'alinéa 1er en ce sens que les rapports sont à transmettre au plus tard dans les trois jours (comp. Code de proc. crim., § 161, al. 2). Etant donné ce délai, la confection des listes par les gardes devient inutile.

Quoique la déclaration n'ait plus le caractère du procès-verbal, c'est-à-dire que les faits allégués par la déclaration ne constituent plus la preuve du délit (Beweiskraft), il est bon que l'Amtsanwalt en établissant sa requête et l'Amtsrichter en rendant son ordonnance pénale (Strafbefehl) soient renseignés sur la nature du délit et les circonstances dans lesquelles il a été commis (R.).

L'alinéa 3 concerne les dénonciations faites directement au procureur cantonal par des fonctionnaires de la police, des gendarmes ou des personnes privées (M.). (Comp. à ce sujet l'instruction de l'Oberstaatsanwalt du 2 juin 1881. Recueil jur. VI p. 110.)

§§ 69 et suivants. On ne saurait appliquer aux affaires forestières si nombreuses les dispositions du Code de procédure criminelle, qui interdisent de procéder au débat principal contre l'accusé qui n'a pas comparu, sauf quelques exceptions très restreintes (§§ 229, 231 et 232), et qui n'autorisent les juges à prononcer un jugement, même dans ces cas exceptionnels, qu'après un examen préalable des preuves. Il en est autrement des ordonnances pénales rendues par le juge cantonal et réglées par les §§ 447 et suivants du Code de procédure criminelle. Cette procédure semble être destinée tout particulièrement aux infractions en matière forestière qui sont punies pour la plupart par des peines absolues. En effet, il y aura très rarement désaccord entre le ministère public et le juge au sujet de la peine qui doit être prononcée, cas prévu par le § 448 du Code de procédure criminelle. Par conséquent le § 69 de la loi dispose qu'en dehors des cas désignés au § 73, l'action publique (§ 168 du Code de procédure criminelle) est introduite au moyen de conclusions aux fins de redditions d'une ordonnance pénale. Les dispositions du Code de procédure criminelle touchant cette question ont dû subir plusieurs modifications, dont voici les plus importantes:

1° Tandis qu'aux termes du § 447, alinéa 2 du Code de procédure criminelle, les seules peines qui puissent être prononcées par une ordonnance pénale sont l'amende jusqu'à 150 *M* et la

Verzeichnisses, unter Beifügung der eingegangenen Anzeigen und der etwa aufgenommenen Vorverhandlungen, den Antrag auf Erlaß eines richterlichen Strafbefehls stellt, und die beantragten Strafen nebst Werthersatz neben den einzelnen Nummern des Verzeichnisses vermerkt.

Der Erlaß eines Strafbefehls ist für jede Geldstrafe und die dafür im Unvermögensfalle festzusetzende Freiheitsstrafe, sowie für den Werthersatz, das Ersatzgeld und die verwirkte Einziehung zulässig.

Der Strafbefehl wird vollstreckbar, sofern der Beschuldigte nicht in einem, durch den Strafbefehl anzuberaumenden Termin vor dem Amtsrichter erscheint und Einspruch erhebt. In dem Strafbefehl ist diese Rechtswirkung und zugleich auszusprechen, daß in dem anberaumten Termin auf erhobenen Einspruch zur Hauptverhandlung geschritten werden wird.

---

hier, ohne Rücksicht auf einen Höchstbetrag, die Festsetzung jeder Geldstrafe und jeder an die Stelle einer solchen tretenden Freiheitsstrafe (vergl. § 5 Abs. 3) gestattet (§ 69 Abs. 2).

2. Der Strafbefehl kann auch auf die als strafrechtliche Folgen des Forstdiebstahls beziehungsweise Weidefrevels erscheinenden Verpflichtungen zum Werthersatze oder zur Zahlung von Ersatzgeld gerichtet werden (§ 69 Abs. 2.)
3. Das Gesetz (§ 69 Abs. 3) läßt den schriftlichen Einspruch und den Einspruch zu Protokoll des Gerichtsschreibers (§ 449 Abs. 1 der Strafprozeßordnung) nicht zu, sondern verlangt, daß der Einspruch vor dem Richter erhoben werde. Er beseitigt ferner die Einspruchsfrist und bestimmt für die Erhebung des Einspruchs einen Termin, welcher zugleich als Termin für die Hauptverhandlung gilt. Ein außerhalb des Termins erhobener Einspruch bleibt ohne Wirkung. Andererseits dauert, wenn der Einspruchstermin wegen verspäteter Ladungszustellung ausgesetzt werden sollte (§ 216 der Strafprozeßordnung), ohne daß mit dem Aussetzungsantrage zugleich der Einspruch vor dem Richter erhoben würde, das Einspruchsrecht fort bis zu dem neuen Termin, in welchem alsdann der Einspruch erhoben werden muß. — Diese Abweichung von der Strafprozeßordnung beruht auf der Besorgniß, daß das Einspruchsrecht bei Zulässigkeit des formlosen schriftlichen Einspruchs leicht zur Verzögerung der Sache mißbraucht und der schädliche Einfluß einer gewissen Klasse von Rathgebern dadurch begünstigt werden möchte.
4. Die Vereinigung mehrerer Sachen unter einer Klage (§ 69 Abs. 1) und in einer Hauptverhandlung (§ 72) ist von den Voraussetzungen, unter welchen die Strafprozeßordnung (§ 3, 4, 13, 236) eine solche Vereinigung gestattet, nicht abhängig.

Zur Erläuterung der einzelnen Bestimmungen des Gesetzes ist außerdem Folgendes hervorzuheben:

avec remise d'une expédition de l'état, accompagnée des rapports reçus et éventuellement des pièces de procédure préalable, la réquisition de rendre un mandat pénal, et en notant en regard des numéros de l'état les amendes et peines qu'il requiert, ainsi que les indemnités.

L'ordonnance pénale pourra être rendue pour chaque amende et pour la peine qui, en cas d'insolvabilité, doit lui être substituée, ainsi que pour la restitution, l'indemnité et la confiscation qui aurait été encourue.

L'ordonnance pénale deviendra exécutoire si l'inculpé ne comparaît pas devant l'Amtsrichter et ne fait pas opposition au jour et à l'heure indiqués dans l'ordonnance; celle-ci devra mentionner cette disposition et il devra y être dit aussi que la cause viendra en jugement au jour indiqué s'il est fait opposition.

---

peine des arrêts ou de l'emprisonnement jusqu'à six semaines au plus, la loi ne fixe pas de maximum ni pour les amendes ni pour la peine des arrêts ou de l'emprisonnement substituée à l'amende (§ 69, alinéa 3; comp. § 5, alinéa 3).

2° L'ordonnance pénale peut aussi prononcer la restitution ou l'indemnité comme conséquence pénale de vols forestiers et de délits de pâturage (§ 69, alinéa 2).

3° D'après l'alinéa 3 du § 69, l'opposition ne peut être faite ni par écrit ni par une déclaration devant le greffier (§ 449, alinéa 1er du Code de procédure criminelle); elle doit être déclarée au juge lui-même. En outre, à la place du délai il est fixé un jour déterminé pour former opposition, et ce jour sera en même temps celui du débat principal. L'opposition n'est valable que si elle est formée au jour fixé. D'autre part, si le débat est remis parce que le délai de la citation n'a pas été observé (§ 216 du Code de procédure criminelle), et si l'opposition n'est pas formée devant le juge en même temps que la demande de la remise du débat lui est adressé, le droit de former opposition ne pourra être exercé qu'au jour fixé à la suite de cette demande. Cette modification est pleinement justifiée. Il est, en effet, à craindre que l'opposition pouvant être formée par une simple déclaration écrite, devienne facilement un moyen de retarder la marche de l'affaire et augmente ainsi l'influence fâcheuse d'une certaine classe d'agents d'affaires.

4° La jonction de plusieurs affaires en une seule action (§ 69, alinéa 1er) et pour un seul débat principal (§ 73) pourra avoir lieu sous les restrictions exprimées aux §§ 3, 4, 13 et 236 du Code de procédure criminelle.

Die in dem Strafbefehle getroffene Festsetzung ist von dem Amtsrichter neben jeder Nummer des Verzeichnisses einzutragen und dem Angeklagten mit einem Auszuge aus dem Verzeichnisse zuzustellen.

Die mit dem Forstschutze betrauten Personen, welche nach den Anzeigen als Beweiszeugen auftreten sollen, sind durch ihre Vorgesetzten zu veranlassen, in dem anberaumten Termine zu erscheinen. Die sonst erforderlichen Zeugen sind zu demselben zu laden.

§ 70. Die Verurtheilung zur Haftbarkeit in Gemäßheit der §§ 3, 4, 26 kann in der Form des Strafbefehls erfolgen.

---

§ 69 Abs. 1. Sind in dem Verzeichnisse Fälle aufgeführt, welche sich als Zuwiderhandlungen gegen die §§ 15, 17 Abs. 2 bis 4 darstellen (vergl. § 73), so wird bei den betreffenden Nummern vom Amtsanwalte anzugeben sein, daß jene Zuwiderhandlungen zum Gegenstande besonderer Klage gemacht sind; in dem Gesammtantrage werden diese Nummern ausdrücklich als von demselben nicht betroffen zu bezeichnen sein.

Abs. 2. Da der Erlaß eines Strafbefehls für zulässig erklärt wird, ist der Richter an diese Form der Untersuchungseröffnung keineswegs gebunden; es gilt vielmehr in dieser Beziehung die allgemeine Vorschrift des § 448 Abs. 2 der Strafprozeßordnung.

Abs. 3. Der übrige Inhalt des Strafbefehls außer der hier erwähnten Eröffnung ergibt sich aus den §§ 449, 496 der Strafprozeßordnung. Derselbe besteht in Festsetzung der Strafe, Bezeichnung der strafbaren Handlung, des angewendeten Strafgesetzes und der Beweismittel, sowie in Festsetzung der Kosten.

Abs. 4. Der dem Angeklagten zuzustellende Auszug aus dem Verzeichniß ermöglicht eine kürzere Fassung des Strafbefehls und gewährt dem Angeklagten die Möglichkeit, zu prüfen, ob der Strafbefehl mit dem Antrage des Amtsanwaltes im Einklange steht.

Abs. 5 soll sich auch auf die im Privatdienste stehenden Forstschutzbeamten beziehen und entspricht dem bisherigen Brauche. (Allgemeine Verfügung des Kaiserlichen General-Prokurators vom 3. April 1873, Nr. 213 der amtlichen Sammlung der Gesetze 2c., betreffend die Justizverwaltung in Elsaß-Lothringen.) (M.) Die Ladung der Forstschutzbeamten ist nicht unbedingt erforderlich; vergl. die Minist.-Verfügung vom 16. Oktober 1880 (Samml. V S. 321).

Die Kommission hat den Wunsch geäußert, daß die §§ 218 und 219 Abs. 1 und 2 der Strafprozeßordnung im Wortlaut als Anmerkung auf den Strafbefehl gedruckt werden. Es soll dadurch der Angeklagte vorkommenden Falls in geeigneter Weise Kenntniß davon erhalten, wie er die Vernehmung etwaiger Entlastungszeugen zu betreiben hat (B.).

§ 70 gestattet den Erlaß eines Strafbefehls sowohl gegen die neben dem Thäter, als gegen die nach §§ 4, 26 unmittelbar haftbaren Personen. Den Ersteren kommt selbstverständlich auch der Einspruch des

La condamnation prononcée par l'ordonnance pénale doit être insérée par l'Amtsrichter en regard de chaque numéro de l'état des contraventions et signifiée à l'accusé avec un extrait de cet état.

Les personnes chargées de la garde des forêts qui, suivant les rapports, doivent servir de témoins à charge, recevront de leurs préposés l'ordre de comparaître au jour fixé. Les autres témoins seront cités.

§ 70. La condamnation des personnes responsables en vertu des §§ 3, 4 et 26, pourra être prononcée dans la forme de l'ordonnance pénale. Les dispositions du paragraphe précédent seront appliquées.

Il y a lieu en outre d'observer:

Alinéa 1er. Si les états énumèrent aussi des infractions aux §§ 15 et 17, alinéas 2 à 4 (comp. § 73), le procureur cantonal indiquera aux numéros correspondants qu'ils seront l'objet d'une action spéciale. Dans les conclusions générales il sera mentionné expressément que ces infractions n'y sont pas comprises.

Alinéa 2. L'ordonnance pénale étant simplement déclarée admissible, le juge n'est nullement astreint à procéder en cette forme à l'ouverture de l'instruction. A cet égard, la disposition générale du § 448, alinéa 2 du Code de procédure criminelle reste applicable.

Alinéa 3. Outre l'avertissement prévu par cet article, l'ordonnance pénale doit contenir les points mentionnés par les §§ 449 et 496 du Code de procédure criminelle. Elle doit fixer la peine et indiquer le fait punissable, la loi pénale dont il a été fait application, les moyens de preuve et les frais.

Alinéa 4. Grâce à la signification d'un extrait de l'état, l'ordonnance pourra être rédigée d'une manière plus brève, et l'accusé pourra constater si l'ordonnance est conforme aux conclusions du procureur cantonal.

Alinéa 5. Cet alinéa se rapporte aux gardes des particuliers et est conforme à l'usage actuel (circulaire générale du procureur général du 3 avril 1873; n⁰ 213 du Recueil officiel des lois, etc., concernant l'administration judiciaire en Alsace-Lorraine) (M.).

La Commission a exprimé le vœu que, pour mettre l'accusé dans la situation de connaître par lui-même les facilités que la loi lui accorde pour justifier, s'il y a lieu, de son innocence par témoins, les §§ 218 et 219, alinéas 1 et 2 du Code de procédure criminelle soient imprimés textuellement, en note, sur le Strafbefehl (R.).

§ 70. D'après ce paragraphe l'ordonnance pénale est dirigée contre les personnes responsables, à côté de l'auteur, aussi bien que contre celles qui sont directement responsables aux termes des §§ 4 et 26.

Die Bestimmungen des vorherigen Paragraphen finden entsprechende Anwendung.

§ 71. Auf das Recht zum Einspruch kann vor dem Termin verzichtet werden.

Auf die Wiedereinsetzung in den vorigen Stand gegen die Versäumung des Termins finden die §§ 44, 45 Abs. 1, 46 und 47 der Strafprozeßordnung entsprechende Anwendung.

Wird dem Gesuche stattgegeben, so ist dem Beschuldigten eine Abschrift des Strafbefehls mit Bestimmung eines neuen Termins zuzustellen.

§ 72. Ueber alle Anträge, welche der Amtsrichter unter Ablehnung des Strafbefehls zur Hauptverhandlung gebracht hat, sowie über alle Einsprüche kann in Einer Hauptverhandlung verhandelt und entschieden werden. Das Protokoll über dieselbe wird nach den Nummern des Verzeichnisses geführt.

Die mit dem Forstschutze betrauten Personen, welche als Zeugen zu vernehmen sind, werden, auch wenn die Haupt-

---

Hauptangeklagten insofern zu gute, als die Freisprechung des Letzteren ihre Haftbarkeit beseitigt.

§ 71 Abs. 1 läßt einen Verzicht auf den Einspruch vor dem Termine in gleicher Weise zu, wie die Strafprozeßordnung (§ 449 Abs. 2) einen Verzicht vor dem Ablaufe der Einspruchsfrist.

Der Verzicht hat zur Folge, daß der Strafbefehl sofort die Wirkung eines rechtskräftigen Urtheils erlangt, während in Ermangelung des Verzichts diese Wirkung erst dann eintritt, wenn der Termin ohne Einspruchserhebung abgelaufen ist.

Abs. 2 läßt auf die Wiedereinsetzung in den vorigen Stand gegen die Versäumung des Termins die Bestimmungen der Strafprozeßordnung über die Wiedereinsetzung gegen die Versäumung einer Frist Anwendung finden, jedoch — in Gemäßheit des Grundsatzes, daß der Einspruch weder schriftlich, noch zu Protokoll des Gerichtsschreibers erhoben werden darf — mit Ausschluß der Vorschrift im § 45 Abs. 2 der Strafprozeßordnung. Dem entsprechend kann mit dem Gesuch um Wiedereinsetzung in den vorigen Stand der Einspruch nicht verbunden werden, und ist, wenn dem Gesuche stattgegeben wird, den Beschuldigten eine Abschrift des Strafbefehls mit Bestimmung eines neuen Termins zuzustellen (M.).

§ 72, Abs. 1 in Verbindung mit § 73 schließt die Zusammenfassung einer Hauptverhandlung über Anklagen auf Grund der §§ 15, 17 Abs. 2 bis 4 mit der hier in Rede stehenden Hauptverhandlung aus. Hauptverhandlungen der ersten Art können mit einander nur nach Maßgabe des § 236 der Strafprozeßordnung verbunden werden.

Die im Abs. 2 zugelassene einmalige Beeidigung der mit dem Forstschutze betrauten Personen entspricht der einen Hauptverhandlung und trägt zur Abkürzung der Verhandlung bei (M.).

§ 71. Le condamné pourra renoncer au droit d'opposition avant le jour fixé pour les débats.

Les §§ 44, 45, alinéa 1er, 46 et 47 du Code de procédure criminelle seront observés en ce qui concerne la restitution en entier contre le défaut de comparaître au jour fixé. Si la demande a été admise, il sera signifié à l'inculpé une copie de l'ordonnance pénale avec l'indication d'un nouveau jour pour les débats.

§ 72. L'Amtsrichter pourra connaître et statuer dans un seul et même débat principal sur toutes les réquisitions qu'il a renvoyées à l'audience, en refusant de rendre une ordonnance pénale ainsi que sur toutes les oppositions. Le procès-verbal du débat principal sera dressé suivant l'ordre des numéros de l'état.

Les personnes chargées de la garde des forêts qui doivent être entendues comme témoins, ne seront assermentées qu'une

---

L'opposition formée par l'accusé principal leur profite en tant que l'acquittement de ce dernier les dégage de leur responsabilité (M.).

§ 71. Alinéa 1er. La renonciation à l'opposition peut avoir lieu avant le jour fixé, comme elle est admise avant l'expiration du délai d'après le Code de procédure criminelle (§ 449, alinéa 2).

Par l'effet de la renonciation l'ordonnance acquiert l'autorité de la chose jugée. Faute de renonciation, l'ordonnance ne sera définitive que si l'opposition n'est pas formée au jour fixé.

Aux termes de l'alinéa 2 les dispositions du Code de procédure criminelle concernant la restitution en entier contre l'inobservation d'un délai, sont applicables à l'inobservation du jour fixé pour l'opposition. Mais comme l'opposition ne peut être formée ni par une déclaration écrite ni devant le greffier, le § 45, alinéa 2 du Code de procédure criminelle n'est pas applicable en matière forestière.

L'opposition ne peut donc être jointe à la demande en restitution en entier, et si cette demande est admise, une copie de l'ordonnance avec l'indication d'un nouveau terme est à signifier à l'inculpé (M.).

§ 72. Le § 72, alinéa 1er, interdit, de même que le § 73, de joindre le débat principal concernant les délits prévus par les §§ 15 et 17, alinéas 2 à 4, au débat principal dont il est question ici. Les débats de la première espèce ne pourront être joints que conformément au § 236 du Code de procédure criminelle.

L'alinéa 2 n'exige qu'une seule prestation de serment de la part des gardes forestiers. Cette disposition est une conséquence de la jonction des différentes affaires et contribue à abréger les débats (M.).

verhandlung mehrere Straffälle umfaßt oder wenn an demselben Tage mehrere Hauptverhandlungen stattfinden, nur einmal beeidigt.

§ 73. In den Fällen der §§ 15, 17 Abs. 2 bis 4 findet der Erlaß eines Strafbefehls nicht statt. Der Amtsanwalt erhebt die öffentliche Klage durch Einreichung einer Anklageschrift, welcher ein Auszug aus dem Verzeichnisse (§ 68) beizufügen ist. Beim Ausbleiben des Angeklagten kann zur Hauptverhandlung geschritten werden.

§ 74. Wird gegen ein von dem Amtsrichter ohne die Zuziehung von Schöffen erlassenes Urtheil die Berufung eingelegt, so sind zum Zwecke der Bildung besonderer Akten durch den Gerichtsschreiber beglaubigte Auszüge aus den Akten erster Instanz zu fertigen.

§ 75. Die Revision gegen die in der Berufungsinstanz erlassenen Urtheile findet nur statt, wenn eine der in den §§ 15, 17, Abs. 2 bis 4 vorgesehenen strafbaren Handlungen den Gegenstand der Untersuchung bildet.

---

§ 73 schließt den Erlaß eines Strafbefehls wegen der Zuwiderhandlungen gegen die §§ 15, 17 Abs. 2 bis 4 aus, da hier Gefängnißstrafen mit weiter Begrenzung in Anbetracht kommen, bei deren Bemessung die Auffassung des Richters leicht von denjenigen des Amtsanwalts abweichen kann und deßhalb der Erlaß eines Strafbefehls sich verbieten würde (§ 448 der Strafgesetzordnung.)

Die §§ 69 bis 72 finden demnach auf die in Rede stehenden Zuwiderhandlungen keine Anwendung. Der Amtsanwalt erhebt die öffentliche Klage nach Maßgabe der §§ 197 ff. der Strafprozeßordnung. Der Antrag auf gerichtliche Voruntersuchung ist ausgeschlossen (§ 65 des Gesetzes in Verbindung mit § 176 Abs. 3 Strafprozeßordnung). Der Schlußsatz beseitigt die Einschränkungen, unter denen die Strafprozeßordnung (§§ 231, 232) eine Hauptverhandlung in Abwesenheit des Angeklagten gestattet. Folgerichtig kann auch, gemäß § 233 der Strafprozeßordnung, der Angeklagte in allen Fällen sich durch einen mit schriftlicher Vollmacht versehenen Vertheidiger vertreten lassen. Anderseits bleibt aber auch die Vorschrift des § 235 der Strafprozeßordnung maßgebend, wonach das Gericht stets befugt ist, das persönliche Erscheinen des Angeklagten anzuordnen und dasselbe durch einen Vorführungsbefehl oder Haftbefehl zu erzwingen (vergl. § 30 des preußischen Forstdiebstahlsgesetzes vom 15. April 1878) (M.).

§ 74. (Vergl. St. P. O. §§ 361, 362.)

§ 75. Die hier herbeigeführte Beschränkung der Revision auf die Fälle der §§ 15, 17 Abs. 2 bis 4 ist einerseits im Interesse einer beschleunigten Erledigung der zahlreichen Forstsachen geboten, anderseits entspricht sie der Einfachheit der Rechtsfragen, welche in den gewöhnlichen, nicht von diesen Paragraphen getroffenen Fällen in Betracht kommen (M.).

seule fois, quoique le débat principal embrasse plusieurs affaires et que plusieurs débats principaux aient lieu le même jour.

§ 73. Dans les cas des §§ 15 et 17, alinéas 2 à 4, une ordonnance pénale ne pourra pas être rendue. Le procureur près de l'Amtsgericht introduira l'action publique en présentant un acte d'accusation auquel on ajoutera un extrait de l'état des contraventions (§ 68). Le débat principal pourra avoir lieu lors même que l'inculpé ne comparaîtrait pas.

§ 74. Si l'appel a été interjeté d'un jugement rendu par l'Amtsrichter sans le concours d'échevins, le greffier délivrera des extraits certifiés des actes de procédure de première instance pour la formation de dossiers spéciaux.

§ 75. Le pourvoi en révision ne sera admis contre les jugements rendus sur appel que si un des actes punissables

---

§ 73. Ce paragraphe interdit les ordonnances pénales pour infractions aux §§ 15 et 17, alinéas 2 à 4, parce que ces derniers édictent un emprisonnement de longue durée et laissent une grande latitude au juge. L'opinion du juge sur le taux de la peine pourrait donc facilement être différente de celle du procureur cantonal, ce qui rendrait déjà impossible une ordonnance pénale.

Les §§ 69 à 72 ne sont donc pas applicables aux délits en question. Le procureur cantonal formule l'accusation conformément aux §§ 197 et suivants du Code de procédure criminelle.

L'instruction judiciaire n'a pas lieu (§ 65 de la loi comp. au § 176, alinéa 3 du Code de procédure criminelle). Le passage final du paragraphe écarte les restrictions du Code de procédure criminelle (§§ 231 et 232) concernant le débat principal en l'absence de l'accusé.

Il en résulte aussi que, conformément au § 233 du Code de procédure criminelle, l'accusé peut toujours se faire représenter par un défenseur muni d'une procuration par écrit. Par contre, la disposition du § 235 du Code de procédure criminelle reste aussi applicable, et le tribunal aura toujours le pouvoir d'ordonner la comparution personnelle de l'accusé et de l'y contraindre par un mandat d'amener ou d'arrêt (comp. § 30 de la loi prussienne du 15 avril 1878, concernant les vols forestiers (M.).

§ 74. (Comp. §§ 361 et 362 du Code de procédure criminelle.)

§ 75. Cette restriction répond à la nécessité de terminer rapidement les affaires forestières si nombreuses, et se justifie par la simplicité des questions de droit que soulèvent les affaires ordinaires en dehors des §§ 15 et 17, alinéas 2 à 4 (M.).

§ 76. Die Vollstreckung der Strafbefehle und der Urtheile wird durch den Amtsrichter veranlaßt.

Dasselbe gilt von der Beitreibung der Beträge für Werthersatz und Ersatzgeld, insofern die Zuwiderhandlung in einer der Forstordnung unterworfenen Waldung begangen worden ist.

Die Bestimmung des § 495 der Strafprozeßordnung findet auch auf die Entscheidung über den Werthersatz und das Ersatzgeld Anwendung.

§ 77. Steht mit einer Zuwiderhandlung ein nach § 361 Nr. 9 des Strafgesetzbuchs strafbares Nichtabhalten von der Begehung einer solchen oder eine in einem Walde begangene Uebertretung wider § 368 Nr. 6 oder 9, oder § 370 Nr. 2 des Strafgesetzbuchs im Zusammenhange, so findet auch auf diese Uebertretungen das in den §§ 64 bis 76 vorgeschriebene Verfahren Anwendung.

---

§ 76. (Vergl. St. P. O. § 483 Abs. 2 und die §§ 481, 482, 487 bis 494.) Inwiefern der Amtsrichter sich behufs Einziehung der in die Landeskasse fließenden Geldstrafen, Werthersätze, Ersatzgelder und Kosten der Enregistrements-Einnehmer zu bedienen hat (vergl. Art. 210, 215 Abs. 1 und 2 des Code forestier), ist im Wege der Dienstanweisung anzuordnen.

Bei den an den Landgerichtssitzen befindlichen Amtsgerichten hat die Vollstreckung der Freiheitsstrafen durch die Staatsanwaltschaft des Landgerichts zu geschehen und das Amtsgericht nur gemäß St. P. O. § 483 Abs. 1 die Ertheilung der beglaubigten Abschrift der Urtheilsformel anzuordnen und zu überwachen. Vergl. Verfügung vom 22. Oktober 1880 (Samml. V S. 326.)

Abs. 3 beseitigt die Bestimmungen des Code forestier (Art. 211 bis 217) über die Zulässigkeit der Schuldhaft (contrainte par corps), welche in Bezug auf Werth- und Schadensersatz bis jetzt in Kraft geblieben sind (M.).

§ 77 bezweckt die Vermeidung einer Vervielfältigung von Untersuchungen in den nicht selten eintretenden Fällen des Zusammentreffens von Zuwiderhandlungen gegen das vorliegende Gesetz mit Uebertretungen gegen die §§ 361 Nr. 9, 368 Nr. 6 oder 9, 370 Nr. 2 des Strafgesetzbuchs. Soweit diese Bestimmungen von Gesetzen zum Schutze der Forsten sprechen oder in Wäldern verübte Uebertretungen betreffen, stellt eine Untersuchung auf Grund derselben eine Forstrügesache im Sinne des § 3 Abs. 3 des Einführungsgesetzes zur Strafprozeßordnung dar, welche sich zur Erledigung im besonderen Strafverfahren eignet (vergl. § 36 des preußischen Forstdiebstahlsgesetzes vom 15. April 1878, § 32 des badischen Gesetzes vom 25. Februar 1879) (M.).

prévus aux §§ 15 et 17, alinéas 2 à 4, a formé l'objet de l'instruction.

§ 76. L'exécution des ordonnances pénales et des jugements sera poursuivie par l'Amtsrichter.

Il en sera de même quant au recouvrement du montant des restitutions et indemnités, en tant que l'infraction a été commise dans un bois ou forêt soumis au régime forestier.

La disposition du § 495 du Code de procédure criminelle sera également applicable à la décision concernant la restitution et l'indemnité.

§ 77. En cas de connexité entre une infraction et la contravention prévue au § 361, n° 9 du Code de procédure criminelle, punissant le fait de n'avoir pas empêché une telle infraction ou une contravention commise en forêt contre le § 368, n° 6 ou 9, ou le § 370, n° 2 du Code pénal, la procédure prescrite aux §§ 64 à 76 sera aussi observée en ce qui concerne ces contraventions.

---

§ 76. (Comp. § 483, alinéa 3 du Code de procédure criminelle ainsi que §§ 481, 482, 487 à 494 du même Code.)

Un règlement administratif établit les cas dans lesquels l'Amtsrichter doit charger les receveurs d'enregistrement du recouvrement des amendes, restitutions, dommages-intérêts et frais qui doivent être versés dans les caisses de l'État (comp. art. 210, 215, alinéa 1 et 2 du Code forestier.)

L'exécution de la peine corporelle appartient là ou siège un Landgericht au premier procureur près de ce siège. L'Amtsgericht a d'après le § 483 al. 1 de la loi de procédure criminelle à ordonner, qu'il lui soit transmis une expédition du dispositif (comp. Instruction du 22 octobre 1880 (Recueil jur. V p. 326).

Par l'alinéa 3 sont abrogées les dispositions du Code forestier (art. 211 à 217) concernant la contrainte par corps, qui était restée applicable aux restitutions et indemnités (M.).

§ 77. Ce paragraphe tend à éviter les instructions multiples pour les cas assez fréquents où il y a connexité entre les infractions à la présente loi et les contraventions aux §§ 361, n° 9, 368, n° 6 ou 9, 370, n° 2 du Code pénal. Les infractions aux lois de police forestière et les contraventions commises dans les forêts désignées dans ces paragraphes, constituent des délits forestiers dans le sens du § 3, alinéa 3 de la loi concernant l'introduction du Code de procédure criminelle, et sont soumises à la procédure spéciale (§ 36 de la loi prussienne du 15 avril 1878, concernant les vols forestiers; § 32 de la loi badoise du 25 février 1879) (M.).

§ 78. Auf die Vergehen gegen die §§ 44, 47, 48, 50 bis 54, 56 finden die Bestimmungen der §§ 64 bis 77 keine Anwendung.

Vierter Titel.

Uebergangs- und Schlußbestimmungen.

§ 79. Für das weitere Verfahren in den am Tage des Inkrafttretens dieses Gesetzes anhängigen Sachen finden die Vorschriften der §§ 8 ff. des Einführungsgesetzes zur Strafprozeßordnung entsprechende Anwendung.

§ 80. Die Titel X, XI, XII, XIII, sowie die Strafandrohungen in den Titeln I bis IX und XV des Code forestier werden aufgehoben.

An ihre Stelle treten die Bestimmungen dieses Gesetzes.

---

§ 78 beläßt es für die Verfolgung der Vergehen wider die §§ 44, 47, 48, 50 bis 54, 56 bei dem ordentlichen, durch die Strafprozeßordnung geregelten Verfahren (vergl. § 63). Die bezeichneten Vergehen gehören ihrer Natur nach kaum zu den „Forstrügesachen" im Sinne des § 3 Abs. 3 des Einführungsgesetzes zur Strafprozeßordnung und lassen überdies vermöge ihrer verhältnißmäßigen Seltenheit ein praktisches Bedürfniß zur Anwendung des besonderen Forststrafverfahrens nicht erkennen (M.).

§ 80. Daß die in den Titeln I bis IX des Code forestier enthaltenen Bestimmungen über das Verfahren (z. B. Art. 143 in Titel IX) aufgehoben sind, folgt aus § 6 des Einführungsgesetzes zur Strafprozeßordnung und brauchte deshalb nicht besonders erwähnt zu werden (M.).

§ 78. Les dispositions des §§ 64 à 67 ne seront pas applicables aux délits contre les §§ 44, 47, 48, 50 à 54, 56.

TITRE IV.

Dispositions transitoires et finales.

§ 79. Les prescriptions des §§ 8 et suivants de la loi concernant l'introduction du Code de procédure criminelle seront observées en ce qui regarde la procédure ultérieure dans les affaires pendantes le jour de la mise en vigueur de la présente loi.

§ 80. Les titres X, XI, XII, XIII, ainsi que les dispositions pénales dans les titres I à IX et XV du Code forestier, sont abrogés et remplacés par les dispositions de la présente loi.

Le § 78 soumet la poursuite des infractions aux §§ 44, 47, 48, 50 à 54 et 56 aux règles du droit commun énoncées par le Code de procédure criminelle (comp. le § 63). — Ces infractions ne sont pas, à proprement parler, des délits forestiers dans le sens du § 3, alinéa 3 de la loi concernant l'introduction du Code de procédure criminelle. Elles sont du reste relativement rares et ne nécessitent pas dans la pratique l'application de la procédure spéciale en matière forestière (M.).

§ 80. Il résulte déjà du § 6 de la loi concernant l'introduction du Code de procédure criminelle que les dispositions relatives à la procédure contenues dans les titres I à IX du Code forestier (par exemple art. 143, titre IX) sont supprimées. Il était donc inutile d'en faire mention ici.

X. Gesetz

über die Zwangsvollstreckung in das unbewegliche Vermögen, einschließlich der Vollziehung des Arrestes und einstweiliger Verfügungen, über das Hypotheken-Reinigungsverfahren und über das Vertheilungsverfahren, vom 30. April 1880.

(Gesetzblatt für Elsaß-Lothringen, S. 93.)

Titel I.

Zwangsvollstreckung in das unbewegliche Vermögen.

§ 1. Der Antrag auf Anordnung der Zwangsvollstreckung in Grundstücken ist bei dem Vollstreckungsgerichte (C. P. O. §§ 755, 756) schriftlich einzureichen oder zu Protokoll des Gerichtsschreibers zu erklären.

Titel I. Die Civilprozeßordnung überläßt die Regelung der Zwangsvollstreckung in das unbewegliche Vermögen grundsätzlich der Landesgesetzgebung (C. P. O. § 757 Abs. 1). Die letztere ist jedoch hierbei insofern beschränkt, als, abgesehen von den Bestimmungen der § 755, 756, betreffend die Zuständigkeit des Amtsgerichts als Vollstreckungsgericht in ein Grundstück, die allgemeinen Vorschriften des ersten Abschnitts des achten Buches der Civilprozeßordnung auch für die Zwangsvollstreckung in das unbewegliche Vermögen maßgebend sind, und auch § 757 Abs. 3 Rechtsstreitigkeiten, welche in einem solchen Verfahren entstehen, sofern sie in einem besonderen Prozesse zu erledigen sind, den Bestimmungen der Civilprozeßordnung unterliegen (M.).

Die Bestimmungen des Titel I sind zum größten Theile dem Gesetze vom 1. Dezember 1873 entnommen. Die Vorschriften des letzteren, nach welchen das ganze Verfahren zur Zuständigkeit der Amtsgerichte gehörte, sind jedoch in Folge der im Landesausschusse beschlossenen Ueberweisung der Versteigerung an die Notare erheblich umgestaltet worden. Maßgebend für diesen Beschluß war, wie der Kommissionsbericht ergiebt, hauptsächlich die praktische Erwägung, daß in Folge der Mitwirkung des Notars, welcher durch die Natur seiner ganzen Wirksamkeit den Parteien zugänglicher und durch seine Geschäfts-

X. Loi

concernant l'exécution forcée sur les biens immeubles, y compris l'exécution de la contrainte et des mesures provisoires, la procédure en matière de purge des hypothèques et la procédure d'ordre du 30 avril 1880.

(Bulletin des lois d'Alsace-Lorraine, p. 67.)

TITRE I.

De l'exécution forcée sur les biens immeubles.

§ 1. La demande qui tend à faire ordonner l'exécution forcée sur un héritage, doit être présentée par écrit au tribunal d'exécution (Code de proc. civ., §§ 755 et 756), ou déclarée devant le greffier, qui en dresse procès-verbal.

Titre I. Le Code de procédure civile abandonne en principe la réglementation de l'exécution forcée sur les biens-immeubles à la législation des différents Etats (Code de procédure civile, § 757, al. 1er), qui est toutefois restreinte en ce sens, qu'en outre des prescriptions des §§ 755 et 756, relatives à la compétence de l'Amtsgericht pour l'exécution forcée sur un immeuble, les dispositions générales de la section 1re du livre VIII du Code de procédure civile, s'appliquent à l'exécution forcée sur les biens immeubles. De plus, l'alinéa 3 du § 757 étend les dispositions du Code de procédure civile aux contestations élevées dans le cours d'une procédure en expropriation forcée, en tant qu'elles sont à régler dans un procès particulier (M.).

(Les dispositions du titre Ier sont en grande partie empruntées à la loi du 1er décembre 1873. Les prescriptions de cette dernière loi ont été notablement modifiées en tant qu'elles faisaient rentrer toute la procédure dans la compétence de l'Amtsgericht, à la suite de la décision prise par le Landesausschuss de renvoyer les adjudications devant notaire. Il résulte du rapport de la Commission, que le Landesausschuss s'est surtout laissé guider par la considération pratique, que le concours du notaire, qui est plus abordable pour les parties par le caractère de ses fonctions

18

Mit dem Antrage sind vorzulegen:

1) die vollstreckbare Ausfertigung des Schuldtitels,
2) der Nachweis der Erfordernisse, von deren Vorhandensein der Beginn der Zwangsvollstreckung abhängig ist,
3) ein Verzeichniß der Grundstücke, deren Zwangsversteigerung beantragt wird, in welchem dieselben unter Angabe des Besitzers und etwaigen Pächters oder Miethers nach Lage, Begrenzung, Beschaffenheit und Flächeninhalt erkennbar bezeichnet sind,
4) ein Auszug aus dem Hypothekenregister, welcher die gegen den Besitzer und dessen bekannte Rechtsvorgänger bestehenden Eintragungen aufzuführen hat,
5) die Erklärung eines Angebots für jedes Grundstück,
6) die etwaigen Anträge des Gläubigers in Bezug auf Zeit, Ort, Art und Bedingungen der Versteigerung und auf die Person des Versteigerungsbeamten.

Wohnt der Antragsteller außerhalb des Bezirks des Vollstreckungsgerichts, so hat er gleichzeitig einen in diesem Bezirke wohnhaften Zustellungsbevollmächtigten zu benennen.

---

erfahrung für die fragliche Thätigkeit geeigneter sei, höhere Preise erzielt werden würden. Auch wurde Werth darauf gelegt, daß der Notar nach den Grundsätzen des entgeldlichen Mandats den Parteien für jeden durch Irrthum oder Nachlässigkeit veranlaßten Schaden hafte.

§ 1. (Ueber die in Nr. 2 bezeichneten Erfordernisse vergl. C. P. O. § 671 ff.). Das Gesetz enthält zwei Modifikationen des ursprünglichen Entwurfs, nämlich die Streichung von Nr. 4, wo ein Nachweis über die von jedem einzelnen Grundstücke zu entrichtende Grundsteuer verlangt wurde, und die Ersetzung von Nr. 7, betreffend die Angabe der Versteigerungsbedingungen, durch die einfache Angabe der etwaigen Anträge, welche der betreibende Theil hinsichtlich des Bedingnißheftes etwa zu stellen hat.

Das ersterwähnte Erforderniß erschien überflüssig und gegenstandslos, zumal wenn der Verkauf dem Notar übertragen wird, welcher vollständig in der Lage ist, alle erforderlichen Aufschlüsse über den Werth der Liegenschaften sich zu verschaffen.

Das zweite Erforderniß erschien zu absolut und unverträglich mit dem System, welches den Notar mit der Abfassung des Bedingnißheftes betraut; dasselbe ist durch eine bloß fakultative Bestimmung ersetzt, welche dem betreibenden Theil ermöglicht, von vornherein die etwa durch sein Interesse gebotenen Vorschläge über die Versteigerungsbedingungen zu machen (B.).

Avec la demande on devra produire:

1° L'expédition en forme dûment exécutoire du titre de créance;

2° La preuve des circonstances à l'existence desquelles est subordonnée l'ouverture de l'exécution forcée;

3° Un état des immeubles dont la vente par expropriation forcée est demandée, dans lequel ces immeubles seront clairement désignés par l'indication de leur possesseur, fermier ou locataire, de leur situation, des tenants et aboutissants, de leur nature et de leur contenance;

4° Un extrait du registre des hypothèques contenant les inscriptions subsistant contre le possesseur actuel et contre les précédents propriétaires connus;

5° La déclaration d'une mise à prix pour chaque article;

6° Les conclusions éventuelles du créancier au sujet de l'époque, du lieu, du mode et des conditions de l'adjudication, ainsi que de la personne du fonctionnaire qui en sera chargé.

Si le poursuivant est domicilié en dehors du ressort du tribunal d'exécution, il doit en même temps désigner dans ce ressort un fondé de pouvoirs chargé de recevoir les significations.

---

et plus apte par son expérience des affaires, servira à faire obtenir des prix plus élevés. On a fait en outre valoir que le notaire, d'après les principes du mandat salarié, est responsable vis-à-vis des parties pour tout dommage résultant d'une erreur ou d'une négligence.)

§ 1. (Comp. les §§ 671 et 673 du Code de procédure civile sur les conditions préalables dont parle le n° 2.)

La loi contient deux modifications au projet primitif: c'est la radiation du n° 4 prescrivant l'indication de la contribution foncière de chaque immeuble, et la substitution au n° 7 qui exigeait l'insertion des conditions de la vente, de la simple indication des clauses que le poursuivant pourrait avoir à proposer pour le cahier des charges.

La première de ces dispositions a paru inutile et sans portée, surtout si la vente est confiée au notaire, qui est parfaitement à même de recueillir tous les renseignements désirables sur la valeur des immeubles.

La seconde a paru trop absolue et inconciliable avec le système qui charge le notaire de la rédaction du cahier des charges; elle est remplacée par une simple disposition facultative pour la partie qui croit avoir dès l'abord des propositions à faire au sujet des conditions de la vente (R.).

§ 2. Gegen einen Drittbesitzer darf die Zwangsvollstreckung nur beginnen, wenn demselben mit der im Art. 2169 des Code civil bezeichneten Aufforderung Abschrift des zu vollstreckenden Schuldtitels zugestellt und seit der Zustellung eine Frist von einem Monat verstrichen ist.

---

§ 2. Die Bestimmungen der §§ 2, 3 des Gesetzes vom 1. Dezember 1873, wonach dem Antrag auf Zwangsverkauf gegen den Schuldner wenigstens einen Monat vorher eine Zahlungsaufforderung mit Androhung des Zwangsverkaufs vorausgegangen sein muß, ist mit der auch auf die Zwangsvollstreckung in unbewegliches Vermögen Anwendung findenden allgemeinen Bestimmung des § 671 der Civilprozeßordnung, welche für den Beginn der Zwangsvollstreckung nur die Zustellung der vollstreckbaren Urkunde voraussetzt, nicht vereinbar. Von dem Erforderniß der Zahlungsaufforderung an den Schuldner ist in der Civilprozeßordnung mit Rücksicht auf die dadurch bedingte Verzögerung der Zwangsvollstreckung Umgang genommen (vergl. C. P. O. § 671 und Motive zu den §§ 597 bis 656 des Entwurfs der C. P. O. S. 690). Demgemäß ist unter der Herrschaft der Civilprozeßordnung auch die Zwangsvollstreckung in das unbewegliche Vermögen sogleich nach Zustellung des vollstreckbaren Titels gegen den Schuldner zulässig (M.).

Zur Vermeidung von Mißverständnissen fügt der Kommissionsbericht hinzu, daß, wo der Forderungstitel eine Inverzugsetzung zur Klagbarkeit der Forderung vorschreibt, diese Vertragsbestimmung vollkommen in Kraft bleibt.

Im § 2 werden die bestehenden Vorschriften (§§ 2, 3 des Gesetzes vom 1. Dezember 1873) über die bei Einleitung des Verfahrens gegenüber dem Drittbesitzer zu beobachtenden Förmlichkeiten im Wesentlichen unverändert aufrecht erhalten. Die abschriftliche Mittheilung des dem Schuldner ertheilten Zahlbefehls kommt mit dessen Beseitigung von selbst in Wegfall. Hinsichtlich der Zulässigkeit der Beibehaltung der im Art. 2169 des Code civil vorgesehenen, im Interesse des Drittbesitzers nicht entbehrlichen Aufforderung bemerken die Motive:

Nach den Vorschriften des § 665 der Civilprozeßordnung kann eine vollstreckbare Ausfertigung regelmäßig nur gegen die allgemeinen Rechtsnachfolger des in der vollstreckbaren Urkunde bezeichneten Schuldners ertheilt werden, und nach § 671 darf die Zwangsvollstreckung nur beginnen, wenn die Person, gegen welche sie stattfinden soll, in der Urkunde oder der Vollstreckungsklausel namentlich bezeichnet ist. Aus diesen Bestimmungen ist indeß nicht der Schluß zu ziehen, daß in Zukunft gegen den Drittbesitzer jedesmal eine besondere vollstreckbare Urkunde erwirkt werden müßte. Denn die Civilprozeßordnung hat die Voraussetzungen der Zwangsvollstreckung nur gegenüber den Personen bestimmt, „gegen welche die letztere stattfindet" (vergl. C. P. O. § 671, Abs. 1). Den Hypothekargläubigern ist aber durch die in dem bürgerlichen Rechte (Code civil, Art. 2166 bis 2169) begründeten Vorschriften des Gesetzes vom 1. Dezember 1873 die Befugniß

§ 2. Contre un tiers détenteur l'exécution forcée ne pourra être poursuivie, qu'après qu'on lui aura signifié, avec la sommation mentionnée à l'art. 2169 du Code civil, une copie du titre de créance qui doit être exécuté, et que depuis cette signification il se sera écoulé un délai d'un mois.

---

§ 2. La prescription des §§ 2 et 3 de la loi du 1er décembre 1873, d'après laquelle la saisie immobilière doit être précédée d'un commandement notifié au moins un mois auparavant, et énonçant qu'il sera, faute de paiement, procédé à la saisie des immeubles du débiteur, est incompatible avec la disposition générale du § 671 du Code de procédure civile, applicable à la saisie immobilière, qui n'exige pour l'ouverture de l'exécution forcée que la signification du titre exécutoire. Le commandement prescrit jusqu'à présent est supprimé dans le nouveau Code, puis qu'il ne fait que retarder l'exécution (voy. Code de procédure civile, § 671, et motifs aux §§ 597 à 656 du projet de loi sur le Code de procédure civile, p. 690). Il est donc possible, sous le régime du Code de procédure civile, de procéder à l'exécution forcée sur biens-immeubles immédiatement après la signification du titre exécutoire (M.).

Le rapport de la Commission, pour éviter tout malentendu, ajoute que là où le titre de créance prescrit une mise en demeure pour l'exigibilité de la créance, cette stipulation reste en vigueur.

Le § 2 a maintenu dans leur essence les prescriptions actuellement en vigueur (§§ 2 et 3 de la loi du 1er décembre 1873), au sujet des formalités à observer vis-à-vis du tiers détenteur, lors de l'ouverture de la procédure. La signification de la copie du commandement notifié au débiteur disparaît d'elle-même, du moment que le commandement n'est plus nécessaire.

Au sujet de la nécessité du maintien de la sommation prévue par l'art. 2169 du Code civil, qui paraît nécessaire vis-à-vis du tiers détenteur, les motifs de la loi font observer:

D'après les dispositions du § 665 du Code de procédure civile, une grosse ne pourra être délivrée en principe que contre les successeurs universels du débiteur désigné au titre exécutoire; d'un autre côté, le § 671 prescrit qu'il ne pourra être procédé à l'exécution forcée que si le nom de la personne contre laquelle elle doit avoir lieu, est indiqué dans l'acte ou dans la formule exécutoire qui en fait la suite. Le Code de procédure civile n'ayant toutefois réglé les conditions de l'exécution forcée que vis-à-vis des personnes „contre lesquelles elle aura lieu" (voy. Code de procédure civile, § 671, alinéa 1er), on ne saurait conclure de ces dispositions qu'il faudra à l'avenir lever chaque fois une grosse spéciale pour le tiers détenteur. Quant aux créanciers hypothécaires, les dispositions de la loi du 1er décembre 1873, basées sur les art. 2166 et 2169 du Code civil, leur permettent, au cours de l'exécution forcée contre le débiteur, de procéder, quand l'immeuble hypothéqué a passé en d'autres mains, à la saisie de

Die Aufforderung muß wiederholt werden, wenn innerhalb eines Jahres der Antrag auf Zwangsvollstreckung nicht gestellt ist.

§ 3. Das Vollstreckungsgericht verfügt die Zurückweisung unbegründeter, sowie die Ergänzung mangelhafter Anträge.

Von mehreren Gläubigern, deren Anträge auf Zwangsvollstreckung in das nämliche Grundstück zugelassen werden, gilt als betreibender Theil derjenige, welcher den Antrag zuerst gestellt hat; die übrigen Gläubiger können in jeder Lage der Sache das Verfahren aufnehmen, wenn dasselbe von dem betreibenden Gläubiger verzögert oder aufgegeben wird.

§ 4. Wird das Gesuch für begründet erachtet, so ordnet das Gericht durch Beschluß die Zwangsvollstreckung an.

Der Zwangsvollstreckungsbeschluß soll enthalten:

1) Namen, Gewerbe und Wohnort des betreibenden Gläubigers und des etwa benannten Zustellungsbevollmächtigten (§ 1 Abs. 3) sowie des Schuldners und des Drittbesitzers,
2) die Bezeichnung der Grundstücke nach Maßgabe des § 1 Nr. 3,
3) die Verordnung der Versteigerung und die Ernennung eines Notars zum Versteigerungsbeamten.

Der Versteigerungsbeamte ist thunlichst aus den Notaren des Amtsgerichtsbezirks, und wenn die Grundstücke in verschiedenen Amtsgerichtsbezirken belegen sind, aus den Notaren der mehreren Bezirke zu ernennen.

---

ertheilt, eine ihnen verpfändete, aus dem Eigenthum des Schuldners ausgeschiedene Liegenschaft in der gegen den Schuldner gerichteten Zwangsvollstreckung mit Beschlag belegen zu lassen, als ob sie noch zum Vermögen des Letzteren gehörte. Die Zwangsvollstreckung findet sonach gegen den Schuldner, nicht gegen den Drittbesitzer statt, und die Zuziehung des Letzteren zu dem Verfahren bezweckt nur, demselben zur Wahrung seiner Interessen Gelegenheit zu geben.

§ 4 (bestimmt, daß die nach § 755 Abs. 2 der Civilprozeßordnung von dem Gericht auf Antrag zu treffende Anordnung der Zwangsvollstreckung durch den Erlaß des Zwangsvollstreckungsbeschlusses erfolgt. Hinsichtlich des Inhalts des letzteren sind die Bestimmungen des § 6 des bisherigen Gesetzes über die Verkaufsverordnung insoweit wiedergegeben, als die letztere den Charakter der Beschlagnahmeverfügung hat; hiezugetreten ist die Ernennung des mit der Versteigerung beauftragten Notars.)

Zu Abs. 2 hebt der Bericht hervor, daß nach dem klaren Wortlaute stets nur ein einziger Notar zu ernennen sei.

La sommation devra être réitérée, si dans le laps d'un an la demande aux fins d'exécution forcée n'a pas été formée.

§ 3. Le tribunal d'exécution rejette les demandes non fondées et ordonne la régularisation de celles qui sont incomplètes.

Lorsque plusieurs créanciers ont été admis à poursuivre l'exécution forcée sur le même héritage, on considère comme partie poursuivante celui qui le premier a formé sa demande, les autres créanciers peuvent, en tout état de cause, reprendre l'instance lorsque la procédure est négligée ou abandonnée par le créancier poursuivant.

§ 4. Si la demande est reconnue fondée, le tribunal ordonne l'exécution forcée.

L'ordonnance d'exécution forcée doit contenir:

1° Les noms, profession et domicile du créancier poursuivant et, le cas échéant, du fondé de pouvoirs chargé de recevoir les significations (§ 1 al. 3), ainsi que du débiteur et du tiers détenteur;

2° La désignation des immeubles, ainsi qu'il est dit au § 1, n° 3.

3° L'ordonnance de vente et la nomination d'un notaire chargé de procéder à l'adjudication.

Ce dernier devra être choisi autant que possible parmi les notaires du ressort de l'Amtsgericht, et, si les immeubles sont situés dans des ressorts différents, parmi les notaires de ces divers ressorts.

---

cet immeuble comme s'il appartenait encore au débiteur. L'exécution forcée n'a donc lieu que contre le débiteur et non contre le tiers détenteur, qui n'est appelé à intervenir dans la procédure que pour avoir occasion de sauvegarder ses intérêts.

§ 4. Ce paragraphe dispose que le tribunal ordonne l'exécution forcée en rendant l'ordonnance d'exécution forcée sur la demande d'une partie, conformément au § 755, alinéa 2 du Code de procédure civile. Quant à la teneur de cette dernière, la loi reproduit les dispositions du § 6 de la loi en vigueur jusqu'à présent, en tant que cette ordonnance porte le caractère d'une décision prononçant la saisie; il y a en plus la nomination du notaire chargé de la vente.

Le rapport a fait remarquer sur l'alinéa 2, qu'il est bien entendu que ce ne sera jamais qu'un seul notaire qui sera désigné.

§ 5. Der Zwangsvollstreckungsbeschluß ist dem Schuldner und dem Drittbesitzer zuzustellen und in das Register des Hypothekenbewahrers zu überschreiben.

Der Schuldner oder der Drittbesitzer, welcher außerhalb des Bezirks des Vollstreckungsgerichts wohnt, hat innerhalb zwei Wochen nach der Zustellung einen in diesem Bezirke wohnhaften Zustellungsbevollmächtigten auf der Gerichtsschreiberei zu benennen.

§ 6. Innerhalb einer Woche nach Erfüllung der im § 5 Abs. 1 bezeichneten Förmlichkeiten sind die Gerichtsakten, soweit dieselben für den Vollzug der Versteigerung erforderlich sind, dem ernannten Versteigerungsbeamten zu übermitteln.

Später erfolgende Anordnungen oder einlaufende Aktenstücke hat das Gericht, sofern dieselben auf den Vollzug der Versteigerung und die Ueberschreibung des Versteigerungsprotokolls (§ 42) von Einfluß sind, dem Versteigerungsbeamten nachträglich mitzutheilen.

§ 7. Der Versteigerungsbeamte beruft zunächst brieflich den betreibenden Gläubiger, den Schuldner und den Drittbesitzer zur Verhandlung über die in Betracht kommenden Thatsachen, insbesondere die Besitz- und Eigenthumsverhältnisse der Grundstücke, sowie über die Angebote, die Versteigerungsbedingungen, die Zeit, den Ort und die Art der Versteigerung.

Er bewirkt die Ergänzung des Hypothekenauszugs (§ 1 Nr. 4) durch einen Nachtrag, erfordert die Hypothekenauszüge gegen

---

§ 7. Die im Entwurfe (§ 4) vorgesehene Verhandlung vor dem Vollstreckungsgericht findet zweckmäßig vor dem Versteigerungsbeamten statt.

Es ist zu bemerken, daß die Vorschrift des bisherigen Gesetzes nicht beibehalten ist, wonach bei Festsetzung des Angebotes ohne Zustimmung des Antragstellers über die Hälfte des Werthes nicht hinausgegangen werden kann. Die Kommission war der Ansicht, daß eine solche Bestimmung auf große Schwierigkeiten stoßen und bei Meinungsverschiedenheit vorgängige Sachverständigengutachten nöthig machen würde. Es erschien vortheilhafter, auf eine solche Regelung zu verzichten und es dem Notar zu überlassen, Meinungsverschiedenheiten auszugleichen und vermöge seiner Sachkenntniß sich für das Zweckmäßigste zu entscheiden. Auch steht es den Parteien im Falle des Streites über eine in ihren Augen wichtige Frage stets frei, sich an das Amtsgericht zu wenden, welches über alle Einwendungen gegen das Verfahren zu entscheiden hat (cfr. § 18) (B.).

§ 5. L'ordonnance d'exécution forcée doit être notifiée au débiteur et au tiers détenteur, et être transcrite sur le registre du bureau des hypothèques.

Le débiteur ou le tiers détenteur, qui est domicilié en dehors du ressort du tribunal d'exécution, doit, dans le délai de deux semaines à partir de la notification, désigner au greffe du tribunal un fondé de pouvoirs domicilié dans ce ressort, chargé de recevoir les significations.

§ 6. Dans le délai d'une semaine après l'accomplissement des formalités prescrites au § 5, alinéa 1er, les pièces de la procédure devront, en tant qu'elles sont nécessaires pour procéder à l'adjudication, être transmises au fonctionnaire chargé de l'adjudication.

Le tribunal transmettra également à ce fonctionnaire toutes ordonnances ultérieures, ou toutes pièces ultérieurement parvenues, qui pourraient avoir quelque influence sur l'adjudication ou sur la transcription du procès-verbal d'adjudication (§ 42).

§ 7. Le fonctionnaire chargé de l'adjudication convoque d'abord par écrit le créancier poursuivant, le debiteur et le tiers détenteur, pour débattre les points de fait à prendre en considération, notamment les questions de possession et de propriété des immeubles, la mise à prix, les conditions, l'époque, le mode et le lieu de l'adjudication.

Il complète ensuite par un certificat supplémentaire l'extrait du registre des hypothèques (§ 1, n° 4), requiert les

---

§ 7. Les débats, qui en vertu du projet de loi (§ 4) devaient avoir lieu devant le tribunal d'exécution, se feront avec avantage devant le notaire chargé de la vente.

Il est à remarquer que la prescription de la loi de 1873, que la mise à prix ne pourra, sans le consentement du poursuivant, dépasser la moitié de la valeur de l'immeuble, n'a pas été maintenue.

Une pareille disposition pourrait donner lieu à des difficultés et nécessiter en cas de désaccord des expertises préalables. Il a semblé préférable de renoncer à une réglementation semblable, en abandonnant au notaire le soin de concilier les dissidences et de décider dans sa connaissance des choses selon l'opportunité.

Il est du reste bien entendu qu'en cas de désaccord sur une question qui paraîtrait aux parties avoir une importance suffisante, il leur sera toujours loisible de la porter devant l'Amtsgericht, qui est juge des incidents de la procédure (voy. § 18) (R.).

die bei der Verhandlung ermittelten Vorbesitzer und entwirft ohne Verzug das Bedingnißheft.

§ 8. Das Bedingnißheft soll enthalten:

1) den Inhalt des Zwangsvollstreckungsbeschlusses (§ 4 Nr. 1 bis 3) und die Erwähnung der Zustellung und Ueberschreibung desselben;
2) die Bezeichnung des zur Vollstreckung gelangten Titels und der dem Drittbesitzer zugestellten Aufforderung;
3) eine kurzgefaßte Angabe der Besitz- und Eigenthumsverhältnisse der Grundstücke, soweit dieselben zu ermitteln sind;
4) die Angebote und die Versteigerungsbedingungen;
5) Tag, Stunde, Ort und Art der Versteigerung.

Im bürgerlichen Recht oder in diesem Gesetz enthaltene stillschweigende Kaufbedingungen sowie die Vorschriften dieses Gesetzes über die Art der Versteigerung sind in das Bedingnißheft nicht aufzunehmen.

Zwischen dem Tage der Festsetzung der Versteigerung und dem Versteigerungstermine dürfen nicht mehr als drei Monate in Mitte liegen.

§ 9. Auf Grund des Bedingnißheftes ist vom Versteigerungsbeamten die Versteigerungsanzeige zu fertigen und öffentlich bekannt zu machen.

Dieselbe soll enthalten:

1) die im § 8 unter Nr. 1 und 5 bezeichneten Angaben;
2) die Angabe, daß das Bedingnißheft und die vollständigen Verhandlungen auf der Amtsstube des Versteigerungsbeamten zu Jedermanns Einsicht kostenfrei offen liegen;
3) einen Hinweis auf die Vorschrift im § 19 Abs. 1;

Die in den §§ 7, 9, 10 Abs. 3 erwähnten Urkunden über die den Versteigerungsakt vorbereitenden Amtshandlungen des Notars sind stempel- und registrirungsfrei. (Minist.-Verfügung vom 31. August 1880 Samml. V S. 309.)

§ 8. (Durch die Fassung der Nr. 3 und Abs. 2 soll im Interesse der Kostenersparung einer zu großen Ausdehnung des Bedingnißheftes vorgebeugt werden.)

§ 9 (entspricht dem § 6 des bisherigen Gesetzes, betreffend die Verkaufsverordnung, soweit die letztere als Versteigerungsanzeige diente.) Vergl. zu § 7 a. E.

extraits des inscriptions prises contre les propriétaires précédents connus, et procède sans délai à la rédaction du cahier des charges.

§ 8. Le cahier des charges contiendra:

1° La teneur de l'ordonnance d'exécution forcée (§ 4, nos 1 à 3) et la mention de la signification et de la transcription de cette ordonnance;

2° L'énonciation du titre exécutoire et de la sommation notifiée au tiers détenteur;

3° L'indication sommaire des relations de possession et de propriété des immeubles, en tant qu'elles peuvent être constatées;

4° La mise à prix et les conditions de la vente;

5° Le mode, les lieu, jour et heure de l'adjudication.

Les conditions de vente résultant tacitement soit du droit civil, soit de la présente loi, ainsi que les dispositions de cette dernière au sujet du mode d'adjudication, ne figureront pas au cahier des charges.

Le délai entre le jour où l'adjudication a été fixée et celui auquel elle aura lieu, ne pourra pas dépasser trois mois.

§ 9. Le fonctionnaire chargé de l'adjudication rédigera, sur la base du cahier des charges, une annonce de l'adjudication et la fera publier.

Celle-ci contiendra:

1° Les indications désignées au § 8, nos 1 et 5;

2° L'avis que le cahier des charges et les actes de procédure complets sont déposés en son étude et que chacun peut en prendre connaissance sans frais;

3° Un renvoi à la disposition du § 19, alinéa 1er;

Les actes mentionnés dans les §§ 7, 9, 10 al. 3, qui se rapportent au travail préparatoire du notaire avant l'adjudication, sont exempts des droits de timbre et d'enregistrement (Instr. ministérielle du 31 août 1880. Recueil juridique V p. 309.).

§ 8. (La rédaction du n^0 3 et de l'alinéa 2 a pour but de diminuer les frais en empêchant la trop grande extension qu'on pourrait donner au cahier des charges.)

§ 9. (Ce paragraphe correspond au § 6 de la loi antérieure sur l'ordonnance de vente, en tant que cette dernière servait pour l'annonce de l'adjudication.)

Comp. les observations sur § 7.

4) die Aufforderung an unbekannte Hypothekargläubiger, vor Ueberschreibung des Versteigerungsprotokolls ihre Rechte durch Eintragung derselben zu wahren.

§ 10. Die Bekanntmachung der Versteigerungsanzeige erfolgt:

1) durch Anheftung je eines gedruckten Exemplares an die Gerichtstafel des Vollstreckungsgerichts und die zu öffentlichen Bekanntmachungen bestimmte Stelle in den Gemeinden, wo die Grundstücke belegen sind;
2) durch einmalige Einrückung in das für den Sitz des Vollstreckungsgerichts zur Veröffentlichung der amtlichen Bekanntmachungen bestimmte Blatt;
3) durch amtliche Uebersendung von Exemplaren an die bis zur Ausstellung des im § 7 erwähnten Nachtrags zum Hypothekenauszug in das Register des Hypothekenbewahrers eingetragenen Gläubiger, sowie an die bekannten Inhaber gesetzlicher Hypotheken. Die durch die Post zu bewirkenden Sendungen sind mit der Bezeichnung „Einschreiben" zu versehen und sowohl nach den wirklichen, als auch nach den in den Eintragungen gewählten Wohnsitzen zu richten.

Anheftung, Einrückung und Benachrichtigung der Gläubiger müssen dem Versteigerungstermine frühestens zwei Monate und spätestens zwei Wochen vorausgehen.

Die Anheftungen werden, insoweit sie nicht an der Gerichtstafel stattfinden, durch Bescheinigung des beauftragten Gerichtsvollziehers, die Einrückung durch ein Exemplar des Blattes, die Zusendung an die Gläubiger durch Bescheinigungen des Versteigerungsbeamten und der Post nachgewiesen.

Der Versteigerungsbeamte kann noch weitere Bekanntmachungen, insbesondere durch Einrückung kurz gefaßter Auszüge der Anzeige, sowie durch Ausschellen und Austrommeln veranlassen.

---

§ 10. Die Vorschriften über die Bekanntmachung der Versteigerungsanzeige schließen sich formell enger an die Civilprozeßordnung an (vergl. zu Nr. 1 C. P. O. § 187 Abs. 2, zu Nr. 3 C. P. O. § 161 Abs. 2) und sind sachlich vereinfacht. Insbesondere soll in Zukunft in allen Fällen eine einmalige Einrückung in ein öffentliches Blatt genügen. Gegen die bisherige Vorschrift einer dreimaligen Einrückung waren von allen Seiten Klagen laut geworden. (M.).

Vergl. zu § 7 a. E.

4° La sommation aux créanciers hypothécaires non connus d'avoir à faire valoir leurs droits par une inscription hypothécaire, avant la transcription du procès-verbal d'adjudication.

§ 10. L'annonce de l'adjudication sera publiée:

1° Par l'affiche d'un exemplaire imprimé au tableau à ce destiné dans le local du tribunal d'exécution, ainsi qu'aux endroits destinés aux publications officielles dans les communes de la situation des biens;

2° Par une insertion dans la feuille désignée pour les publications officielles au siège du tribunal d'exécution;

3° Par l'envoi officiel d'exemplaires aux créanciers inscrits sur le registre du conservateur des hypothèques, jusqu'au jour de la délivrance de l'extrait hypothécaire supplémentaire mentionné au § 7, ainsi qu'aux créanciers à hypothèques légales connus. Ces envois, qui seront effectués par l'entremise de la poste, devront porter la mention *Einschreiben* et seront adressés tant aux domiciles réels qu'aux domiciles élus dans les inscriptions.

L'affiche, l'insertion et l'envoi aux créanciers auront lieu au plus tôt deux mois et au plus tard deux semaines avant l'adjudication.

Les affiches, en tant qu'elles n'auront pas été faites au tableau du tribunal, seront constatées par une attestation de l'huissier commis, l'insertion par un exemplaire du journal et l'envoi aux créanciers par une attestation du fonctionnaire chargé de l'adjudication et de la poste.

Le fonctionnaire chargé de l'adjudication peut faire procéder encore à d'autres publications, notamment à son de tambour et de sonnette, et par voie d'insertion d'extraits sommaires de l'annonce.

---

§ 10. Les dispositions relatives à la publication de l'adjudication se rattachent plus étroitement au Code de procédure civile, et sont simplifiées en fait (voy. ad n° 1, Code de procédure civile, § 187, alinéa 2; ad n° 3, Code de procédure civile, § 161, alinéa 2). C'est ainsi qu'il suffira toujours à l'avenir d'une seule insertion dans un journal. L'insertion à trois reprises avait soulevé des plaintes générales (M.).

Comp. les observations sur § 7.

§ 11. Erscheint der betreibende Gläubiger weder persönlich noch durch einen Bevollmächtigten in dem Versteigerungstermine, so wird das Verfahren aufgehoben, vorbehaltlich der Aufnahme durch einen andern hierzu berechtigten Gläubiger (§ 3 Abs. 2).

War der ausbleibende Gläubiger durch Naturereignisse oder andere unabwendbare Zufälle verhindert zu erscheinen, so ist auf seinen innerhalb der nächsten zwei Wochen zu stellenden Antrag durch das Vollstreckungsgericht die Wiederaufnahme des Verfahrens anzuordnen. Der demnächst vom Versteigerungsbeamten anzuberaumende neue Versteigerungstermin ist nach § 10 bekannt zu machen und dem Schuldner und dem Drittbesitzer durch amtliche Zuschrift anzuzeigen. Anheftung, Einrückung und Benachrichtigung erfolgen in diesem Falle frühestens einen Monat und spätestens zwei Wochen vor dem Versteigerungstermine.

Die durch das Ausbleiben des betreibenden Gläubigers veranlaßten Kosten hat dieser zu tragen.

§ 12. Im Versteigerungstermine sind:

zunächst die zur Regelmäßigkeit des Verfahrens erforderlichen und über Streitpunkte gepflogenen Verhandlungen offen zu legen und in geeigneter Weise zur Kenntniß der Anwesenden zu bringen,

---

§ 11 entspricht im Wesentlichen dem § 9 des bisherigen Gesetzes. Der letzte Absatz bestimmt zur Beseitigung möglicher Zweifel, in Uebereinstimmung mit den Grundsätzen der Civilprozeßordnung (vergl. §§ 90, 216 Abs. 3 § 309), daß die durch das Ausbleiben des betreibenden Gläubigers im Versteigerungstermine veranlaßten Kosten von diesem zu tragen sind, dieselben können daher nicht als Massekosten (§ 16) behandelt werden. (M.).

§ 12. Nach § 10 des Gesetzes vom 1. Dezember 1873 ist im Versteigerungstermin vor Aussetzung der Liegenschaften zum Verkaufe der voraussichtliche Betrag der Kosten anzugeben. Die letzteren fallen, in Gemäßheit des § 14 desselben Gesetzes, vorbehaltlich anderweitiger Festsetzung in den Bedingungen, dem Käufer zur Last.

Die letztere Bestimmung hat sich in der Praxis nicht bewährt, da sie leicht diejenigen Kauflustigen vom Bieten abhält, welche den von ihnen im Falle der Ansteigerung zu zahlenden Betrag schon im Voraus genau wissen wollen. Die Vorschrift des § 16, daß der Ansteigerer, außer den unbedeutenden Kosten des Stempels, der Ausfertigung und der Ueberschreibung des Versteigerungsprotokolls, die Jedermann ihrer Höhe nach bekannten Einregistrirungskosten (und die Gebühren des Notars), die Masse aber die übrigen Kosten zu tragen habe, regelt den

§ 11. Si le créancier poursuivant ne se présente à l'adjudication ni personnellement ni par fondé de pouvoirs, la procédure sera mise à néant, sous réserve du droit que peut avoir un autre créancier de la reprendre (§ 3, al. 2).

Si le créancier qui ne s'est pas présenté a été empêché de comparaître par un accident de la nature ou un autre cas de force majeure, le tribunal d'exécution ordonnera la reprise de la procédure, sur la demande qu'en fera le créancier dans les deux semaines qui suivront. La nouvelle fixation qui sera faite par le fonctionnaire chargé de l'adjudication sera publiée conformément au § 10, et portée à la connaissance du débiteur et du tiers détenteur par lettre officielle. Dans ce cas l'affiche, l'insertion et l'avis auront lieu au plus tôt un mois et au plus tard deux semaines avant le jour de l'adjudication.

Les frais occasionnés par la non-comparution du créancier poursuivant resteront à sa charge.

§ 12. Avant l'ouverture des enchères, les actes exigés pour la régularité de la procédure et les procès-verbaux des débats sur les contestations seront exposés et portés à la connaissance des personnes présentes.

---

§ 11. Cette disposition concorde dans sa partie essentielle avec le § 9 de l'ancienne loi. Pour éviter toute équivoque, le dernier alinéa dispose, en se conformant aux principes du Code de procédure civile, (voy. §§ 90 et 216, alinéa 3 et 309), que les frais qui ont été la suite du défaut de comparution du poursuivant aux jour et heure de la vente, seront supportés par la partie défaillante, et ne pourront donc être considérés comme frais de la masse (§ 16).

§ 12. D'après le § 10 de la loi du 1er décembre 1873, le montant présumé des frais doit être indiqué avant l'ouverture des enchères. Ces frais sont supportés par l'acquéreur conformément au § 14 de la même loi, sauf les stipulations contraires du cahier des charges.

Cette dernière disposition n'a pas été reconnue opportune en pratique, attendu qu'elle a l'inconvénient de décourager ceux des amateurs qui tiennent à savoir à l'avance le montant exact des frais qu'ils auront à payer en cas d'adjudication.

Le § 16, en disposant qu'en dehors des frais insignifiants de timbre, d'expédition et de transcription de procès-verbal, l'acquéreur n'aura à payer que les frais d'enregistrement dont tout le monde connaît le montant (et les honoraires du notaire), tandis que les autres frais seront supportés par la masse, règle la distribution des frais de la même manière que les cahiers des charges jusqu'à

sodann die Bedingungen zu verlesen und der ungefähre Betrag der der Masse zur Last fallenden Kosten (§ 16) anzugeben,

und demnächst die Grundstücke, soweit nicht von der Versteigerung Abstand genommen wird, zu den Angeboten auszusetzen.

§ 13. Die Versteigerung geschieht bei brennenden Kerzen in der Art, daß der Zuschlag ertheilt wird, sobald nach einem Gebote drei Kerzen, von denen jede wenigstens eine Minute gebrannt hat, erloschen sind, ohne daß ein Mehrgebot erfolgt ist.

Erfolgt ein das Angebot übersteigendes Gebot nicht, so erhält der betreibende Gläubiger den Zuschlag.

§ 14. Der Amtsrichter, der Gerichtsschreiber und der Versteigerungsbeamte können bei Strafe der Nichtigkeit des Zuschlags weder selbst noch durch Mittelspersonen bieten. Der Schuldner ist vom Bieten ausgeschlossen.

Auf Verlangen eines Betheiligten ist der Ansteigerer zu sofortiger Stellung eines geeigneten Bürgen oder einer anderen Sicherheit verpflichtet. Erfolgt diese nicht, oder ist der Ansteigerer zum Bieten nicht berechtigt, so ist das Grundstück ohne Rücksicht auf den ertheilten Zuschlag von Neuem zu dem Angebot auszusetzen.

Kostenpunkt in der Weise, wie er bisher in den Versteigerungsbedingungen geregelt zu werden pflegte. Im Zusammenhange hiermit bestimmt der § 12, daß im Versteigerungstermine der ungefähre Betrag der der Masse zur Last fallenden Kosten anzugeben ist. Diese Vorschrift bezweckt, den Hypothekargläubigern einen Anhaltspunkt für die Höhe des Gebotes zu geben, bis zu welchem sie gehen müssen, um ihre Hypotheken durch Ankauf der Liegenschaften zu decken (M.).

§ 13. Der dem § 11 des Gesetzes von 1873 entnommene Abs. 2 des Entwurfes verordnete, daß ein Mehrgebot oder Zuschlag, welcher sofort für ungültig erklärt worden, das vorangegangene Gebot nicht entkräfte. Der Kommissionsbericht bemerkt hierüber:

Die Annahme dieses Grundsatzes schien ernstliche Nachtheile zu bieten, schon darum weil die Person, die jenes vorangegangene Gebot gethan hat, oft unbekannt ist oder den Ort der Versteigerung bereits verlassen hat. Die Kommission schlägt daher vor, diesen Absatz zu streichen, was zur Folge hat, daß bei Ungültigerklärung eines Gebotes mit dem Ausgebot wieder von vorn angefangen werden muß, wie dies auch der folgende Paragraph vorschreibt.

§ 14. (Der Paragraph gestattet im Gegensatz zu § 12 des bisherigen Gesetzes die erforderte Garantie nicht nur in Gestalt einer Bürgschaft, sondern auch jeder sonstigen Sicherheit zu leisten.)

Il sera ensuite donné lecture des conditions de la vente avec une indication approximative des frais tombant à la charge de la masse (§ 16).

Enfin les héritages, en tant qu'on n'aura pas renoncé à l'adjudication, seront mis aux enchères sur les mises à prix.

§ 13. Les enchères se font au moyen de bougies allumées et l'article mis en vente est adjugé aussitôt que trois bougies, dont chacune aura brûlé au moins pendant une minute, se seront successivement éteintes après une mise sans nouvelle enchère.

S'il ne survient aucune enchère au-dessus de la mise à pris, le créancier poursuivant est déclaré adjudicataire.

§ 14. Le juge cantonal, le greffier et le fonctionnaire chargé de l'adjudication ne peuvent enchérir ni directement ni par intermédiaire, à peine de nullité. Le débiteur est exclu des enchères.

A la requête d'un intéressé, l'adjudicataire est tenu de fournir immédiatement une caution convenable ou une autre garantie. S'il ne le fait pas, ou s'il n'est pas autorisé à enchérir, il sera procédé à de nouvelles enchères sur la mise à prix, sans avoir égard à l'adjudication qui a eu lieu.

---

présent. De même le § 12 stipule que le montant approximatif des frais à supporter par la masse, devra être indiqué lors de la vente. Cette disposition a pour but de fournir aux créanciers hypothécaires une base qui leur permette de calculer à combien devra se monter leur enchère, pour que leurs hypothèques soient garanties par l'achat des biens hypothéqués (M.).

§ 13. L'alinéa 2 du projet de loi, qui était copié sur le § 11 de la loi de 1873, disposait qu'en cas d'annulation immédiate d'une mise, la mise précédente resterait acquise.

Le rapport de la Commission fait observer à ce sujet que ce principe donne lieu à des inconvénients sérieux, ne fût-ce que parce que la personne qui avait fait cette mise précédente peut être souvent inconnue ou avoir quitté le lieu de l'adjudication. La Commission proposa donc de rayer cet alinéa, ce qui implique qu'en cas d'annulation d'une mise, les enchères seront rouvertes sur la mise à prix, ainsi que cela est prescrit dans le cas du paragraphe suivant. (R.).

§ 14. (Ce paragraphe permet, contrairement aux dispositions du § 12 de la loi antérieure, de fournir la garantie non seulement sous forme de caution, mais encore sous forme de toute autre sûreté.)

Ein nicht im Bezirke des Vollstreckungsgerichtes wohnhafter Ansteigerer hat einen in diesem Bezirke wohnhaften Zustellungsbevollmächtigten zu benennen.

§ 15. Benennet der Ansteigerer oder sein mit authentischer Vollmacht versehener Vertreter bis zum Ablauf des dritten Tages nach dem Zuschlage zum Protokoll des Versteigerungsbeamten einen Dritten als denjenigen, für welchen er angesteigert habe, so gilt dieser Dritte, wenn er der Erklärung in der vorbezeichneten Frist und Form beigetreten ist, als unmittelbarer Ansteigerer und derjenige, welchem der Zuschlag ertheilt ist, als Solidarschuldner.

§ 16. Die Kosten der Einregistrirung, des Stempels, der Ausfertigung (§ 20) und der Ueberschreibung des Bedingnißheftes und des Versteigerungsprotokolls, sowie die dem Notar für die Versteigerung zukommenden Gebühren fallen den Ansteigerern nach Verhältniß der Gebote zur Last, die übrigen Kosten des Verfahrens sind Massekosten.

§ 17. Das Versteigerungsprotokoll soll außer der Bezugnahme auf den Zwangsvollstreckungsbeschluß und das Bedingnißheft enthalten:

1) die Bezeichnung des betreibenden Gläubigers, des von ihm etwa benannten Zustellungsbevollmächtigten, des Schuldners und des Drittbesitzers;
2) das Datum der Versteigerungsanzeige und ihrer Bekanntmachung (§ 10);

---

§ 15. Daß im obigen Falle die im § 14 Abs. 3 bezeichnete Pflicht dem Dritten obliegt, welcher als unmittelbarer Ansteigerer gilt, ergiebt sich aus dieser Eigenschaft des Letzteren von selbst und bedarf daher einer ausdrücklichen Hervorhebung nicht (M.).

§ 16. (Vergl. die Bemerkungen zu § 12. Die Auslagen des Notars sind, im Gegensatz zu den Gebühren, Massekosten.)

Natürlich ist diese Art der Vertheilung der Kosten nur als die regelmäßige anzusehen, was die Möglichkeit nicht ausschließt, daß die betheiligten Parteien sich durch ausdrückliche Bestimmungen über andere Bedingungen einigen (B.).

Hinsichtlich der Auslagen, welche vor dem Versteigerungsbeamten erwachsen, d. h. der Massekosten und der Kosten der Ueberschreibung nach § 21 Abs. 6 hat die Zahlung eines Kostenvorschusses an den Notar zu erfolgen; eine Mitwirkung des Gerichts zur Erhebung des Kostenvorschusses und Zahlung der Auslagen tritt nur ausnahmsweise ein; vgl. die Minist.-Verfügung vom 19. Januar 1883 (Samml. VIII S. 55).

Un adjudicataire qui n'est pas domicilié dans le ressort du tribunal d'exécution, doit constituer dans ce ressort un fondé de pouvoirs chargé de recevoir les significations.

§ 15. Si dans les trois jours qui suivent l'adjudication, l'adjudicataire ou son représentant, muni d'une procuration authentique, désigne par procès-verbal devant le notaire chargé de la vente un tiers, comme étant celui pour lequel il a enchéri, ce tiers, s'il a dans le même délai et dans la même forme confirmé la déclaration ainsi faite, est réputé adjudicataire direct, et l'adjudicataire originaire devient codébiteur solidaire.

§ 16. Les frais de l'enregistrement, du timbre, de l'expédition (§ 20) et de la transcription du cahier des charges et du procès-verbal d'adjudication, ainsi que les émoluments revenant au notaire pour l'adjudication, tombent à la charge des adjudicataires proportionnellement aux enchères de chacun d'eux; les autres frais de la procédure sont à la charge de la masse.

§ 17. Le procès-verbal d'adjudication doit contenir, outre une mention de l'ordonnance d'exécution forcée et du cahier des charges:

1° La désignation du créancier poursuivant, du fondé de pouvoirs chargé par lui, le cas échéant, de recevoir les significations, du débiteur et du tiers détenteur;

2° La date de l'annonce de l'adjudication et de sa publication (§ 10);

---

§ 15. Il semble inutile de faire observer que les obligations imposées ci-dessus par le § 14, alinéa 3, incombent au tiers déclaré enchérisseur, qui est réputé adjudicataire immédiat (M.).

§ 16. (Comp. les observations sur § 12. Les déboursés du notaire, contrairement aux honoraires, sont à la charge de la masse.)

Il est bien entendu que la répartition des frais ainsi établie ne sera à considérer que comme la règle ordinaire, ce qui n'exclut pas la faculté pour les parties intéressées de stipuler des conditions différentes, si elles sont d'accord. (R.).

Quant aux déboursés, c. à d. aux frais à la charge de la masse et aux frais de transcription dont s'occupe le § 21 al. 6, ils sont à avancer au notaire: comp. l'instr. min. du 19 janvier 1883 (Recueil VIII p. 55). Le juge n'intervient qu'exceptionnellement quand il s'agit de l'avance ou du paiement des frais.

3) die Beurkundung, daß sämmtliche Verhandlungen des Verfahrens offen gelegen haben und zur Kenntniß der Anwesenden gebracht sind;
4) die Beurkundung, daß die Versteigerungsbedingungen verlesen worden sind;
5) die Bezeichnung jedes zur Versteigerung ausgesetzten Grundstückes durch Bezugnahme auf das Bedingnißheft, die Bezeichnung der Meistgebote und der Meistbietenden, die Beurkundung des in der Form des § 13 geschehenen Zuschlags und die Benennung der gestellten Sicherheit sowie der von Ansteigerern etwa benannten Zustellungsbevollmächtigten;
6) die Erklärung über den für Dritte geschehenen Zuschlag (§ 15).

§ 18. Ueber Anträge, Einwendungen und Erinnerungen in dem Zwangsvollstreckungsverfahren entscheidet, unbeschadet der Bestimmungen in den §§ 668, 686 bis 690, 696, 704, 705

---

§ 18. Die Civilprozeßordnung hat eine Reihe von Rechtsstreitigkeiten, welche im Zwangsvollstreckungsverfahren entstehen können, sowohl hinsichtlich der Zuständigkeit, als des Verfahrens ihren eigenen Vorschriften unterworfen. Es sind dies die in den §§ 668, 686 bis 690, 696, 704, 705 aufgeführten Streitigkeiten über den durch den vollstreckbaren Schuldtitel festgestellten Anspruch selbst, über die Ertheilung der Vollstreckungsklausel, über Einwendungen der Erben des Schuldners gegen die Vollstreckung und über das von einem Dritten an dem Gegenstande der letzteren in Anspruch genommene Recht. Im Uebrigen ist es der Landesgesetzgebung, zufolge der Vorschrift im § 757 Abs. 1 der Civilprozeßordnung unbenommen, über die Erledigung aller Anträge, Einwendungen und Erinnerungen Bestimmung zu treffen, insoweit es sich nicht um Rechtsstreitigkeiten handelt, welche in einem besonderen Prozesse und deshalb, in Gemäßheit des § 757 Abs. 4 a. a. O., nach den Bestimmungen der Civilprozeßordnung zu erledigen sind. Von den prozessualen Vorschriften der letzteren unmittelbar nicht berührt sind demnach im Wesentlichen nur die im § 685 der Civilprozeßordnung bezeichneten Anträge, Einwendungen und Erinnerungen, welche die Art und Weise der Zwangsvollstreckung und das bei derselben zu beobachtende Verfahren betreffen. Ein Anlaß, bezüglich einzelner derselben die Erledigung in besonderen Prozessen vorzuschreiben, liegt nicht vor (M.).

(Das Vollstreckungsgericht entscheidet auch über die im § 14 Abs. 1 vorgesehene Nichtigkeit, nicht das übergeordnete Landgericht (§ 16 Abs. 6 des Gesetzes vom 1. Dezember 1873). Eintretendenfalls finden die Vorschriften der C. P. O. (§ 41 ff.) über Ausschließung und Ablehnung der Gerichtspersonen Anwendung.)

3° La constatation que toutes les pièces de la procédure ont été exposées et portées à la connaissance des personnes présentes à l'adjudication;

4° La constatation qu'il a été donné lecture des conditions de l'adjudication;

5° La désignation de chaque immeuble mis en adjudication, par renvoi au cahier des charges; l'indication des plus hautes mises et des plus forts enchérisseurs; la constatation de l'adjudication faite dans la forme prescrite au § 13; enfin la désignation de la garantie fournie, ainsi que des fondés de pouvoirs que les adjudicataires peuvent avoir chargés de recevoir les significations;

6° La déclaration que l'acquisition a été faite pour des tiers (§ 15).

§ 18. Le tribunal d'exécution statue sur les conclusions, objections et observations présentées dans la procédure d'exécution forcée, sans préjudice des dispositions des §§ 668,

---

§ 18. Le Code de procédure civile s'étend à une série de contestations qui peuvent s'élever dans le courant d'une exécution forcée telles que les contestations mentionnées aux §§ 668, 686 à 690, 696, 704 et 705 sur le fond de la réclamation résultant du titre exécutoire, les objections des héritiers du débiteur et le droit qu'un tiers prétend avoir sur l'objet soumis à l'exécution forcée. L'alinéa 1er du § 757 du Code de procédure civile laisse au surplus aux législations particulières le soin de régler la manière dont seront vidées toutes conclusions, objections et observations, pourvu qu'il ne s'agisse pas de contestations qui, du moment qu'elles font l'objet d'un procès particulier, doivent, conformément au § 757, alinéa 4, être vidées d'après les dispositions du Code de procédure civile. Ce ne sont donc, en général, que les conclusions, objections et observations dont s'occupe le § 685 du Code de procédure civile et qui concernent le mode d'exécution forcée et la procédure à suivre à ce sujet qui ne seront pas directement atteintes par les dispositions du Code de procédure. Il n'a pas semblé utile de prescrire pour certaines d'entre elles, qu'elles doivent être vidées dans des procès particuliers (M.).

(C'est le tribunal d'exécution qui prononce également sur la nullité prévue dans le § 16, alinéa 1er, et non le Landgericht (§ 16 alinéa 6 de la loi du 1er décembre 1873). Les dispositions du Code de procédure civile (§ 41 et suiv.) sur l'exclusion et la récusation des membres d'un tribunal reçoivent, le cas échéant, leur application.)

der Civilprozeßordnung, das Vollstreckungsgericht. Dasselbe ist befugt, die im § 668 Abs. 2 bezeichneten Anordnungen zu erlassen.

§ 19. Die zur Zuständigkeit des Vollstreckungsgerichts gehörenden Einwendungen und Erinnerungen (§ 18) müssen bei Verlust derselben, soweit sie sich auf das dem Versteigerungstermine vorhergehende Verfahren, insbesondere die Festsetzung der Angebote und Versteigerungsbedingungen beziehen, spätestens zwei Wochen vor dem Versteigerungstermine, und soweit sie das Verfahren im Versteigerungstermine betreffen, innerhalb zwei Wochen nach dem Termine schriftlich oder zum Protokolle des Gerichtsschreibers, geltend gemacht werden. Die Geltendmachung der im § 14 Absatz 1 vorgesehenen Nichtigkeit unterliegt dieser Fristbestimmung nicht.

Verletzungen der Vorschriften über das Verfahren haben dessen gänzliche oder theilweise Nichtigkeit zur Folge, wenn, mit Rücksicht auf die Bedeutung der verletzten Vorschriften, nach dem Umfange der Verletzungen und den Umständen des Falles als wahrscheinlich anzunehmen ist, daß die bei dem Verfahren Betheiligten durch die Verletzungen Schaden erleiden.

Die Bestimmungen des § 97 der Civilprozeßordnung finden auf den Versteigerungsbeamten entsprechende Anwendung.

§ 20. Der Versteigerungsbeamte hat eine Ausfertigung des Bedingnißheftes und des Versteigerungsprotokolls zum Zwecke der Ueberschreibung (§ 42) zu fertigen. Die Ansteigerer er-

---

§ 19. Der Entwurf, welcher die Versteigerung vor dem Vollstreckungsgericht erfolgen ließ, hatte die Vorbringung der zuerstgedachten Einwendungen bis zur Aussetzung der Grundstücke zur Versteigerung gestattet. Durch die von der Kommission vorgeschlagene Aenderung des Textes soll verhindert werden, daß eine im letzten Augenblick eingetretene Schwierigkeit die Versteigerung unmöglich mache und neue Verzögerungen und Kosten veranlasse (B.).

(Nach Abs. 3 können die Versteigerungsbeamten durch das Prozeßgericht — im Falle des § 18 also durch das Vollstreckungsgericht — auch von Amtswegen zur Tragung derjenigen Kosten verurtheilt werden, welche sie durch grobes Verschulden veranlaßt haben.)

§ 20. (Nach dem Gesetze vom 1. Dezember 1873 erhält Einer der Ansteigerer, um die Räumung des Schuldners erzwingen zu können, eine vollstreckbare Ausfertigung. Nach der C. P. O. (vergl. § 702 Nr. 5) findet aber künftig aus dem notariellen Versteigerungsprotokoll gegen den Schuldner die Zwangsvollstreckung nicht statt.) Demgemäß

686 à 690, 696, 704 et 705 du Code de procédure civile. Il a qualité pour ordonner les mesures mentionnées au § 668, alinéa 2.

§ 19. Les objections et observations qui ont de la compétence du tribunal d'exécution (§ 18) doivent, en tant qu'elles portent sur la procédure antérieure à l'adjudication, et notamment sur la fixation des mises à prix et les conditions de l'adjudication, être proposées à peine de déchéance, soit par écrit, soit par une déclaration au procès-verbal du greffier, au plus tard deux semaines avant le jour de l'adjudication, et, en tant qu'elles portent sur la procédure pendant l'adjudication, dans les deux semaines qui suivront l'adjudication. La faculté de se prévaloir de la nullité prévue au § 14, alinéa 1er, n'est pas limitée à ce délai.

Les infractions aux prescriptions sur la procédure entraînent sa nullité complète ou partielle, si, eu égard à l'importance des prescriptions enfreintes, à l'étendue des infractions et aux circonstances de la cause, il paraît vraisemblable qu'elles ont dû causer un préjudice aux parties intéressées.

Les dispositions du § 97 du Code de procédure civile sont applicables au fonctionnaires chargé de l'adjudication.

§ 20. Le fonctionnaire chargé de l'adjudication délivrera une expédition du cahier des charges et du procès-verbal d'adjudication qui sera transcrite (§ 42). Les adjudicataires

---

§ 19. Le projet de loi, qui ordonnait la vente par adjudication devant le tribunal d'exécution, avait permis de produire les premières de ces objections jusqu'à la mise aux enchères des immeubles.

La modification proposée par la Commission a pour but d'éviter qu'une difficulté soulevée au dernier moment ne vienne empêcher la vente et nécessite de nouveaux retards ainsi que de nouveaux frais (R.).

(Selon l'alinéa 3, le notaire chargé de la vente peut être condamné même d'office par le tribunal de l'instance — dans le cas du § 18 dès lors par le tribunal chargé de l'exécution — à supporter les frais qui ont pu être occasionés par une grande négligence).

§ 20. D'après la loi du 1er décembre 1873, l'un des adjudicataires recevait une expédition en forme exécutoire, dans le but de pouvoir contraindre le débiteur au déguerpissement. D'après le Code de procédure civile (comp. § 702, nº 5), l'exécution forcée n'a plus lieu contre le débiteur en vertu du procès-verbal d'adjudi-

halten Auszüge. Die Auszüge sind denselben jedoch erst dann zu behändigen, wenn sie die Erfüllung der auf die Aushändigung bezüglichen Bedingungen nachgewiesen haben.

Die betreffenden Beläge werden der Urschrift als Anhang beigefügt.

§ 21. Sind Einwendungen gegen das Verfahren nicht erfolgt oder die vorgebrachten endgültig zurückgewiesen, so ist der Ansteigerer zur Erfüllung seiner Verbindlichkeiten, der Schuldner oder Drittbesitzer zur Räumung verpflichtet. Erforderlichenfalls hat das Vollstreckungsgericht die Zwangsausweisung des Schuldners oder Drittbesitzers zu Gunsten des zum Besitzeintritt berechtigten Ansteigerers zu verfügen.

Der Ansteigerer kann, ohne vorheriges Zahlungsanerbieten, sich durch Hinterlegung des Preises nebst Zinsen und Zahlung der ihm zur Last fallenden Kosten befreien.

Auf Verlangen des betreibenden Gläubigers, eines Hypothekargläubigers, des Schuldners oder des Drittbesitzers kann der Ansteigerer vom Vollstreckungsgericht zur Hinterlegung des fälligen Steigpreises verurtheilt werden. Abschrift dieser Entscheidung ist der Hinterlegungskasse von Amtswegen mitzutheilen.

Innerhalb einer Woche nach der Hinterlegung hat der Ansteigerer dem Gericht den Hinterlegungsschein in Urschrift oder Abschrift zu übergeben, widrigenfalls die Befreiung desselben erst mit dem Tage der Uebergabe eintritt.

---

wird die Ausfertigung, welche der Notar ertheilt, nicht mit der Vollstreckungsklausel versehen und nur zu der Ueberschreibung benutzt, die der Notar zu veranlassen hat. Dem Schuldner gegenüber bemißt sich die Vollstreckung nach § 21 (B.). — Vergl. § 68.

§ 21. (Der Zwangsausweisungsbefehl vertritt die bisherige vollstreckbare Ausfertigung; vergl. die Bemerkungen zu § 20.)

Der Entwurf erklärte die Hinterlegung im Fall des Verlangens eines Betheiligten für obligatorisch; die Kommission hielt es jedoch für besser, dem Richter die Entscheidung anheimzustellen, damit derselbe einen Antrag, der sich nicht auf genügende Gründe stützt oder der nur in chikanöser Absicht gestellt wird, zurückweisen könne.

Die im Allgemeinen bestehende Befugniß desjenigen, der hinterlegt hat, die hinterlegte Summe wieder zurückzuziehen, mußte während des Verfahrens beschränkt werden. Dies ist der Zweck von Abs. 3 bis 5 (B.). (Zu Abs. 5 vergl. § 45 Abs. 2.)

Vgl. zu § 16 a. E.

en reçoivent des extraits, qui ne leur seront délivrés toutefois que s'ils justifient qu'ils ont satisfait aux conditions préalables.

Les pièces justificatives seront annexées à la minute.

§ 21. S'il n'y pas eu d'objections contre la procédure, ou si les objections élevées ont été définitivement écartées, l'adjudicataire est tenu de remplir ses obligations, et le débiteur ou le tiers détenteur, de délaisser l'immeuble. En cas de besoin, le tribunal d'exécution ordonnera la dépossession forcée du débiteur ou du tiers détenteur, au profit de l'adjudicataire qui a le droit d'entrer en possession.

L'adjudicataire peut, sans offres de paiement préalables, se libérer par la consignation du prix avec les intérêts et le paiement des frais tombant à sa charge.

A la requête du créancier poursuivant, du débiteur, ou du tiers détenteur, le tribunal d'exécution peut condamner l'adjudicataire à consigner le prix d'adjudication exigible. Copie de ce jugement sera transmise d'office à la Caisse des dépôts et consignations.

Dans le délai d'une semaine après la consignation, l'adjudicataire remettra au tribunal l'original ou une copie du certificat de consignation, faute de quoi il ne sera libéré qu'à partir du jour de la remise.

---

cation dressé par le notaire. Aussi l'expédition que fournira ce dernier ne sera plus revêtue de la formule exécutoire; elle ne servira qu'à la formalité de la transcription, que le notaire fera opérer. Vis-à-vis de la partie saisie, l'exécution aura lieu conformément au § 21 (R.).

§ 21. (L'ordonnance de dépossession forcée remplace l'ancienne expédition revêtue de la forme exécutoire (comp. les observations sur § 20.)

Le projet primitif rendait la consignation obligatoire dans le cas où l'une des parties interessées la demandait; mais la Commission a pensé qu'il était préférable de laisser au juge le soin de décider, afin de lui permettre de repousser une demande qui ne serait pas fondée sur des motifs sérieux ou ne serait inspirée que par une intention vexatoire.

La faculté accordée en général de retirer une somme une fois consignée a dû être restreinte pendant la durée de la procédure. C'est là le but des alinéas 3 à 5 (R.). (Pour l'alinéa 5, comp. § 45, alinéa 2.)

Comp. les observ. sur § 16.

Ist die Hinterlegung im Falle des Abs. 3 erfolgt oder das Vertheilungsverfahren eröffnet, so kann der hinterlegte Betrag von dem Ansteigerer nicht mehr einseitig zurückgezogen werden.

Hat der Ansteigerer unterlassen, die von dem betreibenden Gläubiger vorgeschossenen Kosten der Ueberschreibung des Bedingnißheftes und des Versteigerungsprotokolls an diesen oder auf der Gerichtsschreiberei zu zahlen, so kann der betreibende Gläubiger dieselben durch das Vollstreckungsgericht festsetzen lassen und gegen den Ansteigerer beitreiben.

§ 22. Der Ansteigerer ist Rechtsnachfolger des Schuldners. Durch die Ueberschreibung des Versteigerungsprotokolls werden sämmtliche Hypotheken mit der Maßgabe beseitigt, daß die Ansprüche der Gläubiger auf dem Preise haften.

§ 23. Nach dem Zuschlage können Einwendungen, welche die Zulässigkeit der Vollstreckungsklausel oder den Anspruch selbst betreffen, sowie Auflösungsklagen auf Grund des Art. 1654 des Code civil zum Nachtheile des Ansteigerers nicht erhoben werden. Sind dieselben vor dem Zuschlage erhoben, so wirken sie gegen den Ansteigerer nur dann, wenn sie vor der Versteigerung dem Versteigerungsbeamten oder, sofern ein solcher noch nicht ernannt ist, dem Gerichtsschreiber des Vollstreckungsgerichts schriftlich oder zu Protokoll bekannt gemacht sind.

---

§ 22. (Vergl. Art. 717 Code de proc. civile und § 21 des Gesetzes vom 1. Dezember 1873.)

§ 23. Soll die Zwangsversteigerung ein befriedigendes Ergebniß liefern, so muß Vorsorge getroffen werden, daß der ertheilte Zuschlag nicht durch Einwendungen gegen die Zwangsvollstreckung auf unbestimmte Zeit in Frage gestellt werden kann. Das Gesetz vom 1. Dezember 1873 (vergl. § 7 Abs. 3, § 16 Abs. 2, § 17 Abs. 2) erreicht diesen Zweck dadurch, daß es alle Einwendungen ohne Unterschied, ob dieselben das Verfahren oder den Anspruch selbst betreffen, an bestimmte Fristen bindet. Dieses System ist im Gesetz (§ 19 Abs. 1) bezüglich der zur Zuständigkeit des Vollstreckungsgerichts gehörenden Einwendungen adoptirt. Dagegen wird hinsichtlich derjenigen Einwendungen, welche die Zulässigkeit der Vollstreckungsklausel und den Anspruch selbst betreffen (C. P. O. §§ 668, 686, 687, 696, 704 Abs. 2, 3, § 705 Abs. 3 bis 5), die erforderliche Sicherung des Ansteigerers dadurch herbeigeführt, daß der § 23 auf jene Einwendungen die Vorschrift des § 22 des Gesetzes vom 1. Dezember 1873 ausdehnt, wonach Auflösungsklagen auf Grund des Art. 1654 des Code civil nach dem Zuschlage zum Nachtheil des Ansteigerers nicht angestellt werden können, und früher angestellte Klagen dieser Art gegen denselben nur wirken,

Dans le cas de l'alinéa 3, ou si la procédure d'ordre est déjà ouverte, l'adjudicataire ne peut plus retirer la somme consignée qu'avec le consentement des autres intéressés.

Quant les frais de transcription du cahier des charges et du procès-verbal d'adjudication ont été avancés par le créancier poursuivant, celui-ci pourra, si l'adjudicataire omet de lui rembourser ces frais ou de les payer au greffe, en faire fixer le montant par le tribunal d'exécution et en poursuivre le remboursement contre l'adjudicataire.

§ 22. L'adjudicataire est l'ayant-droit du débiteur.

La transcription du procès-verbal d'adjudication entraîne la purge de toutes les hypothèques en ce sens que les droits des créanciers reposent sur le prix d'adjudication.

§ 23. Après l'adjudication, les objections qui concernent l'admissibilité de la formule exécutoire ou la réclamation elle-même, ainsi que les demandes en résolution basées sur l'art. 1654 du Code civil, ne peuvent plus être élevées au préjudice de l'adjudicataire. Si elles ont été élevées avant l'adjudication, elles n'ont d'effet contre lui que si, avant l'adjudication, il en a été donné connaissance au fonctionnaire chargé de l'adjudication, ou, si ce dernier n'a pas encore été nommé, au greffier du tribunal d'exécution, soit par écrit, soit par déclaration au procès-verbal.

---

§ 22. (Comp. art. 717 du Code de procédure civile français et § 21 de la loi du 1er décembre 1873.)

§ 23. Pour que l'exécution forcée fournisse un résultant satisfaisant, il est indispensable que l'adjudication ne puisse pas, pendant un temps indéterminé, être mise en question par des objections contre l'exécution forcée. La loi du 1er décembre 1873 (voy. § 7, alinéa 3; § 16, alinéa 2; § 17, alinéa 2) atteint ce but en fixant des délais pour toute espèce d'objections, qu'elles soient dirigées contre la forme de la procédure ou contre le fond de la réclamation; ce système a été adopté par la loi (§ 19, alinéa 1er) en ce qui concerne les objections qui sont de la compétence du tribunal d'exécution. Par contre l'adjudicataire est garanti vis-à-vis des objections contre l'admissibilité de la formule exécutoire et le fond de la réclamation (Code de procédure civile §§ 668, 686, 687, 696, 704, alinéa 2, 3; § 705, alinéa 3 à 5), par l'extension à ces objections du principe du § 22 de la loi du 1er décembre 1873. D'après ce principe, les demandes en résolution formées contre l'adjudicataire, conformément à l'art. 1654 du Code civil, ne sont pas recevables après l'adjudication, et les actions intentées antérieurement, mais non encore jugées, n'ont d'effet contre ce

§ 24. Von der Zustellung des Zwangsvollstreckungsbeschlusses an gelten der Schuldner und der Drittbesitzer hinsichtlich der zu versteigernden Grundstücke als gerichtliche Sequester. Auf Antrag eines Betheiligten kann jedoch das Vollstreckungsgericht einem Dritten die gesammte Verwaltung oder die Erhebung der Einkünfte und Früchte der Grundstücke übertragen. Auch kann dasselbe den Miethern und Pächtern verbieten, an den Schuldner oder den Drittbesitzer zu zahlen. Sobald der eine oder andere Beschluß den Miethern oder Pächtern zugestellt ist, können dieselben sich nur durch Zahlung an den ernannten Verwalter oder Erheber, an die auf sie angewiesenen Gläubiger oder an die Hinterlegungskasse befreien.

---

wenn sie vor der Versteigerung dem Gerichtsschreiber des Vollstreckungsgerichts gehörig bekannt gemacht sind. Die letztere Vorschrift findet auch dann Anwendung, wenn vor dem Zuschlage bereits eine rechtskräftige Entscheidung ergangen ist.

Das Gesetz beschränkt jedoch die Wirkung der bezeichneten Einwendungen, sowie der Auflösungsklage nur dem Ansteigerer gegenüber und auch nur insoweit, als der Erwerb des Grundstückes und die in Folge der Bezahlung des Steigpreises eintretende Entlastung des Ansteigerers in Frage kommt. Im Uebrigen bleiben etwaige Ansprüche des obsiegenden Theiles auf Steigpreis und auf Schadenersatz selbstverständlich unberührt.

Auf den im § 690 der Civilprozeßordnung bezeichneten Widerspruch eines Dritten, welcher an dem Gegenstande der Zwangsvollstreckung ein die Veräußerung hinderndes Recht beansprucht, ist die Vorschrift des Gesetzes nicht erstreckt worden, da der Dritte, selbst im Falle der Ueberschreibung seines Titels, weder zur Versteigerung selbst hinzugezogen, noch durch öffentliches Aufgebot zur Wahrung seiner Rechte im Zwangsvollstreckungsverfahren aufgefordert wird (M.).

§ 24. Vergl. Code de procédure civile, Art. 681 Abs. 1, Art. 685 ff. Zur Sicherung der im zweiten Satze vorgesehenen Erhebung gewähren die Vorschriften der Civilprozeßordnung über Arrest und einstweilige Verfügungen ausreichende Mittel, und bedarf es daher einer prozessualen Ausnahmebestimmung (vergl. § 24 Abs. 2 des bisherigen Gesetzes) nicht. Dagegen erscheint es zweckmäßig, Verfügungen des Schuldners oder Drittbesitzers über die Pacht- und Miethgelder zum Nachtheile der Gläubiger durch eine einfachere Maßregel vorzubeugen, als solche in der gewöhnlichen Arrestprozedur gegeben ist. Zu diesem Zwecke ermächtigt der Entwurf das Vollstreckungsgericht, auf Antrag eines Betheiligten, den Miethern und Pächtern zu verbieten, an den Schuldner oder den Drittbesitzer zu zahlen. Die Wirkungen der Zustellung dieses Verbots sind im Anschluß an die entsprechende Vorschrift des Art. 685 des Code de procédure civile bestimmt (M.).

§ 24. A partir de la notification de l'ordonnance d'exécution forcée, le débiteur et le tiers détenteur sont considérés comme séquestres judiciaires des immeubles saisis. Toutefois le tribunal d'exécution peut, à la requête d'un intéressé, commettre un tiers pour l'administration générale ou pour la perception des revenus et fruits des immeubles. Il peut également faire défense aux locataires et fermiers de payer au débiteur ou au tiers détenteur. Sitôt que l'une ou l'autre décision aura été notifiée aux locataires ou fermiers, ceux-ci ne pourront plus se libérer qu'en payant à l'administrateur ou receveur nommé, aux créanciers délégués sur eux, ou à la caisse des consignations.

---

dernier que s'il en a été donné connaissance au greffier du tribunal d'exécution avant la mise en vente. Cette disposition s'applique également si la décision a eu force de chose jugée avant l'adjudication.

Mais la loi ne restreint les effets de ces exceptions et de l'action en résolution que vis-à-vis de l'acquéreur et uniquement en tant qu'il s'agit de l'acquisition de l'immeuble et de la décharge résultant pour l'adjudicataire du versement du prix de vente. Les droits éventuels sur ce dernier et sur les dommages et intérêts à demander par la partie qui a eu gain de cause, ne sont pas atteints par cette disposition.

Cette disposition de la loi n'a pas été étendue au cas du § 690 du Code de procédure civile relatif à l'opposition d'un tiers qui prétend avoir, relativement à l'objet de l'exécution forcée, un droit qui en empêcherait l'aliénation, attendu que le tiers n'est même en cas de transcription de son titre ni appelé à la vente aux enchères de l'immeuble, ni sommé par voie de sommation publique de conserver ses droits dans l'expropriation forcée (M.).

§ 24. Comp. Code de procédure civile français, art. 681, alinéa 1er art. 685 et suivants. Pour la perception prévue par la seconde disposition, les dispositions du Code de procédure civile sur la contrainte et les mesures provisoires la garantissent suffisamment, de manière à rendre inutile une disposition exceptionnelle à cet égard (comp. l'alinéa 2 du § 24 de l'ancienne loi). Par contre, il est opportun de prévenir, par une mesure plus simple que celle qu'offre la procédure de contrainte ordinaire, les dispositions que le débiteur ou tiers détenteur pourraient prendre sur les loyers ou fermages au préjudice des créanciers. C'est dans ce but que la loi autorise le tribunal d'exécution à défendre aux locataires et fermiers de faire un paiement au débiteur ou au tiers détenteur, si une partie intéressée en fait la demande. La notification de la décision défendant de payer à ces derniers, entraîne l'effet indiqué par l'art. 685 de l'ancien Code de procédure civile (M.).

§ 25. Die nach der Ueberschreibung des Zwangsvollstreckungsbeschlusses bezogenen Früchte oder fällig werdenden Mieth- und Pachtgelder werden hinsichtlich der Rechte der Gläubiger den Grundstücken gleich geachtet und ihre Beträge mit dem Preise der letzteren nach der Ordnung der Hypotheken vertheilt.

§ 26. Die Ueberschreibung des Zwangsvollstreckungsbeschlusses hat zu Gunsten des betreibenden Gläubigers, der bis dahin eingetragenen Hypothekargläubiger und des künftigen Ansteigerers die Wirkungen, welche mit der Vollziehung des dinglichen Arrestes verbunden sind (§ 32).

Die Unwirksamkeit einer nach diesem Zeitpunkte vorgenommenen Veräußerung kann dadurch beseitigt werden, daß der Erwerber eine zur Befriedigung der gedachten Gläubiger und zur Deckung der Kosten ausreichende Summe hinterlegt und demnächst bei dem Versteigerungsbeamten vor Ausstellung der Grundstücke zur Versteigerung (§ 12) der letzteren entgegentritt.

---

§ 25. Nach § 24 des Gesetzes vom 1. Dezember 1873 tritt mit der Zustellung der Verkaufsverordnung die Immobilisirung der von dem Verwalter oder Erheber bezogenen oder bei Dritten mit Beschlag belegten Früchte derart ein, daß dieselben hinsichtlich der Rechte der Gläubiger dem Preise gleich geachtet werden. Das Gesetz läßt diese Folge im Anschluß an die Art. 682, 685 des Code de procédure civile mit der Ueberschreibung der Verkaufsverordnung für alle später bezogenen Früchte und fällig werdenden Mieth- und Pachtgelder eintreten, ohne Unterschied, ob dieselben von dem Schuldner oder Drittbesitzer oder von einem Verwalter oder Erheber zu beziehen sind (M.).

§ 26. Der § 25 des Gesetzes vom 1. Dezember 1873 erklärt jede nach der Ueberschreibung der Verkaufsverordnung erfolgende Veräußerung im Interesse des betreibenden Gläubigers und der bis dahin eingetragenen Gläubiger von Rechtswegen für nichtig. Dagegen sind anderweitige Belastungen der betreffenden Liegenschaft nicht ausgeschlossen. Die Civilprozeßordnung hat nun in dem dinglichen Arreste ein Sicherungsmittel geschaffen, dessen Vollziehung nach § 32 dieses Gesetzes jede spätere Veräußerung oder dingliche Belastung, Vermiethung oder Verpachtung der davon betroffenen Liegenschaft gegenüber dem Arrestgläubiger unwirksam macht und somit im Interesse der bei dem Zwangsvollstreckungsverfahren Betheiligten deren materielle Sicherstellung in weiterem Umfange als bisher gewährleistet. Zur Vermeidung einer Belastung des Verfahrens mit einer Reihe selbstständiger Arrestprozeduren bestimmt deshalb § 26, daß die Ueberschreibung der Verkaufsverordnung zu Gunsten des betreibenden Gläubigers, der bis dahin eingetragenen Hypothekargläubiger und des künftigen Ansteigerers dieselben Wirkungen haben soll, welche mit der Vollziehung des dinglichen Arrests verbunden sind.

§ 25. Les fruits perçus ou loyers et fermages échus après la transcription de l'ordonnance d'exécution forcée, sont vis-à-vis des créanciers assimilés aux immeubles et le montant en est distribué, avec le prix de ces biens, d'après le rang des hypothèques.

§ 26. La transcription de l'ordonnance d'exécution forcée produit en faveur du créancier poursuivant, des créanciers hypothécaires inscrits jusqu'à ce moment et du futur adjudicataire les effets de l'exécution de la contrainte réelle (§ 32).

L'inefficacité d'une aliénation consentie postérieurement à cette date peut être écartée, si l'acquéreur consigne une somme suffisante, tant pour désintéresser les créanciers dont s'agit, que pour couvrir les frais, et fait, auprès du fonctionnaire chargé de l'adjudication, opposition à cette dernière avant l'ouverture des enchères (§ 12).

---

§ 25. D'après le § 24 de la loi du 1er décembre 1873, les fruits, loyers et fermages d'immeubles saisis, en tant qu'ils sont perçus par l'administrateur, ou le percepteur commis, ou qu'ils ont été immobilisés par suite de saisie chez des tiers, sont à partir de la notification susdite, eu égard aux droits des créanciers, assimilés au prix. D'accord avec les art. 682 et 685 de l'ancien Code de procédure civile, la loi rattache cet effet à la transcription de l'ordonnance de vente pour tous les fruits perçus ou loyers et fermages échus postérieurement, que ce soit au débiteur ou tiers détenteur, à l'administrateur ou au percepteur qu'il appartienne de les toucher (M.).

§ 26. D'après le § 25 de la loi du 1er décembre 1873, est nulle de plein droit, dans l'intérêt du poursuivant et des créanciers hypothécaires inscrits jusqu'à la date de la transcription de l'ordonnance de vente, toute aliénation consentie par le débiteur ou le tiers détenteur postérieurement à cette date; cette disposition ne s'étend toutefois pas à des charges d'autre nature dont pourrait être grevé l'immeuble. Le Code de procédure civile a créé une garantie par la contrainte réelle, dont l'exécution entraîne, aux termes du § 32 de cette loi, l'inefficacité de toute aliénation ou onération réelle, bail à loyer ou à ferme de l'immeuble saisi vis-à-vis du créancier saisissant, et sauvegarde ainsi d'ûne manière bien plus complète que par le passé les intérêts des parties qu'intéresse l'expropriation. Afin que la procédure ne soit pas entravée par les différentes procédures de saisie, la loi rattache à la transcription de l'ordonnance d'exécution en faveur du poursuivant, des créanciers hypothécaires inscrits antérieurement à sa date et de l'adjudicataire futur, les effets qu'entraîne l'exécution de la contrainte réelle.

§ 27. Alle Entscheidungen des Vollstreckungsgerichts können ohne vorgängige mündliche Verhandlung erfolgen. Gegen dieselben findet sofortige Beschwerde statt.

§ 28. Die Vorschriften der §§ 755, 756 der Civilprozeßordnung, betreffend die Zwangsvollstreckung in ein Grundstück, sowie dieses Gesetz finden auf andere Sachen und Rechte, welche in Ansehung der Zwangsvollstreckung zum unbeweglichen Vermögen gehören, entsprechende Anwendung.

§ 29. Hinsichtlich der Zwangsvollstreckung in Bergwerke gelten nachstehende besondere Bestimmungen:

1) Dem Antrage auf Anordnung der Zwangsvollstreckung (§ 1) ist eine oberbergamtliche oder notariell beglaubigte Abschrift der Verleihungsurkunde beizufügen;
2) an die Stelle des im § 1 Nr. 3 vorgeschriebenen Verzeichnisses tritt eine durch den Revierbeamten anzufertigende Beschreibung; dieselbe muß den Besitzer und den

---

Hinsichtlich der Beseitigung der Unwirksamkeit einer nach der Ueberschreibung vorgenommenen Veräußerung beläßt es der Abs. 2 bei dem bestehenden Rechte (§ 25 Abs. 2 des bisherigen Gesetzes).

Es lag die Frage nahe, ob nicht mit der Ueberschreibung der Verkaufsverordnung dem betreibenden Gläubiger an dem künftigen Erlöse ein Vorrecht vor den Chirographargläubigern einzuräumen sei, entsprechend der Vorschrift der Civilprozeßordnung, wonach bei der Zwangsvollstreckung in das bewegliche Vermögen der betreibende Gläubiger durch die Pfändung ein Pfandrecht mit dem Anspruch auf vorzugsweise Befriedigung aus dem gepfändeten Gegenstand erwirbt (C. P. O. § 709). Das Gesetz hat jedoch, in Uebereinstimmung mit der Gesetzgebung der meisten übrigen Gebiete des französischen Rechts, von der fraglichen Neuerung mit Rücksicht auf den dadurch bedingten tiefen Eingriff in das bestehende Hypothekenrecht und die Kreditverhältnisse des Grundeigenthums um so mehr absehen zu sollen geglaubt, als die reichsgesetzliche Regelung des Hypothekarrechts durch das zu erwartende Civilgesetzbuch in Aussicht steht (M.).

§ 27. (Vergl. C. P. O. § 540.)

§ 28. Die Bestimmungen der §§ 755, 756 der Civilprozeßordnung, betreffend die Zuständigkeit des Amtsgerichts als Vollstreckungsgericht, und der §§ 1 bis 28 des Gesetzes gelten zunächst nur für die Zwangsvollstreckung in ein Grundstück; sie eignen sich indessen zur entsprechenden Anwendung auf andere Sachen und Rechte, welche, nach den gemäß § 757 Abs. 2 der Civilprozeßordnung maßgebenden Landesgesetzen in Ansehung der Zwangsvollstreckung zum unbeweglichen Vermögen gehören. Dies ist der Fall bezüglich der Nutznießung an Grundstücken (Code civil, Art. 2204) sowie des Bergwerkseigenthums (§§ 41 bis 53 des Berggesetzes für Elsaß-Lothringen vom 16. Dezember 1873, Gesetzbl. S. 397) (vergl. § 29) (M.).

§ 27. Toutes les décisions du tribunal d'exécution peuvent être rendues sans débat oral préalable. Elles sont sujettes à la voie du recours immédiat.

§ 28. Les dispositions des §§ 755 et 756 du Code de procédure civile concernant l'exécution forcée sur un héritage, de même que la présente loi s'appliquent aux autres objets et droits qui, par rapport à l'exécution forcée, sont rangés parmi les biens immeubles.

§ 29. Lorsque des mines feront l'objet de l'exécution forcée, on observera les dispositions spéciales qui suivent:

1° A la requète aux fins d'exécution forcée (§ 1) devra être jointe une copie de l'acte de concession légalisée par l'Administration supérieure des mines ou par un notaire.

2° L'état prescrit par le § 1, n° 3, est remplacé par une description à fournir par l'ingénieur, laquelle mentionnera le propriétaire et les fermiers, s'il y en a, le

---

En ce qui concerne la couverture de la nullité d'une aliénation faite après la transcription, l'alinéa 2 s'en tient à la législation actuellement en vigueur (voy. § 25, alinéa 2 de l'ancienne loi).

Il restait à savoir s'il ne fallait pas accorder un droit de privilège au créancier poursuivant sur les deniers de la vente, conformément à la disposition du Code de procédure civile, d'après laquelle le créancier poursuivant acquiert par la saisie le droit d'être payé par préférence sur les deniers provenant de la vente de l'objet saisi (Code de procédure civile, § 709). La loi, d'accord à ce sujet avec la législation de la plupart des autres pays de Droit français et eu égard à l'atteinte profonde que porterait cette innovation à la législation hypothécaire en vigueur et à la situation actuelle de la propriété foncière, a cru d'autant moins devoir l'accueillir, que la législation hypothécaire sera réglée dans le futur Code civil par une loi d'Empire (M.).

§ 27. (Comp. Code de procédure civile, § 540).

§ 28. Les dispositions des §§ 755 et 756 du Code de procédure civile concernant la compétence du tribunal cantonal comme tribunal d'exécution et des §§ 1 à 28 de la loi ne s'appliquent en première ligne qu'à l'exécution forcée sur un héritage; mais elles sont applicables également à d'autres biens corporels et incorporels déclarés immeubles par les législations particulières dont la compétence est maintenue en matière d'expropriation forcée, conformément à l'alinéa 2 du § 757 du Code de procédure civile.

Il en est ainsi pour l'usufruit sur des biens immeubles (Code civil, art. 2204) et la propriété minière (§§ 41 à 43 de la loi sur les mines pour l'Alsace-Lorraine, Bulletin des lois, p. 397; comp. § 29) (M.).

etwaigen Pächter, den Namen des Bergwerks, das Mineral, worauf das Bergwerkseigenthum verliehen ist, die Feldesgröße, den Kreis, in welchem das Feld liegt, und die dem Felde zunächst belegene Stadt angeben.

§ 30. Ein zur Zeit der Konkurseröffnung auf Betreiben eines nicht absonderungsberechtigten Gläubigers gegen den Gemeinschuldner anhängig gewordenes Zwangsvollstreckungsverfahren kann auf Betreiben des Konkursverwalters fortgesetzt werden.

Titel II.

Vollziehung des Arrestes und einstweiliger Verfügungen in das unbewegliche Vermögen.

§ 31. Die Vollziehung des Arrestes in das unbewegliche Vermögen erfolgt auf Antrag der Partei, welche den Arrestbefehl erwirkt hat, durch Ueberschreibung des letzteren in das Register des Hypothekenbewahrers, in dessen Bezirke die Liegenschaft sich befindet.

---

§ 30 ist veranlaßt durch die Vorschrift des § 11 der Konkursordnung, wonach während der Dauer des Konkursverfahrens Zwangsvollstreckungen zu Gunsten einzelner Konkursgläubiger weder in das zur Konkursmasse gehörige noch in das sonstige Vermögen des Gemeinschuldners stattfinden. Hiernach kann eine zur Zeit der Konkurseröffnung auf Betreiben eines nicht absonderungsberechtigten Gläubigers (K. O. § 39) gegen den Gemeinschuldner anhängige Zwangsvollstreckung in das unbewegliche Vermögen nicht fortgesetzt werden. Andererseits bestimmt der § 116 der Konkursordnung, daß die Zwangsversteigerung der zur Masse gehörigen unbeweglichen Gegenstände bei der zuständigen Behörde durch den Konkursverwalter betrieben werden kann. Damit nun in dem vorerwähnten Falle der mit der Neu-Einleitung des Verfahrens verbundene Verlust an Zeit und Kosten vermieden werden kann, läßt das Gesetz die Fortsetzung des anhängig gewordenen Verfahrens auf Betreiben des Konkursverwalters zu (vergl. Motive zu § 116 der K. O.).

Ein absonderungsberechtigter Gläubiger ist auch in dem hier fraglichen Falle nur unter der Voraussetzung des § 3 Abs. 2 des Gesetzes zur Fortsetzung des von dem nicht absonderungsberechtigten Gläubiger eingeleiteten Verfahrens berechtigt. Es liegt keine Veranlassung vor, für den Fall des Konkurses von der in der bezeichneten Vorschrift enthaltenen Beschränkung abzusehen (M.).

§§ 31, 32. Dem bisherigen elsaß-lothringischen Rechte ist ein zur Sicherung der Zwangsvollstreckung dienender Arrest hinsichtlich des beweglichen Vermögens in verschiedener Richtung (vergl. Code de procédure civile, Art. 417, 558) bekannt; bezüglich des unbeweglichen

nom de la mine, le minerai qui fait l'objet de la concession, l'étendue de la mine, le cercle où elle se trouve et la ville la plus rapprochée.

§ 30. Si, à l'époque de l'ouverture de la faillite, une procédure d'exécution forcée dirigée contre le débiteur commun par un créancier n'ayant pas le droit de se faire payer par distraction, est encore pendante, elle pourra être continuée à la diligence du syndic de la faillite.

TITRE II.

De l'exécution de la contrainte et des mesures provisoires sur les immeubles.

§ 31. L'exécution de la contrainte sur les immeubles se fait, sur la demande de la partie qui a obtenu l'ordonnance de contrainte, par la transcription de cette ordonnance sur le registre du bureau des hypothèques, dans la circonscription duquel l'immeuble est situé.

---

§ 30. L'innovation qu'introduit ce paragraphe est une conséquence de la disposition du § 11 du Code des faillites, d'après laquelle aucune contrainte ni exécution forcée au profit de certains créanciers de la faillite ne pourra être pratiquée sur les biens appartenant à la masse, ni sur les autres biens du failli durant la procédure de faillite. Il ne pourra donc être donné suite aux poursuites sur les biens immeubles intentées par un créancier n'ayant pas droit au paiement par distraction à l'époque de l'ouverture de la faillite (Code des faillites, § 39). D'autre part le § 116 du Code des faillites dispose que la vente aux enchères des immeubles appartenant à la masse pourra être poursuivie par le syndic devant le tribunal compétent. La loi admet que la procédure pendante soit poursuivie par le syndic (voy. Motifs du § 116 du Code des faillites), afin d'éviter la perte de temps et de frais qui résulterait de la reprise de la procédure.

Le créancier qui a le droit de se faire payer par distraction ne sera admis, même le cas échéant, à continuer les poursuites intentées par un créancier n'ayant pas ce droit, que sous la condition prévue par l'alinéa 3 du § 2 de la loi. Il ne paraît nullement utile de constituer pour le cas de faillite une exception à la restriction introduite par cette disposition (M.).

§ 32. La législation antérieurement en vigueur en Alsace-Lorraine connaissait différentes voies de saisie sur les biens meubles aux fins d'assurer l'exécution forcée (voy. Code de procédure civile, art. 417 et 558), tandis que pour les immeubles il n'y avait que l'expropriation forcée elle-même, où la notification de

§ 32. Jede nach der Ueberschreibung erfolgende Veräußerung oder dingliche Belastung, Vermiethung oder Verpachtung der Gegenstände des Arrestes ist gegenüber der Partei, welche den Arrestbefehl erwirkt hat, ohne verbindliche Kraft.

Vermögens bietet dagegen nur das Zwangsvollstreckungsverfahren selbst insofern die Möglichkeit einer solchen Sicherung, als an die Zustellung der Verkaufsverordnung, welche als Beschlagnahme gilt, sowie an die Ueberschreibung derselben gewisse, das Verfügungsrecht des Schuldners oder Drittbesitzers beschränkende Wirkungen geknüpft sind (vergl. § 24 bis 26). Im Gegensatze hierzu findet nach der Civilprozeßordnung (§§ 796, 797) wegen einer Geldforderung oder eines Anspruchs, welcher in einen solchen übergehen kann, der „dingliche Arrest" zur Sicherung der Zwangsvollstreckung sowohl in das bewegliche als in das unbewegliche Vermögen als eine selbstständige Maßregel überall statt, wenn zu besorgen ist, daß ohne dessen Verhängung die Vollstreckung des Schuldtitels vereitelt oder wesentlich erschwert sein würde. Die gerichtliche Zuständigkeit und das Verfahren hinsichtlich der Erwirkung des Arrestbefehls, sowie die Vollziehung des Arrestes in bewegliches Vermögen sind in der Civilprozeßordnung (vergl. §§ 799 ff., 810) geregelt; dagegen bestimmt sich die Vollziehung des Arrestes in unbewegliches Vermögen nach den Landesgesetzen (C. P. O. § 811). Der Landesgesetzgebung ist hiernach die Regelung sowohl der Form als der Wirkungen dieser Vollziehung überlassen.

In der ersteren Richtung bestimmt der § 37 im Anschluß an die entsprechende Vorschrift, betreffend den Zwangsvollstreckungsbeschluß (§ 5 Abs. 1), daß die Vollziehung des Arrestes auf Antrag der Partei, welche den Arrestbefehl erwirkt hat, durch Ueberschreibung des letzteren in das Register des Hypothekenbewahrers, in dessen Bezirk die Liegenschaft sich befindet, zu erfolgen hat.

Was die Wirkungen des Arrestes betrifft, so begründet bezüglich des beweglichen Vermögens nach § 810 der Civilprozeßordnung die durch Pfändung bewirkte Vollziehung des Arrestes ein Pfandrecht mit den in § 709 bestimmten Wirkungen. Von der Einräumung eines entsprechenden Vorzugsrechts bei dem Arreste in unbewegliches Vermögen hat das Gesetz aus den zu § 26 angeführten Gründen abgesehen. Dagegen erfordert die Sicherstellung der Partei, welche den Arrestbefehl erwirkt hat, daß ihr gegenüber die Wirksamkeit jeder nach der Ueberschreibung des Arrestbefehls erfolgenden Veräußerung oder dinglichen Belastung, Vermiethung oder Verpachtung der Gegenstände des Arrestes ausgeschlossen werde. Indem § 32 dies verfügt, verhindert er namentlich, daß zum Nachtheil der bezeichneten Partei nach jenem Zeitpunkte durch Urtheil eine Hypothek erworben werde; der nachträglichen Eintragung einer vorher erworbenen Hypothek steht dagegen als einer blos konservatorischen Maßregel ein Hinderniß nicht entgegen (M.).

Vgl. über die Voraussetzungen und Wirkungen des Arrestes in das unbewegliche Vermögen die Verfügungen des Oberlandesgerichtspräsidenten und des Oberstaatsanwalts vom 1. Juni 1883 (Samml. VIII S. 198).

§ 32. A partir de la transcription, toute aliénation, concession d'un droit réel ou location, ayant pour objet les choses frappées de contrainte, reste sans effet vis-à-vis de la partie qui a obtenu l'ordonnance de contrainte.

---

l'ordonnance de vente valait saisie et sa transcription entraînait certains effets qui restreignaient le droit de disposition du débiteur ou tiers détenteur. Par contre, le Code de procédure civile (§§ 796, 797) dispose que „la contrainte réelle" (dinglicher Arrest) a lieu aux fins d'assurer l'exécution forcée sur les biens mobiliers et immobiliers, pour une créance portant sur une somme d'argent ou pour une réclamation qui peut se transformer en une pareille créance, mais seulement lorsqu'il est à craindre que sans cette mesure l'exécution du jugement ne soit éludée, ou que la difficulté de cette exécution ne soit considérablement aggravée. Le Code de procédure civile désigne également le tribunal compétent pour ordonner la contrainte, le mode à suivre pour obtenir l'ordonnance et pratiquer l'exécution sur les biens meubles; au contraire, l'exécution sur les biens immeubles est réglée par les lois des différents Etats (Code de procédure civile, § 811). Il appartient ainsi à ces dernières de régler tant les formes que les effets de cette exécution.

Quant aux formes à suivre, le § 31 de la loi dispose conformément aux dispositions sur l'ordonnance d'exécution forcée (§ 5, alinéa 1er), que l'exécution de la contrainte sera poursuivie à la requête de la partie qui aura obtenu l'ordonnance de contrainte, en transcrivant cette dernière sur les registres du conservateur des hypothèques du lieu de la situation de l'immeuble.

La contrainte pratiquée au moyen de la saisie sur des effets mobiliers crée, conformément au § 810 du Code de procédure civile, un droit de gage auquel se rattachent les effets déterminés par le § 709. C'est pour les motifs indiqués au § 26, que la loi ne rattache pas à la contrainte sur les biens immeubles un droit de privilège. Par contre, il est nécessaire, pour sauvegarder les intérêts de la partie qui a obtenu la contrainte, que toute aliénation ou constitution de charge réelle, tout bail à ferme ou à loyer de l'objet saisi, qui a lieu après la transcription de l'ordonnance de contrainte, soit nulle vis-à-vis d'elle. Par cette disposition du § 32, la loi écarte notamment l'inconvénient qu'il puisse, après cette époque, être acquis une hypothèque judiciaire au préjudice de la partie susdésignée; rien ne s'oppose à l'inscription d'une hypothèque antérieurement acquise, qui est une mesure d'un caractère purement conservatoire (M.).

Comp. l'instruction du premier président et du procureur général du 1er juin 1883 (Recueil VIII p. 198), sur les conditions et les effets de la contrainte sur les immeubles.

§ 33. Auf eine einstweilige Verfügung, durch welche dem Gegner die Veräußerung, Belastung oder Verpfändung von Gegenständen des unbeweglichen Vermögens untersagt wird, finden die Bestimmungen der §§ 31, 32 entsprechende Anwendung.

§ 34. Bei Aufhebung des Arrestes oder der einstweiligen Verfügung ist zugleich die Löschung der bewirkten Ueberschreibung anzuordnen.

Titel III.

Hypotheken-Reinigungsverfahren.

§ 35. Das Hypotheken-Reinigungsverfahren bleibt durch die Vorschriften des Code civil (Art. 2181 bis 2195) und der

---

§ 33. Nach der Civilprozeßordnung (§ 814) sind einstweilige Verfügungen in Bezug auf einen Streitgegenstand zulässig, wenn zu besorgen ist, daß durch eine Veränderung des bestehenden Zustandes die Verwirklichung des Rechts einer Partei vereitelt oder wesentlich erschwert werden könnte. Auf die Anordnung und das weitere Verfahren finden die den Arrest betreffenden Vorschriften im Allgemeinen entsprechende Anwendung (C. P. O. § 815). Welche Anordnungen zur Erreichung des Zwecks der einstweiligen Verfügung erforderlich sind, bestimmt das Gericht nach freiem Ermessen; dieselben können insbesondere darin bestehen, daß das Gericht dem Gegner die Veräußerung, Belastung oder Verpfändung eines Grundstücks untersagt (C. P. O. § 817).

Die Vollziehung einer einstweiligen Verfügung des letzterwähnten Inhalts bestimmt sich, in Gemäßheit des § 815 in Verbindung mit § 811 der Civilprozeßordnung, ebenfalls nach den Landesgesetzen. Nach dem Gesetze finden in dieser Beziehung die den Arrest in unbewegliches Vermögen betreffenden Vorschriften der §§ 31, 32 entsprechende Anwendung. Hiernach erfolgt die Vollziehung der einstweiligen Verfügung gleichfalls durch Ueberschreibung der letzteren in das Register des Hypothekenbewahrers mit den im § 31 bezeichneten Wirkungen. Die letzteren treten jedoch selbstverständlich nur nach Maßgabe des Inhalts der betreffenden richterlichen Verfügung ein (M.).

§ 35. Die Kommission hat für gut befunden, im Abs. 1 klar zu stellen, daß Titel III das Hypotheken-Reinigungsverfahren nur im Anschluß an die zu Grund liegenden Bestimmungen des Civilrechts, welche vollständig in Kraft bleiben, regelt (B.).

(Abs. 2 betrifft die Bekanntmachung zu Gunsten der etwaigen unbekannten Inhaber gesetzlicher Hypotheken, welche nach dem bezeichneten Staatsrathsgutachten in den Formen des Art. 683 Code de procédure civile zu erfolgen hatte).

§ 33. Les dispositions des §§ 31 et 32 sont applicables à la mesure provisoire par laquelle il est fait défense à la partie adverse d'aliéner un immeuble ou de le grever de charges et d'hypothèques.

§ 34. En prononçant la main-levée de la contrainte ou des mesures provisoires, le juge devra en même temps ordonner la radiation de la transcription qui a eu lieu.

TITRE III.

De la procédure en matière de purge des hypothèques.

§ 35. La procédure en matière de purge des hypothèques continue à être réglée par les dispositions des art. 2181 à

---

§ 33. D'après le § 814 du Code de procédure, les mesures provisoires relatives à l'objet litigieux sont admissibles, s'il est à craindre qu'une modification dans l'état des choses mette en péril la réalisation du droit d'une partie, ou fasse naître des difficultés sérieuses à ce sujet. Le mode à suivre pour l'autorisation de ces mesures et pour la procédure ultérieure se règle d'après les dispositions établies pour la contrainte (Code de procédure civile, § 815). Le tribunal détermine, d'après sa libre appréciation, les mesures qu'exige l'intérêt des parties; ces mesures pourront consister notamment dans la défense d'aliéner un héritage ou de le grever de charges ou d'hypothèques (Code de procédure civile, § 817). L'exécution des mesures provisoires de cette catégorie sera réglée par les lois des différents Etats, conformément aux §§ 811 et 815 du Code de procédure civile. D'après la loi, les dispositions des §§ 31 et 32 sur la contrainte immobilière seront appliquées d'une manière analogue. Par conséquent l'exécution provisoire sera pratiquée par la transcription au bureau des hypothèques avec les effets déterminés au § 31. Il est évident que ces effets seront modifiés selon la teneur de l'ordonnance du juge (M.).

§ 35. La Commission a jugé utile d'inscrire dans l'alinéa 1er, le principe que le titre III ne fait que régler la procédure en matière de purge des hypothèques, en se rattachant aux dispositions du droit civil qui restent complètement en vigueur (R.).

(L'alinéa 1er règle le mode de publication eu égard aux personnes qui peuvent faire valoir une hypothèque légale non inscrite; cette publication devait avoir lieu suivant l'avis du Conseil d'Etat susindiqué, dans les formes prescrites par l'art. 683 du Code de procédure civile français.)

Staatsrathsgutachten vom 1. Juni 1807 und 8. Mai 1812 geregelt.

Die im Staatsrathsgutachten vom 1. Juni 1807 vorgeschriebene Bekanntmachung erfolgt in Gemäßheit des § 10 Nr. 2 dieses Gesetzes.

§ 36. Die dem Gerichte zugewiesene Mitwirkung bei dem Hypotheken-Reinigungsverfahren, einschließlich des Wiederverkaufs, gehört zur Zuständigkeit der Amtsgerichte.

Die Vorschriften der §§ 755, 756 der Civilprozeßordnung und des § 28 dieses Gesetzes finden entsprechende Anwendung.

§ 37. Im Falle des Art. 2183 des Code civil hat der Erwerber, wenn er außerhalb des Bezirks des zuständigen Amtsgerichts wohnt, und im Falle des Art. 2185 des Code civil unter der gleichen Voraussetzung der überbietende Gläu-

---

§ 36. Im Hypotheken-Reinigungsverfahren findet nach der früheren Gesetzgebung eine Mitwirkung des dafür zuständigen Landgerichts nur theilweise statt. Im Verfahren behufs Beseitigung nicht eingetragener gesetzlicher Hypotheken insbesondere besteht dieselbe nur darin, daß der Gerichtsschreiber die von dem Erwerber zu hinterlegende Abschrift der Erwerbsurkunde entgegennimmt und die Anheftung eines Auszugs aus derselben im Sitzungssaale bewirkt (Code civil, Art. 2194). In dem sonstigen Verfahren beschränkt sich die Mitwirkung des Gerichts, sofern ein Uebergebot nicht stattfindet, auf die im Art. 832 Abs. 1 des Code de procédure civile vorgesehene Beauftragung eines Gerichtsvollziehers mit den in den Art. 2183, 2185 des Code civil bezeichneten Zustellungen. Im Falle des Uebergebots erfolgt stets eine gerichtliche Entscheidung über die Zulässigkeit desselben (Abs. 2 des cit. Art. 832). Das in Folge des Uebergebots erforderliche Wiederverkaufsverfahren findet sodann, in Gemäßheit des Art. 2187 Abs. 2 des Code civil, in den Formen der Zwangsvollstreckung, sonach vor dem Amtsgerichte, statt.

Das Gesetz weist im Abs. 1 die ganze, wesentlich formale gerichtliche Thätigkeit, *insoweit dieselbe bestehen bleibt* (vergl. §§ 38 Abs. 2 und 73 Abs. 1), den Amtsgerichten zu und bestimmt die örtliche Zuständigkeit derselben nach den in den §§ 755, 756 der Civilprozeßordnung und im § 28 des Gesetzes für die Zwangsvollstreckung geltenden Vorschriften. In Uebereinstimmung hiermit ist die Zuständigkeit bezüglich des an das Hypotheken-Reinigungsverfahren sich anschließenden Vertheilungsverfahrens im § 64 geordnet.

Die Vorschrift im Abs. 1 bezieht sich nur auf die „dem Gerichte" zugewiesene Mitwirkung bei dem Verfahren; die Bestimmung im Art. 2194 des Code civil, wonach die erfolgte Hinterlegung der Abschrift des Erwerbsaktes der Staatsanwaltschaft des Landgerichts mitzutheilen ist, bleibt demnach unberührt (M.).

2195 du Code civil et les avis du Conseil d'Etat du 1er juin 1807 et du 8 mai 1812.

La publication prescrite par l'avis du Conseil d'Etat du 1er juin 1807, se fera conformément aux dispositions du § 10, nº 2 de la présente loi.

§ 36. La coopération attribuée aux tribunaux dans la procédure de purge des hypothèques, y compris la revente sur surenchère, rentre dans la compétence des tribunaux cantonaux.

Les prescriptions des §§ 755 et 756 du Code de procédure civile et du § 28 de la présente loi y sont applicables.

§ 37. L'acquéreur, dans le cas prévu à l'art. 2183 du Code civil, et le créancier surenchérisseur, dans le cas prévu à l'art. 2185 du Code civil, devront, s'ils sont domiciliés en dehors du ressort du Landgericht compétent, désigner dans

---

§ 36. D'après la législation en vigueur jusqu'ici, le tribunal de première instance compétent ne prête qu'un concours partiel à la purge des hypothèques grevant un immeuble. Ce concours ne consiste, notamment en ce qui concerne la purge des hypothèques légales non inscrites, qu'en ce que le greffier affiche dans l'auditoire du tribunal un extrait du titre translatif de propriété déposé par l'acquéreur (Code civil, art. 2194). Au surplus, le concours des tribunaux se réduit, s'il n'y a pas de surenchères, à commettre un huissier pour les significations prescrites par les art. 2183 et 2185 du Code civil, conformément à l'alinéa 1er de l'art. 832 de l'ancien Code de procédure civile. Le tribunal statue sur l'admissibilité de la surenchère (voy. l'alinéa 2 de l'art. 832). En cas de revente sur surenchère, elle lieu dans les formes prescrites par l'art. 2187, alinéa 2 du Code de civil, pour l'expropriation forcée, c'est-à-dire devant le juge de paix. L'alinéa 1er de la loi attribue ce concours tout à fait formel conféré à la justice en tant qu'il est maintenu (comp. §§ 38, alinéa 2; 73 alinéa 3), aux tribunaux cantonaux dont la compétence locale est réglée par les dispositions des §§ 755 et 756 du Code de procédure civile, et du § 28 de la loi sur l'exécution forcée.

D'après le même ordre d'idées le § 64 règle la procédure de distribution qui se rattache à la purge. Est également maintenue la disposition de l'art. 2194 du Code civil, d'après laquelle l'acquéreur d'immeubles fait constater le dépôt de la copie du titre translatif de propriété qu'il a effectué, par acte signifié au procureur impérial du tribunal de la situation de l'immeuble, car l'alinéa 1er de la loi ne concerne que le concours en tant qu'il concerne le tribunal (M.).

biger in der Zustellung, einen in jenem Bezirke wohnhaften Zustellungsbevollmächtigten zu benennen.

§ 38. Mit der im Art. 2185 des Code civil bezeichneten Zustellung ist Abschrift der die Uebernahme der Bürgschaft enthaltenden öffentlichen Urkunde sowie die Erklärung zuzustellen, daß die Nachweise über die Zahlungsfähigkeit des Bürgen auf der Gerichtsschreiberei des Amtsgerichts hinterlegt sind. Erfolgt die Sicherheitsleistung im Fall des Art. 2041 des Code civil durch Hinterlegung von baarem Gelde oder von Werthpapieren, so ist die Abschrift der Hinterlegungsbescheinigung zuzustellen.

Einwendungen gegen das Uebergebot sowie gegen die Zulänglichkeit der angebotenen Sicherheit sind bei Vermeidung des Ausschlusses innerhalb zwei Wochen nach der im Abs. 1 bezeichneten Zustellung zu erheben.

§ 39. Ueber Anträge, Einwendungen und Erinnerungen, welche die Art und Weise des Verfahrens sowie die Zuläng=

---

§ 38. Nach Art. 832 Abs. 2 ff. des Code de procédure civile hat der überbietende Gläubiger in dem gemäß Art. 2185 des Code civil zuzustellenden Akte, welchem die Belege über die angebotene Sicherheit beizufügen sind, in allen Fällen zugleich Klage auf Annahme der letzteren zu erheben. Diese Vorschrift enthält eine nicht gerechtfertigte Vermehrung der Förmlichkeiten und Kosten des Verfahrens, da es zu einer Bestreitung der Anträge des überbietenden Gläubigers in den meisten Fällen nicht kommt. Das Gesetz vereinfacht daher das Verfahren dahin, daß es einer Klage des überbietenden Gläubigers nicht bedarf, vielmehr den übrigen Betheiligten überlassen bleibt, etwaige Einwendungen gegen das Uebergebot sowie gegen die Zulänglichkeit der angebotenen Sicherheit innerhalb der im Abs. 2 bestimmten, zur Vermeidung von Verschleppungen kurz bemessenen Frist zu erheben.

Die im § 73 aufgehobenen Vorschriften des Art. 832 Abs. 2 ff. des Code de procédure civile werden im Abs. 1 des Gesetzes insoweit wiederholt, als sie die von dem überbietenden Gläubiger anzubietende Sicherheit und die Mittheilung der betreffenden Belege betreffen. Zur Vermeidung von Streitigkeiten wird jedoch die Uebernahme der Bürgschaft in einer öffentlichen Urkunde vorgeschrieben (M.).

Im Kommissionsberichte ist hervorgehoben, daß die bezüglich der zu hinterlegenden Titel sich etwa ergebenden Schwierigkeiten durch den Richter gemäß § 101 der C. P. O. zu lösen sein, und daß nichts im Wege stehe, daß auch ausländische Werthpapiere hinterlegt werden können, vorausgesetzt, daß sie in Elsaß=Lothringen Kurs haben und gehörig gestempelt sind.

§ 39 weist im Anschluß an § 685 Abs. 1 der Civilprozeßordnung und § 18 des Gesetzes Anträge, Einwendungen und Erinnerungen,

la notification un fondé de pouvoirs domicilié dans ce ressort, qui sera chargé de recevoir les significations.

§ 38. La notification dont parle l'art. 2185 du Code civil doit contenir copie de l'acte authentique renfermant l'engagement de la caution, ainsi que la déclaration que les documents prouvant la solvabilité de cette caution ont été déposés au greffe du Landgericht. Si, dans le cas prévu par l'art. 2041 du Code civil, la garantie est donnée moyennant la consignation de valeurs en numéraire ou en papiers, on devra signifier une copie du certificat de consignation.

Les objections contre la surenchère ou contre la suffisance de la garantie offerte doivent, sous peine de déchéance, être élevées dans les deux semaines qui suivront la notification mentionnée à l'alinéa précédent.

§ 39. Le Landgericht statue sur les conclusions, objections et observations qui concernent le mode de procédure,

---

§ 38. D'après l'alinéa 2 de l'art. 832 et suivants du Code de procédure civile, l'acte à signifier conformément à l'art. 2185 du Code civil par le créancier surenchérisseur, auquel sont jointes les pièces justificatives, doit contenir l'assignation en acceptation de la caution offerte. Cette disposition entraîne une augmentation inutile de formalités et de frais de procédure, puisque la surenchère dans la plupart des cas n'est pas contestée. La loi simplifie la procédure en supprimant l'assignation, à donner par le créancier surenchérisseur, sauf le droit des autres parties intéressées d'attaquer la surenchère ou le montant de la caution par voie d'opposition dans le délai de l'alinéa 2, qui est très court afin d'éviter une entrave quelconque dans la marche de la procédure.

Les dispositions du § 832, alinéa 2 et suivants, abrogées par le § 73, se retrouvent dans l'alinéa 1er de la loi en tant qu'elles concernent la caution offerte par le créancier surenchérisseur et la communication des pièces justificatives. Le cautionnement devra se faire par acte authentique afin d'obvier à toutes contestations (M.).

Le rapport de la Commission fait spécialement remarquer que les difficultés qui peuvent surgir à l'occasion du dépôt des titres, seront à décider par le juge conformément au § 101 du Code de procédure civile et que rien n'empêche le dépôt, même de valeurs étrangères, à condition toutefois qu'elles soient admises au cours en Alsace-Lorraine et timbrées.

§ 39. Par analogie du § 685, alinéa 1er du Code de procédure civile et du § 18 de cette loi, il appartient au tribunal cantonal

lichkeit des Uebergebots oder der angebotenen Sicherheit betreffen, entscheidet das Amtsgericht (§ 36). Der § 27 findet Anwendung.

§ 40. Der überbietende Gläubiger hat innerhalb der im Art. 2185 des Code civil für die Zustellung des Uebergebots bestimmten Frist den Wiederverkauf bei dem zuständigen Amtsgerichte zu beantragen.

Wird der Antrag innerhalb der bezeichneten Frist nicht gestellt, so kann jeder andere Hypothekargläubiger innerhalb einer weiteren Frist von einem Monate den Wiederverkauf beantragen.

Sind Einwendungen gegen das Uebergebot oder die Zulänglichkeit der angebotenen Sicherheit innerhalb der im § 38 Abs. 2 bestimmten Frist nicht erhoben oder die erhobenen rechtskräftig zurückgewiesen, so erläßt das Amtsgericht die Verkaufsverordnung. Für den Inhalt derselben sind die Vor-

---

welche die Art und Weise des Verfahrens, sowie die Zulänglichkeit des Uebergebots oder der angebotenen Sicherheit betreffen, dem zuständigen Amtsgericht (§ 36) zu, dessen Entscheidungen, in Gemäßheit des für anwendbar erklärten § 27 ohne vorgängige mündliche Verhandlung erfolgen können und der sofortigen Beschwerde unterliegen.

Auf materiell-rechtliche Streitigkeiten, z. B. über das Recht zum Uebergebot, finden die Vorschriften des Gesetzes keine Anwendung; dieselben sind im gewöhnlichen Verfahren nach den Bestimmungen der Civilprozeßordnung zu erledigen (M.).

§ 40 schreibt im Interesse der Beschleunigung des Verfahrens vor, daß der überbietende Gläubiger schon innerhalb der im Art. 2185 des Code civil für die Zustellung des Uebergebots bestimmten Frist den Wiederverkauf bei dem zuständigen Amtsgericht (§ 36) zu beantragen, und dieses, nach Ablauf des im § 38 Abs. 2 für die Geltendmachung von Einwendungen bestimmten Frist oder eintretenden Falles nach deren rechtskräftiger Zurückweisung, die Verkaufsverordnung zu erlassen hat (M.).

Abs. 2 ist von der Kommission eingeführt worden in der Erwägung, daß, da der Wiederverkauf nicht ex officio, sondern nur auf Antrag angeordnet wird, das Verfahren durch Nachlässigkeit oder Konivenz von dem Ueberbieter zum Schaden der andern Hypothekargläubiger aufgegeben werden könne (B.). (Vergl. Code de procédure civile, Art. 833.)

Ist der Antrag auf Wiederverkauf gestellt, so ist die Verkaufsverordnung, in Gemäßheit des Art. 2190 des Code civil (vergl. § 35 Abs. 1) auch im Falle späterer Zurücknahme des Antrags zu erlassen, sofern nicht alle übrigen Hypothekargläubiger in die Aufhebung des Verfahrens willigen (M.).

ainsi que la suffisance de la surenchère ou de la garantie offerte (§ 36). Le § 27 reçoit son application.

§ 40. Le créancier surenchérisseur doit, dans le délai fixé par l'art. 2185 du Code civil pour la signification de la surenchère, présenter requête au Landgericht compétent aux fins de revente sur surenchère.

Faute par lui de présenter ladite requête dans le délai ci-dessus, la revente sur surenchère pourra, dans un nouveau délai d'un mois, être demandée par tout autre créancier hypothécaire.

Si, dans le délai fixé par le § 38, alinéa 2, il n'a pas été élevé d'objections contre la surenchère ou la suffisance de la garantie offerte, ou si les objections élevées ont été repoussées par une décision passée en force de chose jugée, le Landgericht rend l'ordonnance de vente. Sont applicables

---

compétent (§ 36) de statuer sur les conclusions, objections et observations se rapportant au mode de procédure et à l'insuffisance de la surenchère ou de la caution qui est offerte; les décisions sont rendues sans débat oral préalable, conformément au dernier alinéa du § 27, qui reçoit son application, et sont susceptibles du pourvoi par recours immédiat.

Les dispositions de la présente loi ne s'appliquent pas aux contestations sur le fond des réclamations, telles que le droit de surenchérir; elles sont vidées dans les formes de la procédure ordinaire et d'après les règles du Code de procédure civile (M.).

§ 40. Ce paragraphe dispose, afin d'accélérer la marche de la procédure, que le créancier surenchérisseur doit requérir la revente de l'immeuble déjà dans le délai fixé par l'art. 2185 du Code civil pour la notification de la surenchère, en s'adressant au tribunal cantonal compétent, qui aura à ordonner la vente à l'expiration du délai de réclamation prévu par le § 36, ou après le rejet définitif des oppositions qui ont pu se produire.

L'alinéa 2 a été ajouté par la Commission parce que la revente n'étant pas ordonnée d'office, mais seulement sur requête, la procédure pourrait être abandonnée par le surenchérisseur, soit par négligence, soit par connivence, au préjudice des autres créanciers hypothécaires (R.) comp. Code de procédure civile français, art. 833.)

Dès que la vente sur surenchère est requise, il y a lieu de rendre l'ordonnance de vente, conformément à l'art. 2190 du Code civil (comp. § 35, alinéa 1er), même si les conclusions étaient retirées plus tard, à moins que les autres créanciers hypothécaires ne soient unanimes à se désister de la procédure (M.).

schriften des § 4, betreffend den Zwangsvollstreckungsbeschluß, maßgebend.

§ 41. Auf den Wiederverkauf in Folge Uebergebots finden

---

§ 41. Nach Absatz 1 finden auf den Wiederverkauf in Folge Uebergebots im Allgemeinen die Vorschriften über die Zwangsvollstreckung in Liegenschaften Anwendung (vergl. Code civil, Art. 2187), jedoch mit dem im Abs. 2, 3 ausdrücklich aufgenommenen, der Natur der Sache und anderweitigen gesetzlichen Bestimmungen entsprechenden Maßgaben. Hiernach gilt im Wiederverkaufsverfahren der Erwerbspreis mit Hinzurechnung des Uebergebots, als Angebot. Die Ueberschreibung der Verkaufsverordnung kommt in Wegfall, da die durch Art. 2185 des Code civil vorgeschriebene Zustellung zur Wahrung der Interessen der Betheiligten genügt, und die mit der Ueberschreibung im Zwangsvollstreckungsverfahren verbundenen Wirkungen (§§ 25, 26 des Gesetzes) außerhalb des letzteren nicht gerechtfertigt erscheinen. Unberührt bleiben ferner die Bestimmungen des Art. 2188 des Code civil, betreffend die dem Erwerber durch den Ansteigerer zu ersetzenden Kosten des Verfahrens, sowie die Bestimmung des Art. 2190, wonach die Versteigerung regelmäßig ohne Rücksicht auf eine etwaige Abstandnahme des betreibenden Gläubigers zu erfolgen hat. Durch die letztere Bestimmung erleiden diejenigen Vorschriften, welche die unbeschränkte Befugniß des betreibenden Gläubigers zur Aufgabe des Zwangsvollstreckungsverfahren betreffen (vergl. die §§ 3 Abs. 2, § 11) eine Einschränkung. Bezüglich des Art. 2189 des Code civil vergl. § 42 (M.).

Nach dem Entwurfe sollte nicht nur die Ueberschreibung, sondern auch die Uebersendung der Versteigerungsanzeige an die Hypothekargläubiger unterbleiben. Die Kommission hielt jedoch eine Zustellung an diese Gläubiger für wünschenswerth, um dieselben von dem Wiederverkauf unmittelbar zu benachrichtigen (B.).

Die nicht auf die Form des Verfahrens beschränkte Fassung des Abs. 1 läßt erkennen, daß der Wiederverkauf in Folge Uebergebots auch hinsichtlich der Wirkungen des Zuschlags der Zwangsversteigerung gleichsteht. Dies war bisher insofern nicht der Fall, als nach der Vorschrift im letzten Absatze des Art. 838 des Code de procédure civile der im Wiederverkaufsverfahren ertheilte Zuschlag die Durchführung des Verfahrens behufs Purgation der gesetzlichen, nicht eingetragenen Hypotheken (Art. 2193 ff. des Code civil) nicht entbehrlich macht. Da das Wiederverkaufsverfahren den Inhabern nicht eingetragener gesetzlicher Hypotheken dieselben Garantien der Publizität bietet wie das Zwangsvollstreckungsverfahren, so ist ein Grund nicht abzusehen, weshalb nicht auch in dem ersteren Verfahren die Vorschrift des § 22 Abs. 2 ohne Beschränkung zur Anwendung kommen soll. Demgemäß wird im § 73 die bezeichnete Bestimmung des Code de procédure civile beseitigt.

Da der soeben erwähnte § 73 sämmtliche noch bestehenden Vorschriften des Code de procédure civile über das Hypotheken-Reinigungsverfahren aufhebt, so richtet sich dasselbe (vergl. § 35) künftig

à la teneur de cette ordonnance, les dispositions du § 4 relatives à l'ordonnance d'exécution forcée.

§ 41. En cas de revente par suite de surenchère, on

§ 41. D'après l'alinéa 1er, la revente par suite de surenchère sera en général poursuivie, en ce qui concerne la forme de la procédure, conformément aux dispositions relatives à l'exécution forcée sur biens immeubles (comp. Code civil, art. 2187), avec les modifications indiquées cependant expressément aux alinéas 2 et 4 de la loi, et résultant tant du fond de la chose que d'autres dispositions légales. D'après ces dispositions, le prix de vente auquel s'ajoute le montant de la surenchère sert comme mise à prix. La transcription de l'ordonnance de vente est supprimée, attendu que la notification prévue par l'art. 2185 du Code civil suffit pour la conservation des intérêts des parties, et que l'extension des effets (§§ 25 et 26 de la présente loi) de la transcription dans une procédure d'expropriation forcée, même au delà de cette dernière, ne paraît point justifiée. Sont maintenues en outre les dispositions de l'art. 2188 du Code civil sur les frais de procédure à rembourser à l'acquéreur par l'adjudicataire, ainsi que la prescription de l'art. 2190, suivant laquelle le désistement du créancier poursuivant n'empêche généralement pas l'adjudication publique. Il en résulte une restriction de la faculté illimitée accordée au créancier poursuivant de se désister de l'expropriation forcée (voy. § 3, alinéa 2; § 11). Quant à l'art. 2189 du Code civil, comp. § 42 (M.).

D'après le projet de loi, non seulement la transcription de l'ordonnance de vente, mais même la notification aux créanciers hypothécaires ne devaient pas avoir lieu. La Commission a néanmoins pensé qu'une notification aux créanciers paraissait désirable, afin qu'ils fussent directement avertis de la revente (R.).

La teneur de l'alinéa 1er qui n'est pas restreinte aux formes de la procédure, indique que la revente en cas de surenchère est assimilée à l'adjudication forcée sous le rapport des effets de l'adjudication, ce qui n'existait pas dans l'ancienne législation; car le dernier alinéa de l'art. 838 du Code de procédure civile exigeait la purge des hypothèques légales non inscrites même pour le cas de revente par suite de surenchère (Code civil, art. 2493 et suiv.). La procédure de revente offrant ainsi aux propriétaires d'hypothèques légales non inscrites les mêmes garanties de publicité que l'expropriation forcée, on ne verrait pas pourquoi l'alinéa 2 du § 22 ne s'appliquerait pas aussi sans restriction à la procédure de revente. En conséquence, le § 73 écarte cette disposition du Code de procédure civile (M.).

Le § 73 abroge toutes les dispositions encore en vigueur de l'ancien Code de procédure civile concernant la purge hypothécaire, qui sera réglée à l'avenir uniquement d'après les prescriptions correspondantes du Code civil et de la présente loi.

Après les observations jointes aux différents paragraphes du titre III, il ne reste ici qu'à expliquer pourquoi l'alinéa 1er de l'art. 832 et l'art. 833 du Code de procédure civile sont abrogés.

die Vorschriften, betreffend die Zwangsvollstreckung in Liegenschaften, mit nachstehenden Maßgaben Anwendung:

---

lediglich nach den betreffenden Bestimmungen des Code civil und dieses Gesetzes. Nach dem zu den einzelnen Paragraphen des Titel III Bemerkten bedarf hier nur noch die Beseitigung des Art. 832 Abs. 1 und des Art. 833 des Code de procédure civile der Erörterung.

Die erstere Vorschrift, wonach der Gerichtsvollzieher, welcher die in den Art. 2183, 2185 des Code civil vorgesehenen Zustellungen zu bewirken hat, hierzu durch den Vorsitzenden des Gerichts beauftragt wird, enthält eine Vermehrung der Förmlichkeiten und Kosten des Verfahrens und kann umsomehr in Wegfall kommen, als dieselbe mit dem das Verfahren beherrschenden Grundsatze des Parteibetriebs nicht ganz im Einklange steht.

Die Vorschriften des Art. 833, betreffend die Befugniß jedes eingetragenen Gläubigers, in das von dem betreibenden Theil aufgegebene oder nachlässig betriebene Uebergebotsverfahren sich subrogiren zu lassen, sind, insoweit sie sich auf den Fall der Nichtverfolgung der Klage auf Gültigerklärung des Uebergebots beziehen, durch den Wegfall dieser Klage (vergl. die Bemerkungen zu § 38) gegenstandslos geworden. Einer Verschleppung des die Einwendungen gegen das Uebergebot betreffenden Verfahrens dürfte aber durch die Bestimmungen der §§ 38 Abs. 2, § 39 hinreichend vorgebeugt sein. Das Gleiche gilt zufolge des § 40, in Verbindung mit dem im § 35 Abs. 1 vorbehaltenen Art. 2190 des Code civil, für das Wiederverkaufsverfahren. Es besteht daher keine Veranlassung, den cit. Art. 833 durch eine entsprechende Bestimmung zu ersetzen (M.).

Zu Titel IV. Das auf eine Zwangsvollstreckung oder ein Hypotheken-Reinigungsverfahren folgende Vertheilungsverfahren (Rangordnungsverfahren, ordre) gehörte bisher zur Zuständigkeit der Landgerichte. Die Beibehaltung dieses Rechtszustandes unter der Herrschaft der Civilprozeßordnung unterliegt jedoch den erheblichsten Bedenken. Wenn der § 757 Abs. 1 der Civilprozeßordnung die Regelung der Zwangsvollstreckung in das unbewegliche Vermögen „einschließlich des mit derselben verbundenen Aufgebots- und Vertheilungsverfahrens" im Allgemeinen der Landesgesetzgebung überläßt, so erhellt schon aus dieser Fassung, daß das Reichsgesetz, entsprechend der bezüglich der Zwangsvollstreckung in bewegliches Vermögen den §§ 758 bis 768 zu Grunde liegenden Auffassung, das an eine Zwangsvollstreckung sich anschließende Vertheilungsverfahren als zur Zwangsvollstreckung gehörig betrachtet. Die Landesgesetzgebung wird daher nicht außer Acht lassen dürfen, daß auch auf dem hier fraglichen Gebiete die allgemeinen Bestimmungen des ersten Abschnittes des 8. Buches der Civilprozeßordnung maßgebend bleiben, von welchem § 684 bestimmt, daß die dem Gerichte zugewiesene Anordnung von Vollstreckungshandlungen und die Mitwirkung bei solchen zur Zuständigkeit der Amtsgerichte als Vollstreckungsgerichte gehört. Es wird sonach sowohl diese Vorschrift als auch die besondere Bestimmung des § 755 Abs. 1, wonach für die Zwangsvollstreckung in ein Grundstück als Vollstreckungsgericht das Amtsgericht zuständig ist, in dessen Bezirk das Grundstück belegen ist, dazu führen, diese Zuständigkeit auch für das der Zwangsvollstreckung

appliquera les dispositions concernant l'exécution forcée sur les immeubles, sauf les modifications suivantes:

La première de ces dispositions, en vertu de laquelle l'huissier qui doit faire les notifications prescrites par les art. 2183 et 2185 du Code civil, est commis par le président du tribunal, augmente inutilement les formalités et les frais de procédure, et peut d'autant plus être supprimée qu'elle ne s'accorde pas avec le principe dominant de notre législation, qui abandonne aux parties la poursuite de la procédure.

Les dispositions de l'art. 883, sur le droit attribué à tout créancier inscrit de se faire subroger dans la procédure dont la partie poursuivante s'est désistée ou a négligé la poursuite, sont, par suite de l'abrogation de la demande en validité de la surenchère (voy. § 38) devenues inapplicables, en tant qu'elles s'appliquent au cas où cette demande n'aurait pas été poursuivie. L'alinéa 2 du § 38 et le § 39 paraissent fournir une garantie suffisante contre les essais tentés pour entraver la procédure de surenchère au moyen d'objections. En ce qui concerne la revente, le § 40 et l'art. 2190 du Code civil maintenu par le § 35, alinéa 1er, contiennent des dispositions semblables. Il était dès lors superflu de remplacer cet art. 833 par une disposition analogue (M.).

Titre IV. La procédure de distribution à la suite d'une expropriation forcée ou d'une purge hypothécaire, était attribuée jusqu'à présent aux tribunaux de première instance. Le maintien de cet état de choses entraînait les difficultés les plus sérieuses sous le régime du Code de procédure civile. Il résulte de la teneur de l'alinéa 1er du § 757 de ce Code, qui, en principe abandonne aux législations particulières la réglementation de l'exécution forcée sur les biens immeubles, „y compris les procédures par voie de sommation publique ou de distribution qui s'y rapportent", que la loi de l'Empire considère la distribution à la suite d'une expropriation forcée comme faisant partie de la procédure d'expropriation, ce qui est le point de vue légal dominant dans les §§ 758 à 768, relativement à l'exécution forcée sur biens meubles. Les législations particulières ont donc à tenir compte des dispositions générales de la première section du huitième livre du Code de procédure civile, qui dispose dans le § 684, que le pouvoir attribué aux tribunaux d'ordonner les actes d'exécution et d'y prêter leur concours, rentre dans la compétence des tribunaux cantonaux comme tribunaux d'exécution. Par conséquent cette disposition et la prescription spéciale de l'alinéa 1er (voy. § 833), suivant laquelle le tribunal cantonal de la situation est compétent pour l'exécution forcée sur un héritage, entraînent l'extension de leur compétence à la procédure de distribution à la suite d'une expropriation forcée. Au surplus l'alinéa 3 du § 757 du Code de procédure civile déclare applicables les §§ 765 à 768 sur la distribution aux contestations qui pourront s'élever dans le cours d'une pareille procédure, et le § 765 susmentionné oppose expressément le tribunal cantonal comme étant compétent pour la dis-

Als Angebot gilt der Erwerbspreis, mit Hinzurechnung des Uebergebots.

Eine Ueberschreibung der Verkaufsordnung findet nicht statt.

---

folgende Vertheilungsverfahren gelten zu lassen. Ueberdies erklärt der § 757 Abs. 3 der Civilprozeßordnung auf Vertheilungsstreitigkeiten, welche bei der Zwangsvollstreckung in das unbewegliche Vermögen entstehen, die das Vertheilungsverfahren betreffenden §§ 765 bis 768 für entsprechend anwendbar, und der hier in Bezug genommene § 765 stellt das Vertheilungsgericht als ein Amtsgericht dem Landgericht, in dessen Bezirk das erstere seinen Sitz hat, ausdrücklich gegenüber. Abgesehen hiervon hat die Reichsgesetzgebung dem Amtsgericht auch die Leitung der Konkurse übertragen.

Nach diesen Gesichtspunkten hat das Gesetz das Vertheilungsverfahren, im Falle der Zwangsvollstreckung in unbewegliches Vermögen, dem Amtsgerichte, bei welchem die Zwangsvollstreckung erfolgt ist, zuweisen zu müssen geglaubt. In gleicher Weise war dann auch das auf eine freiwillige Veräußerung folgende Vertheilungsverfahren, welches der Natur der Sache nach nicht abweichend behandelt werden kann, der Zuständigkeit desjenigen Amtsgerichts zu überweisen, bei welchem das Hypotheken-Reinigungsverfahren stattgefunden hat.

Die in den §§ 44 Abs. 1, 64 Abs. 2 festgesetzte Zuständigkeit des Amtsgerichts hat eine Abänderung der bestehenden Vorschriften über das Vertheilungsverfahren zur nothwendigen Folge. Nach diesen Vorschriften wird das Verfahren in allen Fällen nur auf Antrag eingeleitet, und, abgesehen von dem ordre amiable, durch den Grundsatz des Parteibetriebes beherrscht. Die ordnungsmäßige Durchführung des an zahlreiche Förmlichkeiten und Fristen gebundenen Verfahrens wird dadurch verbürgt, daß der betreibende Theil und die anmeldenden Gläubiger sich durch Anwälte vertreten lassen müssen. Bei den Amtsgerichten findet aber im Allgemeinen (vergl. C. P. O. § 74) ein Anwaltszwang nicht statt, und steht deshalb sowie in Folge der bisherigen Gewöhnung noch für eine längere Zeit zu erwarten, daß an den Amtsgerichten des Reichslandes Rechtsanwälte nur ausnahmsweise sich niederlassen werden. Die Betheiligten selbst aber sind zum größten Theil, mangels der erforderlichen Rechts- und Geschäftskunde, nicht in der Lage, ihre Sache selbst zu betreiben. Unter diesen Umständen erscheint es unerläßlich, das Vertheilungsverfahren, wie dies bezüglich des ordre amiable bisher schon der Fall war, durchaus als ein Offizialverfahren ohne Anwaltszwang zu gestalten. Der Schwerpunkt des Verfahrens liegt in der mündlichen Verhandlung vor dem Amtsrichter über einen von demselben vorher zu fertigenden und offenzulegenden Theilungsplan (§ 53) (vergl. die Vorschriften der C. P. O. §§ 758 bis 768 und der Konkursordnung §§ 126 ff.) (M.).

Die Kommission hat in längerer Berathung die Frage der Zuständigkeit hinsichtlich des Vertheilungsverfahrens erwogen. Vom Gesichtspunkte der Zweckmäßigkeit erschien ihr die Neuerung nicht als eine glückliche. Der Bericht spricht sich in dieser Richtung folgendermaßen aus:

La mise à prix se forme du montant du prix de la vente, plus la surenchère.

L'ordonnance de vente n'est pas transcrite.

---

tribution, au tribunal régional dans le ressort duquel ce dernier a son siège. La législation de l'Empire a enfin déféré le règlement des faillites aux tribunaux cantonaux.

C'est pour ces motifs que la présente loi a jugé à propos de déférer la procédure de distribution par suite d'expropriation forcée au tribunal cantonal déjà saisi de cette dernière.

La distribution par suite d'aliénation volontaire, qui de sa nature ne pouvait être traitée autrement, devait de même être déférée au tribunal cantonal devant lequel s'est poursuivie la purge des hypothèques.

En tant que le juge cantonal devenait compétent par suite des prescriptions des §§ 44 alinéa 1er, et 64, alinéa 2, il y avait lieu de modifier les dispositions antérieures sur la procédure d'ordre. Suivant ces dernières, la procédure d'ordre n'était ouverte qu'à la requête d'une partie et était régie, sauf l'ordre amiable, par le principe que la poursuite de la procédure, était abandonnée aux parties. La marche régulière de la procédure, qui n'était pas exempte de formalités et de longueurs, était garantie par la disposition que le poursuivant et les créanciers produisant devaient être représentés par des avoués. La représentation par avoué n'étant pas obligatoire devant les tribunaux cantonaux (voy. Code de procédure civile, § 74), il n'y aura qu'exceptionnellement des avoués au siège des tribunaux cantonaux de l'Alsace-Lorraine, puisque l'usage contraire a existé jusqu'à présent. D'un autre côté, la plupart des parties intéressées ne savent pas défendre elles-mêmes leur cause, par suite de leur ignorance complète de la loi et des affaires. Il paraît dès lors indispensable de régler d'office la procédure de distribution, sans que les parties soient tenues de se faire représenter par avoué, ainsi que cela a lieu déjà pour l'ordre amiable.

Le point capital de la procédure sera le débat oral sur l'état de distribution qui sera dressé par le tribunal cantonal et déposé au greffe (§ 53), (voy. Code de procédure civile, §§ 758 à 768, et Code des faillites, §§ 126 et suiv.) (M.).

La Commission s'est longuement occupée de la question de compétence pour la procédure de distribution. Le changement introduit par la nouvelle loi ne lui semblait pas être d'une utilité pratique. Le rapport s'exprime à ce sujet de la manière suivante:

„Dans toute l'activité de la justice, il n'est pas de procédure plus importante et donnant lieu à de plus sérieuses difficultés que la distribution de prix d'immeubles; et si l'on considère que l'Amtsrichter est juge unique, réduit à ses propres forces, en rapport direct avec les parties seules, recevant leurs titres et leurs explications souvent incohérentes, toujours insuffisantes au point

Titel IV.

Vertheilungsverfahren.

§ 42. Hat eine Zwangsversteigerung oder ein Wiederverkauf in Folge Uebergebots stattgefunden, so hat außer dem Falle

Auf dem ganzen Gebiete des Rechts gibt es kaum ein wichtigeres und ernstere Schwierigkeiten darbietendes Verfahren als die Vertheilung des Erlöses unbeweglicher Sachen. Zieht man in Betracht, daß der Amtsrichter als Einzelrichter auf sich allein angewiesen, in unmittelbarem Verkehr mit den Parteien, deren Schriftstücke und Erläuterungen entgegennehmen muß, welche oft zusammenhangslos und in rechtlicher Hinsicht stets ungenügend sind; daß ihm auch meist die Hülfsmittel fehlen, um sich über hypothekenrechtliche und andere schwierige Fragen die nöthige Belehrung zu verschaffen; daß er gerade jetzt mit Arbeiten überbürdet ist, welche ihm nicht immer die nöthige Muße zu eingehenden Studien und Forschungen übrig lassen, so kann man nicht umhin, eine Neuerung zu beklagen, durch welche ihm jetzt auch noch das Vertheilungsverfahren übertragen werden soll. Von den Landgerichten dagegen, wo der beauftragte Richter von seinen Kollegen und allen Hilfsmitteln umgeben war, welche für eine gründliche Prüfung der entstehenden Schwierigkeiten nothwendig sind, wo diese Schwierigkeiten überdies durch die Mitwirkung der Rechtsanwälte, welche das Für und Wider vor dem Richter unter Darlegung der entscheidenden Gesichtspunkte eingehend zu erörtern hatten, geebnet und erleichtert wurden, da hatten die oft so wichtigen Interessen der Parteien eine Garantie gefunden, die vollständig war und Nichts zu wünschen übrig ließ.

Die obigen rechtlichen Gesichtspunkte der Motive wurden jedoch auch von der Kommission um so mehr als durchschlagend anerkannt, als bereits von mehreren Landgerichten Urtheile in demselben Sinne ergangen waren. Dieselben waren in gleicher Weise entscheidend gegenüber dem in der Kommission gemachten Vorschlage, das Vertheilungsverfahren vor die Notare zu verweisen. Doch wurde im § 43 ausdrücklich bestimmt, daß von dem Versteigerungsbeamten ein Uebereinkommen über die Vertheilung geschlossen werden könne.

§ 42. Unter der bisherigen Gesetzgebung, wonach das Verfahren nur auf Antrag eingeleitet und dieser Antrag erst gestellt werden kann, nachdem die dem Ankäufer obliegende Ueberschreibung des Versteigerungsprotokolls bewirkt ist (Code de procédure civil, Art. 750), wurde die Eröffnung des Ordreverfahrens oft unverhältnißmäßig lange verzögert. Um diesem Uebelstande abzuhelfen, schreibt § 42 vor, daß der Versteigerungsbeamte, sobald der erfolgte Zuschlag endgültig feststeht, die Ueberschreibung des Bedingnißheftes und des Versteigerungsprotokolls sowie die Berichtigung und Ergänzung des Hypothekenauszuges (§ 1 Nr. 4) durch einen bis zur Ueberschreibung reichenden Nachtrag von Amtswegen zu bewirken hat. Diese Verpflichtung kommt jedoch, entsprechend dem Art. 2189 des Code civil, dann in Wegfall, wenn bei dem in Folge Uebergebots stattgehabten Wiederverkaufe der Erwerber selbst Ansteigerer geworden ist.

TITRE IV.

Procédure de distribution.

§ 42. Après une vente sur exécution forcée ou une revente sur surenchère, hors le cas de l'art. 2189 du Code civil, le fonctionnaire chargé de l'adjudication devra, dès que l'adjudication sera devenue définitive, faire transcrire le cahier

---

de vue juridique; que la plupart du temps aussi les moyens lui manquent pour des recherches de jurisprudence sur les questions hypothécaires ou autres des plus épineuses; si l'on ajoute que, aujourd'hui surtout, l'Amtsrichter est surchargé d'occupations qui ne lui laisseront pas toujours le loisir de se livrer à des études et des informations sérieuses, l'on ne peut s'empêcher de déplorer la réforme qui lui attribue la procédure d'ordre. Devant le Landgericht où le juge-commissaire était entouré de ses collègues et de toutes les ressources nécessaires pour un examen approfondi de toutes les difficultés; où ces difficultés étaient d'ailleurs aplanies ou élucidées par le concours des avoués qui présentaient les raisons déterminantes dans les deux sens et les discutaient à fond devant le juge, les intérêts souvent si graves des parties trouvaient une garantie entière qui ne laissait rien à désirer."

Les considérations juridiques péveloppées dans les motifs furent néanmoins admises par la Commission comme étant d'autant plus décisives, que des jugements avaient déjà été rendus dans le même sens par des tribunaux régionaux. Elles l'emportèrent de même lors de la discussion qui a eu lieu au sein de la Commission, sur la proposition de renvoyer la procédure de distribution devant les notaires. A cet égard on s'est borné à introduire la disposition qu'une entente amiable au sujet de l'ordre pourra toujours avoir lieu devant le notaire commis pour l'adjudication.

§ 42. Sous l'Empire de l'ancienne législation, où la procédure ne pouvait être ouverte que par les soins de l'acquéreur à la requête d'une partie et après la transcription du procès-verbal d'adjudication (Code de procédure civile, art. 750), l'ouverture de l'ordre était parfois retardée outre mesure. Pour remédier à cet inconvénient, le § 42 dispose que le notaire doit, dès que l'adjudication est devenue définitive, faire transcrire le cahier des charges et le procès-verbal d'adjudication ainsi que faire rectifier et compléter l'extrait hypothécaire (§ 1, n° 4) par un extrait supplémentaire allant jusqu'à la transcription. Cette obligation cesse toutefois conformément à l'art. 2189 du Code civil, lorsque l'acquéreur se sera rendu adjudicataire à la suite d'une revente sur surenchère.

L'alinéa 2 met hors de doute que la transcription requise par le notaire conserve le privilège du vendeur comme si celui-ci ou l'acquéreur l'avaient opérée (M.).

des Art. 2189 des Code civil, der Versteigerungsbeamte, sobald der erfolgte Zuschlag endgültig feststeht, die Ueberschreibung des Bedingnißheftes und des Versteigerungsprotokolls sowie die Berichtigung und Ergänzung des Hypothekenauszugs (§ 1 Nr. 4) durch einen bis zur Ueberschreibung reichenden Nachtrag zu bewirken.

Die Ueberschreibung hat die im Art. 2108 des Code civil bezeichneten Wirkungen.

§ 43. Vor dem Versteigerungsbeamten kann zwischen den Betheiligten ein Uebereinkommen über die Vertheilung geschlossen werden.

Abs. 2 stellt außer Zweifel, daß die von dem Gerichtsschreiber veranlaßte Ueberschreibung, ebenso wie die seitens des Verkäufers oder des Ankäufers bewirkte das Privileg des Verkäufers wahrt (M.).

§ 43, Abs. 1. Die Kommission hielt es nicht für angängig, gesetzliche Formen für dieses außergerichtliche Verfahren aufzustellen und beschränkte sie sich daher darauf, eine Bestimmung vorzuschlagen, welche dies gütliche Verfahren als ein fakultatives vorsieht und dem Notar volle Freiheit läßt, dazu zu schreiten, sobald es möglich erscheint. Die Frist, binnen der die Vertheilung geschehen soll, ist dieselbe, welche im folgenden Paragraphen für die Uebersendung der Gerichtsakten an das Amtsgericht bestimmt ist (B.).

Das im Abs. 1 vorgesehene Uebereinkommen könnte mit Sicherheit nicht abgeschlossen werden, wenn die Rechte der Inhaber gesetzliche, nicht eingetragene Hypotheken nicht beschränkt wurden. Wie der Kommissionsbericht ausführt, verlieren dieselben durch den Zuschlag (vgl. §§ 22, 23) ihr droit de suite, nicht ihr droit de préférence. Dieses Recht darf jedoch kein Hinderniß dafür sein, daß die anderen Betheiligten ihr gegenseitiges Verhältniß in's Klare bringen können, da sie kein Mittel haben zu erfahren, ob solche Hypotheken existiren oder nicht. Unbekannte Rechte sollen den Käufer nicht verhindern, sich zu befreien, noch auch die eingetragenen Gläubiger, ihre Forderungen einzuziehen. Diesem Gesichtspunkt hat der Art. 772 des Code de procédure civile Rechnung getragen, indem er für den Fall des freiwilligen Verkaufs die Ausübung des droit de préférence an die Bedingung knüpft, daß es binnen einer kurzen Frist geltend gemacht wird. In entsprechender Anwendung dieser Vorschrift gelangte die Kommission zu folgendem System:

So lange die Lage noch unverändert ist, d. h. so lange eine gütliche Vertheilung noch nicht stattgefunden hat, so lange können alle Rechte noch geltend gemacht werden und ist kein Grund vorhanden, die Gläubiger mit Legalhypotheken, selbst wenn sie versäumt haben, ihr droit de suite durch rechtzeitige Eintragung zu wahren, auszuschließen.

Ist dagegen die Vertheilung vorgenommen worden, so kann den Inhabern gesetzlicher nicht eingetragener Hypotheken kein Rückgriff mehr gegen den Käufer zustehen. Was aber diejenigen, welche eine Anweisung nach dem Uebereinkommen erhalten haben, angeht, so sollen

des charges et le procès-verbal d'adjudication, ainsi que faire rectifier et compléter l'extrait hypothécaire (§ 1, n° 4), par un extrait supplémentaire allant jusqu'à la transcription.

La transcription produit les effets mentionnés à l'art. 2108 du Code civil.

§ 43. Les intéressés peuvent se règler amiablement sur la distribution devant le fonctionnaire chargé de l'adjudication.

---

§ 43, alinéa 1er. La Commission n'a pas pensé devoir régler cette tentative extrajudiciaire par les formes légales, et elle s'est bornée à proposer une disposition prévoyant cet ordre amiable comme facultatif et laissant au notaire pleine liberté d'y procéder quand cela lui paraît possible. Le délai dans lequel cette distribution devra être faite se confondra avec celui que fixe le paragraphe suivant pour la délivrance des pièces à l'Amtsgericht (R.).

Le règlement amiable ne pourrait être conclu d'une manière sûre, si les droits des créanciers à hypothèques légales non inscrites n'avaient pas subi de restriction. Ces derniers perdent par suite de l'adjudication leur droit de suite, mais non leur droit de préférence (comp. §§ 22 et 23). Ce droit ne doit pas cependant être un obstacle à ce que les autres parties liquident leur situation réciproque, alors qu'elles n'ont aucun moyen pour s'assurer s'il en existe ou non; il ne faut pas que des droits occultes empêchent l'acquéreur de se libérer, les créanciers inscrits de toucher le montant de leurs prétentions.

L'art. 772 du Code de procédure civile avait déjà tenu compte de cette situation anormale, en subordonnant l'exercice de ce droit de préférence, lorsqu'il s'agit d'un ordre ouvert à la suite d'une vente volontaire, à la condition de la faire valoir dans un court délai.

La Commission s'est appropriée les motifs de cette disposition et s'est arrêtée au système suivant:

Tant que les choses sont entières, c'est-à-dire tant qu'une distribution amiable du prix n'a pas été faite, tous les droits sont admis à se faire valoir, et il n'existe aucune raison d'écarter les créanciers à hypothèque légale, alors même qu'ils auraient négligé de conserver leur droit de suite par une inscription prise en temps utile.

Mais si une distribution a été faite, nul recours ne peut plus subsister pour les créanciers à hypothèque légale non inscrite contre l'acquéreur; et quant à ceux qui ont été colloqués par suite d'un arrangement, ils ne pourront être recherchés que pendant un délai restreint, c'est-à-dire pendant trois mois après la clôture de la distribution amiable.

Die Gläubiger mit gesetzlichen, nicht eingetragenen Hypotheken, können ihre Vorrechte auf den Preis nur so lange geltend machen, als ein Uebereinkommen nicht zu Stande gekommen ist. Gegen Diejenigen, welche eine Anweisung nach dem Uebereinkommen erhalten haben, können dieselben innerhalb drei Monaten nach dem Abschluß des Uebereinkommens ein besseres Recht im Wege der Klage geltend machen.

§ 44. Innerhalb eines Monats nach der Rückgabe des überschriebenen Versteigerungsprotokolles und im Falle des Art. 2189 des Code civil innerhalb eines Monats nach dem Zeitpunkt, in welchem der Zuschlag endgültig feststeht, sind die Gerichtsakten, mit Ausnahme des Hypothekenauszuges, dem Amtsgerichte, welches die Versteigerung verordnet hat, zu übersenden.

Ist vor dem Versteigerungsbeamten ein Uebereinkommen über die Vertheilung zwischen den Betheiligten nicht geschlossen worden, so ist den Gerichtsakten die überschriebene Ausfertigung des Bedingnißheftes und des Versteigerungsprotokolls sowie der Hypothekenauszug beizufügen.

---

sie nur binnen einer kurzen Frist, d. h. binnen 3 Monaten von dem Abschluß der gütlichen Vertheilung an, belangt werden können.

In dem Fall endlich, wo eine gütliche Vertheilung nicht erfolgt ist, es also zu einer gerichtlichen Vertheilung kommt, ist kein Grund vorhanden, die Gläubiger der hier besprochenen Kategorie nicht eben so gut wie die anderen zu berücksichtigen, da Jeder sein unverletztes Recht geltend macht nach der Reihenfolge, die ihm zukommt. Auch kann hier die Ungewißheit nicht lange dauern, da die gerichtliche Vertheilung von Amtswegen in einer sehr kurzen Zeit vorgenommen werden muß (B.).

(Daß die im Abs. 2 bezeichneten Gläubiger gegenüber dem Schuldner, welcher einen Ueberschuß des Preises nach dem Uebereinkommen erhalten hat, ihre Ansprüche ohne Rücksicht auf die dreimonatliche Frist geltend machen können, ist selbstverständlich. Vgl. die Bemerkung des Berichterstatters bei der zweiten Berathung, ein solcher Gläubiger „könne das gütliche Uebereinkommen nicht mehr anfechten, er könne sich wegen seiner Forderung nur direkt an den Schuldner halten mit den Rechtsmitteln, die ihm die C. P. O. dazu gibt".)

§ 44, Abs. 1. Es ist wohl zu beachten, daß die Frist nicht mit dem Tag der Ueberschreibung beginne, sondern mit derjenigen, an welcher die überschriebene Ausfertigung vom Hypothekenamt zurückkommt. Da häufig eine längere Zeit vergeht von dem Augenblick an, wo der Hypothekenauszug verlangt, bis zu dem, wo derselbe ertheilt wird, so würde eine Frist, die vom Augenblick der Ueberschreibung an gerechnet würde, in den meisten Fällen ungenügend und illusorisch sein (B.). — Behufs Ueberwachung der Beobachtung der Frist sind die Hypothekenbewahrer angewiesen, sogleich nach Rücksendung des überschriebenen

Les créanciers ayant des hypothèques légales non inscrites ne peuvent faire valoir leurs droits sur le prix qu'aussi longtemps qu'il n'y aura pas eu d'ordre amiable. Ils peuvent, dans un délai de trois mois après la clôture du règlement amiable, faire valoir, par voie d'action principale, un droit de priorité contre ceux qui auront obtenu une collocation en vertu de ce règlement.

§ 44. Dans le délai d'un mois après le retrait du procès-verbal d'adjudication transcrit, et au cas de l'art. 2189 du Code civil, dans le délai d'un mois à partir du moment où l'adjudication est devenue définitive, les pièces de la procédure, hors l'extrait hypothécaire, seront transmises à l'Amtsgericht qui a ordonné l'adjudication.

Si les intéressés n'ont pu se régler entre eux devant le fonctionnaire chargé de l'adjudication, l'expédition transcrite du cahier des charges et du procès-verbal d'adjudication, ainsi que l'extrait hypothécaire, seront joints aux pièces de la procédure.

Dans le cas enfin où il n'y a pas eu de distribution amiable, et où par conséquent il y aura lieu de procéder à un ordre judiciaire, il n'y a aucune raison pour ne pas y admettre les créanciers de la catégorie qui nous occupe, aussi bien que tous les autres, chacun faissant valoir ses droits intacts et au rang qui lui appartient. L'incertitude alors ne se prolongera du reste pas longtemps, puisque l'ordre judiciaire doit être poursuivi d'office dans un court délai (R.).

(Il est bien entendu, que les créanciers dont s'occupe l'alinéa 2 peuvent toujours faire valoir leurs droits vis-à-vis du débiteur, qui a reçu d'après l'arrangement le solde du prix. Comp. les observations du rapporteur lors de la seconde lecture: „un pareil créancier ne pourra sans doute plus venir attaquer l'ordre amiable, mais il pourra s'en tenir au débiteur, en faisant valoir les moyens que lui donne à cet égard le Code de procédure civile.")

§ 44, alinéa 1er. Il est à remarquer que ce n'est pas du jour de la transcription que court ce délai, mais de celui où l'expédition transcrite revient du bureau des hypothèques. La raison en est qu'il peut se passer un temps assez long entre le moment où les extraits hypothécaires sont demandés et celui de leur délivrance, et qu'ainsi un délai partant du jour de la transcription aurait été la plupart du temps illusoire et insuffisant (R.). Pour permettre au juge de contrôler si les délais sont observés, les conservateures

§ 45. Im Falle des § 44 Abs. 2 eröffnet das Gericht hierauf das Protokoll über das Vertheilungsverfahren und erläßt an den Gläubiger, welcher die Zwangsvollstreckung oder den Wiederverkauf betrieben hat, an die eingetragenen Gläubiger sowie an die früheren Verkäufer die Aufforderung, innerhalb eines Monats nach der Zustellung (§ 46) bei Vermeidung des Ausschlusses ihre Forderungen an Hauptsummen, Zinsen, Kosten und sonstigen Nebenforderungen, unter Vorlegung der Titel anzumelden.

Gleichzeitig ist, falls der Ansteigerer den Steigpreis freiwillig hinterlegt hat (§ 21 Abs. 2), auch die Hinterlegungskasse von der Eröffnung des Vertheilungsverfahrens zu benachrichtigen.

§ 46. Die im vorstehenden Paragraphen erwähnten Aufforderungen sind den Betheiligten von Amtswegen zuzustellen.

Versteigerungsprotokolls an den Notar dem Vollstreckungsgericht hiervon Mittheilung zu machen (Ministerialverfügung vom 26. April 1883, Samml. VIII S. 169.).

(Ist ein Uebereinkommen vor dem Versteigerungsbeamten geschlossen worden, so haben die Parteien ein Interesse, daselbst den Hypothekenauszug einsehen zu können; er geht daher in diesem Falle nicht an das Gericht zurück.)

Die zur Vorbereitung des Versteigerungsakts dienenden Urkunden bleiben mit dem Versteigerungsprotokoll beim Notar (Minist.-Verfügung vom 31. August 1880, Samml. V S. 309.)

§ 45 Abs. 1. (Die Präclusivfrist entspricht dem Art. 755 Abs. 1 des Code de proc. civ.).

Die Angabe des Ranges, den der Gläubiger bei der Vertheilung beansprucht, erschien der Kommission überflüssig, da dies anzugeben ihm häufig unmöglich sei.

Durch die Vorschrift im Abs. 2 soll vermieden werden, daß im Falle einer freiwilligen Hinterlegung von Seiten des Ansteigerers dieser sein Geld nach Eröffnung des Vertheilungsverfahrens wieder zurücknehmen könne. Vgl. die zu § 21 gemachten Bemerkungen (B.).

§ 46. Sollen, wie im § 45 vorgeschrieben wird, die Betheiligten mit der Versäumung der Anmeldefrist ausgeschlossen sein, so erscheint es geboten, für die daselbst bezeichneten Aufforderungen im Anschluß an Art. 753 des Code de procédure civile eine förmliche Zustellung zu erfordern. Dieselbe erfolgt von Amtswegen, unter entsprechender Anwendung der in den §§ 152 bis 190 der Civilprozeßordnung für Zustellungen gegebenen Vorschriften (vergl. § 1 des Ausführungsgesetzes zu den Prozeßordnungen), sonach entweder durch Gerichtsvollzieher oder durch die Post.

Hinsichtlich der Frage, an wen und wo die für die Betheiligten bestimmte Zustellung bewirkt werden soll, sind zufolge des Vorbehalts

§ 45. Au cas du § 44, alinéa 2, le tribunal ouvre ensuite le procès-verbal sur la procédure de distribution et fait sommation au créancier qui a poursuivi l'exécution forcée, ou la revente sur enchères, aux créanciers inscrits et aux précédents vendeurs, de faire connaître dans le mois de la notification (§ 46), sous peine d'être forclos, le montant de leurs prétentions, tant en principal qu'en intérêts, frais et autres accessoires, avec production des titres.

En même temps, si l'adjudicataire a consigné volontairement le prix d'adjudication (§ 21, al. 2), il sera donné avis à la caisse des consignations de l'ouverture de la procédure de distribution.

§ 46. Les notifications mentionnées au paragraphe précédent doivent être signifiées d'office aux intéressés.

---

des hypothèques doivent informer le juge de l'exécution, du renvoi au notaire du procès-verbal d'adjudication transcrit (Instr. min. du 26 avril 1883) (Recueil VIII p. 169).

(Un ordre amiable est-il conclu devant le notaire, il est de l'intérêt des parties de pouvoir consulter chez ce dernier l'extrait hypothécaire; aussi dans ce cas, cet extrait n'est-il pas renvoyé au tribunal.)

Les pièces préparatoires de l'adjudication restent déposées en l'étude du notaire (Instr. min. du 31 août 1880, Recueil V p. 309).

§ 45, alinéa 1er. (Le délai de forclusion répond à l'art. 755, alinéa 1er, du Code de proc. civ. fr.)

L'indication du rang que le créancier entend réclamer a semblé superflue à la Commission, cette indication paraissant inutile dans la production et souvent impossible au produisant.

La disposition de l'alinéa 2 a pour but d'éviter qu'en cas de consignation volontaire de la part de l'adjudicataire, il ne puisse retirer les fonds après l'ouverture de l'ordre (comp. les observations sur § 21) (R.).

§ 46. Pour pouvoir attribuer l'effet de la forclusion à l'inobservation du délai de production, il semblait indiqué de prescrire que les sommations dont parle le § 45 seraient notifiées formellement par exploit d'huissier, conformément à l'art. 753 de l'ancien Code de procédure civile. Cette notification se fera d'office, en se conformant aux dispositions des §§ 152 à 190 relatives aux significations, soit par l'intermédiaire du greffier, soit par la poste (voy. aussi § 1er de la loi d'exécution des Codes de procédure).

Quant à la question de savoir à qui et où cette signification devra être faite, il faudra s'en rapporter aux disposition du § 66, conformément à la réserve introduite dans l'alinea 2. En conséquence, les notifications à faire dans le courant de la procédure de distri-

Die Zustellung erfolgt — vorbehaltlich der Bestimmungen im § 66 —

an die eingetragenen Gläubiger in dem in der Eintragung erwählten Wohnsitze,

an die früheren Verkäufer in dem erwählten und in Ermangelung eines solchen im wirklichen, oder, wenn dieser unbekannt ist, in dem in der überschriebenen Kaufurkunde angegebenen Wohnsitze.

Den eingetragenen Gläubigern, sowie dem Verkäufer, welcher Wohnsitz erwählt hat, ist die Aufforderung von dem Gerichtsschreiber gleichzeitig durch Briefe, welche nach den bekannten Wohnorten der Genannten gerichtet werden, mitzutheilen. Die Postsendungen sind mit der Bezeichnung „Einschreiben" zu versehen.

Ein außerhalb des Gebietes des Reichs wohnender Verkäufer, welcher nicht innerhalb desselben Wohnsitz erwählt hat, erhält lediglich die im vorhergehenden Absatze vorgesehene Mittheilung.

§ 47. Die Anmeldung (§ 45) erfolgt durch Erklärung zum Protokolle des Gerichtsschreibers oder durch Einreichung eines

---

im Abs. 2 zunächst die Bestimmungen des § 66 maßgebend. Insoweit daher seitens der Betheiligten im Zwangsvollstreckungsverfahren oder im Hypotheken-Reinigungsverfahren die Benennung eines Zustellungsbevollmächtigten stattgefunden hat, müssen in Gemäßheit des § 65 auch in dem nachfolgenden Vertheilungsverfahren die Zustellungen an den Zustellungsbevollmächtigten erfolgen. Ist dagegen die vorgeschriebene Benennung unterblieben, so kann die Zustellung durch Aufgabe zur Post, in Gemäßheit des § 161 Abs. 1 der Civilprozeßordnung, bewirkt werden. Außer den Fällen des § 66 erscheinen besondere Vorschriften in der fraglichen Richtung nur bezüglich der eingetragenen Gläubiger und des früheren Verkäufers angezeigt. An diese geschieht die Zustellung in dem in der Eintragung erwählten Wohnsitz, an den Verkäufer in Ermangelung eines solchen im wirklichen oder, wenn dieser unbekannt ist, in dem in der Ueberschreibung der Kaufurkunde angegebenen Wohnsitze (vergl. Art. 753 des Code de proc. civ.)

Insoweit eine Zustellung im gewählten Wohnsitze stattzufinden hat, empfiehlt sich zugleich, im Anschluß an die bisher bezüglich des ordre amiable geltenden Vorschriften, eine briefliche Mittheilung an die Betheiligten in den bekannten wirklichen Wohnorten derselben (vgl. Abs. 2 und C. P. O. § 161) (M.).

§ 47. Zur Vermeidung unverständlicher und unvollständiger Anmeldungen schreibt das Gesetz vor, daß der Schriftsatz von einem Rechtsanwalt oder Notar unterzeichnet werden soll. Die hierin liegende

La signification aura lieu — sous réserve des dispositions du § 66 —, pour les créanciers inscrits, au domicile élu dans l'inscription; pour les précédents vendeurs, au domicile élu et, à défaut de celui-ci, au domicile réel, ou, si ce dernier est inconnu, au domicile indiqué dans l'acte de vente transcrit.

La sommation doit être en même temps communiquée par le greffier aux créanciers inscrits et au vendeur qui a élu un domicile par lettres adressées à leurs domiciles connus. Ces lettres porteront la mention „Einschreiben".

Un vendeur qui réside en dehors du territoire de l'Empire et qui n'a pas élu domicile dans l'intérieur de l'Empire, ne reçoit que la communication prévue à l'alinéa précédent.

§ 47. La production (§ 45) se fait par une déclaration sur le procès-verbal du greffier, ou par la remise d'un acte signé d'un avoué ou d'un notaire. Si le produisant est domicilié en dehors du ressort du tribunal d'exécution, il doit

---

bution seront faites au fondé de pouvoir chargé de recevoir les significations, en tant que les intéressés auront nommé précédemment un pareil fondé de pouvoirs dans les procédures d'expropriation ou de purge. S'il n'a pas été indiqué de fondé de pouvoir, la signification pourra être effectuée par l'entremise de la poste, conformément au § 161, alinéa 1er du Code de procédure civile.

En dehors des cas prévus au § 66, des dispositions spéciales relatives à cette signification ne paraissaient nécessaires qu'en ce qui concernait les créanciers inscrits et le précédent propriétaire. Les créanciers seront sommés au domicile élu dans leurs inscriptions, le précédent vendeur à défaut d'un parail domicile, au domicile réel, ou si ce dernier est inconnu, au domicile indiqué dans la transcription de l'acte de vente (voy. art. 753 de l'ancien Code de procédure).

En tant que la notification doit être faite au domicile élu, il paraît utile de faire parvenir la communication, également sous forme de lettre, aux domiciles réels connus des parties intéressées, conformément aux dispositions sur l'ordre amiable jusqu'à présent en vigueur (comp. l'alinéa 3 et Code de proc. civ., § 161) (M.).

§ 47. La loi prescrit que l'acte de production devra être signé par un avocat ou un notaire, afin d'éviter des productions inintelligibles et incomplètes. La restriction que renferme cette disposition doit d'autant moins soulever d'objection, que les produisants seront toujours à même de faire la déclaration au greffier, soit en personne, soit par l'intermédiaire d'un fondé de pouvoirs. L'adjonction

von einem Rechtsanwalt oder Notar unterzeichneten Schriftsatzes. Wohnt der Anmeldende außerhalb des Bezirks des Vollstreckungsgerichts, so hat derselbe gleichzeitig einen in diesem Bezirke wohnhaften Zustellungsbevollmächtigten zu benennen.

§ 48. Der Lauf der Frist für die Anmeldung der Forderungen beginnt für jeden einzelnen Gläubiger mit der Zustellung der Aufforderung, im Falle des § 46 Abs. 4 mit der Aufgabe der Mittheilung zur Post, für die Gläubiger, welchen gesetzliche, vor der Ueberschreibung des Versteigerungsprotokolls nicht eingetragene Hypotheken zustehen, mit der zuletzt bewirkten Zustellung der Aufforderung an einen eingetragenen Gläubiger.

Der Gerichtsschreiber hat die Zeit der Anmeldung im Protokolle festzustellen und dem Gläubiger auf Verlangen zu bescheinigen.

§ 49. Ist, den Vorschriften des § 46 Abs. 2, 4 zuwider, die Zustellung oder Mittheilung der Aufforderung unterblieben, so kann der Betheiligte seine Ansprüche bis zum Ablauf der im § 56 Abs. 2 bezeichneten Frist anmelden.

Beschränkung dürfte einem Bedenken nicht unterliegen, da es den Betheiligten immer freisteht, ihre Anmeldung bei dem Gerichtsschreiber persönlich oder durch einen Bevollmächtigten anzubringen. Die Heranziehung der Notare empfiehlt sich aus Gründen des praktischen Bedürfnisses (M.).

Dieselbe wird im Berichte der Kommission als eine glückliche Neuerung bezeichnet, da in einem mit dem Hypothekenrecht im Zusammenhang stehenden Verfahren der Beistand eines sachkundigen Berathers sehr wünschenswerth und doch an Orten, die nicht der Sitz eines Landgerichtes sind, die Beiziehung eines Rechtsanwaltes sehr häufig unthunlich sei.

Die Vorschrift des zweiten Satzes soll etwaige Zustellungen an den Anmeldenden, z. B. im Falle des § 63 Abs. 2 erleichtern (M.).

§ 48. Die Vorschriften des § 48 entsprechen den Art. 717, 754 des Code de procédure civile (M.).

§ 49. Gläubiger, welche zur Anmeldung ihrer Forderungen nicht aufgefordert waren, wurden nach bisherigem Rechte durch den Ablauf der Anmeldefrist nicht ausgeschlossen; vielmehr räumte die Rechtsprechung und Doktrin denselben, auch außerhalb des im Art. 2198 des Code civil vorgesehenen Falles, die Befugniß zur nachträglichen Anmeldung und, zum Theil, selbst zur Anfechtung des abgeschlossenen Verfahrens im Wege der Nichtigkeitsklage ein (vergl. Chauveau-Carré, Lois de procédure p. 2549[7], 2560[3]).

Im Anschlusse hieran gestattet das Gesetz für den im Abs. 1 bezeichneten Fall dem Betheiligten, seine Ansprüche bis zum Ablauf der für die sofortige Beschwerde gegen den Theilungsplan bestimmten Frist anzumelden, und selbst nach diesem Zeitpunkte, auch nach Aus-

en même temps désigner un fondé de pouvoirs domicilié dans ce ressort et chargé de recevoir les significations.

§ 48. Le délai pour la production des créances commence à courir, pour chaque créancier en particulier, à partir de la signification de la sommation — dans le cas du § 46, alinéa 4, à partir de la remise de l'envoi à la poste — pour les créanciers ayant des hypothèques légales qui n'ont pas été inscrites avant la transcription du procès-verbal d'adjudication, à partir de la dernière sommation signifiée à un créancier inscrit.

Le greffier doit indiquer d'une manière précise dans le procès-verbal l'époque de la production et en délivrer au créancier une attestation sur sa demande.

§ 49. Si, contrairement aux prescriptions du § 46, alinéa 2, la signification ou communication de la sommation n'a pas eu lieu, l'intéressé pourra faire la production de ses prétentions, jusqu'à l'expiration du délai fixé au § 56, alinéa 2.

---

du notaire se recommande dans ce cas par des raisons d'utilité pratique (M.).

D'après le rapport, cette innovation a paru d'autant plus heureuse que dans une procédure qui touche aux droits hypothécaires l'assistance d'un conseil éclairé est fort à désirer, et que dans les ressorts situés en dehors des sièges des Landgerichte il sera le plus souvent impossible aux parties de confier leurs intérêts à des avoués (R.).

La disposition de la seconde partie doit faciliter les significations aux produisants, par exemple dans le cas prévu par le § 63, alinéa 2 (M.).

§ 48. Les dispositions du § 48 correspondent à celles des art. 717 et 754 du Code de procédure civile français (M.).

§ 49. D'après l'ancienne législation, les créanciers qui n'avaient pas été sommés de produire ne demeuraient pas forclos par suite de l'expiration du délai de production; au contraire, la jurisprudence et la doctrine leur permettaient, même en dehors du cas prévu par l'art. 2198 du Code civil, de produire après le terme fixé pour la clôture des opérations, et dans certains cas même, de demander l'annulation d'une procédure déjà close (voy. Chauveau-Carré, Lois de procédure, p. 2549[7], 2560[3]).

De même la présente loi dispose que dans l'hypothèse indiquée dans l'alinéa 1er, l'intéressé peut faire la production de ses réclamations jusqu'à l'expiration du délai fixé pour la voie de recours immédiat contre l'état de collocation et faire valoir, même après cette époque et après la mise en exécution dudit état, par voie d'action principale un droit de priorité contre les créanciers qui,

Die Befugniß desselben, gegen Gläubiger, welche in Folge der Nichtberücksichtigung seiner Ansprüche eine Anweisung nach dem Theilungsplan erhalten haben, ein besseres Recht im Wege der Klage geltend zu machen, wird durch die Versäumung der rechtzeitigen Anmeldung und durch die Ausführung des Planes nicht ausgeschlossen.

§ 50. Innerhalb eines Monats nach Ablauf der Anmeldefristen wird von dem Gericht auf dem Protokoll ein Theilungsplan angefertigt.

Derselbe soll enthalten:

1) den Ausspruch, daß diejenigen Gläubiger, welche ihre Ansprüche nicht rechtzeitig angemeldet haben, ausgeschlossen sind;
2) die Aufstellung der Theilungsmasse, unter Angabe des

---

führung des Planes, gegen Gläubiger, welche in Folge der Nichtberücksichtigung seiner Ansprüche eine Anweisung nach dem Theilungsplan erhalten haben, ein besseres Recht im Wege der Klage geltend zu machen (vergl. C. P. O. § 764 Abs. 2).

Daß sich der Gläubiger in einem solchen Falle unter allen Umständen an den bei der Vertheilung etwa überschießenden Betrag des Steigpreises halten kann, bedarf als selbstverständlich einer Erwähnung im Gesetze nicht.

Ein Anspruch gegen den Ansteigerer ist dem übergangenen Gläubiger im Interesse der Rechtssicherheit des Ersteren nicht eingeräumt worden. Es erscheint dies um so weniger bedenklich, als der Fall, daß ein eingetragener Gläubiger in Folge eines Versehens zum Vertheilungsverfahren nicht zugezogen wird, nur äußerst selten vorkommen wird.

§ 50. Der im Abs. 2 bezeichnete Inhalt des Planes entspricht den bisher für die Aufstellung des provisorischen Statuts in der Praxis maßgebenden Grundsätzen und bezüglich der Nr. 1 der Vorschrift des Art. 755 Abs. 1 des Code de procédure civile (mit der von der Kommission beschlossenen Aenderung, daß die namentliche Bezeichnung der in Rede stehenden Gläubiger als überflüssig wegfällt) (M.).

(Die von der Kommission unter b hinzugefügte Angabe, daß die Zinsen und Renten bis zum Abschlusse des Planes angewiesen werden, enthält in positiver Form dasselbe, was Art. 765 Abs. 2 des Code de procédure civile nach der Auslegung der Praxis negativ ausgedrückt hatte.)

Im Abs. 3 ist der Inhalt des Art. 757 cit. mit der Maßgabe widergegeben, daß die Begutachtung durch Sachverständige in das Ermessen des Gerichts gestellt ist. Das Gutachten soll in das Protokoll aufgenommen werden; der Aufnahme in das Protokoll steht die Beifügung des Gutachtens als Anlage gleich (vergl. C. P. O. § 146, Abs. 2). Bezüglich der Beeidigung der Sachverständigen gelten die allgemeinen Vorschriften der Civilprozeßordnung (M.).

La faculté qu'il aurait de faire valoir, par voie d'action principale, un droit de priorité contre des créanciers à qui, par suite de l'oubli de ses prétentions, il a été délivré un bordereau de collocation, n'est pas éteinte par le fait que la production n'a pas eu lieu à temps et par la mise à exécution de l'état de collocation.

§ 50. Dans le délai d'un mois après expiration des délais de production, le tribunal dresse sur le procès-verbal un état de collocation.

Cet état doit contenir :

1° La déclaration que les créanciers qui n'ont pas produit à temps leurs prétentions, demeurent forclos;

2° L'état de la masse à distribuer, avec indication du taux de l'intérêt et du jour à partir duquel courent les intérêts;

---

par suite de son exclusion, ont obtenu un bordereau de collocation (voy. Code de proc. civ., § 764, alinéa 2).

Il a été jugé inutile d'indiquer expressément qu'en ce cas les créanciers pourront toujours faire valoir leurs droits sur l'excédant du prix de vente.

Il n'a pas été accordé au créancier omis, de droit à l'encontre de l'adjudicataire, pour ne pas porter préjudice à la position de ce dernier, ce qui paraît d'autant moins dangereux que le cas d'omission d'un créancier inscrit par suite d'une erreur, ne se présentera que très rarement (M.).

§ 50. Le contenu de l'état, indiqué dans l'alinéa 2, s'accorde avec les principes admis en pratique pour la confection de l'état provisoire, et quant au n° 1, avec la disposition de l'alinéa 1er de l'art. 755 de l'ancien Code de procédure civile (avec la modification proposée néanmoins par la Commission que l'indication des noms des créanciers a semblé inutile, et n'a pas été admise dans la loi) (M).

(L'adjonction faite par la Commission sous b, que les intérêts et les arréages de rente sont colloqués jusqu'à la clôture de l'état, indique d'une manière positive ce que l'art. 765, alinéa 2 du Code de procédure civile indiquait d'après la jurisprudence d'une manière sous-entendue.)

L'alinéa 3 reproduit l'art. 757 déjà cité, avec la modification cependant, qu'il est abandonné à la libre appréciation du tribunal de prendre l'avis d'experts. Cet avis est à insérer au procès-verbal. La mention dans le procès-verbal même pourra être remplacée par celle qu'on fera de l'avis des experts dans l'annexe au procès-verbal. Quant à l'assermention de ces derniers, il faut se reporter aux dispositions générales du Code de procédure civile (M.).

Zinsfußes und des Tages, von welchem ab die Zinsen laufen;

3) die Aufstellung der Schuldenmasse, und zwar:
   a) der Massekosten (§ 54), vorbehaltlich späterer Berechnung,
   b) der zugelassenen Forderungen in der Reihenfolge ihres Ranges, der Zinsen, Kosten und sonstigen Nebenforderungen, hinsichtlich der Zinsen und Renten unter der Bezeichnung des Zinsfußes und des Tages, von welchem ab sie laufen, sowie der Angabe, daß dieselben bis zum Abschlusse des Planes angewiesen werden.

Sind mehrere Liegenschaften zu einem Gesammtpreise versteigert worden, so befindet das Gericht erforderlichenfalls in dem Plane über den nach Verhältniß des Werthes auf die einzelne Liegenschaft entfallenden Theil des Gesammtpreises. Das Gericht kann die vorherige Begutachtung durch einen oder drei Sachverständige anordnen. Das Gutachten ist in das Protokoll aufzunehmen.

§ 51. Nach Anfertigung des Theilungsplanes hat das Gericht denselben sofort zur Einsicht der Betheiligten auf der Gerichtsschreiberei offenzulegen und einen Termin zur Erklärung über den Plan zu bestimmen.

Das Gericht erläßt sodann an die im § 45 bezeichneten Betheiligten, sowie an den Schuldner und den Drittbesitzer die Aufforderung, von dem Theilungsplan Einsicht zu nehmen, demnächst in dem Termine behufs Erklärung über den Theilungsplan zu erscheinen und spätestens in diesem Termine, bei Vermeidung des Ausschlusses, etwaige Widersprüche gegen den Plan zu erheben. Gleichzeitig wird der Ansteigerer von dem Termine benachrichtigt.

---

§ 51. Die obigen Vorschriften erleichtern gegenüber den bestehenden Bestimmungen über den ordre amiable die Einigung der Parteien, indem denselben ausreichende Zeit bleibt, vor dem Termine den vorläufigen Theilungsplan zu prüfen und über die angemeldeten Ansprüche, sowie die etwa zu erhebenden Widersprüche sich Klarheit zu verschaffen. Die im Abs. 2 bezeichnete Aufforderung ist, entsprechend dem Art. 755 Abs. 2 des Code de procédure civile, auch an den Schuldner und Drittbesitzer zu richten und der Ansteigerer, wie schon bisher nach Art. 753 Abs. 3 des Code de procédure civile, von der Eröffnung des Verfahrens zu benachrichtigen (M.).

3° L'état du passif, comprenant:

a) les frais à la charge de la masse (§ 54), sous réserve d'un arrêté de compte ultérieur;

b) les créances admises d'après leur rang, les intérêts, les frais et autres accessoires; pour les intérêts et les rentes, la désignation du taux et du jour à partir duquel ils courent, ainsi que la mention qu'ils sont colloqués jusqu'à la clôture de l'état.

Si plusieurs immeubles ont été vendus pour un seul et même prix, le tribunal déterminera au besoin dans l'état de collocation quelle portion du prix total doit échoir, proportionnellement à sa valeur, à chaque immeuble en particulier. Le tribunal peut ordonner qu'au préalable on prendra l'avis d'un ou de trois experts. L'avis sera inséré au procès-verbal.

§ 51. Après que l'état de collocation aura été dressé, le tribunal le fera sans délai déposer au greffe, où les intéressés pourront en prendre communication, et fixera un jour auquel devront être produites, s'il y a lieu, les contestations contre l'état.

Le tribunal fait ensuite sommation aux intéressés désignés au § 45, ainsi qu'au débiteur et au tiers détenteur, de prendre communication de l'état de collocation, puis de comparaître au jour fixé pour fournir leurs observations sur cet état, et de présenter au plus tard audit jour leurs contestations, sous peine d'être forclos. En même temps il est donné avis à l'adjudicataire du jour fixé.

Les sommations et avis doivent être signifiés et notifiés conformément aux dispositions du § 46. Il y aura un délai d'au moins deux semaines entre la signification et le jour fixé.

---

§ 51. Les prescriptions de ce paragraphe facilitent bien plus que les anciennes dispositions sur l'ordre amiable une entente amiable entre les parties, en ce qu'un délai suffisant est laissé avant le jour de la réunion, pour examiner l'état de collocation provisoire et les créances produites, et pour se rendre compte des objections à faire valoir.

La sommation dont parle l'alinéa 2 est, comme sous le régime de l'art. 755, alinéa 2 du Code de procédure civile français, également à signifier au débiteur et au tiers détenteur, et l'adjudicataire est à informer de l'ouverture de l'ordre comme déjà sous l'empire de l'art. 753, alinéa 3 du Code de procédure civile français (M.).

Die Aufforderungen und Benachrichtigungen sind nach Maßgabe des § 46 zuzustellen und mitzutheilen. Zwischen der Zustellung und dem anberaumten Termine müssen mindestens zwei Wochen liegen.

§ 52. Widersprüche gegen den Plan sind, wenn sie vor dem Termine geltend gemacht werden, durch Erklärung zum Protokolle des Gerichtsschreibers oder durch Einreichung eines von einem Rechtsanwalt oder Notar unterzeichneten Schriftsatzes zu erheben. Die Bestimmung im § 48 Abs. 2 findet entsprechende Anwendung.

§ 53. In dem Termine ist der Theilungsplan, nachdem derselbe eintretenden Falls (§ 49 Abs. 1) vervollständigt ist, zu verlesen und zu erläutern.

---

§ 52. (Vgl. § 47.)

§ 53. Im Termine ist der Theilungsplan, nachdem derselbe im Falle nachträglicher Anmeldung eines nicht aufgeforderten Gläubigers (§ 49 Abs. 1), soweit erforderlich, vervollständigt worden, zu verlesen und zu erläutern.

Abs. 2 ist dem § 762 der Civilprozeßordnung nachgebildet. Dagegen erscheint es nicht geboten, die Vorschriften des § 763 ibid., betreffend die aus dem Ausbleiben oder Nichterheben eines Widerspruchs abzuleitenden Präsumtionen in das Gesetz aufzunehmen, da die letzteren bereits aus dem Inhalte der im § 51 Abs. 2 bezeichneten Aufforderungen als nothwendige Folge sich ergeben.

Um die Weiterungen zu vermeiden, welche entstehen würden, wenn im Falle der Betheiligung minderjähriger oder anderer handlungsunfähiger Personen, die sonst zur Rechtsbeständigkeit einer Anerkennung oder Einigung vorgeschriebenen Formalitäten (vergl. z. B. Art. 467 des Code civil) beobachtet werden müßten, bestimmt Abs. 3, daß in einem solchen Falle die im Termine erfolgte Anerkennung oder Einigung rechtsbeständig sein soll, wenn sie die Bestätigung des Vertheilungsgerichts erhält. Vorausgesetzt ist dabei, daß die handlungsunfähigen Personen in dem Termine gehörig vertreten oder verbeistandet sind (vergl. §§ 1, 2 des Gesetzes, betreffend außergerichtliche Theilungen und gerichtliche Verkäufe von Liegenschaften vom 1. Dezember 1873, Gesetzblatt für Elsaß-Lothringen, S. 310.)

Die Bestimmungen im Abs. 4, betreffend die Aufnahme, Verlesung und Genehmigung des Protokolls, entsprechen den Vorschriften der §§ 145 Abs. 1, § 146 Abs. 1, § 148 der Civilprozeßordnung.

Im letzten Absatz ist mit Rücksicht auf die Bestimmungen, wonach die Anmeldungen „spätestens im Termin" oder „bis zum Schlusse des Termins" zu geschehen haben (§ 51 Nr. 2, § 56 Abs. 1) ausdrücklich vorgeschrieben, daß der Termin mit der Unterzeichnung des Protokolls durch den Amtsrichter und den Gerichtsschreiber als beendigt anzusehen ist (M.).

§ 52. Les contestations contre l'état de collocation, si elles sont élevées avant le jour fixé, sont présentées moyennant une déclaration sur le procès-verbal du greffier, ou moyennant remise d'un acte écrit signé d'un avoué ou d'un notaire. La disposition du § 48, alinéa 2 est applicable.

§ 53. Au jour fixé, l'état de collocation après qu'il aura été, le cas échéant, dûment complété (§ 49, al. 1er), sera lu et expliqué.

S'il s'élève une contestation contre cet état, chacun des intéressés devra fournir séance tenante ses observations. Si la contestation est reconnue fondée par les intéressés ou s'il

---

§ 52. (Comp. § 47.).

§ 53. Au jour fixé, l'état de distribution sera lu et expliqué, après avoir été complété, s'il y a lieu, dans le cas où un créancier non sommé se serait présenté après coup (§ 49, alinéa 1er).

L'alinéa 2 reproduit les dispositions du § 762 du Code de procédure civile. Par contre il a semblé inutile de faire entrer dans la loi les dispositions du § 763 ibid., sur les présomptions à tirer du fait qu'un créancier sommé n'a pas comparu ou n'a pas élevé de contestation, puisque ces dispositions sont une conséquence nécessaire de la sommation telle qu'elle est prescrite par le § 51, alinéa 2 de la présente loi.

Comme la participation à la procédure de personne mineures ou incapables entraînerait des longueurs à cause des formalités qu'il y aurait à suivre pour faire valider une reconnaissance ou un arrangement (voy. p. ex. art. 467 Code civ.), l'alinéa 3 dispose, pour éviter ces longueurs, que dans un pareil cas la reconnaisance ou l'arrangement sont définitifs s'ils sont ratifiés par le tribunal où se poursuit la distribution. Cette disposition suppose toutefois que le mineur ou l'incapable a été dûment représenté et assisté aux débats (cf. §§ 1 et 2 de la loi du 1er décembre 1873, sur les partages extrajudiciaires et les ventes judiciaires d'immeubles, Bulletin des lois pour l'Alsace-Lorraine, p. 310).

Les dispositions de l'alinéa 4 relatives à la rédaction, la lecture et la ratification du procès-verbal, sont analogues à celles des §§ 145, alinéa 1er, 146, alinéa 1er, et 148 du Code de procédure civile. Le dernier alinéa du paragraphe prescrit expressément, en se référant aux dispositions d'après lesquelles les productions doivent se faire au plus tard „au jour fixé" ou „jusqu'à la clôture du terme" (§ 51, n° 2; § 56, alinéa 1er), que l'opération sera considérée comme terminée par suite de l'apposition des signatures de l'Amtsrichter et du greffier à la fin du procès-verbal (M.).

Erfolgt ein Widerspruch gegen den Plan, so hat sich jeder bei demselben Betheiligte sofort zu erklären. Wird der Widerspruch von den Betheiligten als begründet anerkannt oder kommt anderweit eine Einigung zu Stande, so ist der Plan demgemäß zu berichtigen.

Zur Rechtsbeständigkeit der Anerkennung oder Einigung genügt hinsichtlich minderjähriger oder anderer handlungsunfähiger Betheiligter die Bestätigung des Vertheilungsgerichts.

Ueber den Gang der Verhandlung ist ein Protokoll aufzunehmen und den Betheiligten vorzulesen oder zur Durchsicht vorzulegen. In demselben ist zu bemerken, daß dies geschehen und die Genehmigung erfolgt sei oder welche Widersprüche erhoben sind.

Mit der Unterzeichnung des Protokolls durch den Amtsrichter und den Gerichtsschreiber ist der Termin als beendigt anzusehen.

§ 54. Sind Widersprüche gegen den Plan nicht erhoben oder sind die erhobenen in dem Termine erledigt (§ 53 Abs. 2), so ist der Plan abzuschließen.

Der Abschluß geschieht in der Weise, daß das Gericht die Theilungsmasse, die Massekosten und den Betrag der Forderung jedes angewiesenen Gläubigers berechnet, sowie zu Gunsten der angewiesenen Gläubiger die Verabfolgung der Zahlungsanweisungen gegen den Ansteigerer oder die Hinterlegungskasse und die Löschung der Eintragungen der nicht angewiesenen Gläubiger, soweit sie die versteigerten Liegenschaften betreffen, verfügt.

---

§ 54. Die obigen Vorschriften sind im wesentlichen den Art. 759, 765 Abs. 2 des Code de procédure civile entnommen. Im Abs. 3 sind unter den, allen anderen Forderungen vorgehenden, Massekosten auch die im § 16 bezeichneten Kosten der Zwangsvollstreckung aufgeführt, nachdem die Vorschrift, auf welcher dieser Vorzug bisher beruhte (Code civil, Art. 2101, Nr. 1) durch § 24 Abs. 1 des Ausführungsgesetzes zur Civilprozeßordnung rc. in Wegfall gekommen ist (M.).

Zu Absatz 2 bemerkt der Kommissions-Bericht: Es dürfte kaum nöthig sein, darauf aufmerksam zu machen, daß im Falle einer theilweisen Anweisung dieselbe Maßregel hinsichtlich der Eintragung insoweit Platz greift, als der Betrag der Forderung den angewiesenen Betrag übersteigt. In diesem Fall ist also eine theilweise Löschung zu verfügen.

Die Vereinbarung der Steiggelder durch den Notar ist unzulässig. Verfügung des Oberstaatsanwalts vom 19. Januar 1886 (Sammlung XI, S. 31.)

s'établit quelqu'autre accord entre les parties, l'état de collocation devra être rectifié dans ce sens.

Pour que l'admission d'une contestation ou un accord de ce genre soit valable vis-à-vis de mineurs ou d'autres intéressés n'ayant pas la capacité de contracter, il suffit de l'homologation par le tribunal saisi de la distribution.

L'opération sera consignée dans un procès-verbal, qui sera lu aux intéressés ou leur sera présenté pour qu'ils en prennent connaissance. Mention aura lieu au procès-verbal de cette lecture ou communication; il y sera dit également si le procès-verbal a été adopté ou bien quelles contestations auront été élevées.

L'opération est à considérer comme close par l'apposition au procès-verbal des signatures de l'Amtsrichter et du greffier.

§ 54. S'il ne s'élève aucune contestation contre l'état de collocation, ou bien si les contestations élevées ont été vidées au jour fixé (§ 53, al. 2), l'état de collocation sera clos.

Pour faire la clôture, le tribunal établit le calcul de la masse à distribuer, des frais à la charge de la masse et du montant de la créance de chaque créancier colloqué; en même temps il ordonne la délivrance aux créanciers colloqués de bordereaux contenent délégation sur les adjudicataires ou sur la caisse des consignations, ainsi que la radiation des inscriptions des créanciers non colloqués, en tant qu'elles concernent les immeubles vendus.

---

§ 54. Les dispositions de ce paragraphe sont tirées en grande partie des §§ 759 et 765, alinéa 2 du Code de procédure civile français. L'alinéa mentionne au nombre des frais de la masse devant passer avant toutes autres créances, les frais d'exécution forcée désignés au § 16, parce que la disposition sur laquelle reposait jusqu'à présent le privilège de cette créance (Code civ., art. 2101, alinéa 1er), a été abrogée par le § 24, alinéa 1er de la loi d'exécution du Code de procédure civile (M.).

Le rapport de la Commission s'exprime ainsi sur l'alinéa 2: Il est inutile de faire remarquer qu'en cas de collocation partielle, cette mesure doit s'appliquer aussi à l'inscription, en tant qu'elle dépasse la somme colloquée. Ce sera une radiation partielle qui sera ordonnée.

Le notaire ne doit pas encaisser les prix d'adjudication (Instr. min. du 19 Janvier 1886, Recucil XI p. 31).

Massekosten sind außer den im § 16 bezeichneten die Kosten des Vertheilungsverfahrens, einschließlich der Kosten für die Löschung der Eintragungen nicht angewiesener Gläubiger. Die Massekosten gehen allen anderen Forderungen vor.

Die von dem betreibenden Gläubiger vorgeschossenen Massekosten sind mit Zinsen zu 5 vom Hundert des hinterlegten Betrages vom Tage der Hinterlegung anzuweisen.

Im Range der Forderung des angewiesenen Gläubigers sind diejenigen Beträge anzuweisen, welche derselbe einem Bevollmächtigten für die Vertretung im Vertheilungsverfahren oder für die Anfertigung der in den §§ 47, 52 Abs. 2 bezeichneten Schriftsätze in Gemäßheit des Gesetzes, betreffend die Ausführung des Gerichtskostengesetzes und der Gebührenordnungen, vom 3. April 1880 zu entrichten hat.

§ 55. Erledigt sich ein Widerspruch nicht, so schließt das Gericht den Plan bezüglich der den bestrittenen vorgehenden Forderungen ab und verfügt die Verabfolgung von Zahlungsanweisungen an die Inhaber der letzteren.

Das Gericht kann den Abschluß des Planes und die Verabfolgung von Zahlungsanweisungen selbst bezüglich der den bestrittenen nachgehenden Forderungen verfügen, sofern es eine zur Deckung der bestrittenen Forderungen genügende Summe zurückbehält.

§ 56. Der Abschluß des Planes (§§ 54, 55) soll im Termine oder spätestens in der darauf folgenden Woche erfolgen.

---

§ 55. (Vgl. Code de procédure civile, Art. 758 Abs. 2.)

§ 56. Der Abschluß des Plans soll regelmäßig im Termin erfolgen; mit Rücksicht auf die nicht selten damit verbundene erhebliche Arbeit gestattet Abs. 1 jedoch hierfür eine mäßige Fristverlängerung.

Gegen die den Plan abschließende Verfügung, welche nach Abs. 2 innerhalb einer bestimmten Frist offenzulegen ist, gewährt Abs. 3 innerhalb derselben Frist an Stelle der bisher zulässigen Opposition (Code de procédure civile, Art. 767) die sofortige Beschwerde (C. P. O. § 540) und damit die Möglichkeit einer Abhülfe für den Fall, daß der Plan nicht in Uebereinstimmung mit der Einigung der Parteien oder der über einen Widerspruch ergangenen gerichtlichen Entscheidung (§ 60 Abs. 1) oder vor dem erforderlichen Erlasse einer solchen abgeschlossen sein sollte. Die Einlegung der Beschwerde soll, in Abweichung von der Regel des § 540 Abs. 2 der Civilprozeßordnung, ausschließlich bei dem Vertheilungsgericht erfolgen, damit dasselbe stets Kenntniß erhält, wenn der Plan angefochten und nicht in Unkenntniß hiervon zur Vollziehung desselben in Gemäßheit des § 58 schreitet.

Les frais à la charge de la masse sont, outre ceux désignés au § 16, les frais de la procédure de distribution, y compris ceux de la radiation des inscriptions des créanciers non colloqués. Les frais à la charge de la masse sont colloqués par préférence à toutes autres créances.

Les frais à la charge de la masse avancés par le créancier poursuivant, sont colloqués avec intérêts à raison de cinq pour cent, à partir du jour de la consignation.

Seront colloquées au rang des créances les sommes que, conformément aux dispositions de la loi concernant l'exécution de la loi sur les frais de justice et des tarifs, du 3 avril 1880, un créancier colloqué a eu à payer à un fondé de pouvoirs, pour représentation dans la procédure de distribution ou confection des actes désignés aux §§ 47 et 52, alinéa 2.

§ 55. Si une contestation n'est pas vidée, le tribunal clot l'état de collocation pour les créances antérieures à celles contestées et ordonne la délivrance des bordereaux de collocation de ces créanciers.

Le tribunal peut même ordonner la clôture de l'état et la délivrance de bordereaux de collocation pour les créances postérieures à celles contestées, pourvu qu'il réserve une somme suffisante pour couvrir les créances contestées.

§ 56. La clôture de l'état de collocation (§§ 54 et 55) doit avoir lieu au jour fixé ou au plus tard dans la semaine qui suivra.

---

§ 55. (Comp. l'art. 758, alinéa 2 du Code de proc. civ. fr.)

§ 56. L'état doit, en règle générale, être clos au jour fixé, cependant à raison de l'importance que présente souvent ce travail, l'alinéa 1er permet de le remettre à bref délai.

Au lieu de l'opposition seule admise jusqu'à présent, l'alinéa 3 accorde le pourvoi de recours immédiat (Code de proc. civ., § 540) contre l'ordonnance de clôture; ce pourvoi devra être formé dans le délai pendant lequel, aux termes de l'alinéa 2, l'ordonnance restera déposée au greffe pour qu'il puisse en être pris connaissance. Cette disposition permet de remédier au cas où l'état aurait été clos soit contrairement à l'arrangement intervenu entre les parties ou à la décision judiciaire rendue sur une contestation, soit avant qu'il ait été statué sur une pareille contestation. Le recours ne pourra, par exception à la règle posée au § 540, alinéa 2 du Code de procédure civile, être formé que devant le tribunal saisi de la distribution, afin que ce tribunal soit toujours informé que le pourvoi a été interjeté, et ne procède à son exécution conformément au § 56 (M.).

Der abgeschlossene Plan ist zur Einsicht der Betheiligten während einer Woche auf der Gerichtsschreiberei offen zu legen und der Tag des Beginns der Woche in dem Termine zu verkünden.

Innerhalb dieser Frist steht den Betheiligten gegen die den Plan abschließende Verfügung das Rechtsmittel der sofortigen Beschwerde zu. Dasselbe kann nur bei dem Vertheilungsgericht eingelegt werden.

§ 57. Wird vor Ablauf der im § 56 Abs. 2 bezeichneten Frist, in Gemäßheit des § 49 Abs. 1 eine Forderung nach-

---

§ 57. Die Frage, inwieweit von Gläubigern, deren Rechtslage schon durch den früheren Plan festgestellt ist, in dem neuen Termin Widersprüche erhoben werden könne, hat in der Kommission zu längerer Debatte geführt.

Man war zunächst darüber einig, daß ein angewiesener Gläubiger, dem seine Anweisung durch den später Anmeldenden entzogen wird, die Anspruch seiner Vormänner, gegen deren Zulassung im Theilungsplan er früher aufzutreten kein Interesse gehabt hatte, nunmehr wieder bestreiten dürfe. Dies bezieht sich namentlich auf denjenigen, welcher an letzter Stelle angewiesen worden ist, und dessen Anweisung in Folge der späteren Anmeldung ganz oder zum Theil verloren gehen würde. Dieser soll gegenüber jedem Betheiligten die Rechtsbehelfe vorbringen dürfen, welche er anfangs, mangels eines Interesses, nicht angeführt hatte; hierüber besteht kein Zweifel und war anfangs beantragt, das Recht des Gläubigers auf diese Befugniß zu beschränken. Es kann jedoch auch andere Fälle geben, wo ein solcher Rückgriff auf den ursprünglichen Rechtszustand ein wenn auch weniger unmittelbares und augenscheinliches Interesse darbieten kann. So kann es z. B. vorkommen, daß ein Gläubiger, der eigentlich ein Recht auf Anweisung im zweiten Range hätte, gleichwohl aber im dritten Range angewiesen worden ist und dagegen, weil er, mit noch 2 bis 3 Hintermännern, seine Forderung genügend gesichert sah, nicht reklamirt hat, nunmehr im letzten Range angewiesen wird. Dieser Gläubiger hat ein unbestreitbares Interesse, die ihm vorgehende Anweisung zu bestreiten, weil der zuletzt Angewiesene in Gefahr ist, Verluste zu erleiden, wenn, im Fall der Käufer nicht bezahlt und ein neuer Verkauf nöthig wird, bei diesem der Preis des ersten Verkaufes nicht erreicht wird. Die Kommission war hiernach der Ansicht, daß in solchen oder anderen schwer vorauszusehenden Fällen der Theilungsplan jedesmal von Neuem soll angefochten werden können, so oft dessen Aufrechterhaltung für eine betheiligte Partei möglicherweise eine Gefahr mit sich bringt. Diese Erwägung hat dazu bestimmt, das Recht der Anfechtung allen Betheiligten einzuräumen, welche nach Maßgabe des Abs. 2 ein Interesse haben. Die Frage, ob im einzelnen Falle ein solches Interesse vorhanden ist, wird nach der jeweiligen Sachlage zu entscheiden sein (B).

L'état clos restera pendant une semaine déposé au greffe, où les intéressés pourront en prendre connaissance, et le jour auquel commencera à courir cette semaine sera annoncé au jour fixé.

Pendant ce délai, les intéressés ont la faculté de se pourvoir par recours immédiat contre la décision qui a prononcé la clôture de l'état. Le recours ne peut être fait que devant le tribunal saisi de la distribution.

§ 57. Si, avant l'expiration du délai fixé au § 56, alinéa 2, une créance est produite après coup en vertu de la dis-

---

§ 57. La question de savoir jusqu'à quel point les créanciers, dont la situation était réglée par le premier état, pouvaient encore soulever des objections lors du nouveau terme a soulevé des débats assez prolongés au sein de la Commission.

On a été unanime d'abord à reconnaître que le créancier qui avait été colloqué, mais qui ne le serait plus par suite de la collocation du nouveau survenant, doit être admis à discuter les droits de créanciers antérieurs à l'admission desquels il n'avait eu originairement aucun intérêt à s'opposer. Cela s'applique notamment à celui qui était colloqué en dernier rang, et qui par suite de la production tardive perdrait le bénéfice de cette collocation en tout ou en partie. Qu'il puisse maintenant faire valoir contre toute autre partie des moyens qu'il avait négligés d'abord faute d'intérêt, nul doute à cela, et c'est à cette faculté qu'on avait proposé d'abord de restreindre son droit.

Mais il peut y avoir d'autres hypothèses où un pareil recours au droit primitif peut présenter également un intérêt sérieux, quoique moins direct ou moins apparent. C'est ainsi qu'il peut arriver qu'un créancier qui avait des moyens pour demander à être colloqué en deuxième rang, mais qui ne l'avait été qu'en troisième, et qui n'avait pas jugé opportun de réclamer parce que, ayant encore un ou deux autres créanciers colloqués après lui, il voyait ses droits suffisamment garantis, se verra maintenant colloqué encore, mais en dernier rang. Celui-là aura un intérêt incontestable à attaquer la collocation qui précède la sienne, parce que c'est le dernier colloqué qui, en cas d'une nouvelle vente qui peut avoir lieu si l'acquéreur ne paie pas son prix, est exposé à une perte si cette nouvelle vente n'atteint pas le prix de la première.

La Commission a donc pensé que dans des cas semblables ou dans d'autres qu'il est impossible de prévoir, l'état de collocation doit pouvoir être remis en question chaque fois que son maintien pourrait entraîner un risque quelconque pour n'importe quelle partie, et cette considération l'a décidée à généraliser le droit de contester pour toutes les parties intéressées dans les termes de l'alinéa 2. La question de savoir si dans tel cas particulier un inté-

träglich angemeldet, so ist zur Erklärung über die letztere und zur etwaigen Berichtigung des Theilungsplanes ein neuer Termin zu bestimmen.

Widersprüche gegen den Theilungsplan können in diesem Termine von dem nachträglich Anmeldenden ohne Beschränkung, von den übrigen Betheiligten nur insofern erhoben werden, als ihre Befriedigung durch die nachträgliche Anmeldung gefährdet wird.

Die Betheiligten sind von dem neuen Termine zu benachrichtigen. Die im § 45 bezeichneten Personen, sowie der Schuldner und der Drittbesitzer erhalten zugleich die Aufforderung, in dem Termine behufs Erklärung über die nachträglich angemeldete Forderung zu erscheinen und, bei Vermeidung des Ausschlusses, etwaige Widersprüche gegen den eintretendenfalls zu berichtigenden Plan, soweit solche nach Abs. 2 zulässig sind, zu erheben.

§ 58. Ist Beschwerde (§ 56 Abs. 3) nicht erhoben oder die erhobene Beschwerde erledigt, so hat der Gerichtsschreiber ohne Verzug einen die Anweisungen und die Löschungsverfügung enthaltenden Auszug des Planes an den Hypothekenbewahrer zu übersenden, und der Letztere die Löschung der Eintragungen der nicht angewiesenen Gläubiger zu bewirken.

Im Falle der Hinterlegung des Steigpreises hat der Gerichtsschreiber gleichzeitig der Hinterlegungskasse den im Art. 17 der Ordonnanz vom 3. Juli 1816 (Bulletin des lois, série VII, No. 876) bezeichneten Auszug mitzutheilen.

Endlich hat derselbe ohne Verzug jedem angewiesenen Gläubiger eine gegen den Ansteigerer, beziehungsweise gegen die Hinterlegungskasse vollstreckbare Ausfertigung der Zahlungsanweisung zu verabfolgen.

§ 59. Hat ein Widerspruch gegen den Plan im Termine seine Erledigung nicht gefunden, so hat derjenige, welcher den

---

§ 58. (Vgl. Code de procédure civile, Art. 769, 770.) Nach dem Beschlusse der Kommission soll der Auszug auch die Angabe der bewirkten Anweisungen enthalten, damit der Hypothekenbewahrer von allen angewiesenen Forderungen Kenntniß erhält, was nicht nur für die bei den Eintragungen zu machenden Randbemerkungen, sondern auch für die ihm später obliegende Löschung der von Amtswegen erfolgten Eintragung nothwendig ist (cfr. § 62) (B.).

§ 59. Hat ein Widerspruch gegen den Plan im Termine seine Erledigung nicht gefunden, so liegt eine Vertheilungsstreitigkeit vor, auf

position du § 49, alinéa 1er, il sera fixé un nouveau jour pour s'expliquer sur cette créance et rectifier, s'il y a lieu, l'état de collocation.

Au jour fixé, le créancier produisant pourra élever, sans aucune restriction, des contestations contre l'état; les autres intéressés ne le pourront qu'autant qu'ils risquent de ne pas être satisfaits pour leurs créances par suite de la production tardive.

Il est donné avis aux interessés du nouveau jour fixé. En même temps il est fait sommation aux personnes désignées au § 45, ainsi qu'au débiteur et au tiers détenteur, de comparaître audit jour pour fournir leur observations sur la créance tardivement produite et présenter, sous peine d'être forclos, les contestations qu'ils peuvent avoir à élever contre le nouvel état en tant que ces contestations sont recevables d'après la disposition de l'alinéa 2 ci-dessus.

§ 58. S'il n'a pas été formé de recours (§ 56 alinéa 3) ou si le recours formé a été vidé, le greffier transmettra sans retard au conservateur des hypothèques un extrait de l'état renfermant les collocations et l'ordonnance de radiation, et celui-ci procédera à la radiation des inscriptions des créanciers non colloqués.

En cas de consignation du prix d'adjudication, le greffier communiquera en même temps à la caisse des consignations l'extrait désigné dans l'art. 17 de l'ordonnance du 3 juillet 1816 (*Bulletin des lois,* série VII, n° 876).

Enfin il délivrera sans retard à chaque créancier colloqué un bordereau de collocation exécutoire contre l'adjudicataire ou, le cas échéant, contre la caisse des consignations.

§ 59. Si une contestation contre l'état de collocation n'a pas été vidée au jour fixé, celui qui a élevé la contestation devra, dans le délai d'un mois, qui commencera au jour

---

rêt réel justifiant la réclamation existe ou non, sera à juger d'après les circonstances (R.).

§ 58. (Comp. les art. 769 et 770 du Code de proc. civ. fr.)

D'après la Commission, il y a lieu d'ajouter à l'extrait l'indication des collocations effectuées, afin que le conservateur des hypothèques ait connaissance de toutes les créances colloquées, ce qui paraît nécessaire non seulement à raison des mentions à faire en marge des inscriptions, mais encore en vue des radiations de l'inscription d'office qu'il aura à faire plus tard (comp. § 62) (R.).

Widerspruch erhoben hat, binnen einer Frist von einem Monat, welcher mit dem Terminstage beginnt, dem Vertheilungsgerichte nachzuweisen, daß er gegen die Betheiligten Klage erhoben habe. Nach fruchtlosem Ablaufe dieser Frist wird der Plan ohne Rücksicht auf den Widerspruch in Gemäßheit des § 54 abgeschlossen.

Bereits in dem Termine hat das Gericht für diesen Fall den Beginn der im § 56 erwähnten einwöchigen Frist zu verkünden.

Die Befugniß desjenigen, welcher dem Plane widersprochen, hat ein besseres Recht gegen den Gläubiger, welcher in Folge der Nichtberücksichtigung des Widerspruchs eine Anweisung nach dem Plane erhalten hat, im Wege der Klage geltend zu machen, wird durch die Versäumung der Frist und durch die Ausführung des Planes nicht ausgeschlossen.

§ 60. Ist dem Vertheilungsgerichte der im § 59 Abs. 1 bezeichnete Nachweis geliefert worden, so erfolgt der Abschluß des Planes, sobald das Urtheil, durch welches über die Auszahlung des streitigen Theils der Masse bestimmt wird, die Rechtskraft erlangt hat.

Die in dem Urtheil einem angewiesenen Gläubiger zur Last gelegten Kosten sind von dem demselben angewiesenen Betrage zu Gunsten der obsiegenden Partei auf deren Antrag vorweg in Abzug zu bringen.

---

welche nach der Vorschrift im § 757 Abs. 3 der Civilprozeßordnung die §§ 765 bis 768 der letzteren entsprechende Anwendung finden. Da die Streitigkeit im Wege der Klage und somit in einem besonderen Prozesse zu erledigen ist (vergl. § 765), so erfolgt in Gemäßheit derselben Vorschrift die Erledigung zugleich nach den allgemeinen Bestimmungen der Civilprozeßordnung.

Um zu verhüten, daß in Folge der Vorschriften des § 765 eine Verzögerung der endgültigen Vertheilung entstehe, hat das Gesetz für die Anstellung der Klage eine Ausschlußfrist festgesetzt, wie dies hinsichtlich des Vertheilungsverfahrens in Bezug auf bewegliches Vermögen durch § 764 der Civilprozeßordnung geschehen ist. Nach fruchtlosem Ablaufe der hier vorgeschriebenen Frist von einem Monate ist der Plan ohne Rücksicht auf den Widerspruch in Gemäßheit des § 54 abzuschließen. Für diesen Fall hat das Gericht nach Abs. 2 bereits in dem Termine den Beginn der für die Offenlegung des abgeschlossenen Plans im § 56 festgesetzten einwöchentlichen Frist zu verkündigen (M.).

§ 60. (Zu Abs. 1 vergl. C. P. O. § 766 und zu Abs. 2 Art. 766 des Code de procédure civile.)

fixé, fournir au tribunal saisi de la distribution la preuve qu'il a actionné les intéressés. Si, à l'expiration de ce délai, cette preuve n'a pas été fournie, l'état sera clos conformément au § 54 sans égard à la contestation.

Déjà au jour fixé, le tribunal devra, pour ce cas, annoncer le jour auquel commencera le délai d'une semaine mentionné au § 56.

La faculté pour celui qui a élevé une contestation contre l'état, de faire valoir, par voie d'action principale, un droit de priorité contre le créancier qui a été colloqué dans l'état par suite de ce que la contestation n'a pas été prise en considération, n'est pas éteinte par le fait qu'il a laissé expirer le délai et que l'état de collocation a été mis à exécution.

§ 60. Si la preuve dont parle le § 59, alinéa 1er, a été fournie au tribunal saisi de la distribution, la clôture de l'état aura lieu dès que le jugement qui aura prononcé sur le paiement de la portion litigieuse de la masse aura acquis l'autorité de la chose jugée.

Les frais mis par un jugement à la charge d'un créancier colloqué, seront distraits par préférence en faveur de la partie qui a eu gain de cause, si elle le demande, sur le montant de la collocation de ce créancier.

---

§ 59. Si une contestation élevée contre l'état n'a pas été vidée au jour fixé, on se trouve en présence d'une contestation sur la distribution des deniers, sur laquelle, aux termes du § 757, alinéa 3 du Code de procédure civile, il doit être statué conformément aux dispositions des §§ 765 à 768 dudit Code. La contestation devant être soulevée par voie d'action et faisant par conséquent l'objet d'un procès spécial, il y a lieu, en vertu des mêmes paragraphes, de faire application des dispositions générales du Code de procédure civile.

Pour éviter que la distribution définitive ne soit retardée par suite des dispositions du § 765, la loi, par une prescription analogue à celle prise au § 764 du Code de procédure civile pour la distribution à la suite d'exécution forcée sur biens meubles, a fixé un délai dans lequel la demande devra être formée à peine de forclusion. A l'expiration de ce délai, l'état sera clos conformément au § 56, et sans égard à la contestation. L'alinéa 2 dispose que dans cette hypothèse le tribunal annoncera déjà au jour fixé le jour auquel commencera le délai d'une semaine, pendant lequel, aux termes du § 56, l'état devra rester déposé au greffe (M.).

§ 60. (Comp. sur l'alinéa 1er § 766 du Code de proc. civ., et sur l'alinéa 2 l'art. 766 du Code de procédure civile français.)

Auf den abgeschlossenen Plan finden die Bestimmungen im § 56 Abs. 2, 3 mit der Maßgabe Anwendung, daß der Tag des Beginns der einwöchigen Frist den Betheiligten von dem Gerichtsschreiber brieflich mitzutheilen ist. Die Postsendungen sind nach den gewählten, sowie nach den bekannten Wohnsitzen der Betheiligten zu richten und mit der Bezeichnung „Einschreiben" zu versehen.

§ 61. Der Gläubiger, zu dessen Befriedigung die Gelder nicht mehr hinreichen, sowie der Schuldner oder Drittbesitzer haben gegen diejenigen, welche in dem Rechtsstreit über den Widerspruch unterlegen sind, ihren Rückgriff wegen des Schadens, den sie durch den Lauf der Zinsen und Renten während des Streites erlitten haben.

§ 62. Der Gläubiger, welchem auf seine Anweisung Zahlung geleistet wird, ist gehalten, indem er über die letztere Quittung

---

§ 61. Wiederholt die Vorschrift des Art. 768 des Code de procédure civile (M.).

§ 62. Was die Löschungsbewilligungen betrifft, so hatte § 51 des Entwurfs die Bestimmungen des Art. 771 des Code de procédure civile wiedergegeben. Derselbe verpflichtete den angewiesenen Gläubiger bei Empfang des Betrages seiner Anweisung in die Löschung der Eintragung zu willigen, und bestimmte, der Hypothekenbewahrer habe so wie nach und nach die angewiesenen Beträge bezahlt werden, auf die Vorlegung der Zahlungsanweisung und der Quittung, die Eintragung bis zum Betrage der gezahlten Summe von Amtswegen zu löschen. Schließlich sollte die von Amtswegen genommene Eintragung erst endgültig gelöscht werden, sobald der Ansteigerer die Zahlung des ganzen Preises bewiesen habe.

Die Kommission glaubte diese Vorschrift modifiziren zu sollen. Die beiden ersten Vorschriften erschienen ihr nicht in völliger Uebereinstimmung. Warum sollte der Gläubiger neben Ertheilung der Quittung auch noch in die Löschung der Eintragung willigen müssen, wenn nach Abs. 2 die Löschung schon auf die Vorlegung der bloßen Quittung hin geschehen kann? Wie könne man ferner einen Gläubiger, der nur eine Theilzahlung erhalten hat, dazu zwingen, seine Zahlungsanweisung zu hinterlegen, da ihm diese doch wegen des Restes seiner Forderung noch unentbehrlich ist? Diese Hinterlegung werde überdies durch die zu § 58 vorgeschlagene Modifikation, wonach der durch den Gerichtsschreiber dem Hypothekenbewahrer zu übersendende Auszug alle Anweisungen zu enthalten hat, entbehrlich.

Was schließlich Abs. 3 angeht, so sei nicht einzusehen, warum die von Amtswegen genommene Eintragung erst nach vollständiger Auszahlung des Preises gelöscht werden solle.

Hat der Steigerer eine Theilzahlung, etwa von 1/2 oder 2/3 geleistet, so habe er gewiß auch ein Interesse daran, daß die Löschung der von

Les dispositions du § 56, alinéas 2 et 3, seront appliquées à l'état clos, en ce sens que le greffier fera connaître par lettres aux intéressés le jour auquel commencera à courir le délai d'une semaine. Ces avis seront adressés par l'entremise de la poste aux domiciles élus, ainsi qu'aux domiciles connus des intéressés, et seront revêtus de la mention „*Einschreiben*".

§ 61. Le créancier sur lequel les fonds manqueront, ainsi que le débiteur, ou le tiers débiteur, auront leur recours contre ceux qui auront succombé dans la contestation pour le dommage qu'ils ont éprouvé par le cours des intérêts et arrérages pendant la contestation.

§ 62. Le créancier qui réçoit paiement sur sa collocation est tenu, en donnant quittance, de consentir, jusqu'à con-

---

§ 61. Ce paragraphe reproduit les dispositions de l'art. 768 du Code de procédure civile français.

§ 62. Le projet de loi dans son § 51 avait reproduit, au sujet de la radiation des inscriptions, l'art. 771 du Code de procédure civile français, qui obligeait le créancier colloqué à donner mainlevée en recevant le paiement de sa collocation, et stipulait en outre que le conservateur des hypothèques devait radier d'office, à mesure que les sommes colloquées étaient payées, les inscriptions sur la production des bordereaux et des quittances et cela jusqu'à concurrence des sommes payées: enfin il voulait que l'inscription d'office ne fût rayée que lorsque l'adjudicataire justifierait du paiement intégral du prix.

La Commission a trouvé bon de modifier ces dispositions. Les deux premières dispositions paraissaient peu se concilier entre elles. Pourquoi obliger le créancier à signer une mainlevée avec la quittance, si la radiation doit se faire sur la simple production de la quittance? Comment du reste peut-on obliger le créancier qui ne reçoit qu'un paiement partiel à déposer son bordereau, qui reste encore un titre indispensable pour le solde de ses prétentions? Ce dépôt du reste devenait sans utilité par suite de la modification introduite dans le § 58, en prescrivant que l'extrait à remettre au conservateur par le greffier contiendra toutes les collocations.

Enfin, en ce qui concerne l'alinéa 3, pourquoi n'admettre la radiation de l'inscription d'office qu'après paiement intégral du prix? Si l'adjudicataire a payé une partie de son prix, la moitié ou les deux tiers, il a évidemment intérêt à faire opérer la radiation de l'inscription d'office jusqu'à concurrence des paiements faits. Cela peut servir son crédit ou lui donner le moyen d'obtenir un emprunt hypothécaire que le maintien de l'inscription rendrait impossible.

ertheilt, bis zum Betrage der Zahlung in die Löschung seiner Eintragung, sowie der von Amtswegen genommenen Eintragung (Code civil, Art. 2108) zu willigen. Die Kosten der Löschungen sind dem Ansteigerer zur Last.

§ 63. Der Ansteigerer, welcher den Preis nebst den verfallenen Zinsen hinterlegt hat (§ 21), kann in dem zur Erklärung über den Theilungsplan bestimmten Termine die Löschung der bestehenden Eintragungen verlangen.

Nach Beendigung des Termins ist der Antrag auf Löschung schriftlich einzureichen oder zum Protokoll des Gerichtsschreibers zu erklären. Den betheiligten Gläubigern, dem Schuldner

---

Amtswegen genommenen Eintragung bis zum Betrage des Gezahlten erfolge. Es könne dies für seinen Kredit von Interesse sein oder ihm die Möglichkeit gewähren, ein hypothekarisches Darlehen aufzunehmen, was durch das Fortbestehen jener Eintragung vielleicht unmöglich gemacht werde.

Diese Erwägungen haben dazu bestimmt, an die Stelle des Entwurfs eine andere Bestimmung zu setzen, dahin gehend, daß nach jeder vollständigen oder theilweisen Zahlung der Gläubiger neben der Quittung bis zum Belaufe der Zahlung in die Löschung seiner Eintragung, sowie der von Amtswegen erfolgten Eintragung zu willigen habe (B.).

Nach § 47 Abs. 4 des Entwurfs sollten ferner in Uebereinstimmung mit Art. 759 des Code de procédure civile die Kosten der Löschung der Eintragung zum Vortheil des Ansteigerers von dem Betrage jeder Zahlungsanweisung in Abzug gebracht werden.

Die Kommission erwog, daß dies zur Folge haben würde, daß entweder zu jeder Anweisung auch diese Kosten hinzugeschlagen werden müßten, oder daß die angewiesenen Gläubiger dieselben zu tragen hätten. Dies letztere schien unbillig; das erstere aber würde, abgesehen davon, daß die Berechnung der Kosten bei der Anweisung nicht so genau möglich wäre, die Folge haben, daß dem Ansteigerer, so oft er es nicht für vortheilhaft hielte, die Löschung zu bewirken, was häufiger der Fall ist, insbesondere bei Eintragungen, die dem Verfallen nahe sind, diese Kosten zu gut kämen, da sie ihm durch die Abzüge an den Anweisungen bezahlt werden, und zwar zum Nachtheile der zuletztangewiesenen oder nicht mehr zum Zuge kommenden Gläubiger.

Aus diesen Gründen wurde vorgezogen, die Kosten der Löschungen durch den Ansteigerer selbst tragen zu lassen, was um so mehr gerechtfertigt erscheint, als diese Kosten, ebenso wie die der Quittung im Allgemeinen von dem zahlenden Schuldner getragen werden (B.).

§ 63 (gibt die Vorschriften des Art. 777 Abs. 4 des Code de procédure civile modifizirt wieder.)

Abs. 3. (Der Hinterlegungsschein ist nach § 21 auf der Gerichtsschreiberei hinterlegt.)

Abs. 5 (vergl. Code civil, Art. 1248, Code de procédure civile, Art. 778.)

currence du montant qui lui a été payé, la radiation de son inscription, ainsi que de celle prise d'office (art. 2108 du Code civil); les frais de la radiation sont à la charge de l'adjudicataire.

§ 63. L'adjudicataire qui a consigné le prix avec les intérêts échus (§ 21), peut, au jour fixé pour les observations sur l'état de collocation, demander la radiation des inscriptions existantes.

Après le jour fixé pour les observations sur l'état de collocation, la demande de radiation doit être formée par écrit, ou par une déclaration sur le procès-verbal du greffier. Sommation est alors faite d'office aux créanciers intéressés, aux débiteurs et aux tiers détenteurs de présenter leurs objections à un jour fixé à cet effet. La signification de cette sommation doit être faite aux moins deux semaines avant le jour fixé.

Ces considérations ont déterminé la Commission à introduire une disposition énonçant simplement qu'en recevant paiement intégral ou partiel, le créancier doit, avec la quittance, donner mainlevée jusqu'à concurrence du montant acquitté, tant de sa propre inscription que de l'inscription d'office (M.).

D'après le § 47, alinéa 4 du projet, qui était conforme à l'art. 759 du Code de procédure civile français, les frais de radiation de l'inscription devaient être déduits, au profit de l'acquéreur, sur le montant de chaque bordereau de collocation. La Commission a pensé qu'il en résultait que les frais devraient être ajoutés de suite à chaque collocation, ou que le créancier colloqué les supporterait. Cette dernière solution a paru injuste, et la première, outre que l'émargement exact de ces frais lors de la collocation ne serait guère possible, aurait pour conséquence que toutes les fois que l'acquéreur ne jugerait pas opportun de faire opérer la radiation, ce qui arrive fréquemment, surtout pour des inscriptions qui sont près de périmer, il bénéficierait de ces frais, qui lui seraient payés par déduction sur les bordereaux, au préjudice des créanciers derniers colloqués ou colloqués en ordre inutile.

On a ainsi préféré laisser les frais de radiation à la charge de l'acquéreur lui-même, ce qui paraît d'autant plus justifié qu'en général ces frais, comme ceux de quittance, sont toujours supportés par le débiteur qui s'acquitte (R.).

§ 63. Ce paragraphe reproduit les dispositions modifiées de l'art. 777, alinéa 1er, et 864 du Code de procédure civile français.

Alinéa 3. (Le certificat de consignation se dépose au greffe d'après le § 21).

Alinéa 5. (Comp. l'art. 1248 du Code civil et l'art. 778 du Code de proc. civ. fr.)

und dem Drittbesitzer ist demnächst von Amtswegen die Aufforderung zuzustellen, in einem zu dem Ende anberaumten Termine ihre Einwendungen vorzubringen. Zwischen der Zustellung der Aufforderung und dem Termine müssen mindestens zwei Wochen liegen.

Wird in dem Termine eine Einwendung nicht erhoben, so nimmt das Vertheilungsgericht den Hinterlegungsschein zu den Akten, erklärt die Hinterlegung für gültig und verfügt die Löschung der Eintragungen unter Aufrechterhaltung ihrer Wirkung hinsichtlich des Preises.

Wird eine Einwendung erhoben, so entscheidet über dieselbe das Vertheilungsgericht. Die Entscheidung kann ohne vorgängige mündliche Verhandlung erfolgen. Gegen dieselbe findet sofortige Beschwerde statt.

Die Kosten der Hinterlegung trägt der Ansteigerer. Die übrigen Kosten des Verfahrens werden zu Gunsten desselben von dem Preise in Abzug gebracht und auf die Hinterlegungskasse angewiesen, sofern sie vor dem Abschlusse des Vertheilungsverfahrens angemeldet sind. Das Gleiche gilt bezüglich der durch eine Einwendung entstandenen Kosten zu Gunsten der obsiegenden Partei, vorbehaltlich des Rückgriffs der hierdurch benachtheiligten, im § 61 bezeichneten Betheiligten gegen diejenigen, welche in dem Streite unterlegen sind.

§ 64. Hat außer den im § 42 bezeichneten Fällen die Veräußerung einer Liegenschaft stattgefunden, so kann nach Durchführung des Hypotheken-Reinigungsverfahrens das Vertheilungsverfahren von jedem Hypothekargläubiger, von dem Erwerber und, sofern der Kaufpreis fällig ist, von dem Verkäufer in Antrag gebracht werden.

---

§ 64 regelt im engen Anschluß an die Vorschriften der Art. 772, 774, 775 Abs. 5 des Code de procédure civile das an eine freiwillige Veräußerung — außer dem Falle des Wiederverkaufs auf Uebergebot (§ 42) — sich anschließende Vertheilungsverfahren. Dasselbe soll, wie bisher, nur nach Durchführung des Hypotheken-Reinigungsverfahrens und nur auf Antrag eines Hypothekargläubigers, des Erwerbers oder, sofern der Kaufpreis fällig ist, auch des Verkäufers stattfinden. Im übrigen erscheint es unbedenklich, auf das Verfahren die Vorschriften der §§ 45 bis 63 entsprechend anzuwenden (M.).

Zu Abs. 3 vergl. § 28 Nr. 1 des bezeichneten Gesetzes vom 3. April 1880 und zu der letzten Bestimmung des Paragraphen Art. 774 des Code de procédure civile.

S'il n'est élevé au jour fixé aucune objection, le tribunal saisi de la distribution joint le certificat de consignation aux actes, déclare la consignation valable et prononce la radiation des inscriptions avec maintien de leur effet sur le prix.

S'il est élevé une objection, elle sera jugée par le tribunal saisi de la distribution. La décision peut être rendue sans débat oral préalable. Elle donne ouverture au recours immédiat.

Les frais de consignation seront supportés par l'adjudicataire. Quant aux autres frais de la procédure, il en sera fait distraction en faveur de l'adjudicataire sur le montant du prix, et ils seront assignés sur la caisse des consignations, en tant que le compte en aura été produit avant la clôture de la procédure de distribution. Il en sera de même en faveur de la partie qui aura eu gain de cause en ce qui concerne les frais occasionnés par une contestation, sous réserve du recours des intéressés désignés au § 61, pour le préjudice qu'ils en éprouvent, contre ceux qui ont succombé dans la contestation.

§ 64. En cas d'aliénation volontaire d'un immeuble non suivie de surenchère, l'ouverture de la procédure de distribution peut, après l'achèvement de la procédure de purge des hypothèques, être demandée par chaque créancier hypothécaire, par l'acquéreur, et, en tant que le prix de vente est exigible, par le vendeur.

La demande doit être présentée au tribunal cantonal

---

§ 64. Ce paragraphe, dont les dispositions se rattachent étroitement à celles des art. 772, 774 et 775, alinéa 5 du Code de procédure français, règle la procédure de distribution à la suite d'aliénation volontaire, excepté en cas de revente sur surenchère (§ 42). Comme par le passé, la procédure ne sera ouverte qu'après l'accomplissement des formalités prescrites pour la purge des hypothèques et ne pourra être provoquée que par le créancier hypothécaire, l'acquéreur, ou bien encore par le vendeur, mais seulement si le prix de vente est exigible. Au surplus, l'application des prescriptions des §§ 45 à 63 n'a paru présenter aucun inconvénient (M.).

(Pour l'alinéa 3, comp. le § 28, n° 1 de la loi du 3 avril 1880, et pour les dernières dispositions du paragraphe l'art. 774 du Code de proc. civ. fr.)

Der Antrag ist bei dem nach § 36 Abs. 2 zuständigen Amtsgerichte schriftlich einzureichen oder zum Protokolle des Gerichtsschreibers zu erklären.

Auf das Verfahren finden die Vorschriften der §§ 45 bis 63 entsprechende Anwendung. Der Betrag, welchen der betreibende Theil einem Bevollmächtigten für den vorbezeichneten Antrag nach Maßgabe des Gesetzes, betreffend die Ausführung des Gerichtskostengesetzes und der Gebührenordnungen, vom 3. April 1880 zu entrichten hat, gehört zu den Massekosten.

Die Gläubiger mit gesetzlichen Hypotheken, welche dieselben nicht in der im Art. 2195 des Code civil bestimmten Frist haben eintragen lassen, können ihre Vorrechte auf den Preis nur geltend machen, sofern das Vertheilungsverfahren innerhalb 3 Monaten nach Ablauf jener Frist eröffnet und die Anmeldung ihrer Forderungen rechtzeitig (§ 48 Abs. 1) erfolgt ist.

Auf den Erwerber finden, nach Einleitung des Vertheilungsverfahrens, die Vorschriften des § 21 Abs. 2, 3 und des § 63 entsprechende Anwendung. Zu Gunsten desselben sind die Kosten des in den Art. 2183, 2184 des Code civil vorgeschriebenen Verfahrens von dem Preise vorweg in Abzug zu bringen, sofern dieselben spätestens im Termine (§ 53) angemeldet sind.

Titel V.

Allgemeine Bestimmungen, Uebergangs- und Schlußbestimmungen.

§ 65. Die im Zwangsvollstreckungs- oder Hypotheken-Reinigungsverfahren erfolgte Benennung eines Zustellungsbevollmächtigten gilt auch für das nachfolgende Vertheilungsverfahren.

§ 66. Im Falle der Benennung eines Zustellungsbevollmächtigten müssen an diesen alle für den Vollmachtgeber bestimmten Zustellungen und brieflichen Mittheilungen erfolgen.

---

§ 65 entspricht dem leitenden Gesichtspunkte des Gesetzes, daß das Vertheilungsverfahren mit dem vorausgegangenen Verfahren ein Ganzes bildet, wie beide ja auch zur Zuständigkeit desselben Amtsgerichts gehören (M.). (Vgl. die §§ 1 Abs. 3, § 5 Abs. 2, § 14 Abs. 3, § 37.)

§ 66. (Zu Abs. 1 vergl. C. P. O. § 160 und die §§ 46, 51, 57 Abs. 3, 60 Abs. 3 dieses Gesetzes.)

compétent, en vertu du § 36, alinéa 2, soit par écrit, soit par déclaration sur le procès-verbal du greffier.

La procédure sera réglée, d'après les dispositions des §§ 45 à 63. La somme qu'en conformité de la loi d'exécution de la loi sur les frais de justice et les tarifs du 3 avril 1880, le créancier poursuivant a à payer à un fondé de pouvoirs pour rédaction de la demande sus-mentionnée, rentre dans les frais à la charge de la masse.

Les créanciers à hypothèques légales qui ne les ont pas fait inscrire dans le délai fixé par l'art. 2195 du Code civil, ne peuvent exercer leur droit de préférence sur le prix qu'autant que la procédure de distribution est ouverte dans les trois mois qui suivent l'expiration de ce délai et que la production de leurs créances a eu lieu en temps utile (§ 48, alinéa 1er).

Les dispositions du § 21, alinéas 2 et 3 et du § 63 sont applicables à l'acquéreur après l'ouverture de la procédure de distribution. Il sera fait distraction en sa faveur, sur le montant du prix, des frais de la procédure prescrite par les art. 2183 et 2184 du Code civil, en tant que le compte en aura été produit au plus tard au jour fixé pour la discussion de l'état de collocation (§ 53).

Titre V.

Dispositions générales, transitoires et finales.

§ 65. La désignation d'un fondé de pouvoirs chargé de recevoir les significations qui ont eu lieu dans la procédure d'exécution forcée ou de purge des hypothèques, est encore valable pour la procédure de distribution qui suivra.

§ 66. En cas de désignation d'un fondé de pouvoirs chargé de recevoir les significations, c'est à lui que doivent être adressées toutes les significations et communications faites par lettres qui sont destinées au mandant.

---

§ 65. Cette disposition est conforme au point de vue auquel s'est placé le législateur, que la procédure de distribution forme une seule et même procédure avec celle qui a précédé, ce qui les a fait attribuer toutes deux à la compétence du même tribunal cantonal (M.).

(Comp. §§ 1, alinéa 3; 5, alinéa 2; 14, alinéa 3, et 37.)

§ 66. (Pour l'alinéa 1er comp. § 160 du Code de proc. civ. et les §§ 46, 51, 57, alinéa 3; 60, alinéa 3 de cette loi).

Ist die vorgeschriebene Benennung des Zustellungsbevollmächtigten unterblieben, so tritt hinsichtlich der Zustellungen und Mittheilungen die im § 161 Abs. 1 der Civilprozeßordnung bezeichnete Folge ein.

§ 67. Auf die nach diesem Gesetze vor die Amtsgerichte gehörenden Rechtsstreitigkeiten finden die Vorschriften der §§ 160, 161 der Civilprozeßordnung Anwendung.

§ 68. Aus den Zwangsausweisungsbefehlen (§ 21 Abs. 1) im Zwangsvollstreckungsverfahren und im Falle des Wiederverkaufs in Folge Uebergebots sowie aus den im Vertheilungsverfahren ertheilten Zahlungsanweisungen findet die gerichtliche Zwangsvollstreckung nach Maßgabe der §§ 662 bis 701, 705 der Civilprozeßordnung statt.

§ 69. Die Verhandlungen über das Zwangsvollstreckungs-, Hypothekenreinigungs- und Vertheilungsverfahren sind dem mit der Erledigung entstandener Streitigkeiten befaßten Gericht auf Anordnung des Vorsitzenden in Urschrift, das Bedingnißheft und das Versteigerungsprotokoll in Ausfertigung zu übersenden.

§ 70. Ein vor dem Inkrafttreten dieses Gesetzes anhängig gewordenes Zwangsvollstreckungsverfahren ist nach den bisherigen Vorschriften zu erledigen, sofern vor jenem Zeitpunkte die Verkaufsverordnung erlassen ist.

---

§ 67 überträgt die Vorschriften der §§ 160, 161 der Civilprozeßordnung, welche die Benennung eines Zustellungsbevollmächtigten in den nach den allgemeinen Formen der Civilprozeßordnung zu verhandelnden Rechtsstreitigkeiten regeln, auf die nach den §§ 18, 21 Abs. 3, § 39, § 63 Abs. 4 des Gesetzes vor die Amtsgerichte gehörenden Rechtsstreitigkeiten. Hiernach findet in den vorbezeichneten Streitigkeiten (vergl. § 160 cit.) eine Verpflichtung zur Benennung eines Zustellungsbevollmächtigten nur statt, sofern der Betheiligte nicht einen im Amtsgerichtsbezirke wohnhaften Prozeßbevollmächtigten bestellt hat, und tritt dann regelmäßig nur auf Anordnung des Gerichts ein. Für die Folgen der Unterlassung ist der § 161 Abs. 1 und 2 maßgebend (M.).

§ 68. (Vergl. C. P. O. §§ 703, 706 und § 16 des Ausführungs-Gesetzes zu den Prozeßordnungen.)

§ 69 empfiehlt sich im Interesse der Kostenersparniß (vergl. § 31 Abs. 2 des Gesetzes vom 1. Dezember 1873) (M.).

§§ 70 ff. Die Uebergangsbestimmungen der §§ 70 ff. stimmen hinsichtlich der Zwangsvollstreckung und des Rangordnungsverfahrens im wesentlichen mit den entsprechenden Vorschriften des Ausführungsgesetzes zu den Prozeßordnungen (§ 37 Abs. 1 § 40) überein (M.).

Si la désignation d'un fondé de pouvoirs de ce genre a été omise dans le cas où elle est prescrite, les conséquences relativement aux significations et communications sont celles indiquées au § 161, alinéa 1er du Code de procédure civile.

§ 67. Les dispositions des §§ 160 et 161 du Code de procédure civile s'appliquent à tous les procès qui, aux termes de la présente loi, sont de la compétence des tribunaux cantonaux.

§ 68. Les ordonnances de dépossession forcée (§ 21, alinéa 1er) dans la procédure d'exécution forcée et en cas de revente sur surenchère, ainsi que les bordereaux de collocation délivrés dans la procédure de distribution, seront exécutoires conformément aux dispositions des §§ 662 à 701, et 705 du Code de procédure civile.

§ 69. Les actes relatifs à la procédure d'exécution forcée, de purge des hypothèques et de distribution seront remis en minute au tribunal chargé de statuer sur les contestations, sur l'ordre qu'en émettra le président. Il lui sera également adressé une expédition du cahier des charges et du procès-verbal d'adjudication.

§ 70. Toute procédure d'exécution forcée ouverte avant la mise en vigueur de la présente loi sera terminée con-

---

§ 67. Ce paragraphe transporte les prescriptions des §§ 160 et 161 du Code de procédure civile, qui règlent la nomination du fondé de pouvoirs chargé de recevoir les significations dans les affaires où sont applicables les dispositions générales du Code de procédure civile, aux affaires qui, d'après les §§ 18, 21, alinéa 3, 39 et 63, alinéa 4 de la loi, rentrent dans la compétence du tribunal cantonal.

D'après ces dispositions, la nomination d'un fondé de pouvoirs ne sera obligatoire dans lesdites affaires (comp. § 160 cit.) qu'au cas où la partie n'a pas constitué pour le procès de fondé de pouvoirs domicilié dans le ressort du tribunal cantonal, et, en général, seulement à la suite d'une ordonnance rendue par le tribunal. Les conséquences de l'omission sont réglées par le § 161, alinéas 1 et 2 (M.).

§ 68. (Comp. les §§ 703, 706 du Code de proc. civ., et 16 de la loi d'exécution des Codes de procédure.)

§ 69. Cette disposition se justifie par l'économie de frais qu'elle présente (comp. § 31, alinéa 2 de la loi du 1er décembre 1873).

§ 70. Les dispositions transitoires que renferme ce paragraphe au sujet de l'exécution forcée et de la procédure d'ordre, concordent en substance avec les dispositions correspondantes de la

§ 71. Ein vor dem Inkrafttreten dieses Gesetzes eingeleitetes Hypotheken-Reinigungsverfahren (Code civil, Art. 2183, 2194) ist nach den bisherigen Vorschriften zu erledigen.

Auf den Wiederverkauf in Folge Uebergebots findet die Bestimmung des § 70 Anwendung.

§ 72. Ein vor dem Inkrafttreten dieses Gesetzes anhängig gewordenes Rangordnungsverfahren ist, sofern vor jenem

---

§ 71 Abs. 1. Das Verfahren ist als anhängig zu etrachten, wenn in dem die eingetragenen Hypotheken betreffenden Verfahren die Zustellung erfolgt ist, im Legalpurgationsverfahren, sobald der Vertrag auf der Gerichtsschreiberei hinterlegt ist (B.).

§ 72. Abs. 1 setzt voraus, daß das Verfahren vor einem zuständigen Gerichte anhängig geworden ist. Da die Civilprozeßordnung auf Kollokationen nach freiwilligen Verkäufen, welche bis jetzt zur Zuständigkeit der Landgerichte gehörten, keine Anwendung gefunden hat, so werden sich hier, wie der Bericht der Kommission hervorhebt, Anstände nicht ergeben. Hinsichtlich der an einen Zwangsverkauf sich anschließenden Vertheilungen war die Zuständigkeit der Amtsgerichte bereits durch die Civilprozeßordnung gegeben. Gleichwohl können hier, wie der Bericht der Kommission hervorhebt und die Praxis der Gerichte bewiesen hat, Schwierigkeiten entstehen, weil verschiedene Auffassungen darüber möglich sind, ob der Grundsatz der Civilprozeßordnung, wonach die Vertheilung des Erlöses nur einen Bestandtheil des Vollstreckungsverfahrens bildet, auch auf anhängige Verfahren Anwendung finden soll. Es entsteht die Frage: wenn ein Zwangsverkauf vor dem Inkrafttreten der neuen Civilprozeßordnung anhängig geworden ist, vor welches Gericht gehört nunmehr das Rangordnungsverfahren? Ist die Entscheidung eine andere, wenn die Kollokation vor, eine andere, wenn sie nach dem 1. Oktober 1879 eingeleitet wurde? Der Bericht der Kommission überläßt die Lösung dieser Fragen, da dieselben nach der bestehenden Gesetzgebung entschieden werden müssen, der Rechtssprechung.

Zu Abs. 2 ist daran zu erinnern, daß, zufolge des § 1 des Gesetzes vom 3. April 1880 (Ges. Bl. S. 58), die Vorschriften des Gerichtskostengesetzes (§ 81 ff.) über Kostenvorschuß (Gebühren- und Auslagen-Vorschuß) auf das Zwangsvollstreckungs- und Wiederverkaufsverfahren Anwendung finden. Bei Anwendung dieser Vorschriften ist, wie der Berichterstatter bei der zweiten Berathung auf Anfrage hervorhob, das Zwangsvollstreckungsverfahren i. e. S. (bezw. das Wiederverkaufsverfahren) und das nachfolgende Vertheilungsverfahren als ein Ganzes zu behandeln, so daß der betreibende Gläubiger auf Verlangen auch die durch das Vertheilungsverfahren veranlaßten Auslagen sofort vorzuschießen hat.

Da diese Grundsätze jedoch bisher nicht in Geltung waren, so sind in dem in Abs. 2 bezeichneten Falle die Kosten des nachfolgenden Vertheilungsverfahrens nicht hinterlegt. Für diesen Fall soll daher das Verfahren nur auf Antrag eröffnet werden (M.).

formément aux lois jusqu'ici en vigueur, si l'ordonnance de vente a été rendue avant cette époque.

§ 71. Toute procédure de purge des hypothèques introduite avant la mise en vigueur de la présente loi (art. 2183, 2194 du Code civil) sera terminée conformément aux dispositions jusqu'ici en vigueur.

La revente sur surenchère est régie par la disposition du § 70.

§ 72. Tout ordre ouvert avant la mise en vigueur de la présente loi sera terminé conformément aux lois jusqu'ici

---

loi d'exécution aux Codes de procédure (§ 37, alinéa 1er, et § 40) (M.).

§ 71. La procédure est à considérer comme commencée quand, dans le cas de purge des hypothèques inscrites, la notification a eu lieu, et quand, en cas de purge des hypothèques légales, le dépôt du contrat a été fait au greffe (R.).

§ 72. (Dans l'alinéa 1er, il est sous-entendu que la procédure a été entamée devant un tribunal compétent.) Comme le Code de procédure ne s'applique pas aux ordres sur aliénation volontaire, qui sont restés jusqu'à présent dans la compétence des Landgerichte, il ne pourra guère se présenter de difficultés à ce sujet. Le Code de procédure a au contraire réglé la compétence des juges cantonaux relativement aux ordres sur expropriation forcée. A cet égard des difficultés sérieuses peuvent surgir, d'après le rapport, comme du reste la pratique judiciaire le prouve, puisqu'il est possible qu'il se produise des opinions contraires sur le point de savoir, si le principe posé par le Code de procédure: que la distribution du prix n'est que la continuation de la procédure d'exécution, est aussi applicable aux procédures déjà pendantes. La question se pose alors ainsi: si une expropriation a eu lieu avant l'entrée en vigueur du nouveau Code de procédure, quelle est aujourd'hui la juridiction compétente pour l'ordre? La solution sera-t-elle différente selon que l'ordre aura été ouvert avant ou depuis le 1er octobre 1879?

Le rapport de la Commission laisse à la jurisprudence le soin de décider la question, puisque cette dernière doit être résolue d'après les lois déjà en vigueur.

Sur l'alinéa 2, il y a lieu d'observer que suivant le § 1er de la loi du 3 avril 1880 (Bulletin des lois d'Alsace-Lorraine, p. 58), les prescriptions du Gerichtskosten-Gesetz (§§ 81 et suiv.) sur l'avance des frais (avances des frais judiciaires et des déboursés) sont applicables à la procédure d'exécution forcée et de revente sur surenchère. En appliquant ces prescriptions, la vente sur exécution forcée dans le sens restreint (le cas échéant la revente sur surenchère) et la procédure d'ordre qui en est la suite, ne forment qu'un seul tout, comme l'a fait ressortir le rapporteur lors de la seconde lecture de la loi, sur une interpellation qui lui avait été

Zeitpunkte die im Art. 751 des Code de procédure civile vorgeschriebene Einberufung der Gläubiger stattgefunden hat, nach den bisherigen Vorschriften, andernfalls nach den Bestimmungen dieses Gesetzes über das Vertheilungsverfahren zu erledigen.

Hat das die Zwangsvollstreckung oder den Wiederverkauf in Folge Uebergebots betreffende Verfahren nach den bisherigen Vorschriften stattgefunden, so erfolgt die Eröffnung des Vertheilungsverfahrens nur auf Antrag.

§ 73. Das Gesetz vom 1. Dezember 1873, betreffend den Zwangsverkauf von Liegenschaften (Gesetzbl. für Elsaß-Lothringen, S. 300) und die Art. 749 bis 779, 832, 833, 836 bis 838 des Code de proc. civ. werden aufgehoben.

Insoweit bestehende Gesetze auf Vorschriften verweisen, welche durch dieses Gesetz außer Kraft gesetzt sind, treten die Vorschriften dieses Gesetzes an die Stelle der ersteren.

---

§ 73, Abs. 1. Der Kommissions-Bericht erinnert daran, daß die Art. 834, 835 des Code de procédure civile bereits durch Art. 6 des Gesetzes über die Ueberschreibung vom 23. Mai 1855 beseitigt sind.

Abs. 2 (vergl. § 47 des Gesetzes, betreffend die Ausführung der Prozeßordnungen.)

en vigueur, si avant cette époque la convocation des créanciers prescrite dans l'art. 751 de l'ancien Code de procédure civile a eu lieu; au cas contraire, il sera terminé conformément aux dispositions du titre IV sur la procédure de distribution.

Si la procédure concernant l'exécution forcée ou la revente sur surenchère a eu lieu conformément aux lois jusqu'ici en vigueur, la procédure de distribution ne sera ouverte que sur requête.

§ 73. La loi du 1er décembre 1873 sur la saisie immobilière (*Bulletin des lois pour l'Alsace-Lorraine,* p. 300) et les art. 749 à 779, 832, 833, 836 à 838 de l'ancien Code de procédure civile sont abrogés.

Dans tous les cas où des lois en vigueur renvoient à des dispositions qui se trouvent abrogées par la présente loi, les dispositions de la présente loi seront appliquées aux lieu et place du texte abrogé.

---

adressée, de sorte que le créancier poursuivant aura à avancer également de suite, s'il en est requis, les frais occasionnés par la procédure d'ordre.

Jusqu'à présent les frais d'ordre n'ont pas été consignés, puisque les principes sur la consignation n'ont été posés que par la nouvelle loi; c'est ce qui explique que dans ce cas la procédure ne doit être ouverte que sur la requête de l'une des parties (M.).

§ 73, alinéa 1er. Le rapport de la Commission fait observer que les art. 834 et 835 du Code de procédure civile français ont déjà été abrogés par l'art. 6 de la loi sur la transcription du 23 mai 1855.

Alinéa 2. (Comp. le § 47 de la loi d'exécution du Code de procédure.)

XI. Gesetz

vom 10. Mai 1886, betreffend die Ausstellung gerichtlicher Erbbescheinigungen und die Zuständigkeit der Amtsgerichte.

(Gesetzblatt für Elsaß-Lothringen S. 61.)

Erster Entwurf des Gesetzes Vorlage 4 C der XII. Session des Landesausschusses; Bericht der Spezialkommission S. 617 der Verhandlungen (zitirt als B. 85). Zweiter Entwurf Vorlage 1 C der XIII. Session; Bericht der II. Kommission S. 512 der Verhandlungen (zitirt als B. 86). Zweite Lesung S. 503 der Verhandlungen.

Einleitung.

Das Gesetz hat einen doppelten Inhalt, indem es in den §§ 1 bis 10 (im Anschluß an das preußische Gesetz vom 12. März 1869) die Ausstellung gerichtlicher Erbbescheinigungen, in den §§ 11 bis 15 die Erweiterung der Zuständigkeit der Amtsgerichte in Sachen der freiwilligen Gerichtsbarkeit und das Verfahren in solchen Sachen behandelt, woran sich in § 16 Bestimmungen über den Kostenpunkt schließen.

Seine unmittelbare Veranlassung hatte der Entwurf durch die beabsichtigte Einführung des Grundbuchs, indem der gleichzeitig vorgelegte Entwurf eines Grundbuchgesetzes bestimmt hatte, daß die gesetzlichen Erben (Intestaterben), um bei dem Grundbuchamte, sei es die Eintragung ihres Eigenthums an den ererbten Grundstücken zu erlangen oder über die ererbte Hypothek durch Umschreibung auf den eigenen Namen, Zession oder Löschungsbewilligung verfügen zu können, einer Erbbescheinigung des zuständigen Richters bedürfen sollten, wornach also die Ergänzung des bestehenden Rechts durch Bestimmungen über die Zuständigkeit und das Verfahren bei der Ausstellung von Erbbescheinigungen erforderlich wurden. Der Entwurf ging aber über diese durch das Grundbuchgesetz vorgezeichnete Aufgabe hinaus, indem er

1. die Ausstellung von Erbbescheinigungen auch zu anderen Zwecken als zur Legitimation beim Grundbuche gestattete, demgemäß
2. über die Wirkung derartiger Erbbescheinigungen allgemein Bestimmung traf und
3. diese Vorschriften zu 1. und 2. nicht erst mit Anlegung der Grundbücher, sondern sofort in Wirksamkeit treten ließ, endlich indem er
4. im Anschluß an das Erbbescheinigungsverfahren die Zuständigkeit der mit demselben zu befassenden Amtsgerichte auf dem Gebiete der Nachlaßsachen überhaupt erweiterte.

XI. LOI
concernant la délivrance de certificats judiciaires constatant la qualité d'héritier et la compétence des Amtsgerichte du 10 mai 1886.

(Bulletin des lois d'Alsace-Lorraine p. 61.)

Premier projet de loi-proposition 4e de la XII session de la Délégation; rapport de la commission spéciale, p. 617 des comptes-rendus (cité comme R. 1885). Deuxième projet de loi proposition Ie de la XIII session; rapport de la II commission, p. 512 des comptes-rendus (cité comme R. 1886). Deuxième lecture p. 503 des comptes-rendus.

Introduction.

La présente loi règlemente deux matières distinctes. Elle règle dans les §§ 1 à 10, en s'appuyant sur la loi prussienne du 12 mars 1869, la délivrance des certificats judiciaires constatant la qualité d'héritier; dans les §§ 11 à 15, elle augmente la compétence des Amtsgerichte en matière de juridiction gracieuse et en règle la procédure, tout en s'occupant de question de frais dans le § 16.

C'est l'introduction des livres fonciers, que l'on avait en vue, qui a motivé la présente loi, le projet de loi sur les livres fonciers, que l'on avait soumis en même temps à la Délégation, ayant en une disposition, qui imposait aux héritiers légitimes (héritiers ab intestat) l'obligation de produire un certificat judiciaire du juge compétent, s'ils entendaient ou provoquer l'inscription en leur nom d'immeubles dépendant de la succession, ou bien disposer d'une inscription en la faisant inscrire en leur nom, ou en la transférant à des tiers, ou en la faisant radier. Il en résultait la nécessité de compléter les dispositions légales en vigueur, en réglant la compétence et la procédure pour la délivrance de pareils certificats. Le projet de loi dépassa cependant les limites qui lui étaient dressées par la loi sur les livres fonciers en ce que:

1º il autorise la délivrance de certificats constatant la qualité d'héritier à d'autres fins que pour servir de légitimation pour les inscriptions à faire aux livres fonciers,

2º il règle d'une manière générale l'effet de ces certificats,

3º il déclare les dispositions des §§ 1 et 2 immédiatement applicables, sans se préoccuper de l'introduction des livres fonciers,

4º il augmente d'une manière générale la compétence des Amtsrichter en matière de succession.

Infolge der Ablehnung des Grundbuchs durch den Landesausschuß sind die unter Nr. 1 erwähnten andern Zwecke jetzt die einzigen, denen die durch das Gesetz gestatteten Erbbescheinigungen dienen sollen.

Zu Punkt 4 erfuhr außerdem der Entwurf durch die Anträge der Kommissionen des Landesausschusses in § 11 und durch §§ 14, 15 Zusätze, durch welche die Zuständigkeit des Amtsgerichts auf verschiedene mit der Regulierung von Nachlaßverhältnissen nicht zusammenhängende Angelegenheiten ausgedehnt und das Verfahren in der Beschwerdeinstanz in anderer als in der für Grundbuchsachen in Aussicht genommenen Weise geregelt wurde.

In dem allgemeinen Theile der Begründung des Entwurfs ist weiter gesagt:

„Was den ersten Punkt betrifft, so ist das Bedürfniß, den Intestaterben mit einem Ausweis über sein Erbrecht auszustatten, auch außerhalb der Gebiete des Grundbuchsystems oder eines ähnlichen, die Legitimation des Intestaterben verlangenden Pfandbuchsystems hervorgetreten, da es allenthalben Institute giebt, welche zu ihrer Sicherheit ähnliche Ansprüche wie jene Buchbehörden erheben müssen."

„Hervorzuheben sind in dieser Beziehung die Fälle, in denen die Gesetzgebungen Frankreichs und Elsaß-Lothringens jenem Bedürfnisse durch besondere Vorschriften Rechnung getragen haben. So bedarf der Erbe nach Art. 6 des Gesetzes vom 28. Floreal VII, um im Staatsschuldbuche die Umschreibung des ererbten Titels zu erlangen, eines certificat de propriété, welches nach näherer Vorschrift des Gesetzes vom Notar oder Friedensrichter auszustellen ist. Eines gleichen Zeugnisses bedarf der Erbe nach dem Dekrete vom 18. September 1806 zur Erhebung der vom Erblasser bestellten Amtskaution sowie nach Art. 3 des Gesetzes vom 7. Mai 1853 zur Zurückziehung von Sparkasseneinlagen des Erblassers."

„Diese Vorschriften sind bezüglich der Sparkasseneinlagen noch heute in Kraft und haben den bezüglich der elsaß-lothringischen Rente und der Amtskautionen gegenwärtig geltenden landesgesetzlichen Bestimmungen in § 9 des Gesetzes vom 24. März 1881 (Gesetzblatt S. 15) und § 13 des Gesetzes vom 15. Oktober 1873 (Gesetzblatt S. 273) als Vorbild gedient."

„Aber auch im sonstigen Verkehr macht sich im Lande das Bedürfniß nach derartigen Zeugnissen fortgesetzt geltend; so nicht nur, wenn es sich für Inländer darum handelt, im übrigen Reichsgebiet oder im Auslande über Grundstücke und Hypothekenkapitalien zu verfügen oder Erbschaften in Empfang zu nehmen, sondern auch zum Gebrauch im Inlande bei Erhebung von Depots bei Bankinstituten oder zur Führung des urkundlichen Nachweises, welchen § 665 C.-P.-O. zur Ertheilung der Vollstreckungsklausel für oder gegen Rechtsnachfolger erfordert."

„Zur Befriedigung dieses Bedürfnisses dienen in gewissem Maße die sogenannten actes de notoriété, welche seit Alters von den Notaren und den Friedens- jetzt Amtsrichtern den Erben ertheilt werden. Es fehlt jedoch diesen Urkunden die gesetzliche Grundlage und es bestehen weder Vorschriften über Verfahren und Zuständigkeit noch, was das Wichtigste, über ihre rechtliche Bedeutung."

Les livres fonciers n'ayant pas été introduits en Alsace-Lorraine par la Délégation, les certificats d'héritiers ne servent plus qu'au but indiqué au n· 1.

La Délégation a de son côté ajouté au projet de loi dans les §§ 11, 14 et 15, des dispositions qui étendent la compétence des Amtsgerichte à des matières, n'ayant aucun rapport avec les successions et qui règlent la procédure dans l'instance en recours, autrement qu'elle était projetée pour les livres fonciers.

Les considérations générales des motifs du projet de loi s'exprimaient ainsi à ce sujet:

„En ce qui concerne le premier point, le besoin de délivrer aux héritiers légitimes un certificat constatant leur qualité d'héritier s'est fait également sentir dans les pays, qui ne sont pas soumis aux livres fonciers ou à un système hypothécaire similaire, surtout dans les cas où il s'agit de justifier de sa qualité d'héritier ab intestat; il peut se présenter en effet des cas où d'autres institutions exigent à ce sujet des garanties aussi sérieuses que les bureaux fonciers."

„Sous ce rapport, la législation en France et en Alsace-Lorraine a spécialement tenu compte d'un pareil besoin dans les dispositions suivantes: d'après l'article 6 de la loi du 18 floréal an VII, l'héritier, s'il entend obtenir le transfert d'un titre de rente de la dette publique, doit produire un certificat de propriété, que le notaire ou le juge de paix délivrent en observant certaines formalités. Un certificat analogue est à produire d'après le décret du 18 septembre 1806 par l'héritier, s'il veut toucher le cautionnement d'un titulaire décédé et d'après l'article 3 de la loi de 7 mai 1853, s'il demande le remboursement de versements faits par le défunt à la caisse d'épargne."

„Ces prescriptions sont encore aujourd'hui en vigueur pour les versements à la caisse d'épargne et ont été étendues à la rente alsacienne-lorraine et aux cautionnements des fonctionnaires par le § 9 de la loi du 24 mars 1881 (bull. des lois p. 15) et le § 13 de la loi du 15 octobre 1873 (bull. des lois p. 273)."

„L'utilité de ces certificats se fait du reste également sentir dans d'autres hypothèses, quand il s'agit, par exemple pour les habitants de l'Alsace-Lorraine de disposer d'immeubles ou de capitaux garantis par des hypothèques ou bien de recueillir une succession dans un autre état de l'empire ou à l'étranger, de même s'il y a lieu de s'en servir dans le pays même, soit pour retirer des dépôts faits dans une banque, soit pour faire les justifications prescrites par le § 665 C. de pr. civ., pour obtenir la formule exécutoire pour les ayant-droits du créancier ou contre les successeurs du débiteur."

„Jusqu'à présent on a satisfait en partie à ce besoin par des actes de notoriété que les notaires et les juges de paix, maintenant les Amtsrichter, délivraient de tout temps aux héritiers. Il manquait cependant à ces actes une véritable base légale, il n'existait pas en outre de prescriptions spéciales ni sur la procédure, ni sur la compétence, ni sur la valeur juridique de ces actes."

„In letzterer Beziehung besteht kein Zweifel darüber, daß ein derartiger Notorietätsakt, wenn er unrichtig ist, weder den falschen Erben noch den Dritten, welcher sich mit diesem eingelassen hat, gegen die Ansprüche des wahren Erben sichert; der Dritte, welcher einem solchen Akt Glauben schenkt, thut dies auf eigene Gefahr (vgl. Dalloz Rép. V° actes de notoriété Nr. 6) und bei der ganz besonderen Bestrittenheit der Lehre über die Wirksamkeit der Rechtshandlungen des Putativerben (héritier apparent vergl. Aubry et Rau, cours du dr. fr. § 616 Nr. 5, Bd. VI S. 437) kann nicht einmal mit Sicherheit angegeben werden, ob dem guten Glauben des Dritten eine Rechtswirkung überhaupt zukommt. Andererseits aber ist die Befürchtung kaum abzuweisen, daß im Verkehr jenen Notorietätsakten eine rechtliche Bedeutung beigelegt wird, die ihnen von Rechtswegen nicht zukommt."

„Aber gerade in dieser Beziehung stellt der moderne Verkehr weiter gehende Forderungen an den Gesetzgeber, indem er Formen verlangt, in denen er sich frei und sicher bewegen kann. Diesen Anspruch sucht der Gesetzentwurf zu erfüllen, indem er jedem Erben die Erwirkung einer Erbbescheinigung gestattet und weiter den Handlungen des als Erben Bescheinigten zu Gunsten gutgläubiger Dritter, welche sich mit demselben eingelassen haben, volle Gültigkeit beilegt."

---

§ 1. Jeder gesetzliche Erbe ist befugt, bei demjenigen Amtsgericht, in dessen Bezirk der Erblasser zur Zeit seines Todes den allgemeinen Gerichtsstand gehabt hat, auf Ausstellung einer Erbbescheinigung anzutragen.

§ 2. Der Antragsteller hat den Tod des Erblassers und das persönliche Verhältniß zu demselben, auf welchem sein Erb-

---

§ 1. Die örtliche Zuständigkeit ist nach Maßgabe des § 28 C.-P.-O. bestimmt.

Die Fassung des § 1 läßt übrigens keinen Zweifel, daß die Erwirkung einer Erbbescheinigung dem Ermessen der Erben überlassen bleibt, für welche ein Zwang dazu nur (auf dem Gebiete des Grundbuchrechts und) in gewissem Maße in den zu § 10 erwähnten Fällen erwächst. (M. 86.)

Das nach § 1 zuständige Gericht vereinigt sämmtliche auf das Erblegitimationsverfahren bezüglichen Schriftstücke mit der Urschrift der Bescheinigung in besonderen hierzu bestimmten Aktenheften; es ist sonach die Ertheilung einer zweiten und dritten Ausfertigung der Erbbescheinigung jederzeit leicht zu erreichen. (B. 85.)

§ 2. Das hier nach Vorbild des § 3 des preußischen Gesetzes geordnete Verfahren bringt den Gedanken zum Ausdruck, daß der Todesfall sowie der das Erbrecht begründende Verwandtschaftsgrad der Erben dem Richter überzeugend bewiesen werde, woraus sich ergibt, daß z. B. Anerkenntnisse, welche die als Erben Auftretenden sich einander abgeben, für den Richter nicht maßgebend sein dürfen und andererseits, daß der

„Il est hors de doute qu'un pareil acte de notoriété, s'il est inexact, ne garantit ni le faux héritier ni le tiers, qui a contracté avec lui, contre les droits que peut faire valoir le véritable héritier; le tiers qui contracte sur la foi de cet acte, le fait à ses risques et périls (comp. Dalloz. Rép. V° actes de notoriété n° 5). La question de la valeur juridique des actes de l'héritier apparent étant très controversée (comp. Aubry et Rau, cours du dr. fr. § 616 n° 5, vol VI p. 437), on ne saurait même déterminer d'une manière positive, si la bonne foi du tiers exerce une influence quelconque sur la validité de l'acte. Il est au surplus à redouter, que dans la pratique on attribue à ces actes de notoriété une valeur juridique, qui ne leur incombe pas en droit strict."

„Sous ce rapport le mouvement actuel des affaires et la facilité des communications imposent plus impérieurement au législateur le devoir de prévoir des formes dans lesquelles les parties puissent se mouvoir librement et avec pleine sécurité. Le projet de loi cherche à satisfaire à ces exigences, en permettant à tout héritier de demander la délivrance d'un certificat d'héritier et en déclarant valable tous les actes qu'un héritier muni d'un pareil certificat passe avec un tiers de bonne foi."

---

§ 1. Tout héritier légitime a le droit d'exiger la délivrance d'un certificat constatant sa qualité d'héritier. La demande est à adresser à l'Amtsgericht du lieu, où le défunt a eu son domicile judiciaire lors de son décès.

§ 2. Le requérant a à fournir la preuve de la mort du défunt, ainsi que du lien de parenté sur lequel il base ses

---

§ 1. La compétence locale est fixée conformément au § 28 C. pr. c. Le texte du § 1 ne laisse pas de doute, que la demande en délivrance d'un certificat d'héritier est laissée à l'arbitrage des héritiers, qui n'y sont astreints (que dans le système des livres fonciers et) jusqu'à un certain point dans les cas prévus par le § 10. (M. 1886.)

Le tribunal désigné comme compétent par le § 1 réunit dans un dossier spécial toutes les pièces de la procédure en justification de la qualité d'héritier, en y ajoutant l'original du certificat; il devient ainsi facile d'en délivrer en tout temps une seconde ou une troisième expédition. (R. 1885.)

§ 2. La procédure telle qu'elle est règlée par ce paragraphe, est calquée sur le § 3 de la loi prussienne et part du point de vue, que le décès et le degré de parenté, sur lequel doit se baser le droit héréditaire, doivent être pleinement prouvés au juge; il s'ensuit que d'un côté les attestations, que se donnent mutuellement des personnes, qui invoquent la qualité d'héritiers, ne peuvent pas donner la conviction au magistrat, que d'un autre côté il a à tenir

recht beruht, soweit die Thatsachen nicht bei Gericht offenkundig sind, durch öffentliche Urkunden oder, wo solche nicht oder schwer zu beschaffen sind, durch Zeugen, wozu auch Offenkundigkeitszeugen zu rechnen, nachzuweisen.

Richter Thatsachen oder Vermuthungen, welche auf anderm Wege als durch Mittheilung der Parteien und Zeugen, z. B. über die Existenz eines Testaments oder das Vorhandensein näherer Erben, zu seiner Kenntniß gelangt sind, nicht außer Berücksichtigung lassen darf (M.).

Die bei Besprechung des § 2 Seitens eines Mitgliedes der Kommission aufgeworfene Frage, ob die Artikel 136, 137 des Code civil, neben § 2 in Kraft bleiben, wurde von den Vertretern der Regierung bejaht und darauf hingewiesen, daß in dieser Beziehung auch bei Auslegung des preußischen Gesetzes vom 12. März 1869 Zweifel nicht entstanden seien. (B. 85.)

Abs. 2. Die negative Seite des von dem Erben zu führenden Beweises betrifft einmal die Thatsache, daß keine näheren oder gleich nahen Erben als die von ihm genannten vorhanden sind, sodann die andere, daß er nicht durch ein Testament von der Erbschaft ausgeschlossen ist. Den Beweis der Negative erleichtert das Gesetz dadurch, daß es der Regel nach von dem Erben weiter nichts verlangt, als die eidesstattliche Versicherung, daß ihm von dem Vorhandensein gleich oder besser Berechtigter oder eines Testamentes nichts bekannt ist. (B. 85.)

Der Ernst, zu welchem die Abgabe der eidesstattlichen Versicherung den Erklärenden verpflichtet, da nach § 156 des Strafgesetzbuches die wissentlich falsche Abgabe mit Gefängniß von einem Monat bis zu drei Jahren bestraft wird, entspricht der großen rechtlichen Bedeutung, welche durch den § 5 der Erbbescheinigung beigelegt ist. (B. 85).

Die notariellen Protokolle über die eidesstattlichen Versicherungen, welche nach § 16 Abs. 2 registrirungs- und stempelfrei sind, gehören zu denjenigen Urkunden, welche nach Art. 20 Abs. 2 des Gesetzes vom 25. Ventose XI in der Urschrift ausgehändigt werden können. Die Abgabe der Erklärung zu notariellem Protokoll wird in vielen Fällen sehr zur Bequemlichkeit der Betheiligten dienen, indem der Notar bei Errichtung der Theilungsurkunde diese Erklärungen sowie den Antrag auf Ausstellung der Erbbescheinigung zu (besonderem) Protokoll nimmt und dieses mit den erforderlichen Personenstandsurkunden direkt dem Amtsgericht übermittelt. Wird gleichzeitig die Theilungsurkunde vorgelegt, so kann die Erbbescheinigung auf Antrag mit dieser verbunden werden (M.).

Der Notar ist hiernach im Stande, alles, was nach § 2 zur Ertheilung der Erbbescheinigung erforderlich ist, vorzubereiten, so daß der Richter, wenn er nicht das Aufgebot (§ 2 Abs. 4, § 3) noch für nothwendig erachtet, unm ittelbar nach Uebersendung der Schriftstücke durch den Notar die Erbbescheinigung ertheilen kann. (B. 85.)

Abs. 4. Ob das in Abs. 4 zugelassene Aufgebot vor oder nach Abnahme der eidesstattlichen Versicherung zu veranlassen, wird sich lediglich darnach richten, in welchem Stadium des Verfahrens dem Richter eine derartige Ergänzung nothwendig erscheint (M.).

droits héréditaires, soit par actes publics, soit par témoins, même par témoins constatant la simple notoriété dans les cas où il serait difficile ou impossible de produire des actes publics, à moins que les faits à prouver ne soient notoires pour le tribunal.

---

compte des faits et présomptions, dont il a pu avoir connaissance, autrement que par l'entremise des parties interessées et des témoins, par exemple de l'existence d'un testament ou d'héritiers plus proches (M.).

Quant à la question soulevée lors de la discussion du § 2 par un membre de la commission, si les articles 136 et 137 Code civil restent en vigueur en même temps que le § 2, elle a été résolue affirmativement par les commissaires du gouvernement, qui ont ajouté que l'interprétation de la loi prussienne du 12 mars 1869 n'a jamais donné lieu à un doute à ce sujet (R. 1885.).

Alinéa 2. Le côté négatif de la preuve que doit fournir l'héritier, se rapporte d'une part à la preuve du fait, qu'en dehors des héritiers par lui indiqués, il n'en existe pas d'autres à un degré plus rapproché ou au même degré, d'autre part à la preuve du fait, qu'il n'est pas exclu de la succession par une disposition testamentaire. (R. 1885.)

Le caractère sérieux attaché à l'affirmation que fait sous serment le requérant et qui trouve sa sanction dans le § 156 Code pénal, qui punit celui qui fait une fausse affirmation d'un emprisonnement depuis un mois jusqu'à trois ans, répond à l'importance que la loi attache dans le § 5 au certificat d'héritier. (R. 1885.)

Les procès-verbaux des notaires sur de pareilles affirmations sont exempts en vertu du § 16 alinéa 2, des droits de timbre et d'enregistrement; ils font en outre partie des actes, qui peuvent être délivrés en brevet, dans le sens de l'article 20, alinéa 2 de la loi du 25 ventôse an XI. L'affirmation devant notaire sera dans la plupart des cas très commode pour les parties, le notaire pouvant lors des opérations de partage, recevoir l'affirmation en même temps que la demande en délivrance du certificat et en dresser un procès-verbal séparé, qu'il transmet à l'Amtsgericht avec les autres actes de l'état civil, qui peuvent être nécessaire. Si l'acte de partage est présenté en même temps au juge, on peut joindre à cet acte sur la demande de la partie le certificat constatant la qualité d'héritier (M.). Le notaire est ainsi en mesure de préparer tous les documents nécessaires d'après le § 2, pour la délivrance du certificat et le juge est à même de le délivrer de suite après la réception des pièces, si du moins la procédure de la sommation publique ne lui parait pas indispensable (§ 2 alinéa 4, § 3.) (R. 1885.).

Alinéa 4. La mesure de la sommation publique dont parle l'alinéa 4 peut être ordonnée, soit avant soit après l'affirmation de l'héritier, au moment où les circonstances paraîtront exiger une pareille mesure (M.).

Der Erbe hat dem Gericht die eidesstattliche Versicherung,
daß ihm andere gleich nahe oder nähere Erben nicht bekannt seien, er auch nicht wisse, daß der Erblasser eine letztwillige Verfügung hinterlassen habe,

abzugeben. Diese Erklärung muß zu gerichtlichem oder notariellem Protokoll aufgenommen sein.

Sind mehrere Erben vorhanden, so bleibt es dem Ermessen des Gerichts überlassen, diese Versicherung von allen oder nur von einem oder mehreren Miterben zu verlangen.

Zur Ergänzung des Nachweises kann das Gericht geeigneten Falles ein öffentliches Aufgebot der unbekannten Erben erlassen.

§ 3. In dem Aufgebote sind alle diejenigen, welche nähere oder gleich nahe Erbansprüche an den Nachlaß zu haben vermeinen, aufzufordern, ihre Ansprüche bis zu einem bestimmten Termin anzumelden, und zwar unter der Verwarnung, daß nach Ablauf des Termins die Ausstellung der Erbbescheinigung erfolgen werde. Der Termin ist mindestens auf drei Monate hinaus zu bestimmen. Die Bekanntmachung erfolgt durch eine oder mehrere Anzeigen im Deutschen Reichsanzeiger und nach dem Ermessen des Gerichts in andern öffentlichen Blättern sowie durch Anschlag an der Gerichtstafel oder in anderer Weise. Ein Ausschlußurtheil ergeht nicht.

§ 4. Das Gericht hat, wenn es das Erbrecht für nachgewiesen erachtet, eine urkundliche Bescheinigung darüber auszustellen.

---

§ 3. Die Worte „oder in anderer Weise" sind auf Antrag der II. Kommission zugesetzt, um dem Richter einen gewissen Spielraum in der Art der Bekanntmachung zu lassen, sodaß eine Veröffentlichung durch Anschlag an dem Bürgermeisteramt nicht ausgeschlossen bleibt. (B. 86.)

§ 4. Wird der in Abs. 1 erforderte Nachweis nicht erbracht, so würde das Gesuch durch Beschluß zurückzuweisen sein. Es ist selbstverständlich, daß mangelhaft begründete Gesuche nicht ohne Weiteres zurückzuweisen sind; vielmehr werden die Betheiligten zunächst zur Beseitigung der Mängel aufzufordern und so oft zu belehren oder zu laden sein, als es zur Vervollständigung der beizubringenden Beweise und abzugebenden Erklärungen erforderlich ist (M.).

Abs. 2 und 3 bezwecken, in Fällen, in denen das Erbrecht des Intestaterben Beschränkungen unterworfen ist, durch einen dieselben andeutenden Zusatz in der Bescheinigung Behörden und Private, denen

L'héritier doit déclarer au tribunal sous forme d'affirmation sacramentelle:

> Qu'il ne connaît pas d'autres héritiers au même degré ou à un degré plus proche, qu'en outre il n'est pas à sa connaissance que le défunt ait laissé une disposition testamentaire.

Cette déclaration est à consigner dans un procès-verbal que dresse le tribunal ou un notaire.

S'il existe plusieurs héritiers, le tribunal a la faculté d'exiger cette déclaration de toutes les parties intéressées, ou seulement de l'une ou de plusieurs d'entre elles.

Pour compléter la preuve, le tribunal peut, le cas échéant, faire des publications pour appeler l'attention des héritiers inconnus.

§ 3. Ces annonces doivent contenir la sommation à tous ceux qui croient avoir des droits héréditaires égaux ou plus fondés, à les faire valoir dans un délai déterminé, en les avertissant qu'à l'expiration de ce délai, il sera procédé à la délivrance du certificat d'héritier. Les annonces ont lieu au moyen d'une ou de plusieurs insertions dans le Journal officiel de l'Empire d'Allemagne et, dans le cas où le tribunal le juge convenable, dans d'autres feuilles publiques, ou bien par affiche au tableau du tribunal ou par tout autre moyen de publication. Il n'intervient pas cependant de jugement de forclusion.

§ 4. Si le tribunal trouve les justifications suffisantes, il délivre le certificat constatant la qualité d'héritier.

---

§ 3. Les mots „par tout autre moyen de publication" ont été ajoutés par la commission, pour laisser au juge une plus grande latitude dans le mode de publication, de sorte qu'une publication par affiche à la mairie n'est nullement exclue. (R. 1886.)

§ 4. La requête est rejetée par la décision du juge, si la partie ne fournit pas la preuve exigée par l'alinéa 1 § 2. Il est bien entendu que les requêtes mal motivées ne doivent pas être rejetées purement et simplement; les parties interessées doivent au contraire être invitées à remédier aux défectuosités de la requête et recevoir des instructions ou des citations à comparaître devant le magistrat, autant de fois que cette mesure paraîtra nécessaire pour arriver à compléter les moyens de preuve et les déclarations qui leur incombent (M.).

Les dispositions des alinéas 2 et 3 ont pour but de garantie contre des erreurs les autorités et les particuliers, devant lesquels

Liegt eine letztwillige Anordnung vor, so hat der Richter die betreffende Urkunde in der Erbbescheinigung deutlich zu bezeichnen.

Ist dem Gericht bekannt, daß neben dem Erben ein anerkanntes natürliches Kind oder daß ein überlebender Ehegatte des Erblassers vorhanden ist, so ist dies in der Erbbescheinigung zu erwähnen.

---

gegenüber der Erbe von der Bescheinigung Gebrauch macht, vor Täuschung zu behüten (M.).

Die Erwähnung des überlebenden Ehegatten wird insbesondere bewirken, daß Dritte, mit welchen die Erben in Verhandlung treten, zu der Prüfung veranlaßt werden, ob der Gegenstand, um welchen es sich handelt, zu einer Gütergemeinschaft gehört.

Beispiele von Erbbescheinigungen nach der Anlage zum B. 86:

Erbbescheinigung.

Es wird hierdurch bescheinigt, daß der am ersten Mai 1884 verstorbene Schneidermeister Karl Kathe in Straßburg, Ehemann von Mathilde Geyer, als alleinige gesetzliche Erbin seine eheliche Tochter Katharina Kathe, geboren den 12. August 1836, Ehefrau des Schreiners Eduard Simon in Zabern i. E., hinterlassen hat.

Straßburg, den 10. Mai 1884.

(L. S.) Kaiserliches Amtsgericht.

Erbbescheinigung.

Es wird hierdurch bescheinigt,

I. daß der am 3. April 1874 ohne letztwillige Verfügung verstorbene Ackerer Kaspar Steigel in Steinburg als alleinige gesetzliche Erben seine drei ehelichen Kinder:

1. Karl Gottfried Steigel, geboren den 7. Januar 1836,
2. August Steigel, geboren den 6. Februar 1837,
3. Elisabeth Steigel, geboren den 7. März 1838,

sämmtlich zu Steinburg wohnhaft, sowie den Sohn einer vor ihm verstorbenen Tochter Katharina, Ehefrau von Karl Wenzel, Schlosser in Monsweiler, Namens Theodor Wenzel, geboren den 10. April 1873, hinterlassen hat;

II. daß die am 20. Mai 1875 verstorbene vorgenannte ledige Elisabeth Steigel als gesetzliche Erben ihre Mutter Bertha, verwittwete Steigel, geborene Meyer in Steinburg, ihre vorgenannten Geschwister Karl Gottfried und August Steigel, sowie den vorgenannten Schwestersohn Theodor Wenzel hinterlassen hat,

III. daß auch Theodor Wenzel am 6. Januar 1876 verstorben und von seinem Vater Karl Wenzel, sowie von seinem Bruder Michael Wenzel, geboren den 1. Januar 1876 als gesetzlichen Erben beerbt worden ist.

Zabern, den pp.

S'il existe un testament, le tribunal doit en faire spécialement mention dans le certificat qu'il délivre.

S'il est à la connaissance du tribunal qu'il existe à côté de l'héritier un enfant naturel reconnu ou un conjoint survivant du défunt, il doit également en faire mention.

---

l'héritier produit son certificat, si les droits héréditaires de l'héritier ab intestat sont soumis à certaines restrictions; cette garantie est atteinte par la mention de ces restrictions dans le certificat (M.).

L'indication du conjoint survivant aura notamment pour effet, que les tiers qui entreront en pour parler avec les héritiers seront amenés à vérifier, si l'objet de la transaction dépend ou non d'une communauté de biens.

Exemples de certificats d'héritier d'après l'annexe du rapport de 1886:

Certificat de qualité d'héritier.

Il est certifié par la présente que le maître tailleur Charles Kathe, à Strasbourg, décédé le premier mai 1884, époux de Mathilde Geyer, a laissé comme seule héritière sa fille légitime Catherine Kathe, née le 12 août 1836, épouse du menuisier Edouard Simon à Saverne (Alsace).

Strasbourg, le 10 mai 1884.

L. S.

L'Amtsgericht impérial.

Certificat de qualité d'héritier.

Il est certifié par la présente:

I. Que le laboureur Gaspard Steigel, décédé à Steinbourg le 3 avril 1874, sans avoir fait de disposition testamentaire, a laissé comme seuls héritiers légitimes ses trois enfants légitimes:

1° Charles-Geoffroi Steigel, né le 7 janvier 1836;

2° Auguste Steigel, né le 6 février 1837;

3° Elisabeth Steigel, née le 7 mars 1838;

demeurant tous à Steinbourg, ainsi que le fils de sa fille Catherine, prédécédée, épouse de Charles Wenzel, serrurier à Monswiller, et s'appelant Théodore Wenzel, né le 10 avril 1873;

II. Que la célibataire Elisabeth Steigel susnommée est décédée le 20 mai 1875, en laissant pour héritiers légitimes sa mère, la veuve Berthe Steigel, née Meyer, à Steinburg, ses frères Charles-Geoffroi et Auguste Steigel prénommés ainsi que Théodore Wenzel, le fils de sa sœur prénommée,

III. Que Théodore Wenzel est également décédé le 6 janvier 1876, et que son père Charles Wenzel ainsi que son frère Michel Wenzel, né le 1er janvier 1876, lui ont succédé en qualité d'héritiers légitimes.

Saverne, le . . . . etc.

§ 5. Die Rechte des wahren Erben werden durch die Erbbescheinigung nur darin beschränkt, daß er die von dritten Personen redlicher Weise mit dem in der Erbbescheinigung benannten Erben über den Nachlaß vorgenommenen Rechtsgeschäfte, insbesondere auch die demselben von Nachlaßschuldnern geleisteten Zahlungen, gegen sich gelten lassen muß.

Derselbe hat jedoch, wenn eine freigebige Verfügung unter Lebenden oder von Todeswegen den Gegenstand des Rechtsgeschäfts bildet, insoweit einen Anspruch gegen den Erwerber, als dieser sich noch im Besitze des Erworbenen oder daraus bereichert findet.

§ 6. Die Rechtsgrundsätze über die Gültigkeit und Wirksamkeit von Rechtsgeschäften, die ein nicht mit einer Erbbescheinigung versehener vermeintlicher Erbe als solcher in Beziehung auf den Nachlaß vorgenommen hat, werden durch die Bestimmungen des § 5 nicht berührt.

Erbbescheinigung.

Es wird hierdurch bescheinigt, daß der am 4. Mai 1869 zu Metz mit Hinterlassung eines holographischen Testamentes vom 6. April 1869, hinterlegt laut Präsidialverfügungen vom 5. Mai 1869 bei Notar Landesherr in Metz, verstorbene Kaufmann Moritz Ebener als alleinige gesetzliche Erben seine ehelichen Söhne

Alois Ebener, geboren den 3. August 1857,
Amand Ebener, geboren den 10. Dezember 1859,

wohnhaft zu Metz, hinterlassen hat. Denselben überlebt seine Ehefrau Henriette, geborene Mitanchez.

Metz, den pp.

§ 5. Die Erbbescheinigung soll in ihren Wirkungen zwischen dem Scheinerben und dem wirklichen Erben nicht etwa einem rechtskräftigen Urtheil gleichgestellt werden, welches einer Partei die Erbeigenschaft zuspricht und, weil rechtskräftig, gegen die Parteien auch dann wirksam ist, wenn es materiell unrichtig wäre; sie soll vielmehr nur mit der Wirkung ausgestattet sein, daß sie diejenigen, welche im guten Glauben an die Richtigkeit der Bescheinigung mit der durch die Bescheinigung als Erben erkannten Person sich eingelassen haben, gegen Ansprüche des wahren Erben schützt. Die Rechte des wahren Erben gegenüber dem falschen, in den Besitz einer unrichtigen Bescheinigung gelangten Erben bleiben völlig unberührt und sind nach den Bestimmungen des Civilrechts zu beurtheilen. (B. 86.)

§ 6 enthält nach Vorbild des § 7 preuß. Ges. v. 12. März 1869 eine an sich selbstverständliche Bestimmung. (B. 85.)

§ 5. Les droits du véritable héritier ne sont touchés par le certificat d'héritier, qu'en tant qu'il est obligé de reconnaître tous les actes passés avec des tiers de bonne foi par l'héritier putatif qu'indique le certificat, et surtout les paiements faits entre ses mains par les débiteurs de la succession.

Le véritable héritier a cependant la faculté, en cas de donation entre-vifs ou pour cause de mort, de faire valoir ses droits contre le tiers, qui est encore en possession des objets ainsi transmis ou qui s'est enrichi par suite de cette transmission à titre gratuit.

§ 6. Les dispositions du § 5 ne changent rien aux principes de droit sur la validité et la portée des actes, que l'héritier apparent, qui n'est pas pourvu d'un certificat d'héritier, peut avoir passés en cette qualité par rapport à la succession.

Certificat de qualité d'héritier.

Il est certifié par la présente, que le commerçant Maurice Ebener est décédé à Metz le 4 mai 1869, qu'il a laissé un testament olographe daté du 6 avril 1869 et déposé entre les mains du notaire Landesherr à Metz, suivant une ordonnance du président du tribunal en date du 5 mai 1869, et que ses seuls héritiers légitimes sont ses fils légitimes:

Aloïse Ebener, né le 3 août 1857,
Amand Ebener, né le 10 décembre 1859,

domiciliés à Metz. Son épouse Henriette, née Mitanchez, domiciliée à Metz, lui a survécu.

Metz, le . . . . etc.

§ 5. Le certificat ne doit pas produire entre les héritiers apparents et les véritables héritiers les effets d'une décision judiciaire, revêtue de l'autorité de la chose jugée, qui reconnait la qualité d'héritier à l'une des parties et devient exécutoire à raison de son caractère de chose définitivement jugée, quand même elle serait matériellement inexacte; il doit seulement avoir pour effet de garantir contre les prétentions du véritable héritier, les personnes qui se sont fiées de bonne foi à l'exactitute du certificat et ont contracté avec l'héritier qui y est désigné. Les droits du véritable héritier vis-à-vis de l'héritier apparent, qui se trouve en possession d'un certificat inexact, ne sont pas touchés par la présente loi et restent régis par les principes du droit civil (R. 1886.).

§ 6. Ce paragraphe ne contient ainsi que le § 7 de la loi prussienne du 12 mars 1869 qui lui a servi de modèle, qu'une disposition qui s'entend d'elle-même. (R. 1885.)

§ 7. Gehören zu dem Nachlaß einer Person, welche zur Zeit ihres Todes in Elsaß-Lothringen einen allgemeinen Gerichtsstand nicht hatte, Grundstücke, in öffentlichen Büchern eingetragene Rechte oder in der Verwahrung einer elsaß-lothringischen Behörde befindliche Gegenstände, so ist das Amtsgericht, in dessen Bezirk das betreffende Grundstück belegen ist, das öffentliche Buch geführt oder der Gegenstand verwahrt wird, zur Ausstellung einer Bescheinigung zuständig, welche den Erben zur Verfügung über das Grundstück oder das eingetragene Recht oder zur Empfangnahme des verwahrten Gegenstandes ermächtigt.

Das Verfahren richtet sich nach den §§ 2 und 3.

§ 8. Sind in einer letztwilligen Verfügung die Bedachten nicht mit derjenigen Bestimmtheit, welche zur Beschaffung des

---

§ 7 gestattet aus Zweckmäßigkeitsgründen ausnahmsweise dem Richter der belegenen Sache, eine Bescheinigung auszustellen, welche nur für einen bestimmten einzelnen Fall dienen, nicht die Erbenqualität generell feststellen soll (M.).

Beispiel aus dem Anhang zum B. 86:

Bescheinigung.

Es wird hierdurch bescheinigt, daß über die bei der Aktiengesellschaft für Boden- und Kommunalkredit in Straßburg am 10. Mai 1883 von dem Gipsfigurenhändler Borromeo Giovannini aus Genua hinterlegte Sicherheit von 3000 M., nachdem der genannte Giovannini am 6. Juni 1883 in Straßburg verstorben ist, der Bruder desselben, Carlo Giovannini, Kaufmann in Genua, zu verfügen befugt ist.

Straßburg, den pp.

§ 8. Dem Vermächtnißnehmer dient die letztwillige Verfügung als Ausweis seiner Berechtigung ..... Nur falls durch eine letztwillige Verfügung die Legitimation der Erben nicht vollständig geführt wird, z. B. wenn sie nomine collectivo als Kinder, Geschwister u. s. w. bezeichnet sind, erkennt das Gesetz ein Bedürfniß der Feststellung, welche Personen von dieser Bezeichnung getroffen werden, und einer darüber zu ertheilenden ergänzenden Bescheinigung an und trägt demselben nach Vorgang von § 9 des preuß. Gesetzes durch die in § 8 aufgenommene Vorschrift Rechnung. Die ausgestellte Bescheinigung dient in diesem Falle lediglich zur Erklärung der persönlichen Verhältnisse, als eigentliche Erläuterung der nicht vollständigen Angaben des Testamentes. (B. 86.)

Beispiel aus dem Anhang zum B. 86:

Bescheinigung.

Es wird hierdurch bescheinigt, daß Ferdinand Schulze, Kaufmann in Mülhausen, und Karl Schulze, Schreiner daselbst den Nachweis geführt haben, daß sie die in dem holographischen Testamente des

§ 7. S'il dépend de la succession d'une personne qui, à l'époque de son décès, n'avait pas de domicile judiciaire en Alsace-Lorraine, des immeubles, des droits inscrits dans un registre public, ou des objets se trouvant entre les mains d'une autorité d'Alsace-Lorraine, il appartient l'Amtsgericht dans le ressort duquel est situé l'immeuble, se tient le registre public ou est déposé l'objet, de délivrer le certificat qui autorise l'héritier à disposer de l'immeuble ou du droit inscrit, ou à prendre livraison de l'objet.

La procédure est régie par les §§ 2 et 3.

§ 8. Si dans une disposition de dernière volonté les institués ne sont pas désignés d'une manière assez précise pour fournir la preuve de leurs droits, ils peuvent demander au tribunal désigné au § 1 la délivrance d'un certificat complémentaire.

---

§ 7. Le § 7 permet exceptionnellement, pour des raisons d'opportunité, au juge de la situation de l'immeuble de délivrer le certificat, qui ne devra servir que pour le cas déterminé, sans fixer d'une manière générale la qualité d'héritier (M.).

Exemple tiré de l'annexe du Rapport de 1886:

Certificat.

Il est certifié par la présente, que Carlo Giovannini, marchand à Gênes, est autorisé à disposer de la caution de 3000 *M*, que son frère Borromeo Giovannini de Gênes, marchand de figures en plâtre, décédé à Strasbourg, le 6 juin 1883, a déposé à la société anonyme du crédit foncier et communal à Strasbourg à la date du 10 mai 1883.

Strasbourg, le . . . . etc.

§ 8. Le légataire est légitimé par la disposition testamentaire. Dans les cas où les héritiers ne sont pas suffisamment légitimés par la disposition qui les institue héritiers, par exempte, s'ils sont institués en nom collectif comme enfants, frères ou sœurs etc., la loi prévoit la nécessité de la délivrance d'un certificat complémentaire pour les personnes insuffisamment désignées et y satisfait par les dispositions du § 8, qui est copié sur le § 9 de la loi prussienne. Dans ces cas le certificat sert en quelque sorte à éclaircir la qualité personnelle des parties et à compléter les données du testament. (R. 1886.)

Exemple tiré de l'annexe du rapport de 1886:

Certificat.

Il est certifié par la présente, que les sieurs Ferdinand Schulze négociant à Mulhouse, et Charles Schulze, menuisier en la même ville, ont fourni la preuve qu'ils sont les enfants de Marguerite

Ausweises über ihre Berechtigung erforderlich ist, bezeichnet, so können dieselben bei dem in § 1 bezeichneten Gericht auf Ausstellung einer ergänzenden Bescheinigung antragen.

In derselben ist nur zu bezeugen, daß die Antragsteller den Nachweis geführt haben, daß sie die in der letztwilligen Verfügung bezeichneten Personen sind.

Die Bestimmungen des § 5 finden auch auf ergänzende Bescheinigungen Anwendung, soweit es auf die darin bescheinigte Thatsache ankommt.

Das Verfahren richtet sich nach den §§ 2 und 3.

§ 9. Beantragt der Erbvermächtnißnehmer die Ausstellung einer Bescheinigung, daß Vorbehaltserben nicht vorhanden seien, so finden die §§ 1, 2, 3 und 5 entsprechende Anwendung.

Dasselbe gilt, wenn sonstige Vermächtnißnehmer, der auf Grund des ehelichen Güterrechts oder einer Schenkung im Ehevertrag oder unter Ehegatten Ansprüche an den Nachlaß erhebende Ehegatte oder die zur Ausübung des gesetzlichen Rückfallrechts Berechtigten die Ausstellung einer Bescheinigung beantragen, daß gesetzliche Erben nicht vorhanden seien.

§ 10. Die Erbbescheinigungen und die gemäß § 7 dieses Gesetzes ausgestellten Bescheinigungen können geeigneten Falls

---

Karl Stange, Rentners in Saarburg, vom 10. Juni 1882, hinterlegt bei Notar Menzel in Saarburg, mit dem Hause Nr. 10 in der Fischgasse bedachten Kinder der Margarethe Schulze in Mülhausen sind.
Saarburg, den pp.

§ 9 der B. 86 bemerkt, daß, wenn die Bestimmungen des § 9 auch wesentlich im Grundbuchsystem von Bedeutung sind, doch auch außerhalb des Grundbuchverkehrs Fälle denkbar sind, wo dieselben von Nutzen sein können.

Beispiel aus dem Anhang zum B. 86:

Bescheinigung.

Es wird hierdurch bescheinigt, daß der am 10. Oktober 1883 zu Schiltigheim verstorbene Brauer Edmund Schüttenberg, welcher am 11. August 1864 vor Notar Dietrich zu Schiltigheim ein Testament errichtet hat, Vorbehaltserben nicht hinterlassen hat.
Schiltigheim, den pp.

§ 10. Die in der Einleitung erwähnten Gesetze vom 7. Mai 1853 (Art. 3), 15. Oktober 1873 (§ 13) und vom 24. März 1881 (§ 9) erfordern zur Legitimation des Erben, wenn es sich um die Empfangnahme einer Sparkasseneinlage oder einer Amtskaution oder um die

Dans ce certificat, le tribunal atteste seulement que les requérants ont fourni la preuve qu'ils sont les personnes désignées dans la disposition testamentaire.

Ces certificats produisent les effets mentionnés au § 5, en tant qu'il s'agit de faits qui ont spécialement formé l'objet de l'attestation.

La procédure est régie par les §§ 2 et 3.

§ 9. Les dispositions des §§ 1, 2, 3 et 5 s'appliquent par analogie au cas, où le légataire universel demande la délivrance d'un certificat constatant qu'il n'existe pas d'héritiers à réserve.

Il en est de même du certificat constatant qu'il n'existe pas d'héritier légitime, dans le cas où il est demandé par tout autre légataire, par le conjoint survivant, qui fait valoir dans la succession soit des droits matrimoniaux, soit des droits résultant d'une donation faite par contrat de mariage ou pendant le mariage, ou par une personne qui a à exercer un droit de retour légal.

§ 10. Les certificats d'héritier, ainsi que les certificats délivrés conformément au § 7 de la présente loi, peuvent

---

Schulze à Mulhouse, auxquels le rentier Charles Stange à Sarrebourg a légué la maison n° 10 de la rue du Poisson par son testament olographe du 10 Juin 1882, déposé entre les mains du notaire Menzel à Sarrebourg.

Sarrebourg, le . . . . etc.

§ 9. Le rapport de 1886 fait observer que si les dispositions du § 9 ont surtout leur importance dans le système des livres fonciers, elles peuvent cependant avoir leur utilité en dehors de ce système, comme le justifie l'exemple suivant tiré de l'annexe du rapport de 1886:

Certificat.

Il est certifié par la présente que le brasseur Edmond Schuettenberg, décédé à Schiltigheim le 10 octobre 1883, qui a fait un testament devant le notaire Dietrich à Schiltigheim à la date du 11 août 1864, n'a pas laissé d'héritièrs à réserve.

Schiltigheim, le . . . . etc.

§ 10. Les lois déjà citées dans l'introduction, du 7 mai 1853 (art. 3), du 15 octobre 1873 (§ 13) et du 24 mars 1881 (§ 9), exigent un certificat de propriété pour la légitimation de l'héritier, s'il s'agit du remboursement d'un dépôt fait à la caisse d'épargne ou d'un

auch an Stelle der in bestehenden Gesetzen erforderten Eigenthumszeugnisse zum Nachweis des Eigenthums verwendet werden.

Die Ausstellung von Eigenthumszeugnissen geschieht in allen Fällen durch die Notare.

§ 11. Die in nachstehenden Gesetzen den Präsidenten der Landgerichte beziehungsweise den Landgerichten übertragenen Obliegenheiten gehen auf die Amtsgerichte über:

Artikel 113, 784, 793, 1007, 1008, 1457, 1458, 1463 des Code civil,

---

Umschreibung elsaß-lothringischer Rente handelt, ein Eigenthumszeugniß. Ist der (Allein-)Erbe im Besitz einer gemäß § 4 dieses Entwurfs ausgestellten Erbbescheinigung, so hätte es keinen Sinn, zur Legitimation in den erwähnten Fällen noch ein Eigenthumszeugniß zu verlangen; dasselbe gilt, wenn die mehreren in der Erbbescheinigung benannten Erben sämmtlich, sei es in Person, sei es durch Bevollmächtigte Rückgabe des Sparkapitals, der Kaution oder Umschreibung der Rente beantragen und ähnlich liegt die Sache, wenn der Verfügungsberechtigte oder die mehreren Berechtigten im Besitz einer gemäß § 7 ausgestellten Bescheinigung sind. (M. 86.)

Indem § 10 ausspricht, daß in solchen Fällen die erwähnten Bescheinigungen zum Nachweis des Eigenthums verwendet werden können, läßt er sonach den Gebrauch der Eigenthumszeugnisse auch für diese Fälle fakultativ bestehen. (M. 86.)

Abs. 2. Indem Abs. 2 die Ausstellung von Eigenthumszeugnissen unter Ausschluß der Richter und Gerichtsschreiber den Notaren allein vorbehält, überläßt er es dem Ermessen des Notars, ob er das Eigenthumszeugniß auf Grund einer gerichtlichen Erbbescheinigung oder ohne eine solche ausstellen will. Die Wirkung des § 5 ist natürlich mit Eigenthumszeugnissen an sich nicht verknüpft; so bestimmt es § 6. (B. 86.)

Zu Abs. 1 u. 2. Das Gesetz verbietet den Notaren die Ertheilung von Notorietätsurkunden über das Intestaterbrecht nicht ausdrücklich. Die Einsicht aber, daß solche Notorietätsakte mit der Wirkung des § 5 nicht ausgestattet sind, daß den Notaren die Möglichkeit fehlt, durch ein den §§ 2 u. 3 entsprechendes Verfahren sich die sicheren Unterlagen für die Bescheinigung des Erbrechts zu verschaffen, und daß das Publikum dem Irrthum ausgesetzt ist, dem notariellen Notorietätsakt den Werth einer gerechtlichen Erbbescheinigung beizulegen, muß die Notare veranlassen, die Ertheilung solcher Urkunden der Regel nach abzulehnen und unter Verweisung der Betheiligten an das Gericht sich mit Vorbereitung der Unterlagen für die gerichtliche Erbbescheinigung durch Protokollirung des Antrags und der eidesstattlichen Versicherung (§§ 1 u. 2) zu begnügen. Vergl. auch die Bem. des B. 86 am Schluß der Einleitung: „Die Legitimation mittels Erbbescheinigung liegt nach dem Gesetzentwurf ganz im Belieben der Betheiligten, in dem die Parteien auch fernerhin den Weg der Noto-

remplacer, le cas échéant, les certificats de propriété exigés par les lois en vigueur pour la justification de droits de propriété.

Les certificats de propriété sont délivrés dans tous les cas par les notaires.

§ 11. Sont conférées aux l'Amtsgericht les fonctions attribuées au président du Landgericht ou au Landgericht par les dispositions suivantes:

art. 113, 784, 793, 1007, 1008, 1457, 1458, 1463 du Code civil,

---

cautionnement de fonctionnaire, ou du transfert d'une rente alsacienne-lorraine. Si l'héritier (unique) est en possession d'un certificat délivré dans le sens du § 4, ce serait un non-sens de lui demander en outre un certificat de propriété; il en est de même, si l'ensemble des héritiers mentionnés dans un certificat requiert soit en personne, soit par fondé de pouvoir le remboursement d'un dépôt à la caisse d'épargne ou d'un cautionnement ou le transfert d'une vente, ou bien encore si le disposant ou les disposants se trouvent en possession d'un certificat délivré dans le sens du § 7 (M. 1886).

En édictant que dans tous les cas les certificats d'héritiers peuvent servir à justifier les droits de propriété, le § 10 indique qu'à l'avenir on pourra encore faire usage dans ces cas de certificats de propriété. (M. 1886.)

Alinéa 2. Tout en attribuant aux notaires seuls à l'exclusion du magistrat et du greffier le droit de délivrer les certificats de propriété, la loi s'en remet à la prudence du notaire pour la décision de la question, s'il n'entend délivrer cette attestation, que sur le vu d'un certificat judiciaire constatant la qualité d'héritier, ou bien s'il croit pouvoir la délivrer même en l'absence d'un pareil document. Il est évident que les certificats de propriété ne produisent pas les effets prévus par le § 5; cette conséquence résulte des dispositions du § 6. (R. 1886.)

Alinéa 1 et 2. La loi ne défend pas expressément aux notaires la délivrance d'actes de notoriété constatant la qualité d'héritier. Les notaires sont cependant amenés à ne pas délivrer de pareils actes, s'ils considèrent que ces actes de notorité ne produisent pas les effets prévus par le § 5, qu'en l'absence de la procédure telle que la prévoient les §§ 2 et 3, leur attestation ne repose pas sur une base sérieuse et que le public est exposé à des erreurs, s'il attache à leurs actes de notoriété la valeur d'un certificat judiciaire. Ils pourront dès lors s'en tenir à préparer la décision du juge en dressant procès-verbal de la requête de la partie et en recevant son affirmation (§§ 1 et 2). Comp. aussi les observations du rapport de 1886 à la fin de l'introduction, qui sont ainsi conçues:

Artikel 841, 844, 852, 874, 907—952, 986, 993, 997 des Code de procédure civile,

Artikel 22, 23, 26 des Gesetzes, betreffend die Notariatsverfassung, vom 25. ventôse an XI (Bull. des lois, Sér. III Nr. 2440),

Artikel 31, 32, 36, 38 des Gesetzes über die Geisteskranken vom 30. Juni 1838 (Bull. des lois, Sér. IX Nr. 7443),

Artikel 13 Abs. 1, 2 und 3 des Gesetzes, betreffend die Zwangsenteignung, vom 3. Mai 1841 (Bull. des lois, Sér. IX Nr. 9285),

Artikel 5 des Gesetzes über den öffentlichen Verkauf neuer Waaren, vom 25. Juni 1841 (Bull. des lois, Sér. IX Nr. 9389),

---

rietätsurkunden vor dem Notar betreten können. Von einem Mitgliede der Kommission wurde die Aufmerksamkeit auf die nicht zu unterschätzende Verantwortlichkeit einer solchen Urkunde für den damit betrauten Notar hingewiesen und in den Bestimmungen des Entwurfs eine wesentliche Verbesserung der Rechtszustände erblickt, insofern abwesende Erben in Betracht kommen."

§ 11. Die Art. 113 c. c., 13 Ges. v. 3. Mai 1841 und §§ 12, 13 Ges. v. 1. Dez. 1873 finden sich erst im II. Entw., die Art. 841, 844, 852 c. pr. c., 22, 23, 26 Ges. v. 25. Ventose XI und 5 Ges. v. 25. Juni 1841 sind auf Antrag der II. Kom. des Landesausschusses beigefügt. Soweit nach dem bisherigen Recht in den in § 11 erwähnten Angelegenheiten eine Mitwirkung der Staatsanwaltschaft stattzufinden hat, geschieht dieselbe nach wie vor durch die Staatsanwaltschaft bei dem Landgericht. Vergl. Verf. des Min. v. 15. Juli 1886 (Just.-Samml. XI. S. 359).

Abs. 1. Nr. 1. Wegen der nunmehr bei den Amtsgerichten zu führenden Register für Erbverzichte, der Geschäftsgebühren der Amtsgerichtsschreiber und der Entschädigung für Repertorienstempel vergl. Nr. 4, 5 und 6 der Verf. des Min. v. 16. Juni 1886 (Just.-Samml. XI S. 245).

Abs. 1. Nr. 2. Der Fall des Art. 2 Nr. 7 der Ordonnanz vom 3. Juli 1816 (Anordnung wegen Hinterlegung der bei der Siegelung oder bei der Inventarisirung gefundenen Gelder) bedurfte als unter die Regel der Art. 921, 943 Nr. 9 des Code de procédure civile fallend, keiner besonderen Erwähnung (M.).

Abs. 2. Bezüglich der Einweisung des Staats und der Pflegehäuser (Art. 6 Gesetz vom 15. Pluviose XIII) in den Besitz von Erbschaften bleibt es hiernach bei der landgerichtlichen Kompetenz.

Abs. 3 entscheidet eine Kontroverse, zu welcher die Fassung des Art. 1007 des Code civil und des Art. 916 des Code de procédure civile Veranlassung gegeben hat.

Abs. 4 beseitigt eine im Laufe der Zeiten unpraktisch gewordene Bestimmung.

art. 841, 844, 852, 874, 907—952, 986, 993, 997 du Code de proc. civ.,

art. 22, 23, 26 de la loi sur l'organisation du notariat du 25 ventôse an XI (Bull. des lois, sér. III, n⁰ 2440),

art. 31, 32, 36, 38 de la loi sur les aliénés du 30 juin 1838 (Bull. des lois, série IX, n⁰ 7443),

art. 13, al. 1, 2 et 3 de la loi sur l'expropriation forcée pour cause d'utilité publique du 3 mai 1841 (Bull. des lois, série IX, n⁰ 9285),

art. 5 de la loi sur la vente de marchandises neuves du 25 juin 1841 (Bull. des lois, série IX, n⁰ 9389),

---

„La légitimation des héritiers au moyen du certificat judiciaire est laissée complètement à l'appréciation des parties intéressées, qui peuvent choisir encore à l'avenir la voie de l'acte de notoriété. L'un des membres de la commission a appelé l'attention sur la grande responsabilité, qu'un pareil acte peut entraîner pour le notaire et sur les avantages évidents, que présentent les dispositions de la présente loi, surtout s'il y a en cause des héritiers absents."

§ 11. Les articles 113 Code civil et 13 de la loi du 3 mai 1841 et les §§ 12 et 13 de la loi du 1 décembre 1873 ne se trouvent que dans le second projet de loi et ont été ajoutés sur la proposition de la II commission de la Délégation.

D'après les cas visés par le § 11, où le ministère public a à intervenir en vertu des lois en vigueur, le concours reste réservé comme avant au ministère public près du Landgericht. Comp. instr. min. du 15 juillet 1886 (col. des lois jud. XI p. 359).

Alinéa 1 n⁰ 1. Comp. nᵒˢ 4, 5 et 6 de l'instr. min. du 16 juin 1886 (Recueil XI p. 245), en ce qui concerne les registres, qui doivent être tenus à l'avenir par les Amtsgerichte, ainsi que les émoluments et indemnités pour timbre de répertoire.

Alinéa 1 n⁰ 2. Il était inutile de mentionner spécialement le cas règlé par l'article 2 n⁰ 7 de l'ordonnance du 3 juillet 1816 (règlant le dépôt des sommes d'argent trouvés lors d'une apposition des scellés ou d'un inventaire), ce cas tombant déjà sous l'application des articles 921 et 943 n⁰ 9 du C. de pr. civ. fr.

Alinéa 2. Le Landgericht reste compétent pour l'envoi en possession de l'état et des établissements de bienfaisance (article 6 de la loi du 15 pluviôse an XIII).

Alinéa 3. Cet alinéa met fin à une controverse résultant de la rédaction de l'article 1007 Code civil combiné avec l'article 916 du Code de pr. civ. fr.

Alinéa 4. Cet alinéa supprime une prescription surannée.

§§ 12 und 13 des Gesetzes, betreffend außergerichtliche Theilungen und gerichtliche Verkäufe von Liegenschaften, vom 1. Dezember 1873 (Gesetzblatt Seite 310).

Dasselbe gilt von der Einweisung der außer dem Staate und den Pflegehäusern zur außerordentlichen Erbfolge berufenen Personen in den Besitz des Nachlasses.

Im Falle des Artikels 1007 des Code civil ist neben dem Amtsgerichte, bei welchem der Erblasser seinen allgemeinen Gerichtsstand hatte, dasjenige Amtsgericht zuständig, in dessen Bezirk sich das Testament befindet.

Artikel 925 des Code de procédure civile wird aufgehoben.

§ 12. Das Verfahren wegen Einweisung außerordentlicher Erbfolger in den Besitz des Nachlasses richtet sich bei den Amtsgerichten nach den Vorschriften der §§ 2 und 3.

Der § 5 findet im Falle der Einweisung entsprechende Anwendung.

§ 13. Gesuche in den durch dieses Gesetz den Amtsgerichten überwiesenen Angelegenheiten sind schriftlich einzureichen oder zu Protokoll des Gerichtsschreibers zu erklären.

---

§ 12. Abs. 1. Die in § 11 Abs. 2 genannten außerordentlichen Erbfolger erlangen, wenn sie zur Nachfolge berufen sind, einen Ausweis über ihre Berechtigung durch die richterliche Verfügung, welche sie in den Besitz der Erbschaft einweist. Die Prüfung, welche der Richter dem Erlasse dieser Einweisungsverfügung vorangehen zu lassen hat, ist keine andere als diejenige, welche vor der von Blutsverwandten verlangten Erbbescheinigung anzustellen ist. Demzufolge und mit Rücksicht auf die in § 11 getroffene Kompetenzbestimmung war das jener Besitzeinweisung vorhergehende Verfahren mit demjenigen in Erbbescheinigungssachen in Uebereinstimmung zu bringen. Dies geschieht durch den Abs. 1, welcher hiernach den Art. 770 des Code civil modifizirt, die Vorschriften desselben und insbesondere die Mitwirkung der Staatsanwaltschaft aber für den Fall in voller Wirksamkeit läßt, daß nicht eine lebende Person, sondern der Staat oder auf Grund des Gesetzes vom 15. Pluviose XIII das Pflegehaus Anspruch auf den Nachlaß erhebt (M.).

Abs. 2. Entsprechend der durch Abs. 1 des § 12 und Abs. 2 des § 11 bewirkten formellen Gleichstellung legt Abs. 2 der Besitzeinweisung auch die materielle Wirkung der Erbbescheinigung bei (M.)

§ 13. Abs. 1 und 2 entsprechen den Vorschriften des C.-P.-O. Als Beispiele vorgeschriebener mündlicher Verhandlungen sind die Fälle der Art. 1458, 1463 des Code civil zu erwähnen (M.).

Auf die bei der 2. Lesung (Verh. der XIII. Session S. 508) seitens eines Abgeordneten gestellten Frage, ob die Gesuche direkt durch die Parteien gestellt werden müssen, oder ob dieselben auch durch den

§§ 12 et 13 de la loi du 1er décembre 187?, sur les partages extra-judiciaires et les ventes judiciaires d'immeubles (Bull. des lois, page 310).

Il en est de même de l'envoi en possession de personnes appelées à une succession irrégulière, à l'exception de l'État et des établissements de bienfaisance.

Dans le cas prévu par l'art. 1007 du Code civil, est compétent non seulement l'Amtsgericht du domicile judiciaire du défunt, mais aussi le tribunal dans le ressort duquel se trouve le testament.

L'art. 925 du Code de procédure civile est abrogé.

§ 12. Les dispositions des §§ 2 et 3 règlent la procédure à suivre devant l'Amtsgericht par les successeurs irréguliers, pour obtenir l'envoi en possession.

Les dispositions du § 5 s'appliquent par analogie dans les cas d'envoi en possession.

§ 13. Les requêtes dans les cas attribués par la présente loi au tribunal cantonal sont à remettre par écrit, ou à déclarer verbalement au greffier qui en dresse procès-verbal.

---

§ 12. Alinéa 1. Les successeurs irréguliers mentionnés au § 11 al. 2, lorsqu'ils sont appelés à une succession, justifient de leurs droits en produisant l'ordonnance judiciaire, qui les envoie en possession. Avant de rendre son ordonnance, le juge doit se livrer à la même vérification, que dans le cas où il a à délivrer un certificat constatant la qualité d'héritier. Aussi la procédure préliminaire de l'envoi en possession devait-elle être réglée, eu égard aux dispositions du § 11 sur la compétence comme pour la délivrance des certificats d'héritiers. C'est là l'objet de l'alinéa 1, qui modifie l'article 770 Code civil, mais laisse en vigueur les dispositions de cet article, ainsi que celles sur le concours du ministère public, dans les cas où ce n'est pas une personne vivante, mais où l'état ou un établissement de bienfaisance font valoir leurs droits sur une succession, en vertu de la loi du 15 pluviôse an XIII (M.).

§ 13. Les alinéas 1 et 2 répondent aux prescriptions du Code de pr. civ. al. Les hypothèses prévues par les articles 1458 et 1463 Code civil peuvent être citées comme des cas, où la décision ne doit intervenir qu'après un débat oral. Sur la question posée en deuxiéme lecture par un membre de la Délégation (comptes-rendus de la XIII session p. 508), si la requête doit être soumise par les parties, ou si elle peut être remise par le notaire, qui a été chargé de l'affaire, le commissaire du gouvernement a répondu, que la loi ne modifiait en rien les lois en vigueur.

Alinéa 3. D'après le § 294 C. de pr. civ. al., combiné avec le § 47 de la loi d'exécution de ce Code du 8 juillet 1879, il faudrait

Die Entscheidung kann ohne mündliche Verhandlung erfolgen, soweit nicht bestehende Gesetze ein Anderes vorschreiben.

Nicht verkündete Entscheidungen werden dem Gesuchsteller in Ausfertigung ausgehändigt, sofern nicht Aushändigung in Urschrift, beziehungsweise Zustellung angeordnet wird.

§ 14. Gegen die Entscheidungen des Amtsgerichts steht an Stelle der nach dem bisherigen Recht zulässigen Rechtsmittel den Betheiligten die Beschwerde an das Landgericht zu, gegen die Entscheidungen des Beschwerdegerichts die weitere Beschwerde an das Oberlandesgericht. Der Absatz 3 des § 13 dieses Gesetzes, sowie die §§ 532—538 der Civilprozeßordnung finden, soweit nachstehend nicht anderweite Bestimmung getroffen ist, entsprechende Anwendung.

§ 15. Die weitere Beschwerde kann nur darauf gegründet werden, daß die Entscheidung auf einer Verletzung des Gesetzes beruhe. Die §§ 512 und 513 Nr. 1 bis 5 der Civilprozeßordnung finden entsprechende Anwendung.

Die weitere Beschwerde ist an eine Nothfrist von einem Monat gebunden, welche mit der Verkündung oder Aushändigung der Entscheidung beginnt.

Die Beschwerdeschrift muß die Bezeichnung der verletzten Rechtsnorm enthalten; eine irrige Bezeichnung der letzteren ist unschädlich.

Notar, welcher mit dem Geschäft beauftragt worden ist, gestellt werden können, erwiderte der Regierungskommissar, daß in dieser Beziehung der Gesetzentwurf an dem bestehenden Rechte nichts ändere.

Abs. 3. Nach § 294 C.-P.-O. in Verbindung mit § 47 A.-G. zur C.-P.-O. vom 8. Juli 1879 würde an sich stets eine förmliche Zustellung der in den Fällen der §§ 1, 7—9, 11 ergehenden Entscheidung erfolgen müssen; in Berücksichtigung der Natur dieser Entscheidungen macht Abs. 3 diese Zustellung zur Ausnahme, wogegen es geboten erschien, die Ertheilung einer Ausfertigung als Regel vorzuschreiben und die Aushändigung der Urschrift für Ausnahmefälle vorzubehalten, in denen von dem Verlust der Urschrift und der damit verbundenen Unmöglichkeit, die Entscheidung authentisch wieder herzustellen, keinerlei Gefahr oder Unbequemlichkeit zu befürchten ist, eine Befürchtung, die meist schon der Kostenliquidation wegen begründet sein wird (M.).

§§ 14 und 15. Diese Paragraphen sind auf Antrag der II. Kommission des Landesausschusses an Stelle des mit Ablehnung des Grundbuchs wegfallenden Absatzes 4 von § 13 Entw. beigefügt worden. Vergl. die Erläuterungen des Regierungskommissars bei der 2. Lesung (Verh. der XIII. Session S. 507).

Le décision peut intervenir sans débat oral, à moins de dispositions contraires dans les lois en vigueur.

Les décisions qui ne sont pas publiées sont à remettre en expédition au requérant, à moins que le juge n'en ordonne la délivrance en original ou la signification à partie.

§ 14. Les parties intéressées peuvent attaquer les décisions de l'Amtsgericht par l'exercice du recours auprès du Landgericht, aux lieu et place des voies de recours prévues par les lois actuelles, et les décisions du Landgericht par la voie du recours ultérieur auprès de l'Oberlandesgericht. Ces recours sont soumis, sauf les dispositions du § 15, aux prescriptions du § 13, alinéa 3 de la présente loi et des §§ 532—538 du Code de proc. civ. all.

§ 15. Le recours ultérieur ne peut être basé que sur la violation d'une disposition légale. Les §§ 512 et 513, n°s 1 à 5 du Code de proc. civ. all. sont applicables par analogie.

Le recours ultérieur est soumis à un délai péremptoire d'un mois, qui commence à courir du jour de la publication ou de la remise de la décision.

La requête doit indiquer la disposition légale que l'on prétend lésée, sans qu'une fausse indication puisse porter préjudice.

Le Landgericht ne peut pas modifier la décision qui est attaquée par la voie du recours ultérieur.

---

considérer comme indispensable la signification en bonne forme des décisions rendues en exécution des §§ 1, 7 à 9 et 11. L'alinéa 3 ne la prévoit cependant qu'exceptionnellement et selon la nature de la décision. Comme règle cet alinéa prévoit la délivrance d'une expédition et réserve la remise de l'original pour les cas spéciaux, où il n'y aurait pas à craindre un préjudice, qui pourrait résulter de la perte de la minute ou de l'impossibilité de la rétablir d'une manière authentique; une pareille crainte pourrait déjà résulter de la difficulté de liquider les frais.

§§ 14 et 15. Ces deux paragraphes ont été ajoutés sur la proposition de la II commission de la Délégation, en remplacement de l'alinéa 4 du § 13 du projet de loi, qui avait été écarté en même temps que le projet de loi sur l'introduction des livres fonciers. Comp. les observations du commissaire du gouvernement lors de la seconde lecture (comptes-rendus de la XIII session p. 507).

Das Landgericht ist zu einer Aenderung seiner durch weitere Beschwerde angegriffenen Entscheidung nicht befugt.

§ 16. Für die Entscheidung einschließlich des vorangegangenen Verfahrens in den Fällen der §§ 1, 7, 8 und 9 wird sowohl in der ersten Instanz als in der Beschwerdeinstanz die Hälfte der im § 6 des Gesetzes vom 3. April 1880 (Gesetzblatt Seite 58) bestimmten Gebühren erhoben.

Die im § 2 erwähnten Protokolle der Notare sind stempel- und registrirungsfrei.

---

§ 16. Abs. 1. Die richterliche Verfügung, durch welche eine Erbbescheinigung ertheilt wird, ist nicht eine einfache Bezeugung von Thatsachen, sondern enthält eine Entscheidung insofern, als sie einen Ausspruch über die Erbberechtigung auf Grund ermittelter Thatsachen und angewandter Rechtssätze abgibt. Das Erblegitimationsverfahren ist deshalb den in § 1 Abs. 2 des Gesetzes, betreffend die Ausführung des Gerichtskostengesetzes, vom 3. April 1880 erwähnten Angelegenheiten beizuzählen. Mangels anderweiter Bestimmung würde bezüglich der Gebührensätze § 6 des genannten Gesetzes maßgebend sein; es sind jedoch in Absatz 1 die niedrigeren Sätze des § 10 vorgeschrieben.

Abs. 2. Die hieraus folgende Befreiung der gerichtlichen Protokolle von Stempel und Registrirung war (Abs. 3) auch auf die in § 2 Abs. 2 erwähnten notariellen Protokolle auszudehnen, um den Erben die Herbeiführung der Erblegitimation gleichzeitig mit der notariellen Theilung zu erleichtern.

Erläuterungen bezüglich der Gebührenberechnung und der Gebührenfreiheit enthält die Verf. des Min. v. 16. Juni 1886 (Just.-Samml. XI S. 245).

§ 16. Dans les cas prévus par les §§ 1, 7, 8 et 9, il sera perçu pour la décision, y compris la procédure qui la précède, tant en premier ressort que dans l'instance en recours, la moitié des droits fixés par le § 6 de la loi du 3 avril 1880 (Bull. des lois, page 58).

Les procès-verbaux des notaires, dont il est question au § 2, sont exempts des droits de timbre et d'enregistrement.

---

§ 16. Alinéa 1. L'ordonnance judiciaire certifiant la qualité d'héritier n'est pas une simple attestation de faits: elle contient au contraire une décision en ce sens, qu'elle se prononce sur le droit héréditaire, après avoir examiné les circonstances qui résultent de l'information et qu'elle y applique les principes de la matière. La procédure en légitimation de ces droits doit dès lors être rangée au nombre de celles que mentionne l'al. 2 du § 1 de la loi concernant l'éxécution de la loi relative aux frais judiciaires; à défaut d'autres dispositions, il y aurait lieu d'appliquer les droits tels qu'ils sont fixés par le § 6 de la loi précitée; l'alinéa 1 prévoit cependant les droits moins élevés fixés par le § 10.

Alinéa 2. La dispense des droits de timbre et d'enregistrement pour les procès-verbaux judiciaires a été étendue aux procès-verbaux des notaires prévus par le § 2 al. 2, pour permettre aux héritiers de se procurer avec l'acte de partage l'acte certificatif de leurs droits.

L'instruction ministérielle du 16 Juin 1886 (Recueil XI p. 245) s'occupe du mode de calculer les frais et des cas d'exemption.

XII. Gesetz

vom 30. März 1887, betreffend die Bestrafung von Zuwiderhandlungen gegen die Vorschriften der Feld- und der Fährpolizei.

(Gesetzblatt für Elsaß-Lothringen, S. 39.)

Wo in Landesstrafgesetzen die Geldstrafe oder der Mindestbetrag derselben nach dem Werth von Arbeitstagen bestimmt

---

Nach Art. 4 Tit. II des Gesetzes, betreffend die ländlichen Güter und Gebräuche und die Feldpolizei, vom 28. September bis 6. Oktober 1791, des s. g. Code rural, sollte der Mindestbetrag der Strafe für Zuwiderhandlungen gegen die Vorschriften des Gesetzes dem Werthe eines Arbeitstages gleichkommen, eine Bestimmung, die durch Art. 2 des Gesetzes vom 23. Thermidor IV die Aenderung erlitt, daß jener Mindestbetrag auf den Werth von 3 Arbeitstagen oder auf 3 Tage Freiheitsstrafe bestimmt wurde. Neben dieser allgemeinen Bestimmung über den Mindestbetrag der Strafe findet sich der Werth des Arbeitstages als Maßstab für die zu verhängende Geldstrafe selbst noch in einigen besonderen Strafvorschriften des Ruralgesetzes sowohl (z. B. Art. 33 Tit. II) als des Gesetzes über Betrieb, Polizei und Verwaltung der Fähren und Fahrzeuge auf Strömen, schiffbaren Flüssen und Kanälen, vom 6. Frimaire VII (Art. 51, 52, 56). Die Festsetzung des Arbeitstagswerths sollte nach näherer Bestimmung eines Dekrets v. 18. Therm. III durch die Verwaltungsbehörde erfolgen, ist aber niemals, weder seitens der französischen Präfekten noch später seitens der Bezirkspräsidenten bewirkt worden, weshalb die Gerichte sich genöthigt sahen, entweder die von den Bezirkstagen ausgehende Schätzung des Arbeitstages zu Zwecken der Personalsteuer oder behufs Berechnung der Wegfrohnden als Grundlage zu nehmen oder in anderer mehr oder weniger willkürlicher Weise die Strafe zu finden.

Diesem Rechtszustande macht das Gesetz ein Ende, indem es bei sämmtlichen Strafvorschriften des Code rural, soweit dieselben überhaupt noch in rechtlicher Geltung sind, und bei den Artikeln 51, 52, 56 Ges. v. 6. Frim. VII die bestehende Strafandrohung beseitigt und an Stelle derselben — gleichviel, ob dieselbe die Höhe der Vergehensstrafen erreichte (z. B. Art. 26 Tit. II c. r.) oder den Betrag des

XII. LOI

concernant les peines pour contraventions aux prescriptions légales sur la police rurale et la police des bacs et bâteaux du 30 mars 1887.

(Bul. des lois pour l'Alsace-Lorraine, p. 39).

Dans les dispositions pénales du pays qui prévoient une amende ou un minimum d'amende à fixer d'après la valeur d'une

D'après l'article 4, Titre II du décret du 28 septembre—6 octobre 1791, concernant les biens et usages ruraux et la police rurale (Code rural), les moindres amendes pour les contraventions aux dispositions de ce décret devaient égaler la valeur d'une journée de travail. Cette disposition a été modifiée par l'article 2 de la loi du 23 thermidor an IV en ce sens, que la moindre peine, a été fixée à la valeur de trois journées de travail ou à trois jours d'emprisonnement; abstraction faite de cette prescription générale sur le minimum des peines, la valeur d'une journée de travail servait également de norme pour l'application de l'amende dans plusieurs autres dispositions pénales tant du code rural (p. ex. art. 33, Titre II) que de la loi relative au régime, à la police et à l'administration des bacs et bâteaux sur les fleuves, rivières et canaux navigables du 6 frimaire an VII (art. 51, 52 et 56). La valeur d'une journée de travail devait, d'après le Code rural, être déterminée par le directoire du département et l'évaluation devait, en être faite d'après la loi du 18 thermidor an III, par le prix actuel de la journée dans le lieu où le délit a été commis. Cette évaluation n'a cependant jamais été faite, ni par les préfets français, ni par les Bezirkspräsidenten, ce qui mettait les tribunaux dans la nécessité de prendre pour base les estimations de la valeur d'une journée de travail faites par les conseils généraux pour fixer la cote personnelle, ou la valeur des prestations in natura ou de déterminer la peine sur une autre base plus au moins arbitraire.

La loi rémédie à cette lacune en supprimant toutes les dispositions pénales tant du Code rural, en tant qu'elles subsistent encore, que des articles 51, 52 et 56 de la loi du 6 frimaire an VII et en les remplaçant, même dans les cas où le montant de la peine en faisait un délit (par ex. art. 26, Titre II Code rural) ou bien là où le montant du dommage causé (par ex. art. 26 de la loi précitée),

ist, tritt an Stelle der bestehenden Strafandrohung Geldstrafe bis zu sechszig Mark oder Haft bis zu vierzehn Tagen.

---

angerichteten Schadens (z. B. Art. 26 cit.), Rückfall oder andere Umstände (z. B. Art. 4 Tit. II c. r., Art. 56 Ges. v. 6. Frim. VII) für die Strafe in Berücksichtigung zog — gleichheitlich die Uebertretungs-Strafandrohung von Geldstrafe bis zu 60 ℳ. oder Haft bis zu 14 Tagen setzt. (Nach den M.).

Eine Entscheidung darüber zu treffen, welche Artikel des Tit. II c. r. noch in Geltung sind, unterläßt das Gesetz.

journée de travail, la peine est remplacée par une amende jusqu'à 60 ℳ, ou les arrêts jusqu'à 14 jours.

---

la récidive ou d'autres circonstances (par ex. art. 4, Titre II de la loi préscitée, art. 56 de la loi du 6 frimaire an VII), exerçaient une certaine influence sur la peine, par la peine qui s'applique en matière de contraventions, c. à. d. 60 ℳ ou les arrêts jusqu'à 14 jours (extrait des motifs.).

La loi ne détermine pas quels sont les articles du Titre II du Code rural qui sont encore en vigueur.

XIII. Gesetz,

betreffend die Vormundschaften, vom 16. Juni 1887.

(Gesetzblatt für Elsaß-Lothringen, S. 49.)

Abschnitt I.

Vormundschaftliche Verwaltung.

§ 1. Der Vormund ist verpflichtet, Gelder, welche zu laufenden oder anderen durch die vormundschaftliche Verwaltung begründeten Ausgaben nicht erforderlich sind, in Schuldverschreibungen oder Renten der im § 2 Absatz 2 Nr. 1, 3 bis 5

Gesetz, betr. die Vormundschaften. Der Entwurf (Vorlage 8 der XIV. Session des Landesausschusses) enthielt nur 17 Paragraphen; die §§ 2, 9, 14 sind auf Antrag der Spezialkommission des Landesausschusses hinzugefügt worden (Bericht dieser Kommission S. 457 der Verhandlungen des Landesausschusses).

Einleitung. Der Code civil legt dem Vormunde nur in der Verfügung über das Immobiliarvermögen des Mündels wichtige Beschränkungen auf, läßt ihm dagegen in der Verfügung über die beweglichen Güter ziemlich unbegrenzte Freiheit. Die beschränkenden Gesetze v. 24. März 1806 u. 25. Sept. 1813 haben für Elsaß-Lothringen ihre Bedeutung verloren. Nach Vorgang der Gesetzgebung anderer Länder (belg. Ges. v. 16. Dez. 1851, preuß. V.-O. v. 5. Juli 1875, franz. Ges. v. 27. Febr. 1880) sucht daher das gegenwärtige Gesetz in Abschnitt I vermehrte Garantien für die Erhaltung des Vermögens Bevormundeter zu schaffen und dieses Ziel auf doppeltem Wege zu erreichen, einmal durch Aufstellung von Regeln über die Verwaltung des Vormundes und eine wirksame Beaufsichtigung desselben (§§ 1, 2, 3, 5, 7) und sodann durch Vorschriften, welche den Vormund in der Vornahme von Rechtshandlungen Namens des Mündels beschränken (§ 6) (M.).

§ 1. Abs. 1. Die Vorschriften des § 1 gelten für alle Vormünder, also auch für die gesetzlichen Vormünder, insbesondere Vater und Mutter, wenn sie Vormünder (nicht gesetzliche Vermögensverwalter) sind, soweit für einige gesetzliche Vormünder in § 2 nichts anderes bestimmt ist, ferner für die Vormünder der Entmündigten und die Vorsteher der Pflegehäuser als Vormünder der verpflegten Kinder. (Art. 1 des Gesetzes vom 15. Pluviôse XIII, Art. 15 des

XIII. LOI

sur la tutelle du 16 juin 1887.

(Bulletin des lois pour l'Alsace-Lorraine, p. 49.)

Section I.

De la gestion du tuteur.

§ 1. Le tuteur est tenu de placer à intérêts les sommes d'argent, qui ne sont pas nécessaires aux dépenses courantes ou aux autres dépenses qu'entraine son administration, soit en obligations ou en rentes, telles qu'elles sont désignées

---

Le projet de loi ne contenait que 17 paragraphes; les §§ 2, 9, 14 ont été ajoutés par la commission spéciale de la Délégation (Rapport de cette commission, page 457 des procès-verbaux de la XIV Session).

Introduction. Le Code civil ne contient des restrictions efficaces dans la faculté du tuteur de disposer des biens du mineur, qu'en ce qui concerne les immeubles; il lui laisse au contraire une liberté presque complète de disposer de la fortune mobilière. En Alsace-Lorraine, les lois restrictives du 24 mars 1806 et du 25 septembre 1813 n'ont plus aucune importance. C'est en suivant l'exemple de la législation dans d'autres états (loi belge du 16 décembre 1851, loi pruss. du 5 juillet 1875, loi française du 27 février 1880) que la présente loi poursuit le but d'augmenter les sûretés pour la conservation de la fortune du mineur, soit en règlementant la gestion du tuteur, qui est soumise à une surveillance plus efficace (§§ 1, 2, 3, 5, 7), soit en restreignant les pouvoirs du tuteur pour la passation de certains actes d'administration (§ 6) (Motifs).

§ 1, alinéa 1. Les dispositions du § 1 s'appliquent à tous les tuteurs, même aux tuteurs légaux; elles s'appliquent ainsi au père et à la mère, sauf les exceptions prévues par le § 2. Elles s'appliquent également aux tuteurs des interdits et aux administrateurs des établissements de bienfaisance et des orphelinats (art. 1 de la loi du 15 Pluviôse an XIII, art. 15 du décret du 19 janvier 1811). Le § 1 ne

des Gesetzes, betreffend die Depositenverwaltung, vom 24. März 1886 (Gesetzbl. S. 51) bezeichneten Art oder durch Einlegung in eine Sparkasse oder durch Hinterlegung bei der Depositenverwaltung zinsbar anzulegen.

Dekrets vom 19. Januar 1811). Das in dem elterlichen Nießbrauch enthaltene Recht auf Bezug der Zinsen und sonstigen Früchte wird durch die Vorschriften des § 1 nicht angetastet (M.).

Indem das Gesetz im Absatz 1 des § 1 dem Vormunde über die Anlegung der Mündelgelder Anweisung ertheilt, hatte es als solche Arten der Anlegung, zwischen denen der Vormund frei von obervormundschaftlicher Aufsicht selbstständig die Wahl haben soll, außer den nach Maßgabe des Gesetzes vom 30. Juni 1851 nur dem kleinen Kapital dienenden Sparkassen, in erster Linie dieselben Werthe in Betracht zu nehmen, welche das Gesetz zur Anlegung der Bestände der Depositenverwaltung für geeignet erklärt hat, nämlich:

1. Renten und Schuldverschreibungen des Landes,
2. Schuldverschreibungen und Renten des Reichs oder deutscher Bundesstaaten,
3. Schuldverschreibungen, deren Verzinsung vom Reiche, von dem Lande oder einem deutschen Bundesstaate gesetzlich garantirt ist,
4. Schuldverschreibungen, welche von deutschen kommunalen Körperschaften (Provinzen, Bezirke, Kreise, Gemeinden &c.) oder deren Kreditanstalten ausgestellt und entweder seitens der Inhaber kündbar sind oder einer regelmäßigen Amortisation unterliegen, sowie Kommunalobligationen und Pfandbriefe der Aktiengesellschaft für Boden- und Kommunalkredit in Elsaß-Lothringen,

soweit als die genannten Schuldverschreibungen an einer deutschen Börse gehandelt werden (M.).

Außerdem aber erschien es zweckmäßig, auch die Hinterlegung bei der Depositenverwaltung selbst als Anlage von Mündelgeldern zu gestatten, wenn dieselbe auch voraussichtlich der Regel nach nur als Mittel für vorübergehende zinsbare Unterbringung gewählt werden wird (M.).

Selbstverständlich ist übrigens, daß die Anlegung der Mündelgelder, soweit sie nicht durch Erwerb von Inhaberpapieren geschieht, stets, also sowohl bei Ausleihung, Erwerb von Grundstücken als bei der besonders empfehlenswerthen Einschreibung elsaß-lothringischer Rente (§ 8 des Gesetzes vom 24. März 1881) oder Eintragung in das preußische Staatsschuldbuch (preuß. Gesetz vom 20. Juli 1883) auf den Namen des Mündels zu geschehen hat, wie dies auch bisher auf Grund des Artikels 456 Code civil angenommen wurde (Demolombe VII Nr. 674) (M.).

Das Gesetz geht davon aus, daß alle Mündelgelder, welche nicht zu laufenden Ausgaben, also namentlich zum Unterhalt und zur Erziehung des Mündels erforderlich sind, ohne Rücksicht auf ihren Betrag angelegt werden sollen, und daß namentlich nicht zu unterscheiden ist zwischen den Zinsen und den Kapitalien (B.).

par le § 2 alinéa 2, Nr. 1, 3 à 5 de la loi du 24 mars 1886 (bulletin des lois page 51), concernant la caisse des dépôts, soit par versement dans une caisse d'épargne, soit par consignation à la caisse des dépôts.

Si le tuteur ne remplit pas cette obligation dans les trois mois, qui suivent l'ouverture de la tutelle ou la rentrée des

---

touche en rien à l'administration légale des père et mère ou à leurs droits d'usufruit légal sur les fruits et revenus de la fortune de leurs enfants (M.).

Le § 1 indique au tuteur quel mode de placement il peut choisir librement, sans avoir besoin de l'autorisation du conseil de famille ou de l'Amtsgericht; ce sont les placements à la caisse d'épargne pour les petits capitaux, ou l'acquisition de titres, tels que la loi les prévoit pour le placement des valeurs de la caisse des dépôts et qui consistent:

1° en rentes, obligations ou bons du trésor du pays,

2° en obligations, rentes ou bons du trésor de l'empire ou d'un état de la confédération,

3° en obligations dont les intérêts sont garantis par l'empire, le pays ou un autre état de la confédération,

4° en obligations qui sont émises par des corporations allemandes (provinces, arrondissements, cercles, communes etc.) ou par leurs institutions de crédit et qui sont ou dénonçables de la part des porteurs, ou soumises à un amortissement régulier, ainsi qu'en obligations communales ou lettres de gage de la société par actions du crédit foncier et communal en Alsace-Lorraine.

en tant que ces titres sont négociables à une bourse allemande (M.).

Le tuteur est également autorisé à verser les fonds du mineur à la caisse des dépôts, quoique ce genre de placement ne se prête en règle générale qu'à des dépôts transitoires (M.).

Il est bien entendu que le placement doit toujours avoir lieu au nom du mineur, soit qu'il se fasse en prêt, acquisition d'immeubles, ou bien par inscription sur le grand livre de la dette alsacienne-lorraine (§ 8, loi du 24 mars 1881) ou de la dette prussienne (loi du 20 juillet 1883); cette condition résulte de l'article 456 Code civil (Demolombe VII n° 674) (M.).

La loi part du principe que toute somme d'argent appartenant au mineur doit être placée, pourvu qu'elle ne soit pas nécessaire à son éducation et à son entretien et sans avoir égard à l'importance de la somme; la loi ne distingue pas entre les revenus et les capitaux.

Ist der Vormund dieser Pflicht nicht innerhalb dreier Monate nach Beginn der Vormundschaft oder nach Eingang der Gelder nachgekommen, so hat er diese vom Tage nach Ablauf der Frist zu verzinsen.

Die Höhe der Summen, welche der Vormund für die laufenden Ausgaben in Händen behalten darf, durch eine allgemeine Regel gesetzlich festzusetzen, ist ein Ding der Unmöglichkeit, und zwar schon deshalb, weil dieselbe von den besonderen Umständen eines jeden einzelnen Falles abhängt.

Es wird vielmehr dem Vormund überlassen bleiben müssen, den zur Deckung der laufenden Ausgaben erforderlichen Betrag zu ermessen; immerhin aber mag es zur Vermeidung späterer Differenzen bei der Rechnungslegung zweckmäßig erscheinen, daß der Vormund da, wo es angeht, diesen Betrag durch den Familienrath bestimmen lasse, wie dies ja schon nach dem in Kraft bleibenden Art. 454 Code civil bezüglich der Gesammtsumme der jährlichen Ausgabe für die Person des Minderjährigen vorgeschrieben ist (B.).

Gegenüber den bei der ersten Lesung des Entwurfs im Landesausschuß von einigen Seiten geäußerten Anschauungen über die Tragweite des § 1 herrschte zwischen den Vertretern der Regierung und den Mitgliedern der Kommission Einverständniß darüber, daß dieser Paragraph, da er nur die Frage regelt, wie und wann vorhandene Gelder angelegt werden sollen, die Frage, ob der Vormund ausstehende Forderungen einzutreiben, die Theilung bestehender Gemeinschaften herbeizuführen, oder die Umsetzung vorhandener Vermögensstücke in Geld zu bewirken habe, völlig unberührt läßt (B.).

Abs. 2. An und für sich hat diese Anlegung sofort zu geschehen, dem Vormunde muß aber eine gewisse Frist hierzu gewährt werden. Das Gesetz bemißt dieselbe nach Vorgang des französischen Gesetzes vom 27. Februar 1880 auf 3 Monate. Ein Kommissionsmitglied sprach die Ansicht aus, daß diese Frist mit Rücksicht auf die Leichtigkeit, mit welcher die vorgeschriebene Anlegung erfolgen könne, zu lang sei; es wurde jedoch darauf erwidert, daß unter Umständen eine unverzügliche Verwerthung der Gelder nicht durchführbar sei, und daß eine Frist von 3 Monaten nicht zu weit gegriffen erscheine, um alle Fälle begründeter Verzögerungen zu umfassen (B.).

Die Artikel 455 und 456 Code civil sind hiernach ersetzt und treten, was im § 19 ausgesprochen ist, außer Kraft. Daß weitergehende Verpflichtungen, welche dem Vormunde etwa nach Maßgabe des Artikels 1996 Code civil erwachsen können, vom § 1 nicht berührt werden, bedarf kaum der Erwähnung (M.).

Da das Gesetz nach § 20 am 1. Juli 1887 in Kraft tritt, so kann die aus diesem Gesetz herzuleitende Verpflichtung des Vormundes Zinsen zu zahlen, nicht vor dem ersten Oktober 1887 eintreten. Die auf Grund der Art. 455 und 456 2c. wohl erworbenen Rechte des Mündels erfahren dagegen bezüglich der am 1. Juli 1887 nicht angelegten Gelder eine Einschränkung nicht, d. h. die Verzinsung tritt schon

fonds, il en doit les intérêts à partir du lendemain de l'expiration de ce délai.

Le conseil de famille peut prolonger le délai ci-dessus indiqué et autoriser également d'autres placements avantageux.

L'importance des sommes que le tuteur est autorisé à garder en mains pour les dépenses courantes, ne peut être fixée d'une manière générale, puisqu'elle peut varier selon les circonstances. On avait songé à charger de cette fixation le conseil de famille, mais en pratique cette fixation ne pourrait se faire d'une manière absolue et pour tous les cas, même lorsqu'il s'agirait du même mineur, les dépenses étant souvent soumises à de notables variations.

La loi abandonne au tuteur le soin d'arbitrer le montant des sommes dont il peut avoir besoin pour les dépenses courantes. Le cas échéant, il pourra, pour éviter les difficultés qui pourraient surgir lors de la reddition du compte de tutelle, faire déterminer par le conseil de famille les sommes qu'il est autorisé à garder en mains, de même qu'il fera encore fixer à l'avenir la somme à laquelle pourra s'élever la dépense annuelle du mineur, conformement à l'article 454 Code civil qui reste en vigueur (Rapport).

Les commissaires du Gouvernement et la commission de la Délégation ont été d'accord sur la portée du § 1, en ce qu'il se borne à indiquer comment et quand l'argent comptant doit être placé et ne touche pas à la question de savoir, si le tuteur peut faire rentrer des créances, provoquer le partage de valeurs indivises ou convertir des valeurs quelconques en argent comptant (R.).

Alinéa 2. Le placement doit se faire immédiatement en règle générale; le tuteur a cependant un délai moral pour l'effectuer, la loi fixe ce délai à trois mois, comme la loi française du 27 février 1880. Un membre de la commission a exprimé l'opinion, que ce délai paraissait trop long à raison de la facilité du placement tel que le prévoyait le § 1; on a objecté avec raison, qu'un placement immédiat pouvait rencontrer de sérieuses difficultés et que le délai de trois mois paraissait convenable, si l'on voulait laisser un peu plus de latitude au tuteur (R.).

Les articles 455 et 456 Code civil deviennent inutiles et sont formellement abrogés par le § 19. Le § 1 ne touche pas aux obligations du tuteur, telles qu'elles résultent de l'article 1996 Code civil (M.).

La loi n'entrant en vigueur que le 1 Juillet 1887, l'obligation du tuteur de payer les intérêts ne peut lui être imposée en vertu de cette loi qu'à partir du 1 octobre 1887. Les droits compétents au

Der Familienrath kann die vorstehend bestimmte Frist verlängern und auch andere nutzbringende Anlagen zulassen.

§ 2. Der Vater und die Mutter, welche die gesetzliche Vormundschaft führen, sind, solange sie nicht eine zweite Ehe geschlossen haben, bezüglich derjenigen Gelder, welche aus dem Nachlaß des verstorbenen Elterntheils oder eines anderen Verwandten in aufsteigender Linie herrühren oder durch Verwaltung desselben eingehen, den Vorschriften des § 1 nicht unterworfen.

Ein Gleiches gilt von dem Ehemann als gesetzlichem Vormund seiner entmündigten Ehefrau bezüglich der zu dem Vermögen derselben gehörigen Gelder.

---

vor dem 1. Oktober 1887 ein, wenn die sechsmonatige Frist dieser Artikel vor diesem Tage abgelaufen ist.

Abs. 3. Was die in den Pflegehäusern untergebrachten verlassenen Kinder betrifft, so vertritt in allen Fällen der Verwaltungsrath der betreffenden Anstalt die Stelle des Familienraths. (Art. 1 des Gesetzes vom 15. Pluviôse XIII und Art. 15 des Dekretes vom 19. Januar 1811.) (B. zu § 6 Ges.)

Dasselbe gilt übrigens bezüglich der Mitwirkung des Familienraths in den andern Fällen des Abschn. I (§§ 2, 3, 5, 6, 8, 9).

An den Bedingungen, von denen die Gültigkeit der Rechtsgeschäfte, durch welche Gelder des Mündels angelegt werden, abhängig ist, wird durch Abs. 3 des § 1 nichts geändert. Vgl. d. Einl. u. Bem. zu § 6, Abs. 1.

§ 2. Abs. 1. Maßgebend waren bei Annahme des Abs. 1 für die Kommission folgende Erwägungen. Durch den Tod des einen Ehegatten hört selbstverständlich die Verpflichtung des andern zum Unterhalt und zur Erziehung der Kinder nicht auf; sie wird im Gegentheil noch ernster, da sie nicht mehr getheilt ist. Die Erfüllung dieser Pflicht soll der Gesetzgeber nicht erschweren, sondern nach Möglichkeit erleichtern; dazu gehört in erster Linie, daß der überlebende Ehegatte in keiner Weise gehindert werde, den Gewerbebetrieb, das Unternehmen, das Geschäft fortzusetzen, welches die bisherige Erwerbsquelle für die Familie bildete. Dies setzt aber voraus, daß ihm das freie Verfügungsrecht erhalten werde über das Vermögen, welches gewissermaßen das Betriebskapital des Geschäftes bildet; als solches gilt nicht bloß das während der Ehe errungene Gütergemeinschaftsvermögen, sondern auch die Einkünfte der zum Nachlasse des verstorbenen Ehegatten gehörigen Liegenschaften, sowie die von demselben eingebrachten Kapitalien.... (B.)

Die Kommission hielt es für angezeigt, die Vorschrift des § 2 auf diejenigen Gelder auszudehnen, welche aus dem Nachlasse eines jeden Verwandten in aufsteigender Linie herrühren, da in sehr vielen Fällen das Vermögen der Großeltern mit demjenigen der Eltern verschmolzen ist und auch ihre Gelder zum Betriebskapital des Geschäftes der Eltern gehören (B.).

§ 2. Le père et la mère, qui gèrent une tutelle légale, ne sont pas soumis, aussi longtemps qu'ils ne se sont pas remariés, aux prescriptions du § 1, en ce qui concerne les sommes d'argent qui se trouvent dans la succession du conjoint prédécédé ou d'un autre ascendant, ou qui rentrent pendant la gestion de la succession.

Il en est de même du mari, qui touche en sa qualité de tuteur de sa femme interdite, des sommes d'argent dépendant de la fortune de cette dernière.

---

mineur pour les sommes non encore placées le 1 juillet 1887, en vertu des articles 455 et 456 Code civil, lui restent acquis, c'est-à-dire les intérêts courront dans ce cas même avant le 1 octobre 1887, si le délai de six mois prévu par ces articles expire avant cette date.

Alinéa 3. Pour les enfants admis dans les établissements de bienfaisance et les orphelinats, le conseil de surveillance remplace le conseil de famille (art. 1, loi du 15 pluviôse an XIII et art. 15, décret du 19 janvier 1811) (R. sur § 6 de la loi). Il en est de même dans les autres cas prévus par la section I (§§ 2, 3, 5, 6, 8, 9).

L'alinéa 3 ne touche pas à la validité juridique d'actes par lesquels le tuteur placerait l'argent comptant appartenant au mineur sans autorisation du conseil de famille. (Comp. l'introd. et observ. sur le § 6 al. 1.

§ 2, alinéa 1. La commission en proposant l'alinéa 1 s'est laissée guider par les considérations suivantes: Par suite du décès de l'un des époux ne disparait pas le devoir pour l'autre époux d'entretenir et d'élever les enfants; ce devoir devient même plus impérieux, puisqu'il ne se partage plus avec l'époux prédécédé. Dans l'accomplissement de ce devoir, l'époux ne peut pas être gêné par la loi, qui doit au contraire tendre à le faciliter. C'est ainsi qu'on doit éviter de le troubler dans l'exploitation d'une industrie, d'un métier ou d'une entreprise, qui a jusque-là servi à l'entretien de la famille. Il doit conserver la libre disposition de la fortune, qui forme en quelque sorte le fonds de roulement de la profession; comme fonds de voulement, on peut considérer non seulement les biens faisant partie de la communauté, mais aussi les revenus des immeubles dépendant de la succession du conjoint prédécédé, ainsi que les capitaux qu'il a apportés en mariage (R.).

La commission a cru devoir étendre les prescriptions du § 2 à tous les capitaux faisant partie de la succession d'un ascendant, puisque la fortune des ascendants se trouvait souvent encore indi-

Der Familienrath kann, wenn das Mündelvermögen gefährdet erscheint, nach Anhörung des Vormundes durch einen mit Gründen zu versehenden Beschluß, welcher bei Widerspruch des

---

Man könnte die Frage aufwerfen, ob es überhaupt erforderlich war, in das Gesetz eine Bestimmung im Sinne des § 2 aufzunehmen, und ob nicht schon durch die bestehende Gesetzgebung der Zweck dieser Vorschrift erreicht ist. In der That schreibt der Code civil keineswegs dem elterlichen Vormunde vor, die Theilung der Gütergemeinschaft und die Auseinandersetzung des Nachlasses des verstorbenen Ehegatten vorzunehmen.... Durch § 1 des neuen Gesetzes wird hieran Nichts geändert; auch die in Folge der Fortführung des elterlichen Geschäftes für gemeinschaftliche Rechnung des elterlichen Vormunds und der Kinder eingehenden Gelder würden wohl nicht unter die Bestimmung des § 1 fallen. Diese Gelder, ließe sich wohl mit Recht sagen, sind und bleiben unvertheilt, so lange der Nachlaß des verstorbenen Ehegatten überhaupt nicht getheilt ist.... Die Bestimmung des § 1 hat bloß diejenigen Summen im Auge, welche dem Mündel allein gehören und ihm allein zufließen.

Allein trotz dieser Erwägungen erschien es der Kommission unerläßlich, den Grundsatz des § 2 ausdrücklich im Gesetze auszusprechen. Zunächst wird dadurch volle Klarheit geschaffen und wird eine Reihe von Streitfragen vermieden; anderseits ist auch Sorge getragen für den Fall, daß beim Vorhandensein mehrerer Kinder ein großjährig gewordenes Kind von seinem Rechte Gebrauch macht, die Theilung des Nachlasses des verstorbenen Elterntheils zu veranlassen. In einem solchen Falle müßte der elterliche Vormund, wenn er nicht durch die Bestimmung des § 2 geschützt wäre, bezüglich der den noch minderjährigen Kindern zufallenden Antheile bei vollzogener Theilung nach der Vorschrift des § 1 verfahren.... (B.)

Die Bestimmung des § 2 würde nicht wieder eintreten, wenn etwa die zweite Ehe während der Dauer der Vormundschaft aufgelöst werden sollte; auch dann bliebe es bei der Regel des § 1 (B.).

Abs. 2. Der Mann, welcher kraft Gesetzes (Code civil Artikel 506) Vormund seiner entmündigten Frau ist, behält zwar alle mit der eheherrlichen Gewalt verbundenen oder durch den Ehevertrag ihm eingeräumten Rechte (Zachariae Bd. I. 4. Auflage. § 126 Anm. 9); nichtsdestoweniger empfiehlt es sich, für diesen Fall eine dem § 2 Abs. 1 entsprechende Bestimmung in dem Gesetz zu treffen, um die Stellung des Ehemannes in richtiger Weise zu normiren hinsichtlich desjenigen Vermögens, welches die Frau etwa ihrer eigenen Verwaltung vorbehalten hatte. Ein Kommissionsmitglied stellte den Antrag, dieselbe Vorschrift für die Ehefrau zu erlassen, welcher die Vormundschaft über ihren entmündigten Ehemann durch den Familienrath übertragen wurde; diesem Antrag stimmten jedoch die Vertreter der Regierung und die Mehrheit der Kommission nicht bei unter Hinweis darauf, daß schon der Code civil es für nöthig fand, die zur Vormünderin ihres Mannes ernannte Ehefrau den Anordnungen des Familienrathes hinsichtlich der Vermögensverwaltung zu unterwerfen (Code civil Art. 507) (B.).

Le conseil de famille peut, si la fortune du pupille parait compromise, ordonner par un avis de parents dûment motivé, le tuteur entendu, que le mari, le père et la mère seront soumis en leur qualité de tuteurs aux prescriptions du § 1. Si le tuteur n'adhère pas à cette délibération, elle sera sujette à l'homologation du Landgericht.

---

vise avec celle des père et mère et que l'argent comptant servait dans ce cas également comme fonds de roulement dans l'industrie de ces derniers (R.).

La question pouvait se soulever de savoir, s'il était nécessaire d'insérer dans la loi le principe édicté par le § 2 et si avec les dispositions en vigueur on n'atteignait pas déjà le même but. Le Code civil ne prescrit pas en effet aux tuteurs, père et mère, de provoquer le partage de la communauté et de la succession du conjoint prédécédé. Le § 1 n'apporte aucune modification à ce principe; il ne règle pas le placement des sommes d'argent, qui peuvent rentrer pendant que le tuteur continue à exploiter une industrie indivise et qui restent également indivises, tant qu'il n'y a pas eu de partage. Le § 1 n'a en effet en vue que les sommes d'argent, qui appartiennent exclusivement au mineur.

La commission a cependant cru utile, dans l'intérêt de la clareté et dans la but d'éviter de fausses interprétations, de poser le principe dans le texte même de la loi. Cette disposition a une certaine importance, dans le cas ou l'un des enfants devenu majeur use de la faculté que la loi lui donne, de provoquer le partage de la succession du défunt. Dans ce cas le tuteur, père ou mère, s'il n'était pas protégé par le § 2, serait soumis aux dispositions du § 1 pour les sommes d'argent revenant à ses enfants mineurs (R.).

La règle générale du § 2 ne s'appliquerait pas au cas où le second mariage serait de nouveau dissous pendant la durée de la tutelle (R.).

Alinéa 2. Le mari en sa qualité de tuteur légal de sa femme interdite (art. 506 Code civil) conserve il est vrai tous les droits, qui lui compètent comme administrateur de la communauté, ou qui résultent de son contrat de mariage (Zachariæ Vol. 1, 4e édition § 126 obs. 9); on a cependant jugé utile de lui appliquer les dispositions du § 2 al. 1, pour bien préciser les pouvoirs du mari, quand il s'agit de la fortune dont la femme peut avoir conservé l'administration.

Un membre de la commission a proposé d'étendre le même principe à la femme, tutrice de son mari interdit; cette proposition a été rejetée, la femme devant se soumettre à la forme et aux conditions d'administration que règle le conseil de famille (art. 509 Code civil) (R.).

Vormundes der Bestätigung durch das Landgericht bedarf, anordnen, daß auch der Ehemann, der Vater oder die Mutter als Vormünder den Vorschriften des § 1 unterworfen sein sollen.

§ 3. Der Familienrath kann zur Sicherung des Mündelvermögens anordnen:

1. daß auf den Inhaber lautende Werthpapiere bei der Depositenverwaltung oder Reichsbank hinterlegt oder, soweit thunlich, in Papiere auf den Namen umgewandelt werden,
2. daß der Vormund nur unter Mitwirkung des Gegenvormundes Zahlungen auf eine Kapitalforderung annehmen und darüber quittiren dürfe. Für Schuldner, welche sich nicht vertragsmäßig zur Einhaltung dieser

---

§ 3. Den hier vorgesehenen Maßregeln des Familienraths soll jeder Vormund ohne Ausnahme unterliegen (M.).

Nr. 1. Die Schwierigkeiten, welche einer diebs- und feuersichern Aufbewahrung von Inhaberpapieren in Privathänden entgegenstehen, nicht minder aber auch die Versuchung, welche einem nicht charakterfesten Vormund durch die leichte Umsetzbarkeit solcher Papiere erwächst, lassen nicht selten die Deponirung derselben oder den Erwerb von auf den Namen lautenden Werthen an Stelle jener als das einzige Mittel erscheinen, um die Erhaltung des Mündelvermögens sicher zu stellen (M.).

Die Hinterlegung bezw. die Einschreibung muß selbstverständlich auf den Namen des Mündels geschehen (Vgl. Bem. zu § 1 Abs. 1); nur unter dieser Voraussetzung erlangt die Maßregel den wirksamen Schutz des § 6. Um diesen Schutz des § 6 herbeizuführen, bedarf es übrigens eines förmlichen Familienrathsbeschlusses nicht, wenn der Vormund die in § 3 Nr. 1 erwähnten Maßregeln freiwillig ausführt.

Nr. 2. Durch diese Maßregel ist die Ueberwachung des Vormundes ermöglicht und die Verbringung der Gelder nur ausführbar, wenn auch der Gegenvormund nachlässig oder böswillig ist. Um eine solche Anordnung dem Schuldner gegenüber wirksam zu machen, d. h. die Ungültigkeit einer an den Vormund allein geschehenen Zahlung zu bewirken, genügt es, bei Forderungen, die erst nach der Anordnung entstehen (Ausleihung eines Kapitals, Kreditirung des Preises bei dem Verkauf von Liegenschaften), die Anordnung als Vertragsklausel aufzunehmen; bei Anwendung auf schon bestehende Forderungen mußte dagegen die Wirksamkeit der Anordnung — sofern nicht etwa der Schuldner freiwillig sich zur Befolgung derselben verpflichtet — nothwendig an die Benachrichtigung des Schuldners geknüpft werden, welche, um jeden Streit darüber, ob sie geschehen oder nicht, auszuschließen, durch förmliche Zustellung geschehen soll. Letztere besorgt der Gegenvormund, selbstverständlich auf Kosten des Mündelvermögens (M.).

§ 3. Le conseil de famille peut ordonner à l'effet de garantir la fortune du pupille:

1° Que les titres au porteur seront déposés à la caisse des dépôts ou à la banque de l'empire, ou convertis en titres nominatifs, en tant que cette conversion sera possible,

2° que le tuteur ne pourra recevoir aucun capital mobilier et en donner décharge que sous l'assistance du subrogé-tuteur. L'inobservation de cette défense ne pourra être opposée aux débiteurs, qui ne se seront pas engagés contractuellement à s'y conformer, qu'autant qu'elle leur aura été signifiée. Le subrogé-tuteur est chargé d'en soigner la signification.

---

§ 3. Ce paragraphe s'applique à toutes les tutelles (M.).

N° 1. La difficulté de préserver les titres au porteur, se trouvant dans des mains privées contre les dangers résultant du vol ou de l'incendie, ainsi que la facilité pour un tuteur non sérieux de se défaire de pareils titres, sont les principales causes pour lesquelles la loi prescrit la nécessité du dépôt de ces titres ou leur remplacement par des titres nominatifs (M.).

Le dépôt ou l'inscription doivent se faire au nom du mineur (comp. obs. sur le § 1 al. 1); ce n'est qu'à cette condition que se réalise la garantie que le § 6 a en vue. Pour réaliser cette garantie, il est inutile de provoquer une délibération du conseil de famille, si le tuteur se soumet de plein gré à ces mesures.

N° 2. Cette mesure permet une surveillance plus efficace du tuteur et prévient toute espèce de dilapidation, à moins de négligence ou de malveillance de la part du subrogé-tuteur. Une pareille mesure ne devient efficace, c'est-à-dire n'entraine la nullité du paiement, qu'autant que pour les créances futures (prêt, stipulation de termes pour les prix de vente) on a soin d'en faire mention dans le contrat même. Pour les créances déjà existantes, il devient nécessaire d'en informer le débiteur, et pour éviter toute contestation, de la lui notifier, à moins que le débiteur ne s'y soumette de plein gré. Il est du devoir du subrogé-tuteur d'en faire la notification, bien entendu aux frais du mineur (M.).

Anordnung verpflichtet haben, wird dieselbe nur durch Zustellung verbindlich. Die Zustellung herbeizuführen, liegt dem Gegenvormunde ob.

§ 4. Die Depositenverwaltung ist verpflichtet, Gelder und Werthpapiere, welche bevormundeten Personen gehören, zur Aufbewahrung und Verwaltung anzunehmen.

Die Verzinsung der bei der Depositenverwaltung hinterlegten Gelder regelt sich nach den für die Verzinsung freiwilliger Einlagen von öffentlichen Verwaltungen bestehenden Vorschriften.

Der Umfang der der Depositenverwaltung aus der Verwaltung hinterlegter Werthpapiere erwachsenden Verpflichtungen sowie die hierfür zu entrichtenden Gebühren werden durch das Ministerium festgesetzt.

§ 5. Der Vormund, ausgenommen Vater und Mutter sowie den Ehemann als Vormund der entmündigten Ehefrau, ist verpflichtet, dem Amtsgericht alljährlich ein Verzeichniß des

---

§ 4. Abs. 2. Den öffentlichen Verwaltungen wird zur Zeit eine Verzinsung von 3% gewährt, aber nur dann, wenn die Gelder mindestens 30 Tage hinterlegt bleiben (Art. 2 Ordn. vom 3. Juli 1816). (M.)

Abs. 3. Geschehen durch die Verfügung vom 21. Juni 1887 (Beil. II zum Central- und Bezirks-Amtsblatt).

§ 5. Von einem Kommissionsmitgliede wurde die Ansicht ausgesprochen, daß zur Erleichterung der Kontrole über die vormundschaftliche Verwaltung es wohl genügen würde, die Verpflichtung zur Einreichung des erwähnten Verzeichnisses auf das Mobiliarvermögen des Mündels zu beschränken, die dem Mündel gehörigen Liegenschaften seien in dem beim Beginn der Vormundschaft zu errichtenden Inventar genau beschrieben, u. s. w.... Von den Vertretern der Regierung wurde, unter Zustimmung der Kommission, erwidert, daß es nicht zweckmäßig sei, nur eine unvollständige Vermögensübersicht vorzuschreiben; es bleibe ja dem Vormunde unbenommen, sich in den späteren Verzeichnissen auf das erste oder selbst auf das Inventar bezüglich der Liegenschaften in kurzen Worten zu berufen (B.).

Vater, Mutter und Ehemann der entmündigten Ehefrau sollen prinzipell von der durch den § 5 dem Vormunde auferlegten Verpflichtung entbunden sein. Allein es können Fälle eintreten, in denen es dem Familienrathe geboten erscheint, einen tieferen Einblick in die Vermögensverwaltung auch des gesetzlichen Vormundes zu gewinnen und dieselbe näher zu beaufsichtigen (B.).

Der Art. 470 c. c. wird durch die Vorschrift des § 5 entbehrlich und ist im § 19 ausdrücklich aufgehoben: soweit dem Gegenvormund Information über den Bestand des Mündelvermögens erforderlich wird, kann er dieselbe leicht bei dem Amtsgericht erlangen (M.).

§ 4. La caisse des dépôts est tenue de se charger du dépôt et de la gestion des sommes d'argent et des titres, qui appartiennent à des personnes placées sous tutelle.

Les intérêts des sommes versées à la caisse des dépôts se règlent d'après les prescriptions en vigueur sur les intérêts des sommes consignées volontairement par les administrations publiques.

Le ministère déterminera l'étendue des obligations, qui résulteront pour la caisse des dépôts de la gestion des titres qu'elle recevra en dépôt ainsi que la taxe qu'elle pourra percevoir à ce sujet.

§ 5. Le tuteur, à l'exception du mari, tuteur de sa femme interdite, du père et de la mère, est tenu de remettre tous les ans à l'Amtsgericht un état de situation de la fortune du pupille; le conseil de famille peut soumettre à la même obligation les tuteurs légaux prédénommés.

---

§ 4, alinéa 2. L'intérêt des dépôts volontaires est de 3%, pourvu que les sommes restent à la caisse pendant trente jours (art. 2, ord. du 3 juillet 1816.) (M.)

Alinéa 3. L'étendue de ces obligations a été déterminée par le règlement du 21 juin 1887 (annexe II du Central- und Bezirks-Amtsblatt).

§ 5. Un membre de la commission a exprimé l'opinion, que pour faciliter la surveillance de la gestion tutélaire, il devait suffire de prescrire le dépôt d'un état de situation des valeurs mobilières, les immeubles du mineur étant suffisamment décrits dans l'inventaire que l'on dresse à l'ouverture de toute tutelle. Aux yeux des commissaires du Gouvernement et de la majorité de la commission un pareil état ne serait qu'incomplet; le tuteur peut cependant s'en référer, dans les états ultérieurs pour la description des immeubles, au premier état de situation ou bien à l'inventaire (R.).

Le père, la mère et le mari tuteur de sa femme interdite ne sont pas soumis en principe aux obligations imposées aux autres tuteurs par le § 5. Il peut cependant se présenter des cas où il devient nécessaire de jeter un regard sur la gestion du tuteur légal et de le soumettre à une certaine surveillance (R.).

L'article 470 Code civil devient inutile et est formellement abrogé par le § 19. Le subrogé-tuteur pourra toujours se renseigner à l'Amtsgericht, en prenant communication du dossier de la tutelle (M.).

Mündelvermögens einzureichen; den genannten gesetzlichen Vormündern kann die Einreichung durch den Familienrath aufgegeben werden.

Der Familienrath kann, wenn der Betrag des Vermögens oder andere Umstände eine alljährliche Einsicht von dem Bestande desselben entbehrlich machen, vorbehaltlich des Widerrufs, die Frist auf mehrere Jahre ausdehnen oder den Vormund von der Einreichung des Verzeichnisses ganz entbinden.

§ 6. Der Vormund bedarf der Genehmigung des Familienraths:

1. zur Zurücknahme der auf den Namen des Mündels oder seines Rechtsvorgängers bei der Depositenverwaltung oder der Reichsbank hinterlegten Werthpapiere,
2. zur Veräußerung und Verpfändung von Werthpapieren und ausstehenden Forderungen, sowie zur Umwandlung von Papieren auf Namen in Papiere auf den Inhaber.

---

§ 6. Abs. 1. Die Vorschrift des Abs. 1. trifft jeden Vormund ohne Ausnahme. Die Befugnisse des gesetzlichen Vermögensverwalters bleiben unberührt, ebenso die aus dem gesetzlichen Nießbrauch fließenden Rechte der Eltern auf Zinsen und sonstige Früchte (M.).

Zum Unterschied von der Vorschrift in § 1 Abs. 3 wird hier die Gültigkeit von Rechtsgeschäften an gewisse Bedingungen geknüpft. Vgl. d. Einl. und Bem. zu § 1 Abs. 3 a. E.

Abs. 1. Nr. 1. Nur auf diese Weise kann die vollkommene Wirksamkeit einer vom Familienrath gemäß § 3 Nr. 1 getroffenen Anordnung erreicht werden. Wenn nach der Fassung des Gesetzes von der Beschränkung außer den auf Anordnung des Familienraths auch die auf eigenen Antrieb vom Vormund deponirten Werthpapiere getroffen werden, so ist dies in der Erwägung geschehen, daß auf diese Weise eine besondere Benachrichtigung der Hinterlegungsstelle von der Anordnung des Familienraths erspart und gleichzeitig dem Vormund Gelegenheit gegeben wird, ohne vorherige förmliche Anordnung des Familienraths sich selbst einer zweckmäßigen Verfügungsbeschränkung zu unterwerfen (M.).

Abs. 1. Nr. 2. Daß die Rückzahlung eines Werthpapieres in Folge Ausloosung nicht unter den Begriff der Veräußerung fällt, versteht sich von selber (B.).

Abs. 3. Da nach Artikel 484 Code civil emanzipirte Minderjährige bei Rechtsgeschäften, welche nicht zur bloßen Verwaltung gehören, die für Nichtemanzipirte vorgeschriebenen Formen zu beobachten haben, so könnte, in Ermangelung eines besonderen Zusatzes, Abs. 1 des § 6 zu der Folgerung Veranlassung geben, daß auch der Emanzipirte zu den dort genannten Rechtshandlungen der Genehmigung des Amtsrichters bedürfe. Ein Bedürfniß zu solcher Beschränkung der Emanzipirten ist nicht gegeben und deshalb eine, jene Folgerung ausschließende Bestimmung im Absatz 3 aufgenommen (M.).

Le conseil de famille peut, dans le cas où l'importance de la fortune ou d'autres circonstances permettent de faire abstraction d'un état de situation annuel de la fortune du pupille, prolonger, sous réserve de revenir sur sa délibération, le délai de plusieurs années, ou dispenser d'une manière absolue le tuteur de produire cet état.

§ 6. Le tuteur a besoin de l'autorisation du conseil de famille:

1° pour le retrait des titres déposés au nom du pupille ou d'une personne dont il est le successeur à la caisse des dépôts ou à la banque de l'empire,

2° pour l'aliénation ou la mise en gage de titres ou de créances, ainsi que pour la conversion de titres nominatifs en titres au porteur.

En cas d'urgence, l'autorisation peut être donnée par l'Amtsrichter. La validité juridique de l'acte autorisé par

---

§ 6, alinéa 1. Tout tuteur, même le père et la mère, tombent sous l'application des dispositions du § 6. Ces dispositions ne s'appliquent pas à l'administration légale des père et mère, ni à l'usufruit légal de ces derniers sur les fruits et autres revenus (M.).

Les actes que le § 6 a en vue ne sont valables, que si les formalités qu'il prévoit ont été remplies, ce qui n'a pas lieu pour des actes de placement contraires aux prescriptions du § 1, alinéa 3 (comp. l'introd. et obs. sur le § 1, al. 3.)

Alinéa 1, n⁰ 1. Cette disposition a pour but de rendre efficace la délibération du conseil de famille prise dans le sens du § 3, n⁰ 1. Elle ne distingue pas le cas où le conseil de famille a prescrit le dépôt, de celui où le dépôt a eu lieu sans délibération préalable du conseil de famille. On évite ainsi la notification de la délibération à la caisse de dépôts et le tuteur est soumis de droit à la défense de retirer des titres sans autorisation préalable du conseil de famille (M.).

Alinéa 1, n⁰ 2. Le remboursement d'un titre par voie de tirage au sort n'est pas à considérer comme une cession de titre (R.).

Alinéa 3. L'alinéa 3 précise que les mineurs émancipés ne sont pas soumis à l'avis du conseil de famille pour la validité des actes prévus par le § 6 alinéa 1; il n'y a pas de motifs sérieux pour resteindre leur capacité juridique à cet égard (M.).

In dringlichen Fällen kann der Amtsrichter die Genehmigung ertheilen. Die Rechtsverbindlichkeit der genehmigten Rechtshandlung kann nicht aus dem Grunde angefochten werden, daß ein Fall der Dringlichkeit nicht vorgelegen habe.

Emanzipirte Minderjährige sind bei Vornahme der im Absatz 1 erwähnten Rechtsgeschäfte der Formvorschrift des Artikels 484 Absatz 1 des Code civil nicht unterworfen.

§ 7. Der Gegenvormund hat unter Aufsicht des Amtsrichters die Erfüllung der nach Maßgabe dieses Gesetzes dem Vormunde obliegenden Verpflichtungen zu überwachen und, soweit nöthig, die Berufung des Familienraths herbeizuführen.

§ 8. Das in Artikel 467 des Code civil vorgeschriebene Gutachten von drei Rechtsverständigen ist zum gültigen Zustandekommen eines vom Vormunde abzuschließenden Vergleichs fernerhin nicht erforderlich.

§ 9. Ueber den Antrag des Vormundes auf Einschränkung der Mündelhypothek im Falle des Artikels 2143 des Code civil entscheidet der Familienrath.

---

§ 7. Diese Vorschrift bezweckt, die Durchführung des Gesetzes auf eine Weise zu erreichen, welche das Eingreifen des obervormundschaftlichen Gerichts (§ 6 des Gesetzes vom 22. Oktober 1873, Gesetzbl. S. 278) möglichst entbehrlich machen soll (M.).

§ 9 Abs. 1. Eine förmliche Klage des Vormundes auf Einschränkung (réduction oder dégrèvement, Art. 2143 Abs. 2 c. c.) findet daher nicht mehr statt.

Abs. 2. Nach dem Code civil kann der Vormund eine Beschränkung der Hypothek nur beantragen in Ansehung der Güter, die mit derselben belastet sind, dagegen nicht in Ansehung der Höhe der Ansprüche, zu deren Sicherung die Hypothek besteht. Diese Unbeschränktheit der Summe kann aber unter Umständen dem Vormunde Nachtheile zufügen, die in keinem Verhältniß zu dem Umfange seiner Verantwortlichkeit stehen und seinen Immobiliarkredit völlig untergraben; dies ist namentlich dann der Fall, wenn er etwa nur ein Grundstück besitzt, das zwar einen größeren Werth hat, gegen dessen Verpfändung er aber trotzdem keine Gelder aufnehmen kann, eben deshalb, weil im ersten Range die ihrer Höhe nach unbestimmte gesetzliche Hypothek des Mündels darauf lastet. Auch für solche Fälle ist dem Vormund die Möglichkeit einer Erleichterung zu gewähren, sofern diese Erleichterung ohne Gefährdung der Interessen des Mündels eintreten kann (B.).

Abs. 3. Da das Vermögen des Mündels durch Erbgang, Testament oder Schenkung einen erheblichen Zuwachs erfahren kann, der eine Steigerung der Verantwortlichkeit des Vormundes zur natürlichen

l'Amtsrichter ne peut être contestée, sous prétexte que l'urgence ne serait pas démontrée.

Pour la validité des actes mentionnés à l'alinéa 1, les mineurs émancipés ne sont pas soumis aux formes prescrites par l'article 484 alinéa 1 du Code civil.

§ 7. Le subrogé-tuteur doit veiller, sous la surveillance de l'Amtsrichter, à l'accomplissement des obligations que la présente loi impose au tuteur et provoquer au besoin l'intervention du conseil de famille.

§ 8. L'avis de trois jurisconsultes, tel qu'il est prescrit par l'article 467 du Code civil, n'est plus nécessaire pour la validité de la transaction conclue par le tuteur.

§ 9. Le conseil de famille statuera sur la demande du tuteur en réduction de l'hypothèque légale dans le cas prévu par l'article 2143 du Code civil.

---

§ 7. Cette disposition facilite l'exécution de la loi en restreignant autant que possible l'intervention de l'autorité chargée de la surveillance des tutelles (§ 6, loi du 22 octobre 1873, bull. des lois p. 278) (M.).

§ 9, alinéa 1. La voie de l'action judiciaire en réduction ou degrèvement de l'hypothèque (art. 2143, al. 2 Code civil) est supprimée à l'avenir.

Alinéa 2. En vertu du Code civil, le tuteur n'a que la faculté de demander la réduction de l'hypothèque sur les immeubles, qui doivent en être grevés; il ne peut pas faire fixer l'importance de la somme que doit garantir l'hypothèque légale. Ce défaut de limite peut être très préjudiciable aux intérêts du tuteur et le dommage qu'on lui cause peut ne pas être en rapport avec le montant de la garantie qu'il doit fournir, et ruiner en tout ou en partie son crédit immobilier. C'est ce qui arrive, s'il ne possède qu'un immeuble d'une plus grande valeur, que le montant de la garantie qu'il a réellement à fournir, et qu'il ne peut le faire valoir à raison de l'hypothèque générale qui le grève, s'il veut contracter un emprunt hypothécaire. Le tuteur sera en mesure d'obtenir à l'avenir des facilités à cet égard, sans que les intérêts du mineur soient lésés (R.).

Alinéa 3. Comme la fortune du mineur peut s'augmenter notablement soit par succession, soit par donation ou testament, et que la responsabilité du tuteur est soumise à la même variation, le conseil

Der Familienrath kann auch beschließen, daß die Hypothek auf einen bestimmten Forderungsbetrag beschränkt und dementsprechend die Eintragung bewirkt werde, oder daß gegen Sicherheitsleistung durch Hinterlegung eines bestimmten Betrags in Werthpapieren der in § 1 bezeichneten Art der Vormund von der Hypothek gänzlich frei sein soll.

Die vorerwähnten Beschlüsse wie auch der in Artikel 2141 Code civil erwähnte Beschluß können von dem Familienrath jederzeit aufgehoben oder abgeändert werden.

Die gemäß den Bestimmungen dieses Paragraphen ergehenden Beschlüsse sind mit Gründen zu versehen und bedürfen der Bestätigung durch das Landgericht. Vor der Beschlußfassung ist der Gegenvormund zu hören.

Folge hat, so muß dem Familienrath die Befugniß zustehen, den Beschluß, durch welchen nach der einen oder anderen Richtung die gesetzliche Hypothek beschränkt beziehungsweise gänzlich beseitigt wurde, jederzeit wieder abzuändern oder aufzuheben. Dasselbe gilt von dem im Art. 2141 Code civil erwähnten Beschlusse (B.).

Abs. 2 und 3. Beschließt der Familienrath die Beschränkung der gesetzlichen Hypothek, so wird der Vormund eine diesbezügliche Eintragung in das Hypothekenbuch bewirken (vergl. Art. 2142 Code civil). Wird der Umfang der Hypothek durch einen späteren Beschuß wieder erweitert, so ist der Gegenvormund, um diese Erweiterung Dritten gegenüber wirksam zu machen, unter seiner persönlichen Verantwortlichkeit in analoger Anwendung des Art. 2137 Code civil verbunden, eine neue, dem Beschlusse entsprechende Eintragung zu veranlassen (vergl. Aubry und Rau § 264 bis, Text und Note 19). Durch diese neue Eintragung werden selbstverständlich die wohlerworbenen und durch Transcription beziehungsweise Inskription gewahrten Rechte Dritter nicht berührt. Wurde zum Beispiel durch einen ersten Beschluß eine Liegenschaft des Vormundes von der gesetzlichen Hypothek befreit, und bestellt der Vormund nach Eintragung der Beschränkung in das Hypothekenbuch einem Dritten eine vertragsmäßige Hypothek an dieser Liegenschaft, so behält diese Hypothek ihren durch Inskription erlangten Rang auch dann, wenn in Folge eines späteren Beschlusses dieselbe Liegenschaft von der gesetzlichen Hypothek des Mündels wieder ergriffen wird (B.).

Abs. 4. Damit der Familienrath der ihm gestellten Frage seine besondere Aufmerksamkeit zuwende und dieselbe nach ihren verschiedenen Seiten genau prüfe, damit auch das Landgericht zur richtigen Beurtheilung des Falles eine ausreichende thatsächliche Unterlage habe, ist vorgeschrieben, daß der Familienrathsbeschluß mit Gründen zu versehen ist (B.).

Il pourra en outre statuer, que l'hypothèque sera réduite à une somme déterminée et inscrite en conséquence, ou que le tuteur sera affranchi de toute hypothèque, s'il fournit une garantie pour une valeur déterminée, par le dépôt de titres, tels qu'ils sont désignés par le § 1.

Le conseil de famille peut le cas échéant revenir sur les délibérations ci-dessus, ainsi que sur celle prévue par l'article 2141 Code civil ou les modifier.

Toutes les délibérations prises en conformité du présent paragraphe doivent être motivées et soumises à l'homologation du tribunal, qui ne statue qu'après avoir entendu le subrogé-tuteur.

---

de famille est libre de revenir sur sa délibération et de la modifier. Il en sera de même, si le conseil de famille a restreint l'hypothèque légale par l'acte de nomination du tuteur (R.).

Alinéa 2 et 3. Si le conseil de famille restreint l'hypothèque légale, il appartient au tuteur d'en faire la mention au bureau des hypothèques (comp. art. 2142 Code civil). Si l'hypothèque légale subit une extension par suite d'une délibération postérieure du conseil de famille, le subrogé-tuteur sera tenu conformément à l'art. 2137 Code civil, de veiller à ce qu'il soit pris une nouvelle inscription conforme à cette nouvelle délibération, pour qu'elle puisse produire ses effets vis-à-vis des tiers (Comp. Aubry et Rau § 264bis, texte et note 19). Cette inscription ne pourra en rien porter atteinte aux droits acquis dans l'intervalle par des tiers et conservés, soit par une transcription soit par une inscription en règle. Si par exemple un immeuble du tuteur a été affranchi de l'hypothèque légale et si le tuteur a consenti plus tard une hypothèque conventionelle sur cet immeuble, cette dernière inscription conservera son rang, quand même l'immeuble en question aura été grevé de l'hypothèque légale du mineur par une délibération postérieure.

Alinéa 4. Le conseil de famille doit dûment motiver sa délibération ; ce n'est qu'ainsi que s'acquiert la preuve qu'il a prêté toute son attention à la question qui lui est soumise et l'a étudiée sous toutes les faces qu'elle peut présenter. Une délibération dûment motivée sert en même temps à éclairer le tribunal.

Abschnitt II.

Verfahren in Vormundschaftssachen.

§ 10. Ist die Ernennung eines Vormundes, Gegenvormundes oder Kurators nicht in Gegenwart des Ernannten erfolgt, so ist ihm dieselbe von Amtswegen durch Zustellung bekannt zu machen; dasselbe gilt bezüglich der Absetzung des Vormundes, wenn dieselbe in seiner Abwesenheit ausgesprochen ist.

§ 11. Die Protokolle über Familienrathsbeschlüsse müssen das Stimmverhältniß, sowie gegebenen Falles auch die Meinung der in der Minderheit gebliebenen Mitglieder enthalten.

§ 12. In allen Fällen, in welchen Familienrathsbeschlüsse der Bestätigung durch das Landgericht bedürfen, ist die Staatsanwaltschaft mit ihrem Antrage zu hören. Die Entscheidung wird von dem Amtsrichter unter Vermittelung der Staatsanwaltschaft herbeigeführt.

Denjenigen Mitgliedern des Familienraths, gegen deren Stimme der Beschluß gefaßt ist, ist Gelegenheit zu geben, sich schriftlich oder zu Protokoll zu erklären.

Nicht verkündete Entscheidungen werden dem Vormund sowie gegebenen Falls denjenigen Personen, denen nach Absatz 2 Gelegenheit zur Erklärung zu geben war, in Ausfertigung ausgehändigt, sofern nicht Aushändigung in Urschrift bezw. Zustellung angeordnet wird.

Gegen Entscheidungen, welche die Bestätigung versagen, findet Beschwerde an das Oberlandesgericht statt.

---

§ 10. Satz 1 ersetzt den Art. 882 c. pr. c., während Satz 2 durch die Vorschrift in § 14 Abs. 1 erforderlich wurde.

§ 11 tritt an Stelle des Abs. 1 von Art. 883 c. pr. c.

§ 12. Abs. 1. Satz 1 giebt den wesentlichen Inhalt des Art. 886 c. pr. c. wieder, während Satz 2 das Offizialverfahren des § 5 des Gesetzes v. 22. Okt. 1873, betr. die Beaufsichtigung und die Kosten der Vormundschaftsverwaltung, zur allgemeinen Regel macht.

Abs. 2. Nichts steht im Wege, daß diese Mitglieder in der Rathskammer zur Abgabe mündlicher Erklärungen zugelassen werden (B.).

Abs. 3. Vgl. § 13 Abs. 3 des Ges. v. 10. Mai 1886, betr. die Ausstellung gerichtlicher Erbbescheinigungen und die Zuständigkeit der Amtsgerichte.

Abs. 4. Die Beschwerde steht dem Vormunde, dem Gegenvormunde sowie auch den Familienrathsmitgliedern zu. (B.) Vgl. § 13 Abs. 2.

Section II.

De la procédure en matière du tutelle.

§ 10. La nomination d'un tuteur, d'un subrogé-tuteur ou d'un curateur doivent lui être signifiée d'office, dans le cas où elle n'a pas eu lieu en sa présence. Il en est de même en cas de destitution de tuteur, si elle a eu lieu en son absence.

§ 11. Les procès-verbaux des délibérations du conseil de famille doivent mentionner le nombre des voix, qui se sont prononcées pour ou contre une proposition, ainsi que le cas échéant, l'avis des membres restés dans la minorité.

§ 12. Dans tous les cas où les délibérations du conseil de famille sont à soumettre à l'homologation du tribunal, il y a lieu d'entendre les conclusions du ministère public. L'Amtsrichter a à provoquer la décision par l'intermédiaire du ministère public.

Aux membres du conseil de famille qui sont restés dans la minorité, il doit être fourni l'occasion de faire valoir leurs observations soit par écrit, soit par déclaration au greffe.

Les décisions non publiées à l'audience sont portées à la connaissance du tuteur ainsi que des membres, qui ont eu

---

§ 10. La première partie de ce paragraphe remplace l'art. 882 c. pr. civ.; la seconde partie n'est que la conséquence du § 14, alinéa 1.

§ 11. Ce paragraphe remplace l'alinéa 1 de l'art. 883, c. pr. civ.

§ 12, alinéa 1. La première partie reproduit dans leur ensemble les dispositions de l'art. 886 c. pr. civ., tandis que la seconde partie introduit d'une manière générale la poursuite d'office que prévoit le § 5 de la loi du 22 octobre 1873 sur la surveillance et les frais en matière de tutelle.

Alinéa 2. Les membres du conseil de famille peuvent être admis à soumettre leurs observations dans la chambre du conseil (R.).

Alinéa 3. Comp. § 13 al. 3, loi du 10 mai 1886, sur la délivrance de certificats judiciaires d'héritier et la compétence des Amtsgerichte.

Alinéa 4. La voie du recours compète au tuteur, au subrogé-tuteur ainsi qu'aux membres du conseil de famille. (R.) comp. § 13, al. 2.

§ 13. Die Anfechtung von Familienrathsbeschlüssen geschieht, vorbehaltlich der Bestimmung in § 14, durch Beschwerde, über welche, wenn gerichtliche Bestätigung des Beschlusses entweder nicht erforderlich oder vom Amtsgericht ertheilt ist, das Landgericht, wenn die Bestätigung durch das Landgericht erfolgt ist, das Oberlandesgericht entscheidet. Gegen die in der Beschwerdeinstanz ergangenen Entscheidungen des Landgerichts findet weitere Beschwerde an das Oberlandesgericht statt.

---

§ 13. Abs. 1. Der ursprüngliche Entwurf ging von folgenden Anschauungen aus:

Die Anfechtung eines Familienrathsbeschlusses, gleichviel übrigens ob derselbe gerichtlich bestätigt ist oder zur Vollziehbarkeit einer Bestätigung nicht bedarf, geschieht nach dem vor Einführung der Reichsjustizgesetze geltenden Recht auf dem Wege der Klage (demande). Gleichwohl gehört zweifellos auch diese Angelegenheit ihrer Natur nach dem Gebiet der nichtstreitigen Gerichtsbarkeit an und ist daher ebenfalls mit den einfachen, kostenersparenden Formen dieser Gerichtsbarkeit auszustatten. Da nun ferner in allen Fällen, in welchen ein Familienrathsbeschluß zustande kommt, eine gerichtliche Mitwirkung stattfindet, sodaß der vollziehbare Familienrathsbeschuß als Entscheidung erster Instanz betrachtet und an Stelle der Klage ein Rechtsmittel gesetzt werden kann, so ist die Beschwerde und die weitere Beschwerde, wie solche durch §§ 14 und 15 des Gesetzes vom 10. Mai 1886 für andere Angelegenheiten der freiwilligen Gerichtsbarkeit geschaffen worden sind, sowohl der Sache als der Form nach zur Uebertragung geeignet, nur daß naturgemäß, wenn die Vollziehbarkeit des Familienrathsbeschlusses auf einem landgerichtlichen Bestätigungsbeschluß beruht, als Beschwerdegericht das Oberlandesgericht eintritt und die weitere Beschwerde entfällt, während in allen anderen Fällen die Beschwerde an das Landgericht, die weitere Beschwerde an das Oberlandesgericht geht. Die Einlegung eines Rechtsmittels gegen einen Familienrathsbeschluß, welcher zur Vollziehbarkeit noch der gerichtlichen Bestätigung bedarf, läßt das Gesetz als zwecklos außer Betracht (M.).

Auf Antrag der Kommission sind jedoch durch den Zusatz „vorbehaltlich der Bestimmung in § 14" für die Anfechtung von Familienrathsbeschlüssen, welche die Absetzung des Vormundes aussprechen, besondere Vorschriften vorbehalten worden.

Dagegen ist gemäß § 13 Abs. 1 das Rechtsmittel der Beschwerde derjenige Weg, auf welchem der Vormund, dessen Entschuldigungsgründe verworfen sind (Art. 440), sein Recht zu suchen hat; der Artikel 439 Code civil, welcher mit der eigentlichen Anfechtungsklage nichts zu thun hat, bleibt unberührt (M.).

Abs. 2. Bei Bezeichnung der zur Einlegung der Beschwerde berechtigten Personen steht Absatz 2 auf dem Boden des geltenden Rechts (Art. 883 Abs. 2 C. pr. c.) (M.).

l'occasion de soumettre leurs observations dans le sens de l'alinéa 2, par la remise d'une expédition, à moins que le juge n'ordonne la remise en minute ou la signification à partie.

Les décisions qui refusent d'homologuer une délibération, sont soumises à la voie du recours à l'Oberlandesgericht.

§ 13. Les réclamations contre la délibération d'un conseil de famille seront portées à l'exception du cas prévu par le § 14, par la voie du recours devant le Landgericht, si la délibération n'était point soumise à l'homologation ou a été homologuée par l'Amtsgericht, et devant l'Oberlandesgericht,

---

§ 13 al. 1. Le projet de loi partait du point de vue suivant: D'après la législation antérieure aux lois judiciaires de l'Empire, c'est par la voie de la demande, que se poursuivent tous les pourvois contre les avis de parents, sans distinguer ceux qui ont été homologués judiciairement, de ceux qui ne sont pas soumis à une pareille homologation. Une pareille instance fait sans doute partie de la juridiction gracieuse; il est tout naturel qu'elle soit également soumise aux formes plus simples et moins onéreuses de cette espèce de juridiction. Comme l'autorité judiciaire intervient dans tous les avis de parents, la délibération exécutoire peut être considérée à bon droit comme une décision en première instance et il devient loisible d'introduire une espèce de pourvoi à la place de l'action judiciaire. C'est la voie du recours et du recours ultérieur, telle qu'elle a été introduite pour d'autres cas de juridiction gracieuse par les §§ 14 et 15 de la loi du 10 Mai 1886, qui parait se prêter le mieux par sa forme à ce nouveau genre de pourvoi, avec la modification cependant, que la délibération homologuée par le Landgericht est soumise à la compétence de l'Oberlandesgericht, tandis que dans les autres cas, le Landgericht devient compétent pour l'examen du recours simple et l'Oberlandesgericht pour le recours ultérieur. Il a été inutile de règler spécialement l'exercice du recours, dans le cas où la délibération n'est exécutoire qu'après l'homologation par le tribunal (M.).

La commission a fait ajouter les mots: „à l'exception du cas prévu par le § 14" pour indiquer que le pourvoi contre une délibération du conseil de famille, qui destitue un tuteur, est soumis à des formes particulières.

Le tuteur a à suivre la procédure indiquée par le § 13, al. 1, ainsi que la voie du recours, s'il veut faire admettre des motifs d'excuse (article 440); l'article 439 Code civil, qui n'a pas en vue des voies de recours, continue à recevoir son application (M.).

Alinéa 2. Cet alinéa est la reproduction des dispositions de l'article 883 al. 2 C. pr. civ. (M.).

Zur Einlegung der Beschwerde sind der Vormund, der Gegenvormund, der Kurator und die Familienrathsmitglieder befugt.

§ 14. Die Anfechtung eines die Absetzung des Vormundes aussprechenden Familienrathsbeschlusses oder gerichtlichen Beschlusses, welchem der Vormund sich nicht unterworfen hat, geschieht Seitens des letzteren durch eine gegen den Gegenvormund zu richtende Klage, deren Anstellung bei Verlust des Klagerechts innerhalb eines Monats zu erfolgen hat. Die Frist ist eine Nothfrist und beginnt, wenn der Beschluß dem Vormunde verkündet ist, mit der Verkündung, andernfalls mit der Zustellung.

---

§ 14. Abs. 1. Wenn der abgesetzte Vormund dem Beschluß beitritt, so bleibt es bei dem bestehenden Rechte (Art. 448 Abs. 1 Code civil), der Beschluß wird ohne Weiteres vollziehbar, und der neue Vormund tritt sein Amt sofort an (B.).

Der Kommissionsbericht bemerkt ferner, daß der Beschluß, welchen der Vormund durch Klage anzufechten hat, nicht immer ein Familienrathsbeschluß, sondern auch unter Umständen ein in der Beschwerdeinstanz ergangener Gerichtsbeschluß sein kann, wenn nämlich der Familienrath die Absetzung ablehnte und der Gegenvormund oder ein Mitglied des Familienraths gemäß § 13 von dem Rechtsmittel der Beschwerde Gebrauch gemacht hat (B.).

Die von dem Gegenvormund nach dem Code civil (Art. 448 Abs. 2) anzustrengende Bestätigungsklage fällt infolge der Vorschrift des Abs. 1 weg (B.).

Abs. 2. Dem Vormunde muß, wenn er die Anfechtungsklage anstellt, zur Pflicht gemacht werden, das Vormundschaftsgericht hiervon in Kenntniß zu setzen, damit dasselbe weiß, ob der Absetzungsbeschluß rechtskräftig geworden ist oder nicht. Deshalb bestimmt Abs. 2, daß die Vollziehbarkeit des Beschlusses eintritt, wenn der Vormund nicht innerhalb der Nothfrist von einem Monat die Anstellung der Klage dem Amtsgerichte nachgewiesen hat, daß, mit anderen Worten, zur Hemmung der Vollziehbarkeit nicht nur die Anstellung der Klage, sondern auch der dem Amtsgerichte beigebrachte Nachweis dieser Anstellung erforderlich ist. Hat der Vormund diesen Nachweis nicht beigebracht, so hört er zwar auf, Vormund zu sein; die erhobene Klage aber kann er durchführen, und siegt er im Prozeß, so tritt er wieder an Stelle des neuen Vormundes auf.

Es kann vorkommen, daß die sofortige Vollziehbarkeit des Absetzungsbeschlusses im Interesse des Mündels erforderlich ist; für solche Fälle soll dem Gegenvormunde das Recht zustehen, die vorläufige Vollziehbarkeit jederzeit durch einstweilige Verfügung auf dem durch die Civilprozeßordnung zugelassenen Wege zu erwirken. (B.) Vgl. §§ 815 ff. C.-Pr.-O.

Abs. 3. D. h. je nach Umständen vorzustrecken oder zu erstatten.

si elle a été homologuée par le Landgericht. La décision intervenue sur le pourvoi est sujette au recours ultérieur à l'Oberlandesgericht.

La faculté d'exercer le recours appartient au tuteur, au subrogé-tuteur, au curateur et aux membres du conseil de famille.

§ 14. Le pourvoi contre une décision du conseil de famille ou une décision du tribunal, qui prononce la destitution du tuteur et à laquelle ce dernier ne s'est pas soumis, a lieu par voie d'action principale, que le tuteur doit intenter sous peine de déchéance au subrogé-tuteur dans un délai d'un mois. Ce délai est un délai péremptoire, qui commence à courir du jour de la publication, si la publication a eu lieu en sa présence, sinon du jour de la signification.

---

§ 14, al. 1. La délibération du conseil de famille devient immédiatement exécutoire, si le tuteur y adhère (art. 448 al. 1 Code civil) et le nouveau tuteur entre immédiatement en fonctions (R.). Le rapport de la commission fait également observer, que la décision qui fait l'objet de la réclamation est en règle générale un avis de parents, qu'elle peut néanmoins consister en une décision du tribunal, si le conseil de famille a refusé de destituer le tuteur et si le subrogé-tuteur ou un membre du conseil de famille a exercé la voie du recours, telle qu'elle est prévue par le § 13 (R.).

Le subrogé-tuteur n'a plus à poursuivre l'homologation de l'avis de parents devant le tribunal (R.).

Alinéa 2. Au tuteur incombe le devoir, s'il poursuit la voie du recours, d'en informer l'autorité tutélaire, pourqu'elle sache si la délibération est devenue définitive ou non. Aussi l'alinéa 2 prévoit-il l'exécution de la délibération, si le tuteur ne produit pas la justification à l'Amtsgericht, qu'il a introduit l'action dans le délai péremptoire d'un mois, de sorte que l'exécution n'est suspendue que dans le cas où l'action est introduite et où l'Amtsgericht a en mains la preuve de la signification. Dans le cas contraire, il cesse d'être tuteur, ce qui ne l'empêche pas de continuer les poursuites; s'il obtient gain de cause, il reprend de nouveau ses fonctions de tuteur.

Si les intérêts du mineur exigent que la délibération soit exécutée sans retard, le subrogé-tuteur peut provoquer en tout état de cause l'exécution par une décision provisoire, en suivant les formalités prescrites par le code de pr. civ. (R.) comp. § 815 et s. C. P. c. all.

Alinéa 3. Le cas échéant, les frais sont avancés ou remboursés au subrogé-tuteur.

Die Vollziehbarkeit des Beschlusses tritt ein, wenn innerhalb der bezeichneten Frist die Anstellung der Klage nicht zu den Vormundschaftsakten nachgewiesen ist. Durch einstweilige Verfügung kann auf Antrag des Gegenvormundes die Vollziehbarkeit jeder Zeit angeordnet werden.

Die zur Führung des Prozesses erforderlichen Mittel sind dem Gegenvormund aus dem Mündelvermögen zu gewähren.

§ 15. Der § 14 Absatz 2 des Gesetzes, betreffend außergerichtliche Theilungen und gerichtliche Verkäufe von Liegenschaften, vom 1. Dezember 1873 (Gesetzbl. S. 310) wird dahin abgeändert, daß die dort bezeichneten, in der Beschwerdeinstanz ergehenden Entscheidungen des Landgerichts der weiteren Beschwerde an das Oberlandesgericht unterliegen.

§ 16. Auf die Beschwerde und beziehungsweise die weitere Beschwerde in den Fällen der §§ 12, 13, 15 dieses Gesetzes und des § 14 des Gesetzes vom 1. Dezember 1873 finden die Vorschriften der §§ 14 und 15 des Gesetzes vom 10. Mai 1886 (Gesetzbl. S. 61) Anwendung.

---

§ 16. Abs. 1. Die angezogenen §§ 14 und 15 des Gesetzes vom 10. Mai 1886 lauten:

§ 14. Gegen die Entscheidungen des Amtsgerichts steht an Stelle der nach dem bisherigen Recht zulässigen Rechtsmittel den Betheiligten die Beschwerde an das Landgericht zu, gegen die Entscheidungen des Beschwerdegerichts die weitere Beschwerde an das Oberlandesgericht. Der Absatz 3 des § 13 dieses Gesetzes, sowie die §§ 532 bis 538 der Civilprozeßordnung finden, soweit nachstehend nicht anderweite Bestimmung getroffen ist, entsprechende Anwendung.

§ 15. Die weitere Beschwerde kann nur darauf gegründet werden, daß die Entscheidung auf einer Verletzung des Gesetzes beruhe. Die §§ 512 und 513 Nr. 1 bis 5 der Civilprozeßordnung finden entsprechende Anwendung.

Die weitere Beschwerde ist an eine Nothfrist von einem Monat gebunden, welche mit der Verkündung oder Aushändigung der Entscheidung beginnt.

Die Beschwerdeschrift muß die Bezeichnung der verletzten Rechtsnorm enthalten; eine irrige Bezeichnung der letzteren ist unschädlich.

Das Landgericht ist zu einer Aenderung seiner durch weitere Beschwerde angegriffenen Entscheidung nicht befugt.

Abs. 2. Der § 14 des Ges. v. 10. Mai 1886 verweist u. a. auch auf § 534 der Civilprozeßordnung, wonach das Gericht, dessen Entscheidung angefochten ist, zunächst selbst zu prüfen hat, ob es die Beschwerde für begründet hält. Hiernach würde, wenn nicht bei jeder

La décision devient exécutoire, si dans le délai susindiqué, le tuteur ne justifie pas de l'introduction de la demande par un acte à joindre au dossier de la tutelle. L'exécution de la décision peut être ordonnée en tout état de cause par décision provisoire sur la demande du subrogé-tuteur.

Les frais qu'occasionne l'action judiciaire sont à bonifier au subrogé-tuteur sur la fortune du pupille.

§ 15. Le § 14 al. 2 de la loi du 1 Décembre 1873 (bull. des lois d'Als.-Lorr. p. 310) concernant les partages extrajudiciaires et les ventes judiciaires d'immeubles est modifié dans ce sens, que les décisions du Landgericht qui y sont prévues et qui sont intervenues sur un pourvoi, sont soumises au recours ultérieur à l'Oberlandesgericht.

§ 16. Les dispositions des §§ 14 et 15 de la loi du 10 mai 1886 (bull. des lois p. 61) sont applicables au recours et au recours ultérieur dans les cas prévus par les §§ 12, 13, 15 de la présente loi et par le § 14 de la loi du 1 Décembre 1873.

---

§ 16, al. 1. Les dispositions des §§ 14 et 15 de la loi du 10 mai 1886 sont ainsi conçues:

§ 14. Les parties interessées peuvent attaquer les décisions de l'Amtsgericht par le recours au Landgericht aux lieu et place des pourvois prévus par les lois en vigueur, et les décisions du Landgericht par le recours ultérieur à l'Oberlandesgericht. Ces recours sont soumis, sauf les dispositions du § 15, aux prescriptions du § 13 al. 3 de la présente loi et des §§ 532—538 du code de pr. civ. all.

§ 15. Le recours ultérieur ne peut être basé que sur la violation d'une disposition légale. Les §§ 512 et 513 n° 1 à 5 du code de pr. civ. all. sont applicables par analogie.

Le recours ultérieur est soumis à un délai péremptoire d'un mois, qui commence à courir du jour de la publication ou de la remise de la décision.

La requête doit indiquer la disposition légale prétenduement lésée, sans qu'une fausse indication puisse porter préjudice.

Le Landgericht ne peut pas modifier la décision qui est attaquée par la voie du recours ultérieur.

Alinéa 2. Le § 14 de la loi du 10 mai 1886 renvoie entre autres au § 534 C. pr. c. all., d'après lequel le tribunal dont la décision est attaquée, a d'abord à examiner, s'il reconnait le re-

Handelt es sich um die Anfechtung eines Familienrathsbeschlusses, so hat der Amtsrichter eine Beschlußfassung des Familienraths darüber, ob der Beschwerde abzuhelfen (§ 534 der Civilprozeßordnung), nur dann zu veranlassen, wenn der angefochtene Familienrathsbeschluß entweder der Bestätigung nicht unterworfen oder vom Amtsrichter bestätigt ist und der letztere im einen oder andern Falle die Beschwerde für begründet erachtet.

Schlußbestimmungen.

§ 17. Die Entscheidung des Amtsrichters in den Fällen des § 6 erfolgt frei von Staatsgebühren.

Auf die im Abschnitt I dieses Gesetzes vorgesehenen Vormundschaftsverhandlungen findet § 7 Absatz 2 des Gesetzes vom 22. Oktober 1873 (Gesetzbl. S. 278) Anwendung.

§ 18. Die Schreibgebühr des Notars für Abschriften oder Auszüge, welche für das Amtsgericht zum Zweck der Aufsicht über die Vormundschaft bestimmt sind, wird auf die Hälfte der tarifmäßigen Gebühr herabgesetzt.

Beschwerde gegen einen Familienrathsbeschluß, so doch jedenfalls dann, wenn der angefochtene Familienrathsbeschluß ohne gerichtliche Bestätigung vollziehbar geworden ist, eine nochmalige Beschlußfassung des Familienraths darüber, ob die Beschwerde begründet sei, stattzufinden haben. Zur Verhütung überflüssigen Zusammentretens der Familienrathsmitglieder bestimmt Absatz 2, daß eine derartige Beschlußfassung nur stattfindet, wenn der Familienrathsbeschluß ohne Mitwirkung des Landgerichts vollziehbar geworden ist und der Amtsrichter die Beschwerde für begründet erachtet (M.).

§ 17. Abs. 2. Der § 7 Abs. 2 Ges. v. 22. Okt. 1873 lautet:

„Alle sonstigen Vormundschaftsverhandlungen mit Einschluß der vorbereitenden Verfügungen und Gerichtsvollzieherakte werden stempelfrei visirt und einregistrirt; bei denselben bleibt der zur Staatskasse fließende Antheil der Sekretariatsgebühren außer Ansatz. Privatquittungen und sonstige Belegstücke, welche bei einer Rechnungslegung vorgelegt werden, unterliegen aus Grund dieser Vorlegung der Einregistrirung nicht."

An den durch gerichtliche Entscheidungen in den Fällen des Abschnitts I nach Maßgabe des Gesetzes v. 3. April 1880, betr. die Ausführung des Gerichtskostengesetzes u. s. w., fällig werdenden Gebühren wird nichts geändert.

§ 18. D. h. auf 60 Pfennig für das Blatt; § 13 des Tarifs vom 26. Dez. 1873.

S'il s'agit du recours contre la délibération d'un conseil de famille, l'Amtsrichter ne provoquera une délibération du conseil de famille sur la question de savoir, si le recours parait fondé ou non (§ 534 Code de proc. civ. all.), que dans le cas où la délibération attaquée n'était pas sujette à l'homologation ou avait été homologuée par l'Amtsrichter, et en tant seulement que le recours lui paraitrait fondé.

Section III.

Dispositions finales.

§ 17. La décision de l'Amtsrichter dans les cas prévus par le § 5 est exempte de frais judiciaires.

Le § 7 de la loi du 22 octobre 1873 (bull. des lois p. 278) s'applique aux actes de tutelle, qui font l'objet de la Section I de la présente loi.

§ 18. Sont réduits de moitié les droits d'expédition des

---

cours comme bien-fondé. En vertu de cette disposition, il y aurait lieu de provoquer une délibération du conseil de famille, pour se prononcer sur le fondement du recours, non pas il est vrai pour chaque pourvoi, mais dans chaque cas où la délibération attaquée serait exécutoire sans homologation. Pour éviter des réunions de conseil de famille inutiles, l'alinéa 2 ne prévoit une pareille délibération, que dans le cas où l'avis de parents est exécutoire sans homologation du Landgericht et où l'Amtsrichter reconnait le recours comme bien-fondé (M.).

§ 17. L'alinéa 2 du § 7 de la loi du 20 octobre 1873 est ainsi conçu:

> Tous les autres actes de tutelle y compris l'instruction préalable et les actes d'huissiers sont visés pour timbre et enregistrés gratis; ils sont également affranchis des droits de greffe, qui sont à verser au trésor. Les quittances s. s. pr. ou autres pièces à l'appui, qui peuvent être produites lors d'un décompte, ne sont pas soumises à raison de leur production à la formalité de l'enregistrement.

Il n'est rien innové aux prescriptions sur les frais résultant de décisions judiciaires dans les cas prévus par la Section I, qui restent règlés par la loi du 3 avril 1880 sur l'exécution de la loi relative aux frais judiciaires.

§ 18. Le § 18 prévoit 60 Pf. pour le rôle (§ 13 du Tarif du 26 décembre 1873).

§ 19. Die Artikel 448 Absatz 2 und 3, 455, 456, 470 des Code civil sowie die Artikel 882 bis 889 des Code de procédure civile werden aufgehoben.

§ 20. Das gegenwärtige Gesetz tritt am 1. Juli 1887 in Kraft.

Die Ausführungsbestimmungen trifft das Ministerium.

---

§ 20. Vgl. die Verfügung vom 22. Juni 1887 (Central- und Bezirks-Amtsblatt S. 130) und die Anweisung für die Vormünder von demselben Tage (Beil. III zu Nr. 27 des Central- und Bezirks-Amtsblatt), welche in der Separatausgabe des Gesetzes zum Abdruck gebracht sind.

notaires pour les copies et extraits, qu'ils fournissent à l'Amtsgericht pour faciliter la surveillance des tuteurs.

§ 19. Sont abrogés les art. 448 al. 2 et 3, 455, 456, 470 du Code civil ainsi que les art. 882 à 889 du Code de pr. civ. fr.

§ 20. La présente loi entrera en vigueur le 1 Juillet 1887. Les dispositions d'exécution seront prises par le ministère.

---

§ 20. Compar. le règlement du 22 juin 1887 (Central- und Bezirks-Amtsblatt p. 130) et l'instruction pour les tuteurs en Alsace-Lorraine du même jour (annexe III au n° 27 du Central- und Bezirks-Amtsblatt), qui se trouvent reproduits dans l'édition spéciale de la loi.

XIV. Gesetz

vom 20. Juni 1887, betreffend die Feststellung der Entschädigungen im Falle der Zwangsenteignung.

(Gesetzblatt S. 55).

Einleitende Bemerkungen.

Im Anschluß an eine in der Sitzung des Landesausschusses vom 25. Februar 1886 gegebene Anregung wegen Reform des Verfahrens vor der Enteignungsjury, wobei die Beibehaltung der letzteren als festzuhaltende Grundlage bezeichnet wurde, und an einen entsprechenden Wunsch des Bezirkstags des Oberelsaß vom 24. November 1886, sowie im Hinblick auf das bei diesen Kundgebungen anerkannte, von der Regierung schon 1878 betonte praktische Bedürfniß legte die letztere am 19. Februar 1887 dem Landesausschuß den Entwurf zu dem gegenwärtigen Gesetz vor, welcher die Reform auf dem Boden der bestehenden Einrichtung anstrebt. Die Motive führen als spezielle Mißstände, welche die Erfahrung ergeben habe, folgende auf:

1) Daß der Bezirk, für welchen die Geschworenenliste gebildet wird — der Kreis — Art. 29 des Gesetzes vom 3. Mai 1841 — sich als zu klein erwiesen hat, insbes. nachdem zu deutscher Zeit der Umfang der Kreise erheblich vermindert worden ist. Hierdurch mußte der Einfluß der verwandtschaftlichen und Nachbarverhältnisse in einem für das Ansehen der Geschworenen nicht förderlichen Grade vermehrt werden. An die Stelle des Kreises soll daher der Landgerichtsbezirk treten. — §§ 3, 4 des Gesetzes.

2) Aus der Praxis der sehr häufigen Kassationsbeschwerden gegen die Entscheidungen der Geschworenen ergibt sich, daß die letzteren ihre Aufgabe häufig unrichtig auffassen und die materiellen Schranken, welche ihrer Thätigkeit gesetzlich gezogen sind, nicht einhalten. Eine wirkliche Abhülfe ist nur dadurch zu schaffen, daß nicht nur bei der Verhandlung vor den Geschworenen, sondern auch bei der Berathung derselben eine lebendige Wechselbeziehung zwischen ihnen und dem vortragenden Richter geschaffen, dem letzteren die Leitung der Berathung und die Stellung der Fragen, sowie für Fälle der Stimmengleichheit der ausschlaggebende Einfluß eingeräumt wird, wie dies bereits bei der sogenannten kleinen Jury besteht (Art. 16 des Gesetzes über die Vizinalwege vom 21. Mai 1836). — § 6 des Gesetzes.

XIV. Loi
concernant la règlement des indemnités en cas d'expropriation pour cause d'utilité publique du 20 juin 1887.

(Bulletin des lois, page 55).

Observations préliminaires.

C'est en tenant compte des voeux exprimés et dans la séance de la Délégation du 25 février 1886, de voir réviser la procédure devant le jury d'expropriation pour cause d'utilité publique, tout en conservant cette institution dans son essence, et au sein du conseil général de la Haute-Alsace dans la séance du 24 novembre 1886, que le gouvernement a soumis le 17 février 1887 à la Délégation un projet de loi qui avait pour but, tout en s'appuyant sur la loi en vigueur d'introduire certaines réformes, que le gouvernement avait déjà reconnues nécessaire en 1878.

Les motifs de la loi signalent les inconvénients révélés par l'expérience dans les termes suivants:

1⁰ Le ressort pour lequel est formée la liste des jurés — l'arrondissement (Kreis) — d'après l'article 29 de la loi du 3 mai 1841, s'est montré beaucoup trop restreint, surtout dans l'organisation actuelle, où l'on a sensiblement diminué l'étendue de certains arrondissements. L'influence, que peuvent exercer les parents et les voisins, a dû augmenter dans ces circonstances au détriment de la considération attachée à la personne du juré. A l'avenir le ressort du Kreis est remplacé par celui du Landgericht.

2⁰ Les nombreux recours en cassation contre les décisions du jury ont démontré dans la pratique, que les jurés ne saisissent pas toujours la portée de leur mission et dépassent souvent les limites de la compétence, que la loi leur assigne. L'unique remède consiste à établir pendant les débats des rapports plus suivis et plus internes entre le magistrat directeur du jury et les jurés et à augmenter les attributions du juge, en lui confiant la direction de la délibération et la pose des questions et en permettant son intervention directe en cas de partage, où il obtient voix délibératrice. Les mêmes attributions lui sont du reste déjà confiées dans le fonctionnement du petit jury (art. 16 de la loi sur les chemins vicinaux du 21 mai 1836) § 6 de la présente loi.

3) Der Mangel an Gründlichkeit in den Entscheidungen der Geschworenen rührt vielfach davon her, daß den letzteren Seitens der Betheiligten nur ein ungenügendes, der erforderlichen Bestimmtheit im Einzelnen entbehrendes Material dargeboten, bezw. die erforderliche genauere Aufklärung erst bei der Verhandlung selbst gegeben wird, der Art, daß die Geschworenen nicht selten genöthigt sind, über unvorhergesehene und nicht genügend übersehene Verhältnisse, unter dem Einfluß der Ueberraschung zu urtheilen. Anderseits erleichtert die Auswerfung einer ungetheilten Gesammtentschädigung durch die Geschworenen die Berücksichtigung unbestimmter Forderungen, des bloßen Affectionswerths und sonstiger nur eingebildeter Vortheile. Der Entwurf stellt daher den Grundsatz der Spezialisirung auf mit der doppelten Folge, daß den Parteien schon im Vorverfahren die Verpflichtung auferlegt wird, die von ihnen geforderten oder angebotenen Entschädigungen, unter genauer Bezeichnung der einzelnen Nachtheile, nach den letzteren gesondert aufzuführen, anderseits die Entscheidung der Geschworenen, künftig in allen Fällen auf bestimmte, vom Vorsitzenden zu stellende Fragen erfolgen und die Fragestellung sich regelmäßig an die in spezialisirter Weise geltend gemachten Entschädigungsansprüche anlehnen soll.

4) Um für die in der Praxis vereinzelt vorkommenden Fälle eklatant unrichtiger Entscheidungen der Geschworenen einen Rechtsschutz zu verleihen, sollte dem vorsitzenden Richter ein seinem diskretionären Ermessen überlassenes Veto mit suspensiver Wirkung eingeräumt werden.

Der Landesausschuß hat die ihm vorgeschlagene Reform im Wesentlichen gebilligt; vergl. den Bericht der Spezialkommission, Anlage zum Protokoll der Sitzung vom 29. März 1887. Abgelehnt wurde jedoch die zu Nr. 4 erwähnte Befugniß des vorsitzenden Richters, weil die Entscheidung der Geschworenen, deren Würde geachtet werden müsse, den Charakter eines Kompromisses habe, auch die Verantwortlichkeit des Richters zu sehr belastet werden würde. Außerdem ist das zu Nr. 3 ausgeführte Prinzip der Spezialisirung erheblich abgeschwächt worden. Einerseits soll es genügen, daß der Enteignete im Vorverfahren den Betrag seiner Entschädigungsansprüche, unter Hervorhebung der auszugleichenden Nachtheile — aber ohne Spezialisirung jenes Betrages in einzelne Forderungen — angebe. — § 1 des Gesetzes. — Anderseits und folgeweise ist auch die Beschränkung der Entscheidung auf formalisirte und spezialisirte Fragen des Vorsitzenden nicht angenommen worden; vergl. zu § 6 des Gesetzes.

3⁰ L'absence d'une base solide dans les décisions des jurés provient souvent de ce que les parties ne leur soumettent pas des renseignements assez précis et détaillés ou les leur soumettent seulement au moment des débats, ce qui a pour conséquence que les jurés sont parfois obligés de décider des questions peu éclaircies, qui se rattachent à des points restés en partie dans l'obscurité. La demande d'une indemnité en bloc et sans aucune espèce de détails permet en outre aux jurés de prendre en considération des motifs d'indemnité très vagues, comme des motifs d'affection ou autres produits de l'imagination. Aussi le projet de loi vise-t-il le principe de la spécialité sous un double rapport: il impose d'un côté aux parties l'obligation de détailler déjà dans la procédure préliminaire l'indemnité qu'elles réclament, en spécialisant les différents dommages et en indiquant le chiffre des indemnités spéciales et distinctes que l'on fait valoir; la décision du jury doit d'un autre côté répondre à l'avenir et dans tous les cas aux différentes questions posées par le président du jury, en s'appuyant sur les demandes spécialement formulées par les parties.

4⁰ Pour protéger les parties dans les cas assez rares où le jury aurait commis une grosse erreur dans son appréciation, le magistrat président du jury doit avoir le pouvoir discrétionnaire de suspendre l'exécution de la décision en y opposant son veto.

La Délégation s'est déclarée d'accord en principe avec les réformes que visait le projet de loi (comp. le rapport de la commission spéciale, annexe au procès-verbal de la séance du 29 mars 1887); elle a néanmoins rejeté la faculté accordée au juge président du jury par le § 4, la décision du jury ayant le caractère d'une sentence arbitrale, qu'il s'agissait de respecter et le magistrat pouvant par son veto être chargé d'une trop grande responsabilité. Le principe de la spécialité posé par le § 3 a en outre été sensiblement atténué. Il doit en effet suffir, si l'exproprié indique dans la procédure préliminaire le montant de l'indemnité qu'il réclame, en faisant ressortir les différentes espèces de dommages — sans spécialiser, en indiquant pour chaque dommage une somme distincte (§ 1 de la loi). — Comme conséquence de cette disposition, la Délégation n'a également pas admis le principe, que la décision devait se restreindre à la réponse des questions posées d'une manière spéciale et formelle. Comp. les observations sur le § 6 de la loi.

I. Vorverfahren behufs Feststellung der Entschädigungen im Falle der Zwangsenteignung.

§ 1. Die Eigenthümer und anderen Betheiligten haben, wenn sie die Angebote der Verwaltung ausschlagen, den Betrag ihrer Entschädigungsansprüche unter Hervorhebung der auszugleichenden Nachtheile anzugeben.

Die Verwaltung hat sich demnächst in der Ladung vor die Geschworenenbank bezüglich der hervorgehobenen Nachtheile zu äußern.

§ 2. Die Frist zur Abgabe der Erklärungen der Berechtigten auf das Angebot der Verwaltung beträgt in allen Fällen einen Monat.

II. Bildung der Geschworenenbank.

§ 3. Die Zahl der vom Bezirkstage als Geschworene zu bezeichnenden Personen wird für jeden Kreis auf 25 bis 50 festgesetzt. Dieselben sind aus den berichtigten Urlisten — Gerichtsverfassungsgesetz § 42 — zu entnehmen.

---

§ 1 enthält die nähere Bestimmung des Grundsatzes der Spezialisirung in der am Schlusse der einleitenden Bemerkungen erläuterten Abschwächung. Abs. 1 bezieht sich auf Art. 24, Abs. 2 auf Art. 28 des Gesetzes vom 3. Mai 1841.

Wegen des Gebrauchs des Wortes „Verwaltung" im Gesetz ist auf Art. 63 des Gesetzes von 1841 zu verweisen (M.).

§ 2. Die in der Praxis vielfach als zu kurz empfundene ordentliche Frist von 14 Tagen zur Abgabe der Erklärungen der Berechtigten — Artikel 24 des Gesetzes vom 3. Mai 1841 — wird auf die jetzt schon für die Vertreter handlungsunfähiger Personen vorgesehene Dauer von einem Monat verlängert. Dies erscheint um so mehr geboten, als die Erklärungen nach § 1 in gewissem Sinne spezialisirt sein müssen (M.).

§ 3. Zufolge des Art. 29 des Gesetzes vom 3. Mai 1841 ist behufs der späteren Bildung der Geschworenenbank für den einzelnen Fall zunächst vom Bezirksrath für jeden Kreis eine Geschworenenliste aufzustellen, indem für jeden Kreis 36 bis 72 darin ansässige Personen aus Denjenigen ausgewählt werden, welche „sowohl auf der Liste der Wähler als auch auf dem zweiten Theil der Geschworenenliste stehen". An Stelle der in der letzteren Bestimmung liegenden Verweisung auf Art. 382 des Code d'instruction criminelle ist zufolge des § 47 des Ausführungsgesetzes zu den Prozeßordnungen vom 8. Juli 1879 die für die Auswahl der Schöffen und zugleich der Geschworenen für Strafsachen dienende berichtigte Urliste — vergl. §§ 36 bis 42, 85 des Ger.-Verf.-Gesetzes — getreten. Es empfiehlt sich, diese in der Praxis angenommene Folgerung ausdrücklich auszusprechen (Abs. 1, zweiter Satz).

I. De la procédure préparatoire pour la fixation de l'indemnité en cas d'expropriation pour cause d'utilité publique.

§ 1. Les propriétaires et autres parties interessées, s'ils n'acceptent pas les offres de l'administration, sont tenus de spécifier les différentes espèces de dommages au moment où ils indiquent le montant de leurs prétentions.

L'administration devra se déclarer dans la citation devant le jury sur les différentes espèces de dommages.

§ 2. Dans tous les cas le délai accordé aux parties pour faire leur déclaration sur les offres de l'administration sera d'un mois.

II. De la formation du Jury.

§ 3. Le nombre des personnes à désigner comme jurés par le conseil général est de 25 à 50 pour chaque Kreis. La désignation se fera sur la liste générale rectifiée — § 42 de la loi sur l'organisation judiciaire.

---

§ 1. Le § 1 contient les dispositions qui ont trait à la spécialisation de la demande, telles qu'elles ont été attenuées comme l'indiquent les observations préliminaires. Il se rapporte à l'article 24 al. 2 et à l'article 28 de la loi du 3 mai 1841.

Pour la signification du mot „administration", il faut se reporter à l'article 63 de la loi de 1841 (M.).

§ 2. Dans la pratique, ou a souvent reconnu que le délai de 15 jours était trop court pour les parties interessées — article 24 de la loi du 3 mai 1841 —; aussi a-t-on étendu d'une manière générale à toutes les parties le délai accordé aux représentants de personnes incapables. Cette extension paraissait d'autant plus indiquée, qu'on imposait dans le § 1 aux parties l'obligation de spécialiser leur demande dans une certaine mesure.

§ 3. D'après l'article 29 de la loi du 3 mai 1841, le conseil général désigne pour chaque arrondissement tant sur la liste des électeurs que sur la seconde partie de la liste du jury, 36 personnes au moins et 72 au plus, qui ont leur domicile dans l'arrondissement, parmi lesquelles sont choisis les membres du jury spécial appelé, le cas échéant, à règler les indemnités. Les listes dans le sens de l'ancien article 382 du Code d'instruction criminelle sont remplacées maintenant en vertu du § 7 de la loi d'exécution des codes de procédure du 8 juillet 1879, par la liste générale revisée, telle qu'elle est prévue pour le choix des échevins et des jurés — comp. les §§ 36 à 42, 85 de la loi sur l'organisation judiciaire. Ce mode de procéder admis dans la pratique a été formellement consacré par la loi (al. 1 deuxième partie).

Gehört ein Kreis mehreren Landgerichtsbezirken an, so erfolgt die Bestimmung für jeden Theil gesondert, unter annähernder Berücksichtigung der Bevölkerungszahl.

Die Gesammtheit der bezeichneten, innerhalb eines Landgerichtsbezirks wohnenden Personen bildet für diesen Bezirk die Geschworenenliste.

§ 4. Die Bildung der Geschworenenbank wird in allen Fällen durch die Civilkammer, beziehungsweise die erste Civilkammer des Landgerichts bewirkt.

Im Falle der Vernichtung einer Entscheidung der Geschworenenbank erfolgt die Verweisung an eine neue, von demselben oder einem benachbarten Landgericht zu bildende Geschworenenbank.

III. Verhandlung und Entscheidung.

§ 5. Bei der Verhandlung vor der Geschworenenbank können die in den früheren Erklärungen enthaltenen Angebote und Entschädigungsansprüche geändert sowie abweichend begründet werden.

Wie früher als zweckmäßig dargethan ist, wird die Geschworenenliste nunmehr für den Landgerichtsbezirk, nicht mehr für den Kreis bestehen. Am zweckmäßigsten erfolgt dabei die Bezeichnung der Geschworenen, wie bisher, nach Kreisen und so, daß demnächst die einzelnen Kreislisten für den Landgerichtsbezirk, welchem die Kreise angehören, zusammengestellt werden, der Art, daß die Gesammtheit der bezeichneten, innerhalb eines Landgerichtsbezirks wohnenden Personen für diesen Bezirk die Geschworenenliste bildet (Abs. 3). Damit die letztere nicht zu umfangreich wird, empfiehlt sich eine Herabsetzung der Kreisliste auf 25 bis 50 Personen (Abs. 1, erster Satz). — Abs. 2 bezweckt, für die wenigen Fälle, in welchen ein Kreis mehreren Landgerichtsbezirken ungehört, ein gleichmäßiges Verfahren herbeizuführen (M.).

§ 4, Abs. 1 beseitigt die im Art. 30 des Gesetzes vom 3. Mai 1841 für Bezirke, welche den Sitz eines Oberlandesgerichts in sich schließen, sowie für die Fälle der Amtsenthaltung oder Ablehnung von Mitgliedern des Landgerichts ausnahmsweise bestehende Zuständigkeit des Oberlandesgerichts zur Bildung des Geschworenengerichts als entbehrlich und den jetzigen Einrichtungen nicht mehr entsprechend. Vergl. § 9 Abs. 1.

Der Art. 43 des Gesetzes vom 3. Mai 1841 ist, weil formell zu § 3 Abs. 3 des Gesetzes nicht mehr passend, durch Abs. 2 ersetzt. (M.)

§ 5 ist vom Landesausschuß hinzugefügt, um der vielfach im Lande bestehenden, irrthümlichen Auffassung entgegenzutreten, als sei die Verwaltung durch die gemäß Art. 23 des Gesetzes von 1841 gemachten

Si un Kreis est situé dans la circonscription de plusieurs Landgerichte, la désignation se fera séparément pour chaque partie du Kreis, en tenant compte approximativement du chiffre de la population.

Sur la liste composée des personnes ainsi désignées pour le ressort d'un Landgericht seront choisis les membres du jury spécial pour ce ressort judiciaire.

§ 4. Le choix des membres du jury se fera dans tous les cas par la chambre civile et s'il n'y en a plusieurs par la première chambre civile.

En cas de cassation de la décision du jury, l'affaire sera renvoyée devant un nouveau jury, qui sera formé par le même tribunal ou par un Landgericht voisin.

III. De l'instruction et de la décision.

§ 5. Les offres et les demandes d'indemnité formulées primitivement peuvent être modifiées et autrement motivées pendant les débats devant le jury.

La liste des jurés comprendra à l'avenir le ressort du Landgericht et plus celui du Kreis. Il semble avantageux de désigner d'abord, au moment où l'on dresse la liste, les jurés par Kreis et de dresser ensuite la liste générale en prenant l'ensemble des listes, pour en extraire les personnes ayant leur domicile réel dans le ressort du Landgericht (al. 3). Pour éviter que la liste générale soit trop étendue, on a restreint le chiffre des membres du Kreis à 25 au moins et 50 au plus (al. 1). L'alinéa 2 a pour but de faire suivre une procédure uniforme, dans les cas où un Kreis se trouverait faire partie du ressort de plusieurs Landgerichte (M.).

§ 4. L'alinéa 1 supprime les dispositions de l'article 30 de la loi du 3 mai 1841, qui attribuait à la cour d'appel le soin de choisir les jurés, dans les départements où elle siégeait ainsi que dans les cas d'abstention ou de récusation des membres du tribunal; cette disposition ne répondant à aucun besoin peut être supprimée. Comp. § 9, alinéa 1.

L'article 43 de la loi du 3 mai 1841 qui ne concorde plus avec le § 3, alinéa 3 de la présente loi est remplacé par l'alinéa 2 (M.).

§ 5. Ce paragraphe a été ajouté par la Délégation, dans le but de faire disparaître une erreur généralement répandue dans le pays, que l'administration est tellement liée par les offres signifiées en conformité de l'article 23 de la loi de 1841, qu'elle ne peut pas lors

§ 6. Der vorsitzende Richter leitet die Berathung und die Abstimmung der Geschworenen und giebt bei Stimmengleichheit den Ausschlag. Die Bezeichnung eines Obmanns findet nicht statt.

Die Entscheidung wird vom vorsitzenden Richter zu Protokoll genommen und in öffentlicher Sitzung verkündigt.

§ 7. Eine Entschädigung darf durch die Geschworenen nicht zugebilligt werden:

1) für Nachtheile, welche nicht aus der Enteignung selbst, sondern erst aus der Ausführung des dieselbe veranlassenden gemeinnützigen Unternehmens entspringen;

Angebote schon derart gebunden, daß sie in der Verhandlung vor den Geschworenen keine geringere Entschädigung mehr bieten könne, und die Geschworenen nicht in der Lage wären, einen geringeren Betrag zuzusprechen. Jener Irrthum hat sich als sehr schädlich für eine gütliche Vereinbarung erwiesen (B.). Vgl. Art. 39 a. E. des Gesetzes von 1841 und die Bemerkungen zu § 8 dieses Gesetzes.

§ 6. Vgl. die einleitenden Bemerkungen. Die Fragestellung erwähnt das Gesetz nicht mehr ausdrücklich. Der Kommissionsbericht führt Entscheidungen des französischen Kassationshofes an, wonach die Geschworenen alle vom Direktor der Jury gestellten Fragen bei Vermeidung der Nichtigkeit zu beantworten haben, sowie die bisherige Praxis, wonach der Direktor meistens am Schlusse der Verhandlung den Geschworenen die von ihm abgefaßten Fragen als Grundlage ihrer Abstimmung übergab. Dann fährt der Bericht fort:

Ihre Kommission glaubt jedoch Ihnen nicht vorschlagen zu können, der Bestimmung, wonach die Entscheidung der Geschworenen sich auf die Beantwortung der am Schlusse der Berathung vom Vorsitzenden zu stellenden Fragen zu beschränken hat, Ihre Zustimmung zu geben. Nach ihrer Ansicht soll auch fernerhin der Richter lediglich als Leiter der Berathung angesehen werden. Den Geschworenen hat er, soweit nöthig, bei der Formulirung und dann bei der Berathung der verschiedenen Fragen, wie sie sich aus der öffentlichen Verhandlung ergeben, mit seinem Rath beizustehen. Es soll ihm aber nicht die Befugniß eingeräumt werden, die Fragen, welche die Geschworenen nach der Sachlage zu beantworten haben, selbständig und in ausschließender Weise zu stellen. Den Geschworenen soll vielmehr die Möglichkeit nicht genommen sein, diejenigen weiteren Fragen, worüber sie sich einigen, sich zu stellen und dieselben zu beantworten. Diese Art des Verfahrens entspricht im Wesentlichen der Praxis, wie sie sich seit dem Gesetze vom 3. Mai 1841 entwickelt hat; es erscheint Ihrer Kommission zweckmäßig, diese Praxis ohne Aenderung beizubehalten. Auch Seitens der Regierung wurde auf die Beibehaltung des Absatzes 2 kein großes Gewicht gelegt, nachdem das Prinzip der Spezialisirung im § 1, wie erwähnt, abgeschwächt worden ist.

§ 6. Le magistrat directeur du jury dirige les déliberations et le vote des jurés et vide le partage en cas d'égalité de voix. Il ne sera pas désigné de président du jury.

La décision sera consignée dans un procès-verbal dressé par le magistrat directeur du jury et proclamée en audience publique.

§ 7. Une indemnité ne peut pas être allouée par les jurés:

1° pour le dommage, qui n'est pas une suite de l'expropriation elle-même, mais qui résulte des travaux en vue desquels se poursuit l'expropriation forcée.

---

des débats offrir et que le jury ne peut pas adjuger une indemnité moins élevée. Cette erreur doit avoir souvent exercé une mauvaise influence dans les cas où il s'agissait de transiger avec l'administration (R.).

Comp. les articles 39 et s. de la loi de 1841 et les observations sur le § 8 de la loi.

§ 6. Comp. les obs. prélim. La loi ne règlemente pas d'une manière positive la pose des questions. Le rapport de la commission indique des décisions de la Cour de cassation, qui ont jugé que le jury devait, à peine de nullité, répondre à toutes les questions posées par le magistrat directeur du jury, et appelle, ensuite l'attention sur l'usage qui s'est formé, que le magistrat remet presque toujours au jury, à la fin des débats, les questions qu'il a formulées. Le rapport ajoute:

„Votre commission ne croit pas cependant devoir vous proposer d'accepter les dispositions, qui prescrivent au jury de ne répondre qu'aux questions formulées par le juge lors de la clôture des débats. Le juge ne doit également à l'avenir, que diriger les débats; il doit aide et assistance aux jurés en tant que besoin, lors de la rédaction et de la discussion des différentes questions qui découlent de l'ensemble des débats. Il ne doit pas avoir le privilège de poser exclusivement les questions. Les jurés peuvent au contraire se poser à la majorité toutes sortes de questions et les résoudre. Ce mode de procéder répond à l'usage, tel qu'il s'est formé depuis la loi du 3 mai 1841. La commission pense qu'il y a lieu de conserver cet usage, sans y apporter le moindre changement. Le gouvernement n'a pas lui-même attaché d'importance au maintien de l'alinéa 2, du moment que le principe de la spécialisation avait été atténué dans le § 1."

La Délégation n'a pas donné son adhésion à la proposition, qui a été faite lors de la seconde lecture du projet de loi, de rendre secret le vote, dès que le secret est demandé par l'un des jurés, Le gouvernement et plusieurs membres de la Délégation ont émis

2) für Nachtheile, welche von dem Berechtigten nicht gemäß § 1 oder nachträglich in einem vor Schluß der Verhandlung überreichten Schriftsatze geltend gemacht worden sind.

§ 8. Erscheint die Rechtsverfolgung einer Partei dadurch erschwert, daß die andere Partei ihre Erklärungen während der Verhandlung geändert oder abweichend begründet oder den Vorschriften des Artikels 24 des Gesetzes vom 3. Mai 1841 (Bulletin des lois, série IX n° 9285) oder des § 1 dieses Gesetzes nicht oder unvollständig genügt hat, so kann die Verhandlung auf Antrag durch den vorsitzenden Richter vertagt werden.

Der bei der zweiten Lesung im Landesausschuß gestellte Antrag, wonach auf Verlangen die Abstimmung geheim stattfinden solle, wurde abgelehnt. Seitens der Regierung und aus dem Schooße der Versammlung wurde hiergegen neben Bedenken aus dem Gesichtspunkt der Zweckmäßigkeit und der Würde des Geschworeneninstituts geltend gemacht, daß der Vorschlag mit der durch § 6 neu bestimmten Stellung des vorsitzenden Richters als Leiter der Berathung unvereinbar sei und dem System der Reichsgesetzgebung widerspreche, welche für die Geschworenen in Strafsachen nur die offene Abstimmung kenne (St. P. O. § 304 ff.).

Zu Abs. 3. Da der Gerichtsschreiber nicht berechtigt sein kann, der Berathung beizuwohnen, so fällt die Protokollirung der Entscheidung dem vorsitzenden Richter zu. Im Uebrigen verbleibt es bezüglich der Mitwirkung des Gerichtsschreibers bei den bestehenden Vorschriften (Art. 34 des Gesetzes von 1841). Zu Abs. 1—3 vgl. § 9 Abs. 1 (M.).

§ 7 bezweckt in Nr. 1, Uebergriffen der Geschworenen auf das Gebiet der Gerichte vorzubeugen, welchen nunmehr (§ 8 Ausf.-Ges. zum G.-V.-Gesetz und § 4 E.-Ges. zur C. P. O.) die Entscheidung über derartige Entschädigungsansprüche zusteht, die zur Zeit der Enteignung noch nicht gewürdigt werden können. Nr. 2 enthält eine weitere Anwendung des Grundsatzes „non ultra petita" (vgl. Art. 39 a. E. des Gesetzes von 1841), deren ausdrückliche Anerkennung zweckmäßig erscheint, da die Geschworenen öfter Billigkeitsgründen zu großen Einfluß verstatten (B.).

Vgl. § 9 Abs. 1.

§ 8. Nach dem Artikel 24 des Gesetzes von 1841 in Verbindung mit § 1 dieses Gesetzes hat der Berechtigte rechtzeitig seine Ansprüche auf Entschädigung und deren Höhe der Verwaltung anzuzeigen, ohne daß er seines Rechtes auf Entschädigung verlustig wird, wenn er seiner Verpflichtung nicht oder nachträglich nachkommt, oder seine Ansprüche in der Folge vor den Geschworenen ändert oder abweichend begründet. Ebenso kann die Verwaltung bei der Verhandlung ihre früheren Angebote und Erklärungen noch modifiziren. Die Geschworenen haben nach Artikel 39 desselben Gesetzes die Entschädigung im Rahmen der

2° pour le dommage, que les parties intéressées n'ont pas fait valoir en conformité du § 1, ou plus tard par des conclusions écrites et déposées avant la clôture des débats.

§ 8. Si une partie a été gênée dans la défense de ses droits par l'autre partie, qui a modifié ses déclarations ou les a autrement motivées, dans le cours des débats, ou ne s'est pas conformée en tout ou en partie aux prescriptions de l'article 24 de la loi du 3 mai 1841 (Bulletin des lois, serie IX n° 9285) ou du § 1 de la présente loi, les débats peuvent être ajournés sur la demande de l'autre partie par le magistrat directeur du jury.

---

des doutes sérieux sur l'opportunité d'une pareille mesure, qui ne pouvait que porter atteinte au respect dû à l'institution du jury et qui ne cadrait pas avec les nouvelles attributions données au président du jury par le § 6 de diriger les délibérations. Une pareille disposition serait du reste contraire au principe de la loi de l'empire, qui ne connait pas le vote secret pour les jurés en matière criminelle (C. d'inst. crim. § 304 et s.).

Alinéa 3. Le greffier ne pouvant pas assister à la délibération, il incombe au juge de rédiger la décision. Il n'est rien innové quant aux autres attributions du greffier (art. 34 de la loi de 1841). Pour les alinéas 1—3, comp. § 9 alinéa 1. (M.).

§ 7. Le § 7 a pour but dans le n° 1 d'éviter que les jurés empiètent sur les attributions des tribunaux auxquels compète maintenant (§ 8 de la loi d'exécution de la loi d'organisation judiciaire et § 4 de la loi d'introduction du code de procédure civile) l'examen de ces demandes d'indemnité, qui ne peuvent être vérifiées lors de la procédure d'expropriation.

Le n° 2 consacre le principe „non ultra petita" (comp. article 39 et s. de la loi de 1841) que les jurés oublient quelquefois, en se laissant guider par de simples motifs d'équité (R.). Comp. § 9 alinéa 1.

§ 8. D'après l'art. 24 de la loi de 1841 combiné avec le § 1 de la présente loi, la partie interessée doit faire valoir à temps ses prétentions et indiquer le montant du dommage dont elle entend être indemnisée, sans être exposée à perdre ses droits, si elle n'observe pas ces prescriptions, ou laisse passer les délais, ou modifie, devant le jury sa demande d'indemnité ou bien les causes sur lesquelles elle la base. L'administration peut de même modifier ses premières offres et déclarations. Les jurés ont ensuite à adjuger l'indemnité dans le cadre de la demande définitive de l'exproprié et des offres finales de l'administration (comp. § 5).

Si l'exproprié ne formule pas à temps sa demande ou indique son dommage en bloc, ou s'il n'est pas assez éclairé, lors de sa

Ist die Vertagung (Abs. 1) durch Verschulden einer Partei veranlaßt, so sind derselben die Kosten des Verfahrens ganz oder theilweise zur Last zu legen.

IV. Vernichtung der Entscheidung.

§ 9. Auf Verletzung der Vorschriften des § 4 Abs. 1 und der §§ 6 und 7 kann das Rechtsmittel des Kassationsrekurses gestützt werden.

Gegen die im § 8 Abs. 2 vorgesehene Verurtheilung in die Kosten steht dem Verurtheilten das Recht der Anrufung des Oberlandesgerichts zu. Auf die Einlegung und Zustellung

---

endgültigen Angebote der Verwaltung und der endgültigen Ansprüche der Enteigneten zuzusprechen (vgl. § 5.)

Wenn nun der Enteignete seine Ansprüche nicht rechtzeitig oder nur in Bausch und Bogen angemeldet hat, oder wenn er bei seiner Erklärung auf das Angebot der Verwaltung nicht genügend über die Einzelheiten seines Schadens aufgeklärt gewesen ist und deshalb bei der Verhandlung seinen Anspruch erhöht hat, so kann die Verwaltung durch solche Anträge überrascht werden und in manchen Fällen ihr Vertreter nicht in der Lage sein, auf die bei der Verhandlung plötzlich gestellten Anträge eine genügende Erklärung abzugeben. Ebenso kann durch eine Aenderung in der Ausführung der Arbeiten, wie die Verschiebung einer in Aussicht genommenen Brücke oder eines Wasserdurchlasses, wovon der Enteignete erst in der Sitzung Kenntniß erhält, wenn die Verwaltung ihre Angebote mit Rücksicht darauf einschränkt oder erweitert, der Schadensanspruch des Berechtigten sich wesentlich erhöhen oder sonst verändern, ohne daß er sich sofort Rechenschaft über die Tragweite des Schadens geben kann. In allen diesen Fällen kann eine Vertagung der Verhandlungen nothwendig werden. Der Entwurf gestattete eine solche Vertagung ausdrücklich nur, wenn die Vertheidigung der Verwaltung durch das Verhalten des Berechtigten erschwert worden ist. Der Landesausschuß war jedoch der Ansicht, daß diese Bestimmung einer Erweiterung in dem Sinne bedürfe, daß eine solche Vertagung auch von den Eigenthümern oder den anderen Betheiligten beantragt werden kann, wenn sie derselben bedürfen, um sich z. B. über die bei der Verhandlung zum ersten Male zur Sprache gekommenen Verhältnisse näher zu erkundigen.

Die Kostenfrage wird in jedem Falle so zu entscheiden sein, daß dem die Vertagung veranlassenden Verschulden der einen oder anderen Partei Rechnung getragen wird. Eine Veranlassung, die Vertreter handlungsunfähiger Personen besser zu stellen, besteht nicht (B.). — Durch die entsprechende Vorschrift des Abs. 2 wird Art. 40 Abs. 4 des Gesetzes von 1841 gemildert (M.).

§ 9. Für das im Abs. 2 bezeichnete Rechtsmittel soll die gleiche Zuständigkeit und ein einheitliches Verfahren wie beim Kassationsrekurs herbeigeführt werden, was namentlich dann von Wichtigkeit ist, wenn zugleich in der Sache selbst Kassation eingelegt ist (B.).

Si la remise (al. 1) devient nécessaire par la faute de l'une des parties, cette dernière sera condamnée aux frais de la procédure en tout ou en partie.

IV. De l'annulation de la décision.

§ 9. Il y a lieu à recours en cassation pour violation des prescriptions du § 4 al. 1 et des §§ 6 et 7.

La partie condamnée aux frais en vertu du § 8 al. 2 peut se pourvoir devant l'Oberlandesgericht.

La formation et la notification du pourvoi en cassation ainsi que la décision sur le pourvoi sont règlées par l'article 42 al. 2 de la loi du 3 mai 1841.

---

réponse aux offres de l'administration, sur les détails de son dommage et qu'il élève d'autres prétentions devant le jury, l'administration peut être surprise pas de pareilles conclusions et son représentant peut ne pas être à même de donner une réponse satisfaisante aux demandes formulées seulement lors les débats. Il peut de même arriver que lors de l'exécution des travaux, il y ait des modifications, comme par exemple le déplacement dans le projet de construction d'un pont ou d'une rigole, dont l'exproprié n'obtient connaissance que devant le jury, que l'administration augmente ou diminue ses offres, que le dommage de l'exproprié subisse des variations dans la même proportion, sans qu'il puisse cependant s'en rendre immédiatement compte. Dans tous ces cas, il peut devenir nécessaire de remettre les débats à un autre jour. Le projet de loi n'avait prévu une pareille remise, que dans le cas où l'attitude de l'exproprié avait rendu la défense de l'administration plus difficile; mais la Délégation a cru devoir donner de l'extension à cette disposition dans ce sens, que l'exproprié et les autres parties interessées pouvaient également demander la remise, si elle leur paraissait nécessaire pour s'orienter sur les circonstances portées seulement à leur connaissance lors des débats.

La question des frais devra se décider de manière à mettre à la charge de la partie, les frais de remise qu'elle a occasionnés par sa négligence. Il n'y avait pas de motifs de traiter à cet égard les représentants des personnes incapables plus favorablement que les autres parties interessées (R.). Les dispositions de l'art. 40 alinéa 4 de la loi de 1841 sont en partie attenuées par les prescriptions de l'alinéa 2. (M.).

§ 9. En introduisant dans l'alinéa 2, un moyen de recours spécial, on a eu en vue de créer la même compétence et de faire suivre la même procédure, que pour les recours en cassation, ce qui a d'autant plus d'importance, dans les cas où le recours porte en même temps sur le fond. (R.).

dieses Rechtsmittels sowie auf die Entscheidung finden die Vorschriften über den Kassationsrekurs gemäß Artikel 42 Abs. 2 des Gesetzes vom 3. Mai 1841 Anwendung.

V. Schlußbestimmungen.

§ 10. Das Gesetz vom 3. Mai 1841 bleibt insoweit in Kraft, als seine Vorschriften dem gegenwärtigen Gesetze nicht entgegenstehen.

§ 11. Dieses Gesetz findet auf die am Tage des Inkrafttretens desselben anhängigen Enteignungsfälle nur Anwendung, sofern an diesem Tage die Angebote der Verwaltung noch nicht erfolgt sind.

Bis zur nächsten ordentlichen Sitzung der Bezirkstage wird die Geschworenenliste (§ 3 Abs. 3) durch die Gesammtheit der nach den bisherigen Vorschriften bezeichneten, innerhalb des Landgerichtsbezirks wohnenden Personen gebildet.

---

§ 11. Abs. 1 erscheint erforderlich wegen des inneren Zusammenhangs der neuen Vorschriften, welcher eine theilweise Anwendung derselben über die alten Bestimmungen nicht gestattet (M.).

Abs. 2 ist hinzugefügt, weil nach den Vorschriften des Gesetzes von 1841 (Art. 29) die Bildung der Geschworenenlisten in der ordentlichen Jahressitzung des Bezirkstags stattzufinden hat (B.).

V. Dispositions finales.

§ 10. La loi du 3 mai 1841 reste en vigueur, en tant que ses dispositions ne sont pas contraires à la présente loi.

§ 11. La présente loi ne s'appliquera aux expropriations pendantes lors de son entrée en vigueur, qu'autant que l'administration n'aura pas encore notifié ses offres à cette époque.

La liste des jurés (§ 3 al. 3) sera formée jusqu'à la prochaine session ordinaire des conseils généraux, de l'ensemble des personnes désignées comme jurés, d'après les lois en vigueur, dans le ressort judiciaire du Landgericht.

---

§ 11. L'alinéa 1 parait indispensable à cause du caractère intime des nouvelles dispositions, qui ne peuvent pas s'appliquer partiellement à côté des dispositions de l'ancienne loi.

Druck von M. DuMont-Schauberg in Straßburg.

Die Zölle und indirekten Steuern in Elsaß-Lothringen (ausschließlich des Enregistrements und Stempels). Systematische Zusammenstellung der einschlägigen Gesetze, Verordnungen, Regulative, Bundesratsbeschlüsse und Erlasse, im Auftrage des Oberpräsidenten herausgegeben von L. Leydhecker, kaiserl. Regierungsrat. 2 Bde. 8°. 1877. *M.* 10.—

Die Gesetze über Enregistrements-, Stempel- und Hypothekengebühren und ähnliche Abgaben in Elsaß-Lothringen. Der Zeitfolge nach zusammengestellt, übersetzt und herausgegeben von Karl Jacob, kaiserl. Regierungsrat. 8°. 1878. *M.* 6.—

Förtsch, R. u. A. Leoni. Sammlung der in Elsaß-Lothringen in Geltung gebliebenen französischen Strafgesetze, mit Erläuterungen und Sachregistern herausg. 2 Teile. 8°. 1875, 1876.

I. Teil: Presse, Fischerei, Feldpolizei, Vereins- und Versammlungsrecht. (Vergriffen.)

II. Teil: Die übrigen Materien enthaltend. *M.* 6.—

Das Elsaß-Lothringische Forststrafrecht. Gesetz, betreffend das Forststrafrecht und das Strafverfahren vom 28. April 1880. Textausgabe mit Anmerkungen. 1880. 8°. 40 S. cart. *M.* 0.60

Das Elsaß-Lothringische Jagdgesetz. Textausgabe mit französischer Uebersetzung und Anmerkungen von einem Mitgliede des Landesausschusses 1881. 8°. 31 S. cart. *M* 0.80

Das Elsaß-Lothringische Jagdpolizeigesetz nebst der darauf bezüglichen Verordnung. Textausgabe mit französischer Uebersetzung und Anmerkungen von einem Mitgliede des Landesausschusses. 2. Aufl. 1883. 8°. 41 S. cartonnirt. *M.* 0.80

Die in Elsaß-Lothringen geltenden Gesetze über das Fuhrwesen. Uebersetzt und herausgegeben im Auftrage des kaiserl. Oberpräsidiums. 8°. cart. 1877. *M* 0.60

Das Elsaß-Lothringische Katastergesetz. Textausgabe mit französischer Uebersetzung und Anmerkungen von Dr. Wilhelm Gunzert, Landgerichtsdirektor zu Straßburg, Mitglied des Landesausschusses. 1884. 8°. 88 S. cartonnirt. *M.* 1.—

Schöffenbüchlein für Elsaß-Lothringen. Ein Hilfsbuch für Schöffen, Amtsrichter, Amtsanwälte, Rechtsanwälte, Bürgermeister und Polizeikommissare, von R. Förtsch, Landgerichtsdirektor in Metz. **Manuel des échevins d'Alsace-Lorraine.** Guide pour Messieurs les échevins, juges et procureurs cantonaux, avocats, maires et commissaires de police. Traduction française par G. Gunzert, président de Chambre à Strasbourg. 8°. cart. 1880. *M.* 2.40